公司财务的法律规制
路径探寻

Regulating Corporate Finance
Where to Find the Way

刘 燕 著

图书在版编目(CIP)数据

公司财务的法律规制:路径探寻/刘燕著. —北京:北京大学出版社,2021.1
国家社科基金后期资助项目
ISBN 978-7-301-31884-3

Ⅰ.①公… Ⅱ.①刘… Ⅲ.①企业管理—财务管理—法规—研究—中国 Ⅳ.①D922.264

中国版本图书馆 CIP 数据核字(2020)第 237433 号

书　　　名	公司财务的法律规制——路径探寻 GONGSI CAIWU DE FALÜ GUIZHI——LUJING TANXUN
著作责任者	刘　燕　著
责 任 编 辑	王　晶
标 准 书 号	ISBN 978-7-301-31884-3
出 版 发 行	北京大学出版社
地　　　址	北京市海淀区成府路 205 号　100871
网　　　址	http://www.pup.cn
电 子 信 箱	law@pup.pku.edu.cn
新 浪 微 博	@北京大学出版社　@北大出版社法律图书
电　　　话	邮购部 010-62752015　发行部 010-62750672 编辑部 010-62752027
印 刷 者	天津中印联印务有限公司
经 销 者	新华书店
	730 毫米×1020 毫米　16 开本　28.5 印张　496 千字 2021 年 1 月第 1 版　2022 年 10 月第 4 次印刷
定　　　价	79.00 元

未经许可,不得以任何方式复制或抄袭本书之部分或全部内容。
版权所有,侵权必究
举报电话: 010-62752024　电子信箱: fd@pup.pku.edu.cn
图书如有印装质量问题,请与出版部联系,电话: 010-62756370

国家社科基金后期资助项目
出版说明

　　后期资助项目是国家社科基金设立的一类重要项目,旨在鼓励广大社科研究者潜心治学,支持基础研究多出优秀成果。它是经过严格评审,从接近完成的科研成果中遴选立项的。为扩大后期资助项目的影响,更好地推动学术发展,促进成果转化,全国哲学社会科学工作办公室按照"统一设计、统一标识、统一版式、形成系列"的总体要求,组织出版国家社科基金后期资助项目成果。

全国哲学社会科学工作办公室

目 录

导 论 ·· 1
　一、为什么关注公司财务的规制路径 ···························· 1
　二、回归原点 ·· 5
　三、规制 vs. 监管 ··· 8
　四、本书的基本框架 ·· 12

上篇　规制路径的历史探索

第一章　公司财务实践与观念的演进 ··························· 17
　一、从融资到财务管理——公司财务实践的发展 ············ 18
　二、从融资决策到资本市场——理论建构与学科转型 ······· 21
　三、当公司财务进入我国——技术移植与制度变迁 ········· 29
　小结 ·· 36

第二章　公司融资与规制的萌芽 ································ 37
　一、作为融资工具的公司组织 ································· 38
　二、19世纪后的融资工具创新 ································ 48
　三、20世纪的衍生革命对公司融资的影响 ···················· 58
　小结 ·· 65

第三章　公司并购与法律的生长 ································ 67
　一、并购潮与法律供给 ··· 68
　二、大并购与公司法并购规则体系的成型 ····················· 73
　三、并购的市盈率效应及其多元规制路径的初现 ············· 80
　小结 ·· 86

第四章 传统的规制路径:公司法 ·········· 88
一、公司法的规制传统 ·········· 88
二、传统的式微 ·········· 93
三、债权人利益保护的淡出 ·········· 100
四、财务决策中的权力配置 ·········· 110
小结 ·········· 119

第五章 替代性规制路径:证券监管 ·········· 121
一、美国式证券监管 ·········· 122
二、我国的证券监管 ·········· 132
三、证券监管规制路径的局限 ·········· 139
小结 ·········· 145

第六章 另类规制路径:会计与税 ·········· 147
一、会计与法律的天然联系 ·········· 147
二、会计准则作为规制路径 ·········· 153
三、税法作为规制工具 ·········· 165
小结 ·········· 174

第七章 规制路径背后的现代公司财务理论 ·········· 176
一、MM定理与公司资本制度 ·········· 177
二、风险资产的定价与股东权益保护 ·········· 189
三、公司控制权市场与并购规制 ·········· 200
小结 ·········· 211

下篇 规制路径的现实观察

下篇(I) 财务信息规制与会计话语权

第八章 从财务造假到会计争议 ·········· 217
一、财务造假 ·········· 217
二、会计争议 ·········· 219
三、错误与舞弊 ·········· 223
四、盈余管理 ·········· 225

第九章　会计争议的经典个案——凯立诉中国证监会 …… 230
　　一、案情、判决与反响 …… 230
　　二、"凯立案"实质争议的界定 …… 233
　　三、木棠工程收入确认：穿越会计准则的丛林 …… 237
　　四、凯立公司的会计推理过程 …… 240
　　五、中国证监会的自由裁量过程 …… 245
　　六、对"凯立案"及其二审判决的基本评价 …… 246

第十章　会计话语权的法律配置 …… 249
　　一、模糊的起点：会计监管权的定位与边界 …… 250
　　二、证券监管：会计最终话语权的理想与现实 …… 255
　　三、会计主管权与会计准则解释 …… 261
　　四、会计话语权框架中的会计专业人士 …… 264
　　五、会计话语权框架中的法院 …… 267
　　六、在会计话语权框架下再评"凯立案" …… 269

第十一章　证券监管与会计解释的互动 …… 274
　　一、会计解释的两条路径 …… 274
　　二、"凯立案"之前证券监管实践的探索 …… 276
　　三、"凯立案"引发的震荡 …… 278
　　四、证券监管与会计解释的良性互动 …… 279
　　五、有待进一步完善的制度基础 …… 284

第十二章　会计职业在公司治理中的看门人角色 …… 287
　　一、会计师作为看门人：理论与现实的距离 …… 287
　　二、改进会计师看门人角色的基本思路 …… 289
　　三、另辟蹊径：关注会计师看门过程中的法律噪音 …… 293
　　四、法律噪音之一：法律确认对会计确认的干扰
　　　　——以"雷曼回购105事件"为例 …… 295
　　五、法律噪音之二：法律程序消解会计程序的约束意义
　　　　——以"伊利股权激励事件"为例 …… 301
　　小结 …… 304

下篇(II) 公司财务经典争议的法律解析

第十三章 "郎顾之争"的原点与歧路 ……………………………… 311
一、"郎顾之争"的三个层次:个案、问题与主义 ……………… 312
二、个案层面的追问:顾氏"七板斧"合法吗? ……………… 314
三、"洗个大澡,相貌迎人":脆弱的支点? ………………… 316
四、个案中的正义:法律失落了什么? ……………………… 318
五、让财务归财务,法律归法律 ……………………………… 321

第十四章 资本公积补亏争议面面观 ……………………………… 323
一、资本公积补亏的基本含义及其约束条件 ………………… 325
二、公司法的视角 ……………………………………………… 327
三、证券监管的视角 …………………………………………… 331
四、税法的视角 ………………………………………………… 334
五、大路朝天,各走一边 ……………………………………… 337

第十五章 股票期权激励的法律与会计约束
——从"伊利股权激励事件"谈起 ……………………… 340
一、经理人股票期权中的利益冲突与"合理性"判断之困 …… 342
二、法律的规制方式及其局限 ………………………………… 344
三、会计的约束方式及其意义 ………………………………… 346
四、"伊利股权激励事件":会计准则的"能"与"不能" …… 348
五、改进股票期权的约束机制:法律与会计的互动 ………… 352
六、金手铐还需要金钥匙 ……………………………………… 355

第十六章 以股抵债交易与税负成本的约束
——以"电广传媒以股抵债交易"为例 ……………… 356
一、"电广传媒以股抵债交易"概况 ………………………… 357
二、以股抵债的法律性质:公司法与税法的分野 …………… 358
三、以股抵债的税务处理:从债务重组到股权交易 ………… 361
四、以股抵债交易应适用的所得税规则:冲突与选择 ……… 363
五、"电广传媒以股抵债交易"当事人纳税义务的确定 …… 366
六、以股抵债税务成本显性化的政策意义 …………………… 367

第十七章　并购重组与等价有偿原则的计算

——"三联重组郑百文"交易回放 ·················· 370
一、"三联重组郑百文"与等价有偿的公平性争议 ·········· 371
二、三联商社的价值 ······························· 373
三、郑百文流通股的价值 ·························· 376
四、等价有偿原则的检验 ·························· 382
五、重组交易中,法律应关注什么? ················· 387

第十八章　协议控制-VIE 模式中的法律规避与反规避 ········ 391
一、协议控制与 VIE 的基本含义 ··················· 393
二、规避监管:境外间接上市采用协议控制-VIE 模式的动机 ···· 396
三、协议控制-VIE 模式的运作机理 ················· 399
四、实质重于形式:协议控制-VIE 模式的法律风险 ······ 404
五、重新解读"支付宝 VIE 事件" ··················· 408
六、监管思路的调整与协议控制-VIE 模式的终结 ······ 410
七、VIE 的反讽,抑或法律形式主义的失败 ············ 411

第十九章　PE/VC 对赌协议与公司法资本管制 ············ 414
一、"对赌协议"的界定——基于"海富案"的语境 ········ 415
二、美国风险投资示范合同:在法定资本规则内游走 ······ 418
三、ThoughtWorks 案:特拉华州法院的诠释路径 ········ 424
四、美国 PE/VC 投资法律实践提供的启示 ············ 431

主要参考文献 ·································· 438

后　记 ·· 446

导　论

一、为什么关注公司财务的规制路径

在资本市场中,公司财务运作因其直观的财富效应而备受关注,同时也因直接触及公司内外各种主体之间的利益分配而成为法律规制的重点。法律的功能是定分止争、规范与引导,厘清上市公司财务运作的规制环境,从而间接促进资本市场的效率。然而,在我国资本市场历时三十年的发展以及监管实践中,法律对上市公司财务运作的规制不时引发更大的争议,一些令人困惑不已的争议不是被澄清,而是被放弃、被遗忘,直至下一个公司再次引爆地雷,重启争议。

对此,最有代表性的事件非2000年的"凯立案"莫属。这是中国证券市场中第一例被监管者起诉监管者的案件,缘起于凯立公司申请首次公开发行股票,而中国证监会则以凯立公司利润造假为由拒绝放行。凯立公司起诉证监会,案件经历一审、二审后以证监会败诉而告终。然而,"庶民的胜利"欢呼之声未落,"凯立案"的判决就遭遇了前所未有的狙击。财经媒体质疑程序正义与实质正义的脱节,长篇《凯立真相》让尊奉"以事实为依据、以法律为准绳"的司法颜面尽失。[①] 而法学界则强烈质疑"司法侵犯了行政的自由裁量权"[②],这种侵犯因为危及中国证券市场的有效监管而变得格外不能容忍。媒体与法学界的联手"再审"改变了"凯立案"的结局,最高人民法院要求暂停执行"凯立案"二审判决,直至永远。一度被视为中国证券市场法治发展之里程碑的"凯立案"似乎悄悄地从世间蒸发了,只留下尴尬的法院和茫然的原告。

然而,"凯立案"的这一结局并未让证券市场中的任何参与者获得解脱。包括上市公司、投资大众以及专业人士在内的市场主体,非但没有对凯立公司是否造假获得一种更清晰的认识,反而产生了更多的困惑,既无法理解法学界为什么无视证监会行政行为之瑕疵,执意"神化"行政权力,更不知日后

---

① 李巧宁、张继伟:《凯立真相》,载《财经》2001年9月。
② 冰之:《重新审视海南凯立状告中国证监会》,载《法制日报》2001年7月25日。

能否与监管者就财务处理问题一争高下;法院则惊诧于批评者对于"国家统一的会计制度"置若罔闻;会计主管部门以及会计专业人士更无奈地发现,自己成了一个司法判决的陪绑者,因为法学界需要用"有关主管部门或专业机构"的无能来反证其对证券监管权的推崇;即使是得到法学界"自由裁量权"的理论支持的证券监管机关,也依然处于一种监管的两难境地,既无法确定自己的"自由裁量权"属于形式审查还是实质审查,也无法廓清这一"自由裁量权"与会计主管部门、会计专业人士之间的边界。① 法学界最早质疑"凯立案"的学者对二审判决有一句精彩的评论:"二审判决带来的问题要大于其解决的问题"②,这一评价似乎也完全能够适用于法学界以"自由裁量权"为名进行的批判本身。法理纷争的胶着状态与凯立公司扑朔迷离的真相、司法判决捉摸不定的结局交织在一起,几乎让所有期望对"凯立案"获得一个确切说法的人们感到绝望。

这种普遍性的无解与绝望感在四年后的"郎顾之争"中卷土重来。

2004年8月9日,著名经济学家郎咸平教授在复旦大学发表了《在"国退民进"盛筵中狂欢的格林柯尔》的讲演,指控格林柯尔掌门人顾雏军从事了会计操纵行为,通过粉饰财务报表来渲染其管理神话,为其大规模收购上市公司——科龙、美菱、亚星客车、ST襄轴等——的国有股权装点门面。郎咸平将顾雏军的财务运作归纳为"七板斧"——安营扎寨、乘虚而入、反客为主、投桃报李、洗个大澡、相貌迎人和借鸡生蛋,以实际投入的3亿元创造了投资达41亿元的"神话",却导致国有资产大量流失。顾雏军则高调回应,例数自己对所收购公司采取的削减成本、强化管理的诸多举措,并以国务院体改委企业研究所的研究报告作为佐证。随后,一些经济学家发声"警惕妖魔化中国企业家群体","郎顾之争"很快演变成众多学者卷入的大论战,然而,论题已不再是财务操纵还是经营奇迹之争,而是转向一系列社会热点话题,例如国退民进的改革方向是否正确,国有资产是融化的冰棍还是皇冠上的宝石,企业管理者是主人还是仆人,等等。

在这一切喧嚣的背后,相关企业与个人的命运急转直下。2005年5月,德勤会计师事务所宣布辞任科龙的审计机构,中国证监会正式启动对科龙虚假陈述行为的调查程序。科龙进入了一个被八方讨伐的时期,供应商断货、银行惜贷、生产线停产、掌门人顾雏军告假、重组传言四起。③ 三个月后,证

---

① 张继伟:《监管的边界》,载《财经》2001年9月。
② 冰之:《重新审视海南凯立状告中国证监会》,载《法制日报》2001年7月25日。
③ 范军利:《科龙并购被指"蛇吞象",顾雏军帝国梦止步证监会彻查》,载《新京报》2005年7月21日。

监会公布了调查结论,指出科龙通过虚构销售收入、少提坏账准备、少计诉讼费用等手段虚增利润;而数月后毕马威的调查结果则显示,科龙2001年至2005年间发生不正常重大现金流共计75.5亿元。2006年7月,佛山市中级人民法院开庭审理对顾雏军等人的刑事指控,罪名包括虚报注册资本、提供虚假财务报告、挪用资金、职务侵占等。2009年4月,广东省高级人民法院二审裁定顾雏军构成虚报注册资本罪、违规披露、不披露重要信息罪以及挪用资金罪,三罪并罚决定对其执行有期徒刑10年,并处罚金680万元。即使顾雏军2012年出狱后的第一个举动就是高调召开新闻发布会鸣冤叫屈,即使2014年1月最高人民法院指令重审"顾雏军刑案",2019年4月最高人民法院亲自提审也只是撤销了虚报注册资本与虚假陈述两罪,却维持了挪用资金罪的认定,"资本狂人"仍然没有获得"绝对的清白"。

关注"郎顾之争"的人们惊讶地发现,从最初的"会计操纵",到中途的"国退民进"之争,到监管机关处罚的财务造假,直至最后当事人被起诉的诸多罪名,已经发生的、不应再变化的事实却在不同主体的解读过程中像条变色龙一样不断转换色彩,最初引爆地雷的"会计操纵"早已不见踪影。然而,顾雏军的锒铛入狱并没有终结"郎顾之争"引发的诸多困惑。在此后的数年中,笔者在不同场合仍然遭遇国有企业的高管人员追问:"郎顾之争"到底是一个什么说法?

当然,在中国资本市场三十年的历程中,除了上述极具戏剧性或者说悲剧性的事件外,更常见的是上市公司在日常经营中的财务决策屡屡引发争议。例如,与经典公司财务理论的"融资有序假说"①相反,我国上市公司似乎对股权融资存在强烈的偏好;但许多公司只顾圈钱不思回报,长期不分红。企业普遍存在融资的盲目性,导致频频变更募集资金投向。此外,大股东通过关联交易等手段转移财富甚至掏空上市公司,侵害中小股东利益。公司财务学者将上述行为称为"上市公司财务行为的异化"。② 然而,当法律人回应资本市场的关切,提出治理财务行为异化的法律对策时,却又常常引发新的争议。例如,2001年三联重组郑百文被市场人士誉为"中国证券市场中第一例市场化的重组",但在法律人看来却未必能通过"等价有偿"原则的检验。至于2005年修订《公司法》引入的禁止公司用资本公积弥补亏损的规则,本旨在遏制上市公司滥用债务重组的行为,但最终却只是在《公司法》中留下尴

---

① 该假说认为,企业对融资方式的选择依偏好程度依次为:自有盈利、债务融资、股权融资,因此股权融资是最次的选择。Gordon Donaldson, *Corporate Debt Capacity: A Study of Corporate Debt Policy And the Determination of Corporate Debt Capacity*, Division of Research, Graduate School of Business Administration, Harvard University, 1961.
② 黄中生:《公司治理的财务控制权配置研究》,东南大学出版社2008年版,第202—212页。

尬的一笔。

在股权分置改革之前,流通股与非流通股的分置状态叠加国有股一股独大的特征,常常被视为我国上市公司财务行为异化的根源,因为当非流通股股东控制公司时,其利益最大化主要体现在净资产的增加,而与对流通股股东心牵意系的股价变动毫不相干。因此,股权分置改革被视为解决中国证券市场顽疾的根本性变革,时任中国证监会主席尚福林先生喊出了"开弓没有回头箭",也成为2005年股权分置改革中最震撼人心的一幕。然而,股权分置改革已完成多年,上市公司财务运作"异化"的特征似乎并没有显著改变,且新的异化又接踵而来。例如,为了激励上市公司高管与公司长久利益的一体化,我国《公司法》与证券监管规章将经营者股票期权等激励措施合法化。然而,公司高管对股权激励的孜孜以求似乎更胜于给股东长期而稳定的回报,先是一些公司因为实施股权激励而曝出亏损,然后是创业板公司高管为兑现股票收益纷纷辞职。再如中国证监会在2011年前后出台的上市公司股利新规,要求上市公司向股东增加现金分红。这一政策如此富于争议,以至于中央电视台在2011年年底专门组织了一场经济学家、市场人士参与的大辩论,结果仍然是各说各话,上市公司的无奈、监管层的苦衷、投资者的欢呼与不解交织在一起。到了2013年年底《公司法》修改,立法者大刀阔斧地废除了公司设立环节的资本管制,以促进创业、激发经济活力。然而,这一激进的改革虽然赢得市场一片叫好,却引来法学界、特别是公司法学者的猛烈抨击,斥为"冒进"甚至"闹剧"。

上市公司是商业组织,以营利为目的,其发展壮大无法离开财务运作。域外公司财务历史经验表明,公司财务可以从两个方面促进公司的成长:第一,公司财务的有效运作是企业经营效率(transactional efficiencies)的源泉之一,这种效率直接影响到大企业经营活动的广度与深度;第二,公司财务的有效运作能够降低风险的强度,为经营活动提供一个稳定的经济环境,便利企业竞争力的提升。[①] 换言之,提高效率与控制风险是公司财务运作的两大基本功能。然而,我国上市公司的实践俨然完全相悖。财务运作是否提升了交易效率姑且不论,但它们却屡屡引发风险、争议、诉讼、甚至牢狱之灾。可以说,因财务运作而最终触及法律责任是每一家上市公司以及企业管理者的悲剧;而与公司财务运作相关的法律或者规制措施引发的种种争议也预示着公司财务运作法律环境本身的复杂性与不确定性。那么,在我国上市公司财务运作的各种规制与操作层面的冲突中,究竟是公司行为不当,还是监管者的

---

① Jonathan Barron Baskin, Paul J. Miranti, Jr., *A History of Corporate Finance*, Cambridge University Press, 1997, pp. 252-253.

盲动？抑或法律的滞后，人们观念的陈旧？法律与公司财务运作之间究竟存在一种怎样的联系？这是本书试图探讨的问题。

二、回 归 原 点

哈佛大学法学院前院长、著名公司法学者罗伯特·克拉克教授曾说过，法律人对一种社会现象的精细理论分析（elaborate legal scholarship），大概只有等到该现象完全展开、充分成熟了才能进行。[①] 但是，法律作为定分止争的工具，又需要及时回应社会现象的诉求。由此，法律人、特别是以研究为业的学者天然地处于某种被动、受掣肘的状态。这种感受，恐怕没有人比关注当下公司财务的法律规制现象的中国学者体会更深。

公司财务首先是一种管理活动，涉及融资、投资、分配等一系列行为。同时，公司财务也是一门学问，探讨公司为经营而寻求资金的方式以及由此导致的资本结构等问题。在我国，公司财务从实践到理论都是舶来品。同时，与公司财务运作相关的法律规制工具，不论是公司法还是证券法，也是近三十年从域外、特别是美国法移植或照搬的结果。这一社会对象与规制工具的双重移植的特殊背景，使得我们观察公司财务的法律规制始终有种"隔水笼纱"的感觉。更要命的是，美国公司财务的实践、理论以及法律规制工具本身，在过去的半个世纪中发生了翻天覆地的变化。作为一门学科的公司财务成为西方应用微观经济学最活跃的部分，信息经济学和合约理论的工具从根本上改写了公司财务领域[②]，同时也给美国公司法及其公司法研究带来一场革命。这也导致国内财务管理文献陷入一种"不断追赶"的状态，对公司财务的理解甚至相关概念的使用都给人以日新月异之感，"公司财务""公司理财""财务管理""公司金融""公司融资"等概念交替使用，其内涵却并不完全相同。公司法的文献似乎也不甘落后，法经济学、合同解释、企业理论等分析工具快速进入公司法的分析框架，以市场导向的效率逻辑解构了传统的公司法释义学以及管制的逻辑。

另一方面，公司财务在我国的传播与接受过程深深地打上了中国在20世纪中经历的多番剧变的烙印。特别是1979年改革开放以来社会转型与机制转轨的快速演进，各类市场主体（传统国有企业、新民营企业、科技创业者、

[①] Robert C. Clark, "The Four Stages of Capitalism: Reflections on Investment Management Treatises", *Harvard Law Review*, vol. 94, no. 1, 1981, pp. 561–582.

[②] 〔美〕道格拉斯·R. 埃默瑞、约翰·D. 芬纳蒂、约翰·D. 斯托：《公司财务管理》（第2版），靳新、王化成、李焰等译，中国人民大学出版社2008年版，第17页。

普通老百姓)都利用公司形态进行商业活动。从小作坊到全球五百强,从个人皮包公司到海内外三地上市的大型公众公司,域外数百年间公司财务运作的每一个历史阶段的特征似乎都能在我国找到对应的样本,从最原始的虚报资本伎俩到最时尚的股权激励,共处不悖。当法律试图规制公司财务运作,以谁为对象?用什么逻辑?为什么目的?

霍姆斯法官有言:"法律包含着一个民族经历多少世纪发展的故事,因而不能将它仅仅当作好像一本数学教科书里的定理公式来研究。为了知道法是什么,我们必须了解它的过去以及未来趋势。"①移植他国法律工具时更应如此。由于追赶与移植的现实需求,域外公司法高度凝练的法律条文甚至原理往往成为我们首先定位的目标,忽略了缺乏历史的语境实际上无法理解公司法的法条与法理。在法理学领域,学者已经开始反思以法哲学作为进入外国法的门径,他们提出的忠告也完全可以适用于本书所探讨的主题和领域:"以法哲学作为一种方法,势必预设着外国法存在着一种跨越时空、普遍适用于各种部门法门类的本质,在此基础上,所有的探索都是化约主义的,都是要透过纷繁复杂的表象而看到法律的本质。似乎对于我们这些学习者而言,只要抓住法律是什么这一根本问题,那么其他问题都可以纲举目张,得到解决。……向历史转向,就意味着我们要少谈些主义,多研究些具体的问题,在外法史的研究中把'时间'找回来,最终是为了发现法律的复杂性以及法律历史的偶然性和开放性。"②

回溯历史,域外公司财务在过去的一百年间变化很大,先后经历了筹资、依法理财与内部控制、资产财务管理与决策、投资财务管理、风险管理等不同阶段。③尽管 20 世纪后半叶的发展历程深受建基于新古典经济学的现代公司财务理论的影响,但前半叶特别是依法理财阶段,公司财务与法律、会计曾经非常亲近。当时的财务学家——如阿瑟·杜因教授——清晰地意识到,讨论公司财务问题"无法忽略会计原理或者法律施加的限制条件。……在受益格鲁—萨克森法主导的国家中,财务上的灵活性受制于法律环境,某些情况下甚至完全由法律条件控制的,后者清晰地展现在制定法与判例传统中"。④ 在过去的四十年里,公司财务理论本身也出现了与公司治理相融合

---

① 〔美〕小奥利弗·温德尔·霍姆斯:《霍姆斯读本:论文与公共讲演选集》,刘思达译,张芝梅校,上海三联书店,2009 年版,第 70 页。
② 田雷:《第二次的相逢——论外国法研究的历史转向及其中国问题意识》,载《探索与争鸣》2017 年第 4 期。
③ 王庆成、王化成编著:《西方财务管理》,中国人民大学出版社 1993 年版。
④ Arthur Stone Dewing, *The Financial Policy of Corporations*, 4th ed., The Ronald Press Company, 1941, preface.

的趋势,人们的关注点由原来的"企业内部财务决策最优化"转向为"企业财务管理主体行为最优化",制度经济学、行为经济学的分析因素影响日隆。① 因为公司财务作为管理活动,是人的自主行为,财务决策最优化不能只局限于提供技术化的决策方法,而忽略决策者的激励与约束。商界第一部公司治理原则文献——英国卡德伯瑞委员会1992年发布的《公司治理的财务方面》着重突出了公司治理中财务的重要性,强调公司内部财务控制和风险管理等问题。

我国公司财务的观念传统上受苏联影响,近年来则多与英美接轨。这种分裂式的路径依赖导致不同时期企业的财务活动呈现不同的特点,并进而影响到学术解读。传统学者一般将公司财务视为具有微观性的管理学的分支,称之为"财务管理";其实践则包括财务预测、财务决策、财务控制、财务评价等诸多内容,与会计流程及控制密切相关。相反,英美的"公司财务"理念更多着眼于企业层面涉及金融市场、金融行为的管理活动,与以财务数据为基础,对企业实行有效控制的"财务管理"不完全相同。② 然而,当我们把目光投向本土实践中的公司财务运作特别是争议所在,可以发现其涉及的内容并不仅限于英美公司财务的范畴(如资本结构或投资决策),也有公司内部财务管理问题(如公司资金的使用与内部控制),甚至还包括最基础的会计反映问题,因此很难为上述任何一种术语所覆盖,倒是与半个多世纪之前阿瑟·杜因教授的观念非常接近。

前述的"郎顾之争"或许最典型地反映了当下我国上市公司财务运作争议的特征。"郎顾之争"的波澜兴起于公司并购交易,但郎氏的针尖麦芒实扎于盈余管理;所引发的争议在"国退民进"的宏大命题上最夺人眼球,但最终的法律后果却落在公司法层面的违规操作,包括虚假出资、虚假披露、挪用资金等。从会计技术问题到商业(财务)决策问题,从微观市场主体的守法与合规到政府的宏观政策取舍,四个不同层次的争议交织在一起,使得围绕着公司财务运作的迷雾越聚越浓,难见真相。

如果先撇开政府宏观政策导向这一维度——其本质上是规则制订过程的博弈,会计反映、财务决策、公司法三个层面则类似于规则的实施或适用过程,它是任何一个企业的财务运作都无法绕开的制度背景。会计是一种通用商业语言,也是商人或企业须臾不可离的管理工具。公司财务决策旨在实现财务收益的最大化,它虽然有一套日益数学化的财务理论模型来辅佐决策,

---

① 王斌:《论现代企业财务制度——兼论我国企业财务改革的目标取向》,载《会计研究》1998年第6期。
② 胡奕明、陈亚民主编:《公司财务案例》,中国财政经济出版社2007年版,前言第1页。

但决策所需的信息以及最终的结果都需要通过财务会计的数据来呈现,而且决策的内容也依赖于企业内部控制程序来保障其落实。从这个意义上看,财务会计与内部控制是企业财务运作的基础环节。另一方面,公司财务决策往往影响到为公司提供融资的不同主体,如股东或债权人,它很难摆脱公司法、证券法、合同法、甚至刑法的大框架。上述两方面结合起来,可以发现会计、公司财务与法律框架三者之间天然地具有紧密的联系。实践中,上市公司的财务运作往往同时引爆会计、财务与法律三个层次的争议,正是这种关联性的体现。

当然,会计、财务决策、公司法三者各自都有自身的制度要素和逻辑,不可混为一谈,但我国公司财务运作的实践要求将这三者综合起来考察。这不仅是因为三者在同一个空间——公司组织——中运行,更是因为我国正处于经济转型与法制建设的起步阶段,每一个层面上的制度建设都尚未成型。不论是会计准则还是公司法、证券法、刑法,都处于立法、修订、再修订的循环过程之中;公司财务的理念、思路与运作规则也正经历着剧烈变动。打一个未必确切的比喻,如同宇宙起源之初的混沌状态一样,我国企业的财务运作也是在这样一种混沌的制度格局中进行的。众多由传统企业改制而来的上市公司并未形成真正的市场思维和商业逻辑,在激烈的市场竞争中频频挑战法律底线;而从域外引进的高度凝练的公司法条文又抽离了其本土的商业文化滋养,遑论织入商业活动的语言——会计。因此,有必要在会计、财务决策、公司法相互之间搭建起联结的桥梁,形成一种彼此界限分明但密切互动的关系。这不仅是各领域自身建设的需要,也是理顺上市公司财务运作的制度约束的前提。

三、规制 vs. 监管

本书关注公司财务运作的法律规制。选择"规制"一词而非更常见的"监管"概念,主要是基于如下考虑:

第一,"规制"与"监管"虽然均源于英文的"regulation",表明"依据一定的规则对构成特定社会的个人和构成特定经济的经济主体的活动进行限制的行为"[1],但在中文语境中二者所指向的内容略有差异。"监管"隐含监督、管

---

[1] 〔日〕植草益:《微观规制经济学》,朱绍文、胡欣欣等译校,中国发展出版社1992年版,第1页。该书是国内最早出版的管制经济学文献,影响很大,其对"规制"的定义也为我国管制经济学学者或者研究法律监管问题的学者广泛引用,如王俊豪:《政府规制经济学导论》,商务印书馆2001年版,第32页;张忠军:《经济法与政府经济管理的法治化》,载何勤华主编:《20世纪外国经济法的前沿》,法律出版社2002年版,第9页。

理之意,强调的是政府采用法制、行政规章等手段,对经济活动进行的强制性管理和控制,以克服市场失灵带来的弊端。而"规制"一词为日本经济法学者金泽良雄教授为英文"regulation"一词所"苦心创造"的译名①,日本学者使用该词汇时,其含义不仅包含"监管"的强制性、限制性的一面,同时力图容纳现代社会中政府以积极手段干预、促进经济活动的一面,与"国家干预"同义。这正是经济法意义上的"规制",也为管制经济学学者所认可。② 公司财务运作领域也不例外,有些行为需要限制,而有些行为需要促进,法律扮演的角色并不仅仅是"监管",而是一种"规制"。

第二,从国内法学界的使用习惯看,"规制"一词较"监管"而言使用较不普遍,反而令其语义少了刻板之矩,有更大的适用空间,因此可以用来描述一些正式或非正式的约束,如本书所讨论的法律、会计、税等不同制度对公司财务运作形成的约束性环境。此外,不管相关的立法或者制度在颁布时是否出于监管的目的,笔者秉持功能主义的解释进路,关注会计、税等规制途径客观上能够服务于监管目的的实际效果,尽管法学界可能尚未就此形成共识。

当然,公司财务运作是否需要规制、特别是法律规制,也不乏争议。从历史来看,由于公司股票、债券等都属于法律的调整对象,因此公司财务运作自始受制于法律框架。美国早期的公司财务书籍充满了法律逸事且强调会计的重要性,对揭露公司的财务丑闻怀有极大的兴趣。③ 不过,20世纪50年代现代公司财务理论兴起之后,学者对公司财务的关注逐渐转移到投资决策、融资决策和股利决策等方面。在这些决策中,由于设定了理性人、完善资本市场等一系列假设作为前提,实证研究、数理分析成为公司财务的主要研究方法与分析工具,公司财务更像一门"优雅"的科学,其学科归属也从会计学转到应用经济学。公司的财务运作也被认为是公司内部事务,专业化,法律的干预被排斥。这种理解在美国财务学家默顿·米勒1990年诺贝尔奖获奖讲演中再清晰不过地反映出来,他指出:"与经济学中那些传统的领域不同,财务领域中的焦点不是公共政策问题……注重的是实证经济学而非规范经

---

① 〔日〕植草益:《微观规制经济学》,朱绍文、胡欣欣等译校,中国发展出版社1992年版,第304页"译后记"。当然,日文的"规制"一词或溯源于我国古籍,如《唐书·韦述传》:"……规制遂定";《宗史·李神福传》:"无规制,远近失叙"。
② 〔日〕金泽良雄:《经济法概论》,满达人译,梁明达校,林台校正,甘肃人民出版社1985年版,第45—47页;〔日〕植草益:《微观规制经济学》,朱绍文、胡欣欣等译校,中国发展出版社1992年版,第2页。
③ 〔美〕路易斯·洛温斯坦:《公司财务的理性与非理性》,张蓓译,上海远东出版社1999年版,第3页。

济学,追求的是基于简单但组织严密的理论基础上的实证研究。"① 米勒教授对当时美国证券监管机关与立法部门应对恶意收购的一些监管措施提出了强烈批评,警告说"对财务杠杆的歇斯底里的攻击将带来更不易察觉的长期后果"。

在笔者看来,法律规制公司财务运作缘起于公司财务决策中内含的利益冲突,如债权人与股东之间的冲突、大股东与小股东之间的冲突、股东与管理层之间的冲突,等等。法律作为定分止争的工具,需要提供解决冲突的方案,即在冲突双方或冲突各方之间实现公平的权益分配。当然,这种朴素的常识无法掩盖的一个事实是,在经济学与公司财务理论以数学公式面目呈现的精确推导面前,法律所追求的公平性显得比较空泛,而且具体处理方式更是原始而粗糙,难以反映公司财务实践中的具体需求与诸多变化因素。特别是,传统公司法的财务条款以规制股东与债权人之间的利益冲突为导向,侧重对股东行为的约束,它与现代企业理论以及财务理论将股东利益最大化作为评价标准有天壤之别。在后者看来,公司财务决策的目标是公司价值的最大化,由于股东是公司的剩余索取者,因此,公司利益最大化也就是股东利益最大化。② 公司法作为商业组织法应当以提供一个最有效率、也就是能够最大化实现股东收益的宗旨。由此产生的"公平"与"效率"之争也代表着经济学逻辑对法律逻辑的挑战。许多公司法学者接受了经济学逻辑,美国学者弗兰克·伊斯特布鲁克和丹尼尔·费希尔两位教授合著的《公司法的经济结构》一书被视为公司法革命成功的标志,公司法作为自身逻辑产物的历史基本终结。此后,每一个法律人在适用公司法的任何强制性规则之前都无法回避这样的质疑:法律规制是必须的吗?是最优的吗?还是先进行成本—效益分析吧! 相应地,我们见证了传统公司法规制色彩的逐渐褪去。

不过,基于以下两方面的原因,在当下中国关注法律对公司财务运作的规制仍然是有意义的,即使我们尚难以精确地衡量、甚至是难以描述规制的收益与成本。

第一,具有公众性的股份公司天然存在的内外部利益冲突,规制实际上是一个永恒的话题。即使财务学家也并不否认"分散的股权会导致管理层大量滥用自由裁量权,(伯利和米恩斯的)这项工作成为以后一系列关于公司治理和公司金融的学术思考的起点。……现代公司金融的一个前提是,公司内

---

① 〔美〕默顿·米勒:《默顿·米勒论金融衍生工具》,刘勇、刘菲译,清华大学出版社1999年版,第189页。
② 〔美〕爱斯华斯·达莫德伦:《公司财务——理论与实务》,中国人民大学出版社2001年版,第5页。

部人的行为未必符合出资人的最大利益"。① 因此,规制公司的会计行为,可以为资本市场中投资人的决策提供更为可靠的信息;规制公司的财务决策行为,有助于减轻或消除管理层与股东、大股东与小股东之间的潜在利益冲突。传统公司财务学者的批评可能更尖锐一些,当公司财务的书籍仅谈论优美的数学模型而不是混乱的公司时,不仅"低估了企业及其金融家们在操纵市场以及在欺诈的边缘踮脚行走时所显示的天才",而且也忽略了"作为一门学科,公司财务更是一门艺术(经验)"。② 20世纪80年代以后的学术研究也陆续对现代公司财务理论的一些结论甚至假设提出挑战。如噪音理论(noise theory)、混沌理论(chaos theory)、异质期望理论(heterogeneous expectation theory)、行为金融学(behavior finance)等,就对市场有效假设、理性人假设、同质期望假设等提出质疑③,而证券市场中频频出现的上市公司财务造假丑闻也不断印证着传统智慧的生命力。

第二,我国当下公司财务运作的现实需要。处于体制转型的关口,公司的财务运作不可能脱离法律规制的背景。这种"规制"不限于狭义的、由立法机关正式颁布的法律,而是体现为包括法律、会计、税、监管在内的对上市公司财务运作的各种约束机制。它们之所以都构成了规制,某种程度上也是因为我国的商事公司历史太短,市场也处于初创阶段,尚未形成一套根植于诚实信用、以基业长青为追求的商业文化。因此,在域外一些可能已经进入公司或者企业家血液里的自律约束或者市场信用机制,在我国还需要用外在的强制力来推行,这就使得规制在我国当下的资本市场中更加普遍,形式也更加多元。这也是我国公司财务学界的普遍认知,即"直接制约我国公司理财的法律规范主要包括:公司法、税法、证券法、企业会计准则、企业财务制度等"。④

当然,规制本身也需要智慧。法律、会计、税、监管等不同的规制路径,各自都有自身的逻辑和目标。当它们共同作用于上市公司的财务运作过程时,彼此之间需要协调冲突,以便各尽其责但又不逾矩。此外,这些制度本身也有一个发展过程,特别是,大量舶来品规则需要与我国的市场实践及社会文化背景相融合。前文述及的我国公司财务学界追赶域外财务经济学理论更

---

① 〔法〕让·梯若尔:《公司金融理论》,王永钦校,王永钦、许海波、佟珺、孟大文译,中国人民大学出版社2007年版,第21页。
② 〔美〕路易斯·洛温斯坦:《公司财务的理性与非理性》,张蓓译,上海远东出版社1999年版,第7页。
③ 美国公司法学者将它们称为"后现代财务理论",参见 Lawrence A. Cunningham(ed.), "Conversations from the Warren Buffett Symposium", *Cardozo Law Review*, vol. 19, no. 1-2, 1997, p. 776。
④ 例见陆正飞、芮萌、童盼编著:《公司理财》,清华大学出版社2003年版,第6页。

新的匆忙与慌乱,在法律、会计、税收、证券监管等领域也时常展现。不难想见,这样的规制一定也会存在诸多问题,有时非但不能为上市公司的财务运作提供有效的法律指引,反而陷入要么规制过度或武断、要么规制不足甚至缺位的两难境地。实践中,围绕着上市公司财务运作规制争议频发且久拖不决,就是例证。因此,规制路径本身的清理是规制工具有效发挥作用的前提,非此无法给市场主体以清晰的引导、激励和约束。这也是笔者写作本书的初心,即通过探究上市公司财务运作的法律规制的不同路径,厘清不同约束机制之间的关系,为公司财务运作法律环境的改善与优化提供一种学理上的解释。

四、本书的基本框架

本书试图从法律、会计、税的交叉学科视角对公司财务运作的规制问题进行探讨,目的不在于重述公司财务造假的法律制裁措施,而是从现实中我国上市财务运作争议入手,发现规范公司财务运作的法律基础本身的缺失,并提出不同规制路径有效配合的一些设想。

除导论部分外,本书分为上、下两篇,上篇为"规制路径的历史探索",下篇为"规制路径的现实观察",共十九章。

上篇"规制路径的历史探索"共七章,试图通过对公司财务运作的历史发展以及其中展现的不同规制路径的回顾,初步搭建一个关于公司财务法律规制的分析框架。该部分包括三块内容:历史、路径与理论影响。其中,前三章是关于公司财务的历史,分别从公司财务的实践与观念演进、公司融资与规制的萌芽、公司并购与法律的生长三个方面做简要的历史梳理。第四—六章是对公司财务的规制路径的考察,依次探讨了传统的规制路径(公司法)与现代监管手段(证券法),以及通常不被视为监管工具的会计准则与税法各自的特点。公司法的传统规制方式在过去的一百年间遭遇了多重挑战,从最早的会计实务,到后来的现代公司财务理论以及法律经济学等,显示出传统公司法存在的规制重点失当、规制手段僵化而粗糙、规制理念过时等问题。当公司法自身的规制色彩逐渐淡化后,证券监管在上市公司财务运作中扮演了积极的规制角色,但它同样也存在自己的功能边界。会计准则与税法从两个特殊的角度构成了对公司财务运作决策的约束,它们的主要功能并非是规制公司财务决策,但实践中也不时被用于监管目的。上述四种规制路径中,会计准则技术性最强,规制效力最弱,但它又是其他规制路径所依赖的前提。因此,在梳理公司财务运作多种规制路径的基础上,以会计为基础整合公司财务运作的法律规制路径,是优化公司财务运作的法律环境的一个重要前提。第七章也是上篇的收官,以 MM 定理和公司控制权市场理论为例,讨论了现代公司财务理论对规制路径演变的影响。

下篇包括十二章,是对我国实践中公司财务运作规制路径的观察。根据不同的观察重点,又分成两个相对独立的部分:

下篇(I)是关于财务信息规制与会计话语权问题。公司的财务运作以真实、准确的会计信息为基础,它不仅是公司本身进行融资、投资决策的前提,而且也是公司财务运作成果的体现,并进而引导公司财务运作的利益相关者的决策。传统的财务会计规制以打击财务造假行为为中心,但我国资本市场的实践展示,相对于财务造假,更频繁出现的是上市公司的盈余管理以及引发的会计争议,而后者的核心问题是会计最终话语权的配置,这是一个经典的法律问题。从财务造假到会计争议的视域扩展,将有助于我们更为准确、全面地构建公司财务运作的规制框架。因此,下篇(I)将以凯立诉中国证监会案为切入点,分析财务造假与会计争议之间的差异,探讨解决会计争议问题的法律框架以及我国现行立法对会计最终话语权的配置方式,并观察实践中政府相关部门、上市公司、专业人士、司法系统在会计话语权框架中的作为。

下篇(II)对公司财务经典争议的法律解析,包括"郎顾之争""伊利股权激励事件"、资本公积补亏争议、以股抵债、境外间接上市的协议控制-VIE 模式、PE 投资中的对赌协议等。每个争议通常反映了单一的公司法规制进路所存在的局限;而将会计、税、证券监管等不同规制路径加入,更能获得对相关争议较为合理的解决方式。当然,透过现实中存在的经典争议,也可以进一步发现不同规制路径之间复杂的互动关系。

本书所采用的研究方法是案例研究与历史研究相结合,从争议案例入手,层层剥笋,穷根究底。每一个案例都是一个争议的命题,而命题背后折射的可能正是某一个维度上发生的公司财务的历史变迁。公司财务运作的实践展示的众多争议,背后其实是人性在商业利益前面的摇摆,其幽微处与复杂性常常无法通过法律逻辑的演绎来解释。聚焦于争议案例便于展示细节中的魔鬼,由小及大,见微知著。在我国资本市场三十年的实践中,众多的争议以其独特的方式,挑战着现有法律、特别是公司法规制方式的自足性,从而推动监管者、专业人士、学者从各自的角度对已经察觉的缺陷作出制度改革的回应。可以说,每一个经典争议都是一段历史,而多学科交叉的视角更能发现真实世界中法律与市场之间的关系,即法律制度并非经济体的一个固有禀赋,而是各种正式的、非正式的规则与约束机制与市场主体的行为及其策略性反应之间进行着的、循环往复的互动过程。

这种以情景化分析为特征的案例研究方法曾经是法学研究、特别是公司法研究的传统,但随着法律的经济解释、计量与实证研究方法的流行,这种方法似乎显得过时了。不过,笔者还是很认同《法律与资本主义》一书作者的观点:"案例研究方法——不论其是否冠以'制度剖析'的标签——并没有被设计成为或者被用于取代法律渊源论研究文献所倚赖的那种横断面回归分析,但它确实试图为实证研究提供关键的解释性基础。实证研究还需要通过对不同的治理制度进行厚重的、理论明细的描述,来深化其情境、丰富其内涵,最终使其得以进一步完善。案例研究方法首先强调了一个关键的要点,即所有的法律和经济制度都必须按其自身的条件来理解,而不是参考一种理想类型,或其他已经被(通常是非常短暂地)奉为'模范'的制度。"①

其实,罗纳德·科斯教授在 20 世纪 70 年代就表达过类似的观点:"一个有灵感的理论家可能在没有这样的实验工作的情况下也能做得很好,但我的感觉是,灵感最有可能来自通过对数据的系统收集而解释的模型、疑难问题和异常现象带来的刺激,尤其是当基本需要将突破我们现有的思维习惯时。"②

忽略掉"数据的系统收集"的前缀,在笔者看来,我国上市公司财务运作的实践也常常带给人以这样的刺激和灵感。尽管案例有其明显的局限,尤其在当下这个急速变化的经济环境中,案例本身对后来者的适用意义可能"时过境迁",但我们依然能够从中感受到一个新兴市场中商业组织体的发展进程,它从无到有、从小到大、从不规范到规范、从国内走向国际。从某种意义上说,本书就是截取这个发展过程中的一些代表性片段,从中发掘公司财务运作面对的真实的制度约束,辨析其性质与合理性,最终获得对改进相关法律制度、特别是公司法的阶段性启示。毕竟,作为公司组织的基本法,公司法提供了上市公司财务运作最基础的法律框架;作为法律人,了解其他知识领域终究还是为了更好地增进法律工具的效用。

---

① 〔美〕柯提斯·J. 米尔霍、〔德〕卡塔琳娜·皮斯托:《法律与资本主义:全球公司危机解释的法律制度与经济发展的关系》,罗培新译,北京大学出版社 2010 年版,中文版序第 13 页。
② 在 1991 年斯德哥尔摩的经济学家诺贝尔奖讲演中,科斯教授再次强调了自己二十年前的判断,参见罗纳德·H. 科斯:《生产的制度结构》,载〔美〕奥利弗·E. 威廉姆森、西德尼·G. 温特编:《企业的性质:起源、演变和发展》,姚海鑫、邢源源译,商务印书馆 2008 年版,第 307 页。

上篇
规制路径的历史探索

第一章 公司财务实践与观念的演进

就最一般的理解而言,公司财务首先是一种企业管理活动。"财务"管理与公司的"生产"管理、"技术"管理、"人事"管理等相对,通常指企业内部针对资金收支的管理活动①,涉及融资、投资、分配决策以及现金流使用、管理等一系列行为。其次,公司财务也是一门学科,主要探讨公司为经营而寻求资金的方式,如采用股权融资还是债权融资或其他方式获得资金,以及由此导致的资本结构的表现方式等。公司财务理论的主要目的就是在公司生命周期的不同阶段,对于如何融资以及资金使用政策方面的问题给出预测或者建议。②

然而,不论是作为一种管理活动,还是作为一门学科,公司财务在过去的一百年间经历了翻天覆地的变化,导致其像一个万花筒,不同的角度可以呈现出色彩斑斓但又各不相同的图像。特别是,作为一门学科的公司财务是过去半个世纪中西方应用微观经济学领域最活跃的部分,新古典经济学、新制度经济学、行为经济学等分析工具依次上阵,重塑公司财务的面貌。一个最能反映这种"变脸"的证据,是中文文献中有关"公司财务"的英文——corporate finance 的翻译:在公司财务之外,"财务管理""公司理财""公司金融"等概念相继登场,或被交替使用,或被分辨析离。这方面一个有趣的例子就是由美国著名财务学家科普兰和温斯顿等编著的 *Financial Theory and Corporate Policy*。该书的第三版在 2003 年引入国内,译为《财务理论与公司政策》;2007 年引入第四版,却被译为《金融理论与公司政策》。短短四年间究竟发生了什么?哪个术语与我国公司财务运作实践相契合?

本章试图梳理公司财务的实践与学术的历史演进,展示其作为"管理活动＋学科领域"的特征以及与中国国情结合后所呈现的新特点,为后文从法律角度观察公司财务提供一个对标的模板。

---

① 陈毓圭:《财务管理与会计管理是不同质的管理活动》,载《会计研究》1986 年第 1 期。
② 〔法〕让·梯若尔:《公司金融理论》,王永钦校,王永钦、许海波、佟珺、孟大文译,中国人民大学出版社 2007 年版,第 116 页。

一、从融资到财务管理——公司财务实践的发展

在过去的一百多年间,公司财务的实践先后经历了筹资、依法理财与内部控制、资产财务管理与内部决策、投资财务管理、风险管理等不同阶段。其中,20世纪后半期的发展历程深受现代公司财务理论的影响。①

一般认为,公司财务作为企业专门的管理活动兴起于19世纪后期,涉及为股份公司等大型企业组织、特别是铁路、银行等筹集经营活动所需的大额资本。因此,最初的公司财务(corporate finance)仅仅指公司的"融资"——从字面上理解就是筹集修建铁路、开办银行的资金,它们通常采取发行债券的方式。② 在美国19—20世纪之交的第一次并购浪潮中,众多小企业被资本化成股份公司(如美国钢铁公司等),并向公众发行普通股。以摩根为代表的银行家以及专业的发起人通过将企业家所经营的传统制造业企业重新组合成大型股份公司而向市场释放了巨量的股票,公司所有权从一小群企业管理者分散到成千上万购买股票的大众投资者手中。至此,公司融资工具的基本形态,从铁路债券到新型工业企业发行的风险较高的优先股,直至高风险的普通股,都已为公众投资者熟悉并开始接受。③ 大型股份公司的发起与设立成为当时最主要的公司财务实践。④

1929年美国华尔街的股市暴跌以及随之而来的世界性经济大萧条导致众多银行与企业破产,投资者利益受损。西方国家开始对公司融资的证券市场进行监管,出台了《证券法》等法律法规,对公开发行证券的公司提出了强制信息披露、独立审计等要求。由此,公司财务进入"依法财务管理"(compliance corporate finance)时期⑤,公司的融资活动首次置于政府的直接监管之下,记录公司财务运作结果的财务信息的编制与呈报也逐渐趋于统一与规范化。不仅如此,大萧条引发的公司破产浪潮也引发各方面对公司负债与破产重组问题的关注,美国国会1938年通过的《破产法》引入了"公司重

---

① 王庆成、王化成编著:《西方财务管理》,中国人民大学出版社1993年版。
② 〔美〕路易斯·洛温斯坦:《公司财务的理性与非理性》,张蓓译,上海远东出版社1999年版,第2—3页。
③ Lawrence E. Mitchell, *The Speculation Economy: How Finance Triumphed Over Industry*, Berrett-Koehler Publishers, Inc., 2007, at 4, pp. 9-10.
④ Arthur Stone Dewing, *The Financial Policy of Corporations*, 4th ed., The Ronald Press Company, 1941, pp. 407-511.
⑤ 这一时期也被西方财务学家称为"法规描述时期"(Descriptive Legalistic Period),参见〔美〕道格拉斯·R. 埃默瑞、约翰·D. 芬纳蒂、约翰·D. 斯托《公司财务管理》(第2版),靳新、王化成、李焰等译,中国人民大学出版社2008年版,第17页。

整"制度,吸收普通法法院自19世纪后期在铁路破产财产接管方面所进行的创新,即由代表债权人利益的投资银行、律师与法院密切合作,重新设计破产企业的资本结构,降低负债,以便企业在破产接管结束后可以重归正常的财务状态。① 困境企业中不同证券持有人的权益调整成为当时的普遍做法,如债权人被置入优先级、劣后级的结构中,旧债券通常被置换为新的债券及优先股,而原有普通股及优先股股东在支付一定对价后也可能获得债券以及数量不等的重整公司的普通股。② 总的来说,在法律与市场环境的双重压力下,公司财务实践由扩张性的外部融资开始转向兼顾防御性的内部资金管理,尝试建立内部控制程序,对资本流转进行有效的管理。诸如债务重组、资产评估、保持偿债能力等与破产相关的问题相继进入公司财务的范畴。③

第二次世界大战结束后,西方国家开始了经济的恢复与腾飞,公司财务则进入资产财务管理时期,以提高资金的使用效率为目的的财务决策成为公司财务实践的中心。资金的时间价值引起普遍关注,以固定资产投资决策为研究对象的资本预算方法日益成熟,财务管理的重心由外部融资转向注重资金在公司内部的合理配置,公司财务管理也出现了质的飞跃。与此同时,资本市场对公司整体价值的关注刺激了评价公司股票、债券价值的方法创新,公司的盈利能力、资本结构、股利政策、经营风险等一系列因素成为公司估值方法的内在组成部分。

也正是在20世纪50年代,公司财务的学术研究不再局限于总结、描述公司财务的实践与法律要求,而是引入新古典经济学的研究方法,现代公司财务理论由此兴起,并在此后的岁月中成为推动公司财务实践发展的强大动力。约尔·迪安的资本预算模型(1951)④、哈里·马科维茨的证券组合理论(1952、1959)⑤、弗兰克·莫迪利安尼与默顿·米勒的资本结构理

---

① 对这一过程的精彩描述,参见〔美〕小戴维·A.斯基尔:《债务的世界——美国破产法史》,中国法制出版社2010年版,第56—158页。
② Peter Tufano, "Business Failure, Judicial Intervention, and Financial Innovation: Restructuring U. S. Railroads in the Nineteenth Century", *Business History Review*, vol. 71, no. 1, 1997, pp. 1–40.
③ 这一时期的公司财务书籍的内容清晰地反映了这一点,例见 Arthur Stone Dewing, *The Financial Policy of Corporations*, 4th ed., The Ronald Press Company, 1941;朱国璋:《公司理财》(第3版),中华书局1948年版。
④ Joel Dean, *Capital Budgeting: Top Management Policy on Plant, Equipment and Product Development*, Columbia University Press, 1951.
⑤ Harry Markowitz, "Portfolio Selection", *The Journal of Finance*, vol. 7, no. 1, 1952, pp. 77–91; Harry Markowitz, *Portfolio Selection: Efficient Diversification of Investments*, John Wiley & Sons, 1959.

论(1958)①以及威廉·夏普、约翰·林特纳等人在马科维茨证券组合理论基础上提出的资本资产定价模型(1964、1965)②等,陆续为企业财务决策的科学化提供理论支持。特别是,投资组合理论和资本资产定价模型将"收益"与"风险"有机结合起来,解释了资产风险与预期报酬率之间的关系,不仅可以适用于资本市场对证券的评价,而且可以应用于公司的投资项目决策与资本预算。③ 这也进一步推动了公司财务从资产管理向投资管理阶段迈进。

20世纪70年代以后,随着金融工具、特别是衍生金融工具的推陈出新,公司财务实践与资本市场的联系日益加强,期权、远期等风险管理工具广泛应用于公司筹资和对外投资活动。而支撑公司财务运作范围拓展的是公司财务理论的又一波创新浪潮。费希尔·布莱克、梅隆·斯科尔斯等人创立的B-S期权定价模型(1973)④使得金融衍生工具快速进入公司财务管理的工具箱,帮助企业建立科学的风险投资决策方法以及完善的投资决策指标体系。

与此同时,公司财务与公司治理开始出现交叉、融合的趋势。以詹森和麦克林(1976)⑤对公司资本结构、代理问题以及企业理论的富于洞见的观察为起点,公司财务不再是一个单纯的技术问题,而是与制度、规则、法律约束等紧密联系在一起。1992年12月,英国卡德伯瑞委员会发布了第一部具有广泛影响力的公司治理原则文献——《公司治理的财务侧面》(*The Finance Aspects of Corporate Governance*)⑥。它在贡献了一个简洁明了的公司治理

---

① Franco Modigliani, Merton H. Miller, "The Cost of Capital, Corporation Finance and the Theory of Investment", *The American Economic Review*, vol. 48, no. 3, 1958, pp. 261-297.
② William F. Sharp, "Capital Asset Prices: A Theory of Market Equilibrium Under Conditions of Risk", *The Journal of Finance* (New York), vol. 19, no. 3, 1964, pp. 425-442; John Lintner, "The Valuation of Risk Assets and the Selection of Risky Investments in Stock Portfolios and Capital Budgets", *The Review of Economics and Statistics*, vol. 47, no. 1, 1965, pp. 13-37.
③ 参见威廉·夏普诺贝尔奖讲演词,"存在或不存在负持有下的资本资产价格",《诺贝尔奖讲演全集》(经济学卷II),《诺贝尔奖讲演全集》编译委员会编译,福建人民出版社2004年版,第125页。
④ Fischer Black, Myron Scholes, "The Pricing of Option and Corporate Liabilities", *The Journal of Political Economy*, vol. 81, no. 3, 1973, pp. 637-654.
⑤ Michael C. Jensen & William H. Meckling, "Theory of the Firm: Managerial Behavior, Agency Costs and Ownership Structure", *Journal of Financial Economics*, vol. 3, no. 4, 1976, pp. 305-360.
⑥ 该报告由伦敦证券交易所、英国财务报告委员会和英格兰及威尔士会计师公会联合发起,针对英国公司自20世纪80年代后出现的公司财务丑闻而对改进公司内部治理提出政策建议,直接的导火索则是英国1991年曝出的出版业大亨麦克斯韦尔侵吞《每日镜报》数亿英镑的退休基金而投海自杀事件。该报告因委员会主席Adrian Cadbury爵士之名而被简称为卡德伯利报告(Cadbury Report)。

概念——"公司治理是公司被管理及控制的一套制度"[①]——的同时,突出了公司治理中财务问题的重要性,强调公司内部财务控制和风险管理,关注董事会(特别是非执行董事)以及公司审计师的监督功能。对公司内部控制问题的关注在 2002 年美国爆发安然、世通等大公司财务丑闻、欧洲爆发乳业巨头帕玛拉特公司财务丑闻后达到了顶峰,美国 2002 年出台的《萨班斯法案》对在美上市公司的内部控制提出了严格的要求。从某种意义上说,进入 21 世纪后,公司财务实践有部分地向早期的"依法财务管理"回归的迹象。

回顾公司财务一百多年的演进历史,它已发展成为集财务决策、财务预测、财务计划、财务控制和财务分析于一身,以筹资管理、投资管理、营运资金管理和利润分配管理为主要内容的管理活动,并在企业管理中居于核心地位。[②] 美国财务学家路易斯·洛温斯坦教授曾诙谐地评论说:"公司财务涉及工商企业的几乎所有方面,以及在日常生产和货物流动之外的资金的流动。……以尽可能低的成本筹集所需资金,这是公司财务的精髓……此外,财务有助于企业在范围广泛的问题上作出决策,例如如何在特定部门和项目之间分配资金,股息政策的制定,对员工持股计划的评价,以及公开宣布破产的时机选择等等。这个清单很长,且内容广泛。有时公司财务——以及从事财务工作的人——威胁要吞没整个金融界和商业界,几乎没留下什么不属于他们的东西,这没有什么值得大惊小怪的。"[③]

二、从融资决策到资本市场——
理论建构与学科转型

以 1911 年美国人弗雷德里克·W. 泰勒发表的《科学管理原理》为标志,管理学的发展已有百余年的历史。公司财务管理作为一类专门的管理学知识,也产生于 19、20 世纪之交。不过,早期的公司财务书籍主要是对公司融资实践以及相关法规要求的直观描述,尚不存在专门的公司财务理论。一般

---

① 进一步扩大 Cadbury Report 报告关于"公司治理"定义之影响力的,是随后 OECD 在全球推广公司治理理念的举措,尽管后者对公司治理与公司财务之间关系的认知发生了变化,强调"竞争""进入资本市场",而不是"公司行为的高标准"和"负责任"。参见 Cally Jordan, "Cadbury Twenty Year On", *Villanova Law Review*, vol. 58, no. 1, 2013, pp. 1-24.
② 有学者认为,在我国,从《公司法》对股东大会、董事会等职责与权限的规定可以看出,财务决策的地位要高于生产、经营决策,参见李心合:《财务管理学的困境与出路》,载《会计研究》2006 年第 7 期。
③ 〔美〕路易斯·洛温斯坦:《公司财务的理性与非理性》,张蓓译,上海远东出版社 1999 年版,第 3、7 页。

认为,20世纪50年代中经济学分析方法被引进公司财务研究领域,建立了有关公司融资、证券投资行为的一系列理论模型,现代公司财务理论方正式诞生。自20世纪70年代末开始,信息经济学、合约理论、行为理论等进一步改写了现代公司财务理论。可以说,过去半个世纪中公司财务从会计学的分支转变成应用经济学的分支,成为经济学中发展最迅猛的领域,诞生了包括马科维茨、夏普、莫迪格利安尼、米勒、布莱克、斯科尔斯、莫顿、法玛等在内的十多位诺贝尔经济学奖得主。其中,学者们在揭示证券市场运作规律方面取得的多项突破性进展使得公司财务的视角不再局限于公司本身,而以证券市场为中心。这也成为中文语境下"公司财务"向"公司金融"飞跃的理论背景。

1. 传统的公司财务研究

为满足美国大型股份公司的兴起对管理人才的需求,美国哈佛大学在1908年成立了企业管理研究院。三门必修课程——会计学、商法与契约法以及美国商业总论——反映了美国经济较古老的商业倾向。选修课程则包括工业公司管理、运输公司管理等。财务方面的课程包括公司财务、银行业务以及人寿保险;同时,作为19世纪后期公司财务实践集中于铁路融资的体现,铁路组织及财务、铁路经营以及铁路运费制订等均成为选修课。①

20世纪上半叶的财务书籍主要是对公司财务实践的归纳总结,侧重于描述公司融资的制度安排和法律结构、公司长期融资的模式,提供投资分析的实用指南,对混乱的公司财务实践提出批评并给出改进建议。财务学者的"观点多来自偶然的观察,而不是基于明确的理论模型"。② 法律与会计是公司财务研究中两个最重要的观察视角。阿瑟·杜因是这一时期最有代表性的财务学者,他认为,一本公司财务的书"无法忽略会计原理或者法律施加的限制条件。……在受益格鲁—萨克森法主导的国家中,财务上的灵活性受制于法律环境,某些情况下甚至完全由法律条件控制的,后者清晰地展现在制定法与判例传统中"。③ 杜因本人的著作充满了逸闻且强调会计的重要性,对揭露一些受人尊敬的市场操纵者的真面目怀有极大的兴趣,在其笔下,企业及其金融家们在操纵市场以及在欺诈的边缘蹑脚行走时所显示的天才被

---

① 〔美〕小艾尔弗雷德·D.钱德勒:《看得见的手——美国企业的管理革命》,重武译,王铁生校,商务印书馆1987年版,第550—551页。
② 〔英〕彼得·阿特勒尔:《财务管理基础》,赵银德、张华译,机械工业出版社2004年版,第3页。
③ Arthur Stone Dewing, *The Financial Policy of Corporations*, 4th ed., The Ronald Press Company, 1941, preface.

展示得淋漓尽致。

1940年,美国财务学会(American Finance Association)从美国经济学会中分离出来,并在1945年创刊《财务学期刊》(*Journal of Finance*)。不过,当时在《财务学期刊》上发表的文章主题比较散乱,包括联邦储备政策、货币增减对于物价与企业活动的影响、租税问题以及公司理财、保险与会计等。极少数文章触及投资的相关课题,但也多半是讨论流动性、股利政策及退休基金等。① 研究型文献很少,零星地散布于风险管理、营运资本或者资本市场的运作等领域。总体上,公司财务的学科定位被视为会计学的一个分支。②

2. 现代公司财务理论

20世纪50年代中,受经济学方法训练的新一代学者开始构筑理论来解释公司财务中的各种现象。具有里程碑意义的开创性研究,是M. 莫迪格里安尼和M. M. 米勒1958年对公司资本结构的研究所提出的不相干定理(又称MM定理),即在一定条件下,企业无论以负债筹资还是以权益资本筹资,只是改变了企业总价值在股权和债券筹资者之间分割的比例,不影响企业的市场总价值。③ 考虑到实践中融资决策在公司财务决策中被赋予的重要地位,这一结论令人震惊。

在MM定理之前,人们认为财务杠杆(举债比例)对公司价值的影响复杂难解,但莫迪格里安尼和米勒运用套利原理简洁而有力地证明:在完善的资本市场环境下,公司价值仅取决于它未来期望的经营现金流量的大小和资本成本的高低,而不是取决于这些现金流量如何在股东和债权人之间进行分配。若不是这样,譬如杠杆(举债)公司股价高于非杠杆(举债)公司,那么理性投资者就会卖出前者股票,同时借款来购买后者的股票,从而压低前者的股价,提高后者的股价。只要投资者个人能以与公司相同的条件借入或贷出资金,他们就能靠自己来复制公司层面的财务杠杆的影响。换言之,在一个不存在交易费用的完全市场中,套利机制将推动具有同样未来经营现金流量和风险等级的举债公司与非举债公司之间趋向一价,达至均衡状态,从而消

---

① 〔美〕彼得·伯恩斯坦:《投资革命——源自象牙塔的华尔街理论》,李繁康、邓哲夫、李挺生译,上海远东出版社2001年版,第48页。
② 〔英〕彼得·阿特勒尔:《财务管理基础》,赵银德、张华译,机械工业出版社2004年版,第3页。
③ 随后两位作者又发表了延伸的研究,提出了公司的股利政策与公司价值无关等观点。这些研究也被人们称为"不相关定理"或MM定理。

除公司层面的融资决策的影响。①

MM 定理被视为现代财务管理的起点②,后续学者就是在放松 MM 理论的理论假设的基础上研究真实世界中的公司资本结构,将税收成本、破产成本、信息成本、代理成本等因素渐次纳入公司融资决策的分析框架中。20 世纪 70 年代末之后,对资本结构问题的研究进路从新古典经济学进一步扩展到制度经济学、行为经济学等。其中,麦克林和詹森关于代理成本的经典论文针对公司财务决策中的市场有效性提出了质疑,指出了研究公司财务的另一条进路——关注代理成本问题,从而开启了资本结构理论研究的一个新阶段。不过,MM 定理始终被视为公司财务理论中最重要的结论,其里程碑式的意义不限于其令人眩目的结论,更在于"一种关于公司理财原则的新分析方法"。③ 相较于之前的研究,MM 定理"建立在关于投资者行为和资本市场功能的根本不同的看法之上,因此它与传统分析方法之间的分野意义重大,远远超越了像财务杠杆对资本成本影响之类的具体问题"。④ 这种方法论革命的意义在 MM 定理问世三十年时已经得到了普遍承认:MM 定理"将以往人们对资本结构的投资政策、融资政策与股利政策的规范研究,转向了可选择的投资政策、融资政策和股利政策对企业价值会产生什么影响的实证研究,其方法论上的创新改变了经济分析在资本结构问题上的作用,并为以后的期权定价、股票市场的有限量最优以及公共财政和宏观经济学奠定了基础"。⑤

20 世纪 50 年代的另一重大突破是马科维茨 1952 年、1959 年基于对证券市场中投资决策行为模式的研究所提出的证券组合理论,即通过投资组合实现更大的投资收益及消除投资风险。该理论表明了在不确定性条件下对资本资产进行投资的诸多困惑可以减少为两方面——预期收益和证券组合方差之间的比较,具体来说,就是用证券收益的方差来度量证券风险,用证券

---

① 对 MM 不相干假说的回顾参见 Merton H. Miller,"The Modigliani-Miller Propositions after Thirty Years", *The Journal of Economic Perspectives*, vol. 2, no. 4, 1988, pp. 99-120. 对 MM 定理及其贡献的一个全面而生动的中文描述,参见沈艺峰:《资本结构理论史》,经济科学出版社 1999 年版。

② 瑞典皇家科学院在 1985 年诺贝尔经济学奖颁奖词称:"仅在莫迪格利安尼和米勒提出他们的研究成果后,在这个领域中才出现了比较严谨的理论成果。"参见《诺贝尔奖讲演全集》(经济学卷 I),《诺贝尔奖讲演全集》编译委员会编译,福建人民出版社 2004 年版,第 641 页。

③ 语出瑞典皇家科学院在 1985 年诺贝尔经济学奖颁奖词,参见同上。

④ Franco Modigliani, Merton H. Miller, "Corporate Income Taxes and the Cost of Capital: A Correction", *The American Review*, vol. 53, no. 3, 1963, pp. 433-443.

⑤ Sudipto Bhattacharya, "Corporate Finance and the Legacy of Miller and Modigliani", *Journal of Economic Perspectives*, vol. 2, no. 4, 1988, pp. 135-147.

组合收益的协方差来分析证券组合降低风险的作用。马科维茨的理论后来被夏普、林特纳等人借鉴，发展出资本资产定价模型（Capital Assets Price Model，CAPM）。这一模型具有非常简单的数学形式：某一公司股票的期望收益率等于无风险收益率加该股票的风险溢价，而该股票的风险由该股票的贝塔值（β）来度量，后者指单只股票相对于整个股票市场的波动强度。CAPM 区分了证券的系统性风险与非系统性风险，为权衡投资活动内在的风险与回报提供了一个分析框架。此后，斯蒂芬·罗斯提出的套利定价理论（1976）[1]进一步完善了资本资产定价问题的研究。20 世纪 60 年代中期后，尤金·法玛等人的理论性工作探讨了信息与市场有效性之间的联系，有效资本市场假说（Efficient Capital Market Hypothesis，ECMH）成为对证券市场运作内在机理进行描述的基本框架。[2] 1973 年，布莱克、斯科尔斯以及罗伯特·莫顿在套利、有效市场假说、资本资产定价模型的基础上提出了期权定价模型，该模型迅速为实务界所接受，从而开启了以金融衍生工具为载体的风险定价与交易的新金融产业，并极大地完善了公司财务管理的工具箱。[3]此后，针对证券市场中的反常现象（anomaly），丹尼尔·卡尼曼、罗伯特·希勒等人则从心理学的视角进行研究，进一步丰富了人们对证券市场内在复杂机理的理解。[4]

至此，一系列重大的理论突破将公司财务改造成了一门规范的科学，包括均值—方差资产组合理论、资本资产定价理论与套利定价理论、期权定价理论、MM 定理等，这些理论的核心都是"个人、企业和我们这个社会如何在

---

[1] Steven Ross，"Arbitrage Theory of Capital Assets Pricing"，*Journal of Economic Theory*，vol. 13, no. 3, 1976, pp. 341-360.

[2] Jonathan Barron Baskin, Paul J. Miranti, Jr., *A History of Corporate Finance*, Cambridge University Press，1997，p. 231；对这一过程的更具体而详尽的描述，参见〔美〕彼得·伯恩斯坦：《投资革命——源自象牙塔的华尔街理论》，李繁康、邓哲夫、李挺生译，上海远东出版社 2001 年版，第 47—176 页。

[3] 其中斯科尔斯和莫顿共同获得了 1997 年诺贝尔经济学奖，两人的获奖演说也是对期权定价公式的诞生过程及其广泛应用前景的一个生动描述，参见罗伯特·默顿（莫顿）的诺贝尔讲演词：《期权定价理论的应用：最近 25 年的回顾》、迈伦·斯科尔斯的诺贝尔奖讲演词：《动态环境下的金融衍生品》，均载《诺贝尔奖讲演全集》（经济学卷 II），《诺贝尔奖讲演全集》编译委员会编译，福建人民出版社 2004 年版，第 441—514 页。

[4] 行为金融学是金融学、心理学、行为学、社会学等学科相交叉的边缘学科，力图揭示金融市场的非理性行为和决策规律，卡尼曼、希勒等学者为此分别获得了 2002 年、2013 年诺贝尔经济学奖。有关行为金融学对资本市场反常现象的研究，参见石善冲、齐安甜：《行为金融学与证券投资博弈》，清华大学出版社 2006 年版。不过，有效市场的支持者认为行为金融学的研究并不能否定资本市场有效假设，参见〔美〕斯蒂芬·A. 罗斯、伦道夫·W. 威斯特菲尔德、杰弗利·F. 杰富：《公司理财》（原书第 9 版），吴世农、沈艺峰、王志强等译，机械工业出版社 2012 年版，第 300 页。从法律视角对行为金融学研究及意义的一个评论，可参见 Lawrence A. Cunningham，"Behavior Finance and Investor Governance"，*Washington and Lee Law Review*，vol. 59, no. 3, 2002, pp. 767-837.

风险资产定价的基础上通过价格机制就稀缺资源分配作出决策"。① 在方法论上,现代公司财务理论引入了新古典经济学的分析范式,进行定量的实证研究。构成财务学新方法论核心的逻辑和数学方法不仅应用于评价资本市场的总体行为表现,将资本市场置于完备产品市场竞争的均衡模型中分析,而且用来构造公司如何为其经营活动进行融资的理论。财务学由此发展成为应用经济学的分支,其研究结论超越了会计的反映论,具有了引领实践的意义。②

公司财务的研究群体也发生了根本性转变:传统商学院的教师主要来自商界和政界受人尊敬和经验丰富的权威;如今,"公司财务的教授者主要是传统意义上的学者。他们大部分人除了进行咨询外,一般都没有商业经验。他们的兴趣和所接受的训练是发展理论以解释经济行为,然后借助统计学和计量经济学工具来检验这些理论。轶事证据和个人从商经验已经被现代公司财务理论的逻辑分析法所取代"。③ 商学院的课程体系也进行了重大改革,以满足智识上更高的挑战。如今,域外商学院或者经济学系开设的 Finance 专业包括两大主流——投资(investment)与公司财务(corporate finance)及/或公司治理(corporate governance)。投资学主要是探讨金融市场和金融资产的定价模式,其主题包括资产定价模型(CAPM)、风险套利模型(APT)、微观结构、期权与期货和一般均衡定价模型等。公司财务主要是"探讨公司实务投资与财务运作的决策过程,而公司治理就是探讨这些决策对股东权益的影响,因此公司财务与公司治理很难清楚地分开"。④

3. 关于资本市场的微观经济学

就法律关系而言,公司融资体现为公司与资金提供者之间的双务合同。当公司在资本市场发行股票或债券筹资时,公司与资金提供人各执合同一端,后者通常又称为投资人。从这个角度看,以 MM 定理为代表的公司融资

---

① 韦斯腾:《财务理论的发展》,转引自沈艺峰:《资本结构理论史》,经济科学出版社 1999 年版,第 52 页。
② Jonathan Barron Baskin, Paul J. Miranti, Jr., *A History of Corporate Finance*, Cambridge University Press, 1997, pp.10—11. 关于管理学与经济学之间的主要差异,参见刘源张:《中国管理学的道路——从与经济学的比较说起》,载《管理评论》2006 年第 12 期;罗仲伟:《管理学方法与经济学方法的借鉴、融合》,载《中国工业经济》2005 年第 9 期。对公司财务学属于经济学的一个简要的讨论,参见张兆国、尹开国、刘永丽:《试论现代财务学的学科性质、分析框架和研究方法》,载《会计研究》2010 年第 9 期。
③ 〔美〕托马斯·E.科普兰,J.弗雷德·温斯顿、库尔迪普·萨斯特里:《金融理论与公司政策》(第四版),柳永明、温婷、田正炜译,上海财经大学出版社 2007 年版,第 1—2 页。
④ 郎咸平:《郎咸平说公司的秘密》,东方出版社 2008 年版,第 138—139 页。

决策理论加上证券组合、CAPM、ECMH、期权定价模型等为代表的投资决策和资产定价理论，共同构成了一个完整的描述证券市场中的两类相对立的主体——融资者与投资者——在不确定性条件下如何利用价格机制进行决策的理论。当然，两类研究之间并非如现实世界中"融资人 v. 投资人"那样泾渭分明、两造对立，而是你中有我，我中有你。例如，MM 定理的套利分析就把投资人的决策行为模式以及证券市场的功能纳入公司财务决策的考量因素中，或者，用瑞典皇家科学院在 1985 年诺贝尔经济学奖颁奖词的提法，把公司的财务政策"放在融资—市场均衡①理论中考虑"。另一方面，证券组合、CAPM、期权定价模型等投资与资产定价理论也可以用来指导公司如何为其经营活动进行融资以及如何进行投资，因为证券市场估值过程为评价公司财务决策提供了合理性标准。② 归根结底，二者的终极目标都是探索个人或厂商在不确定条件下运用价格机制决策的规律和方法，它们共同构成了证券市场或资本市场③的微观经济学。其中，证券组合理论揭示了证券市场中的投资者如何最优化实施其行为，CAPM 则研究了这种最优化行为背后的经济均衡问题。④ MM 定理则是一般市场均衡理论在企业资本结构问题上的应用。⑤

作为这种对立统一关系的一个象征，1990 年的诺贝尔经济学奖授予了马科维茨（证券组合理论）、夏普（CAPM）和米勒（MM 定理）三人，以表彰他

---

① 原文为"finance-market equilibrium"，我国学者在不同时期翻译的诺贝尔奖颁奖词中分别翻译为"财务—市场均衡"（王宏昌，1994 年译本）和"金融—市场均衡"（《诺贝尔奖讲演全集》编译委员会，2004 年译本），但二者皆难以完整传递颁奖词此处将 finance 与 market 对应所表达的含义。故笔者特译为"融资"，以体现公司融资决策的视角。
② 我国学者对此的一个高度简练的归纳，参见陈小悦、乌山红编著：《公司理财学基础》，清华大学出版社 1994 年版，第 5 页。
③ 在传统的金融分业经营的背景下，商业银行提供的是短期融资，而资本市场提供长期融资，公司在资本市场中发行股票、公司债券等证券凭证来募集长期资本。从这个意义上说，"资本市场"与"证券市场"的含义基本相同。不过，也有学者对资本市场做更宽泛的解释。如斯蒂格利茨认为，将"资本市场"等同于华尔街只是媒体的理解，经济学家眼中的"资本市场"还包括银行和保险公司在内的与筹资（及其分担风险和保险）相关的所有机构，也就是广义的金融市场。参见〔美〕约瑟夫·E. 斯蒂格利茨、卡尔·E. 沃尔什：《经济学（上册）》（第四版），谭崇台校，黄险峰、张帆译，中国人民大学出版社 2010 年版，第 16—17 页。
④ 微观经济学主要研究构成经济的个体单位——厂商、家庭和个人——的行为，即个体单位如何作出决策以及影响这些决策的因素。它试图回答厂商和消费者如何最优化地实施其行为，植根于这种行为的经济均衡之本质等问题。Finance 理论与传统微观经济学的厂商理论和消费者理论的不同点仅在于：它所考虑的是投资者，而不是生产企业或消费者，并且注重研究不确定性下经济主体的决策。参见马科维茨的诺贝尔讲演词：《证券组合理论基础》，载《诺贝尔奖讲演全集》（经济学卷 II），《诺贝尔奖讲演全集》编译委员会编译，福建人民出版社 2004 年版，第 99 页。
⑤ 沈艺峰：《资本结构理论史》，经济科学出版社 1999 年版，第 52 页。

们在资本市场、特别是在证券投资方面作出的杰出贡献。① 此前,MM定理的另一作者莫迪格利安尼已经于1985年获得了诺贝尔奖;此后,期权定价模型的作者斯科尔斯、莫顿则于1997年获奖②,有效市场假设的主要贡献者法玛也在2013年获奖。可以说,Finance理论这一资本市场的微观经济学是最具诺贝尔奖星光的经济学分支,这个"1950年代以前尚不存在的理论"(1990年诺贝尔奖颁奖词)迅速成长为经济学中的显学。

在《新帕尔格雷夫经济学大辞典》的"Finance"词条中,撰写者骄傲地宣称:"Finance以其不同的中心点和方法论而成为经济学的一个分支。其基本的中心点是资本市场的运营、资本资产的供给和定价。其方法论是使用相近的替代物给金融契约和工具定价。……大量累积的数据和市场的经验知识、一些强有力的有时是竞争性的直觉,使金融研究日益活跃。这些直觉常用于梳理对数据和产生这些数据的市场的理解。金融中的现代传统起源于建立精巧的模型和理论,以探讨这些直觉并使其能为实际所验证。"在"四种基本直觉"下,有效市场假说、CAPM、期权理论、MM定理等尽入彀中。③

当然,现代公司财务理论虽然在诺贝尔奖的辉煌殿堂中一路高歌猛进,但其并非全无争议。从管理学向经济学的转型使得理论模型、实证检验成为公司财务研究与教学的重心,财务书籍不再谈论混乱的公司,而是优美的数学模型。然而,商学院的公司财务学科毕竟还承担者培养未来的企业管理人员的职能,而管理有时更像是一门艺术而非科学。因此,也有人质疑这些象牙塔中的理论与真实公司的财务管理之间究竟有多相关,认为"商学院的学者们的行为越来越过激,好像公司财务这个工具以某种方式提供了一种严格的、科学的、甚至几乎不会出错的资本投资的方法":"对于那些沉湎于其中的

---

① 颁奖词对三位获奖者共同的研究领域使用的是"financial market"的术语,中文直译是"金融市场",但从颁奖词的具体内容看,它指的是"证券市场"或"资本市场",参见颁奖词中如下段落对"financial market"的描述:"在很大程度上,国民经济中各部分的储蓄,正是通过这种市场才转化为厂商在厂房和机器设备上的投资的,而且financial market反映着厂商的未来景况……在本世纪50年代以前,几乎没有任何有关financial market的理论。这一领域的开拓性贡献是由哈里·马科维茨作出的,他提出了一种有关在不确定条件下家庭和厂商证券组合决策的理论。……(夏普的)资本资产定价模型,已成为现代financial market价格理论的核心。……当证券组合模型和资本资产定价模型侧重于financial market时,默顿·米勒起初与弗兰克·莫迪格利安尼合作,建立了现代公司财务理论的基础(MM定理)。……在成熟的资本市场上,股票融资和借款之间的选择,并不会影响厂商的市场价值和资本成本。"载《诺贝尔奖讲演全集》(经济学卷II),《诺贝尔奖讲演全集》编译委员会编译,福建人民出版社2004年版,第97—98页。
② 布莱克1995年离世与诺贝尔奖擦肩而过。
③ 该辞条由美国著名财务学家、套利定价模型作者斯蒂芬·罗斯撰写,载约翰·伊特韦尔、默里·米尔盖特、彼得·纽曼主编:《新帕尔格雷夫经济学大辞典》(第2卷),经济科学出版社1996年版,第345—359页。

人说,这是财务的一个阳光明媚的新时代,而对于我们这些并不相信这点的人来说,'优雅'却是一种诅咒,一个确切地表明我们正处在不坚实的基础之上的信号。……精确性是学术界的那些为焦虑的客户制作精妙软件的咨询家们的一个有用的推销工具。虽然对那些被不确定性所困扰的人来说,这是一种安慰;但在把握不确定性的未来方面,财务上的精确在最糟的情况下是一个陷阱,在最好的情况下也不过是一种错觉。"①

三、当公司财务进入我国——技术移植与制度变迁

在我国,Corporate Finance 是一个历史悠久的舶来品,清末民初就已经从英美引入,与当时孱弱的民族资本以及初生的证券市场相对应。在计划经济时代,体制性因素导致英美模式的 Corporate Finance 荡然无存,转而采苏联模式下的企业内部财务管理进路。改革开放之后,英美模式的 Corporate Finance 又重新进入人们的视野。可以说,20 世纪中国社会与经济制度的几度急剧转型导致了一种断裂式的路径依赖,不同时期、不同形态的企业财务活动呈现出不同的特点,以至于中文语境下对公司财务的表达都难以统一。

1. 清末及民国时期的公司理财

清朝末期,随着洋务运动的兴起,我国开始出现了官督商办的股份公司。② 当时未用"公司"之名,而是称为"局",如轮船招商局、开平矿务局、湖北织布官局等。此前西洋传教士已经介绍了公司这种组织形式作为募集资金工具的基本理念,所谓"群商捐资储本钱,共同做生意也"。③ 相应地,也有了最早的发行股份筹资、分红、增资等财务操作,它们兼有西式股份公司与中国传统社会的特色,不问盈亏皆可去利的"官利"即为之一。④

以 1872 年成立的轮船招商局为例,它作为我国第一家股份公司,在当时李鸿章延请的著名工商人士唐廷枢的主持下,不论是筹资、管理抑或利润分

---

① 〔美〕路易斯·洛温斯坦:《公司财务的理性与非理性》,张蓓译,上海远东出版社 1999 年版,第 7、9 页。
② 此前已有外资股份公司在我国经营,参见李志英:《外资在华股份公司的最初发展》,载《北京师范大学学报》(社会科学版)2006 年第 1 期。
③ 此为 19 世纪中期在华的普鲁士传教士郭实蜡在其创办的《东西洋考每月统记传》中对中国人介绍西式"公司"时所下的定义。转引自方流芳:《公司词义考:解读语词的制度信息——"公司"一词在中英早期交往中的用法和所指》,载《中外法学》2000 年第 3 期;邓峰:《董事会制度的起源、演进与中国的学习》,载《中国社会科学》2011 年第 1 期。
④ 参见李玉、熊秋良:《论中国近代的官利制度》,载《社会学科》1996 年第 3 期;朱荫贵:《引进与变革:近代中国企业官利制度分析》,载《近代史研究》2001 年第 4 期。

配均有章可循,可谓领一时风气之先。例如,在股票发行方面,招商局股票上明文载道:"当经本局议定,招集股银壹百万两,分作千股,每股银壹千两,先收银五百两,每年壹分生息。"① 在分配制度方面,招商局局规有云:"本局各账以每年六月底漕米运竣之后截止总结,凡有股份者定于八月初一日午刻到总局会议,所有官利余润,亦于是日分配。"招商局章程则进一步规定:"一年所得水脚银两,除每百两提去经费五两,又照各股本每百提去利银十两外,如有盈余,以八成摊归各股,作为溢利,以二成分与商总董事人等作为花红,以示鼓励。"② 1882年招商局第二期招股白银100万两时,老股东仅出80两即获得一张面值100两银子的股票,其余则以当年的官利和余利补齐。③ 虽然唐氏后因清廷腐败被逐出招商局,但该公司的资本结构已经颇具现代公司之色彩,官银、商股、各类贷款与应收应付一应俱全。在1885年盛宣怀接管招商局时,甚至出现了"债转股",即将招商局所欠某些债务转为公司股份若干。④

世纪之交的西法引进中,清政府陆续颁布《商律》《公司律》,公司经营的观念渐为社会接受。在1904—1905年前后的保路运动中,广东、浙江两地利用公众从洋人手中收回铁路权的热情,成功地向公众发行股票募得巨额资金,其途径就是把以往每股白银100两的股票改为面值5元(约合白银4两)的股票,并允许分期缴付。⑤ 另一家著名的官方色彩浓厚的民营企业——启新洋灰公司于1912年在留存收益的基础上进行了股份拆细的操作,以扩充股本。⑥

进入民国后,公司法、证券交易条例等商事法律法规相继颁布,西式簿记也开始成为商人管理公司的工具,上海等地则设立了股票交易所。虽然早期的股份公司及证券市场的运作因为各种原因而弊端丛生,但它们毕竟为初生的民族资本企业的财务管理提供了外部制度环境。英美国家的财务管理知识也被从海外留学归来的学子陆续引入。当时的一些融资交易也可以明显地看出对域外模式的借鉴,例如公司公开发行的债券就引入了债券受托人管

---

① 交通部财务会计司、中国交通会计学会组织编写:《招商局会计史》,人民交通出版社1994年版,第187页。
② 聂宝璋编:《中国近代航运史》(第一辑下册),上海人民出版社1983年版,第846—847页。
③ 李志英:《唐枢廷与轮船招商局、开平矿务局的资金筹措》,载《北京师范大学学报》(社会科学版)1994年第2期。
④ 参见盛宣怀撰《理财十条》,深圳蛇口招商局博物馆存,2017年4月17日访问。
⑤ 陈锦江:《清末现代企业与官商关系》,中国社会科学出版社2010年版,第139—151页。尽管融资成功,但由于官商矛盾等因素,最后两地铁路公司都未能成功运作。
⑥ 同上书,第118—119页。

理制度。①

延续清末对"理财"的表述,企业对资金的筹集与使用被称为"公司理财"。鉴于"英美理财之名著对于定义鲜有适当之解释",当时的学者给"公司理财"定义如下:"公司理财者,为研究公司资金之募集、运用及分配之科学也。"②公司理财的内容包括五个方面:(1) 公司创立时之理财问题;(2) 公司扩充时之理财问题;(3) 公司流动资金之筹募及运用问题;(4) 公司损益之取决及利润之分配问题;(5) 公司之财务改组问题。从上述内容来看,民国时期基本对应于西方公司财务的"融资时期"及"依法管理财务时期",公司财务实践核心是融资决策,同时兼顾公司内部资金管理与破产重组。1949年后,随着中国大陆经济与社会体制的剧变,股份公司与证券市场不复存在,"公司理财"也无疾而终。

2. 计划经济时期的财务与财务管理

新中国成立后,逐渐建立起公有制为主导的计划经济体制,证券交易所被关闭,仅余银行作为外部融资或者资金划拨的渠道。国有企业取代了股份公司,企业在财务事项方面的自主权大大降低,仅限于对计划内拨付给企业的资金进行管理。"公司理财"不复存在,代之以苏联模式的"财务工作"或"财务管理"。

从1949年至1954年间,原东北人民政府财政部、中央第一机械工业部等陆续组织翻译了苏联及其他新民主主义国家的财政金融或企业管理方面的著作。其中,与企业财务管理有关的书籍对企业的资金收支与管理业务采取了"财务"的提法,如1952年出版的《棉纺织企业底生产、财务技术计划》③、1953年出版的《苏联建筑机关财务工作上的各项基本问题指南》④《机器制造工作的财务计划工作》⑤等。在1954年,《工业企业财务监督

---

① 1935年,民生公司发行100万元公司债券,由中国银行担任债券受托人;1936年永安公司发行500万元公司债券,由交通、金城、浙江兴业、劝业四行储蓄会联合担任债券受托人。参见朱国璋:《公司理财》(第3版),中华书局1948年版,第25页注1。
② 同上书,第1页。
③ 中国人民大学工业企业组织与计划教研室译:《棉纺织企业底生产、财务技术计划》,中国人民大学1952年出版,第1页。"企业底生产财务技术计划,是国民经济计划底一部分,它包括企业下列各方面的活动:如生产、财务、基本建设、供应及销售。"
④ 〔苏联〕伊·朴·雷查金、玛·雅·格陵堡、阿·伊·沙赫诺维赤编著、东北人民政府财政部编:《苏联建筑机关财务工作上的各项基本问题指南》,甘雨农译,东北人民出版社1953年版。
⑤ 〔苏联〕斯捷潘诺夫:《机器制造工作的财务计划工作》,中央第一机械工业部财务会计司译,机械工业出版社1953年版。

的组织》①一书翻译出版;同年底,原商业部财务会计局根据国营商业财务制度及信贷、结算办法并参照商业部苏联专家关于苏联贸易机构财务工作情况的报告及中国人民大学有关苏联贸易财务课程的教材编写而成《国营商业财务教材》。这一从翻译到编著的转换,标志着我国从知识体系上对苏联传统的企业内部财务管理基本框架的引入已基本完成。

从本书关注的规制视角看,计划经济体制下的企业财务管理有以下几个特点:

第一,企业财务管理是在国家与企业的纵向财务管理关系下进行的,国家统收统支,不承认企业作为独立商品生产经营者的地位。因此,企业缺乏经营、筹资与投资的自主权,其财务管理的核心内容不是融资决策,而是按照经过批准的生产经营计划取得资金、使用资金,并尽可能节约资金的使用,以及对相关业务流程进行财务监督。企业外部资金来源主要是国家拨款,也有银行、贸易往来等。有学者将这种状态称之为"以国家拨款为主的资本结构及国家单边治理的财务治理模式"。②

第二,财务管理强调的是守法(守规)、执行、监督的内部管理程序,与会计、法律的关系很紧密,颇有西方公司财务早期"依法财务管理"的影子。以国营商业企业为例,其财务管理工作包括:企业资金及其来源;财务计划(包括自有流动资金定额计划、利润计划、应纳税金计划、固定资产折旧计划等);企业的划拨结算;企业信贷;财务分析;财务监督与检查,等等。③ 对工业企业的财务监督则涉及根据生产经营计划对生产过程、原材料供应过程、产品发出与销售过程的财务监督。④

第三,将企业的资金收支管理称为"企业财务",与"国家财政"之间形成了逻辑上的对称关系,也使得该概念更清晰明了,容易为人接受。其实,民国时期的书籍将"公司理财"与"财政学"视为姊妹学科,但为体现对称性,表述中也已经采用了"公司财务"之提法,如"公司理财为研究公司财务之处理,财政学为研究国家理财之方法"⑤。不过,这种"微观—财务 vs.宏观—财政"的对称关系还是在计划经济阶段明确建立的。

然而,十年"文革"打碎了"一切规章制度",即使是苏联传统的财务计

---

① 〔苏联〕克里契夫斯基、格鲁特曼:《工业企业财务监督的组织》,中央第一机械工业部财务会计司译,机械工业出版社1954年版。
② 肖坤:《中国上市公司资本结构与财务治理效应研究》,中国财政经济出版社2008年版。
③ 中华人民共和国商业部财务会计局编著:《国营商业财务教材》,财政经济出版社1954年版。
④ 参见〔苏联〕克里契夫斯基、格鲁特曼:《工业企业财务监督的组织》,中央第一机械工业部财务会计司译,机械工业出版社1954年版。
⑤ 朱国璋:《公司理财》(第3版),中华书局1948年版,第4页。

划—资金使用—财务监督模式也未能有效执行。用武林的语言来说,企业被彻底废掉了财务管理的内功。

3. 改革开放时代的企业财务管理与公司财务

20世纪80年代恢复以经济建设为中心,企业不得不重新熟悉基本的财务管理技能,建立诚信的会计记录。然而,彼时已开始的体制改革将企业从传统的计划工厂转型为自负盈亏的商业主体,融资以谋求发展又成为摆在企业面前的严峻课题,它们急需了解银行贷款、外资合资、企业联营等不同资金筹措渠道。进入90年代后,股份公司的兴起、资本市场的建立以及国有企业财务、会计制度的改革,给企业实现由商品生产者到资本运作者的"最惊人的一跳"①搭建了制度平台。可以说,改革开放以来企业财务关系在内、外两方面呈现的剧烈变动,令"财务管理"重新成为经济生活中的热门话题。当企业经历组织形态的变更,或改制、或设立为股份公司时,企业财务管理也就自然地转换为"公司财务管理",或者"公司财务"。更进一步,当越来越多的股份公司挂牌上市交易,不仅公开发行股票、债券,而且通过资本市场进行并购、重组,实施管理层股权激励,甚至进行敌意收购、杠杆收购、跨境并购时,我国公司财务运作的内容也快速与域外发达资本市场接轨。

显然,如今的"财务管理"已不复苏联传统的内涵,但也非英美传统下的以资本市场为导向的融资决策与投资决策,而是兼具"融资决策"与"提升资金管理能力"的双重含义。其中,提升资金管理能力又与会计管理密切相关,因为会计系统提供真实、可靠、完整的财务信息是企业进行融资、投资和其他相关决策的信息基础。这种独特的"财务管理"概念反映出我国现阶段企业的独特诉求:既需要补上企业管理专业化、规范化这门课,又需要面对经济全球化、金融全球化以及资本运作的新挑战。在此,外部融资与内部管理同样重要。

另一方面,随着1993年《公司法》的出台,我国也进入自由设立公司的阶段,个人、家庭皆可经商办公司。传统上,"中国商务……有力者皆喜自营田宅,独善而不为兼善"②,而公司却是一个聚合众人之资而经营的组织,由此也引发个体及家族经营与公司的独立法人地位、有限责任、出资管制等组织法要素之间的冲突与磨合。实践中,类似创始人任意调度下属企业资金的习

---

① 市场人士将我国企业由产品生产到商品生产的转变称为第一次跳跃,由单一生产型向生产经营型的转变称为"第二次跳跃",由生产经营型向资本运作型的转变称为"第三次跳跃",并认为这是"最惊人的一跳"。参见慕刘伟主编:《资本运作》,西南财经大学出版社2005年版,前言。

② 引自盛宣怀:《用人十条》,深圳蛇口招商局博物馆存,2017年4月17日访问。

惯做法与公司法禁止抽逃出资、刑法惩治挪用资金罪之间的冲突频繁发生，公司财务管理不仅成为企业管理中一个越来越技术性的领域，而且也变成一个无法忽视的法律风险来源。

4. 从财务管理到公司金融的观念飞跃

随着我国资本市场的快速发展以及上市公司财务运作的复杂化，公司财务的观念与知识传播也发生急剧变化，与现代西方财务理论对接的公司财务理念迅速兴起。大量新出版的书籍或教材不再采用"财务管理"的提法，有的重拾民国余绪，称之为"公司理财"，有的则称为"公司金融"，且后者越来越成为高等院校的管理学或经济学教学与研究的主流范式。

最早将财务管理改称"公司金融"，是一些管理学教师有感于刚刚进入证券市场的上市公司(多为国企改制而来)对"现代"公司财务管理概念的陌生，特别是忽略会计管理与财务管理的差异，于是开始系统介绍公司金融活动方面的内容，希望推动上市公司建立独立于会计部门的"金融投资部门"。① 公司金融活动包括公司投资决策、筹资、金融工具、证券的发行、分红政策、企业兼并收购及融资租赁等，因此"金融投资部门"负责筹资和投资、银行和信用关系管理、股息红利政策、保险、退休金计划、兼并控股扩张等方面的事务；相反，会计部门则负责会计及财务报表、内部稽核与审计、税务、记录保管、预算准备、职员工资等。其背后的理念是，企业组织从传统计划经济体制下的工厂模式向现代公司模式转变，需要经历两次观念革命：一是市场营销观，即以销定产而不是按上级批准的计划生产；二是金融观，即"认识到金融投资活动在现代公司经营管理中所处的位置不亚于市场营销，筹资的方式、时机、投资的方向与金额，把投资性质与筹资方式综合考虑以作出最佳筹资投资决策等等，这些金融投资活动对整个公司的成败起着至关重要的作用"。②

上述"公司金融"与"公司财务管理"并无本质差异，仍然着眼于提升企业的财务管理能力，而非金融理论导向。不过，随着越来越多留学美国商学院修习现代公司财务理论的学者归国，以资本市场运作为中心的公司财务观在学术界牢固建立起来。其间还发生了一场关于"finance"究竟是什么的大论战。由于"finance"的标准中译是"金融"，1996年《新帕尔格雷夫经济学大辞典》在我国翻译出版时，finance词条被译为"金融"但却未包括国内金融学界

---

① 例见杨朝军、屠梅曾、邢靖、刁喜逢编著：《现代公司金融》，上海交通大学出版社1996年版，前言。
② 同上。

主流观点认同的货币银行学①，corporate finance 词条则被译为"公司金融"，结果在国内金融学界引发很大震动。恰在此时，教育部进行的高校专业调整将原有的"货币银行学""国际金融"两个专业合并"金融学"（含保险）专业，此一"金融学"专业与域外商学院或经济系的"finance"专业简直风马牛不相及，结果引发我国金融学界关于"金融"与"finance"的含义及学科定位的大争论。② 最终，金融学界基本达成了将"金融学"划分为"宏观金融学/宏观金融分析"与"微观金融学/微观金融分析"的共识。而 corporate finance 课程作为金融学专业的基础课程，则被纳入"微观金融学"的范畴。

在中文语境里，"公司""企业"指向的是微观主体，而"市场"或"金融"都属于更为宏观的范畴。因此，传统上"公司财务"或"财务学"与"金融"或"金融学"之间的界限比较清楚，如今则呈现"公司财务学与金融学一体化"的趋势。③ 2003 年后，以《公司金融》命名的教材陆续问世，从而形成了"公司理财""公司财务""公司金融""财务管理""财务学""企业财务管理"多种称谓共生的局面。在学科背景方面，金融学专业背景的相关书籍大多谓之《公司金融》，而会计学专业、财务管理专业背景的则偏好《公司财务》或《公司理财》之名。

从实践层面看，"财务管理"的概念最为深入人心，"公司财务"或"公司理财"也因此广为接受；相较之下，"公司金融"的提法几乎难为实务界理解。这里可能有几个方面的原因。第一，"金融"概念在我国的使用和传播已有百余年，通俗版的"资金融通"说与主流定义——"金融是指货币流通和信用活动以及与之相联系的经济活动的总称"④——均指向宏观的金融体系、制度以及货币银行等金融领域，并不突出反映资本市场的地位，更不涉及企业的微观管理活动。第二，finance 一词在中文中根据不同的场合本已有不同的译法，并非一概译为"金融"。⑤ 将 corporate finance 译为"公司财务"，与"public finance(公共财政)"形成"微观—财务 vs. 宏观—财政"的对应关系，也容易

---

① 在美国，货币银行学是 money economics，属于宏观经济学的范畴，与 financial economics 是两个不同的概念。
② 参见黄达：《金融、金融学及其学科建设》，载《当代经济科学》2001 年第 4 期；黄达：《关于金融学科演进的几点认识》，载《中国金融》2009 年第 4 期；黄达：《中国的金融学科建设之路》，载《第一财经日报》2011 年 6 月 2 日。按照黄达教授的观点，为协调域外将 finance 作为微观经济学的定位与中文语境下"金融学"之宏观定位之间的冲突，可将 finance 理论称为"金融市场决策学"。
③ 参见李心合：《财务管理学的困境与出路》，载《会计研究》2006 年第 7 期。
④ 刘鸿儒主编：《新金融辞海》（上），改革出版社 1995 年版，第 59 页。
⑤ 例如，《新帕尔格雷夫经济学大辞典》在"finance"的词条之后紧接着的"finance and saving"就被译为"融资与储蓄"，而非"金融与储蓄"；public finance 也是译为"公共财政"而非"公共金融"；financial accounting 则被译为"财务会计"而非"金融会计"。

被人接受。第三,我国资本市场也不过三十年,上市公司数量有限,一般企业进入资本市场直接融资迄今仍有诸多限制,因此,企业财务管理与资本市场的联系远不及英美国家。相反,"公司财务"或"公司理财"的管理学色彩较浓厚,蕴含着企业练内功,提升对财务事项的管理能力之义,也符合我国当前企业管理水平的现状,与企业的诉求比较吻合。

小　结

从历史到当下,从域外到国内,公司财务呈现出一个复杂的、不断演进的过程。它既涉及财务决策,又离不开财务成果的呈报与披露;既体现为企业的自主融资决策,同时又受制于资金供给方(不论是信贷市场还是资本市场、债权人或投资人)的要求;既属于公司内部的管理实践,又无法脱离外部的法律与监管环境。而且,上述多重视角在不同的历史时期、不同的经济制度下可能呈现出完全不同的内容,而公司财务的学术研究对于这一实践领域的内在规律的认识与描述也处于不断深化中。

对于当下中国的公司财务而言,用"乱花渐欲迷人眼"来描述可能最为合适。从最简单的公司设立与股东出资,到最复杂的资本市场并购,从操作模式的进化到语词观念的流变,千头万绪,很难用一个标签来概括。从这个角度看,我国《企业财务通则》(2006)对国有企业财务管理提出的一系列要求①,倒像是对目前我国公司财务状况的一个贴切写照。它既有对企业财务管理体制的刻画,如"资本权属清晰、财务关系明确、符合法人治理结构要求",又包括具体工作的指示,如"按照制定的财务战略,合理筹集资金,有效营运资产,控制成本费用,规范收益分配及重组、清算财务行为,加强财务监督以及财务信息管理";同时还有体现股份公司二权分立特征的权限分配:"企业的重大财务事项,如筹资、投资、担保、捐赠、重组、经营者报酬、利润分配等,必须经股东会表决或投资人决策,由管理层组织实施"。可以想见,这样一个复杂的、多层次、多维度的公司财务实践,给法律规制带来挑战在所难免。不过,在具体进入法律规制路径之前,或许有必要先了解一下从法律视角对公司财务的解读,它本身也是一个漫长的历史叙事。

---

① 西方国家并无财务制度。我国传统的企业财务制度有计划经济的特色,处理企业与国家之间的财权分配与收益分配关系,与产权关系、税收关系、会计处理等存在冲突、重叠或其他不协调。故2006年修订的《企业财务通则》,仅适用于国有企业;与税收相关的规则归入企业所得税法中。对《企业财务通则》背景与定位之争的一个简介,参见刘草茵、杨代金:《跳出窠臼创新多 新《企业财务通则》即将出台》,载《财会信报》2005年7月27日。

第二章 公司融资与规制的萌芽

公司因资本集合而起。① 从这个意义上说,公司的历史也就是公司财务的历史,而它又与法律自始交织在一起。这不仅是因为聚合资金的公司载体作为一种有别于自然人的组织体的观念,端赖法律的特别确认;也是因为,公司财务实践最大限度地促进了法律、特别是公司法的生长。从历史上看,西欧 16 世纪出现的合股公司提供了公司组织形式本身作为融资工具的初始理念以及法律规制的基本元素。工业革命的兴起在 19 世纪中催生股份公司成为大型经济活动的基本主体,相应地欧美诸国出台准则主义公司法,允许公司的自由设立。此后的一个多世纪则见证了债券、股票等融资工具的大量创新,以及股份公司此起彼伏的并购扩张或危机重组。在这个过程中,公司法作为传统的、主流的规制公司财务的路径,也展现了一个从兴起、成熟到式微的过程。因此,虽然公司财务学者通常将证券法的诞生视为公司依法理财的起点②,但在法律人看来,公司财务演进的整个历史长卷中始终有法律的草蛇灰线若隐若现。正如一篇发表在 1971 年美国《商业律师》杂志上的文章——《州(公司)法对 Corporate Finance 的规制》——开篇所言:"Corporate finance 一词,以它当下在公司法层面被使用的方式,不过是对法定会计(legal accounting)或规制公司经营与财务报表的会计理念的一个新提法。在此之前,我们大多数人理解的 corporate finance 仅指与证券发行有关的商业与法律问题。"③"与证券发行相关"的商业与法律活动远远超出商学院眼中公司财务的百年史,而是可以追溯到 17 世纪的特许公司时代。可以说,与融资及证券发行相关联的商业与法律问题,构成了四百年来直到 20 世纪 60 年代之前法律规制公司财务的传统路径——公司法——的重要内容。

---

① 此已成为公司财务教材的通说,例见〔美〕斯蒂芬·A. 罗斯、伦道夫·W. 威斯特菲尔德、杰弗利·F. 杰富:《公司理财》(原书第 6 版),吴世农、沈艺峰、王志强等译,机械工业出版社 2005 年版,第 8 页("公司制企业,即把企业组织成为一个公司,是解决筹集大量资金的一个标准方法")。

② 例见〔美〕道格拉斯·R. 埃默瑞、约翰·D. 芬纳蒂、约翰·D. 斯托:《公司财务管理》(第 2 版),靳新、王化成、李焰等译,中国人民大学出版社 2008 年版,第 17 页。

③ Stanger, Abraham M., "State Regulation of Corporate Finance", *The Business Lawyer*, vol. 26, no. 2, 1970, pp. 301-305.

一、作为融资工具的公司组织

公司既是一种联合经营的商业组织形式,也是一种向公众募集资金的工具或融资组织方式。这一历史起源肇端于西欧17世纪的特许公司时代,公司的组织形式、融资方式与法律规制的元素呈现共同生长的状态。

1. 合股公司与法律人格

现代股份公司的雏形一般追溯到16、17世纪的荷兰、英国等地出现的合股公司,其制度渊源则来源于意大利的合伙(财产共有)与中世纪的城邦与行会(组织与治理)。① 其实,合股经营早在14世纪的意大利城市国家中就已出现,只不过二百多年后,以合股经营的形式来组织长途海外贸易或者从事特定采掘与制造活动成为一个引人注目的社会现象。

16世纪末规模较大的经济活动是由从事海外贸易的商人们来进行的,它往往与海外探险、殖民、战争等国家行为交织在一起。大型贸易公司可分为两类,一类是合股公司(joint-stock company),另一类是规约公司(regulated company)。合股公司"以合股资本,进行贸易,各股员对于贸易商普通的利润或损失,均按其股份分摊";规约公司则由"商人相互订结联约,议行行规,凡有相当资格的人,皆需缴纳若干资金,加入组织;但各自的贸易资本由各自经理,贸易危险,亦由各自负担,对于公司的义务,不过是遵守规约罢了"。② 因此,合股公司类似于共同出资共同经营,而规约公司则更像一种行业公会或商人协会。成员加入规约公司类似于取得经营资格,任何主体在满足一定条件并支付入场费之后都可以成为规约公司的成员从事贸易活动,各成员之间允许进行竞争。但若想进入合股公司,则必须从其他股东处购买合股公司之股份。由于这种差异,规约公司即使被授予在某一类商品上或某一地区内之专营权利,也比不上拥有类似特权之合股公司垄

---

① William Ronald Scott, *The Constitution and Finance of English, Scottish and Irish Joint Stock Companies to 1720*, Cambridge University Press, 1912, Vol.I, p.1. 对股份公司起源的理论探讨,参见〔日〕大塚久雄:《股份公司发展史论》,胡企林、胡欣欣、江瑞平、韩朝华译,中国人民大学出版社2002年版。

② 〔英〕亚当·斯密:《国富论》(下),郭大力、王亚南译,上海三联书店2009年版,第247页。

断经营之程度。① 最关键的，由于规约公司的行会色彩，它难以像合股公司一样吸收非商人的社会资金加入经营，因此发展速度受限，最终在与合股公司的制度竞争中落败。

至 17 世纪末，合股公司已经成为一种比较成熟的、快速筹集大众（主要是商人及富裕的贵族与地主）资金从事各类工商业活动的方式或途径。② 1694 年的一本伦敦出版物如此描述设立一家合股公司的流程：

> 当某人想到一项技艺或发明，或发现了矿藏，或者构思出交易之新方法，他觉得有赚钱之机会，但单靠个人之财力、物力无法成功实现，于是，他便把这主意告诉同伴和好友，他们通常会考虑或向专家咨询该计划之合法性。如果法律上没问题，他们就拟定出章程条款，其中一个最主要的条款是付给最初的动议人一笔钱，或一些股份，或二者皆备。然后，相关各方对外宣传该公司，拉其他朋友来入伙，直到公司全部股份（shares）都按照事先确定的价格被认购，认股人或者当即支付全部款项（这通常是最好也最省事的做法），或者仅支付一部分，然而延迟支付通常会带来很多麻烦。③

成立合股公司的正规途径，是取得国王的特许状、专利或议会的特许法案；在无法获得特许时，也可以基于私人间的财产授予契约（deed of settlement）而成立，该契约指定公司合伙财产的受托人，并描述了公司成员的权利、义务和权力，规定公司内部经营管理的各项程序与制度。④ 不申请特许状而以"公司"名义进行经营在一段时期内被认定为是违法的，不过 17 世纪中英国反复出现的专制王权与新兴资产阶级之间的角力带来等政治失序、革命与复辟轮回，也给人们自由设立合股经营的企业提供了空间。⑤ 就

---

① 〔英〕罗纳德·拉尔夫·费尔摩里：《现代公司法之历史渊源》，虞政平译，法律出版社 2007 年版，第 4 页。该书原文 Ronald Ralph Formoy, *The Historical Foundations of Modern Company Law*, Sweet & Maxwell Ltd., 1923, p. 22. 因对部分中译用语有分歧，本书直接采用原文部分将引用英文版，借鉴中译部分将采用中文版作为出处，后同。

② William Ronald Scott, *The Constitution and Finance of English, Scottish and Irish Joint Stock Companies to 1720*, Cambridge University Press, 1912, Vol. I, p. 442.

③ Ronald Ralph Formoy, *The Historical Foundations of Modern Company Law*, Sweet & Maxwell Ltd., 1923, p. 22.

④ 根据《元照英美法词典》，deed of settlement 在英国法下指协议契据或财产授予契据，是 1844 年 11 月 1 日以前成立合股公司时订立的，指定公司合伙财产受托人并规定公司经营管理规章制度的协议。在 1844 年公司自由设立后，财产授予契据中规定的事项由公司备忘录（memorandum）或公司章程（articles of association）来调整。

⑤ William Ronald Scott, *The Constitution and Finance of English, Scottish and Irish Joint Stock Companies to 1720*, Cambridge University Press, 1912, Vol. I, p. 247.

合股公司的内部管理关系而言,不论是基于特许状还是财产授予契约成立的合股公司,都包括一个公司宪章(constitution),主要内容是确定公司管理人员、权力机构会议、股份之面值以及每种股份之投票权。合股公司的内部管理受到中世纪教会组织、城市、行会等公共机构治理模式的影响,设立集体决策机构,由总督、副总督以及若干助理(后称为董事)组成。① 股东的投票权则有不同形式,有一股一票、一人一票的简单方式,也有按股投票但设定低限(如持有 500 英镑股份才有一个投票权)、按股投票但设定上限(如最多不超过 10 个投票权等)等复杂的投票方式。② 例如,东印度公司在 1657 年发行的永久股本,明确规定最低认购额为 100 英镑,其中每 500 英镑有一个投票权,每 1000 英镑才有权选入公司各委员会中。③

就外部关系而言,特许状通常明确地赋予了合股公司以自己的名义独立经营以及在法律上起诉、被诉的权利,从而产生了独立的公司法律人格。基于财产授予契约而成立的合股公司在法律上比较有争议,司法实践中很长时间内都是将其视为大型合伙,将财产授予契约视为合伙协议。但是,合股公司与典型的合伙之间存在一些重要的差异,如合股公司股东转让其股票并不需要公司或其他股东同意,合股公司营业上的亏空通常也仅限于股东们丧失自己的入股资金。④ 合股公司内部程式化的管理模式也与合伙不同。⑤ 不仅如此,将大型合股公司视为合伙引起了很多法律程序上的麻烦,如诉讼上如何将人数众多、且变动不居的股东作为特定案件的原告或被告。⑥ 这一系列的因素催生了法律上将公司这一组织形式作为一个独立的人格进行抽象的必要。公司组织的法人化开始了,公司法律人格也成为公司法中永恒的主题。

2. 股、股份与资本

与合股公司的兴起相伴随的,是股、股份、资本等概念的逐渐形成,以及

---

① Franklin A. Gevurtz, "The Historical and Political Origins of Corporate Board of Directors", *Hofstra Law Review*, vol. 33, no. 1, 2004, pp. 89-173;邓峰:《董事会制度的起源、演进与中国的学习》,载《中国社会科学》2011 年第 1 期。

② William Ronald Scott, *The Constitution and Finance of English, Scottish and Irish Joint Stock Companies to 1720*, Cambridge University Press, 1912, Vol. I, pp. 337-343.

③ William Ronald Scott, *The Constitution and Finance of English, Scottish and Irish Joint Stock Companies to 1720*, Cambridge University Press, 1912, Vol. II, p. 129.

④ 〔英〕亚当·斯密:《国富论》(下),郭大力、王亚南译,上海三联书店 2009 年版,第 253 页。

⑤ William Ronald Scott, *The Constitution and Finance of English, Scottish and Irish Joint Stock Companies to 1720*, Cambridge University Press, 1912, Vol. I, p. 45.

⑥ 〔英〕罗纳德·拉尔夫·费尔摩里:《现代公司法之历史渊源》,虞政平译,法律出版社 2007 年版,第 34—44 页。

股票的创设与交易。它们也构成了公司财务最原始的要素。

在"股"(stock)、"股份"(share)、"资本"(capital)等概念中,"股"这一概念出现最早,但其在多种意义下被使用,有时等同于公司的全部财产,有时指成员们投入的本钱,有时则指营运资金,即交易或流通中的资本(trading or floating capital)。①

"合股"的原始含义是商人们集聚货物而共同经营,这是海上贸易时代的特征。在规约公司中,各成员甚至是在公司的特许状下各自独立经营。随着公司逐渐转入长途海上贸易甚至探险贸易,这种经营模式难以持续,因为不可能让所有的成员带着他们各自要交换的货物参加每一次长途航程。于是合股经营的成员们将钱放入一个共同资金池(基金)中,由后者置备船只以及买下成员们在一次航程中要交换的全部货物,也就形成了"合股贸易"(joint stock of goods to trade)。② 在古英语中,"stock"一词是指"某个生长的事物的根部或躯干部分",从 stock 中可以进一步生长出其他的部分。③ 从这个意义上看,合股贸易中的"股"最开始指的是货物或资产,但它并非普通之货物,而是用于经营以便带来后续的盈利的货物,由此也蕴含了日后"资本"概念的理念。换言之,早期的合股经营与"货物及钱款的联合经营"几乎是相等的含义,而不等于"股份的联合"。④

合股公司最初并没有"资本"或者"资本维持"的概念,因为每一次航程结束后,所有贸易的收入(或货物)都会分配给成员:"当时的合股经营,如非洲探险之类,使得这种程序不可避免。……公司按比例分配掉每一次探险的所得,不论是大于还是小于合股的本钱。如果投入冒险的本钱留在公司被继续用于此后的营运,而公司成员获得对公司总体的一部分以作为其投入的回报,情况则完全不同了。"⑤

因此,当合股公司不再随每次航程而清算,而是从事持续性的经营活动时,建立一个所谓的永久联合股本(permanent joint stock)也就成为很自然的事情。史料记载,最著名的合股公司——英国东印度公司在 1657 年将其合

---

① William Ronald Scott, *The Constitution and Finance of English, Scottish and Irish Joint Stock Companies to 1720*, Cambridge University Press, 1912, Vol. I, pp. 61-62.
② Franklin A. Gevurtz, *Corporation Law*, 2nd ed., West Publisher, 2010, pp. 113-114, note 4.
③ Bayless Manning with James J. Hanks, Jr. *Legal Capital*, 3th ed., Foundation Press, 1990, pp. 32-33. 该书第 3 版的中译本参见《法律资本制度》,后向东译,张开平校,载王保树主编《商事法论集》(第 12 卷),法律出版社 2007 年版。
④ 虞政平:《股东有限责任——现代公司法律之基石》,法律出版社 2001 年版,第 77 页。
⑤ Ronald Ralph Formoy, *The Historical Foundations of Modern Company Law*, Sweet & Maxwell Ltd., 1923, p. 6.

股的股本转化为永久性股本,此时,东印度公司已经成功经营了半个世纪之久。① 不过,永久股本的实践在当时存在的极少数矿业公司中更早地建立起来。例如1561年成立的皇家矿业协会最初基于与伊丽莎白女王一世签订的在英国中部勘探开采金、银、铜等金属矿藏的合同而设立,后改组为合股公司。由于矿业勘探与开采的持续经营属性,并不存在逐年清算的惯例,股东们投入的股本就沉淀在公司拥有的矿井等资产中。②

永久股本也使合股公司逐渐演化成一种依靠其成员无限期地投入到公司中的股(stock)来经营的公司,参与投资的成员则持有这个联合财产中的一定比例,称为"份额"(share)或股份,而投资者则被称为"份额持有人"(shareholder)或"股东"(stockholder)。③ 早期的股份并不是等额份额的概念,而是出资人根据自己的财力进行认购,但须满足最低认购额(如200英镑)。个别情形下也有划分为等额的,如前述的皇家矿业公司的整个事业划分为24份(share),分别在英国和德国招募参与者,后者须对每一股份缴入1200英镑作为参与该勘探特许事业的对价。

此外,早期股份的另一个特点是:公司股份数量固定,但每股缴纳的出资额并不固定,而是随着公司经营需要,在公司发出催缴通知(call)时继续追加投入。那些资金不足、难以应付后续催缴通知的股东不得不将自己份额的一半或四分之一转让给他人,如前述皇家矿业公司的例子。④ 显然,这种数量确定、面值不定的股份往往意味着股东对公司所负的财务责任是一种持续性的甚至是无限的,不仅给股东带来沉重的财务负担,而且也给股份转让造成不便。因此,有关公司股份的商业实践逐渐向"固定价值(以面值来代表)但随公司资本总额的变化而调整比例关系"的方向演变,形成了等额股份的观念。⑤ 股份一旦发行,其对价就已经被完全支付了;公司若要增加资本,就必须创设并发行新股份,而老股东则可以放弃认购新股。

早期观念下股份与公司财产之间的紧密联系,使得股东与合伙人的身份很相似:拥有股份也有意味着拥有公司财产的一部分。不过,它在19世纪中期的准则主义公司法下发生了彻底的改变,一系列立法逐渐将股份与固定的

---

① A. C. Littleton, *Accounting Evolution to 1900*,AICPA, p. 211 (1933).
② William Ronald Scott, *The Constitution and Finance of English*,*Scottish and Irish Joint Stock Companies to 1720*,Cambridge University Press, 1912, Vol. Ⅱ, pp. 383-405.
③ Franklin A. Gevurtz, *Corporation Law*, 2nd ed., West Publisher, 2010, pp. 113-114, note 4.
④ William Ronald Scott, *The Constitution and Finance of English*,*Scottish and Irish Joint Stock Companies to 1720*,Cambridge University Press, 1912, Vol. Ⅱ, pp. 383-387.
⑤ William Ronald Scott, *The Constitution and Finance of English*,*Scottish and Irish Joint Stock Companies to 1720*,Cambridge University Press, 1912, Vol. Ⅰ, pp. 44-45.

金额挂钩,不复其单纯的"份额"的观念。例如,英国 1844 年的《合股公司法案》要求公司在其设立文件(deed of settlement)中说明其拟募集的资本额,并将资本分割为均等的股份以及相应的股份总数;1855 年《有限责任法案》引入了名义资本(nominal capital)的概念,并且要求拟享受有限责任保护的公司,其每股的名义资本不低于 10 英镑。1862 年《公司法案》要求股份公司章程中声明公司注册登记的资本额,并且将该资本额划分为有固定金额的股份。此后的公司法继承了上述条款。①

此外,19 世纪后永久股本的出现,也意味着分派股息开始逐渐与股本返还区别开来。如东印度公司在建立永久性股本四年之后的 1661 年首次从公司利润中派发股息,以避免损及公司的股本总额。② 在此之前,一些合股公司章程已开始出现了从利润中分配股息的要求,如英格兰国王詹姆斯一世 1620 年给新河公司颁布的特许状中就有类似的条款。当然,缺乏对利润进行合理计量的会计规则的配合,从利润而非股本中派发股息并不是一项严格的要求。这一规则的目的更多的是为了股东们自己的利益,即保留完整的股本用于公司的持续经营,而不是像后来的公司法那样为了保护债权人利益。③

随着永久性公司股本的建立以及"股"(stock)这一兼具资产与资本观念之概念的外延日益模糊,也就产生了对专门的"资本"术语的需求。在 16 世纪英国合股公司的文件中,从未发现过"资本"一词,但在当时的会计学教科书——如詹姆斯·皮尔的《意大利商人的账户技艺》(1569)中,已经出现"资本"(capital)一词,指商人的净财富,即从其所拥有的东西中扣除欠债权人后剩下的部分。④ 进入 17 世纪后,人们首先将"股"进一步区分为"速动股"(quick stock)与"沉淀股"(dead stock),但这种分类更多体现的还是"股"作为资产形态的含义,因此混乱依然存在。最终,人们意识到需要发明新的术语,出资意义上的"资本"也就诞生了。⑤ 1614 年,英国东印度公司的会议记录中首次出现了"资本"(capital)一词,作为衡量收益分配的一个尺度,宣告股东们从本航次海外贸易经营中得到"半个资本"——本金的 50%——的分配。⑥

---

① Christopher Noke (2000), "No Value in Par: A History of the no Par Value Debate in the United Kingdom", *Accounting, Business & Financial History*, 10:1, 13-36, p. 14.
② Donald Kehl, "The Origin and Early Development of American Dividend Law", *53 Harv. L. Rev. 36*, p. 38, note 13 (1939-1940).
③ Ibid., p. 41.
④ William Ronald Scott, *The Constitution and Finance of English, Scottish and Irish Joint Stock Companies to 1720*, Cambridge University Press, 1912, Vol. I, pp. 59-60.
⑤ Scott, *Joint Stock Company*, Vol. I, p. 62.
⑥ Ibid., p. 157.

此后,"资本"进一步被用来标注作为出资范畴的"股",产生了"股本"(capital stock)的术语,以区别于作为货物或资产形态的"stock"。"股本"的这种用法一直延续到今天。①

总之,到了17世纪末,股、股份、资本等概念都基本成型,"股本(stock capital)被划分为股份(shares)",这为描述公司组织形式因融资而产生的经济关系提供了极大的便利。特别需要指出的是,区别于股、资本等术语所蕴含的财产与价值观念,"股份"(share)的基本理念不仅是表彰公司成员对公司股本或资产所享有的所有者的身份,同时也创造出了可替代所有权的基本单位——每个单位都和其他单位一样有权获得同样数量的分红,且(通常情形下)有着同样的投票权——从而可以方便公司成员转让其出资。对于一个大型、且其所有者不断变动的商业组织来说,这种所有权安排是非常有效率的。它既避免了作为公司所有权人的投资者阅读财产授予契约或公司章程等来确定他们拥有哪些权利的麻烦,也避免了每次有投资人将其份额(或部分份额)转让给他人时都需修改公司契约或公司章程等问题。② 在这种安排下,特定所有权人获得分红的权利和投票权仅仅取决于其所掌握的被称为"股份"或"股票"的替代性单位。因此,如果一家公司有十个股东,每个股东拥有1/10的已发行股份,每个股东就有权获得公司每一笔分红的1/10的份额,并且对摆在其面前需要投票的任何公司事务(比如选举公司的主管)都有1/10的投票权。至于股东拥有的股票的确切数额,如100股还是1万股,并不重要,重要的是其在公司股本中所占的比例。

在这个时期,股东与大型合伙中的合伙人身份类似,但还是有一些显著的特征将它们区分开来:第一,份额持有人仅仅是资本家,大多并不参与企业的经营。第二,公司有一套正式的治理程序,如通过股东会议决策等,不同于合伙的迅捷但非正式的决策程序。第三,公司的股份可以自由转让,尽管受让人通常限于小圈子的人,如持有不动产的贵族们。不过,随着合股公司对资金募集的需要,这个圈子逐步扩大到外国银行家、商人或者虽无财力但对公司经营有用的人,如采矿工程师。第四,公司的独立人格与持续存在,有印章,可以自己的名义对外签订合同与负债。③

---

① 如美国法定资本制度的标志性案例——*Wood v. Dummer*, 30 F. Cas. 435 (no 17,944) (C. C.D. Me. 1824).
② Franklin A. Gevurtz, *Corporation Law*, 2nd ed., West Publisher, 2010, p. 114.
③ William Ronald Scott, *The Constitution and Finance of English, Scottish and Irish Joint Stock Companies to 1720*, Cambridge University Press, 1912, Vol. I, pp. 45-46.

3. 股份的转让与交易

如前所述,虽然合股公司因缺乏资本维持的观念而在很长时间内被理解为大型合伙,但它与合伙有一个根本性的差异,即合股公司的股份从一开始就是可以转让的。历史上,股份可转让的观念在西欧中世纪的商业活动中就已存在,如13世纪时西欧与中欧一些地区的矿山,以及南德意志的科隆、图卢埃等地的一些纺织厂。① 当然,股份可以转让并不意味着合股公司的股东能够顺利地找到第三人而将股份转让出去。仅在16世纪末的阿姆斯特丹以及17世纪的伦敦出现了股票的流通市场后,合股公司的股份转让才变得方便了,这也极大地促进了当时的人们对公司股份的投资。这些早期的市场不仅有股份本身的交易,还出现了股份的看涨期权、看跌期权等衍生交易。

股票二级市场的出现也意味着股份炒作的开始,人们追逐股份转手过程的增值收益的热情远甚于利用合股公司从事贸易或工商业活动。股票经纪人一度被认为是股份炒作的罪魁祸首。英格兰贸易管理委员会在1696年的一份报告中指出:"近来股票经纪之恶性投机,已经完全扭曲了为初始发起人之私人利益而介入或从事制造业公司以及法人之目标与设计。最初之取得者和认股人所获得之权利,除了以赢利为诱饵向无知者再次出手外,通常并无他用。他们用名声、虚假地夸大并狡诈地散布他们之股票如何有赚头来招揽顾客。因此,首批进入者将其股份以远远高于真正价值之价格卖给那些被巨额利润之迷雾所蛊惑的人,从而脱离公司。交易和股票之管理落在了生手身上,以至于试图凭借所授予之特权而获得发展以及公司治理而得以提升之制造业,从最初的充满前景逐渐衰退至低谷,甚至比没有这类法律或特许证之扶持而任其完全自由发展之状态还要坏。纸张和亚麻制造业便是我们应该谨慎思考之一个例证。我们遗憾地感受到了股票经纪操控之效应,如果不是落入这种灾难,这些制造业可能会获得原本更为兴旺之条件。"②1697年,英格兰议会通过了一部管制股票经纪的法案,要求经纪商必须获得执照;不得自我交易或为自己谋利;交易股票的合同订立后三日内必须在登记册上登记,若非三日内履行,则溢价转让股票的合同无效;经纪人收取的佣金不得超过一定比例,等等。③

不过,英国对股票经纪的管制措施并没有完全遏制股票交易的狂热,南

---

① Jonathan Barron Baskin, Paul J. Miranti, Jr., *A History of Corporate Finance*, Cambridge University Press, 1997, p. 60.
② 参见〔英〕罗纳德·拉尔夫·费尔摩里:《现代公司法之历史渊源》,虞政平译,法律出版社2007年版,第11页。
③ 同上书,第11页。

海公司泡沫标志着围绕合股公司的股份炒作达到登峰造极的地步。从1720年1月至6月底,南海公司的股票价格从128英镑上涨到1050英镑,日间波动可高达200多镑;到9月底股票价格跌至175英镑,投资者损失惨重。南海公司本身也卷入了自家股份的炒作当中,并采取了不少措施来刺激股票价格上涨,如大肆宣扬公司在南海(指大西洋南部)地区从事贸易的盈利前景;对新发行的股份采取分期缴付认购款的方式,认购人仅需支付10%的保证金,余款在若干月内分期支付;接受公司股票作为质押以便对认购者发放贷款,等等。①

当然,抛开其中的欺诈、违规或者公众的投机狂热等因素外,南海公司的股价泡沫也与一种名为"债务转换"(the fund of credit arrangement)的金融创新有关。这是当时英国政府与私人企业之间达成的公共债务转移协议,政府公债的持有人将其对政府的债权转让给合股公司,以换取后者的股份;而政府则授予合股公司某些方面的独家经营权,从而使得公司有资源来承担并经营这些政府债务。这种金融安排一方面降低了政府债务管理的成本,另一方面为合股公司提供了一种质量有保障的资产——它每年可获得由政府关税担保的利息收入,其"双赢性"最早在英格兰银行的债务转换实践中得到验证。南海公司成立于1710年,初衷是为了解决当时英格兰政府拖欠的海军粮食储备款以及运输债券的迟延偿付问题,后来政府又进一步将长期债券以及长期年金等公共债务转移到南海公司中。南海公司千方百计刺激股价上涨,也跟这种债务转换安排有关,因为当时议会特别授权南海公司按公司股票的市价而非面值与债务进行转换。换言之,当股价高出面值(如一倍)时,公司仅需要发行给转换者1/2的股份,余下的1/2的股份可用于抛售到市场中获利,或者用于日后派发股息。②

合股公司股票交易的狂热以及由此引发的动荡最终导致英国在1720年通过了《泡沫法案》,禁止新设合股公司。③《泡沫法案》详细描述了在贸易、商业或其他事业中有损公共利益的各种企业和项目,并列举了被视为规制对象的几种实务操作,包括:(1) 开立公众认购账户;(2) 假装以公司之身份经营;(3) 假装股票是可自由转让的;(4) 假装有特许但实际上特许已经过期。

---

① 〔英〕罗纳德·拉尔夫·费尔摩里:《现代公司法之历史渊源》,虞政平译,法律出版社2007年版,第28—32页。
② Jonathan Barron Baskin, Paul J. Miranti, Jr., *A History of Corporate Finance*, Cambridge University Press, 1997, pp. 110-113;〔美〕P. 金德尔伯格:《西欧金融史》,徐子健、何建雄、朱忠译,虞关涛校,中国金融出版社1991年版,第271页。
③ 该法案的全称为《为了更好地保障国王通过船舶和海上货物保险和船舶抵押贷款之两个特许状授予之权利和特权以及限制在此提到的奢侈和不正当做法之法案》。因此,该法案除了针对股市泡沫外,还对两家合股公司颁发了特许证。

"所有以上描述之公司,所有其他在贸易、商业等合法事业中有损公共利益之公开公司,尤其是上面列举之四种做法,都是违法的,且被视为妨害公众利益之做法,应受到罚款之惩处。买卖这些公司股份之经纪商要受到处罚"。①《泡沫法案》下的禁令持续了一百年,直到 1825 年才得以解除。不过,在英国之外的其他一些地区,如美国以及西欧大陆,合股公司依然以特许公司的方式继续存在并募集资金。

4. 现代公司法与公司融资模式的分化

18 世纪末—19 世纪初的开凿运河与修建铁路,以及随着工业革命兴起的制造业,对大规模融资提出了强烈的需求,催生了西欧以及美国从特许设立公司向自由设立公司的转型。1844 年,英国议会通过了《合股公司注册、组建及监管法案》(Joint Stock Companies Registration, Incorporation and Regulation Act),允许人们通过注册而自由设立合股公司;1855 年的《公司法案》进一步赋予股份公司的股东以有限责任的保护。由此诞生了现代意义上的普通公司法,即只要以满足法律规定的一般原则和程序就可以成立公司。它与"特许"相对,故也称为准则主义公司法。此后,法国、德国、美国各州②等先后出台了类似的普通公司法。至此,现代股份公司的基本要素——集合资金的独立法人、股东有限责任、股份自由转让、董事会经营决策等——都已齐备,大型的、持续经营的工商业活动的组织形式与资金募集方式都已经明晰化了,即公司制与股份化。

但是,并非所有的公司都需要向公众募集资金。法律对公司形式最早(以特许状形式)也是最核心的贡献,是确认了公司作为一个独立的法律人格的存在。③ 其价值在下述三类情形中尤其突出:(1) 在参与企业经营的个人死亡后,企业本身及其对财产的所有权仍可继续存续下去;(2) 为垄断权的授予,如在特定地区从事毛皮贸易或者收费大桥建设等,提供了一个半政治性的工具;(3) 提供一个运转灵活的管理结构,以聚集众多个人投资者分散的资本,同时提供一个集中决策的机制。④ 当垄断特许因素消退后,独立且持续的法律人格与成熟的融资及管理模式便成为公司形式的两大吸引力,前

---

① 〔英〕罗纳德·拉尔夫·费尔摩里:《现代公司法之历史渊源》,虞政平译,法律出版社 2007 年版,第 50—51 页。
② 美国纽约州虽然在 1811 年就开始对一般制造业发放许可令,但就影响力而言远远不及英国 1844 年合股公司法以及后续立法。
③ 参见〔美〕阿道夫·A. 伯利、加德纳·C. 米恩斯:《现代公司与私有财产》,甘华鸣、罗锐韧、蔡如海译,商务印书馆 2005 年版,第 140 页。
④ Bayless Manning with James J. Hanks, Jr, *Legal Capital*, 4th ed., Foundation Press, 2013, p. 16.

者完全可以为个体或家族经营所利用。

实践中,19世纪准则主义公司赋予公司股东有限责任保护后,众多个人经营活动开始利用公司组织形式的法律外衣,以抵御商业经营的风险。这些小公司并不涉及向公众募集资金问题,更不进入资本市场,因此也没有必要受制于公司法承继合股公司时代公开募集资金特征而来的管制逻辑,这种管制在一些欧洲大陆国家尤其严格。[①] 为适应小型或闭锁公司的需求,德国于1892年制定了世界上第一部《有限责任公司法》,创设出有限责任公司的概念与体例;英国则在1897年的 Salomon 案中承认了一人公司股东可享受有限责任保护[②],并于1908年公司法修订时引入"私人公司"这一新的类型。

至此,公司法与公司财务的互动开始向两个方向分别发展:一是小型的、个人化的有限公司或闭锁公司,其资金主要来自创始人出资,因此法律对公司财务的规制主要体现于公司设立的出资规制与公司持续经营中的分配规制;二是面向公众募集资金的股份公司,后者不仅在公司设立阶段有面向大众的融资,更随着金融工具创新以及资本市场的并购重组等运作而给公司财务提供了大量新鲜素材,由此也推动了法律规制在公司法、证券法、破产法等名义下渐次展开。

二、19世纪后的融资工具创新

公司融资离不开融资工具。这些工具——不论是权益型的股票,还是债权型的债券或最直观的银行贷款——都属于法律性质的文件,载明公司作为融资者与股东、贷款人、债券持有人作为提供资金者各自的权利和义务。其中,股份虽然是公司最初始的融资工具,但它往往被公司设立过程所吸收,法律功能——确定公司股权结构——更加显著。况且,19世纪末之前,公司股份更多的还是在商人之间发行与流通[③],与后来面向大众的普通股(common stock)有较大区别。

通常认为,公司债券是最早为大众投资者接受的融资工具,19世纪为铁路、运河等大型企业募集资金的目的以及其后发生的铁路公司破产重整,催生了各类债务融资工具的创新。而股票或普通股作为大众投资工具的兴起,主要是英美诸国19世纪后期的现象,特别是美国在19—20世纪之交出现的

[①] 〔德〕格茨·怀克、克里斯蒂娜·温德比西勒:《德国公司法》(第21版),殷盛译,法律出版社2010年版,第287—288页。

[②] *Salomon v. Salomon & Co. Ltd* (1897) AC 22.

[③] Jonathan Barron Baskin, Paul J. Miranti, Jr., *A History of Corporate Finance*, Cambridge University Press, 1997, p. 177.

第一次并购潮,传统企业合并为巨型公司的资本化过程将数量巨大的普通股倾泻到市场上,吸引新生的中产阶级和普罗大众参与,并刺激了进一步的融资工具创新。证券创新势头如此迅猛,以至于到了 20 世纪 30 年代,仅美国市场中交易的证券已经达到近二百余种,在标准的股票、债券之上派生出各种新奇的混合证券或合成证券。① 此后便是半个多世纪的市场洗礼与法律规制,存续下来的债券、股票以及混合证券构成了今日流行的融资工具之基础。

1. 形形色色的债券

公司债券的历史也可以追溯到合股公司时代,如荷兰东印度公司在 17 世纪就发行了公司债券。不过,债券成为公司主要的融资工具还是进入到 19 世纪后,伴随着运河、铁路等最早需求巨额资金的建设项目而流行开来。

在美国,最早的抵押债券(Mortgage Indenture)出现于 19 世纪 30 年代,应用于为运河、铁路公司的融资②,这也是最早为大众参与的证券投资品种。担保债券的财产以信托契据或土地抵押契据的形式被抵押给某一个或几位受托人,但受托人不对借款人的违约承担个人责任。早期的受托人都是自然人,1870 年后出现了法人受托人。有些运河与铁路公司则向州政府提供抵押证书,以便从州政府获得贷款。③ 抵押品的范围也逐渐扩大。一开始是不动产,后来覆盖到股票与债券,最后其他财产、甚至未来收益也加入进来。担保的形式也从抵押扩展到质押,除股票与债券等通常转移到受托人处作为质押品外,其他担保品依然由借款人持有。例如,1849 年纽约及伊利铁路公司发行的第二期抵押债券,作为抵押物的财产不仅包括公司现有的全部财产,而且包括未来拥有的财产,后者覆盖日后取得的租金、收入与利润等。另外,此一时期还出现了可转换债券的萌芽。如 1826 年由特别法案设立的 Mohawk and Hudson 铁路公司在 1834 年经州议会授权发行不超过 25 万美元的抵押债券,持有人可以在两年内按面值转成股份。甚至出现了无担保的可转债,如 1865 年伊利铁路公司发行的 100 万美元无担保的可转债。此外,19 世纪中期的抵押债券开始出现一些财务承诺条款,如前述伊利铁路公司的前身曾在 1857 年第四期抵押债券文件中承诺:如果利息迟延六个月,则全

---

① 〔美〕本杰明·格雷厄姆、戴维·多德:《证券分析》,邱巍、李春荣、黄铮译,吴有昌校,海南出版社 1999 年版,第 654—679 页。
② Banks, "Indenture Securities and the Barkley Bill", *The Yale Law Journal*, vol. 48, no. 4, 1939, p. 534.
③ Cecil Mead Draper, "A Historical Introduction to the Corporate Mortgage", *Rocky Mountain Law Review*, vol. 2, no. 2, 1930, p. 78.

部本金提前到期偿付。①

一个值得关注的因素是公司资本与债务之间的关系。在1844年的 Barry v. Merchants' Exchange Company 一案②中,被告发行的抵押债券的合法性被质疑,因为其超过了州特许状对该公司资本总额的限制。当时的人们一般将公司资本视为包括公司拥有的全部财产在内,不论是发行股份取得还是通过举债所获得。不过,该案法官认为,公司发行的抵押债券并非无效或不可强制执行,因为依特许状中的用词,"资本"仅指股份资本(capital stock),不能扩张到债务凭证或公司盈余上。当然,有些公司的特许状会更加明确,如1846年哈德逊河铁路公司的特许状授权公司可抵押借款200万美元,但债务须低于已缴资本50万美元,且资本与债务合计不得超过600万美元。③

研究者认为,债券先于股票而被大众投资者所接受,一个很重要的原因是19世纪的经济环境尚难以克服公司面向大众融资时内生的障碍,如经济不确定性、代理成本问题、不对称信息等。股票常被视为投机工具;投资大众更愿意认购有固定回报的债券,而且要求发行人提供担保,如在铁路资产上设定抵押权等。与投资大众对风险的认知相呼应,铁路公司发起人几乎完全是用发债募集的资金来修铁路,而把股票留着给自己作为未来取得利润的来源。极少数用股份来融资的情形往往仅限于人口密集区域的铁路线,因为人口群居一方面保证了铁路运量,另一方面也给投资者直观地描绘出了铁路公司盈利的前景。在绝大多数情形下,"股票经常是为推销债券而免费送出。最终结果是,发起人拥有了铁路线——但他们几乎一个子都没掏或者花费甚少,铁路线又抵押给了债权人,所担保的债务价值远远高于铁路线的价值……这就是1850年之后的铁路建设的常规"。④ 由于债务构成了铁路筹集资金的主流方式,这也导致铁路公司杠杆过高。在19世纪上半叶的英国和19世纪下半叶的美国,大量高杠杆的铁路公司因面临无序竞争而陷入破产境地。

铁路公司破产重整的过程也是债务工具创新的过程,收入债券、实物支付债券、浮动利率债券、可赎回债券、可参与债券、永久债券等相继面世。以

---

① Cecil Mead Draper, "A Historical Introduction to the Corporate Mortgage", *Rocky Mountain Law Review*, vol. 2, no. 2, 1930, pp. 79-96.
② Barry v. Merchants' Exchange Company, 1 Sand., Ch. 280 (N. Y. 1844).
③ Cecil Mead Draper, "A Historical Introduction to the Corporate Mortgage", *Rocky Mountain Law Review*, vol. 2, no. 2, 1930, pp. 79-96.
④ Jonathan Barron Baskin, Paul J. Miranti, Jr., *A History of Corporate Finance*, Cambridge University Press, 1997, pp. 147-149.

收入债券(income bond)为例,它最早由美国切萨皮克和俄亥俄运河公司在 1848 年发行,但广泛应用还是 19 世纪末的铁路公司破产重组。① 收入债券只有在公司获得了正的净收益时才支付利息,因此可以减轻公司亏损情形下的利息负担。就收益不确定、依托于公司实现利润的多寡这一点而言,收入债券与优先股有点类似,二者的差异在于:收入债券下公司只要有正的净收益就必须支付利息,而优先股则是在公司在派发普通股股利之前支付股息;此外,收入债券在清算时的地位优越于优先股。乍看起来,收入债券较优先股对投资者更有吸引力,不过前者很多时候反而不如优先股受追捧,主要原因在于,投资者怀疑公司管理层会利用会计手段操纵业绩,从而拒绝支付利息。相反,由于股利对于普通股的市场估值至关重要,公司管理层通常不敢对派发普通股股利掉以轻心,因此,从投资者的角度看,收入债券持有人获得利息的机会可能还不如优先股股东获得股息的机会可靠。②

此外,某些新债务工具——如无担保债券、零息债券、附认股权的债券——的创设是为了解决传统债券融资的困境,或者增加传统债券融资的吸引力。其中一个困境与债权人要求的担保有关。传统上,债权人依赖有形动产作为贷款担保。随着新的融资建立在不动产抵押担保基础上,就会产生比较棘手的法律问题,如先设定的留置权在土地再度融资时就必须重新协商,由此导致复杂的担保结构。在 19 世纪末的铁路重组中,这些抵押债券实际上获得的收益也非常低。债权人痛苦地意识到,缺乏流动性的资产作为担保品是没有价值的,资产的过去价值也不能代表其现在的清偿能力。由此,无担保债券(debenture 或 debenture indenture)也逐渐流行起来。

附认股权的债券则是对之前以赠送股票来刺激人们购买有风险的债券的做法的一个升级版。在债务契约文件中,认股权证被用来代替债权人原来拥有的针对发行人资产的留置权。对于发行人来说,这既解除了实物资产上的负担,也避免潜在的现金支出——日后股价的上涨将诱导债券持有人转股,发行人也就可以不再偿还借款。在 20 世纪初美国证券市场上发行的无担保债券大多数都是这种附有认股权的债券。③ 债券所附的认股权既可以与债券分离交易,从而构成单独的权证(warrant);也可能与债券结合在一起,从而构成可转换债券。它可能转换为发行人的普通股,也可能是其他公司的普通股,这完全取决于认股权合同的具体条款。

---

① 〔英〕阿尔弗雷德·施泰因赫尔:《金融野兽——金融衍生品的发展与监管》,陈晗、张晓刚译,上海远东出版社 2003 年版,第 37 页注释 13。
② Jonathan Barron Baskin, Paul J. Miranti, Jr., *A History of Corporate Finance*, Cambridge University Press, 1997, pp. 155-156.
③ *Ibid*., pp. 151-157.

从更广义的证券转换来看,不仅可以有从债券向股票的转换,甚至也可以进行股票向债券转换。16 世纪的欧洲大陆就出现了这种可转换证券,某些股票发行人迫使股票持有人按事先规定的条件将股票转换为债券。在 17 世纪中,一些英国合股公司则进行了有利于特定股东的转换。如 1631 年英格兰国王查理一世持有的新河公司股票,允许国王在新河公司表现不如预期良好时将股票转换成债券;1729 年约克建筑公司甚至在公司临近破产时修改章程,将股东手中一半的股票直接转换为债券,债券面值为股东转换前持有的股份的全部市场价值,从而向股东提供"与债权人同等的保护"。① 当然,在现代公司法确立了资本管制的规则后,从股票向债券的转换因为有损资本维持原则而逐渐式微。尚存的可转换证券主要是可转换债券与可转换优先股,二者通常都在一定条件下转换为普通股。

2. 优 先 股

优先股属于一种混合证券,兼有债券与股票的某些特征,如保证支付固定比率(一般高于公司债券利率)的股息;若为参与优先股,还可以分享剩下的红利。它通常意味着放弃投票权作为代价。

早在 16 世纪中期,英国的一些合股公司就开始给予某些类型的股票以优先权②,但优先股被广泛使用还是 19 世纪上半期,它成为当时铁路公司募集额外资本、补充资本结构中债务融资缺口的重要工具。③ 推动优先股流行的动力主要来自以下几个方面:一是为了遵守英国政府对公司负债率的限制,因为当时政府规定铁路公司的债务不得超过其资本的 1/3;二是避免发行新股融资稀释现有股东的控制权,当时很多陷入财务困难的运河、铁路建设工程需要筹集追加资本,但股东又不希望因追加资本所发行的新股摊薄自己的权益;三是缓解公司破产压力,因为不能支付优先股股利尚不足以将公司置于清算程序中,而当时铁路公司破产清算的比例很高。一个足以证明当时优先股的重要性的事实是:1849 年,英国铁路公司资本结构中股本的 66% 是优先股。④

在美国,最早的优先股实践是马里兰州 1836 年增加对巴尔的摩—俄亥

---

① Arthur Stone Dewing, *The Financial Policy of Corporations*, 4th ed., The Ronald Press Company, 1941, pp. 242–249.
② *Ibid.*, p. 134, note b.
③ 〔美〕P. 金德尔伯格:《西欧金融史》,徐子健、何建雄、朱忠译、虞关涛校,中国金融出版社 1991 年版,第 275 页。
④ Jonathan Barron Baskin, Paul J. Miranti, Jr., *A History of Corporate Finance*, Cambridge University Press, 1997, pp. 151–152.

俄铁路公司等一批铁路、运河建设公司的出资。马里兰州议会对于认购的股份索要 6% 的固定收益,直到被投资公司的盈利可以支付所有股利至该水平。这一独特的出资形式引发了部分老股东的抗议:银行贷款人可以获得固定收益,但没有投票权;股东参与公司决策,但收益不确定,缘何州议会作为出资人就可以如此蛮横?① 尽管如此,优先固定股息这一新特征还是存活下来,1840 年后面向私人投资者的新股发行中也开始增加固定股息率因素,以便为处于困境的铁路公司吸引到新的资金。当然,优先股最终获得投资者普遍认可的标志性事件,是 1871 年宾夕法尼亚州铁路公司——当时世界上最大的公司——设立时利用优先股来募集资金。对于美国公司、特别是铁路公司管理层来说,发行优先股最大的吸引力在于不会稀释原有股东对公司的控制权,而普通股所附带的投票权在 19 世纪后半期经常引发铁路公司之间的收购大战,如范德比尔特与古尔德围绕着伊利铁路的争夺,摩根与希夫围绕着北太平洋铁路的较量等。② 此外,对于缺乏信息的外部投资者来说,优先股有固定收益,因此它比普通股更容易定价;而对于公司管理层来说,优先股的股息支付并非像债券利息那样固定,因此意味着公司有一定的财务自主性。可以说,上述特征极大地促进了优先股的流行,因为不仅是铁路公司,制造业公司在创业之初也会有一段财务基础不稳定的阶段,因此迫切需要这样一种证券,它一方面能让缺乏信息的投资大众以相对合理的精确性进行估值,另一方面又给管理层在公司资金紧张时停止支付(利息)的空间。优先股正可以满足上述两方面的需求。

鉴于对优先股这种灵活性的普遍认知,在美国,不仅 19 世纪后期的铁路公司破产重组多用优先股来替换已违约的担保债券,进入 20 世纪后,随着制造业取代铁路业成为主要的融资人,优先股融资也达到了巅峰。与铁路和政府债券的融资模式类似,美国工业企业从大众投资者处的融资也是从固定收益类证券开始的。相对于铁路公司而言,制造业公司可以用于抵押的资产相对较少,难以大规模发行有担保债券,因此不得不求助于有固定收益率的优先股。这些优先股一度被视为高投机性股票,但 20 世纪早期美国工业公司良好的经营状况很快改变了投资者对优先股的印象,它成为公众普遍接受的投资品种。此外,同时期兴起的美国公用事业控股公司纷纷将优先股作为搭建金字塔式控股架构的主要工具。按照杜因教授的描述,在许多工业企业及

---

① George Heberton Evans, Jr., "The Early History of Preferred Stock in the United States", *The American Economic Review*, vol. 19, no. 1, 1929, pp. 48–49.
② 〔美〕约翰·S. 戈登:《伟大的博弈——华尔街金融帝国的崛起(1653—2004)》,祁斌译,中信出版社 2005 年版,第 119—138、201—204 页。

公用事业公司募集设立时,优先股被用来从公众手中获得可以无期限使用的资金,同时公司的控制权保留在普通股的持有人手中;公司所发行的普通股代表了对公司未来盈利的索取权,但普通股持有人并没有实际投入资金。① 这一时期的公司财务书籍也显示:"当前的惯常做法是:公司发行的债券和优先股对应于公司的有形资产和当前盈利,发行的普通股代表着公司的无形资产以及可期待的未来收益。"②

不过,在1930—1980年的半个世纪中,优先股作为融资工具风光不再。其原因,除了1929—1933年大萧条给优先股持有人造成的惨重损失外,优先股在公司治理结构中所处的劣势地位——受制于公司董事会对股息及其他优先权利的自由裁量——以及公司所得税的歧视性处理也是导致其骤冷的重要因素。所谓税收歧视,是指优先股股息不得税前支付,但债券利息可以税前支付。上述不利因素甚至导致本杰明·格雷厄姆先生在1934年出版的《证券分析》一书中作出了关于优先股的经典评论:"典型的优先股不是一种有吸引力的投资契约形式……要么普通股股东赚钱,要么优先股股东赔钱。"③不过,公用事业公司依然大量用优先股融资,因为公用事业管制法规通常允许企业采取成本加成的定价方式,从而保证了发行人可以将股息成本转移给客户,相应地优先股的持有人能够得到预期的稳定回报。

20世纪80年代后,优先股又重新获得资本市场的青睐,在公司并购重组、PE/VC投资、银行资本管制等领域被广泛应用。这主要是因为优先股可以在发行人与持有人之间灵活配置现金流权、投票权、清算优先权、回赎权、转换权等不同权利,从而在公司治理、会计记账、税务处理以及监管确认等方面较其他融资工具享有更大的优越性。在美国2008年金融危机之前,优先股融资额已经超过了普通股融资额,其中3/4属于银行控股公司发行用来补充监管资本的信托优先股(Trust Preferred Stock)。④ 近年来,PE/VC投资中的优先股以其对创业公司治理结构的独特影响而成为司法实践以及学术研究的热门话题。⑤

---

① Arthur Stone Dewing, *The Financial Policy of Corporations*, 4th ed., The Ronald Press Company, 1941, pp.134-135, note b.
② William H. Lough, *Business Finance*, Ronald Press, 1922, p.75.
③ 〔美〕本杰明·格雷厄姆、戴维·多德:《证券分析》,邱巍、李春荣、黄铮译,吴有昌校,海南出版社1999年版,第146、156页。
④ Kallberg, Jarl, Crocker H. Liu, and Sriram Villupuram, "Preferred Stock: Some Insights into Capital Structure", *Journal of Corporate Finance*, vol.21, no.1, 2013, pp.77-86. 在我国,2014年引入优先股的一个首要动力也是为银行业补充资本金。
⑤ 参见William W. Bratton & Michael L. Wachter, "A Theory of Preferred Stock", *University of Pennsylvania Law Review*, vol.161, no.7, 2013, pp.1861-1863.

3. 普 通 股

尽管股份或股票因与合股公司相关联而具有漫长的历史,但作为普罗大众投资对象的普通股,其流行主要是 19 世纪末甚至第一次世界大战之后的现象。① 长期以来,普通股相较于债券被认为是高风险的投机工具,甚至一度被视为"最要不得的金融工具",冠之"鬼魂"之名,很少为投资大众问津。② 不过,19 世纪后期开始流行的、兼具债券与普通股特征的优先股的良好回报给投资大众以生动的教育。优先股的股息具有一定的不确定性,公众投资者开始习惯有别于固定回报债券的投资品种,这为他们最终接受普通股铺平了道路。

3.1 从所有权人到出资人

普通股的流行与资本市场的发达通常是相伴随的;在美国,这个过程又与 19 世纪末的第一次并购潮联系在一起,因为并购潮后半段产生的巨型工业公司将大量的普通股倾泻到资本市场,培育了第一代的公众投资者。

需要特别指出的是,基于企业合并而设立大型公司的交易与传统的众人集资设立公司有本质不同。前者实际上是一种资本化过程,即将原已存在的数家非公司型企业重新按照投资品进行估值,以此为基础发行股票或债券来代表新公司的价值,然后将债券以及部分股票分配给原来的企业主,剩余大部分股票则出售给社会公众。原来的企业主可以成为新公司的控制股东,也可以抛售股票或债券而变现,从而在资本化过程中完成企业的出售。当时成立的巨型公司,如美国钢铁公司、美国糖业公司等都是以这种方式并购众多企业而成的。出售企业的卖方要求的对价通常包括两部分:一是按企业现有资产的账面价值获得现金、债券或优先股,二是按照企业过往盈利的一定倍数(如 3 倍)获得普通股。仅在 1897 年,就有 55% 以上的公司发行了同样数量的优先股和普通股,前者与公司的有形资产对应,后者则与公司未来盈利对应。鉴于未来盈利的不确定性以及人性中的乐观以及夸张、欺瞒等因素,这个过程中也出现了备受争议的掺水股现象。③

---

① W. P. Kennedy, (1976), "Institutional Response to Economic Growth: Capital Markets in Britain to 1914", in Hannah, L. (ed.) *Management Stratergy and Business Development* Macmillan, 1976, pp. 151-183; Jonathan Barron Baskin, Paul J. Miranti, Jr., *A History of Corporate Finance*, Cambridge University Press, 1997, p. 177.

② 〔美〕P. 金德尔伯格:《西欧金融史》,徐子健、何建雄、朱忠译,虞关涛校,中国金融出版社 1991 年版,第 274 页。

③ 对此过程的一个精彩描述,参见 Lawrence E. Mitchell, *The Speculation Economy: How Finance Triumphed Over Industry*, Berrett-Koehler Publishers, Inc., 2007, pp. 57-89.

由此,19—20 世纪之交的普通股汇集了两种完全不同的观念:其一,普通股持有人作为公司的股东或者所有者,以参与公司经营并分红为主要目的;其二,普通股持有人仅作为公司资本化过程所发行的证券的持有人,以获得投资收益为主要目的。在 19 世纪中期流行的是前一种观念,与此对应的公司状态是:企业规模不大,股东人数有限,代表公司所有者权益的股票只是在商业伙伴的有限范围内转让所有权的一个方便的工具,并非为了大众交易之目的。从这个角度看,普通股与合伙权益份额没有什么区别。但 19 世纪后期开始出现大型企业,伴随着公众投资群体的加入,情形逐渐发生变化,即克拉克教授眼中"从企业家时代向职业经理人+消极出资人时代"的转化。[1] 20 世纪初的人们已经可以很清晰地辨识公众公司股东与闭锁公司股东以及传统合伙人之间的区别:

> 从前,公司股东这个群体毫无疑问被视为与合伙人处于同样的地位,人们假定他们熟悉所投资公司的状况以及经营上的起伏,也准备承受公司的盈亏波动。……如今,这种描述只适用于闭锁公司,其股东积极参与公司经营,熟悉其营业活动的周期以及可能的意外状况……但是那些拥有大量既不参与经营、又不熟悉公司业务的股东的公司则完全不同。……后一种公司的股东将其对公司股份的所有权视为单纯的资本投资,目的在于带来收入。他们买入铁路或工业股票的目的与买入房地产按揭证券的目的没有什么不同——唯一的目的就是确保一笔靠得住的收入,同时还有机会获得可观的利润。在他们的脑海中,实现这个目的的工具并不是在一家持续经营企业中的合伙人权益份额,而是几张被称为'股份证书'的纸片,它们每隔一段时间就会给自己带来一张股利支票。[2]

同一时期的公司法学者也注意到了这一现象,他们普遍秉持的观点是:现代公司的股份持有人主要是投资者(investor),而非业主(proprietor),他们在公司经营管理中的作用几乎可以忽略不计。[3]

---

[1] Robert C. Clark, "The four stages of Capitalism: Reflections on Investment Management Treatises", *Harvard Law Review*, vol. 94, no. 1, 1981, pp. 561-582. 克拉克教授甚至根据公司资本供给方式的特点,将美国资本主义企业二百余年的历史分为四个阶段:企业家时代、职业经理人时代、投资组合经理人时代以及储蓄计划时代。每个阶段上的公司代理成本问题各有不同特征,从而法律上也发展出相应的规制策略。

[2] William H. Lough, *Business Finance*, Ronald Press, 1922, pp. 440-41.

[3] Morton Horwitz, "Santa Clara Revisited: the Development of Corporate Theory", *West Virginia Law Review*, vol. 88, no. 2, 1985, p. 207.

3.2 从财产权关系到合同属性

与上述资本化过程以及股东从企业所有者向投资者身份的变化相伴随的,是商人对普通股权利义务的任意设计;其背后的理念则是普通股作为投资契约的合同属性,可以经由公司章程对于普通股的权利进行自主设定。历史上,合股公司的特许状作为商人与国家之间的议定文件,具有浓厚的规制色彩;在特许因素消失后,它转化为公司章程、股东协议、招股文件等一系列公司组织法律文书,仅有单纯的合同属性。很自然地,在普通股内部出现了A类股、B类股等不同类别的设计,各自带有不同的表决权或者现金流权利,以满足企业家、管理层或者特定群体的需要。①

其中,最引人关注的是所谓"管理股"的出现,它通常派发给主导巨型公司设立的发起人、银行家或者并购交易中的核心企业的所有者/管理人,这些人以少量出资获得对公司股份结构中最大份额的表决权;其他公众股东虽然为公司提供了最大数额的出资,但其股份则拥有很少表决权甚至没有表决权,从而形成"管理层控制"或"银行家控制"的双层股权结构。② 例如,美国道奇兄弟公司在1925年已是一家总资产超过1.3亿美元的大型公司,其资本结构中包括优先股与普通股,全部优先股与80%的普通股都没有选举董事的权利;而迪林·里德公司拥有25万零1股有投票权的普通股,总投资额尚不足225万美元,就已经绝对控制了这家大公司。另一个典型例子是美国城市服务公司,它显示出超级多数表决权优先股的威力。该公司向特定股东发行了100万股面值1美元的优先股,每股在选举董事时有一份投票权,合计拥有公司27%的投票权;公司发行在外的其他普通股每股仅有1/20个投票权。尽管普通股股东人数高达15万之众,但股权高度分散,其投票权几乎对公司无法产生任何影响。结果,仅拥有的面值100万美元优先股的特定股东实际上控制了该公司大约10亿美元的资产。③

从股份到普通股的变化、特别是无表决权普通股的出现,在当时引发了完全不同、甚至针锋相对的评价。市场人士和一些财务学者认为,这是公司融资演进到经理资本主义阶段的必然结果,需要修正的是传统的观念:"合伙

---

① 有关无表决权普通股、低表决权普通股、超级多数表决权普通股、限制分红普通股等各种分类普通股的实例,参见〔美〕本杰明·格雷厄姆、戴维·多德:《证券分析》,邱巍、李春荣、黄铮译,吴有昌校,海南出版社1999年版,第673—676页。

② Adolf A. Berle Jr., *Studies in the Law of Corporation Finance*, Callaghan and Company, 1928, p. 41.

③ 〔美〕阿道夫·A. 伯利、加德纳·C. 米恩斯:《现代公司与私有财产》,甘华鸣、罗锐韧、蔡如海译,商务印书馆2005年版,第85—86页。

的古老观念持续干扰着人们对公司企业的看法。合伙法经过法庭的共同经验而孕育出来,通过一长串的判例转化为坚实的法律观念,妨碍了人们去理解(在公司中)投资者的地位已经发生了本质变化,典型的股东已经不再是企业家。"①但是,法律人士以及一些经济学家则对其中投资人地位的变化所隐含的传统财产权的瓦解更加担忧,认为公众股东遭到不公平的剥削②,以阿道夫·伯利为代表的法律人提出了现代公司中所有权与经营权分离的经典论题。美国纽约证券交易所顺应阿道夫·伯利、威廉·雷普利等进步学者的呼声,自20世纪20年代中期开始禁止无投票权普通股上市交易,实施"一股一票"的监管政策。

时过境迁。半个多世纪后,随着高科技企业的控制人对双层股权结构的青睐以及证券交易所之间争夺上市公司资源的压力,纽约证券交易所从1985年开始不再对新的IPO适用"一股一票"要求,从而便利了大批采用A、B股结构(通常带有1∶10的投票权安排)的新型高科技公司上市。③ 其他交易所则更早地迎合了年轻的企业家对于双层股权结构的诉求。我国2000年后互联网企业到美国上市也多采取了双层股权结构;在A股市场,2019年科创板的推出则标志着我国本土法律环境下第一次承认普通股股东中的双层股权安排。

三、20世纪的衍生革命对公司融资的影响

20世纪70年代见证了金融衍生工具的兴起,它们给公司财务运作注入了一股新的动力——风险管理。风险管理的理念与传统融资工具结合,出现了结构性票据等新型债务融资工具以满足市场主体的特殊需求,同时给传统的股权投资制造出空洞投票权与隐藏所有权等问题。

1. 金融衍生工具的兴起④

衍生工具是一种金融合约,其价值取决于一种或多种基础资产或指数。

---

① Bishop C. Hunt, The Development of the Business Corporation in England, 1800-1867, Harvard University Press, 1936, pp. 129-130.
② William Z. Ripley, "From Main Street to Wall Street", The Atlantic Monthly (1857—1932), vol. 137, no. 1, 1926, pp. 94-108; Adolf A. Berle Jr., Studies in the Law of Corporation Finance, Callaghan and Company, 1928, pp. 41-46.
③ 参见马一:《控制权稀释过程中的双层股权结构:法律与边界》,载《中外法学》2014年第3期;陈若英:《论双层股权结构的公司实践及制度配套——兼论我国的监管应对》,载《证券市场导报》2014年第3期。
④ 对衍生工具历史的一个全景式描述,参见陈晗:《金融衍生品:演进路径与监管措施》,中国金融出版社2008年版。

合约的基本种类包括远期、期货、掉期(互换)和期权,以及具有远期、期货、掉期(互换)和期权中一种或多种特征的结构化金融工具。其共同的特征是"当前订约、未来履行",从而令衍生交易合同的双方当事人锁定未来交割标的物的价格波动风险。基础资产既可以是农产品、矿产品等大宗原料,也可以是利率、汇率、股指等金融工具。与公司财务运作关系最密切的是金融衍生工具。

1971年布雷顿森林体系崩溃后,各国间汇率开始出现宽幅波动,国际贸易陡然陷入汇率风险中。加之70年代两次中东石油危机引发的通货膨胀,西方国家的大宗商品、汇率、利率、股指等价格指数频繁波动,给企业经营以及金融市场投资带来很大的不确定性。由此催生了传统的期货交易所开始提供金融期货合约交易,覆盖外汇、利率、股指等不同品种。1972年5月,芝加哥商品交易所的国际货币市场开业并推出外汇期货交易,标志着现代金融期货的开端。其后,芝加哥期货交易所在1975年设计出利率期货合约——政府国民抵押贷款协会(GNMA)的抵押凭证期货交易;1982年2月,堪萨斯期货交易所开始价值线综合指数期货交易;短短十年间,金融期货的三大产品——外汇期货、利率期货、股指期货——全部出台。不久,芝加哥商品交易所又上市了备受欢迎的S&P500指数期货,纽约期货交易所引入了基于纽约股票交易所指数的期货合约。一年后,这几个期货合约累计的成交等效股数已经超过纽约股票交易所的现货交易量。

与此同时,伴随着公司财务理论的突破,特别是1972年B-S期权定价公式的问世,各种金融商品的选择权或者期权交易也开始流行起来,证券交易所与期货交易所都争相上市股票、债券甚至股指的期权工具。1973年,芝加哥期权交易所首先引入了针对个股的标准化的期权合约;不久,股票期权开始在纽约、美国、费城、太平洋证券交易所交易,不到十年时间就有针对300多家公司的股票的期权合约上市。此后,期货期权组合交易也正式登场。1982年10月,芝加哥期货交易所上市了长期国债期货合约的选择权合约;费城股票交易所引入货币选择权交易;1983年芝加哥期权交易所开始交易S&P100指数选择权,等等。

此外,场外衍生工具也迅速发展起来。20世纪70年代末首先出现的是货币互换交易,以规避各国间因外汇管制而造成的融资货币与偿还货币之间的不匹配。它包括企业与银行之间的远期外汇交易以及外汇掉期交易,也有金融机构撮合的跨国企业之间的平行贷款、背对背贷款等。很快,利率互换发展起来,包括固定利率交换浮动利率或不同浮动利率之间的互换交易等,合约双方按照合约在未来特定的时期或时点交换一系列特定的现金流。互换标的范围的进一步扩大,覆盖了股权收益互换、信用违约互换等。不久,场外期权交易也被发明出来,如利率顶(caps)、利率底(floors)、利率双限(collars)等。它们区别于互换的特点是,在未来交易履行日只有一方对另一方进行实际支付,而非双方互为支付;一方是否支付或支付多寡则取决于基础资产价格的波动状态。到了20世纪80年代中期,金融市场人士逐渐开始用"衍生工具"(derivative)一词来容纳互换与场外期权两种交易结构。[1]

诺贝尔经济学奖得主默顿·米勒教授曾感叹道,在人类历史上,没有哪一个二十年像20世纪的70—90年代那样见证过创新活动如此迅猛地爆发。互换与互换期权、指数期货、程序交易、蝶形差价、可转换债券、欧洲债券、再抵押债券、零息票债券、投资组合保险、合成现金等新型金融工具层出不穷,它们建立在此前二十年经济学、财务学理论中涌现的标新立异的学术思想上,呈现出激动人心的辉煌景象。[2]

2. 金融衍生工具对公司融资的影响

衍生工具给从事商业活动的主体提供了套期保值的机会,同时它也创造了常规金融工具难以企及的效果,使金融市场更完善。在一个有效且完善的金融市场中,衍生工具是多余的,因为其投资回报和现金流可以通过动态的对冲策略得到完美的替代,如股票期权的结果可以由一个"卖空政府债券+买入作为该期权载体的股票"这样的动态策略来替代。对于投资者来说,衍生工具提供了低成本的市场进入途径。这样也增强了基础证券的流动性,而较大的流动性、透明度和较小的买卖差价使衍生交易成为一种成本低廉的平衡资产和负债组合的方法。

就公司融资而言,金融衍生工具因其风险管理的属性,能够消除特定融资工具下的风险或者降低融资成本,从而促进了公司融资的发展。一个经典案例是1981年所罗门兄弟公司安排的世界银行与美国IBM公司之间的货币互换交易,双方在固定利率条件下进行瑞士法郎/德国马克与美元之间的互换,初始无本金交换。这一交易获得了极大的成功,也刺激了此后货币互换、利率互换、债券互换、股权互换等互换产品相继问世。[3]

该交易的背景是,世界银行在欧洲货币市场上发行了2.9亿欧洲美元债券,随即兑换成瑞士法郎和德国马克以便向发展中国家贷款。为消除汇率风险,世界银行将该笔美元债务与IBM公司的瑞士法郎和德国马克债务互换,

---

[1] Schuyler. K. Henderson, *Henderson on Derivatives*, LexisNexis Butterworths, 2002, § 2.5.
[2] 〔美〕默顿·米勒:《默顿·米勒论金融衍生工具》,刘勇、刘菲译,清华大学出版社1999年版,第3页。
[3] 参见百度文库:《案例02 世界银行的货币互换》,https://wenku.baidu.com/view/2a9f1dd6fc0a79563c1ec5da50e2524de518d09b.html,2019年7月16日最后访问。

IBM公司承诺日后偿还该笔美元债务;而世界银行则相反,日后将为IBM公司偿还其账面记录的瑞士法郎与德国马克债务。此举令世界银行避免在相对狭小的瑞士、德国市场筹资可能支付的高成本,同时享受到了当前强势美元的好处,并消除了日后美元进一步上涨的外汇风险。而IBM公司参与交易的目的则在于利用当前美元强势的时机,提前兑现外币债务的汇兑收益,同时消除日后外币升值的风险。

具体来说,由于欧洲货币市场美元充裕,世界银行得以较低的固定利率在该市场中发行2.9亿欧洲美元债券,并立即在外汇市场上兑换成瑞士法郎和德国马克,以便用于对需要瑞士法郎和德国马克的一些发展中国家提供贷款。这一交易的风险在于,日后若瑞士法郎与德国马克兑美元汇率下跌,世界银行为了偿还美元债务的财务负担将大大增加。因此,世界银行有锁定未来美元与欧洲货币汇率风险的强烈诉求。

相反,对于IBM公司来说,其前一年筹集了以德国马克与瑞士法郎计价的债务资金。该债务尚未到期,但因当前美元强势而账面出现了浮动盈利。例如,美元对德国马克的汇率从1980年3月的DM1.93/\$上升到1981年8月的DM2.52/\$,这意味着IBM公司的每100德国马克债务的美元成本从\$51.81(=DM100/1.93)下降到\$39.68(=DM100/2.52),降幅达23.41%。因此,通过与世界银行的货币互换交易,IBM可以兑现浮动收益,同时也锁定了未来债务的偿还成本。

总而言之,通过此一互换交易,双方都消除了外汇风险,并获得了当时美元币值较高所形成的资本收益。同时,双方互换时还享受了传统外汇买卖无法享受到的中间汇率,节省了外汇买卖差价开支。

3. 衍生工具与债务融资工具的结合

衍生工具与债务融资工具的结合并非新奇的观念,19世纪中期铁路公司发行的可转债本质上就是一个"债券+认股权证"的组合。不过,20世纪80年代开始的金融工程极大地丰富了衍生工具与债务融资结合的场景,创设出一类兼具融资与风险管理双重特征的债务工具,称为结构性票据(structure notes)。

结构性票据具有特异回报,即其利息与本金支付并非基于债务期限、市场利率或发行人信用等级、担保品等传统债券要素,而是与其他某种资产价格(如汇率或信用违约概率)挂钩。[①] 一个最常见的例子是信用联结票据

---

① Schuyler. K. Henderson, *Henderson on Derivatives*, LexisNexis Butterworths, 2002, § 1.1.

(credit-linked note,CLN)。它是借款人对冲未来信用风险所使用的一种融资工具;而投资人购买信用联结票据则可以提高其持有财产的收益,但承受了挂钩标的资产未来发生损失的赔偿风险。①

从基本交易结构来看,一个标准的信用联结票据 CLN 与公司债券类似,通常由具有投资等级的公司或特殊目的公司(SPV)来发行,具有利息支付、固定利率及到期日等普通债券的特征。但区别于传统债券,CLN 的票据到期值(maturity value)与挂钩目标资产的业绩表现密切相关:如果 CLN 存续期间不曾发生特定目标实体的信用事件(如违约或破产等),那么发行人在到期日将相当于投资者当初支付的本金额的票据赎回价值(redemption value)支付给投资人;如果发生信用事件,则到期日支付给投资人的价值将会低于票据面值,差额被用于弥补特定目标实体发生信用事件所造成的损失。

因此,CLN 是一种兼具有传统债券的发行人主体信用与挂钩标的信用风险特征的混合型工具。票据发行人实际上是挂钩标的信用保护的买方,而票据投资人则是信用保护的卖方。内嵌于 CLN 的信用保护可以采取信用违约互换(CDS)、信用利差互换、总收益互换等不同形式。投资人购买了 CLN,则承受了针对特定目标实体或一揽子目标实体的综合信用暴露,并获得较普通债券利息更高的收益,它相当于 CLN 的发行人就特定目标实体的风险暴露所支付的保险费。在 2008 年金融海啸期间,我国香港地区的雷曼迷你债以及内地某些银行发行的双利存款等都是结构性票据的例子。

4. 衍生工具与股权融资工具的结合

股权与衍生工具的结合也早有范例,如 19 世纪后期出现的附转股权的优先股,或者附可回售权的优先股等。如今,在金融工程的加持下,股权融资工具嫁接衍生工具产生出大量的混合证券,它们一方面为公司对外融资或调整资本结构提供了极大的便利,另一方面也因为改变了股权固有的收益—风险特征而引发了公司治理层面的争议。

4.1 融资功能的拓展

20 世纪 80 年代兴起的金融工程,给公司的股权融资增添了无数新花样。从华尔街跳槽到学术圈的 Frank Partnoy 教授曾列举了众多看起来稀奇古怪、读起来晦涩拗口的混合证券,如 Preferred Equity Redemption Cumulative Stock(PERCS)、Dividend Enhanced Convertible Stock(DECS)、

---

① 〔美〕弗兰克·法博兹、莫德·休亨瑞编:《欧洲结构金融产品手册》,王松奇、高广春、史文胜译,王松奇校,中国金融出版社 2006 年版,第 623—630 页。

Preferred Redeemable Increased Dividend Equity Securities (PRIDES)、Feline PRIDES 等。① 华尔街将它们创设出来以贴合公司融资或调整资本结构的特殊需求。

这里以 PERCS 应用于美国通用公司 20 世纪 90 年代初的重组为例简要说明。在 1990—1993 年间，通用公司遭遇了严重的财务危机。由于计提减值及补养老金负债两方面的压力，公司的保留盈余账户从 271 亿美元变成亏空 34 亿美元，股东权益也从 300 亿美元剧减为 6.2 亿美元，并威胁到 1930 年、1946 年发行的累积优先股的股息支付，从而引发公司控制权易手的风险——按照这两类优先股的条款，如果通用公司迟延 6 个月支付股息，优先股持有人就可以取得 1/4 的董事会席位。为消除优先股的上述风险，通用公司在华尔街的帮助下发行了数种优先股及部分普通股，筹集 81 亿美元以充实股本并赎回前述带来威胁的优先股。其中，1991 年发行的 1780 万股 PERCS（A 系列可转换累积优先股）融资 7.27 亿美元，该证券在发行三年后将被公司强制赎回，以 1∶1 的比例转换为通用的普通股。为避免对老股东权益的过度稀释，PERCS 的最大增值被限定在面值的 35%，即如果三年后通用汽车的普通股上涨超过 35%，则每张 PERCS 可转换的普通股相应减少；但是，如果三年后普通股下跌，PERCS 依然只能换 1 股普通股，相当于 PERCS 自身的价值也相应减少。② 从交易结构看，PERCS 类似于累积优先股，其股息率固定且回报高于普通股股息，同时给公司赋予了强制赎回并转换成普通股的权利。这意味着，购买 PERCS 的投资者实际上是承诺在三年后买进公司股票并向公司出售了一个三年期欧式看涨期权，将股票未来增值部分让渡给了公司，而公司为此支付的期权费就是三年内的累积股息。③

4.2 公司治理的风险

股权是基于股东出资而产生的一组权利束，包括表决权等参与公司经营管理的权利以及分红权、清算财产取回权等经济利益，因此在公司治理结构中具有重要意义。衍生交易、特别是股票收益互换（total return equity swap）交易带来了股东权利束的分解，极大地便利了公司法传统上禁止的或默认禁止的表决权购买，从而引发公司治理的潜在危机。

---

① FrankPartnoy,"Financial Innovation in Corporate Law", *The Journal of Corporation Law*, vol. 31, no. 3, 2006, pp. 815-819.

② Jonathan Barron Baskin, Paul J. Miranti, Jr., *A History of Corporate Finance*, Cambridge University Press, 1997, pp. 248-251.

③ Frank Partnoy, "Financial Innovation in Corporate Law", *The Journal of Corporation Law*, vol. 31, no. 3, 2006, p. 816.

在股票收益互换交易下,股东与第三人签订一份股票收益互换协议,将股票项下的全部收益(如分红、股价上涨等)与风险(如股价下跌甚至公司破产)转移给第三人。第三人则向股东支付固定回报,通常设定为交易初始目标的股票金额的某一比例(如8%/年)。这一交易模式的原始目的可能是股东希望减少股权投资的风险,通过签订股票收益互换协议,股权投资固有的收益—风险特征被改变,股东与第三人在经济实质上交换了位置:股东不再是承受投资风险与回报的人,而第三人成为事实上承受股权投资收益与风险的"股东"。

股票收益互换的基本功能,是在市场主体对于股票未来走势的不同预期下,为合约双方同时提供了做多和做空的双重可能。对于合约卖方(股东方)而言,股票互换为其提供了进行风险管理的重要途径。卖方可以通过此类合约,在无需将所持有的股票资产变现的情况下将股票回报转换为利率回报,通过资产转化锁定投资收益,从而有效管理其因实际持有股份所暴露的头寸风险。对合约买方而言,其无须为实际购入股票而筹措大笔资金,只需向卖方支付一定费用就可以拥有该合约参考股票的总收益,具有杠杆投资的效果,同时还可免除实际买卖股票所引起的资本利得税及印花税,从而显著降低交易成本。此外,股票互换还使得合约买方能够间接投资于一些监管政策限制的领域,如第三人可能不便或不愿实名购买相关公司的股票,或者在跨境投资存在外汇管制的情况下,通过利率对国外股票的互换,达到以确定的本金投资于国外股票市场的实际效果。

从公司治理的层面看,股票收益互换交易对股权权利束的分解带来了隐形的表决权购买行为。在传统公司法视域下,表决权作为一种股东的参与性权利,与股东作为剩余利益索取人所拥有的经济性权利结合在一起,不得相互分离或者单独转让。这种捆绑机制的意义有多方面,一则经济利益可以激励股东更好地行使表决权,二则附带表决权的股票在二级市场流通促进了公司控制权市场的形成与发挥作用,三则由经济利益所有人来选举公司董事也提供了董事会作为公司管理者的合法性基础。然而,由于金融衍生工具的介入,股份投票权与收益权捆绑的机制被打破,出现了"空洞投票"与"隐性(变异)所有权",由此导致作为公司治理核心机制的股东投票制度失灵。美国学者 Henry Hu 和 Bernard Black 教授从2005年起对此进行了一系列的研究。[①]

---

① Henry T C. Hu and Bernard Black, "Empty Voting and Hidden (Morphable) Ownership: Taxonomy, Implications, and Reforms", *The Business Lawyer*, vol. 61, no. 3, 2006, pp. 1011-1070; Henry T C. Hu and Bernard Black, "The New Vote Buying: Empty Voting and Hidden (Morphable) Ownership", *Southern California Law Review*, vol. 79, no. 4, 2006, pp. 811-908.

他们将金融创新诱致的股份投票权与收益权分离的现象称为"新型投票权购买"(new voting buying),其中"空洞投票权"(empty voting)表现为表决权大于收益权,如因实施股权激励而持有公司股票的管理层通过股票收益互换协议转让了所持股份下的收益与风险,实质上拥有了一种不享有经济利益的投票权;"隐性/变异所有权"(hidden/morphable ownership)表现为表决权小于收益权,如对冲基金通过与金融衍生品经销商之间的股权收益互换协议,获取了非正式的投票权通道,但并不需要披露对此股份的"隐匿"所有,直到在目标公司投票的关键时刻横空出世。美国 2008 年的 *CSX Corp. v. The Children's Investment Fund Management* 可谓是这个领域的经典案例。①

有别于传统的表决权购买,新型表决权购买通过衍生交易过程来实现,其中没有明显的买方、卖方的角色,且表决权转让的过程比较隐秘,一般无法发现。这种新型表决权购买对整个金融市场和公司治理都有较大的影响。从市场层面看,这一现象规避了金融监管、特别是收购监管;从公司治理层面看,这一现象提高了代理成本,加剧了公司内不同类型的利益冲突和利益侵害,还会导致控制权的隐性分配和保留。当然,这种新型表决权购买也有其积极的功能,如可以充分活跃控制权市场,有利于管理层经营能力的提升,在某些情况下还可以防止市场垄断的形成,潜在提升社会福利。因此,对于新型表决权购买的规制,应当从金融监管、公司治理以及司法救济等多个层面展开,以维护资本市场的法治秩序,实现金融创新与公司治理的竞争性平衡。

小　　结

在过去的四百多年间,公司融资有三个制度创新的峰值期:一是 17 世纪合股公司的融资结构法人化,由此凝固出公司组织的基本构成要件,特别是股、股份、资本等概念的形成与分化。二是 19 世纪末到 20 世纪 30 年代之间的融资工具创新,从铁路公司到制造业公司,从举债融资到破产重组,不同商业主体以及不同场景下的融资或再融资诉求创造出众多兼有股、债混合特征的金融工具,导致传统的股—债二分法失灵。三是 20 世纪 70 年代后金融衍生工具的兴起以及金融工程的出现,它对传统的股、债工具都毫不客气地进

---

① *CSX Corp. v. The Children's Investment Fund Management* (UK) LLP, et al., 562 F. Suat. 2d 511 (S. D. N. Y. 2008).

行解构与重组。

每一次融资工具创新都带来既有市场秩序或商业逻辑的颠覆,并制造出新的利益冲突。在20世纪初,从股到债之间的光谱如此渐进均衡地展开,令负责记账的会计人士既惊叹又头痛:"每一种已发行的证券都带有与所有权的各种特征相关的某些特权及义务。现代金融家已经将证券的专业技术淬炼得炉火纯青,以至于可以从任何一种品味的投资者——从最狂热的投机者到最保守的银行储户——口袋里榨出钱来。"[①]再如,19世纪的铁路公司以抵押债券或优先股为主体融资工具,附带少量高风险普通股作为公司剩余索取权与控制权的载体由铁路建设的发起人独自掌握,这种资本结构完全颠覆了人们对于股东出资设立并管理企业的传统理解。

公司组织形式与融资机制是一个货币的两面。融资工具的创新也意味着对组织形态的构造与重构,刺激着法律规制的萌芽与生长。相对于商业交易活动的狂飙突进,法律规制总是滞后的。尽管如此,伴随着公司融资机制的发展,以公司法为核心的规制逻辑也逐渐发展并成熟起来,在建构股份公司这种大型融资团体的治理结构的过程中处理公司、股东(包括大小股东)、债权人之间的利益冲突,同时也为小型的或封闭式的私人公司提供一种灵活性更强的治理安排。市场、融资、组织体三个维度之间的交互运作,驱动了公司财务以及现代商法的持续发展。

---

① Paton, *Accounting Theory*, 1922 edition reprinted, Scholars Book Co, 1973, p. 73.

第三章 公司并购与法律的生长

并购是现代企业快速发展壮大的主要途径；上市公司并购往往也是证券市场中最华彩的乐章。从法律角度看，并购通常意味着公司组织结构与组织形式的重大调整，引发公司内外部各种主体之间的权利义务关系的重构，因此属于利益冲突最强烈、争议与纠纷最突出的公司财务运作领域。很自然地，并购的过程也刺激着法律规则的快速产生与供给。特别是，当并购并非以个案而是以群体方式集中涌现——"并购浪潮"——时，法律规制的逻辑或突变就更加清晰。

这一点，尤其为美国实践所呈现。自19世纪末以降，美国经历了五次并购浪潮，以至于有斯蒂格勒教授的名言："现代经济史最引人注目的发展，就是单个企业通过兼并对手而成长为大型公司……综观美国大公司，几乎没有哪一家不是以某种方式、在某种程度上应用了兼并收购而发展起来的；通过内部积累扩张至如此规模的企业可谓凤毛麟角。"[1]美国法特有的进化特征，也能够比较清晰地展现这一百年历程中并购的商业逻辑与法律逻辑之间的自然互动。公司法、证券监管、税法、会计准则悉数登场，某种程度上给法律的进化打下了鲜明的时代烙印。

例如，19世纪末的第一次并购浪潮最充分地展现了并购的商业逻辑——规模经济与协同效应，它同时也塑造了美国公众证券市场以及公司法关于并购程序的规则体系。当然，规模经济下的垄断阴影也则刺激了反垄断法的兴起，后者自此与公司并购如影随形。20世纪60年代的第三次并购浪潮一方面见证了敌意收购的兴起以及证券监管对要约收购的约束，另一方面更困扰于证券市场的市盈率游戏对上市公司并购行为的扭曲。在后一方面，公司法的无为也激发了税法与会计准则对并购支付工具的滥用施加间接约束。从某种意义上说，第三次并购潮可谓历史的分岔口，此后并购法律规制的重心从公司自身的组织结构变动转向并购交易中实质利益冲突的评价。特拉华反收购规则正是这一新航向的延伸，它在第四次并购潮中浓墨重彩地

---

[1] George J. Stigler, "Monopoly and Oligopoly by Merger", *The American Economic Review*, vol. 40, no. 2, Papers and Proceedings of the Sixty-second Annual Meeting of the American Economic Association (May, 1950), p. 23.

框定了目标公司董事会的行事边界,如今依然通过新的判例精细地引导董事会应对并购的处事风格。①

本章包括三节,第一节简要梳理美国并购潮与法律供给之间的关系,并考察它对资本市场的影响;第二节回顾第一次并购潮中两种不同的并购路径与公司法并购规则的创新;第三节叙述第三次并购潮中的市盈率效应以及公司法、证券监管、税法、会计准则的不同回应方式。最后是一个简要的总结。②

一、并购潮与法律供给

美国的五次并购浪潮分别发生在 19 世纪末—20 世纪初、20 世纪 20 年代、60 年代、80 年代以及 90 年代之后。③ 经济学或管理学文献通常基于各次并购潮对市场竞争的不同影响而给它们贴上相应的标签,如第一次并购潮是横向并购以及"为垄断之并购",第二次属于纵向并购或"为寡头垄断目的之并购"④,第三次是混合并购,第五次并购潮又回归以"强强联合"为特征的战略并购,等等。⑤ 这些标签也折射出反垄断法的影子。

不过,本章关注的是并购潮带来的企业组织形式重大调整的法律回应,它首先是一个公司法问题。与合伙、个人企业等组织形式不同,传统上公司是一个纯粹的法律产物。⑥ 这也意味着,合并过程中公司组织结构的重大变化须以公司法观念与规则的配合为前提。其次,公司并购与证券市场密切相关。证券市场作为股票集中交易的场所是并购的天然通道,上市公司在其中既是并购主体又是并购客体,有着复杂的利益纠葛。由是观之,美国并购潮激发的法律创新最集中地体现于第一次、第三次与第四次,其中第三次并购潮尽管从商业战略角度评价最低,但从法律角度看却处于并购的程式规制转

---

① 这种精细平衡的一个范例,见清澄君:《你不要求,我不答应:并购交易中的迷离一招》,比较公司治理微信号,2017-10-27。
② 第三次并购潮下的要约收购监管以及贯穿整个并购潮的反垄断法都溢出了文本关注的范围,前者是因为与敌意收购相关,已有诸多文献介绍,后者是因为我国官方政策层面对中资企业"做大做强"的偏好,使得反垄断法尚未成为国内市场并购的考量因素。
③ 〔美〕帕特里克·A. 高根:《兼并、收购与公司重组》(第 4 版),顾苏秦、李朝晖译,中国人民大学出版社 2010 年版,第 29—68 页。
④ 〔美〕J. 弗雷德·威斯通、〔韩〕S. 郑光、〔美〕苏珊·E. 侯格:《兼并、重组与公司控制》,唐旭等译,经济科学出版社 1998 年版,第 10—12 页。
⑤ Bengt Holmstrom, Steven N. Kaplan, "Corporate Governance and Merger Activity in the United States: Making Sense of the 1980s and 1990s", *The Journal of Economic Perspectives*, vol. 15, no. 2, 2001, pp. 121-144.
⑥ William G. Roy, *Socializing Capital: The Rise of the Large Industrial Corporation in American*, Princeton University Press, 1997, p. 145.

向利益冲突调整的节点。

1. 第一次并购潮

美国19—20世纪之交的第一次并购浪潮被称为"大并购"(Great Merger Movement),其重要性超过了之后任何一次。① 它不仅建立了美国工业以大型公司为主导的基本格局,同时也见证了传统公司法的重大变革以及公众证券市场的兴起。经济学家对大并购出现的原因存在规模经济与范围经济、垄断与限制竞争、管理技能的成熟、投机与资本市场获利等不同解释②,但都不否认其背景是19世纪70年代后美国铁路业及部分制造业普遍存在的恶性竞争与新型工业内在的规模化发展诉求之间的强烈冲突。当规模经济效应以及管理技能效率日益成为共识,合作也就成为产业界解决问题的方案。③ 第一次并购潮又分为前后两个阶段,分别由实业家和金融家主导,其并购交易模式以及对法律的诉求都有所差异。新泽西州最先对此予以回应,提供了公司法人持股与控股公司、非货币财产出资的自主估值、异议股东评估补偿权等具体规则。这些新的法律规则不仅为第一次并购潮提供了强有力的法律支持,而且建构了公司法并购程序规则的基本框架,迄今仍是公司法的有机组成部分。

第一次并购潮与证券市场的关系则比较微妙。大并购的第二个阶段催生了面向公众的资本市场,但后者也成为并购潮的接盘侠。当时并购交易的主要形式是发起人和银行家依靠发行大量股票来购买某一行业中众多企业的资产、负债以组建巨型公司,这些巨量的新股票随后被倾泻到证券市场中流通转让,为拟变现退出的企业主以及从事并购交易的发起人获取现金回报。④ 以1901年美国钢铁公司并购交易为例,共发行了11亿美元股票与3亿美元债券,而当时美国全部制造业公司的资本化规模也不过90亿美元。为避免股市因过大抛压而崩盘,摩根组织了一个300人的银团并指定了一个股市老手为股票造市,以保持股票价格稳步上升。⑤ 与此同时,大量中产阶

---

① Charles R. T. O'Kelley,"The Evolution of the Modern Corporation: Corporate Governance Reform in Context",*University of Illinois Law Review*, vol. 2013, no. 3, 2013, p. 1017;〔美〕布鲁斯·瓦瑟斯坦:《大交易——兼并与反兼并》,吴全昊译,海南出版社2000年版,第28页。

② Lawrence E. Mitchell, *The Speculation Economy: How Finance Triumphed Over Industry*, Berrett-Koehler Publishers, Inc., 2007, pp. 295-297.

③ N. R. Lamoreaux, *The Great Merger Movement in American Business, 1895-1904*, Cambridge University Press, 1985, p. 189.

④ Lawrence E. Mitchell, *The Speculation Economy: How Finance Triumphed Over Industry*, Berrett-Koehler Publishers, Inc., 2007, pp. 44, 292-293.

⑤ 〔美〕罗恩·彻诺:《摩根全传》,金立群校译,重庆出版社2010年版,第73页。

级投资者被并购潮的喧嚣所吸引,第一次进入证券市场。美国经济在19世纪后期的繁荣给公众带来了财富增长与资金结余,公众需要新的投资渠道,在传统的政府债券与铁路债券之外,新型工业公司的优先股甚至普通股看来是一个前景光明的选择。股票被视为一种新的财产,与传统的土地、家庭农场、实业生产单位等财产类似。"股票市场就是新的边疆,正等着美国人来拓荒。巨型现代公司将华尔街变成了美国的'西部',公司股票就是参与淘金的工具。"① 最终,许多小投资者在并购潮消退后的股市崩溃中遭受了重大损失。这也催生了联邦层面最早关于证券市场监管的动议,直到1933年《证券法》终于修成正果。

2. 第三次并购潮

20世纪60年代的并购潮与证券市场密切相关。在股市繁荣的背景下,上市公司的并购以及被收购都很频繁。新出现的争议涉及两方面,一是以要约收购方式体现的敌意收购开始兴起,二是上市公司利用并购的市盈率效应对资本市场的误导,它们分别对证券监管以及公司财务规制提出了明确的诉求。

敌意收购的出现与证券市场作为股票集中交易场所的定位有关。上市股票的自由转让提供了并购方通过购买股票来收购目标公司的天然通道,从这个角度看,并购也可视为证券买卖交易的一种特殊形态。传统上,这种现金收购股份的交易适用买卖合同的规则,但它对证券市场的冲击远胜普通股票买卖交易。美国19世纪下半叶针对铁路公司的争夺战,如范德比尔特与德鲁等围绕伊利铁路公司的厮杀,摩根与谢弗在北太平洋公司上的较量,都曾在华尔街掀起腥风血雨。② 不过,直到第三次并购潮中,这种现金收购方式才进入证券监管的视野。当时,俗称"周六晚特供"(Saturday Night Special)的要约收购方式旨在以固定价格快速取得目标公司的大宗股份,这种急风暴雨式的袭击对那些中等规模的目标公司的股东和管理层都极具胁迫效果。此前,二级市场收购的途径主要是征集委托投票权和换股要约,二者已分别受到1934年《证券交易法》与1933年《证券法》的监管,但对于现金报价购买方式却仅有"报价后至少保持7天"的要求。美国国会在小心权衡了要约收购中的各种利益冲突后,于1968年通过了《威廉姆斯法案》,对要约

---

① Lawrence E. Mitchell, *The Speculation Economy: How Finance Triumphed Over Industry*, Berrett-Koehler Publishers, Inc., 2007, pp. 4,10-11.

② 〔美〕约翰·S.戈登:《伟大的博弈——华尔街金融帝国的崛起(1653—2004)》,祁斌译,中信出版社2005年版,第119—133、202—204页。

收购施加了(1)以信息披露为核心的慢走规则,以及(2)以股东平等原则为核心的收购规则,其目的是保护目标公司股东及公众投资者而非阻却敌意收购或援助目标公司管理层。①

另一方面,第三次并购潮仍属于企业兼并扩张的传统型并购,因此争议更多地体现在上市公司的兼并行为模式中存在的问题,即以股票或可转债作为对价工具大肆并购完全不相关行业中的公司,并借助并购的市盈率效应在资本市场呼风唤雨,最终导致并购潮与股市泡沫在20世纪60年代末的同时破灭。混合并购有违"专业化提升效率"的常识,其在20世纪60年代兴起有诸多原因,如规避反垄断法对横向兼并与纵向兼并的限制,以及证券组合投资理论关于分散化降低风险的影响。此外,20世纪50年代快速发展的管理科学提出了"管理的协同效应"理论,认为经理人可以利用先进的管理技术来胜任统一管理不同行业公司的挑战。这种"管理神话"最终被证明难以实现,许多混合并购成立的综合性企业集团因效率低下而成为第四次并购潮中被分拆、重组、收购的目标。② 不过,当时的证券市场也对混合并购策略给予积极的回应,投资分析师和机构投资者追捧成长性股票,并购则成为企业持续成长的最佳方式。结果,股票与可转债支付工具的流行、并购会计准则和税法中的漏洞以及投资者的不成熟,共同造就了并购的市盈率效应,对企业并购行为产生了不当激励。公司法对此束手无策,最终只能依靠税法和会计准则的修订以及市场力量的调节来解决。

从某种意义上说,法律对并购市盈率效应的回应方式,也标志着以公司组织形式或结构变动为规制对象的传统法律约束已到了尾声。接下来登场的法律回应,基本上都是针对并购中的利益冲突问题,后者在第四次并购潮的敌意杠杆收购中达到顶峰。

3. 第四次并购潮

第四次并购潮的背景是20世纪80年代的放松管制与金融创新背景。相较于其他各次并购潮的战略性扩张特征,此次并购潮以减少公司代理成本的接管交易为主,真正把资本市场变成了公司控制权市场。1985年之后金融买家或并购基金取代实业界成为并购潮的主角,垃圾债券极大增加了收购

---

① 郑琰:《中国上市公司收购监管》,北京大学出版社2004年版,第88—92页;〔美〕布鲁斯·瓦瑟斯坦:《大交易——兼并与反兼并》,吴全昊译,海南出版社2000年版,第58—59页。
② Jonathan Barron Baskin, Paul J. Miranti, Jr., *A History of Corporate Finance*, Cambridge University Press, 1997, pp. 258-259.

方的资金实力,从而可以将大型上市公司收入囊中。① KKR 在 1988 年以 240 亿美元的天价收购 RJR-纳贝斯克公司的交易,更成为"门口的野蛮人"之代表。

在敌意杠杆收购中,收购方、目标公司、股东、管理层、金融机构或机构投资者等不同群体间的利益冲突被放大到极致,也引发众多争议,如收购与反收购的合理性、巨额负债与超高杠杆的风险、各种毒丸计划的合法性、董事会应当对谁负责等。它们不仅是法律问题,更成为社会焦点与政策热点。支持者认为敌意杠杆收购激活了公司控制权市场,回应了对美国公司治理的批评,更好地维护了投资者的利益。② 反对者则指控金融买家的私欲损害了美国实体经济,所谓通过改进公司治理提升效率不过是个幌子,"解决短期业绩指标欠佳的不二法门就是剥离那些业绩表现令人失望的部门,而不是通过对企业各方面资源的更紧密的运用来获得收益"。③

以并购形态论,敌意杠杆收购是在要约收购的基本模式上,分别于收购方增加了杠杆资金的组织,在目标公司方增加了反收购的操作。因此,对法律规制的新诉求一是针对杠杆,二是针对目标公司的反收购行为。实践中,前者在联邦层面进行,后者在州层面进行,二者的立场并不完全一致。例如,美国国会与联邦政府(包括证券监管部门 SEC)对限制杠杆的诸多立法诉求基本保持着克制与谨慎的立场。④ 不仅如此,第三次并购潮中诞生的《威廉姆斯法案》对要约收购的规制原来仅针对收购方,1980 年修订时又增加了目标公司董事会的披露义务。⑤ 相反,州层面的公司法修订多支持目标公司的反收购,司法实践则承担了确立反收购下目标公司董事会的信义义务边界的任务,后者也是第四次并购潮中最主要的法律创新。特拉华州法院在 Unocal、Revlon 等一系列案件中确立了"双叉测试""拍卖规则""战略兼并例外"等规则,以明确商业判断规则在董事会并购决策中的具体适用。⑥ 另一方面,针对杠杆收购与反收购对目标公司债券持有人的损害——因杠杆收购导致债券市场价值下跌,特拉华州法院在因 KKR 收购 RJR-纳贝斯克公司派

---

① 〔美〕布鲁斯·瓦瑟斯坦:《大交易——兼并与反兼并》,吴全昊译,海南出版社 2000 年版,第 64—65 页。
② 例见 Frank Easterbrook, Daniel Fischel, "The Proper Role of a Target's Management in Responding to a Tender Offer", *Harvard Law Review*, vol. 94, no. 6, 1981, pp. 1161-1204.
③ Jonathan Barron Baskin, Paul J. Miranti, Jr., *A History of Corporate Finance*, Cambridge University Press, 1997, pp. 301-302.
④ William W. Bratton, *Cases and Materials on Corporate Finance*, Sixth ed., Foundation Press, 2008, pp. 316-317.
⑤ 郑琰:《中国上市公司收购监管》,北京大学出版社 2004 年版,第 195—198 页。
⑥ 对这些案例及规则的一个生动解析,参见张巍:《资本的规则》,中国法制出版社 2017 年版,第 42—108 页。

生出来的一个案件中①,拒绝给予债权人信义义务的保护,某种意义上也降低了杠杆收购的法律风险与成本。

立法与司法部门对利益冲突的调整以及在收购与反收购之间小心设置的平衡,看起来达到了一种比较理想的状态。企业并购开始向理性回归:20世纪90年代后的第五次并购潮中,敌意收购已基本消失;企业主要基于战略目标而非财务目的进行收购;投资者更注重每股收益,杠杆不再是成功与否的决定力量。② 另一方面,美国公司治理的后续发展也颇令人满意,机构投资者、特别是以对冲基金等为代表的积极股东有效地保持了对公司管理层的经常性压力。于是,财务经济学家写道:"我们现在都成了 KKR";③而法律人则乐见特拉华规则的衰落与以活跃股东为中心的替代监管机制的兴起。④

二、大并购与公司法并购规则体系的成型

1. 第一次并购潮的交易形态与法律障碍

商业史学家把第一次并购潮分为两个阶段,前一个阶段自 19 世纪 80 年代后期到 1893 年,由实业家发动并主导;后一个阶段(1897—1903 年)的合并则"是由银行家和投资商鼓吹而搞起来的"。⑤ 两个阶段的并购交易模式以及对法律的诉求都有所差异。

实业家主导的并购呈现出从限制竞争到集中管理的演进路径;表现在并购方式上,则是先寻求控制权的集中,最终实现企业合并。在这个过程中,"限制竞争"或者"垄断"的违法性成为挥之不去的阴影,从而提出了对控股合法性的诉求。著名经济史学家小艾尔弗雷德·钱德勒描述了这一阶段企业合并的基本步骤,它包括法律层面的结构调整与商业层面的管理优化两部分:"几乎所有以合并方式成长的企业都遵循了相同的途径,它们在开始时只

---

① *Metropolitan Life Insurance Co. v. RJR Nabisco, Inc.*, 716 F. Supp. 1504 (S. D. N. Y. 1989).
② Gregor Andrade, Mark Mitchell, Erik Stafford, "New Evidence and Perspectives of M & A", 15 *Journal of Economic Perspectives* 103 (Spring 2001);
③ George P. Baker, George David Smith:《新金融资本家——Kohlberg Kravis Roberts 与公司的价值创造》,张爱玲、孙经纬译,上海财经大学出版社 2000 年版,第 45 页。
④ 林少伟、王弯:《美国特拉华州收购规则的历史变迁:勃兴与衰落》,载《证券法苑》(第 19 卷),法律出版社 2017 年版,第 154—173 页。
⑤ 〔美〕小艾尔弗雷德·D.钱德勒:《看得见的手——美国企业的管理革命》,重武译,王铁生校,商务印书馆 1987 年版,第 388 页;Arthur Stone Dewing, *The Financial Policy of Corporations*, Vol.I, 4th ed., The Ronald Press Company, 1941, pp. 922-924. 也有学者仅将 1897—1903 年这一段视为第一次并购潮。

是作为一种同业公会而存在，控制着许多小型制造企业所形成的卡特尔。同业公会接着以合法方式合并而成为一个单个企业，以托拉斯或控股公司的形式出现。完成了合法的合并之后，跟着来的就是管理上的集中，合并公司的董事会对各个成员的制造设备进行合理化改革，并且从一个单一的中央办事处管理扩大后的工厂。最后的步骤就是对销售实现向前的合并，对原料和半成品的采购和控制实现向后的合并。"①

金融家主导的并购采取的是将众多企业直接合并组建为巨型股份公司的方式，有学者称之为"资产融合"(fusion)，从今天的理解看，这一并购模式类似新设合并。通过资产融合组建巨型公司也是第一次并购潮中争议最大的部分，"发起设立"(promotion)、"过度资本化"(over-capitalization)、"掺水股"(watered stock)等现代公司法中的历史遗迹多源于此。一种激进的观点认为，并购潮中组建巨型公司的目的就是"制造能够使发起人和金融家快速致富的股票"，并在证券市场套现。② 在"资产融合"交易中，合并的发起人向参与合并的众多中小企业主购买其全部资产与负债并直接置入新公司，同时向企业主们发行股票作为对价，间或支付少量现金和债券。其中，优先股的发行数量通常参照新公司取得的有形资产的市场价值来确定，普通股则根据原企业的商誉或预期未来收益的一定倍数来发行。此外，发起人或银行家的报酬的绝大部分也体现为新公司的普通股。结果，新公司发行的证券以面值计远超过取得的资产价值，在当时引发很大争议，甚至触发法定资本制下虚假出资的法律责任。③

总之，第一次并购潮的两个阶段以及两条路径——控制权集中与合并/资产融合——都面临着法律障碍或不确定性，需要法律创新来加以清除。现实中，这一重任落在了新泽西州身上。尽管历史学家通常将新泽西州在19世纪末的公司法变革归因于该州欲吸引外州公司前来注册以增加财政收入——类似于日后特拉华州的情形，但其客观效果是极大地推动了第一次并购潮的发展。

2. 控制权集中与控股公司创新

传统上，普通法将公司看作一个单细胞的、完整的组织体，旨在实现股东们的特定目的，并在立法规定的范围内以法律认可的方式活动。相应地，公

---

① 〔美〕小艾尔弗雷德·D. 钱德勒：《看得见的手——美国企业的管理革命》，重武译，王铁生校，商务印书馆1987年版，第365—366页。

② Lawrence E. Mitchell, *The Speculation Economy: How Finance Triumphed Over Industry*, Berrett-Koehler Publishers, Inc., 2007, p. 9.

③ *Ibid.*, pp. 44, 292-293.

司法人只能拥有具体的、真实的财产形态而非其他的公司,同时也不能与其他企业以任何方式(如合并、联营、市场协作、专利池等)进行联合或共同行动。这种规则的背后既有美国社会的民主观念与民粹思潮对公司联合可能带来的经济力量集中或垄断的反感与恐惧,也有法教义学上关于公司法人性质的古老观念。就后者来说,公司股东设立一家公司就意味着他们将直接经营该公司,并选择了承担该项营业的风险。一家公司被其他公司持有并控制,这是难以想象的;公司持有其他公司或与其他公司联合从而暴露在新的风险之下,这对股东也是不公平的。[①]

  普通法的上述限制,导致实业家选择的每一种控制权集中方式都遭遇到难以克服的法律障碍或现实困难。美国南北战争之后,面对日益严重、混乱无序的价格竞争,从铁路业到制造业,相继出现规模大小不一的同业公会(卡特尔),试图控制同行业的恶性竞争。然而,同业公会在法律上并不具有合法性,且总有成员采取秘密杀价或漏报销售额等机会主义行为谋取个体收益,导致同业公会名存实亡。此后,一些实业家通过个人认购其他企业的股份的方式来谋求对后者的控制。然而,这种方式受制于个人或家庭财富的瓶颈,而且当时许多企业都是合伙制,外人无法通过购买股份取得控制权。针对此种困境,铁路业寻求联邦与州立法将卡特尔合法化,极少数铁路公司(如宾夕法尼亚铁路公司)则成功地从州议会获得了特许状,能够合法持有其他铁路的股份以减少铁路线竞争。但是,新兴的制造业公司无法承受或不愿承受专门立法或特许的成本与代价,遂转向依赖信托协议(托拉斯)来实现控制权的集中,信托的受托人(管理机构)有权对加入托拉斯的成员公司作出经营和投资方面的决策。最早的尝试是洛克菲勒的标准石油公司在 1882 年 1 月 2 日签署的信托协议,40 家成员公司的股东以其股票换取新成立的标准石油托拉斯的证券,授权由九位理事组成的总部机构对标准石油公司的事务进行全面监督,同时在各州成立州特许的子公司来接管标准石油联盟在该州内经营的资产,以避免被当作"外来"公司而受限或被课以重税。这种托拉斯控制模式也很快被其他公司效仿。[②] 然而,1890 年《谢尔曼反托拉斯法》(以下简称《谢尔曼法》)封杀了以信托方式实现企业联合的任何企图。一些州法院开始宣布特定信托协议为非法。标准石油信托所在地的俄亥俄州检察官也对标

[①] William G. Roy, *Socializing Capital: The Rise of the Large Industrial Corporation in American*, Princeton University Press, 1997, p. 145 & 148-149; Lawrence E. Mitchell, *The Speculation Economy: How Finance Triumphed Over Industry*, Berrett-Koehler Publishers, Inc., 2007, pp. 42-43.

[②] 〔美〕小艾尔弗雷德·D. 钱德勒:《看得见的手——美国企业的管理革命》,重武译,王铁生校,商务印书馆 1987 年版,第 368—371,375—376 页。

准石油信托提起诉讼,并在 1892 年由州最高法院裁决标准石油公司的信托协议不具有法律效力。①

在此背景下,1889 年新泽西州修改公司法,允许一家在本州设立或者在本州营业的外州公司持有其他公司的股份和债券,这为深受反托拉斯法困扰的公司合并开辟了一条新通道。此后,新泽西州多次修订公司法,进一步完善控股公司的组织规则,如允许公司为任何目的而设立(包括仅仅持有其他公司的股票而本身不从事任何业务),确认控股公司作为股东享有与自然人股东完全一样的权利(包括投票权),等等。② 这些规则很快为纽约州、特拉华州等效仿,后者也加入了控股公司合法化的行列。由于美国许多州直到 20 世纪 20 年代初才允许跨州合并,控股公司这一新的法律形式与兼并活动互为因果,成为第一次并购潮中企业联合的一种重要机制。③ 一个颇具象征意义的例子是,洛克菲勒在 1899 年将此前被宣布非法的标准石油信托重新组建为新泽西州控股公司。尽管该公司最终在 1911 年被美国最高法院强制解散,但控股公司形式本身却通过了《谢尔曼法》的检验。

3. 合并/资产融合与出资规则的松绑

大并购的第二阶段是发起人与金融家主导的阶段,并购交易的主要形态是"资产融合",即将众多企业直接聚合在一起,组建成一个巨型公司并发行大量证券给原企业的股东。它与新泽西州公司法的另一项法律创新密不可分。1896 年,新泽西州公司法修订案允许公司出售财产或接受实物出资时以股票作为对价,且董事会可以自主决定实物财产的价值以及股票的价值。有学者将此规则誉为"新泽西州对美国巨型现代公司以及美国股票市场作出的至关重要的贡献"④,因为它极大地降低了合并/资产融合交易因过度资本化而暴露的法律风险。

过度资本化的争议,源于并购潮中新设的巨型公司的资本结构安排与传统公司法对于实物出资的规制模式之间的冲突。发起人或银行家在运用"资产融合"构造巨型工业公司时,本质上是一个对参与合并的各家企业的现有资产进行资本化的过程。新资本结构中的股票数量主要考虑满足企业/资产

---

① 〔英〕约翰・米克勒斯维特、阿德里安・伍尔德里:《公司的历史》,夏荷立译,时代传媒出版有限公司、安徽人民出版社 2012 年版,第 69—71 页。
② Lawrence E. Mitchell, *The Speculation Economy: How Finance Triumphed Over Industry*, Berrett-Koehler Publishers, Inc., 2007, pp. 42-45.
③ 〔美〕布鲁斯・瓦瑟斯坦:《大交易——兼并与反兼并》,吴全昊译,海南出版社 2000 年版,第 28 页。
④ Lawrence E. Mitchell, *The Speculation Economy: How Finance Triumphed Over Industry*, Berrett-Koehler Publishers, Inc., 2007, p. 45.

出售方的要价以及发起人安排交易的报酬,其中企业/资产出售方在有形资产之外,通常都要求对企业的商誉或未来收益给予补偿,这就导致新公司发行的普通股通常并无实体资产予以对应,而是根据预期未来收益的一定倍数发行。这种估值与资本化方法虽然得到当时一些经济学家和实务人士的认可,但与传统的法定资本管制相悖。当时各州公司法通常要求董事会对非现金资产出资负有确定"真实价值"(true value rule)的法定义务,即所接受的实物出资的价值从公平的角度看与发行的股份金额相符。① 此标准后来在司法实践中逐渐被放宽为"诚信标准"(good-faith rule),以对董事主观状态的考察替代了对实物出资价值本身的严格衡量:股东和董事仅在有实际欺诈时,才就出资不足部分(含实物资产价值虚增部分)对债权人承担责任;但过分地高估实物出资(gross over-valuation)可以推定为存在欺诈。② 因此,法官会审查董事在接受实物出资并发行股票时是否达到了"诚信标准",其中一个很重要的考量就是是否存在对实物资产的过分高估。这也就意味着,在并购潮中以资产融合方式组建巨型公司的发起人,因其所发行的普通股根本没有任何实物资产对应,很可能被法官宣布为"过分高估"从而需要承担法律责任。

新泽西州1896年《公司法》修订解除了发起人的上述担忧。其明确规定:"当交易中不存在欺诈时,董事们对所购买的财产的估值的判断是终局性的。"从本文看,该规则完全排除了法官的自由裁量,可以最大限度地降低发起人和银行家在设立巨型公司的资本化过程中所暴露的法律风险。不过,由于这一立法显得过于冒进,新泽西州法院曾试图对法条做限缩解释。在法案修订后的第一例并购交易诉讼中,法官以"推定欺诈"替代了公司法文本中的"实际欺诈",并将如下一些情形都纳入欺诈范畴:董事没有对实物资产的价值进行尽责调查,或者他们将其他通常不认为是真正的财产的"资产"(如商誉和对未来收益的资本化)纳入计算中,或者其对估值的判断明显地受到自身利益的引导,等等。③ 法院的这种做法引发了强烈的批评,最终不得不退回制定法划定的界线之内。④ 自此,新泽西州公司法为并购潮的第二阶段清除了最大的法律障碍。

4. 合并事项的多数决与异议股东的评估补偿权

新泽西州公司法1896年修订的另一个贡献,是通过给予异议股东评估

---

① 例见 Wetherbee v. Baker, 35 N. J. Eq. 501 (1882)。
② 例见 Coit v. Gold Amalgamating Company, 119 U. S. 343(1886)。
③ Donald v. American Smelting and Refining Company, 62 N. J. Eq. 729 (1900)。
④ George W. Wickersham, "The Capital of A Corporation", Harvard Law Review, vol. 22, no. 5, 1909, pp. 319-338.

权而赋予一般性合并交易以合法性,从而彻底消除了以股东多数决而非一致决方式实现公司合并遭遇的合宪性危机。

严格来说,异议股东评估权并非新泽西州首创,而是宾夕法尼亚州法院最早在1858年的一起铁路公司合并案中提出的。① 当时,宾州议会以特别法案批准了两家铁路公司进行合并,但持异议的股东以该法案违反了"合并须全体股东一致同意"的基本法理为由诉诸法院,要求禁止合并交易。对于法官来说,这是一个很棘手的问题:以当时普遍接受的公司法律人格理论看,强迫异议股东接受另一家公司的股票,相当于剥夺了该股东基于设立公司的法案而获得的神圣权利,因而是违宪的;然而,从经济理性角度看,似乎又应该支持铁路公司的合并。于是,主审法官创造性地解释说立法者一定是打算赋予异议股东以评估补偿的权利,但忘记在法案中写入这种条款。最终,法官作出裁定:除非公司向异议股东提供了担保,以保证补偿其股份被评估出的价值,否则就禁止合并交易。法官的一番苦心很快被立法者接受,宾州议会在1861年通过了适用于铁路公司合并的《评估权法案》。②

新泽西州效仿了宾州的做法。为铁路公司重组之需要,新泽西州在1878年颁布了铁路公司合并法案并引入了评估权条款。1883年,合并特许及异议股东评估权被扩大适用于港口、码头等行业的公司。1889年的公司法修订确立了针对横向合并的公司内部程序,即由合并双方公司的董事会批准,并经每个参与合并公司的2/3以上股东批准。尽管纵向合并仍然被禁止,但由于此一时期企业进行合并的主要目的是为消除同行业的恶性竞争,所以,立法放行横向合并基本上就能满足商业需要。最终,1896年《公司法》修订承认了纵向合并的合法性。自此,一般性的合并交易都可以采取资本多数决方式,并辅之以评估权条款为异议股东提供救济。③

5. 公司法的成就与证券市场的隐忧

从1889年到1896年,一个完整的公司并购规则框架在新泽西州公司法中搭建起来,它包括:许可公司持有其他公司股票,专为持股目的而设立公司,允许董事会对发行股票以及接受实物资产的估值作出终局性决定,以及采取"多数决+异议股东评估权"方式作为公司合并的一般程序。新泽西州《公司法》通过上述一系列的规则创新,为控股、合并、发行股份购买资产、资

---

① *Lauman v. Lebanon Valley R.R.*, 20 Pa. 42 (1858).
② Bayless Manning, "The Shareholder's Appraisal Remedy: An Essay for Frank Coker", *The Yale Law Journal*, vol. 72, no. 2, 1962, pp. 246-248.
③ Lawrence E. Mitchell, *The Speculation Economy: How Finance Triumphed Over Industry*, Berrett-Koehler Publishers, Inc., 2007, p. 292.

本化等各类并购路径提供了组织法上的规则。不仅如此,这些相对技术性的规则对于公司法观念的革命也是一个极大的促进。19世纪末的美国各州公司法已经普遍接纳了股东有限责任以及董事会集中管理,逐渐抛弃了法人拟制说、越权原则等传统、僵化的观念。公司并购规则对公司组织结构的重大调整,为公司法的现代化转型提供了新的助力。

不过,公司法对并购交易提供最大限度的自由,却给初生的公众证券市场带来不小的压力。任何一种商事交易都免不了被滥用,并购也不例外。在并购潮的第二阶段,许多合并/资产融合交易投机性浓厚,发起人随意高估合并企业的价值而过度发行股票,为制造更多股票而劝诱并安排完全不具合理性的合并,在证券市场中哄抬股价进行投机,等等。有些合并交易的虚饰被证券市场识破,相关股票也被打折出售,但刚刚踏入证券市场的大众投资者还是遭受了很大损失。到1903年并购潮消退后,约一半的合并交易都失败了。最大的100家工业公司的股票市值下跌了18亿美元,每一家跌幅都在百万美元以上。即使是由当时最受尊敬、对投机深恶痛绝的银行家摩根所发起的合并交易——美国钢铁公司,其普通股市值也因掺水股丑闻从超过5亿美元跌至2.16亿美元,优先股的市值则从4.3亿美元跌至1.92亿美元。[①] 联邦政府的一个调查机构对美国钢铁公司进行了估值,认为其价值不及当初资本化规模(14亿美元)的一半。[②] 美国钢铁公司不得不在此后停发股息,将留存收益用来挤出普通股的水分,直到1929年才将掺水股的空洞填完。[③]

并购潮对公众证券市场的冲击,也使得证券监管第一次提上联邦政府议事日程。不过,由于垄断问题是当时舆论的焦点,对证券市场的关切很快转化为对并购形成的巨型公司可能进一步强化垄断地位的担忧。从政府到民众都怀疑过度资本化的公司必然通过提高产品价格来攫取垄断收益,以满足掺水股部分的股利分配需求。因此,联邦层面对并购潮中滥用行为的回应体现为一系列的反垄断改革以及联邦公司化(公司向联邦政府注册)的动议,意图迫使公司披露财务信息以显示并购交易中资本化的真实价值,便利联邦政府辨识垄断的存在并依据《谢尔曼法》起诉。最终,这些监管或立法动议都流产了,但它们在一定程度上促进了公司财务信息的披露以及会计分类

---

① Lawrence E. Mitchell, *The Speculation Economy: How Finance Triumphed Over Industry*, Berrett-Koehler Publishers, Inc., 2007, pp. 94-95.
② 〔美〕罗恩·彻诺:《摩根全传》,金立群校译,重庆出版社2010年版,第73页。
③ 〔美〕本杰明·格雷厄姆、戴维·多德:《证券分析》,邱巍、李春荣、黄铮译,吴有昌校,海南出版社1999年版,第343页。

的统一。① 通过强制披露并购交易中的资本化信息来保护投资者利益的监管理念直到一次大战结束后才成型,并成为1933年《证券法》的基本框架。

三、并购的市盈率效应及其多元规制路径的初现

以经济效果论,第三次并购潮被公认为一场失败的并购运动,许多混合并购缺乏合理性。许多分析家甚至认为它导致了美国20世纪60年代十年牛市的崩溃。② 这一局面也与并购的市盈率效应在证券市场中激起的泡沫以及背后隐藏的对债务工具、并购会计准则的滥用有关,它们给上市公司盲目扩张和鲁莽并购提供了制度性激励。③ 然而,传统的法律规制对此无能为力,美国《标准公司法》(Model Business Corporation Act)在并购潮初起时放松了分配规则,某种程度上可能助长了激励错置与会计滥用。与第一次并购潮类似,公司法的主要关切点是清除企业并购之路上的法律障碍。然而,时代已经变了,面对新的滥用手段,人们现在期待的是公司法扮演某种监管的角色。这或许超过了公司法的能力或疆域,最终这个问题是靠市场力量的成长以及证券监管、税法与会计准则的修订来共同解决的。

1. 并购的市盈率效应

市盈率(P/E ratio)是公司普通股的市价与每股收益之间的比值。市盈率越高,代表投资者对公司未来盈利有更好的预期,因此愿意支付更高的价格。这样的公司被称为"具成长性公司",股票则称为"成长性股票"。并购的市盈率效应通常发生在股市繁荣时期,投资者的乐观情绪会普遍抬高股价水平,从而给予上市公司高市盈率。高市盈率公司用自己的股票作为对价收购低市盈率的公司,将后者的业绩装入自己的财务报表以增加每股收益,然后借助自身的高市盈率提升股价。股价上涨后,公司用股票作为支付工具进行收购的能力又增强了,再寻找下一个低市盈率的公司。由此形成"并购—盈利增长—股价增长—新的并购"的螺旋上升过程。高市盈率以及持续增长的

---

① Lawrence E. Mitchell, *The Speculation Economy: How Finance Triumphed Over Industry*, Berrett-Koehler Publishers, Inc., 2007, pp.4-6, 113-165. 另见〔美〕加里·约翰·普雷维茨、巴巴拉·达比斯·莫里诺:《美国会计史:会计的文化意义》,杜兴强、于竹南等译,孙丽影、杜兴强审校,中国人民大学出版社2006年版,第195—198、227—228页。
② 〔美〕帕特里克·A.高根:《兼并、收购与公司重组》(第四版),顾苏秦、李朝晖译,中国人民大学出版社2010年版,第46—47页。
③ 〔美〕乔尔·塞利格曼:《华尔街变迁史——证券交易委员会及现代公司融资制度的演化进程》(修订版),田风辉译,经济科学出版社2004年版,第436页。

每股盈利也可以向证券市场证明上市公司的并购扩张行动是合理的。①

这里举一例简要说明并购的市盈率效应。收购方 A 与目标公司 T 的每股收益均为 1 美元,但收购方作为上市公司市盈率有 20 倍,而 T 为私人企业市盈率仅为 5 倍。A 的年收益为 100 万美元,发行在外的普通股为 100 万股,每股市价为 20 美元;T 的年收益 15 万美元,股份为 15 万股,估值为 5 美元/股。A 向 T 建议友好合并,以 1 股市值 20 美元的 A 公司股票换取 T 公司 3 股,溢价 100%[=(20 美元−5 美元/股×3 股)/5]。为此,A 发行了 5 万股新股给 T 的股东完成对 T 的吸收合并。并购交易结束后,A 的年净利变为 115 万美元,发行在外的普通股为 105 万股,每股收益从原来的 1 美元增长到 1.10 美元[=(100+15)万美元/(100+5)万股]。由于 A 的市盈率为 20 倍,因此股价将上涨到 22 美元(=1.10 美元×20)。这样一来,并购交易俨然给所有人都带来了好处:目标公司 T 的股东收到了溢价;收购方 A 的每股收益增加,股价上涨,股东获得了更好的回报。于是,A 公司继续寻找低市盈率的盈利公司进行并购,重复上述多赢的并购神话,直到股价不再上涨。第三次并购潮与美国 20 世纪 60 年代的华尔街大牛市同步,并购的市盈率效应也驱动许多上市公司大肆收购各种不相关行业的公司。

然而,相较于通过并购实现规模经济或经营协同效应的商业逻辑,市盈率效应是一种典型的金融技巧,因为它建立在收购方原来的高市盈率可以继续适用于并购后的公司这一前提之上,与投资者对公司的了解、信心和市场情绪密切相关。然而,随着并购的持续,并购方的盈利能力受被并购公司的影响越来越大,未必能维持原有的盈利能力。当市场缺乏对未来的稳定预期时,就不愿再使用最初的高市盈率,收购方也很难持续找到可以提升股价的目标公司。因此,市盈率效应这种基于"金融技巧"的并购只能持续一段有限的时间,然后就会自动消失。如果碰上证券市场由牛市转入熊市,则市盈率效应消失的速度更快。如下所述,追求并购市盈率效应的公司往往还运用债务类工具作为并购对价来进一步放大收益、助推股价,因此市盈率效应消失与股市下跌的叠加效果会对并购公司带来灾难性的后果。第三次并购潮的兼并之王——LTV 公司——曾通过这种方式推动其股价从 1964 年的 11 美元上涨到 1968—1969 年间的 136 美元,但随着牛市的结束,公司股价在 1970 年 3 月下降到 21 美元,跌幅高达 85%,LTV 的庞大帝国也很快解体了。②

---

① 〔美〕帕特里克·A. 高根:《兼并、收购与公司重组》(第四版),顾苏秦、李朝晖译,中国人民大学出版社 2010 年版,第 44 页。
② 〔美〕乔尔·塞利格曼:《华尔街变迁史——证券交易委员会及现代公司融资制度的演化进程》(修订版),田风辉译,经济科学出版社 2004 年版,第 423 页;〔美〕布鲁斯·瓦瑟斯坦:《大交易——兼并与反兼并》,吴全昊译,海南出版社 2000 年版,第 28 页。

2. 市盈率效应背后的制度缺失与滥用

就市盈率的机理而言,市盈率(P/E)=普通股市价/每股收益,因此证券市场投资者对公司未来预期的评价与公司每股收益是相互依存的两个方面。在第三次并购潮期间,这两个方面都暴露出问题。在投资者一端,20世纪60年代投资基金等机构投资者开始成为证券市场的主导力量,激烈的行业竞争使得它们非常重视股价上涨,追捧成长性公司以及并购交易。在每股收益方面,不少公司通过滥用并购会计准则及债务性工具来制造每股收益不断提升的幻象。此外,混合并购导致的公司向证券市场披露的信息急剧减少也进一步加剧了双方的信息不对称问题。

具体来说,混合并购形成的综合性企业集团中包括许多各不相干行业中的公司,其中不少都是细分行业的龙头公司。并购前,这些公司按照证券法规的强制信息披露规则都需要对外披露详细的财务报告,因此证券市场得以对不同行业内的不同公司进行比较,评价管理层的表现或预测公司未来盈利能力时有比较可靠的依据。然而,这些公司被并购后就不再对证券市场披露财务报告,导致投资者丧失了对细分行业做基准性判断所必需的信息。尽管SEC要求上市公司披露营业收入中占比15%以上的收入来源,但它远远不能满足投资分析的需要,且综合性企业集团基于业务的分散性很容易规避此种要求。进一步,这也影响到资本市场对综合性企业集团本身的投资评价。如果不能对一个多元化经营公司所涉足的各行业的相对重要性有所了解,那么对于该公司未来前景所做的任何预测都很难说具有可靠的基础。①

不仅如此,上市公司还通过下面两种财务技巧来人为提升每股盈利,进一步误导市场推高股价:一是在普通股之外,大量使用可转债或优先股等混合金融工具;二是滥用合并会计准则,通过对并购交易采取联营法的会计处理,保证并购后企业持续报告新增利润。

(1) 可转债与附转换权之优先股作为并购支付工具

并购方使用可转债或附转换权之优先股作为支付工具,有两方面的好处:其一,这些混合证券具有与普通股同样的上涨趋势,因此虽然票面利率(或分红率)比较低,但目标公司股东也乐于接受,这样可以减少公司并购的资金成本;其二,也是更关键的,它们可以带来收益自展效应或每股进阶效应(bootstrap effect),即由于可转债或优先股不同于普通股,在计算每股盈余时不包括在分母(股数总和)内,从而可以对外报告更高的每股收益。

---

① 〔美〕乔尔·塞利格曼:《华尔街变迁史——证券交易委员会及现代公司融资制度的演化进程》(修订版),田风辉译,经济科学出版社2004年版,第439—443页。

然而,一旦股价下跌或市盈率效应消失,债券持有人或优先股投资者不转股,并购方的债务成本就陡然上升。因此,混合证券工具的大量运用在膨胀了每股收益的同时,也极大地提高了并购方的杠杆率,增加了后者在股价下跌时的财务风险。

(2) 并购会计之联营法

就经济实质而言,并购的常态是收购方以现金或股票等为对价,买入了目标公司;极少数情形下,才会出现两家规模相差不大的企业平等联合在一起,保持原有资产、人员和股东的延续。相应地,会计处理方法有两种方法,一是购买法,二是联营法。混合并购潮中上市公司的对外并购本应适用购买法,但由于会计准则的漏洞,它们大多选择联营法(pooling of interests),因为后者可以提供两方面的益处:第一,被并购企业的资产、负债及股东权益以原账面价值而非市价为基础进入收购方的资产负债表,不产生并购商誉,未来也不存在资产增值部分的折旧或者商誉摊销等问题,从而避免了拉低并购方未来年份的利润;第二,被并购企业的留存收益、特别是当年已实现的净利润都可以直接加总到收购方的盈利中(如上节所举 A 公司与 T 公司的例子),因此并购后可以马上报告当年净利的增长。相反,若采用购买法进行会计处理,被并购公司的利润相当于是并购方花钱买来的,只是资产交换,并不构成真正的利润。①

不仅如此,联营法按账面价值记录被并购企业的资产,还给收购方公司提供通过"并购—处置"来随心所欲创造"即时利润"(instant earning)的契机。例如,第三次并购潮中的另一家明星企业——西海湾公司——的混合并购将其变成一个覆盖石油、化工、电影等多个行业的大型综合性公司。其中,它在 1966 年收购派拉蒙影片公司,就是看中了后者的大多数资产为早期制作的电影胶片,账面价值远低于市场价值。对于西海湾公司来说,这些影片资产与公司其他业务并不相关,属于可有可无者,因此收购完成后就迅速卖掉了派拉蒙影片公司的 32 部电影,记录了一大笔盈利,成功地支撑了西海湾公司的股票价格。美国会计学者将联营法的这种应用斥责为"肮脏的池塘/联营"(dirty pooling)。②

综上,并购的市盈率效应以及上市公司对会计准则、混合证券工具的滥用共同造就了所谓的"跨界兼并秘法"。③ 它给证券市场带来一系列的问题:

---

① 丁友刚:《企业合并会计方法:问题、争论与选择》,载《会计研究》2004 年第 3 期。
② A. J. Briloff, "Accounting Practices and the Merger Movement", *Notre Dame Lawyer*, vol. 45, no. 4, Summer 1970, pp. 604-628.
③ 〔美〕乔尔·塞利格曼:《华尔街变迁史——证券交易委员会及现代公司融资制度的演化进程》(修订版),田风辉译,经济科学出版社 2004 年版,第 436 页。

上市公司沉湎于通过购买"即时利润"而非经营协同效应来提升盈利水平,人为膨胀的每股收益和投资回报误导了投资者和其他报表使用人,难以获得足够信息的证券市场在追逐所谓高成长性股票的过程中加剧投机和股市泡沫,等等。当市场投资者最终明白其中的猫腻,大量并购明星公司的股票遭到唾弃。20 世纪 60 年代末华尔街牛市与并购潮同时戛然而止,很难说谁是因、谁是果。

3. 法律如何回应:公司法的式微与替代性规制路径的兴起

并购的市盈率效应及其背后的滥用问题给法律规制带来了特殊的挑战。传统上,公司法对于公司以股票为支付工具来并购其他企业是按照法定资本制下的非现金出资来处理的,以债券为支付工具进行则构成一种买卖交易。无论是接受出资还是买卖,都属于交换关系。这就意味着,被并购的企业的利润进入并购方时只是不同形态的资产转换,它不能构成并购方利润,更不能被用来分派股息红利。然而,20 世纪 50 年代并购会计之联营法兴起后,并购公司需要将被并购公司的账面盈利当作自己的利润看待,因此传统公司法对并购交易的处理方式也受到律师们的批评。[1] 为了促进并购交易,1961 年美国律师协会对《标准公司法》进行了修改,特别允许并购后进入公司资本公积账户的被并购公司利润可以用来分配。换言之,公司法认为应该给予公司管理层最大的自由来利用并购会计之联营法,古老的法定资本管制已经过时了。[2]

相较于公司法的彻底放弃,证券监管采取了相对积极的态度,但也只是限于改进综合性企业集团的信息披露问题。早在 1964 年,学者就建议修改《1934 年证券交易法》,要求多元化经营的公司在收入的分解信息外,披露不同部门经营活动的收入和利润。但由于当时实务界与理论界对于按照部门还是子公司、按照产品线还是行业分组进行披露不存在公认的划分标准,且管理费、研发费用以及税收负担等公共费用在不同产品线之间如何分摊也存在难度,公司管理层有很大的自由裁量权,因此 SEC 认为在此背景下强制要求综合性企业集团披露分部信息是无意义的。面对各方的批评以及股市泡沫的破灭,1969 年 SEC 开始要求公司发行新股时在登记说明书中披露行业

---

[1] William P. Hackney, "The Financial Provisions of the Model Business Corporate Act", *Harvard Law Review*, vol. 70, no. 8, 1957, pp. 1357-1405; Baker, "Dividends of Combined Corporations: Some Problems Under Accounting Research Bulletin No. 48", *Harvard Law Review*, vol. 72, no. 3, 1959, pp. 494-502.

[2] George D Gibson, "Surplus, So What, the Model Act Modernized", *The Business Lawyer*, vol. 17, no. 3, 1962, pp. 476-499.

分部信息，1970年又将这一要求扩大到10-K表。到了1976年和1977年，美国财务会计准则委员会和证交会分别出台规则，对公司管理层在产品线界定和公共成本分摊中的自由裁量权进行了限制。①

此外，并购的市盈率效应也将会计准则的经济后果或约束功能推到了前台。并购方对每股盈余的操纵，不论是刻意使用可转债或优先股计算每股收益，还是滥用联营法来快速制造盈利，都与会计有关。尤其是，联营法还是1957年美国注册会计师协会（AICPA）发布的《会计研究公告第48号》中正式认可的会计处理方法②，出现大规模的滥用也令会计师们非常尴尬。相对来说，每股收益计算的问题比较好解决，AICPA下设的会计准则委员会于1966年、1969年分别发布了第9号和第15号会计准则，要求公司在计算、列示每股收益时，将可转换债券、可转换优先股以及其他相当于普通股的证券对每股收益的稀释效果考虑在内。因此，实务中开始将"每股收益"与"摊薄每股收益"分别加以计算，很大程度上消除了原来每股收益计算上的误导。关于联营法的争议则不然，它将美国国会、SEC、联邦贸易委员会、产业界、财务界都卷了进来。1970年，在经过了激烈的争议后，会计准则委员会发布了第16号会计准则，对并购交易适用联营法设置了12项前提条件，如不得计划在合并完成日两年内处分合并公司的重要资产等，旨在限缩联营法的适用范围。然而，新的会计准则仍受到广泛批评，被指过度迎合产业界的要求，无法真正遏制并购交易中的滥用。各方的批评如此强烈，直接导致了会计准则委员会的解散，在1972年被一个更具广泛代表性的财务会计准则委员会所替代。③ 最终，联营法在2001年被美国财务会计准则委员会发布的第141号公告所废止。

最后，税法也对并购的市盈率效应背后的会计准则滥用问题作出了回应。1969年美国国会通过《税制改革法案》，提出了三方面的要求：第一，并购公司在计算每股收益时，用于并购支付工具的可转债必须被视作普通股；第二，并购公司如果准备高价出售从被并购方取得的、按联营法低估的资产以获取收益，那么，在选择这些资产的估值方法时，就必须遵守税法的限制性规定；第三，并购公司使用的可转债工具产生的利息在税前扣除的上限为

---

① 〔美〕乔尔·塞利格曼：《华尔街变迁史——证券交易委员会及现代公司融资制度的演化进程》（修订版），田风辉译，经济科学出版社2004年版，第444页；张铁铸：《美国上市公司分部信息披露制度发展研究》，载《财贸研究》2006年第1期。

② American Institute of Certified Public Accountants, *Accounting Research Bulletin* No. 48, "Business Combinations" (1957).

③ 〔美〕乔尔·塞利格曼：《华尔街变迁史——证券交易委员会及现代公司融资制度的演化进程》（修订版），田风辉译，经济科学出版社2004年版，第422—436页。

500万美元/年。有意思的是,在最后这项要求中,税法仔细地描述了收购中运用的可转债之股份属性而非债务属性,这是通过对"公司收购负债"(corporation acquisition indebtedness)的独特定义来体现的。"公司收购负债"指并购方为取得目标公司股份或营运资产而支付对价所承担的债务,如果:(1)该债务劣后于一般债券或其他无担保债权人;(2)可以转换为发行人公司的股份;(3)发行人公司的债/股比高于2∶1,或者全部负债的利息的保障倍数(以预计收益计算)不足三倍。上述定义还涉及对并购公司杠杆率或资本结构的描述,只不过这种立法模式并不能阻止日后垃圾债券的迅速增长。①

小　　结

美国百年并购潮展示了公司法规制财务运作的一个侧面,同时也见证了公司法之外的其他规制路径——证券监管、会计准则与税法——的出现。并购交易将公司本身从主体变成了客体,刺激了传统公司法的规则创新。公司法通过引入多数决、异议股东回购请求权、法人持股等制度来满足企业扩张的需求,并在敌意收购与反收购的对抗中激活董事信义义务。证券监管、会计准则和税则更多地从并购的方式、程序与对价等方面进行规则。其中一些略显技术性的内容已经凝固成公司法的某个常规条款或者某个会计报表科目,甚至是公司法教科书中偶尔闪现的历史遗迹。

相对于国内更熟悉的美国20世纪80年代的敌意收购以及特拉华州反收购规则,美国早期并购潮呈现出完全不一样的画面。企业并购、公司法、公众证券市场、证券监管几条线索交织演进,提供企业并购扩张的组织法规则,消除滥用行为对资本市场的影响。它们最终在第四次并购潮中与特拉华反收购规则衔接,集中处理公司控制权争夺中的利益冲突问题。至此,并购的两套商业逻辑——战略扩张与公司治理——都已经完整呈现,而法律规制的不同路径也都悉数亮相。美国法特有的进化特征②,也在跨越一个世纪的并购潮中得到了充分展现。

我国证券市场不过三十年历史,但以并购形态论,从企业改制上市到2016年"宝万之争",俨然已走完了美国百年并购潮的历程。这也意味着域

---

① William W. Bratton, *Cases and Materials on Corporate Finance*, Sixth ed., Foundation Press, 2008, p.316;〔美〕帕特里克·A.高根:《兼并、收购与公司重组》(第四版),顾苏秦、李朝晖译,中国人民大学出版社2010年版,第46页。
② 邓峰:《普通公司法》,中国人民大学出版社2009年版,第25页。

外不同时期、不同特征的并购程式以及冲突形态在我国会同时存在。比如，第一次并购潮中合并/资产融合路径下的资本化过程，就与我国IPO环节的企业改制颇为类似，二者对公众证券市场的塑型及其带来的争议——新股发行定价过高对证券市场投资者的伤害——也惊人地相似。再比如，第三次并购潮中的市盈率效应，也与我国前些年创业板市场中的并购热潮和市值管理有异曲同工之处。

然而，与美国并购潮不同阶段分别由公司法与证券监管主导规制的演进历程不同，我国公司法与证券法是与资本市场同步发展起来的，且由于公司法缺乏专门的主管机关，对快速发展的商业实践的回应比较慢，实践中证券监管承担了很多本应由公司法承担的任务。当回应公司并购引发的冲突时，两种规制路径之间的分工与界限显得模糊不清。一个直接相关的例子就是2016年"宝万之争"所引发的争议。由于我国证券法下的要约收购规则因应1993年的"宝延之争"等敌意收购早已出台，当"宝万之争"冒出来时，证券监管者只旁观敲打而不入场吹哨的做法曾让很多人困惑不已。如若知晓美国第三次、第四次并购潮分别解决要约收购程序、公司治理纷争的这一段历史，便会更容易接受证券监管与公司法的分野。

不仅如此，域外通常作为公司法内在组成部分的商业会计准则，在我国却从一开始就游离于法律逻辑之外；相应地，会计准则对公司并购行为的影响或约束在我国也很少纳入并购法律规制的框架之中。当然，域外商法典中的会计规则以及公司法资本制度隐含的会计线索都太古老，在其宗主国都已经被冷落或者被抛弃，于今天的国人而言恐怕更是当作曾经的西洋镜而已。比如，谁又会意识到，公司损益表最后一栏的"摊薄每股收益"的背后，还承载着一段并购监管的历史呢？虽然相关规则可能已经通过立法移植与借鉴进入到我国的法律本文或者会计准则中，但法条层面的"搬字过纸"[1]难免疏漏，而且往往抹去了规则背后丰富的应用场景以及演变轨迹，如我国1993年《公司法》确立了并购规则却忽略了与此相伴随的异议股东评估补偿权，便是一例。从这个意义上说，借助美国百年并购潮，探究其间具体而丰富的法律生长过程，也有助于我们更好地理解作为舶来品的公司法中最为技术性的一面。

---

[1] 语出经济学者对我国《反垄断法》的戏谑。参见薛兆丰：《商业无边界——反垄断法的经济学革命》，法律出版社2008年版，第38页。

第四章 传统的规制路径:公司法

以常识论,公司法当然承担着规制公司经营行为与财务运作的职能。前文所回顾的公司财务的商业实践与法律演进,几乎就是一篇关于公司法自身发生与发展进程的历史叙事。然而,与实践中花样百出的公司财务运作形式相比,当代公司法文本中涉及财务运作的条款寥寥无几,屈指可数,这与早期的公司法形成了鲜明的对比。20世纪50年代,美国律师协会发布了《标准公司法》(Model Business Corporation Act),评论者指出公司法中的"财务条款"涉及如下内容:"对股东的股息和其他分派;股票的赎回或者以其他方式取得,以及随后的处置;声明资本的维持与减少"[1],换言之,公司法的财务条款也就是公司法中历史悠久的法定资本规则。然而,《标准公司法》1979年修订时摒弃了"法定资本"概念,公司法中的财务条款也基本瓦解了。

在我国,过去二十年间对《公司法》的修订也大都是在消除或者迁移1993年文本中涉及公司财务的管制条款,如2005年废除公司对外投资限制以及2013年废止出资环节的管制。与此相映照的是,学界对公司法的定位也在不断调整,域外的相关学术思潮、特别是法律的经济分析进路也迅速传播到我国的立法与学术层面,公司法日渐偏离其传统的监管角色。这种趋势看来并无终止的迹象,令人怀疑公司法如今是否还能被视为规制公司财务运作的主流路径。

一、公司法的规制传统

传统上,公司法的规制色彩浓厚,表现为法律文本中有大量的强制性规制,要求公司为或不为一定的行为。这种规则最集中地体现于公司财务领域,如出资管制、分配限制、举债约束等。这并不奇怪,因为公司本质上是一种大规模募集资金的方式,而工商业活动的公司化(incorporation)不过是创

---

[1] William P. Hackney, "The Financial Provisions of the Model Business Corporate Act", *Harvard Law Review*, vol. 70, no. 8, 1957, p. 1357.

始人将产业资本化(capitalization)的途径,或者是人们投入一笔初始资金进行运作以谋求其增值的过程。公司法理论长期以来存在着的"财产"(property)与"实体"(entity)之争,但从财务的视角看,"财产"说显然更符合逻辑,因为公司就是股东们用来营利的工具,或者形象地说,是投资者"经济手臂"的延伸。

1. 英美公司法的规制传统

公司法与生俱来的规制色彩源于公司的"特许"起源,即国家对公司这种特定商业组织方式的法律认可;英格兰国王詹姆斯一世1620年给新河公司颁布的特许状中就有"从利润而非资本中派发股息"的要求。[①] 与此同时,国家也因赋予公司以独立法人的主体形态与法律地位而以"强制性规制"作为对价。当然,公司组织形式附带的特征——公众集资、有限责任等——很快暴露出公司发起人与其他参与者、公司与社会公众之间的冲突。对此,立法者将一些朴素的规制理念注入公司法中,如信息公开、资本维持等,以便对一般公众、公司的债权人及公司股东提供保护,将公司这种商业机制构造为在政府严格监督下由所有者联合体来控制所有者财产的一种安排。

阿道夫·伯利教授曾梳理了19世纪英美公司法中的规制措施,发现立法者提供的管制策略主要有以下三种[②]:

(1) 公司信息的公开

公司成立的文件必须对股权结构和经营活动进行详细说明,其业务范围、资产规模等均慎重地受到限制。例如,美国纽约州1811年通过的有关制造业的法律不仅限制公司宗旨,且要求公司资本额不得超过10万美元。[③] 从理论上说,这一规制的主要目的是为了防止公司控制当时规模不大且分散的经济生活;但对股东而言,这也带来了意外的好处,每个股东都了解自己投入的资本所从事的商业活动的最大范围,从而一定程度上保持了对公司的控制。

被誉为现代股份公司法鼻祖的英国1844年《合股公司注册、组建及监管法案》,不仅要求自由设立的股份公司披露其募集的股本数额,而且要求公司在股东年会上发布一张经审计的、"完整且公允"(full and fair)的资产负债表,并赋予股东对资产负债表进行审计的权利。在如何制约胆大妄为的融资

[①] 参见 Donald Kehl,"The Origin and Early Development of American Dividend Law",*Harvard Law Review*, vol. 53, no. 1, 1939, p. 39.

[②] 参见〔美〕阿道夫·A.伯利、加德纳·C.米恩斯:《现代公司与私有财产》,甘华鸣、罗锐韧、蔡如海译,商务印书馆2005年版,第142—144页。

[③] 同上书,第147页。

人利用合股公司这种形式推销欺诈性商业筹划的问题上,立法者深信会计信息披露的效用。不过,立法者"忽略了对需要编制的报表的形式或内容作出明确的界定,也没有对应采用的计量原则作出界定,更没有对审计者的具体职责进行具体规定。……那些胆大妄为者可以很轻易地违背立法精神"。①

1848年纽约州普通公司立法不仅包含了有关公开披露财务信息的规定,而且确立了未公开披露的法律责任:"每家这样的公司应该在从每年1月1日开始算起的20天内在镇级、市级或村级报纸上发布自己的报告。……在报告中,必须指出公司资本额、实际投入金额和实际债务金额。公司总裁及大多数受托人应在报告上签字。上述公司的总裁或秘书应宣誓证明已对报告进行了验证。报告应由该公司所在镇办公室存档。若上述公司未能按照此要求办事,则公司所有受托人应共同地、分别地对公司在当时已存在的债务和在报告发布前将签订的所有债务负责。"②编造虚假公司记录的经理人员会被课以沉重的罚金。这种严厉规则的目的是为了对付给股票掺水的行为,它可能表现为虚增资本或者低报债务。③

(2) 出资方式受到严格监督

早期的公司立法对于股东出资的形式有非常严格的要求。例如,股东必须用现金缴纳股本;股份必须按照某一固定的最低比率(股份面值)来缴纳,否则在企业破产的情况下,股东要承担向债权人支付其未缴足股本的责任;公司发行免费股票(股东未实际出资却获得了股票)或者掺水股票(股东实际出资小于股票所记载的资本额)都是不合法的。此外,在已缴资本未达到法定限额之前,公司不得开业。上述规则的目的显然是为了保护债权人的利益;不过,对股东而言,这也意味着保护其在公司中的权益不被稀释。

(3) 构建严格的资本结构

股票的分类(如优先股与普通股)以及所附带的权利都体现于公司的章程中,相关章程需经过立法机关(以颁布许可的方式)的认可。章程被视为政府、发起人与公司三方之间的契约。政府通过对股东参与公司组织的行为进行审查,将股票数量及其影响范围置于审慎的控制之中。

---

① H. C. Edey、Prot Panitpakdi, "British Company Accounting and the Law, 1844-1900", in A. C. Littleton and B. S. Yamey, eds., *Studies in the History of Accounting Thought*, Richard Irwin, 1956, p. 356.

② 〔美〕加里·约翰·普雷维茨、巴巴拉·达比斯·莫里诺:《美国会计史:会计的文化意义》,杜兴强、于竹丽等译,孙丽影、杜兴强审校,中国人民大学出版社2006年版,第75页。

③ Jonathan Barron Baskin, Paul J. Miranti, Jr., *A History of Corporate Finance*, Cambridge University Press, 1997, p. 142.

此外,公司法通常还会对公司债务设置上限,并对导致公司超出负债上限的董事施加法律责任。到 1903 年时,美国大约一半的州公司法中仍然有债务限制,最常见的限制是规定负债不得超过公司股本或者负债不得超过全部财产的 50%,类似于债—股比为 1∶1。有些州则规定债务最多不得超过公司股本的三分之二。传统的智慧是:"公司的鞋带不能太短"——鞋带长才能系紧鞋,脚才能走得稳,因此公司财务基础的稳固性在于债务不能太大。① 事实上,这种非常朴素的"债务应该与股本相衬"的谨慎经营观念在美国商业界一直延续到 20 世纪 60 年代才瓦解。②

在制定法之外,由判例所形成的普通法也增加了一些对公司股东或债权人的保护措施,主要有:

(1) 公司的剩余控制权(residual control)——影响公司一般利益的各种决策权——掌握在全体股东或某一部分特定股东的手中。虽然企业的经营权通常都委托给董事会来执行,但是资本结构和企业性质的任何改变都必须经过全体股东投票一致通过。

(2) 股东拥有对公司追加投资的专有权(sole right);当公司增发股票时,现有股东可行使优先购买权。

(3) 股息只可以用公司经营所产生的盈余利润来支付。③ 美国法院 1824 年的 Wood v. Dummer 案,判决一家破产银行的股东需要就公司在破产前将大部分资产分配给了股东的行为而对公司债务负责,由此确立的"股东出资构成为债权人利益之信托基金"的观念延续近一个世纪。④ 在英国,1862 年《公司法》引入了资本维持原则,规定股利只能从累计盈余中发放,以保护债权人利益。

2. 欧洲大陆公司法的规制色彩

欧洲大陆主要国家的公司法深受英国 1862 年《公司法》的影响,大多秉持着规制的传统,甚至有过之而无不及。学者通常归纳为"资本三原则",涉及资本法定、资本维持与资本不变三个原则。

例如,德国《股份公司法》第 3 章——"公司与股东的法律关系"——是关

---

① Harper, "Liability of Directors for Creating Excessive Indebtedness", *The Cornell Law Quarterly*, vol. 9, no. 3, 1923-1924, pp. 269-287; Note, "Corporations-Debts in Excess of Statutory Limit", *Michigan Law Review*, vol. 26, no. 4, 1928, pp. 420-426.

② William W. Bratton, "Corporate Debt Relationships: Legal Theory in A Time of Restructuring", *Duke Law Journal*, vol. 1989, no. 1, 1989, p. 167.

③ 〔美〕阿道夫·A. 伯利、加德纳·C. 米恩斯:《现代公司与私有财产》,甘华鸣、罗锐韧、蔡如海译,商务印书馆 2005 年版,第 144 页。

④ *Wood v. Dummer*, 30 F. Cas. 435 (no. 17,944) (C. C. D. Me. 1824).

于股东出资与公司分配的规则之集合,它同时也覆盖公司回购或者因接受质押品而取得自己股份等场景。这种强管制色彩进一步延伸到该法第 6 章下的增资、减资以及第三篇下的关联企业与公司集团中,对于集团内部各公司之间的资本流动与责任分担提出了强制性要求。

以德国法为蓝本的《欧盟公司法第 2 号指令》[1]则对下列事项加以规定:(1) 公司设立与出资的规制,包括股份公司的最低法定资本额、出资程序、实物资产的验资、现金出资购买股东资产行为认定;(2) 利润分配的标准、违法分配的责任;(3) 公司资本亏蚀下的解散或重整;(4) 公司取得自己股份的规制,包括回购形式、限制与例外,所取得股份的权利限制,禁止公司为取得自己股份的融资或担保,取得自己股份作为质押的处理;(5) 公司增发新股份、可转换证券以及认股权证的程序,新股优先认购权及其限制途径;(6) 公司减资的形式与程序,实质减资、名义减资、强制消除股份等不同情形的处理,偿还股的发行条件与偿还条件,减资时债权人的保护,禁止减资分配等;(7) 对员工股权激励的例外处理(如首期出资 25% 的要求、公司取得自己股份或者发行相关股份的批准程序、新股认购优先权等要求的豁免适用)。除《第 2 号指令》外,欧盟其他涉及公司财务运作的指令包括:《第 3 号指令》——公司合并、《第 6 号指令》——公司分立、《第 4 号指令》——公司年度财务会计报表编制与披露、《第 8 号指令》——法定审计、《第 10 号指令》——公司跨国合并等。这些欧盟公司法指令都体现着浓厚的规制工具色彩。

一些欧陆国家的公司法规制甚至比欧盟公司法指令更加严格。例如,《欧盟公司法第 2 号指令》仅要求股份有限公司的法定资本遭受严重亏损时[2],必须召集股东大会讨论公司是否解散或者采取其他措施(第 17 条)。实践中,一些欧盟成员国,如德国和瑞士,将召集股东大会的要求扩展到法定资本被侵蚀的小型有限责任公司,并进一步要求公司在法定资本耗尽时立即提出破产申请。[3] 法国和意大利则要求公司在资本亏蚀三分之一的情形下进行减资,或者努力将净资产恢复至资本一半以上;若不奏效(法国)或减资导致公司资本低于法定最低资本额(意大利),则应解散公司。法国甚至允许

---

[1] 该指令全称为《欧共体理事会关于协调成员国为保护欧共体条约第 58 条第 2 项有关股份有限公司设立及其资本维持和变更的保障措施,以使这些措施趋同的第二号公司法指令》(简称《欧盟公司法第 2 号指令》《第 2 号指令》),1977 年通过,1992 年、2006 年进行了修改。

[2] 按照指令的要求,欧盟成员国法律对"严重亏损"数额的界定不得超过公司实际缴纳资本总额的二分之一。

[3] 参见德国《股份公司法》第 92 条、德国《有限责任公司法》第 64 条、德国《破产法》第 15 条、第 19 条;瑞士《债法》第 725 条、第 817 条。

债权人在股份公司资本亏蚀且未能按照法律要求召开股东大会讨论解散问题时,强制该公司清算。①

二、传统的式微

公司法规制财务运作传统的式微自美国开始,经历了大半个世纪而完成。它在 20 世纪末开始影响其他国家,尽管各国公司法放松管制的程度与步伐各不相同。

1. 美国公司法的松绑

19 世纪末 20 世纪初,随着管理资本主义的兴起,美国公司法逐渐转向董事会中心主义,开始削弱股东的财产权以及对债权人利益的保护措施。当时的主流观点认为,由职业经理人组成的管理层与传统的"企业主—管理者"不同,前者对于企业发展有更长远的眼光,不会采取过度分配、抽回出资等手段来自肥,因此减少了公司法保护债权人利益的必要性。② 此外,美国特有的公司法州际竞争的特征也进一步强化了放松规制的趋势。

在出资环节,州公司法自 19 世纪末开始逐步减少出资管制。先是允许公司削减股份面值、限制股东的优先认购权,后又赋予董事会对股份的自由创设权以及对于非现金出资作价的决定权。1912 年,纽约州正式承认无面值股票,公司管理层可以任意确定股东缴付的对价中作为"资本"的部分,即声明资本。出于避免分配受限以及触发折价发行禁令之考量,现实中公司往往把声明资本的金额或者股票面值设置得很低,导致公司法下的"资本"不再具有真实的经济意义。③ 到 1969 年美国《标准公司法》取消 1000 美元的最

---

① 参见法国《商法典》第 225—248 条;意大利《民法典》第 2446、2447、2482、2484 条。对此强制性规则的批评,例见 Luca Enriques & Jonathan R. Macey, Creditors versus Capital Formation: the Case against the European Legal Capital Rules, *Cornell Law Review*, vol. 86, no. 6, 2001, pp. 1165-1166. 相关评论,参见张保华:《资本维持原则解析——以"维持"的误读与澄清为视角》,载《法治研究》2012 年第 1 期。

② 参见 William W. Bratton, "Corporate Debt Relationships: Legal Theory in a Time of Restructuring", *Duke Law Journal*, vol. 1989, no. 1, 1989, p. 108.

③ Arthur Stone Dewing, *The Financial Theory of Corporations*, 4th ed., The Ronald Press Company, 1941, p. 53, note f.

低资本额要求时,公司法基本消除了出资环节的管制痕迹。①

在公司对股东的分配环节,尽管资本维持的理念源远流长,然而由于现实中公司的"声明资本"微乎其微,资本维持原则的功能逐渐被瓦解。对公司及股东而言,虽然法定资本无关紧要了,但在进行分配、回购、赎回注销、减资等交易时仍然需要用资本维持原则加以检验,徒增公司的操作成本。② 于是加利福尼亚州公司法在 1975 年首开改革先河,紧接着美国律师协会在 1979 年修订了《标准公司法》,废止了以法定资本约束利润分配的传统要求,转而采用破产法下的清偿能力标准成为衡量公司是否能够进行分配的最核心的尺度。目前,美国 2/3 以上的州都采纳了该标准。

此外,在 1920—1930 年间的州公司法修订潮中,许多州放弃了对债务的限制,因为对各类公司适用整齐划一的杠杆比例指标显得太武断,也太机械。此前还有一些州公司法有公司增加举债需要股东批准的强制要求,它们在这一时期也基本被取消了。

2. 英国及英联邦国家和地区的公司法改革

与美国不同,英国公司法奉行"商业自由＋透明度"的理念③,在公司设立环节对股东出资的管制比较少,仅有"不得折价发行"规则,同时高度重视资本公示与信息披露。在公司对股东的分配环节,英国公司法建立了一套内容广泛、管制性较强的资本维持原则,涉及利润分配标准、资本公积账户使用限制、以法院批准为基础的减资程序、股份回购限制以及财务援助的禁止等,强调对债权人利益的保护。④ 在资本市场高度发达的今天,这种资本维持原则阻碍了公司在资本市场进行的一些交易,如择时回购股份以提高股东回报、实施股权激励计划、管理层收购或公司并购等。此外,判例法承载着诸多历史遗迹,法定资本制被公认为复杂而晦涩,概念古老,条款冗长,例外套着

---

① 仅余对以本票及未来劳务形式出资的限制。不过,在纽约州、特拉华州公司法中,该限制仅适用于股份的面值部分,股份溢价部分则可接受任何出资形式。由于面值很低,这种限制并不具有实质意义。最终《标准公司法》完全放开了对出资形式的限制。参见 Richard A. Booth, "Capital Requirements in United States Corporation Law", 2005, University of Maryland Legal Study Research Paper No. 2005-64, available at http://digitalcommons.law.umaryland.edu/fac_pubs/13/,last visited Aug. 1,2019.

② 参见 William P. Hackney, "The Financial Provisions of the Model Business Corporate Act", *Harvard Law Review*, vol. 70, no. 8, 1957, pp. 1357-1405; Bayless Manning & James J. Hanks Jr., *Legal Capital*, 3th ed., Foundation Press, 1997, pp. 116-175.

③ 英国在 1542 年就制订了《破产法》,19 世纪中期开始的准则主义公司法时代更同时交织着《公司破产清算法案》的修订与完善。对此过程的详细描述,参见〔英〕罗纳德·拉尔夫·费尔摩里:《现代公司法之历史渊源》,虞政平译,法律出版社 2007 年版。

④ 参见〔英〕艾利斯·费伦:《公司金融法律原理》,罗培新译,北京大学出版社 2012 年版,第 180—307 页。

例外。① 再加上欧盟公司法第 2 号指令适用于英国的股份公司,不仅加重了公司法的管制色彩,且不同法系理念的交织进一步令规则复杂化。上述几方面因素导致英国公司法步履沉疴,难以适应现实需要。不仅如此,这些问题也困扰到以英国公司法为模板的英联邦成员诸国的公司法。随着美国公司法的全球影响力日增,1975 年加拿大率先抛弃英国法传统,转而借鉴美国特拉华等州的公司法以及《标准公司法》的规则。② 二十年后,新西兰、澳大利亚、南非、新加坡、马来西亚、我国香港地区等开始对公司法进行大规模修订。英国自身的公司法改革也于 1998 年启动,历时八年而以 2006 年《公司法案》宣告完成。③

在公司设立与股东出资环节,英联邦国家和地区原本就不存在最低资本额或者非现金出资的评估要求,改革主要是进一步简化公司注册程序,消除冗余的概念,降低文牍负担,以便利小企业的设立。"授权资本"概念的废除就是这一理念的产物。传统上,"授权资本"是公司注册文件中公示的一项重要内容。由于公司通常都不会将授权资本全部发行,因此围绕着授权资本出现了三方面的信息混乱:(1) 对于债权人来说,"授权资本"是一个无效信息,债权人为判断公司的财务基础,还需要进一步了解公司已发行股本与未发行股份、已缴付的股本与尚未缴付的股本等情况;(2) 公司注册簿、公司章程与公司财务报表之间出现脱节,前二者反映的是"授权资本",后者反映的是"实收资本"或"已催缴资本";(3) 由于股份面值与发行价之间经常存在差异,即使公司授权资本已全部发行完毕,公司"实收资本"也并不等于"授权资本"。实践中,为了避免误导第三人,公司法一般都要求公司在公开文件上提及"法定资本"或"授权资本"时须同步述明"实收资本",否则追究公司及相关高管的法律责任。④ 由此又带来了两套资本概念的监管问题,徒增管理成本。在 20 世纪末开始的公司法改革中,英国、澳大利亚、新西兰、新加坡以及我国香

---

① Laurie Factor, "Capital Maintenance: Simplification and Creditor Protection", *Australian Journal of Corporate Law*, vol. 5, no. 2, 1995, pp. 259-280.
② 田燕苗、袁杰:《加拿大公司法律制度考察报告》,参见全国人大法工委,http://wangside.blog.163.com/blog/static/58974608200994128142 9/,2019 年 10 月 30 日最后访问。
③ 对加拿大、澳大利亚、新西兰等国放松资本管制的一个简要介绍以及英国修订《公司法》的基本思路,参见 Modern Company Law for a Competitive Economy: The Strategic Framework, A Consultation Document from The Company Law Review Steering Group, para. 1.8 & para. 4.3-4.11(February, 1999). 对于上述国家以及新加坡、马来西亚、香港等亚洲地区的英国法传统的资本制度改革的介绍,参见香港特区政府财政司 2008 年 6 月就修改《公司条例》之资本制度部分发布的征求意见稿——FSTB, *Rewrite of the Company Ordinance Consultation Paper: Shares Capital, the Capital Maintenance Regime and Statutory Amalgamation Procedure*(June 26, 2008).
④ 例见 UK Companies Act 1985, s. 351(2);我国香港地区《公司条例》第 202 条。

港地区都废除了"授权资本"概念,规定公司设立时直接登记"已发行股本"以及"实缴股本"。当然,公司章程可以继续规定授权董事会发行的股份数,但它仅体现股东与董事会之间就股份发行进行授权与控制安排,与公司的注册资本或资本额无直接关系。①

在公司对股东分配环节,英联邦成员大多顺应现代资本市场的要求,不同程度地放松了对回购及财务援助的限制,增加了公司自主减资程序。资本维持原则的核心问题是选择何种标准来约束公司的分配行为。对于应坚持传统标准还是转向《标准公司法》的清偿能力标准,英联邦成员出现了分歧。加拿大、新西兰等选择了《标准公司法》的路径,但英国、澳大利亚、新加坡以及我国香港地区都保留了传统的可分配净利润标准。其原因主要有两方面:一是清偿能力标准的实际操作并不如想象中的简便易行,相反,它给公司、董事、股东带来的不确定性较大,实施该标准的成本可能超过收益;②二是英联邦的公司法通常都限制股份溢价账户用于分派股息,会计实务中对于公司回购也建立了专门的储备账户,因此资本空洞化问题远不及美国严重,"资本维持"相对来说仍然具有真实的经济意义。

3. 大陆法系国家和地区公司法对出资管制的放松

大陆法系国家和地区包括欧洲大陆国家以及日本、韩国、我国台湾地区等。公司法规制色彩的淡化主要集中于股东出资环节,且东亚地区的公司法在放松管制的力度方面比欧陆国家更大。

日本自 1990 年以来频繁修订《商法》,废除了股份面值,放弃了对金融资产的评估要求,放宽了公司回购股份限制。日本原无最低资本额要求,1990年修订《商法》时才仿效德国法而引入。2002 年日本政府为进一步鼓励创业,通过了《新事业创造促进法》,免予对满足条件的新公司在设立后 5 年内适用最低资本额规则。2005 年《商法》《公司法》修改将这种例外变成正式规

---

① 对于废除"授权资本"概念的更完整的说理,参见 Laurie Factor, "Capital Maintenance: Simplification and Creditor Protection", *Australian Journal of Corporate Law*, vol. 5, no. 2, 1995, pp. 259–280.

② 关于清偿能力标准的操作成本可能更高的担忧,例见 FSTB, *Rewrite of the Company Ordinance Consultation Paper: Shares Capital, the Capital Maintenance Regime and Statutory Amalgamation Procedure*, para. 3.12 (June 26, 2008); Wolfgang Schön, "The Future of Legal Capital", *European Business Organization Law Review*, vol. 5, no. 3, 2004, pp. 429–448. 更具体的数据分析,参见 KPMG, *Feasibility Study on an Alternative to the Capital Maintenance Regime Established by the Second Company Law Directive 77/91/EEC of 13 December 1976 and an Examination of the Impact on Profit Distribution of the New EU-Accounting Regime*, 2008.

则,取消了对所有公司的最低资本额要求。① 韩国在 20 世纪 90 年代后开始改革资本制度,陆续取消了最低资本额,允许公司选择发行面值股或无面值股。我国台湾地区公司法自 2001 年起也经历了数次修改,放宽了出资形式限制,认可技术出资,废除了最低资本额,虽保留了股份面值但缓和了"不得折价发行"规则,对公司回购股份之限制也给予了适度放松。②

相形之下,欧洲大陆国家和地区的公司资本制度改革步履缓慢,更像是在"底线竞争"压力下的不得已而为之。欧盟各成员国对公司资本管制程度不尽相同,其中英国对私人公司无最低资本额要求,于是丹麦、荷兰等国的个人先到英国设立公司再回到本国以分支机构形式经营,引发规避本国最低资本额规则的争议。1999—2003 年间,欧洲法院在 Centros、Uberseering 和 Inspire Art 等案件中否认了欧盟成员国内法上的最低资本要求对保护债权人的意义,激起普遍的监管套利,倒逼欧陆各国不得不放松出资管制以留住本国投资者。③ 受制于《欧盟公司法第 2 号指令》,目前这种改革主要针对私人公司或有限责任公司。其中法国(2003 年)、荷兰(2006 年)等都取消了对有限责任公司的最低资本额要求。德国原计划将有限责任公司的最低注册资本从 2.5 万欧元降到 1 万欧元,因议会改选,最终颁布的《有限责任公司法改革及防止滥用法》保留了有限责任公司的最低资本额要求,但创设了一种新的有限责任公司形式——"企业家有限责任公司",对其豁免适用最低资本额规则。

在股份公司方面,《欧盟公司法第 2 号指令》在 1998 年基于"简化欧盟内部立法"的目的而启动了修改程序。欧盟理事会委托的一些研究,如简化内部市场法律工作组报告④、公司法高级专家小组报告⑤等都提出了借鉴美国《标准公司法》模式的建议。不过,毕马威会计公司对各种替代性方案的可行性研究报告显示,《欧盟公司法第 2 号指令》与《标准公司法》这两种看起来截然对立的模式对公司施加的管制成本都不显著;相反,公司遵守债务契约或

---

① 〔日〕前田庸:《公司法入门》(第 12 版),王作全译,北京大学出版社 2012 年版,第 3—6 页及第 18—19 页。
② 参见王保树:《股份公司资本制度的走向——从"资本维持原则"规制缓和中寻求真谛》,载《中国商法年刊》(2006 年),法律出版社 2006 年版,第 37—46 页。
③ John Armour, "Legal Capital: An Outdated Concept", *European Business Organization Law Review*, vol. 7, no. 1, 2006, pp. 5-27.
④ The Company Law SLIM Working Group, *Recommendations on the Simplification of the First and the Second Company Law Directives*, 1999.
⑤ High Level Group, *Report on a Modern Regulatory Framework for Company Law in Europe* (Brussels, 4 November 2002).

者满足证券监管要求的合规成本要大得多。① 最终,欧盟理事会认为,《欧盟公司法第 2 号指令》的法定最低资本额、面值规则以及对公司分配的限制并未降低或不恰当地阻碍欧盟公司的竞争力,故短期内不再考虑改革;另一方面,为促进雇员股权激励计划的实施,避免不恰当地阻碍公司并购、管理层收购等资本市场交易,宜放松对回购或资助第三人取得公司股份等方面的限制。2006 年 9 月欧洲议会和欧洲理事会欧盟对《欧盟公司法第 2 号指令》的修改也体现了上述思路。就出资环节的管制而言,修改后的《欧盟公司法第 2 号指令》放松了特定条件下非现金出资的强制评估要求,如果出资标的是市场上交易的有价证券和金融工具或者在不久之前已经过独立的专家评估或审计,则成员国可以对它们放弃适用设立审查制度。②

4. 我国公司法管制特征的衰变

在我国,公司法是一个舶来品,既依循大陆法系的传统,同时又体现了资本市场与英美法系之间的亲和性。1993 年制定的《公司法》还未摆脱当时计划体制下的管制色彩,对公司出资、分配、对外投资、担保等行为均有严格的限制。以资本制度为例,公司法要求设立公司必须达到最低注册资本门槛——有限责任公司不得低于 10 万元,股份公司不得低于 1000 万元;出资方式限于现金、实物、工业产权、土地使用权等财产形态;股票不得折价发行;实物出资必须评估;可用于分配的是弥补亏损后的利润;等等。在投资决策方面,公司对外投资不得超过净资产的 50%,以避免公司资本的空洞化以及集团资本的虚增;公司董事、经理不得将公司资金借贷给他人,也不得以公司资产为本公司的股东或者其他个人债务提供担保。在公开募集资金方面,设立股份公司必须经过省级政府相关部门批准,公开发行股票或债券均须满足法定条件且得到相关政府监管部门的批准,等等。这些规制极大地限制了公司财务运作的空间。

不过,1993 年《公司法》的强管制色彩遭到了学界的强烈批评,它也与我国快速发展的资本市场以及公司财务运作实践频生冲突,从而奠定了日后修法的主基调。2005 年修订的《公司法》放弃了严格的法定资本制而采分期缴付出资制度,取消了公司对外投资限制,放宽了公司对外贷款、提供担保、回购股份等的条件。但令人惊讶的是,《公司法》同时增加了"资本公积不得补

---

① KPMG, *Feasibility Study on An Alternative to the Capital Maintenance Regime Established by the Second Company Law Directive 77/91/EEC of 13 December 1976 and an Examination of the Impact on Profit Distribution of the New EU-Accounting Regime*,2008.
② 参见李莘:《欧盟公司资本制度的改革及其对我国的启示》,载《河北法学》2007 年第 9 期。

亏"的禁令,似乎给放松管制的主旋律增加了一丝不协之音。总体上看,此番修法得到了学界的一致赞同与高度评价。

2013年修订的《公司法》再次对资本制度进行大手术,改实际出资设立公司为"认缴登记制",即股东们仅认缴出资额,无须实际缴入出资即可设立公司。最低资本额、出资形式、验资程序等规则都被废止,公司发起人或创始股东可自由约定出资额、出资期限、出资比例,且认缴了全部出资后即可向公司登记机关申请设立公司。相较于1993年《公司法》的"设立时全额缴付出资"以及2005年修订的《公司法》的"两年内(或五年内)分期缴付",这一修法无疑体现了政府放松出资管制、促进大众创业的政策导向。它也进一步催生了《刑法》的修订,废除了"两虚一逃"——虚假出资、虚报注册资本、抽逃出资罪名对认缴即设立公司的适用。不过,现实中伴随出资期限自由化而来的却是一幕幕资本闹剧,如注册资本上亿元甚至100亿元的公司附带着100年的出资期限。认缴制的命门是出资期限的自由化。一个不可能履行的出资期限实际上意味着无出资义务,创办人自然可以认缴无限大的资本额。法律上如何应对这种无异于谎言或欺诈的出资承诺?除了信息披露以及认缴制潜在的出资责任约束,公司法也不可能退回到出资期限管制的老路上去。公司法无法为所有公司确立一个整齐划一的最低资本额,同样也无法为所有公司设定一个具体的出资期限或出资比例,域外大多数国家也都没有对出资期限的管制。①

当然,2013年修订的《公司法》仍存诸多保守之处。例如,在出资形式上,尚未承认高科技企业期盼的劳务出资;在出资作价管制方面虽然取消了验资程序,但仍然保留了强制评估要求;尚未给公司通过并购或净资产出资而设立的方式提供一个合法程序(如借鉴德国《股份公司法》第27条的"实物承受"规则);尚未触及"不得折价发行"规则,遑论正视它在资本市场中所引发的争议,等等。

如今,我国《公司法》对公司财务行为的管制所剩无几,残余的约束也多诉诸公司章程或股东大会决议程序。《公司法》似乎竭力避免涉入公司财务运作,有关公司融资的规则(如发行股票、债券等融资工具的条件、程序等内容)早在2005年修订时就移入了同期修改的《证券法》中。至于公司并购或资产重组等重大交易以及由此伴随的股票回购等一系列的操作,都体现在中国证监会颁布的一系列规章制度中,难得在《公司法》文本里寻得只言片语。

---

① 少数大陆法系国家对于出资期限有规定,但强制性并不显著。如要求现金出资须缴付认购额的25%,剩余出资期限则留待公司自己决定;或者实物出资在一个相对宽松的时间内(如公司成立后五年)缴清。例见《欧盟公司法指令第2号》第9条。

三、债权人利益保护的淡出

从历史上看,公司法规制财务运作的主旨是保护债权人利益,它源于公司的"股东有限责任"特征下天然存在的股东与债权人之间的利益冲突。有意思的是,公司法作为规范公司法人的组织结构与行为模式的专门法,基本功能是确立公司实体与设立公司的股东之间的权利或权力配置格局,债权人其实是不在这个场景中的——它与公司之间只是合同关系。因此,公司法立法与司法实践发展出以债权人利益为导向的传统并持续二百多年才式微,颇有点像历史长河在某处拐了个大弯。

1. 传统的规制基调——债权人利益保护

有学者指出:有限责任既是公司组织形式优势的体现,也成为公司法规制公司财务运作的主要推动力:

> 作为一种隔离公司经营者和所有者的个人财务风险的机制……公司形态的隔离效应支撑着商业创新,因为它提供了空间来承担孕育新的创新而经常必须承担的风险。然而,与此同时,采用公司形态的商人无须承担所有财务风险这一事实,也可能会带来种种问题,因为它意味着商人们可能会在诱惑之下过度冒险。这样,如果冒险失败公司倒闭,则公司债权人的请求权得不到有价值的清偿。于是,政策选择所面临的挑战便是,如何在这些相互抵触的因素之中寻求合理的平衡。[①]

公司法以债权人利益为导向而管制财务运作,首先是从控制债务规模开始的,这可以追溯到 17 世纪末英格兰银行创建之时。英国议会 1694 年关于成立英格兰银行的特许法案为该银行的成员(股东)提供了有限责任的保护,同时要求银行承担的债务不得超过银行的股本(当时为 120 万英镑),否则全体股东需要按其股份比例或者认缴比例对这些债务的偿还承担个别责任。在 1697 年英格兰银行获许增加股本时,授权法案进一步明确:如果公司"利用被法案所赋予的权力,在分配手中掌握的金钱或其他任何股息时,减少或削弱了银行的股本或资本,而没有限制、偿付或按比例地减少上面提及的他们负有责任的债务……收到股息的股东们需要承担个人责

[①] 〔英〕艾利斯·费伦:《公司金融法律原理》,罗培新译,北京大学出版社 2012 年版,第 13 页。

任……相关股息将被用于偿还那些依本法案有权提起债务之诉的债权人（加上三倍诉讼费用）"。①约一个半世纪后，面对铁路公司大规模融资及破产的风险，英国议会于1836年颁布命令，使铁路贷款被限制在不超过公司章程中规定的授权资本额的1/3内，而且如果公司的股份资本尚未缴付够1/2，就不允许对外借款。②

19世纪之后，公司法的规制重点转移到股东出资形成的公司资本上。美国1824年的 Wood v. Dummer 案对这一规制目的做了如下宣示："单个股东并不以个人身份对银行债务负责，公司特许状豁免了他们的个人责任，而代之以股本来承担责任。公众是基于这些资本金向公司提供信用，也只能指望这些资本金来获得偿付。在公司存续期间，它是公司的唯一财产，也只能按照特许状的规定使用，即作为偿付债务的基金，基于该基金的担保而发行票据或贴现票据。否则，公司特许状规定公司必须有股本还有什么意义呢？如果股本能够在缴入的次日就被股东抽回（withdraw）而没有偿付公司债务，为什么公司特许状还要煞费苦心地规定股本额并郑重其事地要求股东缴入股本呢？"③这也被称为公司法定资本的信托基金理论。以此为起点，美国法院在19世纪到20世纪前半叶发展出了以法定资本保护债权人利益的各种理论，除信托基金理论外，还有招牌理论、欺诈理论、法定责任理论等。

20世纪见证了公司法的财务条款逐步放弃将债权人保护作为基调，以便为公司提供更大的自主空间的过程。即便如此，仍然有一些国家或地区在修法以便在减少创业成本的同时进一步强化债权人保护。例如，德国《有限责任公司法改革及防止滥用法》虽然将企业家有限责任公司的注册资本降低至1欧元，但要求该类公司必须每年提取利润的25%作为公积金以增加资本，直至达到有限责任公司的最低资本额2.5万欧元为止。此外，针对股东规避法律、滥用有限责任形式的行为，德国议会将判例中确立的"隐形实物出资""出资重新支出""股东将财产交付给公司使用"等规则引入公司法，并将"股东贷款"统一作为后位破产债权，进一步强化了股东和董事在破产时的各项义务。

---

① Donald Kehl,"The Origin and Early Development of American Dividend Law", *Harvard Law Review*, vol. 53, no. 1, 1939, pp. 36-67.
② Jonathan Barron Baskin、Paul J. Miranti, Jr., *A History of Corporate Finance*, Cambridge University Press, 1997, p. 146.
③ *Wood v. Dummer*, 30 Fed. Cas. 435 (C. C. D. Me 1824).

2. 对传统规制策略的批评[1]

公司法可以采取不同的法律对策来解决股东与债权人的利益冲突问题。当下一个流行的分类是规制型策略（regulatory strategy）和治理型策略（governance strategy）。[2] 法定资本规则以及债务限额规则都属于规制型策略的代表，体现的是法律的强制性要求，它也是公司法为债权人提供的标准型保护。由于债务规模管制在20世纪30年代后基本不复存在，公司法规制功能主要体现于法定资本规则，它通常包括三个方面的要求：第一，公司法定资本的最低初始金额；第二，以资本底线，限制对股东的分配或变相分配；第三，在公司资本减损时应当采取的若干行动，如减资、停业或清算。[3] 现代公司法学者对于法定资本制的上述三方面规则基本上都持否定态度，尤以最低资本额为甚，它被公认为既不科学也不实用；对于众多的制造业公司来说，它远远不能支持初始经营的资本需求；而对于大多数小公司来说，它的门槛又太高。

按照美国公司法学者理查德·布茨教授的说法，公司法资本规制的核心是股份/股票的票面价值，因此，整个法定资本制度又可以称为"面值系统"（par value system）。[4] 其目的在于保证公司财产的确定性、存在性和完整性，从而给债权人以必要的保护，因为债权人对公司的索取权是固定的，只能通过公司财产来实现。这也可以解释为什么一些欧洲国家的公司法要求在股份有限公司的法定资本遭受严重亏损（如1/3甚至一半）时，必须召集股东大会讨论公司解散问题，甚至立即提出破产申请。[5] 这是一个资产负债表标

---

[1] 域外学者观点的集大成者，可参见 Bayless Manning with James J. Hanks, Jr, *Legal Capital*, 3th ed., Foundation Press, 1990. 中文文献可参见邓峰：《资本约束制度的进化和机制设计——以中美公司法的比较为核心》，载《中国法学》2009年第1期（总第147期）。

[2] 〔美〕莱纳·克拉克曼、〔英〕保罗·戴维斯、〔美〕亨利·汉斯曼、〔瑞士〕杰拉德·赫蒂格、〔德〕克劳斯·霍普特、〔日〕神田秀树、〔美〕爱德华·洛克：《公司法剖析：比较与功能的视角》，刘俊海、徐海燕等译，北京大学出版社2007年版，第26—28页。该书在2009年出了第2版，作者群增加了来自意大利的卢卡·安立奎教授和英国的约翰·阿莫教授，由罗培新教授翻译成中文，法律出版社2012年出版。

[3] Reinier Kraakman, John Armour, Paul Davis, Luca Enriques, Henry Hansmann, Gerard Hertig, Klaus Hopt, Hideki Kanda, Edward Rock, *The Anatomy of Corporate Law: A Comparative and Functional Approach*, 2nd ed., Oxford University Press, 2009, pp. 130-134.

[4] Richard A. Booth, *Capital Requirements in United States Corporation Law*, 2005, University of Maryland Legal Study Research Paper No. 2005-64, available at http://digitalcommons.law.umaryland.edu/fac_pubs/13/, last visited Aug. 1, 2019.

[5] 参见德国《股份公司法》第92条、德国《有限责任公司法》第64条；瑞士《债法》第725条、第817条。1855年英国《公司法》曾经在第13条要求公司在亏掉3/4的资本后必须清算，但此规则在后来的公司立法中被取消了。

准,而非现金流标准,因此没有给公司留下寻求新的融资以维持偿付能力的运作空间。公司法的这种要求显然是有利于债权人的。在耗尽公司资产之前,不论是股东大会尽快作出解散公司的决议,还是较早进入破产程序,通常都可以给债权人留下更多的财产。另外,强制召开股东大会的要求也可能给债权人发出预警:公司正面临财务危机。法国对债权人的保护最为强势,允许债权人在股份公司资本亏蚀且未能按照法律要求召开股东大会讨论解散问题时,强制该公司进入清算。①

当然,以面值为核心的法定资本系统在无面值股票出现时便难逃崩溃的命运。伯利教授曾指出,随着无面值股票这一机制的出现,法律对于保护债权人的关注在很大程度上也就不复存在。② 在1923年的 *Johnson v. Louisville Trust Co.* 一案中,美国法官也持有同样的观点:"关于这些法规(无面值股票的公司法规则)的目的,一般接受(即使达不到普遍的程度)的理论认为它们有废除'信托基金'和'招牌理论'这两个原理的倾向。"③

目前,学者们对基于资本维持原则来限制分配或变相分配的评价略有分歧。主流观点认为其毫无意义:"从所谓'利润'中支付股利,相较于不得丧失清偿能力的标准,只是一个微弱的要求,不过是反映了这样一个事实,即该领域的法律演化(通过法官造法和改革)留给我们一笔陈旧过时的、令人迷惑的法律规则之遗产,人们只是表面上遵守它们。"④不过,持法经济学进路的学者对此的看法并不完全一致。有观点认为,公司法的强制规定还是有意义的。虽然债权人可以通过谈判获得分配限制,但考虑到股东机会主义行为的概率以及事后合同救济的成本,债权人用提高利率的方式来保护自己是有限度的⑤,或者在不可能再提高利率时索性拒绝放贷,上述两种应对方式都会造成社会效率的丧失。反对者则认为,对于债权人来说,有意义的不是注册资本,而是放贷时的净资产水准,债权人必然会为此谈判。因此,法律上的默认规则并没有真正降低债权人的谈判成本。此外,对于有成长机会的债务人和无成长机会的债务人,留存利润的需求也是完全不一样的,强制性的分配

---

① 参见法国《商法典》第225—248条。
② 〔美〕阿道夫·A.伯利、加德纳·C.米恩斯:《现代公司与私有财产》,甘华鸣、罗锐韧、蔡如海译,商务印书馆2005年版,第262页。
③ 293 Fed. 857, 862 (C. C. A. 6th 1923).
④ 例见 E. A French, "The Evolution of the Dividend Law of England", in W. T. Baxter and Sidney Davidson (ed.), *Studies in Accounting*, ICAEW, 1977, pp. 306-331.
⑤ 这种限制来自两方面:一是法律对高利贷的限制;二是信贷市场的逆向选择,即如果利率过高,只有那些根本还不起钱的借款人才会勇于借贷,结果贷款人的境遇更糟。参见 Stiglitz, J. and Weiss, A., "Credit Rationing in Markets with Imperfect Information", *The American Economic Review*, vol. 71, no. 3, 1981, pp. 393-410.

限制殊不可取。①

关于资本减损时的强制解散规则,其实际效果也被广泛质疑,因为"大部分欧盟公司仅在财务报表上于未被限制的股东权益和对外负债之间维持一丁点儿的法定资本。因此,到了大多数失败公司的困境被曝光时,它们早已耗尽了法定资本,彻底陷入了资不抵债的局面,当然也就没有机会提前预警或召开股东大会"。② 不过,学者也承认,现行规则对于债权人仍可能具有一些价值:"它标志着董事会和控制股东必须清算或重组失败公司的时间点,从而使债权人和破产管理人在董事会和控制股东未能履行职责的时候,可以更容易地起诉他们。"③的确,不仅在欧盟国家,即使在无资本减损强制解散规则的美国,也曾出现债权人起诉公司管理人违反濒临破产时的诚信义务的案件。④

3. 公司法规制进路的疏漏

姑且不论上述针对法定资本规则的批评,应该说,公司法虽然意图保护债权人,但它对债权人利益的关注其实是不完整的,注重事前准入式管制而忽略了事后的、持续性的保护,导致债权人暴露在借款人或其股东的道德风险之下。⑤

20 世纪 70 年代末,美国的公司法学者以及经济学家几乎同时提出了债权人—股东冲突模型。⑥ 例如,史密斯和华纳通过对债券合同中财务承诺条款的研究,归纳出四类借贷双方之间利益冲突的模式⑦:(1) 公司增加股利分

---

① John Amour, "Legal Capital: An Outdated Concept?" *European Business Organization Law Review*, vol. 7, no. 1, 2006, pp. 5–27.

② 〔美〕莱纳·克拉克曼、〔英〕保罗·戴维斯、〔美〕亨利·汉斯曼、〔瑞士〕杰拉德·赫蒂格、〔德〕克劳斯·霍普特、〔日〕神田秀树、〔美〕爱德华·洛克:《公司法剖析:比较与功能的视角》,刘俊海、徐海燕等译,北京大学出版社 2007 年版,第 102 页。

③ 同上。

④ *Credit Lyonnais Bank Nederland, N. V. v. Pathe Communications Corp.* Civ. A. No. 12150, 1991 WL 277613. (Del. Ch. Dec. 30, 1991) 在该案中, Allen 法官认定管理层在公司破产或濒临破产时期对债权人也负有信义义务。

⑤ Reinier Kraakman, John Armour, Paul Davis, Luca Enriques, Henry Hansmann, Gerard Hertig, Klaus Hopt, Hideki Kanda, Edward Rock, *The Anatomy of Corporate Law: A Comparative and Functional Approach*, 2nd ed., Oxford University Press, 2009, p. 118.

⑥ 公司法学者的模型例见 Bayless Manning, James J. Hanks Jr., *Legal Capital*, 3th ed., Foundation Press, 1997, pp. 5–19;经济学家的模式,参见 C. W. Smith and J. B. Warner, "On Financial Contracting: An Analysis of Bond Covenants", *Journal of Financial Economics*, vol. 7, no. 2, 1979, pp. 117–161.

⑦ C. W. Smith and J. B. Warner, "On Financial Contracting: An Analysis of Bond Covenants", *Journal of Financial Economics*, vol. 7, no. 2, 1979, pp. 117–161.

配,或将其他财产分配给股东,或者事后改变红利政策(如提高分红率)。(2) 债权稀释,即增加同一或更高级受偿地位的债务。如果债权人购买债券或提供的前提是假定借款人事后不会发行或借贷具有同一顺序或更优顺序的债券或贷款,那么,事后的违约将不利于先前的债权人。(3) 资产替代或置换,即用较大风险的资产置换较小风险的资产。如果借款人事后用高风险而低成功率的项目替代低风险而成功希望较高的项目,那么,借款人的财富就会增加而贷款人的财富则会相应下降。(4) 投资不足或过度投资的问题。当仅有债权人的利益增加时,公司会排斥净收益为正的项目;或者当有助于增加股东收益时,即使是净收益为负的项目也会接受。如果借款公司的价值主要来自将来一系列的投资机会,公司可能就不会进行投资,因为其预期投资的收益在债权比例很高时将主要由债权人而非股东取得。在法学界,曼宁教授也建构了类似的债权人与股东之间的利益冲突模型:(1) 债权人希望公司有足够资产,仅有的求偿权为位阶低于自己的股东,但股东希望将尽可能少的财产置于后偿风险中;(2) 债权人不愿公司再承担债务或在资产上设定担保,但股东通常愿意提高杠杆以增大收益;(3) 债权人希望债务受偿之前股东不得到任何东西,但股东要求随着企业营利而持续性得到回报;(4) 债权人希望对股东的任何资产分配都能让自己有相应的保障,担心由股东选出的公司董事主持分配好似"派一头饥饿的山羊去看守卷心菜",股东则希望有最大的分配自由。①

以上述分析框架来对照,公司法以法定资本规制对债权人提供的保护可谓挂一漏万。曼宁教授对此的解释是,公司法的规制路径存在着一种假设偏差:

> 法定资本制展示的是一幅扭曲的画面,其强调的是债权人关注从债务人清算或破产时的资产中获得其债权的清偿。……但破产清算只是经营活动的例外场景,如同火车出轨是乘火车旅行时的小概率事件一样。……在通常情形下,债权人期待从企业持续的现金流中获得清偿,而且他们也确实得到了清偿。……企业的债务并非最终靠资产负债表上的资产来清偿,而是靠现金清偿,而这通常来源于经营利润。担保权益、抵押、清算时的优先权等,都属于灾难发生时的补救措施——就像紧急出口。当企业开口借钱时,潜在的贷款人主要关心企业的经济前景:……预期现金流,盈利的可能性,管理层的品质,企业产品的市场份

---

① Bayless Manning, James J. Hanks, Jr, *Legal Capital*, 3th ed. Foundation Press, 1997, pp. 11, 19.

额,竞争对手,生产零件的装配,劳资关系,是否有足够的融资,技术的领先程度,等等。……相反,法定资本所建立的模型是扭曲的,主观臆想资产负债表上的资产就是贷款人心目中最重要的东西,而且这种资产是静止不变的。①

当然,也有学者对公司法的疏漏给出了更富同情心的理解——这或许是立法者有意的缄默,因为事后整齐划一的管制更不可行。具体来说,

第一,由于公司借款人的上述行为在表面上看均与其自主经营的商业决策相关,因此,立法者可能担心,限制公司的借债或资产处置行为将损害公司的正当利益。特别是,公司股东与债权人之间存在相反的利益取向:股东可能过度冒险,而债权人可能过于保守。面对这样两个极端,法律的规制方式、特别是规则导向的规制方式过于僵化,很难在股东与债权人之间达成平衡。

第二,公司有多种债权人,各类债权人的诉求也不一致。因此,通过公司法的规定而对债权人提供强制划一的保护,可能对某些债权人来说保护过度,对其他的债权人来说则显得保护不足。

第三,公司债权人的利益随着公司财务状况的变化而出现趋好或趋坏的局面,由此导致公司与债权人之间针对保护措施的重新谈判,谈判的难度则依公司债权人的人数与身份而不同。有的公司债权人人数有限(如仅限于几家大的贷款银行),有些则不然(如公开发行债券的公司面对着人数众多的债权人)。若要确定统一的谈判程序,法律就必须作出非常松散的规定,以适应各种债权人状况的公司;但这种松散的规定其实也就没有什么意义了。

因此,从收益成本的角度考量,仅在下列两种情形下,法律的强制干预才是必要的:(1) 公司濒临破产时;(2) 公司的非合同债权人(如产品侵权的受害人)需要保护时。在上述两种场景中,由于股东—债权人之间的利益冲突很严重,谈判几乎不可能成功;且债权人之间的同质性较强,因此,法律此时介入干预就比较有效率。②

---

① Bayless Manning, James J. Hanks, Jr, *Legal Capital*, 3th ed. Foundation Press, 1997, p. 18.
② Reinier Kraakman, John Armour, Paul Davis, Luca Enriques, Henry Hansmann, Gerard Hertig, Klaus Hopt, Hideki Kanda, Edward Rock, *The Anatomy of Corporate Law: A Comparative and Functional Approach*, 2nd ed., Oxford University Press, 2009, p. 119.

4. 债权人利益保护的替代性路径

实践中,针对公司借款人事后的机会主义行为也发展出了一系列债权人自我保护机制,其中短期债权人更多地诉诸一些商业策略,而长期债权人则主要依赖法律的创新。

对于贸易债权人或短期融资债权人来说,法律保护策略的时间成本过高。因此他们惯常的做法是通过市场机制来解决问题。例如,债权人会利用信用记录筛选作为交易对手的借款人。一旦进行交易,则对借款人的财务状况、特别是短期现金流状况保持密切关注,或者采用类似"提前付款折扣"(如10天内付款95折,20天内付款98折等)的商业做法来激励债务人按期或提前付款。此外,短期债权人可以"搭便车",利用长期债权人对债务人的合同约束来依赖后者财务基础的稳固性。当然,对于最终发生的坏账,债权人也就自认倒霉,如普通法的谚语所言"loss from accident must lie where it falls",并利用税前扣除机制来消除部分成本,以便尽快投入新的商业经营过程中。

长期债权人主要是融资债权人,包括银行放贷人以及购买公司所发行债券的投资者。他们除了依赖欺诈性转移法关于禁止公司转移资产导致公司资本显著不足或失去清偿能力之类的规则外,主要是靠合同来提供量身定做的保护机制。从历史上看,针对债务人的机会主义行为,银行贷款人很早就在贷款合同中对借款人设定某些义务,并在借款人违约时宣布贷款加速到期。[①] 在公司发行债券领域,美国1900年前后的债券受托文件中出现了最早的限制性条款——"消极性承诺"(negative covenants),对债券发行人的潜在机会主义行为进行约束。[②] 这些限制性条款随着美国资本市场的发展而不断丰富、完善。1965年美国律师业基金会收集实践中具有代表性的债务契约,起草了债券合同示范文本,它们被绝大多数的债券合同与银行贷款合同采用。[③] 下表归纳了美国债务契约中常见的财务承诺条款。[④]

[①] 对债权人如何评价公司信用并采取自我保护措施的全面阐述,参见〔美〕约翰·B.考埃特、爱德华·I.爱特曼、保罗·纳拉亚南:《演进着的信用风险管理——金融领域面临的巨大挑战》,石晓军、张振霞译,机械工业出版社2001年版;〔美〕布莱·甘吉林、约翰·比拉尔代洛:《公司信用分析基础》,魏嵬、许勤译,上海财经大学出版2007年版。

[②] William W Bratton, "Corporate Debt Relationships: Legal Theory in a Time of Restructuring", *Duke Law Journal*, vol. 1989, no. 1, 1989, pp. 92–172, p. 108.

[③] Churchill Roger, "The Corporate Trust Indenture Project", *The Business Lawyer*, vol. 20, no. 3, 1965, pp. 551–571.

[④] 参见 William W. Bratton, "Bond Covenants and Creditor Protection: Economics and Law, Theory and Practice, Substance and Process", *European Business Organization Law Review*, vol. 7, no. 1, 2006, pp. 39–87.

表 4.1 债务契约主要条款

条款类型	财务承诺条款的内容
一、积极性承诺(债务人公司必须采取的行动)	
1. 财务报表条款	公司必须提供财务报表
2. 保险条款	公司必须购买保险
二、消极性承诺(债务人公司不得采取的行动)	
1. 利润分配条款	限制或禁止公司在净资产低于某一水平时进行利润分配
2. 限制负债条款	限制公司对外新增负债或者负债超过一定比例
3. 消极担保条款	禁止公司对外设置担保,防止其他债权人取得更优先的地位
4. 投资限制条款	对公司投资证券范围进行一定的限制
5. 合并及资产出售的条款	限制公司并购;对于可供出售资产的账面价值设定上限
6. 售后回租条款	禁止公司将其资产出售的同时又租回使用
7. 预警条款	设置净值或营运资金的下限,公司净值或营运资金低于该标准即构成违约
8. 事件风险条款	在发生特定风险事件(如公司控制权变动)时债券持有人可以要求公司赎回债券

相对于公司法的管制方式,债务契约、特别是其中的消极性承诺条款覆盖的范围更全面,设置的标准也更合理。例如,针对法定资本制最关心的限制公司对股东的分配问题,债务契约设定的底线并非公司的资本或注册资本,而是根据债权人的需求设置一个具体的计算公式,以反映公司的动态财务状况,它远高于公司的法定资本。① 同时,债务契约还会根据债务人公司的净资产限制其总负债、新增负债或对外担保水平,要求其保持一个比较高的利息保障倍数和流动比率。此外,债务契约还会对债务人从事合并、分立、

---

① 例见 C. W. Smith and J. B. Warner, "On Financial Contracting: An Analysis of Bond Covenants", *Journal of Financial Economics*, vol. 7, no. 2, 1979, pp. 131-132. 在任何一个季度 t 派发股息时,最大分配量 D_t 的计算公式如下:$D_t^* = k\left(\sum_{t=0}^{\tau} E_t\right) + \left(\sum_{t=0}^{\tau} S_t\right) + F - \left(\sum_{t=0}^{\tau-1} D_t\right)$。其中,$E_t$ 为盈利,S_t 为销售股票获得的现金,D 为派发的股息,F 为一常数,$0 \leq k \leq 1$。该公式显示,债务人公司可分配的利润与公司实现的净利润、新增发的股本、已累积分派的股息等因素相关。债务契约对公司分配行为的约束并不是直接限制股息本身,而是限制公司用发行债券融入的资金或者出售公司资产所获得的现金派发股息,后两种都对债权人利益造成极大伤害。

重大资产出售或转投资等交易进行限制,以防债务人公司的资产形态变化损害债权人利益或者稀释债权人的财产保障。①

当然,债务契约的优势与劣势都源于其"自由协商"的合同特征。如果贷款合同或债务文件中的承诺条款对借款人的机会主义行为范围限制得不够充分或明确,则可能给债权人带来意料以外的风险。美国1989年的"大都会保险公司(以下简称大都会保险)诉RJR纳比斯科公司案"就提供了一个鲜活的例证。② 该案的背景是美国20世纪80年代杠杆收购浪潮。1988年,RJR纳比斯科公司宣布进行美国史上最大的杠杆收购计划,总金额达到250亿美元。交易完成后,RJR纳比斯科公司下市,债务水平骤升至近90%,公司的盈余和出售资产的所得将被用于偿付新发行的债券,而早先存在的债务在交易中继续保留,公司资产也将继续为这些债务支付利息。大都会保险在杠杆收购交易前持有RJR纳比斯科公司3.4亿美元的债券,公司债务水平的急剧上升大大降低了该批债券的价值。这是因为,并购重组后杠杆率超高的借款人具有更大的违约概率,即使是劣后于大都会保险所持债券的债务上发生的违约,也将触发借款人破产的风险。因此,评级机构降低了相关债券的信用等级,大都会保险所持债券从蓝筹投资级A骤降为投机级BB,市价应声下跌导致大都会保险发生了大约4000万元的账面损失。然而,大都会保险与RJR纳比斯科订立的债券契约中不存在明示的条款以阻止该项杠杆收购交易,大都会保险主张存在隐含的请求权——债权契约关于投资级别的隐含条款是借款人维持债务质量的保证,因此借款人的杠杆交易违背了诚实信用(good faith)原则。但这一主张并未获得法庭的支持。

"大都会保险公司案"的判决一度引发很大争议。罗伯塔·罗曼诺教授认为,法院对债务契约的解释有助于激励债券市场的合同创新;相反,如果法院确认债务人公司有维持信用评级的开放式的诚信义务,这将是难以执行的。除非明确地限制其仅适用于涉及异常大金额的杠杆收购之情形,否则开放式的诚信义务将可能涵盖过多的情形,导致诸如约束借款人的灵活性、强制要求债权人为其可能并不需要的保护作出支付以及对债务人的非善意行为制造不确定性等一系列后果,这样一来反而增加了商业成本。③ 的确,美国债券市场很快对该案判决作出了回应,在债券契约中增加了"事件风险"

---

① 曾思:《美国法上的限制性债务契约制度评析》,载赵旭东、宋晓明编:《公司法评论》2014年第1辑(总第24辑),人民法院出版社2015年版,第152—175页。
② *Metropolitan Life Insurance Co. v. RJR Nabisco*, Inc., 716 F. Supp. 1504 (S. D. N. Y. 1989)。
③ 罗伯塔·罗曼诺:《司法判决与金融创新:债券契约中保护性约定的一个案例》,陈秩秧译,载张育军、徐明主编:《证券法苑》(第四卷),法律出版社2010年版,第404—409页。

(event risk)条款。该条款属于保护性约定(protective covenants),债券发行人承诺,当发行人出现控制权变更的倾向或者债务发生严重降级时,将触发以面值偿还债务或者增加利息支付以维持票面价值。那些被认为可能成为收购对象的企业所发行的债券,其债务契约中必然会包括这一条款。一些评级机构也开始为债券的事项风险条款提供单独的评级。有研究发现,该条款的存在使得相应发行人的借款成本降低了 1/4。①

有意思的是,上述在公司法之外发展起来的保护债权人利益的机制、特别是财务承诺条款也给公司法本身以启迪,甚至一度成为公司法改革的方向。例如,1975 年美国加利福尼亚州首先用类似于长期贷款合同中的财务承诺条款对公司法分配规则进行革新,不再使用"法定资本""溢余"等概念。公司对股东的分配(1) 限于按照一般公认会计准则计算出的"保留盈余";或者(2) 分配后满足以下财务指标:公司资产总额至少等于负债的 125%,流动资产至少等于流动负债,且前两个会计年度中税前息前盈余都超过利息支出;如果税前息前盈余不足,则流动比率须达到 1.25∶1。② 这一举措曾得到评论家的高度称赞,认为加州公司法的基石不再是空洞的法律概念,而是具有经济实质的事物,如保留盈余、资产—负债比率、清算时的优先受偿权等。③ 不过,经过了三十年的实践后,法律人普遍认为这套规制技术过于复杂,操作起来成本太高。2011 年,加州公司法进行了修改,废止了上述财务比例标准,仅保留了破产法下的清偿能力标准。

四、财务决策中的权力配置

当公司法规制财务运作的传统基调逐渐弱化后,公司财务所涉及的另外两组矛盾凸显出来,即管理层与股东的冲突以及大股东与中小股东之间的冲突,这些冲突无法用传统上以保护债权人利益为导向的规制方式来处理。例如,传统的利润分配规制旨在限制公司过度分配,担心过度分配损及资本从而威胁债权人利益。但是在股权分散的公众公司中,管理层并不热衷于分配股利,而为了自身的财务自主权或缔造"企业帝国"而大量留存利润进行扩张投资;或者在大股东控制的封闭公司中,控股股东可以通过薪酬或关联交易等途径占用公司资源,因此不分配或很少分配利润,导致股东、特别是小股东

---

① 罗伯塔·罗曼诺:《司法判决与金融创新:债券契约中保护性约定的一个案例》,陈秧秧译,载张育军、徐明主编:《证券法苑》(第四卷),法律出版社 2010 年版,第 404—409 页。
② Cal. Corp. Code, § 500(a)(b).
③ Melvon. A. Eisenberg, "The Modernization of Corporate Law: An Essay for Bill Cary", *University of Miami Law Review*, vol. 37, no. 2, 1983, pp. 199-202.

无法从投资公司中获利。

另一方面,公司财务作为企业管理活动中最重要的一环,旨在提高公司资金的使用效率和效益,本身就是在企业管理的专业化、所有权与控制权分离的过程中发展起来的。这样一来,公司法规制财务运作就面临两方面因素的角力:一方面将规制重心从单纯的债权人利益保护扩展到股东利益的保护,另一方面承认所有权与经营权分离的必然性与合理性,二者最后落脚于公司法对财务决策中的权力如何配置上。

1. 公司法规制传统中的股东利益保护

传统上,公司法背后的逻辑是私有财产的逻辑,即股东是公司的所有者,有权取得公司的全部收益并决定公司的完整事务,除非授权给董事会。股东集体的行为就是公司的行为,公司被视为股东的财产。因此,公司法没有预设股东利益需要像债权人那样的保护,而是为便利股东运作公司这种商业组织形式提供必要的规则。依据伯利教授的考察,"当时,似乎根本就没有想到股票的持有会如此普遍,以至于股东们的权益成为保护全体公众利益时必须加以考虑的因素。……人们曾认为股东应该是有能力保护自己利益的资本家。但尽管如此,为股东们所设立的保护措施,却几乎与为其他任何团体所设立的保护措施一样多"。[①]

这是因为,股东并非铁板一块或者抽象的整体,而是由具体的个人组成的群体,偏好差异下的利益冲突在所难免。因此,早期公司法的一些要求(如股东的新股优先认购权),甚至是公认的保护债权人利益的规制方法(如真实价值出资、不得折价发行等),实际上也在保护股东,特别是平衡大小股东、新旧股东之间的利益。例如,1866年的权威公司法评论指出:"为了共同的利益,公司的任一股东都有权要求公司的其他股东提供其应当缴纳的公司资本份额;……如果允许任何人不按其股份出资而享有股东的权益,则对那些已按其股份缴纳了全部资本或承担了这种缴纳责任的股东来说,无疑是对其公平权利的侵害。"[②]在公司章程或认股协议没有特别约定的情况下,股权的大小通常取决于出资的比例。

不过,随着大型企业的出现,公司进入所有权与经营权分离的状态,公司法原赋予股东的权利逐渐被消减,财务运作方面的权利转移到了公司内部控制人手中。

[①] 〔美〕阿道夫·A.伯利、加德纳·C.米恩斯:《现代公司与私有财产》,甘华鸣、罗锐韧、蔡如海译,商务印书馆2005年版,第142页。
[②] Morawetz:《公司》(1866年),第286款。转引自同上书,第153页。

2. 股东对公司财务事项话语权的旁落

自 19 世纪后半期开始,伴随着公司规模的扩大与股东人数的增加,为经营管理之便利,所有权与经营权开始分离。商业实践与立法修改共同促进了这一转型。通过代理投票权、股权信托等方式,股东逐渐让渡了法律赋予的剩余控制权。法律甚至开始允许创设无投票权的股票。在章程修改、出让公司全部资产等方面,股东一致同意的决策方式被资本多数决所取代。股东随意撤换董事的权利也被法律剥夺了。在公司财务事项方面,原先旨在有效保护股东利益,特别是股东之间的平等地位的若干规制措施先后被公司法抛弃。①

在美国,公认最体现股东平等原则的规制方式是 1807 年由马萨诸塞州法院创设的老股东对公司新发股份的优先认购权。在实施了半个多世纪后,新股优先认购权逐渐被一些例外所瓦解。例如,在公司发行已授权但尚未发行的股份、股东进行非实物出资或者公司章程另外规定等情形下,现有股东都不再享受优先认购权。最终,法律上认可公司有权在章程中自由选择是否给予股东优先认购权。当然,这种变化也有技术方面的原因。随着公众公司结构的日益复杂,股票种类不断创新,要在账面价值和投票权两个方面保持股东初始加入公司时的权利比例,即使不是不可能,也变得越来越困难。当优先认购权最终被放弃时,股东作为公司所有人而按比例控制公司财产的理念基本上也就终结了。② 如今,美国上市公司配股抑或增发,都没有本质的区别,股东的优先认股权仅限于公司章程有专门规定之情形(通常限于闭锁公司)。

此外,认股权证、寄生股票、空白股票、各种各样的优先股等新金融工具被创设出来,给予了部分股东以不对等的价格索取公司未来收益的权利,这进一步改变了不同股东之间的力量对比。③ 公司法传统出资规制对于实物出资的"真实价值"要求(true value rule),也逐渐转为基于"诚信规则"(good-faith rule)的判断,即只要股东诚实地、真诚地以实物资产而非现金作为认购股份的对价即可。最终,判断股东是否足额出资完全成为董事会的自由裁量

---

① 〔美〕阿道夫·A. 伯利、加德纳·C. 米恩斯:《现代公司与私有财产》,甘华鸣、罗锐韧、蔡如海译,商务印书馆 2005 年版,第 150—152 页。
② 同上书,第 155—157 页。
③ 同上书,第 190—196、第 200—206 页。

范围。① 1912 年纽约州首次确认无面值股票,进一步增加了董事会在出资判断上的权力。这一系列规制的放松,使得公众公司股东不再作为公司的投资者整体来控制公司,如同控制自己的财产那样;公司也不再是一个被财产所有者控制的实体,而是由分化出来、相对独立的控制权主体所经营,这些新的控制者或者是董事会,或者是经营者,也可能是部分控制股东。

不独美国,如今各国公司法在公司内部的投资、融资等财务决策事项上都没有赋予股东实质性的决策权。虽然公司法通常都保留了股东对于公司兼并、章程修改、公司解散等事项的表决权,但是,在重大投资或借款、发行债券等债务性融资决策上,多数国家公司法都规定董事会可以不征求股东会意见而直接决定;重要性稍逊一筹的投资及融资决策更是直接由管理层作出。② 除非这些行为伴随着新股发行,否则都不会导致股东行使退股权或优先购买权。

公司法的这种转型或许可以用财务决策的专业性以及动机与利益冲突两方面的因素来解释。③ 例如,就投资决策而言,如果事关普通投资项目,一般认为,无论该项目的规模如何,外部人不可能比高管和董事会了解更多信息。因此,股东、法官或任何其他外部人士都无法系统全面地改善管理层有关投资于某一全新内部项目的决策。当然,如果涉及的不是内部投资项目,而是外部的整体投资决策,如收购一家竞争对手或者将自己公司出售给竞争者,此时,"董事会的决策更接近股东在构建投资组合时的决策。董事会仍旧比股东了解更多的信息,但股东在公司购买或出售的情况下比起在解决或接受内部投资计划的情况下有更充分的理由参与决策"。④ 其次,在涉及融资决策时,"决策的关键在于项目的质量和融资成本。就这两方面而言,股东们同董事们相比都知之甚少。实际上,即使小股东也应当信任董事会在这些问题上的决策,因为常规的融资和投资决策不会轻而易举地被扭曲为向控制股东转移价值的手段"。⑤

当然,作为对股东丧失话语权的补偿,公司法赋予股东在重大财务运作

---

① Lawrence E. Mitchell, *The Speculation Economy: How Finance Triumphed Over Industry*, Berrett-Koehler Publishers, Inc., 2007, pp. 49-50. 该书中文版为〔美〕劳伦斯·E. 米切尔:《美国的反省:金融如何压倒实业》,钱峰译,东方出版社 2011 年版。
② 我国《公司法》是一个例外,公司发行债券属于股东会的决策范围。
③ 〔美〕莱纳·克拉克曼、〔英〕保罗·戴维斯、〔美〕亨利·汉斯曼、〔瑞士〕杰拉德·赫蒂格、〔德〕克劳斯·霍普特、〔日〕神田秀树、〔美〕爱德华·洛克:《公司法剖析:比较与功能的视角》,刘俊海、徐海燕等译,北京大学出版社 2007 年版,第 183—184 页。
④ 同上书,第 184 页。
⑤ 同上书,第 184—185 页。只有一类非股东利益相关者,即公司的债权人才有独立的理由反对董事会的借款计划。不过,如前所述,由于债权人可以通过谈判保护自己免受机会主义行为的伤害,因此公司法的保护也就没有必要了。

事项上的异议退出权,即异议股东评估请求权(appraisal right)。当某些股东不赞同公司董事会提出并经股东大会多数决批准的合并、分立建议,或者反对公司进行重大资产收购、转让或重组交易时,其可以要求公司以公允价值回购自己的股份,从而退出公司而不受公司法下"不得抽回出资"规则的限制。如前所述,股东在公司重大财务交易上的异议退出权,意味着公司法放弃了传统的"股东全部同意"的规制思路,是对公司的财务运作自由度与股东利益保护之间的一种权衡。当然,对于上市公司的股东而言,它也可以通过市场上出售其所持股份而"用脚投票"。特别是,如果证券市场是有效率的,股价本身就代表了公司股份的公允价值。因此,有些国家或地区的公司法并不支持对于上市公司遭到现金收购时异议股东的评估请求权。此外,股份转让权便利了控制权转移,有助于市场淘汰在位的渎职或懒惰、懈怠的管理层。有学者认为,股份自由转让实际上是"公司法为股东提供的退出策略,允许委托人在事后得以逃离机会主义的代理人……而控制权的转移,哪怕是行使此种权利的威胁,都是驯服公司高管极其有效的手段"。①

3. 董事与管理层的信义义务

公司财务决策权向董事会或管理层的集中,也刺激了公司法发展出董事、高管的信义义务作为制衡机制,以保护股东、特别是中小股东的利益。当然,信义义务如今已成为公司法中拾遗补阙的万能条款,其适用范围并不局限于公司财务运作,它被解读为"若股东与管理层能够事先预期到相关问题,并能够无成本地协商谈判时,他们对相关场景下董事与高管的义务可能设定的要求"。② 公司法某种意义上成为信义义务法。③

早在20世纪30年代,伯利和米恩斯就在《现代公司与私有财产》中指出,随着法官对公司董事行为的审查,公司法实质上已经成为信托法的一个分支;之所以运用的信义义务规则并不严格,是因为商业情形较之于信托情形而言需要更大的灵活性。在具有信托法性质的公司法下,"公司活动必须经历双重的检验:首先,是要经过与权力的存在及正确行使有关的技术性规

---

① 〔美〕莱纳·克拉克曼、〔英〕保罗·戴维斯、〔美〕亨利·汉斯曼、〔瑞士〕杰拉德·赫蒂格、〔德〕克劳斯·霍普特、〔日〕神田秀树、〔美〕爱德华·洛克:《公司法剖析:比较与功能的视角》,刘俊海、徐海燕等译,北京大学出版社2007年版,第29页。当然,股份自由转让也是公司组织形态的基本特征之一,从这个意义上说,股东的股份转让权的价值并不仅限于财务运作的场合。

② Frank H. Easterbrook & Daniel R. Fischel, "The Corporate Contract", *Columbia Law Review*, vol. 89, no. 7, 1989, pp. 1444-1445.

③ Frank Partroy (2001), "The Shifting Contours of Global Derivatives Regulation", *University of Pennsylvania Journal of International Economic Law*, vol. 22, no. 3, 2001, p. 452.

则的检验;其次,是要经过公平规则的检验,该公平规则与保管人为了信托资产收益受益人(cestui que trust)的利益而行使广泛权力的规则有些类似(这些权力以契约形式赋予保管人,使其成为一个受托者)"。① "公司法实质上是在面对受托者在其信托活动中已被赋予绝对权力的情形下,站在了保证公平的立场上。用法律和术语来讲,那就是:权利是绝对的;受托者可随意行事;他也许可以不顾对方的利益而与自己进行交易;也许能够以不公平的低价出售信托资产等。但允许这种权力不受妨碍地行使,会破坏信托制度的一整套基本概念。人们也许会认为,在古老而严格的公司法下,法律已经仔细地为公司行为订立了界线,凡是在某种情形下不能运用的权力,公司法自身也拒绝授权。但现代法规和公司章程却不承认这种解释。法律实质上允许受托者几乎不受限制地要求他所选择的任何权力。这种特别的自由否定了这样一条假设:各州根据其法规作出了这样的承诺,任何权力的行使都必须被认为是正当的。因此,法院实质上被迫作出了可表述如下的结论,即事实上没有一种权力是绝对的,而不管在词语中它是如何的'绝对';各项权力都要受制于基本的公平限制。"②

这种"双重审查"的司法进路在很长时间内并未有效运作——董事受到商业判断规则的保护,直到 20 世纪 80 年代的敌意收购潮,特拉华州法院以此激活了信义义务,并随着不同的公司财务运作形式而丰富着信义义务的具体内容。近期的一个运用场景是引起 PE 投资界极大关注的 *Hsu v. Oak Hill Capital Partners*,el 案(以下简称 *Hsu v. Oak Hill*)③,涉及 PE 与公司之间回购协议的履行。原告创办的公司接受了以被告为代表的一群私募基金的投资入股,并承诺若公司五年后未上市则回购被告持有的优先股。后被告入主了该公司董事会,眼见上市无望,便出于筹集回购资金的目的大肆变卖公司资产,短短四年间公司的年销售额从 1.41 亿美元下降到 1100 万美元,缩水 92%。原告认为,被告为了行使回赎权便将一家成长型的企业完全榨干,违反公司及董事对普通股股东的信义义务,遂对被告等一干人等提出了六项指控:(1) 相关个人被告(公司董事与高管)违反信义义务;(2) Oak

---

① 〔美〕阿道夫·A.伯利、加德纳·C.米恩斯:《现代公司与私有财产》,甘华鸣、罗锐韧、蔡如海译,商务印书馆 2005 年版,第 256 页。
② 同上书,第 280—281 页。
③ *The Frederick Hsu Living Trust v. Odn Holding Corporation*, *Oak Hill Capital Partners III, L. P.*, *Oak Hill Capital Management Partners III, L. P.*, *Ohcp Genpar III, L. P.*, *Ohcp Mgp Partners III, L. P.*, *Ohcp Mgp III, Ltd.*, *Robert Morse*, *William Pade*, *David Scott*, *Debra Domeyer*, *Jeffrey Kupietzky*, *Allen Morgan*, *Lawrence Ng*, *Scott Jarus*, *Kamran Pourzanjani*, *Elizabeth Murray*, *Tood H. Greene*, *and Scott Morrow*, C. A. No. 12108-Vcl, 2017.

Hill(控制股东)违反了信义义务;(3) 帮助与唆使违反信义义务;(4) 浪费(waste);(5) 非法赎回;(6) 不当得利。特拉华法院认为,按照阿道夫·伯利教授的框架,公司及董事的商业决策行为是否妥当需要通过两个层次的检验:一是制定法(law)的要求,二是衡平法上(equity)的要求。① 本案原告的第五项指控——非法赎回——属于第一层次,法官需要审查公司赎回被告股份是否违反特拉华州公司法关于股份回购的限制;第一——四项指控均涉及第二个层次,即衡平法下的公平性检验;第六个指控则可以横跨前述两个层次。经过审理,法官驳回了原告关于违法赎回的指控,但基本认可有关被告违反信义义务的指控。

Hsu v. Oak Hill 案特别值得注意的有两点:第一,就股份赎回(含优先股赎回)的法定底线,特拉华州公司法并未采纳美国《标准公司法》的单一破产法清偿能力标准,而是继续保留了传统的资本维持原则,即公司回购不得超过溢余,后者在金额上等于公司净资产减去股本或声明资本。当然,清偿能力标准也是特拉华州法院长期所适用的判例法对股份回购的限制。此外,法院还可能进一步考量特定的监管法(如银行监管或税法)对回购的限制。这也是特拉华州法院 2010 年审理的 *ThoughtWorks* 一案所明确的底线规则。② 第二,就董事信义义务的公平性审查而言,法官认为,在公司发行了普通股、优先股等不同性质的股份时,董事的信义义务是为长期股权投资者的利益最大化服务。针对回购是优先股投资合同中确定的条款,公司履行赎回优先股的义务属于合同义务,如何与公司董事对长期股权投资人的信义义务协调的问题,法官采取了"效率违约"的立场③,即董事会可以权衡履约与损害赔偿对普通股股东的利害,选择对于普通股股东最有利的决策,不论是激活优先股权利还是绕开优先股权利。此外,特拉华法院对董事行为的审查有商业判断原则、强化审查以及绝对公平三个尺度。④ 本案中对 PE 持有的优先股的回购因 PE 入主了董事会而变成关联交易,因此法官适用最严格的绝对公平审查标准,即"过程公平+价格公平"。⑤

---

① Adolf A. Berle, "Corporate Powers as Powers in Trust", *Harvard Law Review*, vol. 44, no. 7, 1931, pp. 1049-1074.
② 对该案的评介,参见刘燕:《对赌协议与公司法资本管制——美国实践及其启示》,载《环球法律评论》2016 年第 3 期。
③ *Bhole, Inc. v. Shore Invs., Inc.*, 67 A. 3d 444, 453 n. 39 (Del. 2013). 按照效率违约原则(doctrine of efficient breach),合同当事人可以基于履约收益与违约赔偿金之间的比较来决定是否履行已签订的合同。在公司法的语境下,效率违约意味着公司董事在判断是否需要履行某个合同义务抑或违约时,要看哪种选择最有利于股东价值最大化。
④ *Reis v. Hazelett Strip—Casting Corp.*, 28 A. 3d 442, 457 (Del. Ch. 2011).
⑤ 对该案评介,参见张巍:《资本的规则 II》,中国法制出版社 2019 年版,第 131—141 页。

4. 信义义务的溢出

信义义务是美国公司法下发展起来的概念,不过它如今也被其他国家公司法所接纳,尽管各国会根据本土特点进行适当调整。例如,在一些欧陆国家或者东亚地区,公司法除了对董事与高管施加信义义务,还进一步将信义义务扩展到控股股东身上。这是因为上述地区的公众公司与美国的公众公司存在一个显著差异,即上市公司往往由大股东、而非职业经理人控制,主要的利益冲突发生在控股股东与少数股东之间,而不是像美国公司那样集中在受雇的管理者与股东整体之间,且这些冲突大多涉及公司内部的财务决策。近年来,法与金融学派的学者提出了"掏空"模型,作为对控制股东与其他中小股东之间冲突的一种理论抽象。① 所谓"掏空"(tunneling),是指公司将资源无偿或以极其不公允的低价转移给它的大股东(通常也是高层管理人员)。它主要有两种方式——自我交易和挤出交易(squeeze out transactions),前者指控股股东通过盗窃或欺诈等非法手段以及资产出售、转移价格、过高的报酬、债务担保和剥夺公司机会等隐蔽手段将公司资源转移给控股股东自己;后者指控股股东通过发行稀释性股票、逼走少数股东、内幕交易、私下收购等手段将公司资源转移给控股股东自己。② 为此,需要一套公司治理机制来保护外部投资者不受内部人的剥削,它不能只是简单地强调股东与管理者之间在信息不对称和道德风险下的契约安排,而应该将中小投资者的法律保护与大股东控股形式进行某种程度的适度结合。③换言之,通常适用于董事或管理层的信义义务也应该适用于公司的控制股东。

在美国,董事的信义义务范围在特定情境下也可能扩展到对债权人利益的关照。例如,在 1991 年特拉华州的 *Credit Lyonnais Bank Nederland* 一案中,Allen 法官认定管理层在公司破产或濒临破产时期对债权人也负有信义义务,由此产生了"濒临破产"(Vicinity of Insolvency)规则。④ 2004 年,特拉华州法院在 *Product Resource* 案中进一步确认,在"濒临破产"时债权人起诉公司董事违反信义义务的场景下,董事可以援引特拉华州《商事公司法》第 102(b)(7) 条就违反注意义务的行为免责。只要公司章程中就注意义务的

---

① Simon Johnson, La Porta, Florencio Lopez-de-Silanes & Shleifer, "Tunneling", *The American Economic Review*, vol. 90, no. 2, 2000, pp. 22-27.

② 学者们最初使用"掏空"一词只是为了概括独立后的捷克共和国里存在的剥削少数股东的现象,但他们很快发现,"掏空"也发生在其他新兴市场国家,甚至发达国家也同样会出现。

③ La Porta et al., "Investor Protection and Corporate Governance", *Journal of Financial Economics*, vol. 58, no. 1-2, 2000, pp. 3-27.

④ *Credit Lyonnais Bank Nederland, N.V. v. Pathe Communications Corp. Civ. A.* No. 12150, 1991 WL 277613. (Del. Ch. Dec. 30, 1991).

豁免作出了特别约定,此种约定同样可以对抗公司的债权人,尽管债权人并非公司章程的当事人。不过,*Product Resource* 案更受人关注的是法官试图弱化"濒临破产"规则的革命性之立场。他指出,*Credit Lyonnais* 案创设"濒临破产"规则的重点并非要保护债权人利益,而是要保护公司董事免受股东的压力,因为在公司濒临破产时股东最容易走极端,逼迫董事采取最为冒险的经营方案。由于董事在公司破产时从事损害公司价值违背信义义务的行为将对债权人造成主要的伤害,因此"从逻辑上也就赋予了债权人纠正这些损害的权利"。①

当然,破产法的视角一直是对公司法适用场景的一个补充。比如,破产法下的清偿能力标准在历史上一直是普通法法官限制公司进行分配的一条底线,在很多州都是与资本维持原则和资产负债表下的清偿能力标准并列适用。1979 年美国修订《标准公司法》将清偿能力标准作为衡量公司是否能够进行分配的核心尺度后,公司在实际分配程序中运用该标准时,需要对公司未来的经营业绩、特别是现金流状态进行判断。通常认为,这种判断属于董事会众多商业判断决策中的一部分,遵守公司法对董事信义义务的一般要求。② 从这个角度出发,我国也有学者主张,对公司利润分配的规制从事前的资本管制到事后的董事会信义义务与商业判断规则是我国公司法未来的发展方向。③

需要特别指出的是,信义义务属于规制性策略中的"事后"标准④,依赖于法院事后对于交易中当事人行为的认定。其中,信义义务中的忠实义务涉及直观的利益冲突问题,尚比较好判断,但注意义务部分则需要基于具体决策场景而详细分析,追责的法律成本比较高,法官则需要避免事后诸葛亮的判断。这也是特拉华州《商事公司法》第 102(b)(7) 条特别允许公司章程豁免董事违反注意义务的法律责任的原因。尽管如此,鉴于公司财务决策的复杂性与情境化,相对于公司法传统的规制模式——整齐划一的数量或金额限制——而言,信义义务规则给事后审查提供了充足的弹性空间,确实更为适宜处理这个领域中的冲突与纠纷。

---

① *Product Resource Group, LLC v. NCT Group, Inc.* 863 A. 2d. 772, at 788-793 (Del. Ch. 2004). 另见 Frank Partnoy, "Financial Innovation in Corporate Law", *The Journal of Corporation Law*, vol. 31, no. 3, 2006, p. 816.
② Bayless Manning、James J. Hanks Jr. *Legal Capital*, 3th ed., Foundation Press, 1997, p. 116.
③ 邓峰:《普通公司法》,中国人民大学出版社 2009 年版,第 345 页。
④ 〔美〕莱纳·克拉克曼、〔英〕保罗·戴维斯、〔美〕亨利·汉斯曼、〔瑞士〕杰拉德·赫蒂格、〔德〕克劳斯·霍普特、〔日〕神田秀树、〔美〕爱德华·洛克:《公司法剖析:比较与功能的视角》,刘俊海、徐海燕等译,北京大学出版社 2007 年版,第 27—28 页。

小　结

　　沿袭合股公司时代的传统,公司法在过去两个世纪的绝大部分时期内都有比较浓厚的规制色彩。其规制财务运作的主基调是保护债权人利益,而规制方式包括限制债务规模、要求法定资本最低额以及限制利润分配等。如今,这一套规制技术的信誉基本上已经破产,尽管各国背离传统的程度不同。美国 1979 年《标准公司法》废除法定资本的旗手——曼宁教授——抨击法定资本"整个就是法律创造出来的概念,其含义非常特别,只能从历史中理解,与企业当前的经济状况毫不相干"。[①] 更多的学者从规制技术的角度认识到其局限性:"法定资本规则是一种原始而粗糙的监管技术,理论上说其产生的成本大于收益。最低资本额制度尤其如此,它阻碍了企业家获得法律提供的有限责任的好处。"[②] "(资本)受企业经营盈亏之影响,而公司营运绩效殊非法律所能规范。这也是资本三原则理论与现实最大之扞格。盖对债权人而言,形式资本意义不大但法律较易规范;实质资本虽远较形式资本能反映公司真实情况,然法律较难着力。而若任何规范仅论抽象资本,却不谈实际财产,则此种法律亦无非画饼充饥而已。"[③] 相应地,商业实践中也发展出一套基于合同法(特别是债务契约中的承诺条款)、破产法、担保法来保护债权人利益的机制。

　　从股东利益出发,公司法规制的意义似乎远小于赋予公司自由的意义。正如欧盟国家近年来关于资本管制存废的论争所揭示的:"如果公司法的首要目的是促进和帮助那些创建并运作企业的人们,那么,在互相抵触的目标中寻求平衡的政策选择,可能与认为公司法的主要作用是保护公司(其经营者受到公司形态之隔离效应的护佑)的交易对手为起点的政策选择迥然不同。"[④] 由于公司财务事项的专业性,公司法更多地成为向管理层赋权而非规制的一套规则,体现在公司法文本中,就是公司法中涉及财务运作的条款越来越简略、抽象,除了"信义义务"要求,就是"依据公司章程或者股东会决议"。

　　相应地,这也对处理公司纠纷的司法系统提出了更高的要求。伯利教授

[①] Bayless Manning、James J. Hanks, Jr, *Legal Capital*, 3th ed., Foundation Press, 1997, p. 39.
[②] John Amour, "Legal Capital: An Outdated Concept?" *European Business Organization Law Review*, vol. 7, no. 1, 2006, pp. 5-27.
[③] 方嘉麟:《论资本三原则理论体系之内在矛盾》,载台湾《政大法学评论》第 59 期。
[④] 〔英〕艾利斯·费伦:《公司金融法律原理》,罗培新译,北京大学出版社 2012 年版,第 13 页。

在20世纪20年代末曾言:"与公司财务有关的法律问题对于公司法学者来说是一个技术性强的工作,很难,但并非不可能完成,因为衡平法院已经认识到经济环境的变化并且正在按照实际需要发展出相应的规则。"①不过,他很快修正了这种乐观的预言:"主要的困难不在于理论而在于应用。……在应付那些被能力超强者所操纵的情形时,普通法还是拥有可资调用的工具的。但其运用的不确定性、诉讼的高昂费用与困难,仍然会使股东实际上感到无助。在事实上(若不是在法律上),此刻我们又被抛回到这样一个明显的结论:股东的权利在于对公平交易的期望,而不在于能够去实施一系列假定的法律权利。"②实践中,特拉华法院真正激活这一信义义务,已经是半个世纪之后了。

对于我国而言,简单借鉴与移植域外法在公司财务领域即使不是不可能,也已经愈发困难。另一方面,基于个案场景下的判断又因缺乏商业历史的积淀与经验积累,非能一蹴而就。在美国以及其他发达经济体中,以法定资本制为代表的传统规制技术尽管简陋、粗疏,但经历了近二百年的熏陶后,其中的理念已经成为"根植于商人、律师、会计师和银行家良心深处的基本原则"③。相形之下,我国公司法对法定资本制的接纳与批判可能都太过仓促,使得这一规制的逻辑尚未展开便急于结束,未能给商业实践提供清晰的、有建设性的指引。本书下篇将讨论的众多争议事件可谓这种缺失的例证。这或许可以解释我国公司财务运作实践中常常滋生出的对公司法的无奈之感。

也正因如此,一些学者虽然对传统规制路径颇有啧言,但更多地着眼于当下我国信用缺失的商业环境而保留了一份同情:"在一个没有担保和责任保险机制可以'做大信用',在一个欠缺公司治理结构可以'确保信用',在一个没有完善的会计制度可以'记载信用',在一个欠缺披露机制可以'传输信用',在一个没有公正信用机构可以'评估信用',在一个计划经济环境下欠缺'珍视信用'的社会经济、文化、制度背景下,立法者以'注册资本'为信,则只能是一个无奈的选择或临时的举措。"④

---

① Adolf A. Berle Jr., *Studies in the Law of Corporation Finance*, Callaghan and Company, 1928, pp. 35-36.
② 〔美〕阿道夫·A. 伯利、加德纳·C. 米恩斯:《现代公司与私有财产》,甘华鸣、罗锐韧、蔡如海译,商务印书馆2005年版,第282页。
③ Bayless Manning, James J. Hanks Jr., *Legal Capital*, 3th ed., Foundation Press, 1997, p. 96.
④ 傅穹:《反思公司资本制度》,中国政法大学出版社2004年版,第89页。

第五章　替代性规制路径：证券监管

随着公司法规制色彩的淡去，证券监管成为规制公司财务的主要路径。这一现象在美国以及师法美国的中国尤为明显。

某种意义上，将证券监管视为与公司法相区别的规制路径可能引发争议。在不少学者眼中，证券监管应该被视为公司法之特别法，或者证券法属于广义的公司法之一部分。① 其背景则是欧洲国家长期以来以公司法规制融资行为的传统，如英国的"《公司法》＋伦敦城自治规则"模式，以及德国《股份法》等②。直到20世纪80年代后，这些国家才制定了专门的证券法或金融法，将证券公开发行或者上市公司表决权变更等事项纳入金融监管，如德国1994年《证券交易法》，英国2000年《金融服务与市场法案》等。即使在最早产生独立的证券法的美国，也常有学者将其证券法中与公司有关的内容视为"联邦公司法"。③

笔者将证券监管视为独立于公司法的规制路径，一是着眼于历史演进的真实过程——以美国1933年《证券法》、1934年《证券交易法》为代表的证券法之诞生，本身就是对公司法力所不逮之处的补救，二是因为证券法在对上市公司财务运作的规制思路、工具、范围等方面均与传统的公司法有别。特别是20世纪80年代后，美国《修订示范法》删除了"法定资本"及其一整套概念，失去资本的公司法被视为主要是赋权性规则或者备选的合同条款集，证券监管的功能更加凸显，尽管只覆盖公众公司这一群体。在传统上以公司法作为规制工具的欧盟国家，近年来为推进统一的地区金融市场的建设以及应

---

① 例见《公司法剖析：比较与功能的视角》（第1版、第2版）。该书由来自美国、英国、德国、意大利、瑞士、日本等国的权威公司法学者共同撰写，被称为"近十年来最重要的公司法著作"。书中详细讨论了证券监管对上市公司财务运作的规制途径，如信息披露策略、并购监管策略、反欺诈标准等。
② 〔德〕格茨·怀克、克里斯蒂娜·温德比西勒：《德国公司法》，殷盛译，法律出版社2010年版，第7—8页。德国学者认为，因为股份有限公司正是为在市场中聚集资本的功能而法定创设的公司形式，因此《股份法》作为规制股份有限公司的组织法也承载着保护投资者和维护资本市场秩序的功能。
③ Roberta Romano, "The Sarbanes-Oxley Ac and the Making of Quack Corporate Governance", *Yale Law Journal*, vol. 114, no. 7, 2005, pp. 1521-1611.

对金融全球化的压力,也更倾向于以资本市场立法而非团体组织规则来规制寻求公众资金的企业组织,颁布了众多具有资本市场法内容的欧盟指令,这也反过来刺激着传统的公司法在自身的规制框架内不断区分公众公司与非公众公司而适用不同规则。从这个角度看,将证券法与公司法作为分立的规制路径,一方面反映了上市公司或公众公司在经济与社会中更具影响力的现实,另一方面也有助于我们对法律规制公司财务的细分路径与具体方式形成更清晰的认知。

一、美国式证券监管

美国证券监管滥觞于20世纪初,伴随着第一次并购潮后面向大众的证券市场的兴起。此时,适逢各州公司法开始放松资本管制,股东出资与公司融资本是一个硬币的两面,传统管制的退场也导致证券发行与过程中的欺诈行为日渐泛滥,给投资者造成很大损失。由此催生了专门针对证券发行欺诈进行监管的动议,州、联邦以及交易所三个层面分别展开了各自的行动,最终在罗斯福新政时期出台《证券法》《证券交易法》《信托契据法》《公用事业控股公司法》《钱德勒破产法修正案》《投资公司法》等一系列证券监管法规。证券立法的直接目的并非替代公司法对公司财务运作进行规制,但由于证券发行与公司资本制度之间的天然契合,证券监管在很大程度上承担起传统法定资本制被预设但却未能实现的功能。

1. 州公司法的淡出与证券监管的兴起

20世纪初,随着面向大众的证券市场的出现,公司募集设立的方式逐渐转化为投资银行直接销售普通股。① 此时州公司法已开始放松出资环节的管制,满足于对管理人资本主义的信赖②以及应对已经开始的州际公司法规则竞争。③ 1910年,堪萨斯州银行委员调查地产、采矿和保险等行业的公司

---

① Robert W. Hamilton, *Corporations including Partnerships and Limited Partnerships*:*Cases and Materials*, 3rd ed., West Publishing Co., 1986, p.251. 公司先募集再设立的方式仅适用于小型闭锁公司,它们通常仅涉及本地的出资人。
② 主流观点认为,由职业管理人组成的公司经营者与早前兼有股东与经营者身份的企业主不同,前者更看重公司的稳定和长久发展,缺乏损害债权人利益或小股东利益的动机,因此,公司法放弃资本管制也不会产生严重后果。William W Bratton, "Corporate Debt Relationships: Legal Theory in a Time of Restructuring", *Duke Law Journal*, vol.1989, no.1, 1989, pp.107-109.
③ 对州际早期的研究,可见美国最高法院法官布兰代斯在 *Liggett Co. v. Lee*, 288 U.S. 517 (1933)案中发表的反对意见;〔美〕阿道夫·A.伯利、加德纳·C.米恩斯:《现代公司与私有财产》,甘华鸣、罗锐韧、蔡如海译,商务印书馆2005年版。

证券欺诈潮,发现股票和债券给投资者带来的损失远高于银行倒闭给储户造成的损失。堪萨斯州遂颁布法令,要求任何投资公司在向州银行委员提交文件对其业务操作进行描述并得到相应的许可之前,不得从事证券的销售活动。这是美国州层面第一部专门针对证券发行的监管法,俗称"蓝天法"。它很快被其他州所效仿,州政府承担起了对公司发行证券进行实质审核的责任。不过,实践中各州蓝天法的实施效果不尽如人意。[1] 1918年4月,美国国会设立了战时资本发行委员会,对超过10万美元的证券销售活动进行调查鉴定,以决定它是否与国家利益相容。这也是美国联邦政府第一次对资本交易进行管制。此后直至1929年股市崩溃,美国国会曾引入了无数证券议案,试图阻止欺诈性证券交易活动,以弥补州蓝天法的不足,但都没有成功。[2]

针对公司法出资管制的瓦解对股东财产权带来的威胁,伯利教授曾呼吁证券市场的三类机构——投资银行业、证券交易所、保险公司等机构投资者——联合起来,对公司管理层日益扩张的权力进行制约。[3] 实践中,受制于美国特殊的政治氛围,机构投资者在20世纪前半叶并未发挥实质作用[4];投资银行家虽然在债务契约或破产重组实践中尽力保护债券持有人,但在资本化、多层控股公司架构中深涉利益冲突之潭,超级表决权股票甚至被称为"银行家控制"(bankers' control),与公众股东手中的无表决权股票形成对峙。[5] 相对来说,只有证券交易所、特别是纽约证券交易所承担起了伯利教授所期待的责任,它集中体现在上市规则对挂牌公司的信息披露要求中。

1913年,纽约证券交易所应纽约州立法者的要求,对在该所上市证券的发行人实施了财务报告公开政策。[6] 具体来说,在股票上市前,发行人公司

---

[1] 原因有多方面:首先,通过邮件进行的跨州销售可以避开当地州的蓝天法的适用;其次,各州蓝天法通常都设定了很多豁免,如交易所上市公司的股票、接受监管的公用事业公司股票、甚至所有在本州注册的公司或金融机构发行的股票以及有担保债券等;再次,州执法力量有限,应对证券欺诈这种专业性较强的欺诈行为比较困难。参见〔美〕乔尔·塞利格曼:《华尔街变迁史——证券交易委员会及现代公司融资制度的演化进程》(修订版),田风辉译,经济科学出版社2004年版,第43—45页。
[2] 同上书,第48—49页。
[3] Adolf A. Berle Jr., *Studies in the Law of Corporation Finance*, Callaghan and Company, 1928, pp. 37-39.
[4] 〔美〕马克·J. 洛:《强管理者,弱所有者——美国公司财务的政治根源》,郑文通、邱东辉、王雪佳译,上海远东出版社2000年版。
[5] Adolf A. Berle Jr., *Studies in the Law of Corporation Finance*, Callaghan and Company, 1928, pp. 41-62.
[6] 〔美〕加里·约翰·普雷维茨、巴巴拉·达比斯·莫里诺:《美国会计史:会计的文化意义》,杜兴强、于竹丽等译,孙丽影、杜兴强审校,中国人民大学出版社2006年版,第187—198页。

必须向交易所提交申请书,其中须详细描述公司的财务结构、公司历史、负债、资产、5 年内的财务报表以及管理人员等信息。与申请书同时提交的还有公司的下列文件:公司章程、内部细则、租赁合约、特许经营权、相关董事及股东决议、外部律师在公司成立及该证券发行合法性问题上的意见,以及一个由具备资格的工程人员所做的近期不动产实际状况的报告。这些信息披露的要求远远超过了任何一部州蓝天法,并成为 1933 年《证券法》确定的注册申请文件及招股说明书信息披露范围的标本。此外,纽约证券交易所还针对当时上市公司规避资本管制的一些行为表达了强烈否定的态度。例如,早期公司派发股票股利时,并不将其视为"分配"行为,不调整保留盈余账户,而是将全部保留盈余继续用于派发现金股息。纽约证券交易所明确反对公司的做法,要求公司派发股票股利的行为遵守法定资本规则。① 当然,证券交易所自律监管的局限性也很明显,只有到该交易所上市的公司才受其上市规则的约束,非上市公司则无须遵从。此外,不同交易所之间的竞争也导致纽约证券交易所有时不得不屈从于"向底竞争"(race to the bottom)的压力,如对双层股权结构从否定到接纳的大逆转。对于纽约证券交易所在证券监管方面的创新,伯利教授曾给予非常客观的评价:"在 1925—1929 年之间的大繁荣时期,金融领域内采取最有远见措施的机构并不是政府,而是那个备受批评的纽约证券交易所。"②

2. 证券监管与公众股东利益保护

1933 年《证券法》与 1934 年《证券交易法》分别对证券发行与证券交易建立了一套监管框架,它们的着眼点是对公众投资者、特别是公众股东的利益保护,因此更关注传统法定资本制下第二位的规制目的——维护股东间的平等。其中,1933 年《证券法》明确了公司公开发行股票、债券等投资凭证时必须公开披露的信息,1934 年《证券交易法》则要求公司在证券存续期间持续公告公司的财务报表及相关信息。从实践层面看,证券法在以下三个方面承担起传统公司法资本管制本期望实现但未能实现的一部分功能。

其一,通过信息披露,创造了一个有助于形成"出资—股权"间公平价格关系的制度环境。1933 年《证券法》的核心部分是对发行人的信息披露要求,发行人不仅需要在申请注册文件以及招股说明书中公布其财务报告,还

---

① 〔美〕阿道夫·A.伯利、加德纳·C.米恩斯:《现代公司与私有财产》,甘华鸣、罗锐韧、蔡如海译,商务印书馆 2005 年版,第 178 页。
② 〔美〕乔尔·塞利格曼:《华尔街变迁史——证券交易委员会及现代公司融资制度的演化进程》(修订版),田风辉译,经济科学出版社 2004 年版,第 46 页。

要提供公司业务、对资本的需求、管理人员、证券发行成本等方面的信息。1934年《证券交易法》除了持续性的信息披露要求外,还对公司的代理投票机制进行干预以保证公司股东在投票前获得必要的信息。这些证券立法并没有对公司设立过程或股东出资作价的评估设定任何实质性约束,也没有授权监管者对证券质量进行鉴定或者引导资本的流向,证券监管机关仅进行形式审查。这也体现了证券监管比传统公司法规制方式的高明之处,即回避直接监管股东出资作价与公司股份定价的难题,而是让市场中的其他专业人士或投资者接受、消化、理解发行人披露的信息,并进而形成对公司证券价值的合理预期。①

其二,揭示股东出资过程中的利益冲突。发行人信息披露中与传统法定资本管制最密切相关的一项披露内容,就是发起人和内部人取得公司股票的过程与情况。立法者期待资本化过程中掺水股背后的利益冲突可以借助这种公示充分暴露出来,从而给主导公司设立或证券发行过程的发起人或控制股东制造外部压力并产生约束,即"阳光是最好的消毒剂、电灯是最好的警察"。这一思路延续至今,充分体现在美国证券交易委员会(SEC)发布的《S-K条例》第506条中:"如果发行人申请注册普通证券,该证券的公开发行价格与管理层、董事、发起人和关联人在最近5年购买的或其有权购买的普通股的实际现金成本之间存在重大差异,且发行人在提交注册说明书之前,不受《证券交易法》第13(a)条或第15(d)条规定的报告义务所约束,则发行人应当提供拟公开发行中公众出资与上述人士的实际现金出资对比的信息。在上述情况下,以及普通股证券发行人最近3年连续亏损且存在申购者的股权权益被重大稀释的其他情况下,应披露:(a)稀释前后的每股有形资产账面净值;(b)因申购者以现金付款购买发行股份导致每股有形账面净值增长的金额;以及(c)由公开发行价格导致的并由这些申购者直接承担的稀释金额。"②

其三,消除了掺水股交易中受欺诈之股东追究发起人责任的法律障碍。在1933年《证券法》出台前,受损害的投资者若要直接追究发起人的责任,只能采取普通法下欺诈之诉,它必须证明发起人有故意虚假陈述行为。由于非现金资产作价本身的困难,这种证明几乎是不可能的。因此人们退而求其

---

① 对于传统公司法规制出资作价的困难,参见 Lawrence E. Mitchell, *The Speculation Economy: How Finance Triumphed Over Industry*, Berrett-Koehler Publishers, Inc., 2007, pp.57-89;刘燕、楼建波:《公司法资本制度与证券市场——制度变迁、法律移植与中国实践》,载《证券法苑》(第12卷),法律出版社2014年版,第9—25页。

② 中国证券监督管理委员会:《美国证券交易委员会自身组织与通用规章》,法律出版社2012年版。

次,以公司之名义起诉发起人,因为发起人对其所发起设立的公司负有普通法下的信义义务,必须向公司充分披露其个人利益以及与公允性相关的其他信息,若其未尽责,公司可以要求补偿。然而,实践中这一救济路径也存在很大困难。由于发起人的信义义务仅施惠于公司,如果一项掺水股交易发生时公司的全体原始股东、董事和管理层都知晓发起人的欺诈行为,就无法追究后者的责任,因为从法理上说全体原始股东及董事知情就推定为公司知情,不存在公司被欺诈一说,即使后来公司吸收了外部投资者且这些投资人受到损害时也是如此。这正是美国最高法院1907年在 Old Dominon Copper Mining & Smelting Co. v. Lewisohn① 一案中所持的立场。实践中,掺水股交易往往发生在几个发起人合谋用高估非现金资产出资的方式换得公司大量股份、公司上市后随即套现走人的场合;一旦公司被推定为知情,公众投资者以及新的管理层往往面对残局而无可奈何。②

1933年《证券法》通过强制公开发行公司披露注册文件以及招股说明书并对其中的虚假陈述施加法律责任,消除了普通法的不确定性。证券法直接将救济权给予受欺诈而买入公司股票的投资者,这样就化解了以公司之名义起诉并证明公司被欺诈的难题。同时,该法还规定公司董事会成员、CEO、财务总监、审计师、工程师或鉴定师都需要就披露文件或其中自己负责部分的实质性不实陈述或重大遗漏承担法律责任,进一步扩大了公众股东可以寻求救济的责任主体范围。此外,1934年《证券交易法》下的反欺诈条款,特别是规则10b-5还给公司起诉发起人提供了另一条途径。规则10b-5允许受欺诈的证券买方或卖方向对方起诉,而公司可以主张当初受发起人欺诈从而给了发起人过量股份。此时发起人不得主张将自己的意思归于公司意思,因为发起人在此间有利益冲突,必须另有代表公司做意思表示的第三人。*Miller v. San Sebastian Gold Mine, Inc*③ 一案就是依循这条救济路径而使掺水股中的发起人无从遁形。④

3. 证券监管与公众债权人利益保护

传统公司法规制财务运作的首要理念是保护债权人利益。从这个视角看,证券法以保护公众股东为主要目标,与公司法的思路有一定差异。不过,传统法定资本规则"眼高手低",缺乏一个完整的"债权人—股东利益冲突"的

---

① 210 U. S. 206 (1907).
② Robert C. Clark, *Corporate Law*, Aspen Publishers, Inc, 1986, pp. 716-717.
③ 540 F. 2d 807 (5th Cir. 1976).
④ 不过,美国著名公司法学者罗伯特·C. 克拉克教授认为此一救济路经在法理解释上比较牵强,参见 Robert C. Clark, *Corporate Law*, Aspen Publishers, Inc, 1986, p. 718.

框架,仅仅关注公司设立时点的出资以及以此为基础的分配行为,忽略了资本一旦投入公司经营,可能增加也可能亏蚀,更没有意识到债务人缔约后进行的其他损害债权人利益的机会主义行为,如进行高风险(对股东来说也意味着高收益)的投资或者增加优先受偿顺位的新债务,从而造成在先债权人的债权稀释或者风险增加。因此,对于债权人来说,法定资本制的保护可谓"挂一漏万",名大于实。相反,证券监管在保护公众股东利益的同时,也为上市公司的债权人,特别是公司债券的持有人提供了更为具体且实用的保障。

首先,证券法确立的持续信息披露制度给上市公司或者达到一定规模从而适用证券监管的非上市公司的债权人提供了大量、即时的信息,有助于债权人更准确地判断公司的信用基础。按照证券法的要求,上市公司须定期公布财务报表,其中"所有者权益"的信息含量远较股东出资形成的"资本"的信息含量丰富,包括股本、股本溢价(或其他缴入资本)、保留盈余等不同项目,公司法定资本空洞化后的股东实际出资基本上都显示在"股本溢价"而非"股本"账户中。特别是,债权人最为关注的公司偿债能力指标,如现金流量、债务比例、资本结构、营运效率等,都可以从财务报表中比较方便地获得;公司所进行的重大项目(含关联交易)、重大担保或重大法律风险等也都在披露之列。此外,证券法要求公开的财务报表一般是多年期(如五年期)比较报表,因此,债权人可以对公司的经营历史以及业绩发展趋势有一个比较全面的把握。这一切,都极大地便利了债权人决定是否向公司提供信用。

其次,强化了公司债券持有人的利益保障机制,这主要是由 1939 年《信托契据法》来实现的。在美国,公司债券的发行通常依托信托契据(trust indenture)进行[1],其中除"消极承诺"条款(negative covenants)对发行人公司的过度分配、提供担保、资产置换等缔约后机会主义行为进行限制外,还确立了一个维护债权人利益的重要的机制——受托人机制。受托人通常由商业银行担任,它为分散的债券持有人之利益而接受并持有发行人公司提供的担保品;当发行人违约时,受托人需采取补救措施,如起诉发行人公司或执行担保品。不过,实践中受托人往往怠于行动,只行使消极的文书职能,导致债权人利益受损。主要原因在于信托契据是发行人与承销商协商草拟的,受托人并不参与,因此信托契据中被视为保护债权人利益的条款往往包含一些精心策划的漏洞,导致其无法真正发挥作用。此外,受托人在信托契据下的收费

---

[1] 对美国债务契约或信托契据历史沿革的一个简要介绍,参见 Churchill Roger, "The Corporate Trust Indenture Project", *The Business Lawyer*, vol. 20, no. 3, 1965, pp. 552 - 557.

通常并不包括起诉或采取其他补救措施可能会招致的额外费用,除非债权人给予补偿,否则受托人无义务采取此类行动。然而,受托人寻求救济的权利是具有排他性的,债权人只能被动地依赖受托人采取行动,除非达到50%以上的债权人一致决议——由于分散的债券持有人的集体行动障碍,这几乎是不可能的。①

1939年《信托契据法》旨在通过消除利益冲突而强化受托人机制,并通过信息披露来便利债券持有人行使权利。该法案要求受托人不得与其他债券发行活动、公司发行人、承销商或者有表决权的股票持有人存在法律限制的利益关联形式。作为利益关联的一种例外,担任受托人的商业银行可以继续向发行人公司提供贷款;但是除特殊情况外,该银行受托人在债券违约发生后的四个月内不得先行收回自己的贷款而损害债券持有人的利益。为了方便债券持有人行使自己的权利,该法案还要求受托人保证人们能够随时得到债券持有人名单。同时,受托人和发行人须定期提供报告,发生抵押品替换情形时还要提供公平价格证明。最后,如果本金和利息超过规定的支付期限,债券持有人有权直接采取行动。

此外,在债务重组、破产等程序中,证券监管也开始介入以改变债权人的脆弱地位。其权力来源是1938年《钱德勒破产法修正案》,它在1898年《破产法》中增加了第十章"重组",并赋予美国证券交易委员会(SEC)在其中最大的话语权。该法起因于SEC成立之初对公司破产、重组和债券销售过程中的内部人控制现象的调查,其中揭露出由债券承销商与公司管理层主导的破产重整存在的大量流弊。美国国会认为,"重组表面上看是当事人之间的诉讼,但本质上是一个商业融资的管理问题"②,遂将最具专业色彩的监管部门SEC引入重组程序,作为公众投资者利益的代表就重组方案的公允性发表意见。对于债务额超过25万美元的破产案件,法院须任命独立的破产法管理人,后者不得与公司董事、管理层、雇员或者公司的投资银行有关联。对于债务额超过300万美元的破产重整方案,法院必须在听取SEC的公允性意见来决定是否批准。学者将1938年《钱德勒破产法修正案》的这种安排称之为"专业化行政机构负责重组、司法机关负责公正监督的父

---

① 〔美〕乔尔·塞利格曼:《华尔街变迁史——证券交易委员会及现代公司融资制度的演化进程》(修订版),田凤辉译,经济科学出版社2004年版,第195—196页。
② Jerome Frank, "Epithetical Jurisprudence and the Work of the Securities and Exchange Commission in the Administration of Chapter X of the Bankruptcy Act", *New York University Law Quarterly Review*, vol. 18, no. 3, March 1941, pp. 317-351.

爱主义模式",它存续了半个世纪,直到 1978 年《破产法》修改才放弃。①此后美国《破产法》转向信息披露的规制思路,废止了 SEC 对重组方案的实质审批权,其背后隐含的是对 SEC 这样的行政机构能否发现重组的"正确价值"的怀疑。

4. 美国式证券监管路径的特点

按照美国学者的观点,美国联邦证券立法与规制不仅限于证券市场,实际上也介入到了公司的内部治理结构,从而形成了一种独特的格局,即各州有自己的公司法,规范公司治理的实体内容,包括股东的权利、董事的资格、诚信义务的标准;SEC 则依据联邦立法来规范公司的信息披露、财务制度、投票权征集及管理层的内幕交易。②

综合来看,美国证券法规制公司财务运作有以下两个特点:

第一,规制手段以信息披露为核心。这也是美国证券法的基本理念,即阳光是最好的消毒剂,电灯是最好的警察。即使是对于敌意收购、投票权征集等事关公司控制权交易、甚至在证券市场掀起轩然大波的事项,证券监管依然是恪守相对中立的立场,不对交易实质进行判断。1968 年出台的《威廉姆斯法案》对要约收购施加了以信息披露为核心的慢走规则,以及以股东平等原则为核心的收购规则,其目的是保护目标公司股东及公众投资者而非阻却敌意收购或援助目标公司管理层。③ 在 20 世纪 80 年代的杠杆收购浪潮中,面对企业界以及公众关于限制杠杆或者敌意收购的立法诉求,证券监管基本不仅没有加入州公司法狙击敌意收购的行列,反而通过修订《威廉姆斯法案》来增强要约收购在程序上的公平性。例如,该法案对要约收购的规制原来仅针对收购方,修订后增加了目标公司董事会的披露义务。④

信息披露的常规途径是借助美国证券法下的"报告公司"(Reporting Company)制度完成的,该制度源于 1933 年《证券法》和 1934 年《证券交易法》对符合一定要求的公司向 SEC 注册(Register)并按要求履行报告(Report)义务的规定。对于何种公司需要注册成为报告公司,《证券法》和《证券交易法》

---

① Louis Loss, Joel Seligman, *Fundamentals of Securities Regulation*, 3rd ed., Little Brown and Company, pp. 362–364.
② Marcel Kahan, Edward Rock,"Symbiotic Federalism and the Structure of Corporate Law", *Vanderbilt Law Review*, vol. 58, no. 5, 2005, pp. 1578–1583.
③ 郑琰:《中国上市公司收购监管》,北京大学出版社 2004 年版,第 88—92 页;〔美〕布鲁斯·瓦瑟斯坦:《大交易——兼并与反兼并》,吴全昊译,海南出版社 2000 年版,第 58—59 页。
④ 郑琰:《中国上市公司收购监管》,北京大学出版社 2004 年版,第 195—198 页。

设计了不同的进路。按照1933年《证券法》，企业发行股票须向SEC申请注册(豁免情形除外)。自注册生效之日起，发行人就成为"报告公司"，需履行报告义务，该义务至少会延续到注册生效的当年年末。在当年年末及其之后，如发行人满足以下两个条件之一，就可以向SEC提交登记文件(表格15)，终止报告义务：(1)发行的该类股股东人数少于300人；(2)发行的该类股股东人数少于500人，且最近三年总资产均低于1000万美元。按照1934年《证券交易法》，当公司满足以下两项条件之一时，必须向SEC提交注册文件，注册成为"报告公司"：一是其股票在纽交所、纳斯达克等全国性交易所上市或在场外市场报价；二是总资产超过1000万美元且公司的某类股票的在册股东人数超过500人。① 对于第一类公司，如果已经进行过公开发行注册就不需要再次注册，但由于美国允许存量发行，部分申请挂牌交易的公司并不进行公开发行而是直接上市，此时就需要进行注册。对于第二类公司，无论是否进行过公开发行，只要资产和股东人数规模达标，就说明具备了SEC认为的"公众性"，需要强制注册。关于后者，最初《证券交易法》中并未有强制注册要求，但由此引发的问题是许多非上市证券通过在场外市场交易来规避SEC的监管，带来广泛的证券欺诈和操纵行为，对公众投资者利益造成极大损害。据统计，1961年美国61%的股权证券交易量发生在柜台市场，而1929年该数字仅为16%。1961年证券欺诈案件中的93%涉及那些在场外交易、又无须遵守持续性披露义务的公司。② 美国国会对此进行了特别调查，于1964年通过立法为《证券交易法》增加了第12(g)—(i)条，其中12(g)条即为上述第二类公司的注册要求。③

美国报告公司的制度安排也体现了证券监管对公众性"度"的把握：一方面，虽然公开发行公司都需要注册并报告，但其原因是基于对公开发行行为的规制，且这一报告义务并非持续性的，当股东人数降到300人时即能终止报告义务。另一方面，对资产规模较大、股东人数较多因而实质上具有公众性的公司，监管是持续性的，也不因其未进行过公开发行或上市交易而豁免信息披露监管。

第二，会计监管构成证券监管的重要组成部分。以信息披露为核心的监

---

① 参见刘鹏：《资本的涅槃——美国场外市场发展与我国新三板启示》，中国金融出版社2013年版，第150—152页。
② 参见陈颖健：《事实公众公司制度研究》，载《证券市场导报》2016年第4期。
③ 参见〔美〕路易斯·罗思、乔尔·塞利格曼：《美国证券监管法基础》，张路等译，法律出版社2008年版，第342—345页。

管模式势必对公司发布的财务会计信息给予高度重视,因为它是证券市场中各方投资决策的基础。美国大概是发达国家中唯一通过证券法来监管会计的。甚至在证券法出台前,正是基于证券交易所监管的要求,诞生了最早的一般公认会计准则。1932 年,美国会计师协会负责人乔治·梅(George O. May)向纽约交易所和美国会计师协会理事会提出了六条"认可的会计原则"(accepted accounting principles),推荐审计师在签署审计报告时应使用"认可的会计原则"的表述方式。1934 年美国会计师协会批准了其中五条:(1) 利润不应该在销售业务发生前进行确认;(2) 所有费用都应当由收益表而不应当由留存收益负担;(3) 一项兼并前已赚取的留存收益,不可以追加到兼并者的留存收益中,并应该使用购买法而不是权益结合法;(4) 库藏股股利不是公司的收益,尽管库藏股票可以处理为资本;(5) 给关联方的贷款应当与其他贷款分开列示。① 这为上市公司财务会计的规范化以及信息披露的统一化奠定了基础。

美国《证券法》第 19 条 a 款规定:委员会②有权随时制订、修订和废除那些为能够实施本法所必需的条例和规则,包括那些管制不同类型的证券和发行人的注册报告书和招股说明书的条例和规则,以及定义所使用的会计方面、技术方面和交易方面的术语。特别是,委员会可以就依本法所提交的报告规定所要求信息之陈述方式,在资产负债表和损益表中披露的项目和内容,以及编制报告、评估资产和负债、区别折旧和损耗、区别经常性与非经常性收入、区别投资与营业性收入所使用的方法,以及如委员会认为有必要或需要,规定在编报单独和合并资产负债表或编报直接或间接控制发行人或受其控制或在其一般控制下的任何人之收入账目时使用的方法。实践中,考虑到由会计专业人士处理会计技术问题——不论是拟订浩繁琐碎的一般公认会计准则,还是审计上市公司财务报表,更有助于监管者集中精力惩处证券市场中的违规行为,SEC 从成立伊始,就将与生成、编报财务报表有关的会计准则的制定工作转授给会计职业界,1971 年后又移交给相对独立的民间准则制定机构——财务会计准则委员会,SEC 仅对后者制定的会计准则保留最终的否决权。尽管 SEC 极少行使这种最终的否决权,但是它客观上使 SEC 在确定公司财务报表的可接受性(不论是基于真实性还是披露上的欠

---

① 汤云为、钱逢胜:《会计理论》,上海财经大学出版社 1997 年版,第 77 页。
② 该委员会当时指联邦贸易委员会,它是证券交易委员会(SEC)成立前对证券市场进行有限监管的机构。1934 年《证券交易法》专门设立 SEC 后,上述权限从联邦贸易委员会移交给了 SEC。

缺)方面占据了最主动的地位。① 更进一步,2000 年美国安然、世通公司财务丑闻爆发后,美国国会通过了《萨班斯法案》,强化公众公司的内部控制程序,加大公司高管对财务报表造假的法律责任,同时设立了公众公司会计监督委员会(PCAOB),对从事独立审计业务的会计职业进行监督。PCAOB 和 FINRA(金融业监管局)构成了 SEC 下的两个最重要的行业监管抓手。

二、我国的证券监管

与域外各国公司法历史悠久、证券监管后来居上的演进顺序不同,我国公司法与证券法是在 20 世纪 90 年代同步发展起来的,服务于现代企业制度的引入以及证券市场的建立,迄今都只有不足三十年的实践。理论上,民众自由设立公司与利用公司形式进行融资属于一组紧密联系的权利,公司法构筑着这一组权利的基础规则,但我国证券市场设立之初的复杂矛盾——既有域外准则主义公司法时代早期的圈钱、欺诈等问题,又有我国特殊的国企为"脱困"而改制上市以及民企创业者利用资本市场来快速变现等利益冲突问题,需要监管的及时应对。因此,证券监管的一整套规则体系在短时间内迅速建立起来,其对公司财务运作的规制远远超过《公司法》的影响。相较于美国式证券监管,我国证券监管的规制范围更广、力度也更大。当然,由于我国资本市场的历史短,立法者与监管者都缺乏经验,因此证券监管规制公司财务运作的效果难言理想。即便如此,就观察证券监管对公司财务运作的规制方式及其可能的边界而言,我国仍不失为一个有代表性的样本。

1. 上市公司财务运作的规制法

1993 年是我国证券监管的立法元年,《股票发行与交易管理暂行条例》(俗称小证券法)和《公司法》先后在该年的 4 月和 12 月出台。2005 年,全国人大常委会对《公司法》与《证券法》进行配套修改,《公司法》中原先有关公司发行股票和债券的前提条件的规则移入《证券法》,自此,证券监管成为我国规范公司财务运作的主要途径。除公司发行股票、债券等融资行为外,证券

---

① SEC 仅在少数会计事项(如投资税优惠的当期确认与递延确认、油气井成本的成功法与完全法)上对会计准则制定机构施加过实质性影响。所以,也有学者认为,SEC 在治理证券市场欺诈方面居功甚伟,但在规制上市公司财务披露方面却没有什么建树。参见 Walter Werner, "Management, Stock Market and Corporate Reform: Berle and Means Reconsidered", *Columbia Law Review*, vol. 77, no. 3, 1977, pp. 388 – 417; Kripke, "The SEC, The Accountants, Some Myths and Some Realities", *New York University Law Review*, vol. 45, no. 6, 1970, pp. 1151-1205.

法规还覆盖到上市公司收购以及重大资产重组（涉及发行股票或债券作为交易对价）等交易。由于《公司法》没有确立公司主管机关，中国证监会作为证券市场监管者也就同时成为上市公司的"准主管"，它进一步对上市公司的分红派息、对外提供担保、重大投资等事项出台政策，并且对于某些非属传统财务运作、但对公众投资者利益会产生重大影响的行为，如同业竞争、关联交易、大股东占款等进行约束。此外，随着上市公司的治理结构问题日益受到公众关注，公司内部控制机制、高管薪酬与股权激励等问题都逐渐进入证券监管的视野。

与公司法作为商事组织法，其规制方式主要依赖于公司自行守法、司法事后救济不同，证券监管由于有专业化的监管部门以及明确的监管目标，因此能够对公司财务运作实施事先、事中、事后的全方位监管。"事先"体现为证券监管部门具有对公司财务运作事项的一定范围的规则制定权，明确上市公司财务运作事项的处理方法与监管标准。"事中"体现为证券监管部门可以在日常监管流程中对上市公司财务运作进行检查、监督，包括对于重大财务运作事项的审批、审核或备案要求，对公司定期财务报表以及临时公告的审查等。"事后"监管则表现为证券监管部门对公司财务运作结果以及相关信息披露的检查权以及在发现违法违规行为时采取的处罚措施。

从法律渊源上看，证券监管的规制工具集中体现为以《证券法》为龙头的一系列规章政策。《证券法》本身明确了我国企业公开发行股票、债券的条件和审核程序，以及利用证券市场进行并购和重大资产重组的条件与程序，为上市公司的重大财务运作行为提供了基本法律框架。在此基础上，中国证监会陆续出台了《首次公开发行股票并上市管理办法》《上市公司证券发行管理办法》《上市公司收购管理办法》《上市公司重大资产重组管理办法》《上市公司信息披露管理办法》《上市公司回购社会公众股份管理办法（试行）》《上市公司股东大会规则》《在上市公司建立独立董事制度的指导意见》《上市公司股权激励管理办法》等诸多部门规章。上海、深圳两家交易所也发布了《上市规则》以及2005年股份分置改革期间发布的系列备忘录等自治性规范文件。这些法规与自治性规范文件对于上市公司的融资、并购、重大资产重组、股份回购、分红、关联交易、股权结构调整、股权激励等财务运作行为提供了具体的监管标准。

此外，证监会内部各职能部门在不同时期发布的规范性文件或者非公开适用的监管政策系列，对于实践中上市公司或拟上市公司的财务运作产生了很大影响，甚至构成了对公司财务运作的实质性约束。如公开发行证券的公司信息披露内容与格式准则、公开发行证券的公司信息披露编报规则、公开发行证券的公司信息披露规范问答、上市公司执行企业会计准则监管问题解答、上市公司监管指引等,它们对上市公司财务信息披露、业绩计算、融资条件的判断等财务运作中的一些重大技术性问题加以明确。

在上述监管政策文件系列中,证监会发行监管部(以下简称发行部)在2000年前后一段时期内采用的《股票发行审核备忘录》系列以及证监会会计部汇编的《上市公司执行企业会计准则监管问题解答》系列,集中代表了我国证券监管对于上市公司财务运作行为的监管思路与对策。其中,《股票发行审核备忘录系列》主要针对IPO环节中的发行条件审查涉及的具体问题,对企业改制为合格的股票公开发行主体有实质性的引导作用。目前,该系列监管政策已逐渐被证监会正式公布的有关IPO及再融资的部门规章所吸收。《上市公司执行企业会计准则监管问题解答》则是对日常监管中发现的会计争议问题进行解答,对于会计准则中仅有原则性规定但缺乏操作性的领域,或者会计准则中未明确规定的新交易业务的会计处理提出监管指引,以弥补了现行会计准则体系的不足。这一问答系列源于中国证监会会计部对各地方监管局、交易所以及证监会内部其他职能部门在日常监管工作中发现的重大会计及财务信息披露争议作出的答复意见,针对其中具有普遍性的问题,证监会会计部进一步明确处理方法和监管原则,并加以总结作为会计监管的专业判断依据。这不仅为证券监管系统提供了会计专业支持,也有助于统一上市公司会计监管标准,提高监管质量。

2. 以盈利能力为中心的实质监管

在2019年春科创板实施IPO注册制之前,我国证券监管部门对公司发行股票、债券以及并购重组等业务进行实质监管,尤其关注公司的财务状况和盈利能力。证监会和沪深交易所对上市公司的IPO、股权再融资、债券融资等资格审核,以及对特别处理、暂停上市、退市等问题的监管,多基于净利润、净资产收益率等业绩指标。IPO实施注册制后,监管重心从拟上市公司的盈利能力更多地转向公司治理方面。

以IPO审核为例。"连续三年盈利"长期位居企业能否获得IPO资格的首要条件之列,监管者不仅审查公司具体的盈利规模,而且对盈利指标在不同环境下的形成方式或判断方式都有明确的指引。如IPO审核标准备忘录第2号——《首次公开发行股票公司资产评估资料审核指引》、第3号——《改制前原企业近三年存在亏损情况下拟发行公司前三年业绩的审核指引》、第9号——《关于报告期内存在"未分配利润"为负数问题的拟发行公司是否符合发行条件的审核指引》、第14号——《关于公开发行证券的公司重大关联交易等事项的审核要求》、第 15 号——《关于最近三年内连续盈利及业绩连续计算问题的审核指引》等,都是围绕如何确定"连续三年盈利"的判断而展开的,它们在细节的丰富性以及可操作性等方面远远超过了传统公司法下的公司财务条款。

在公司再融资准入方面,监管规章引入了收益率指标,要求拟进行再融资的公司净资产收益率须达到 6% 或 10% 以上。由于公司法以及相关会计准则并不区分盈利(净利润)来自可持续的正常营业活动还是一次性偶发业务,因此,一些上市公司就通过非经常性损益来调节净利润,以满足监管规章关于净资产收益率的要求。针对此种情况,2001 年 3 月,中国证监会调整了监管指标中"净利润"的计算口径,明确将扣除非经常性损益后的净利润与扣除前的净利润进行比较,以二者中较低者作为加权平均净资产收益率的计算依据。2002 年 7 月,证监会在有关再融资文件中进一步重申,申请公司"扣除非经常性损益后的净利润与扣除前的净利润相比,以低者作为加权平均净资产收益率的计算依据"。2006 年,中国证监会发布了《上市公司证券发行管理办法》,对于拟配股的公司要求最近三个会计年度连续盈利(扣除非经常性损益后的净利润与扣除前的净利润相比,以低者作为加权平均净资产收益率的计算依据);对于拟增发的公司,要求最近三个会计年度加权平均净资产收益率平均不低于 6%(扣除非经常性损益后的净利润与扣除前的净利润相比,以低者作为加权平均净资产收益率的计算依据)。为增强上述规则的可操作性,证监会从 2001 年开始通过《公开发行证券的公司信息披露规范问答第 1 号——非经常性损益》来专门界定非经常性损益,并不断修订该问答以适应市场实践发展的状况。

与审核盈利能力密切相关的,是监管者对于股票发行价格的管控,它是通过 IPO 定价审核中长期存在的诸如"20 倍市盈率"或"23 倍市盈率上限"之类的潜规则来体现的。现代公司财务理论已经把"公司股票的价值取决于公司未来的盈利能力"化约为简单直观的公式:市价=每股盈余×市盈率。但市盈率本质上应当是资本市场参与者对特定企业或特定行业未来前景的标价,而非监管者确定的普遍适用的单一指标。当然,在我国资本市场发展初期,20 倍市盈率要求也体现了监管层扩大国有企业的融资规模,防止国有资产流失的考量。[①] 不过,随着市场化改革的深入,监管层对发行价格的管控更多转向对公众公司的中小股东利益的保护。例如,针对上市公司通过重大资产重组进行市值管理以及第三方借壳上市过程中出现的估值泡沫化问题,

---

① 姜小勇:《以史为鉴 境内 A 股市场 IPO 新股发行网下询价变迁史(下)》,微信公众号:冷看世界乐待人生,2019-02-21。

证券监管在重大资产重组审核中引入业绩补偿要求：当参与重组方投入上市公司的资产无法达到预期的收益水平时，需要对上市公司给予现金或股份补偿。后考虑到估值本身的不确定性，强制性的业绩补偿难免给企业利用资本市场进行产业结构调整设置障碍，业绩补偿政策调整为仅针对关联方参与的重大资产重组而适用，即若关联方进入上市公司的资产无法实现预期收益目标，则需要对上市公司进行补偿。①

对于上述以财务指标为导向的监管进路，实践中一直存在批评之声。一些学者还以诸多造假上市的例子来证明 IPO 审核中的"持续盈利能力"要求既不现实也不可能，因为监管者既无法预知公司未来的持续盈利能力，更不可能保证公司未来的持续盈利能力，所谓的盈利能力审核不过是一句空话，徒增监管成本与公司合规成本。此外，证监会对 IPO 以及再融资的审核机制也屡屡被指为证券市场持续低迷的根本原因；即使是审核相对宽松的公司债券融资监管，也被认为给拟发行企业施加了不必要的负担。对此，一个经常被用来对比的参照系，是中国人民银行治下的银行间市场企业短期融资券及中期票据融资规模的快速增长，远超证监会管辖下的公司债券融资。2019年年底《证券法》修订，股票发行审核制改为注册制，淡化对盈利能力的要求，或许也是对上述批评的一个回应。

3. 证券监管与公司法规制路径之间的关系

我国公司法与证券法虽然在 20 世纪 90 年代同步发展起来，但两部法律的模板却大不一样。在公司法、特别是规制公司财务的规则方面，我国追随大陆法系、特别是德国模式的做法，实行严格的出资管制。包括最低资本额、出资形式限制、第三人验证机制、不得折价发行等在内的域外公司法传统规则，均见诸我国 1993 年《公司法》及 2005 年修订的《公司法》。不过，由于立法者缺乏对资本市场实践的敏感性，类似于德国法下为顺应亏损公司融资需要而对"不得折价发行"规则予以变通等操作性规则却未被引入，导致我国公司法资本管制呈现刚性、僵化的状态。从理论上说，公司法的规则构成了各类公司财务运作的基础规范，但我国的公司法规则事实上难以对

---

① 《上市公司重大资产重组管理办法》第 35 条规定：采取收益现值法、假设开发法等基于未来收益预期的方法对拟购买资产进行评估或者估值并作为定价参考依据的，上市公司应当在重大资产重组实施完毕后 3 年内的年度报告中单独披露相关资产的实际盈利数与利润预测数的差异情况，并由会计师事务所对此出具专项审核意见；交易对方应当与上市公司就相关资产实际盈利数不足利润预测数的情况签订明确可行的补偿协议。上市公司向控股股东、实际控制人或者其控制的关联人之外的特定对象购买资产且未导致控制权发生变更的，不适用本条前款规定，上市公司与交易对方可以根据市场化原则，自主协商是否采取业绩补偿和每股收益填补措施及相关具体安排。

上市公司适用。

另一方面，我国证券法师法美国，同时受到香港地区证券监管实践的影响。随着我国资本市场的发展，欧美国家 19 世纪后半叶允许股份公司自由设立之初的各种问题都在我国 IPO 环节充分暴露出来。例如，创业板的"三高"现象实际上就是美国第一次并购浪潮中的"过度资本化"或"掺水股"，只不过当今社会已接受了收益现值法的估值方式，不再纠结于股份是否"掺水"。为应对过度资本化问题，证券监管在短时间内建立起以 IPO 审核标准为代表的一系列规则，涉及重大关联交易、资产评估、改制上市、最近三年内连续盈利及业绩连续计算、报告期内存在"未分配利润"为负数问题的拟发行公司是否符合发行条件等，这些技术性问题皆非传统公司法在公司设立阶段处理的"股东出资与股份发行"问题，而是与资本化过程相关。

这也形成了中国特色的公司法与证券监管并行规制公司财务运作的现象：公司法仅适用于有限责任公司，证券监管适用于股份公司/上市公司，且二者都呈现出从强管制到放松管制的演化过程，可谓"同步不同轨"。从某种意义上说，我国《公司法》仅为证券市场交易提供了一些基础性的、前提性的概念——如股东、股份、出资、股本、股权等，基本上不存在实质性约束。更确切地说，证券监管对上市公司财务运作的一整套规制事实上导致《公司法》中与公司证券、融资、交易等相关的规则形同虚设。

一个典型的例子是《公司法》关于公司募集设立方式的规定。发起设立与募集设立是我国《公司法》规定的股份公司设立的两种途径，但实践中仅有发起设立，而无募集设立。这是因为，证券监管对 IPO 等财务事项的处理与《国有资产评估管理办法》等法规对估值方法、会计处理的规定结合起来，完全替代了传统公司法有关募集设立的规定以及依托法定资本制度来对 IPO 这一资本化过程进行的约束与规范。尽管有学者在《公司法》颁布之初即探讨股票禁止折价发行、溢价发行，并将其与资本维持原则联系在一起①，但实践中的 IPO 流程令《公司法》规定的募集设立方式名存实亡，上述学理讨论几乎毫无意义。

另一个例子是公司法下的"不得折价发行"规则。股份不得折价发行的禁令体现了传统公司法对出资作价的管制，我国《公司法》也明具此一条文："股票发行价格可以按票面金额，也可以超过票面金额，但不得低于票面金额。"②其目的，一方面是保护债权人的利益，防止股东虚假出资导致公司发行掺水股；另一方面则是为了维护股东间平等原则，股东不论大小皆须在收

---

① 陈甦：《公司法对股票发行价格的规制》，载《法学研究》1994 年第 4 期。
② 参见我国《公司法》第 127 条。

到股份的同时缴纳至少与股份面值等同的出资额。可以说,这一管制在公司成立并缴付出资环节殊有必要,但对于公司到资本市场再融资,特别是亏损严重的企业发行股份再融资时,就会因股份面值与股票市价之间的背离而给再融资制造障碍,因此也成为传统公司法出资管制与证券市场融资之间冲突最甚的部分。① 在我国实践中,2004 年 TCL 集团吸收合并 TCL 通讯上市、2007 中国中铁整体改制上市等交易,都曾引发是否"折价发行"的争议。② 不过,无论是证券监管者还是司法机关,都没有对"折价发行"问题给予回应,更没有否定相关交易的合法性。2005 年、2013 年《公司法》修订时,立法者也完全无视此一冲突,公司法资本制度对证券市场的影响由此可见一斑。至于2013 年工商登记制度改革以及公司设立实行认缴制,尽管在公司法学界引起轩然大波,但对证券市场也几乎毫无影响。

当然,有些情形下,上市公司的财务运作与证券监管实践的丰富性也给传统公司法以反哺,其中财务运作背后体现的公司治理逻辑最终会落实到公司法条文中。例如,公司出售或购买资产的交易传统上被视为合同法下的行为,买卖合同作为常规的商业决策,仅由公司管理层决定,有别于公司并购等组织法上的行为需要股东大会批准。但在实践中,一些上市公司进行并购或第三方借壳上市往往通过将经营性资产全部或大部分出售、购买或置换等方式进行,若仅适用合同法显然不利于保护公众投资者的利益。鉴于此,2001年中国证监会出台了《关于上市公司重大购买、出售、置换资产若干问题的通知》,要求出售或购买资产达到资产总额 50% 的交易,或者相关资产创造了50% 的营业收入或者相关资产剔除所负债务后的净额占到公司净资产 50%的交易,必须由公司股东大会批准并报证监会审核,类似于并购交易等组织法下的变动所适用的规则。证券监管的经验很快被公司法所吸收,2005 年全国人大常委会修订《公司法》时增加了关于公司转让主要资产或者重大资产时的实体或程序性要求。现行《公司法》第 74 条赋予有限责任公司股东在反对公司转让主要资产的前提下要求公司回购其股份的权利;第 104 条以及第 121 条则对股份公司转让或受让重大资产的股东大会决议程序进行了规定,其中第 121 条规定:"上市公司在一年内购买、出售重大资产或者担保金额超过公司资产总额百分之三十的,应当由股东大会作出决议,并经出席会议的股东所持表决权的三分之二以上通过。"当然,与域外公司法相比,我国

---

① 域外公司法对此问题的解决方式,参见刘燕、楼建波:《公司法资本制度与证券市场——制度变迁、法律移植与中国实践》,载《证券法苑》(第 12 卷),法律出版社 2014 年版,第 17—20 页。
② 黄玫:《TCL 集团律师表示:"低净值换股"提法不当》,载《证券时报》2003 年 10 月 23 日第 2 版。

《公司法》关于重大资产出售的规则过于粗糙，缺乏对"重大资产出售"交易的界定，未能揭示此类交易的本质在于经营性资产的全部或实质部分转让所引发的公司经营战略甚至存续目的变化，对股东利益构成重大影响。① 或许，这个立法疏漏也可归于证券监管的影响，后者对于资产出售数量或比例（如50%）的描述过度牵制了立法者的注意力，导致公司法规则也停留于定量而非定性描述。所谓成也萧何、败也萧何，此为一例。

三、证券监管规制路径的局限

尽管证券监管相较于传统公司法对于公司财务运作的规制更加全面、迅捷、高效，但它也并非万能。受制于证券监管对象的特定性，并非所有的公司财务运作都能进入证券监管的范围。此外，证券监管由于强制性更突出，给上市公司带来的守法与合规成本也更高。这种监管成本是否为保护投资者利益所必需，在学术界也不乏争议。

1. 非上市公司的财务运作逻辑与证券监管逻辑的差异

证券监管的对象是上市公司以及非上市公众公司，后者通常是营业规模较大、股东人数较多但尚未公开发行股票或债券的公司。现实中还存在着数量巨大的小公司，它们的财务问题与上市公司并不完全相同，其规制逻辑也与证券监管的逻辑有别。

以利润分配问题为例。非上市的私人公司通常规模较小，股东亲自经营着企业，对企业资金的调度更加自由，在利润分配的问题上也倾向于多分红甚至定息化。因此，传统公司法对于公司利润分配行为的规制是防范过度分红，采取的规制策略是以资本维持原则划定分红底线，避免因过度分配而导致公司财务基础薄弱，损害债权人的利益。然而，这种规制逻辑对于上市公司并不适用。上市公司通常股权较分散，内部人或管理层控制着公司。他们有追求经理人帝国主义的偏好，通常倾向于留存利润以扩大经营而非给股东分红。我国的一些上市公司更是"只顾圈钱、不睬回报"，导致中小股民只能通过炒股票来自制股利。针对上市公司的分配问题，我国证券监管部门先后出台数个强制上市公司分红的政策，这显然与公司法限制公司过度分配的逻辑完全相反。当然，分红派息决策属于公司的自主权范围，证券监管不能代替公司进行决策，因此强制分红政策也只能是倡导性的，至多对不分红公司

---

① 龙翔、陈国奇：《公司法语境下的重大资产出售定位——简评〈公司法〉第76条、第105条、第122条》，载《法学家》2011年第3期。

申请再融资时收紧审核尺度。尽管如此,证券监管对分红的强调在一定程度上转移了人们对公司法传统管制逻辑的关注,导致资本维持原则在我国实践中未能得到充分发展。

忽略公司法规制逻辑的另一个例子,是2018年中国证监会主导回购修法时对"财源限制"条款的删除,结果给实践中的PE/VC投资退出制造出新的障碍。回购修法的背景是为了应对股价的非理性下跌,证监会推出了鼓励公司回购股票以平抑下跌压力的政策,并为此紧急推动全国人大常委会修改《公司法》第142条,在原有的"不得回购"原则下增加一些例外,护盘式回购即属此列。考虑到亏损公司也有护盘回购的需求,证监会的修法建议稿就把《公司法》中原有的(尽管是语义模糊的)财源限制条款——"用于回购的资金必须从公司税后利润中支出"——给删除了。证监会似乎并未意识到,《公司法》的"财源限制"作为资本维持原则在回购领域的体现,是各国公司法中的通用规则,目的是平衡公司回购自由/股东自治与债权人利益保护。具言之,若公司在利润范围内回购股份,则公司资本不受减损,因此可以自主决定随时回购;但若公司超过利润范围进行回购,则资本减损,此时公司除非按照减资程序践行保护债权人的一整套程序,否则就不能回购。实践中,护盘式回购或者为可转债的持有人债转股提供股票而进行回购往往针对特定的市场时机而快速进行,若需要践行减资的一套烦琐程序,难免贻误时机。相反,若公司遵守了"财源限制"要求,就可以绝对掌控实施回购的时点。从这个意义上说,公司法对回购施加的"财源限制"也划定了公司(或股东)自主实施回购事项的最大空间。然而,当2018年的回购修法取消"财源限制"规则后,我国《公司法》在回购问题上是否还有资本维持要求就成为一个模糊不清的问题。为了规避法律风险,公司的唯一选择就是通过减资来回购,由此就不得不承受整套减资程序的操作成本。2019年11月最高人民法院发布的《全国法院第九次民商事审判工作会议会议纪要》(以下简称《九民纪要》)也秉持这种理解方式,要求PE/VC投资者在对赌协议下的回购按照减资的路径进行,结果引发了学界和实务界的强烈批评。由于PE/VC投资的对赌协议主要发生在创业企业而非上市公司的场景下,始作俑者恐怕还没有意识到,为证券市场护盘而启动的《公司法》修改竟然捅出了这样一个马蜂窝。

2. 证券监管之自由裁量权隐含的成本

证券监管的高度专业性使得监管者得以保有相当大的自由裁量权,但再专业也难以避免监管者自身的有限理性,事先、事中、事后的全方位规制模式也隐含着管制本身带来的成本。姑且不论任何监管都存在的"监管俘获"或寻租成本问题①，在我国，监管者对于发展市场、扶持国企等政策目标的考量会进一步模糊证券监管的本来目的，从而在解决问题的同时制造出新的问题。

以前文提及的"非经常性损益"为例。监管者创设这一指标的初衷本是为了应对上市公司规避以盈利能力监管的各类行为，但这一监管标准并未在所有场合得到一以贯之的应用。例如，在公司退市问题上，《公司法》要求连续三年亏损即退市。为此，证券交易所对最近两个年度经审计的净利润指标连续为负的公司进行"特别处理"；在特别处理后最近一个年度的经审计净利润指标继续为负则"暂停上市"；当暂停上市公司在法定期限内披露最近一期半年度报告且经审计的半年度财务会计报告显示公司盈利的，可申请"恢复上市"；若未能成功恢复上市，或恢复上市后最近一期年度报告显示亏损的，则"终止上市"。在此，特别处理、撤销特别处理、暂停上市、恢复上市、终止上市的五个时点都有财务指标考核，都涉及是否需要剔除"非经常损益"的问题。然而，沪深交易所的上市规则仅针对上市公司被特别处理后要撤销特别处理时，明确规定需"主营业务正常运营、扣除非经常性损益后的净利润为正值"；对于给予特别处理、暂停上市后申请恢复上市、是否终止上市等事项的审核中，是否应剔除"非经常性收益"的帮助因素来计算净利润，都没有明确规定。由于《公司法》以及相关会计准则并未明确此处的亏损或盈利是否必须出自可持续的正常经营活动，因此，理论上说，上市公司完全可以通过非经常性损益来调节净利润，满足法律法规关于盈利或扭亏的要求。有学者认为，这可能是监管层迫于一些利益集团的压力而网开一面，减少被认定为"特别处理"和"退市"的概率。毕竟，跌入"特别处理"和"退市"给上市公司带来沉重的打击。② 如果这种解释为真，那么"非经常性损益"这个监管工具的意义也就大打折扣了。

有时，监管机构内部的部门设置与分工以及背后的监管思路差异，也会给市场主体带来困扰。例如，我国证监会内部设有发行监管部（以下简称"发行部"）与上市公司监管部（以下简称"上市部"），各自对应于股票发行审核委员会（2019年《证券法》修订后撤销）与上市公司并购重组审核委员会，分别审核公司再融资申请与重大重组交易申请。重大资产重组中的配套资金募集起初由上市部审核，与重大资产重组交易一并处理；后配套资金融资部

---

① 〔美〕G. J. 施蒂格勒：《产业组织和政府管制》，潘振民译，上海三联书店1989年版，第210—241页。
② 参见谢德仁：《会计准则、资本市场监管规则与盈余管理之遏制：来自上市公司债务重组的经验证据》，载《会计研究》2011年第3期。

单独划出,归到发行部进行审核。① 然而,实践中的交易有时很难区分是再融资还是重组,譬如认购方用非货币性资产认购上市公司增发的股份,这一交易与上市公司发行股份购买资产之间如何界分?它属于再融资,还是重组?市场关注二者的区分也是因为发行部与上市部的审核标准不完全一致,或者标准一致但审核的松紧程度不尽相同。具言之,发行部因我国资本市场中广受诟病的"圈钱"问题而对再融资申请持谨慎态度,以遏制上市公司的过度增发。相反,上市公司重大资产重组交易被视为产业结构调整的积极作为,监管层乐见其成。当上市部负责审核重大资产重组交易时,交易方案中的"发行股份购买资产"也涉及股票发行,上市部对此种定向增发审核尺度相较发行部会略为宽松。但是,重大资产重组中的配套融资划归发行部审核后,尺度就趋严了。实践中,由于2015—2016年市场走势较好,监管层担心上市公司通过定向增发进行利益输送,因此发行部从2017年起对定向增发改"锁价发行"为"市价发行",即配套融资的定价按照发行期首日定价,而不是按照董事会决议公告日前20个交易日、60个交易日或者120个交易日的公司股票交易均价之一定价。② 由于市价发行模式下认购方没有办法控制未来的认购成本,因此不愿事前承诺认购,导致一些配套融资交易流产,反过来也影响到重大资产重组交易推进。2018年下半年开始,上市公司大股东质押频频爆仓引致市场大跌,一些国有资金拟注资纾困,也因为难以把握认购成本而作罢。最终,监管层不得不回到锁价发行的监管模式。③ 在这个过程中,监管政策的反复变化导致市场主体的合规成本增加。监管层多次通过"问题解答"等方式对重组配套融资进行实质性调整④,由于同一事项多次出现不同的规定,且后面的文件往往又只是对部分事项进行调整,在实践中需

---

① 指上市公司发行股份购买资产进行资产重组的同时,以非公开发行的方式募集现金作为本次资产重组的配套资金。《上市公司重大资产重组管理办法》(2016年)第44条规定:"上市公司发行股份购买资产的,除属于本办法第十三条第一款规定的交易情形外,可以同时募集部分配套资金,其定价方式按照现行相关规定办理。"

② 根据2017年2月18日中国证监会官网发布的"中国证监会新闻发言人邓舸就并购重组定价等相关事项答记者问",上市公司并购重组总体按照《上市公司重大资产重组管理办法》(以下简称《重组办法》)等并购重组相关法规执行,但涉及配套融资部分按照《上市公司证券发行管理办法》《上市公司非公开发行股票实施细则》(以下简称《实施细则》)等有关规定执行。本次政策调整后,并购重组发行股份购买资产部分的定价继续执行《重组办法》的相关规定,即按照本次发行股份购买资产的董事会决议公告日前20个交易日、60个交易日或者120个交易日的公司股票交易均价之一定价。配套融资的定价按照新修订的《实施细则》执行,即按照发行期首日定价。http://www.csrc.gov.cn/newsite/zjhxwfb/xwdd/201702/t20170218_312397.html,2020年2月10日最后访问。

③ 中国证监会:《关于修改〈上市公司非公开发行股票实施细则〉的决定》,2020年2月14日。

④ 例见《关于上市公司发行股份购买资产同时募集配套资金的相关问题与解答》(2018年)、中国证监会上市部《关于上市公司监管法律法规常见问题与解答修订汇编》(2015年)等。

要同时适用不同时期出台的多个文件（新旧问答都要适用），同一事项规定不一致时则按照"新法优于旧法"适用。由此给市场带来的困扰（以及相应的市场套利）可想而知。

3. 强制性信息披露的适度性

相较于各类实质性的监管措施，强制性信息披露通常被视为证券监管最适宜的工具。即便如此，强制性信息披露下的信息过载问题以及市场噪音现象也让人反思并探索信息披露监管的适度边界。一些学者甚至对整个强制性信息披露制度的有效性提出了质疑。这方面的开创性研究是1964年斯蒂格勒教授针对1933年《证券法》实施效果的考察，他提出了一个令人震惊的观点：法律并没有为投资者带来任何收益，因为在《证券法》颁布前后，新股发行和上市公司增发股票的投资者，都只获得了标准利率的回报。这些投资者所获得的风险调整后的投资回报率，只是等同于他们本来可以从其他投资工具、例如投资于二级市场中获得的回报率。① 二十年后，Gregg Jarrell和Carol Simon的研究进一步支持了斯蒂格勒的发现。② 他们一致认为，法定的信息披露制度为投资者创造了一些价值，而这些价值，早在1933年以前就由纽约证券交易所的交易规则和专业投资者的审查机制提供了。1933年《证券法》的进一步的效用在于减少了上市公司披露信息之间的差异。当然，法律能够减少证券市场的易变性也是其发挥作用的一种方式。③ Geogre Benston研究了证券市场对1934年《证券交易法》的反应，发现了类似的现象，即《证券交易法》要求的新披露规则对于投资者并无益处，因为颁布前后不同类别公司的股票表现没有明显差别。④ 总体上看，法律与市场一样，都可能面临"功能失效"问题。由于很少有什么力量能够自动纠正运行发生偏差的法律机制，因此有时这种功能失效导致的后果可能更严重。毕竟，"法律系统缺乏竞争者，法律自身也经常压制许多赖以察觉法律失效的信息的产生

---

① George J. Stigler, "Public Regulation of the Securities Market", *Journal of Business*, vol. 37, 1964, pp. 406-413.
② Gregg A. Jarrell, "The Economic Effects of Federal Regulation of the Market for New Security Issues", *The Journal of Law & Economics*, vol. 24, no. 3, 1981, pp. 613-675; Carol J. Simon, "The Effect of the 1933 Securities Act on Investor Information and the Performance of New Issues", *The American Economic Review*, vol. 79, no. 3, 1989, pp. 295-318.
③ 转引自〔美〕弗兰克·伊斯特布鲁克、丹尼尔·费希尔：《公司法的经济结构》，张建伟、罗培新译，北京大学出版社2005年版，第352页。
④ Geogre Benston, "Required Disclosure and the Stock Market: An Evaluation of the Securities Exchange Act of 1934", *The American Economic Review*, vol. 63, no. 1, 1973, pp. 132-155.

和传播"。①

当然,要对证券监管的效果作出准确的评价是相当困难的,哪怕是相对温和的信息披露要求。法经济学家也承认,"至今缺乏有力的证据表明,披露规则有利于优质证券的发行;但有一些证据表明,披露规则对于在纽交所之外交易的股票的初始发行是有益的。同样也缺乏有力的证据表明,披露规则是有害的或者成本极其高昂。至少在目前,我们所拥有的只是争论而不是证据,而争论本身不具有决定意义"。② 近年来美国资本市场的发展似乎证明了传统的智慧仍然可靠,市场机制虽然能发挥一定的激励与惩罚功能,但它并非人们想象的那么完美。③ 特别是,如今股权激励盛行,公司管理层的利益与公司当前业绩以及股票市场短期股价联系紧密,代理成本问题比以往更加突出。在此背景下,证券监管对公司财务运作及信息披露行为的约束,有助于提振投资者对于资本市场以及上市公司的信心,最终降低公司融资的成本。美国 2002 年出台的《萨班斯法案》强化对公司财务运作的监管,尽管也遭到非议,④但它无疑代表了向传统智慧的致敬。

类似地,对我国证券监管、特别是既往 IPO 及再融资监管机制的评判恐怕也不宜简单化。即使抛开中国证券市场为国企脱困服务的特殊定位等因素,单就技术层面看,任何一种监管模式都需要与特定的市场发展阶段及其特征相适应。当下中国证券市场无疑像一架财富的快速洗牌机,IPO 腐败或 PE 腐败都表明,各种利益群体都急于通过资本市场来"割韭菜",从公众投资者手中快速攫取财富。对短期利益或"挣快钱"的追求主导了当下中国资本市场的总体氛围。另一方面,我国证券市场的基础尚不稳固,投资者群体的散户化,集团诉讼机制的匮乏,社会信用体系不健全,企业与大众因缺乏市场经济的洗礼而对于正常商业逻辑的陌生等,都使得我们难以用域外成熟市场的标准来简单评判我国证券监管的"收"与"放"。如果具体对标域外资本市场的发展阶段,大体上,欧美 19 世纪末 20 世纪初的情形与我国目前阶段比较类似。彼时面向公众的股票融资刚刚兴起,屡屡冒出发行人不仅对公司未来的盈利能力夸下海口,而且直接以"10%的股息率"或"8%的股息率"等固定回报来吸引公众投资者的乱象。当时尚无证券监管,公司法对高估值圈钱

---

① 〔美〕弗兰克·伊斯特布鲁克、丹尼尔·费希尔:《公司法的经济结构》,张建伟、罗培新译,北京大学出版社 2005 年版,第 342 页。
② 同上书,第 355 页。
③ Melvin Aron Eisenberg, James D. Cox, *Corporations and other Business Organizations*, 10th ed., Foundation Press, 2011, p. 268.
④ Roberta Romano, "The Sarbanes-Oxley Ac and the Making of Quack Corporate Governance", *Yale Law Journal*, vol. 114, no. 7, 2005, pp. 1521-1611.

的规制方式就是以法定资本规则、特别是不得折价发行规则来追究公司发行掺水股的法律责任。这与我国证券监管对持续盈利能力和股价公平性的关注实际上难分伯仲。从这个角度看,在公司化、资本化以及证券市场的初始阶段,恐怕都得经历这样一个对盈利能力的强调以及对股票发行价格的管制过程。随着我国证券市场改革的深入,注册制的推行以及与此配套的司法审判的突破①,证券监管规制上市公司财务运作的方式无疑也将发生新的变化。

小　　结

自 20 世纪 30 年代开始,美国式证券监管在对证券市场的发行与交易活动进行管制的同时,也捎带着清理了州公司法资本管制式微留下的一地鸡毛。当然,基于证券监管自身的特点,它与传统公司法在监管目的、范围与手段上都存在明显差异。例如,证券法采取了以信息披露为主的监管策略,不再直接管制股东(投资者)的出资行为或者公司或金融机构的股份定价行为,而是尽可能为市场主体达成公平价格创造一种公开、透明、信息流动顺畅的制度环境,最大限度地消除发起人、公司管理层或控制股东等强势主体在资本化交易或其他证券市场交易中可能对公众股东造成的压抑或损害。这种监管策略也令证券监管摆脱了传统公司法直接管制资本额或股东出资作价所陷入的左支右绌、进退失据的尴尬境地。再如,证券监管的重心是关注公众股东的弱势地位,这就使得"股东平等"这个在传统的法定资本制下基本上隐身于"债权人保护"背后的原则重新回到舞台中央。相反,债权人利益保护则退居次席,且只有上市公司债权人、特别是公司债券持有人利益进入证券监管的视野。

美国式证券监管路径也显示,对于公司财务运作的首要环节——公司融资—股东出资——的法律干预,采用公司法还是证券法的形式并不重要,关键是以何种思路和方式进行规制。美国证券监管的精髓是信息披露,其模板恰恰是英国 1844 年《合股公司法》,尤其是在是否赋予政府对证券发行的实质审核权问题上,美国立法者的考量与近一个世纪前英国议会的顾虑如出一辙。② 从这个角度看,英国式的公司法路径与美国式的证券监管可谓异曲

---

① 最高人民法院《关于为设立科创板并试点注册制改革提供司法保障的若干意见》(法发〔2019〕17号)。

② James M. Landis, "The Legislative History of the Securities Act of 1933", *George Washington Law Review*, vol. 28, no. 1, 1959, pp. 29-49.

同工。

当然，域外证券监管与公司法之间在特定范围内可相互替代的一个重要原因是公司法的起点——所规制的公司组织形式——就是公开发行股票的公司，这也是中世纪合股公司的基因所决定的。相反，不涉及公开募集资金的公司(类似于我国公司法下的有限责任公司)属于公司法的例外，无论是美国法下的闭锁公司、德国法下的有限责任公司或者英国法下的私人公司。当涉及后一类公司时，证券监管鞭长莫及。

我国公司法与证券法的"同步不同轨"带来了有限责任公司与股份公司(主要是上市公司、也包括非上市公众公司)在公司财务运作上的割裂，某种程度上与域外的规制格局有些类似，只不过，我国的证券监管者比域外同行拥有更大的权限。然而，证券监管的强大气场也在无意间压缩了公司法的空间，后者本该对现实中大量的非上市公司的财务运作行为进行有效引导或约束，但相关的规则却未能充分发展起来，实在令人遗憾。从这个角度看，证券监管虽然比公司法更善于与时俱进，但仍然有其无法逾越也不应该逾越的边界。

第六章 另类规制路径:会计与税

　　本章讨论公司法与证券监管之外的其他规制路径,即会计准则与税法。它们看起来更像是一些技术性规则,而非一般人心目中的规制工具,故曰"另类"。当然,公司财务运作还会受到其他一些法律的规制,如破产法提供对公司不当分配行为的事后威慑机制;并购交易在各国都受到反垄断法、劳动保护法等法律制度的约束;我国企业海外并购还屡屡遭遇相关国家的投资安全审查等名目的法律障碍。不过,上述法律主要涉及公司财务的某一个侧面,但会计准则与税法与前一章中的证券监管一样,其影响几乎贯穿于公司财务的所有环节。其中,会计提供的企业财务信息不仅为各类商业决策服务,也构成课税的基础,即使在实行财务会计与税务会计分离的国家中也是如此。

一、会计与法律的天然联系

　　一般认为,会计是一种通用的商业语言,以货币为计量手段来描述经济活动的过程与结果,为企业管理者以及企业内外的利害关系人提供有关企业经营状况和经营成果的信息。对于公众公司来说,按照会计准则编制并呈报财务报表是法定义务,而注册会计师则通过法定审计来监督公众公司是否履行了这一义务。

　　法律人眼中的会计,在不同历史时期则有不同的面貌。比如,19世纪70年代的英国法官会厌恶地瞧着那个取代律师出现在破产法庭的会计师,称之为"对法律最大的滥用"(abuse)。20世纪60年代的美国法官只是感到困惑,会计就像一门外国语,大多数案件中总有人不懂它;有些案件中几乎所有人都不懂它。到了20世纪末,一些美国公司法学者开始意识到"公司治理的语言是会计",此时,现代公司财务理论和企业理论已经登堂入室,重塑了公司法的面貌。

　　其实,会计作为一种管理活动,属于与法律存在深度融合的领域。在英语中,"会计"(account)不仅指账户,同时也是"承担责任"(accountability)一词的词根。考察会计产生的历史可以发现,当出现财产所有人与管理人分离的经济结构后,受他人之托管理财产的人为表明自己是否忠实地履行了职责,需要借助会计账目来反映财产的存在状态、保值与增值。最初,人们用账目报告书向财产的主人[用会计语言表述为权益所有人(owner of an equity interests)]显示他交由其他人管理的财产有何变化。法律对会计的理解都是从这个理念发展起来的。后来,这一理念逐渐扩大,不仅要揭示交由他人保管或管理的财产依然存在,或数量多少,而且要报告对该财产进行经营的情况——区分所谓的"资本"与"收益"。受托人、保管人、遗产执行人以及负有信义义务的代理人(fiduciary)目前依然在这个意义上使用着账目报告书。[1] 当股份公司伴随着工业革命与铁路运输等现代化生产组织出现后,复杂商业组织的管理对会计的需求导致现代公司法从一开始就将会计的基本理念与原则纳入其中;会计职业的立身之本——法定审计,也是基于确认公司管理层作为股东的受托人是否恰当地履行了责任而产生的。因此,在会计的技术性特征背后体现的是法律关于义务与责任、委托与受托的基本理念。

1. 域外:法律与会计的交织发展

正是基于会计的法律特征,在 19 世纪的公司实践中,会计职业尚未成形,商人、法官和律师们都理直气壮地讨论着股份公司的会计问题。缺乏会计准则的帮助,法官们仍然处理了很多高度技术性的会计确认问题。例如,美国 1827 年一个判例涉及如何确定银行的常规利润。法官认为,银行销售其持有的债券所获得的收益应视为从任何常规交易中获得的利润。[2] 另一个案例涉及费用资本化问题。在计算一家铁路公司是否有利润用于偿付累积的优先股股利时,法官认定,钢轨修缮支出应计入在建工程项目(资本化)而非营业费用项目;新添置的运输马达以及车厢的支出不得计入营业费用。[3] "合同"与"负债"的区别也进入了法官的视野。有判例指出,一项尚未履行的合同并不构成负债,即"应付账款";只有当一方当事人已经履行合同,从而令对方也必须履行义务时,才可以认为对方当事人因受合同约束而有"负债"。[4] 这与现今会计准则对"负债"的解释完全一致。一些判例甚至确立了会计谨慎性原则的应用,如英国 1906 年的"牛顿与伯明翰轻兵器案"判决:"出于谨慎的原因,资产经常需要被估计并被说明其估计的价值将低于其可能实现的价值。资产负债表的目的主要是解释公司的财务状况至少像它

---

[1] Adolf A. Berle, Frederick S. Fisher, "Elements of the Law of Business Accounting", *Columbia Law Review*, vol. 32, no. 4, 1932, pp. 573-574.
[2] *State v. Bank of La.*, 5 Mart. (N. S.) 327 (1827).
[3] *Mackintosh v. Flint*, 34 Fed. 582 (C. C. E. D. Mich. 1888).
[4] *Whitney v. Barlow*, 68 N. Y. 34(1876).

所呈报的那么好——并不是揭示公司财务状况会或者可能不会更好"。① 因此,如果公司低估了资产,而进行审计的会计师又没有指出这一点,他们并不需要对股东负法律责任。

研究商业史的学者们发现,19世纪中期,英、美国家的公司法已经确认了公司资本维持以及利润分配的技术规则②,其中一些规则直到今天还在适用。至19世纪末,司法实践中关注的主要问题是在确定利润和税金时应扣除哪些费用,是否需要提取固定资产折旧和类似的准备金。③ 法官认为,为坏账、折旧和折损而建立的准备金账户是一个适当的、可认许的账户,即使提取这些准备金导致公司没有足够的资金留给净盈余项目用来发放优先股股利。④ 很多时候,会计规则并不仅仅是为了解决公司内部的技术事项争议,同时也与其他法律的实施密切相关。在纽约州1900年的一个案件中,法院就宣布,在确定公司是否达到破产法规定的破产标准时,商誉及无法收回的债权不能作为公司的资产列示。⑤ 在追究公司董事的法律责任时,"未能从固定资产的价值中扣除折旧"可以构成起诉公司董事欺诈的事由。⑥ 诸如此类的判例显示,会计与法律的联系如此紧密,以至于早期的会计学者都承认,会计理论的形成虽然有多方面因素,但它主要是从"贯穿于商业过程的司法诉讼的判决意见中所表述的原则之应用中演变出来的,受到商人法、普通法以及制定法的影响"。⑦

即使在会计职业于19世纪末登上历史舞台后,会计实务的演进仍然在相当长的一段时间内嵌在公司法的框架内,奉法定资本制为圭臬⑧,同时如水银泻地一般填补古老的、因世事变迁而变得僵化的法定资本规则下的千疮百孔。公司法本只有简单的"资本 VS. 利润"两分法,会计实务帮助创设出

---

① 转引自〔美〕加里·约翰·普雷维茨、巴巴拉·达比斯·莫里诺:《美国会计史:会计的文化意义》,杜兴强、于竹丽等译,孙丽影、杜兴强审校,中国人民大学出版社2006年版,第239页。
② Donald Kehl, "The Origin and Early Development of American Dividend Law", *Harvard Law Review*, vol. 53, no. 1, 1939, p. 65("直到1850年,也很少有关于企业股利分配合法性的判决案。然而,现代股利法的基本概念已经在许多州的立法中得到了明确。")
③ 〔美〕加里·约翰·普雷维茨、巴巴拉·达比斯·莫里诺:《美国会计史:会计的文化意义》,杜兴强、于竹丽等译,孙丽影、杜兴强审校,中国人民大学出版社2006年版,第76—77页。
④ *Pardee v. Harwood Elec. Co.*, 262 Pa. 68, 105 Atl. 48 (1918).
⑤ *In re Rome Planing-Mill Co.*, 99 Fed. 937 (N. D. N. Y. 1900).
⑥ *Cameron v. First Nat'l Bank*, 194 S. W. 469 (Tex. Civ. App. 1917).
⑦ Paul-Joseph Esquerre, *The Applied Theory of Accounts*, 1914 p. v., cited from Lawrence E. Mitchell, *The Speculation Economy: How Finance Triumphed Over Industry*, Berrett-Koehler Publishers, Inc., 2007, p. 82.
⑧ 潘序伦:《我国公司会计中股本账户之研究》,载《潘序伦文集》,立信会计出版社2008年版,第79页;汤云为、钱逢胜:《会计理论》,上海财经大学出版社1997年版,第391—396页。

资本公积、保留盈余、所有者权益、净资产等诸多概念①,以便法律人更好地理解日益复杂的商业活动。法定资本制的核心概念是"资本",然而直到20世纪初,法官和律师们还深深困扰于"资本"(capital)、"股"(stock)、"股份"(share)、"股本"(stock capital,或 capital stock)等概念的边界及其与"资产"的关系。特别是在涉及公司特许税以及掺水股等方面的案件中,"股"或"资本"到底是一个抽象的数字、一种无形的股东权利还是公司拥有的具体财产?如何判断"股"的价值,股东的实际出资,公司的声明资本,抑或特定出资财产的现行市场价值?这些问题成为20世纪初的热点话题。② 对此,会计用资产负债表的基本结构清晰地展现了公司"资本"与"资产"之间的对应关系,包括公司初始设立时的"资产=资本(股本)"(见图6.1)以及公司持续经营期间的"资产=负债+所有者权益"。资产负债表对公司财务结构的直观反映极大地便利了法律人理解"资本信用"或"资产信用"。

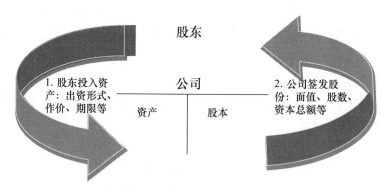

图 6.1 股东出资与公司设立

此外,与股东实际缴入的出资对应,公司资产负债表上确认的"资本"是"实收资本",代表了"面值×已发行股份数"的计算结果,它并不反映公司的"授权资本"。同时,会计以货币为计量单位,一些对股东来说至关重要但并非货币计量的信息(如股份数或比例)并不呈现在"资本"中。为了给企业外部投资者提供股份总数、已发行股份数、授权资本等信息,资产负债表通常会

---

① 关于会计相较于传统法定资本制在描述公司与股东间各种资本性交易(如出资、分配、回购、库藏股、减资、可转债、认股权证、合并换股等)方面的优势,参见 Bayless Manning & James J. Hanks Jr., *Legal Capital*, 3th ed., Foundation Press, 1997, pp. 119-175.

② 例见 Frederick Dwight, "Capital and Capital Stock", *Yale Law Journal*, vol. 16, no. 3, 1906-1907, pp. 161-166; George W. Wickersham, "The Capital of a Corporation", *Harvard Law Review*, vol. 22, no. 5, 1908-1909, pp. 319-338. 一个世纪后,"资本"也成为大中华区公司法学界的热点话题,例见方嘉麟:《论资本三原则理论体系之内在矛盾》,载台湾《政大法学评论》1998年第59期;赵旭东:《从资本信用到资产信用》,载《法学研究》2003年第5期,等等。

在"资本"或"股本"一栏中专门添加文字进行说明（例见图 6.2）。由此，法律人可以清晰地区分资本与股份的不同功能。

股东权益	2013.12.31	2014.3.31
普通股，面值 $0.000006；其中 A 类普通股已授权股份 50 亿股；截至 2014 年 3 月 31 日、2013 年 12 月 31 日，分别发行并流通在外 19.91 亿股、19.7 亿股；B 类普通股已授权股份 41.41 亿股，截至 2014 年 3 月 31 日、2013 年 12 月 31 日，分别发行并流通在外 5.73 亿股、5.77 亿股。	—	—
额外缴付的资本	12,921	12,297
累积的其他综合性收入	15	14
保留盈余	3,801	3,159
股东权益合计	16,737	15,470
负债及股东权益合计	19,028	17,895

图 6.2 Facebook 公司 2013 年度资产负债表之"所有者权益"（单位：百万美元）

2. 我国：公司法实施的会计前提

在我国，与市场经济相关的法律与会计都是舶来品，而且是同时引进的舶来品。西式簿记正式进入中国发生在 20 世纪初第一次西法引进期间，它与《商事通则》等法律制度配套实施。20 世纪 30 年代，围绕着民国政府颁布的《公司法》，出现了很多对企业财务运作细节的讨论。其中，著名会计师兼会计教育家潘序伦先生撰写了多篇与公司法、合伙法等商业组织法实施相关的论文，特别是 1935 年 9 月发表于《会计杂志》第 6 卷第 4 期的《我国公司会计中几项法律问题》，讨论了公司法下有关设立、出资以及利润分配等方面的诸多问题，其中一些在民国公司法的后续修订中得到了解决，另外一些即使在今天也未有定论，甚至没有被关注到。这里抄录潘序伦先生当年讨论的问题清单如下：

（1）公司章程是否可以规定分期募集股款？

（2）当公司股本招募尚未足额时，是否可以向认股人收取股款？

（3）公司成立前，发起人是否可以动用股款？以什么名义？

（4）如果公司创立大会最终决议不设立公司时，所有公司债务应由何人负担清偿责任？所有公司已发生之设立费用应由何人负担损失？

（5）公司设立费用虽无冒滥但为数甚巨，主管部门或创立大会是否可以命令发起人补足或相应核减公司股本？

（6）有限公司登记成立后各股东对于公司在登记前即已发生之债务承

担何种责任?

(7) 公司股东是否可以用对公司的债权抵作股款?

(8) 公司应公告之决算表册,其内容之详略是否应有规定标准?

(9) 公司以前年度累积有亏损,本期盈利,是应从盈利中提取法定公积再弥补亏损,还是应当先用盈利弥补亏损再提取法定公积?

(10) 法定公积、特别公积、任意公积之间弥补亏损的顺序如何?

(11) 公司资产价值上涨是否可以据以增加股本?

(12) 法定公积是否可以转作股本?

(13) 公司股东之外的人(如职工)是否有权利分配公司的盈余?

(14) 公司能否将自己的股份收回抵债?

(15) 公司账册之保存期限(十年)应自清算完结起算还是记账日起算?

(16) 公司法规定"公司亏折资本达总额1/3时董事应即召集股东会报告",该"总额"为注册资本总额还是实缴资本总额?

除了上述公司出资与分配问题外,由于法律的稳定性与滞后性,商业交易先行暴露出的矛盾与冲突往往首先由会计准则处理。对关联交易的规制就是一个例子。1997年我国资本市场爆发的"琼民源事件",促成了我国第一份具体会计准则——《关联方关系及其交易的披露》出台。这是相关政府部门第一次对关联交易进行界定并提出基本要求,它也成为后续法学界讨论关联交易的起点。琼民源1995年上市时每股收益不足一厘,1996年度却报告实现利润5.7亿元,资本公积金增加6.57亿元,每股收益为0.867元,股价一飞冲天,但全体董事却在通过年报及利润分配方案的股东大会上辞职。经查实,公司虚构利润5.4亿元,虚增资本公积6.57亿元,而创造出利润与资本公积的相关交易是琼民源与关联公司之间就海南房地产项目进行的联营开发。琼民源在未取得土地使用权、未经国家有关部门批准立项和确认的情况下,擅自对其与联营公司之间的投资项目进行资产评估而报告资本公积金增长,同时通过与联营公司之间的虚假销售合同确认收入。1998年11月12日,法院对"琼民源"提供虚假财务会计报告罪作出一审判决,公司董事长及会计主管被判处有期徒刑。然而,"琼民源事件"中主要的法律依据是《国有资产评估管理办法》,后者的立法宗旨是防止国有资产的流失,而上市公司进行评估的动机往往是为了操纵利润,维持或抬高股票价格,二者并不相关。因此用《国有资产评估管理办法》来调整上市公司的资产评估行为,难免有捉襟见肘之感。① 相反,关联交易会计准则更有针对性,特别是财政部在 2001 年发布的《关联方之间出售资产等有关会计处理问题暂行规定》中规定,上市公司向关联方出售固定资产、无形资产和其他资产的,应将实际交易价格超过相关资产账面价值的部分(关联交易差价)计入资本公积而非利润。这样一来,就可以减少上市公司利用关联交易直接虚增收入的动机。

当然,我国现行的法律体系将《公司法》与《会计法》分立,导致二者之间沟壑壁立。几乎无人注意到,1993 年《公司法》的出台就差点因为现实中企业财务程序的一个细节而受挫。1986 年的《民法通则》引入了公司独立法人的概念,1993 年全国人大常委会制定《公司法》时进一步明确了公司资本管制的核心是资本维持原则,但这一原则在企业层面却无法落实。因为彼时主要的公司形态是国有公司,而国有企业的会计制度并不奉行资本维持原则,而是资本变动原则,即国家作为所有者与国有企业之间存在资本的不断拨入、上缴关系,例证就是固定资产折旧基金的上缴——企业将提取的固定资产折旧费用作为"固定资产折旧基金"上缴给国家。这也就意味着,公司的资本从企业开始经营之日起就不断流失。当然,随着固定资产折旧基金的减少,国家也会不时通过固定资产建设拨款的方式给国有企业拨入新的固定基金,但无论如何,它与现代公司法的资本维持原则完全是背道而驰的。为了消除《公司法》出台的障碍,我国 1992 年年底对企业财务会计制度进行了重大改革,其中一项内容就是建立企业资本金制度,废除之前的上缴固定资金折旧的做法。② 这可能是一个不为法律人所知的故事,然而它却最生动地反映了法律与会计准则之间的内在联系。

二、会计准则作为规制路径

如果说,会计是一种通用的商业语言,那么,会计准则就像是有关这一语言的语法,即如何进行会计确认、计量、记录及披露的基本规则。以"会计准则"而非"会计法"作为规制路径,主要因为在这个领域中以法律文本形式出现的《会计法》仅为我国所特有,而以会计准则作为公司财务会计事务的行为

---

① 需要说明的是,1998 年之后,我国对国有资产评估管理程序也进行了重大改革,逐步取消了政府部门对国有资产评估项目的立项确认和审批制度,实行核准制和备案制。对于评估报告,财政部门或相关管理部门也不再进行确认批复,而是仅仅对评估报告进行合规性审核。有关经济行为的资产评估活动由国有资产占有单位按照现行法律、法规的规定,聘请具有相应资质的中介机构独立进行,评估报告的法律责任由签字的注册资产评估师及所在评估机构共同承担。资产评估在我国逐步还原为其作为市场行为、专业意见的本来面目。
② 财政部工业交通财务司、会计事务管理司编:《企业财务会计改革讲座》,经济科学出版社 1992 年版,第 6—7 页。

规范是各国的普遍做法,即使是传统上奉行立法式会计的大陆法系国家也不例外。我国的《会计法》更像是一个宣言体文本,具体内容多体现于会计准则体系。

将会计准则作为规制公司财务运作的路径,无法回避的问题是会计准则究竟属于何种性质。在笔者看来,会计准则具有双重属性,既是技术标准,又具有法律规范的特性。在我国,会计准则属于会计法下的部门规章;在域外,会计准则大多内嵌于商法、公司法或证券法之中,具有法律规范的约束性。只是由于会计技术方法的非唯一性以及会计确认中无法摆脱的主观判断,导致会计规范的适用无法像法律适用那样整齐划一。尽管如此,对于公众公司而言,按照会计准则编制并呈报财务报表是法定义务,而注册会计师则通过法定审计来监督公众公司是否履行了这一义务。公司财务运作的过程千变万化,其目标都是为了追求企业货币效益的最大化,这个效益最终必须通过公司的财务报表来呈现。因此,会计准则约束的是公司财务运作的基础环节——公司财务信息生成、编报与传递,它也反过来影响公司的财务运作决策。

1. 会计规制的表现形式

会计准则对公司财务运作的规制有两个层面的表现形式:一是在微观层面,会计准则对特定财务运作事项的确认与计量方式,对于参与该财务事项的主体间的财富分配产生影响,从而可能在事先改变特定主体的决策;二是在宏观层面,会计准则成为其他经济法律制度有效实施的基础。如公司法、税法、证券法、银行法、审计法、统计法等经济法律制度的有效运作,都以特定主体的财务表现(信息)作为决策基础、评价依据和监管依据,而财务表现又是会计准则适用的结果。

1.1 微观层面的规制

与法律的强制划一不同,会计上对经济交易的确认与记录方法有一定的灵活性,可能同时存在两种或数种方法。出于财务信息可比性的要求,会计准则力图减少会计核算方法的可选择性。不同的方法对公司财务运作的结果将产生不同的影响,因此,会计准则最终确定的方法就会影响公司的财务决策。

以企业并购交易为例,主要存在两种会计核算方法:一是购买法(purchase method),二是权益联合法(pooling of interests method),两种方法下企业合并后报告的业绩有很大不同。权益联合法是指两家合并的公司直接将其权益加总在一起的合并报表方法。在该方法下,收购方无须确认收购溢价(商誉),也无须针对这些溢价调增被并购公司的账面资产——从而避免了增加日后折旧基数,减少合并后各年度的利润。此外,权益联合法还可以在合并当年把两家公司在合并日期前已经实现的利润加总确认为当期利润,不考虑收购方支付的收购溢价中已经包含了被兼并方当期已实现的利润。相反,在购买法下,收购方必须将收购溢价确认为商誉,并调增合并后公司的资产价值,从而导致日后年度的利润因增加的折旧和商誉摊销而降低。此外,收购日被收购企业已经存在的利润也不得作为合并后企业的利润确认,因为收购对价中包含了对该利润的支付。因此,权益联合法对于并购交易后财务状况的描述比购买法"漂亮"得多,企业都希望采用权益联合法来确认并购交易;反之,若强制适用购买法,则大多数并购交易都不会发生。针对两种会计核算方法的不同特点,基于规制的不同目的,会计准则可以择机采用购买法或者权益联合法。

例如,在美国20世纪60年代的合并潮中,权益联合法成为一个重要推手,催生了众多的综合性大企业集团。并购交易的目的并非为了提高经营效率或者实现规模效益,而主要是为了利用会计准则实现财务收益。并购方寻找的被收购对象,或者是完全不同行业中的但具有当期高收益的企业,并购方在会计期末进行收购,可以将双方自期初创造的利润合并计入集团的财务报表;或者兼并账面资产低于公允价值的企业,合并后迅速卖出资产从而实现巨额利润。这种并购引起了广泛的争议,美国著名会计专家亚伯拉罕·布里洛夫教授称之为"肮脏的池塘"(dirty pooling)。① 1971年,当时的会计准则制定机构——美国会计原则委员会发布了《第16号意见书》(APB Opinion 16),力图限制权益联合法的应用。然而,在企业界的强烈反对下,会计准则所列举的各项限制条件基本被瓦解了。② 2003年,美国财务会计准则委员会以新的《企业合并准则》(FAS 141)取代了《第16号意见书》,废止了权益联合法,强制要求上市公司一律采用购买法,从而遏制了被滥用已久的并购方式。

在我国,1997年财政部出台的《企业兼并有关会计处理问题暂行规定》倾向于"购买法"。实践中,中国证监会考虑到合并对促进企业联合及产业结构调整的积极意义,在1998年10月清华同方合并鲁颖电子的交易中首次批

---

① Abraham Briloff 教授发表了一系列文章,对权益联合法给予猛烈的抨击,例见 Abraham Briloff, "Dirty Pooling", *The Accounting Review*, vol. 42, no. 3, 1967, pp. 489–496; Abraham Briloff, *Unaccountable Accounting*, Harper & Row, 1972.

② 参见〔美〕乔尔·塞利格曼:《华尔街变迁史——证券交易委员会及现代公司融资制度的演化进程》(修订版),田风辉译,经济科学出版社2004年版,第422—436页。

准了"权益联合法"的应用。2004年1月,TCL集团在深交所以换股合并的方式进行整体上市,更体现了权益联合法对于并购的促进作用。如果采用"购买法",TCL集团要多确认14.7亿元的商誉和13.2亿元的资本公积。假设商誉摊销期限是十年,则TCL集团自2003年7月1日起,每年减少利润1.47亿元。考虑到2003年上半年TCL模拟净利润只有3.43亿元,采用"购买法"会导致TCL集团合并后的十年每股收益减少20%—25%;由于净资产增加13.2亿元,其净资产收益率也将大幅度下滑。

另一个会计准则作为规制工具的经典例子,是股权激励会计准则对上市公司高管与股东间利益冲突的揭示与制约。上市公司的高管薪酬以股票期权来体现是20世纪90年代后资本市场中一个引人注目的现象,由此而出现的公司高管薪酬的过度增长也备受诟病。公司法或证券法下的应对方式都是程序导向,要求公司内部治理机关批准相关决议并披露信息,这无法实质性地约束高管的自利行为。实践中,会计准则通过将股票期权确认为公司的一项费用,遏制了薪酬过度增长的势头。不过,这一会计准则也遭到了企业界、金融界的强烈反对,在美国,围绕着股权激励费用化的会计准则博弈甚至持续了三十年之久。据前贝尔斯登的分析师David Zion估计,标准普尔500指数中的公司如果将期权费用化,其2000年的利润将下降9%左右,高科技公司的利润下降比例更大。①

有些时候,会计准则的规制是通过对法律原则加以具体化来体现的。20世纪初"股份溢价"账户的创始就是一个例子,某种意义上说,正是该账户保全了公司法资本维持原则的脸面。针对公司为规避资本管制而刻意减少"股份面值"及"资本额"的问题,会计用"股份溢价"账户(或"额外缴付的资本"账户)来记录股东作为出资缴入但未计入"资本"的部分,并主张对此账户参照"资本"账户管理,只能用于吸收公司亏损或者转增股本,不得用于对股东的分配。对于低面值股,由于溢价往往占股东缴付的出资额的绝大部分,这也就意味着股东实际出资额基本上都被锁定在企业中;对于无面值股,除公司管理层指定作为"声明资本"部分外,其余对价也都进入了"股份溢价"账户。通过对股份溢价账户用途的限制,公司对"面值"或"声明资本"的操纵很大程度上失去了意义。当然,这种处理方式也遭到商业界以及公司律师的强烈反对,因为公司希望将出资溢价用于股息分派。在美国,州公司法并未明确回应这个问题,会计实务是在证券监管者以及交易所的支持下作为符合法

---

① Paulette A. Ratliff,"Reporting Employee Stock Option Expenses: Is the Debate Over?",*The CPA Journal*, vol. 75, no. 11, 2005, pp. 38-43.

定资本制宗旨的商业惯例才勉强存续下来。① 在英国,1945 年后公司法明确要求公司把股份发行所筹集的全部资金都视为"资本"——无论其计入"资本"还是"股份溢价"账户,正面支持了会计实务的做法。② 大陆法系国家的公司法则直接将股份溢价账户称为"资本公积金"账户,禁止其用于股息分配。③ 也正是由于"资本公积/股份溢价"账户实际上承载了"资本",当 21 世纪初一些国家的公司法最终取消"声明资本"或者"面值"概念时,在商业世界中并没有激起多大反响。

1.2 宏观层面的规制

会计信息系统对微观经济过程的确认与计量构成社会经济生活中一切管理活动、决策行为的基础。缺乏统一的、规范的会计程序,不仅给公司的资本运作、投资人的决策与回报、政府的税收课征、证券市场监管等带来困难,从法律实践的角度看,这也导致相关利益主体之间冲突频生。正是基于对规范化的会计秩序的重要性的认识,世界上最早的有关商事活动及经营行为的专门立法——1673 年法国《商事条例》中就规定了商人设置、使用和保存会计账簿,并接受政府官员与破产法官的监督的义务,其目的在于整顿、重建当时已经崩溃的社会经济与信用秩序。

会计准则在宏观层面的规制效果在我国改革开放以来的法制建设进程中表现得最为明显。1985 年颁布的《会计法》以及后续出台的各项会计制度,旨在重建微观主体的会计秩序。其时正值我国城市经济体制改革的发轫之时,一系列改革措施(包括国有企业的承包制改革、财政体制的"拨改贷"、从大一统的中国人民银行分离出各专业银行进行商业化经营,等等),都需要在微观主体层面建构一个利益传递与分配的信息渠道。不仅如此,微观会计秩序的重建也便利了税收课征以及公共资源的集中,为改革开放初期国家宏观调控体制的建立奠定了良好的基础。到了 20 世纪 90 年代,随着《公司法》的出台,会计规范的意义更多地从投资者保护角度折射出来。非上市公司围绕着股东知情权、利润分配权等一系列公司组织内部运作事务而发生的纠纷,凸显了财务会计信息对于化解公司内部矛盾的意义。在上市公司层面,

---

① 例见〔美〕阿道夫·A. 伯利、加德纳·C. 米恩斯:《现代公司与私有财产》,甘华鸣、罗锐韧、蔡如海译,商务印书馆 2005 年版,第 178 页;Wilber G. Katz, "Accounting Problems in Corporate Distribution", *University of Pennsylvania Law Review and American Law Register*, vol. 89, no. 6, 1940-1941, pp. 764-788. 但是,会计实务以及交易所的要求都缺乏公司法的强制性。

② 〔英〕艾利斯·费伦:《公司金融法律原理》,罗培新译,北京大学出版社 2012 年版,第 118—119 页。

③ 例见德国《股份法》第 150 条。

频频发生的 IPO 造假或其他虚假陈述案件严重损害了公众投资人的利益，扭曲了市场的资源配置功能，也使《证券法》的公平、公开、公正原则无法实现。以证券市场虚假陈述为治理对象的证券监管以及民事诉讼活动，都充分体现了证券法与会计准则共同发挥作用的特征。

可以说，公司内外的各种利益纷争几乎都无法离开公司的财务报表，以至于公司法领域出现的最新观念是"现代公司治理结构的语言是会计"。这不仅是因为对商人或公司财务会计行为的调整，一直以来都是各国商法、公司法的重要组成部分，更是因为传统公司法约束公司管理层的基本途径——忠实义务与注意义务等概念，在现代公司组织中无法脱离内部控制与会计信息系统来加以构造。① 近年来，域外的一些公司法学者也逐渐意识到会计准则对于公司法传统规制路径的影响，甚至提出"公司法利润分配规则的功效取决于会计方法论"的观点。② 例如，德国传统上实施的保守会计方法虽然比流行的"真实且公允"会计方法提供的企业持续经营价值方面的信息更少，但它对于债权人的保护更为有利，因为它能减少公司在进行利润分配或者从公司总资产池中向股东转移资产时肆意妄为的空间。相反，美国公司债务契约中日益增长的分配限制条款，其原因之一可能就是美国会计准则流行的市值计价（Mark-to-Market）的潜在弊端。虽然市值计价提供了公司持续经营价值的最及时的反映，但由此带来的公司在利润分配上的擅断也令债权人深受伤害。在欧盟，尽管第 2 号公司法指令基本保留了法定资本规则，但欧盟会计准则已经转向国际会计准则，在合并报表层面接纳了公允价值计量，因此有学者质疑欧盟公司法指令对传统的恪守究竟还有多大意义。③

2. 会计规制的特点

不论是上述哪个层面的规制，会计准则首先呈现的是其作为记录经济活动手段的技术功能，而不是一种单纯的调控手段或规制工具。它以一种特殊的威慑力量——"让事实说话"，即通过连续地、完整地、全面地、系统地提供市场主体以及经济活动的图像，形成对市场主体的一种无言的约束。会计准则的这种规制特点通常被会计学者称为"会计准则的经济后果"，它强调事实胜于雄辩，在判断、确认、记录经济活动时奉行"实质重于形式"的原则。会计

---

① 刘燕：《从"会计法"到"法律与会计"的嬗变》，载《政治与法律》2010 年第 2 期。
② Reinier Kraakman et al., *The Anatomy of Corporate Law: A Comparative and Functional Approach*, 2nd ed., Oxford University Press, 2009, p. 132.
③ Eilis Ferran, "The Place for Creditor Protection on the Agenda for Modernization of Company Laws in the European Union", *European Company and Financial Law Review*, vol. 3, no. 2, 2006, p. 200.

准则的规制经常与信息披露监管联系在一起,但二者之间各有侧重。信息披露作为一种监管理念,如果仅仅用文字披露,披露者还可以避重就轻,含混其词。但会计准则的适用结果是用数字说话,往往一针见血。同时,会计准则的适用对企业财务运作的描述是全方位的,如同剥茧抽丝,层层深入,直抵核心,往往使得各种欺诈性或误导性的伎俩或安排无从遁形。

会计准则的规制功能也使它在技术标准之外越来越多地呈现法律规范的特点。会计职业界对此也有明确的认知,并逐渐开始从立法的角度来理解会计准则的制定过程:"由于财务会计准则规范企业必须报告哪些内容(披露问题)以及应当如何描述它们的经济业务(计量问题),其制定应从更宽泛的视角考虑,而不是仅仅局限于会计技术的角度。……这种理解来自日益增长的认知,即会计准则的立法涉及对财富的潜在的再分配,例如,它对某些主体施加了限制或产生了费用,相应地给另一些主体输送了利益。"[①]尽管"历史上会计准则更多的是着眼于会计技术因素而非其可能对经济和社会的潜在的广泛影响",但这种局面在现代资本市场环境下不可能再继续下去。[②] 与这种理解相呼应,实践中,从 20 世纪 70 年代开始,许多国家的会计准则制定转向一种既有专业性,又有广泛的公众参与的准立法过程。传统上采取会计职业主导会计准则制定模式的英美国家纷纷改革了本国的会计准则制定机构,设立具有中立性、专业性与广泛代表性的准则制定机构;而传统上采取政府制定会计规范模式的大陆法系国家则更多地承认了会计职业以及相关专业组织在会计准则话语权格局中的角色。

一个最能反映会计准则制定的准立法过程的例子,莫过于美国股权激励会计准则的出台。如前所述,规制上市公司过度发放经营者股票期权是法律上的难题,会计准则仅仅是一个记录公司发放的股票期权的技术性规范,何以构成约束?这就涉及会计准则在记录股票期权时需要处理的两个核心问题:第一,公司给高管发放的股票期权是否构成公司的一项费用?第二,如果是,如何计量该费用的大小?从法律形式主义的角度看,公司发放股票期权不过是一纸承诺,并无现金流出;而管理层行权则是对企业的出资过程,企业有现金流入,因此,股票期权不构成企业的费用。相反,人为将其确认为费用将会降低公司的报告盈利,导致股票价格下挫,影响公司业绩,从而也使股票期权的激励效应不复存在。但是,以巴菲特为代表的投资者群体则认为,股

[①] Alfred Rappaport, "Economic Impact of Accounting Standards——Implication for the FASB", *The Journal of Accountancy* (*Pre*-1986), vol. 143, no. 5, 1977, pp. 89-98.

[②] Arthur Wyatt, "The Economic Impact of Financial Accounting Standards", *Journal of Accountancy* (*Pre*-1986), vol. 144, no. 4, 1977, pp. 92-94.

票期权作为薪酬计划的一部分,实质与工资奖金无异。若不确认为费用,相当于公司为管理层掩盖了后者获得的巨额补偿,严重歪曲公司报告的盈利水平;同时由于管理层行权之后,稀释了原有股东的权益,如果不记录这种影响,实际上纵容了管理层对投资者尤其是大众投资者的"静悄悄的抢劫"。①

美国会计准则制定机构从 20 世纪 70 年代就选择了股权激励费用化的进路,但是在对费用的计量方式上则摇摆不定。在 1972 年发布的《对职工发股的会计处理》(APB 25 号)中,准则制定者采用了"内在价值法",即期权的行权价低于签发期权当天的股票市价时,该期权才有内在价值,这种内在价值就构成公司对受权人的利益输送,必须确认为公司的费用。这种处理方式导致此后公司授予的股票期权的行权价均设定为授予当日的股票市价,会计准则费用化的目的形同虚设。也就这一时期,财务学家所提出的期权定价模式已经被普遍接受,并催生了股票期权的交易市场,因此,会计准则的"内在价值法"显得荒谬不堪。1993 年,美国财务会计准则委员会发布了《股票补偿的会计处理》(SFA 123)的征求意见稿,废除了"内在价值法",要求按照金融界普遍接受的期权定价公式来确定期权的公允价值并作为费用确认。然而,此举遭到美国企业界的强烈反对,认为它将遏制美国企业的创新精神。在硅谷甚至出现了高科技公司反对股权激励会计准则的大游行,激烈的政策辩论一直延续到美国国会。最终,美国财务会计准则委员会妥协了,其 1995 年正式发布的《股票补偿的会计处理》将公允价值法作为首选方法,同时允许企业继续使用内在价值法,且公司可以在财务报表中列示基于内在价值法的数据(包括利润),仅在财务报表附注中说明若采用公允价值法时降低的净利润数据。

2001 年年底,美国安然公司财务欺诈案发,此后更曝出一系列美国大公司财务丑闻,震惊了全球资本市场。巨额股票期权导致的激励扭曲被公认为是美国公司财务造假泛滥最主要的原因。纽约证券交易所和全美证券交易协会联合成立的蓝带委员会改变了传统的立场,公开表态支持股权激励费用化,其发布的《公司最佳行为准则》提倡将固定价格的期权计入成本,从而有利于游戏规则的公平化,并呼吁会计准则制定机构采取行动。在各方面的压力下,越来越多的企业自愿采纳《公司最佳行为准则》,摩根大通、美国运通公司和美洲银行等金融巨擘均决定从 2003 年开始将股票期权计入成本。另一方面,随着美国股市高科技泡沫在 2000 年的破灭,股票期权对公司高管的吸引力大大下降,而费用化的成本似乎也变得可以承受。在标准普尔 500 指数

---

① Calvin Johnson, "Accounting in Favor of Investors", *Cardozo Law Review*, vol. 19, no. 1-2, 1997, pp. 646-648.

中的公司,2000年时还只有2家采用SFA 123,到2004年,大多数公司都宣布采用SFA 123,微软公司甚至停止发放期权,转向股票激励。至此,股权激励费用化的阻力基本消除。2004年12月,美国财务会计准则委员会发布了修订后的SFA 123,强制性地要求所有上市公司按照公允价值确认股权激励费用,一场耗时三十年之久的博弈这才尘埃落定。①

3. 会计规制方式的局限

尽管会计准则越来越具有法律规范的色彩,但在大多数人的认知中,它毕竟不是法律规范,而是一套涉及专业事项的技术标准;即使作为技术规范,它也不像科学标准那样精确、统一,而是受制于复杂多样的经济活动,从而呈现出一定的模糊性与不确定性。因此,对于会计准则的规制功能不宜有过高的期待。

三个方面的因素导致了会计准则约束路径的局限性:

第一,会计准则的技术规范之特征使得其权威性不受尊重,在实施过程中常常被其他因素、甚至是法律程序所消解。这方面的一个典型例子就是本书后面将讨论的"伊利股权激励事件"(以下亦称"伊利事件")。我国从2006年开始实施的股权激励会计准则采取了费用化的规制方式,效果立竿见影:一些对高管发放了过多股票期权的公司因确认巨额期权费用而出现了亏损,向投资者发出了警示的信号。然而,在"伊利股权激励事件"中,公司竟然通过股东大会决议的方式宣布:股权激励会计准则在判断公司业绩条件是否满足行权条件时不适用!由此也引发了市场人士对会计准则法律效力的争议。由于后续其他上市公司也曝出因股权激励而亏损,证券监管部门紧急要求企业重新审查股权激励计划方案的适当性,并明确表态支持会计准则的适用,这种闹剧才没有继续上演。

第二,在公司财务运作领域,会计与法律经常会对同一财务事项同时进行认定。例如,在资产证券化交易中,发起人转让给特殊目的实体的资产能否出表,就与法律上的"真实销售""破产隔离"等规则互为表里。有些情形下,会计上的认定与法律的定性之间会存在差异,因为会计奉行实质重于形式原则,而法律上更看重交易形式。当涉及公司财务粉饰甚至造假时,实质或者事实真相恰恰是公司管理层所力图掩饰的,同时也是公司股东为短期利益所诱惑而不愿正视的。因此,坚持适用会计准则的注册会计师就会面临来自公司管理层或者律师的压力,甚至遭遇投资者的误解。我国2003年发生

---

① Paulette A. Ratliff, "Reporting Employee Stock Option Expenses: Is the Debate Over?", *The CPA Journal*, vol. 75, no. 11, 2005, pp. 38-43.

的"深中侨事件"就是如此。为避免公司因连续三年亏损而退市,管理层在最后关头通过关联交易的复杂安排而创造出利润。会计职业基于交易实质的判断与律师基于交易形式的判断得出不同的结论,因牵涉公司退市之虞,会计职业坚持原则的做法不仅无法得到公司的首肯,甚至证券市场中的公众股东也不赞许。在这种情形下,会计师可能采取的一种减小风险的对策就是顺从法律上的认定。然而,正如本书后面所讨论的"雷曼回购 105 事件"所显示,会计师随波逐流无异于埋下了一个定时炸弹。

第三,会计准则本身也存在局限性。会计尽管以货币为计量手段,并以财务报表等一系列数据来反映,但它并非一门精确的科学。相反,会计职业一直主张它是一门技艺。基于经济活动本身的复杂性,会计方法的多样性和可选择性一直是会计规范固有的特征,这就导致会计准则的适用具有一定的弹性空间。它要求报表编制人进行专业判断,也就有可能被滥用。实践中,公司的很多盈余管理行为正是基于会计准则提供的政策选择机会而发生的。例如,有研究发现,在上市公司披露的业绩报告中,小额损失极少出现,但小额利润非常普遍;利润的小额下跌极少出现,但利润的小额上升非常普遍;大量的公众预测刚好被达到或以很小的数额超过,但以极少的数额而未能达到的公众预测(也就是实际利润缺口)极少出现。然而,人们基于社会生活的常识可以预期,在这些度量的分布上应该存在着更多的对称性。也就是说,小损失和小盈利应该具有相同的概率,利润的小幅上升和小幅下降也是如此。现实中,上述违反常识的例子比比皆是,但却并不违法。当美国思科公司 2001 年第一季度每股 0.18 美元的预估利润超过了分析师们每股 0.17 美元的估计时,它标志着思科公司已经连续第 13 个季度以 1 美分之差超过公众预期!随机出现这种结果的可能性当然存在,但是这种概率极小。[1] 考虑到完全消除会计方法的可选择性在可以预见的将来并不现实,因此,会计准则自身的局限性也会在很长时间内继续存在。

或许因为前述的各种因素,会计职业界自身似乎也不愿意看到会计准则被当作规范工具使用。他们认为,规范功能以价值判断为前提,但在会计准则问题上却很难进行价值判断,因为会计信息的不同使用人对信息的内容需求不同。例如,不同国家的会计传统就体现了不同的投资人保护倾向。以德国为代表的大陆法系国家采用保守的会计准则,倾向于低估资产,但这样可以降低债权人对债务人资产的过滤成本,因此,以债权人利益为导向的会计信息披露是那些以银行为主导金融体制的国家很自然的选择。相反,资本市

---

[1] 〔美〕查尔斯·W.马尔福德、尤金·E.科米斯基:《上市公司财务欺诈与识别》,程炼、郭戎、徐凯译,机械工业出版社 2005 年版,第 70 页。

场发达的国家(如美国、英国)更强调公司资产的真实价值,以便于投资者更准确地对企业进行估值、作出正确的投资决策。哪一种会计传统更好,殊难定论。当然,金融全球化驱动的会计趋同已推动德国等欧盟国家开始更多地使用以股权投资者为导向的"真实与公允"准则,这是一个正确的选择吗?当公司的财务信息面对着完全不同的使用者群体,他们各自有不同的需求和期待时,无论是采取哪一种标准恐怕都无法摆脱被质疑的下场。

实践中,会计实证研究的兴起成为会计研究的主流,进一步削弱了会计职业对会计准则规范性作用的兴趣。20世纪60年代后期,随着现代公司财务理论、特别是有效市场假设的兴起,会计学者开始研究不同类型会计准则的适用结果对资本市场(尤其是股票价格)的影响。由于现代财务理论隐含着股东利益优先的前提,因此它似乎完美地解决了困扰会计职业很久的"会计信息应该以谁为导向"的问题。不仅如此,有效市场假说还可以衍生出"会计师不必过分担心收益决定"的判断,因为一般来说市场中的投资者并不会被会计数据所蒙蔽。1973年,美国著名财务学家威廉·比弗教授为当时刚刚组建的美国财务会计准则委员会(FASB)提出了六项建议,大多与消解财务会计的传统价值观相关,如"不要一味地关注减少财务报告备选方法""不要将财务报告对象限定于不成熟的投资者""记住会计师并不是唯一的信息提供者""按照成本/效益原则提供信息""开展研究以检验准则的经济后果"。[1] 这颇具讽刺意味:一方面会计实证研究极大地提高了会计学者在学术界的声望,另一方面其结论却使大部分财务报表问题变得不那么重要和紧迫了。

当然,并非所有人都接受有效市场假设及其对会计信息质量的庇护,一些学者及实务人士认为以市场有效来消解财务数据之重要性只不过是一厢情愿。当公众公司因财务报表数据有瑕疵而被告上法庭,投资者是针对个案起诉而不是基于市场一般规律起诉,"有效市场"的保护伞毫无意义,会计师将暴露在法律风险之下。[2] 针对威廉·比弗教授的建议,特别是关于会计准则制定者不必过分关注减少会计备选方法的建议,有学者不无嘲讽地评论道:如果FASB可以不受限制地采纳这些建议的话,会计准则的制定过程将大大简化。但是,允许管理层在各种可接受的方法中自由作出选择,仅需要对所选方法进行披露,准则制定者固然省事了,埋下的定时炸弹日后会伤着

---

[1] William H. Beaver, "What Should be the FASB's Objectives?" *The Journal of Accountancy*, vol. 136, no 2, 1973, pp. 49−56.

[2] Leopold Bernstein, 1975, "In Defense of Fundamental Analysis", *Financial Analysts Journal*, vol. 31, no. 1, 1975, pp. 57−61.

谁？谁又有责任来收拾残局？①

由此来看，会计准则的定位与效用仍然将作为一个争议话题持续下去。但至少在目前，会计准则作为一种客观存在的规制路径是毋庸置疑的。为此，承认并尊重会计准则的独特属性与规制方式的特点，对于相关立法或监管政策的制定和实施意义重大，那些依赖会计指标作为监管手段的法律领域尤其如此。如果不尊重会计规范的特点，刻意让其扮演纯粹的监管工具或者规制手段的角色，不仅可能导致会计法规则本身的扭曲，而且也未必能有效地实现监管的目标。

这方面的一个例子是我国债务重组会计准则翻来覆去的修订。1998年出台的《债务重组会计准则》确认了债务重组收益计入债务人公司的营业外损益。但是当众多上市公司为保牌或再融资的目的而滥用《债务重组会计准则》虚增利润时，财政部于2001年初紧急修订了《债务重组会计准则》，将债务重组收益确认为资本公积，而非当期损益。接着上市公司又用重组收益形成的大额资本公积冲销累计亏损，对此《债务重组会计准则》无计可施，陷入尴尬的境地。2006年我国会计准则与国际惯例接轨，《债务重组会计准则》又恢复了将重组收益计入损益的传统处理方式。然而，当中国证监会2008年11月9日发布《上市公司执行企业会计准则监管报告2007》，建议会计准则制定机构采取措施，针对上市公司与控股股东及其关联方之间包括债务重组交易在内的关联交易"作出特殊的规范，以从会计上反映上述交易的实质"时，财政部并未修改或补充《债务重组会计准则》，而是直接作出了回应："企业接受的捐赠和债务豁免，按照会计准则规定符合确认条件的，通常应当确认为当期收益。如果接受控股股东或控股股东的子公司直接或间接的捐赠，从经济实质上判断属于控股股东对企业的资本性投入，应作为权益性交易，相关利得计入所有者权益（资本公积）。"②据此，证监会和两家证券交易所在2008年报审计和发布过程中发布相关指南，要求将来自关联方豁免交易所形成的债务重组收益计入资本公积。在短短十年中，债务重组会计准则经历一系列反复，固然满足了证券监管的一时需求，但却未考虑债务重组会计准则自身的规范性问题，"破坏了该准则形式上与实质上的权威性和完备性"。③ 这是一个应认真吸取的教训。

---

① 〔美〕加里·约翰·普雷维茨、巴巴拉·达比斯·莫里诺：《美国会计史：会计的文化意义》，杜兴强、于竹丽等译，孙丽影、杜兴强审校，中国人民大学出版社2006年版，第364页。
② 财政部：《关于做好执行会计准则企业2008年年报工作的通知》（财会〔2008〕60号，2008年12月26日发布）。
③ 谢德仁：《会计准则、资本市场监管规则与盈余管理之遏制：来自上市公司债务重组的经验证据》，载《会计研究》2011年第3期。

三、税法作为规制工具

美国 18 世纪最伟大的科学家、思想家、政治家本杰明·富兰克林曾感叹:"在这个世界上只有死亡和税收是确定无疑的。"税收被认为是文明的对价,现代社会中每个公民与团体都必须承受。公司作为以营利为目的的商业组织,更是天然就与政府的税收利益密不可分。早期的特许公司自不待言,获得特许权的对价就是公司承受的国家税收或者负债。在现代社会,税法不仅是国家获得税款收入的法律工具,更成为调控经济的手段。从这个角度看,税法也构成规制上市公司财务运作的路径之一。

1. 财务运作中的税收因素

公司财务运作以效益最大化为目标,需要仔细计算财务运作的收益与成本。税法作为财富分割的利器[①],直接对公民与企业的财产权益施加负担,这种负担以及税法遵从成本或合规成本(compliance cost)都构成了公司财务运作的直接成本。另一方面,现代社会中"宪法保障人民之自由权,因此,纳税义务人得自行调配其经济活动,以期尽可能减少税收之负担"。[②] 因此,实践中很多商事交易结构的设计都出于税法的驱动,希望将税负成本最小化。这种降低税负的动机也成为公司财务运作创新的主要动力之一。

例如,商人们对商业组织形式的选择就深受税法的影响。由于合伙企业只在合伙人层面征税,而公司需要在法人和股东两个层面征税,由此形成的经济性双重征税成为一些企业弃公司而选择合伙的重要原因。然而,对于大型企业或者资金密集型企业而言,合伙形式的劣势,如股东无限责任、合伙人共同管理人数受限、合伙份额转让限制等,都成为其难以承受的负担,而公司形式恰恰在这些方面都具有优势。因此,如何消除公司这种理想的商业组织形式残存的税负劣势——经济性双重征税,就成为主要西方国家税制改革的重要内容。

公司的资本结构也深受税收因素的影响。发行债券抑或股票融资是公司财务作为独立的管理活动的最初起点。以 MM 定理为代表的现代公司财务理论从一个无税、无交易成本、信息对称的理想市场状态出发,认为无论以何种方式融资都不会导致公司价值变化。然而,实践中,由于公司所得税法

---

① 张守文:《财富分割利器——税法的困境与挑战》,广州出版社 2000 年版。
② 《德国租税通则》,陈敏译,我国台湾地区财政主管部门财税人员训练所 1986 年版,第 56 页。

对两种筹资方式下资金成本的不同处理——利息可以税前扣除,而股息则不能,公司自然会倾向于以债务融资。当然,由此带来的高杠杆的风险也对公司财务基础的稳固性造成威胁。

税法因素甚至可以解释公司法上一些难以理解的现象。例如,由于股票的账面价值通常与公司的净值或者公允市值毫无关联,容易对公众投资者产生误导,因此,美国公司法已经废除了对股票账面价值的强制要求。但实践中仍然有不少公司保留了股份的账面价值。究其原因,除了沿袭传统外,更主要的恐怕是税负的考虑。例如,纽约州《公司税法》第180条规定:如果公司发行无面值股票,必须根据认购股份的多少,每股缴纳股票转让税0.05美元,如果发行有面值的股票,征税的税率仅为面值的5‰。① 因此许多公司发行的股份都具有"低面值、大股数"的特点,这样一方面税负低,另一方面也便于公司从更大范围的公众手中筹集资本。

在税法刺激财务与金融创新方面,域外已经有大量的实证研究。例如,针对20世纪70年代以来金融创新浪潮的原因,主流观点认为税收与监管构成了金融创新的制度诱因。② 其中,监管也被视为一种隐形税收,因此可以笼统且略微夸张地说,税法就是金融创新最大的推手。③ 本书第一章中介绍的华尔街20世纪80年代的金融工程创设出的各种新奇混合证券,如PERCS、DECS、PRIDES等,其交易结构设计的核心考量就是保证该类证券下优先股股息在税法上可以税前扣除,但优先股本身在会计上不作为负债列报。在公司财务领域,以默顿·米勒为代表的财务学家发现,"现实世界中如此多的交易行为都是税务因素驱动的,因此税务规则变成公司财务理论中的一个重要部分"。④

当然,税收的这种影响并非仅在过去半个世纪中才呈现出来。事实上,早在20世纪初的美国,优先股作为一度流行的融资工具突然降温,一个很重要的因素就是美国于1909年开征了公司所得税,规定优先股股息不得税前支付。相较于债券利息的税前扣除,优先股一下子失去吸引力。结果,实践中最后只剩下公用事业公司依然大量采用优先股来融资,因为公用事业的定

---

① James D. Cox, Thomas Lee Hazen and F. Hodge O'Neal, *Corporations*, Volume I, Little, Brown and Company, 1996, pp. 479-485.
② W. Silber, "The Process of Financial Innovation", *The American Economic Review*, vol. 73, no. 2, 1983, pp. 89-95.
③ 〔美〕莫顿(默顿)·米勒:《金融创新与市场的波动性》,王中华、杨林译,首都经济贸易大学出版社2002年版,第5—10页。
④ Merton Miller 在1997年芝加哥大学法学院举办的法经济学圆桌会议中的发言,Douglas G. Baird, "The Future of Law and Economics: Looking Forward", *University of Chicago Law Review*, vol. 64, no. 4, 1997, pp. 1129-1132.

价方式保证了其可以将股息成本转嫁给用户。①

2. 税法规制的两种状态

在现代社会,政府一方面运用税法取得财政收入,另一方面将税法作为一种调控工具,以税收利益为诱导,通过增加或减少特定交易、特定行为、特定事项的税负,引导社会资金的流向。在公司财务运作领域,税法角度进行的规制可以分为两种类型:鼓励型与抑制型,即通过提高税负成本来约束相关的财务运作行为,或者通过降低税负来鼓励相关的财务运作方式。政府运用税收工具的自主权与灵活性使得税法的政策导向作用卓有成效。

2.1 鼓励型的税法规制

鼓励性的税法规制主要采取免税、减税、允许迟延纳税、减计收入、增加费用扣除额、降低税率、税额抵免等多种方式,以降低公司进行相关财务运作的成本,或增加相关财务行为的收益。

例如,为了鼓励企业尽快更新设备、利用新技术,美国 1962 年《投资税抵免法》许可企业在购置具有 8 年及以上使用年限的有形资产时,可将新设备投资额的 10% 冲抵应缴纳的所得税。我国企业所得税法近年来也采取了类似的规则。例如,企业购买并使用环境保护、节能节水、安全生产等专用设备的,该专用设备的投资额的 10% 可以从企业当年的应纳税额中抵免;当年不足抵免的,可以在以后 5 个纳税年度结转抵免。② 此外,为了鼓励企业加大研发投入,提升中国企业的整体技术水平,税法对研究开发费用实行加计扣除制度,即企业为开发新技术、新产品、新工艺发生的研究开发费用,未形成无形资产计入当期损益的,在按照规定据实扣除的基础上,按照研究开发费用的 50% 加计扣除;形成无形资产的,按照无形资产成本的 150% 摊销。③ 更进一步,税法为鼓励企业之间技术转让,对此类收入给予免税或减半征税的优惠。企业在一个纳税年度内技术转让所得不超过 500 万元的部分,免征企业所得税;超过 500 万元的部分,减半征收企业所得税。上述所得税抵免措施通常对于公司的投资决策会产生直接的激励。④

再如,风险投资是当前各国都大力扶持与鼓励的行业,政府往往综合运用多种税收激励方式。在英国,1995 年的税法对于风险投资公司提供了三

---

① Jonathan Barron Baskin, Paul J. Miranti, Jr., *A History of Corporate Finance*, Cambridge University Press, 1997, p. 152, note 59.
② 《企业所得税法实施条例》第 100 条。
③ 《企业所得税法实施条例》第 95 条。
④ 《企业所得税法实施条例》第 90 条。

方面的鼓励措施,即创业风险投资公司免缴资本利得税;个人投资者从创业风险投资公司的所得(包括红利收益和处置创业风险投资公司股权的资本利得)免缴所得税;对持有创业投资风险公司股份超过3年的个人投资者,按其投资金额的20%抵免个人所得税。[1] 在我国,对风险投资公司的税收激励主要采取税额抵免方式:创业投资企业采取股权投资方式投资于未上市中小高新技术企业2年以上(含2年),凡符合规定条件的,可按其对中小高新技术企业投资额的70%抵扣该创业投资企业的应纳税所得额。创业投资企业按规定计算的应纳税所得额抵扣额,符合抵扣条件并在当年不足抵扣的,可在以后纳税年度逐年抵扣。[2]

2.2 抑制型的税法规制

抑制型的税法规制通常采取提高税率、扩大税基、限制费用扣除水平等方式,从而增加特定商事交易的税负,降低相关交易对于商主体的吸引力。

例如,在证券投资领域,许多国家都开征资本利得税,并区分短期资本利得与长期资本利得,对短期利得适用更高的税率,从而抑制证券市场的短期投机行为,鼓励人们进行长期价值投资。我国一直未对证券市场股票交易差价所得课税,鼓励投资者长期持股的税收政策主要体现在个人投资者的股息分红方面。从2013年1月1日起,我国税法对个人投资者从上市公司分得的股息红利所得课征的所得税,从原来的20%的比例税率调整为按持股时间长短实行"差别化个人所得税"政策:持股超过1年的,股息红利所得的税负为5%;持股1个月至1年的,税负为10%;持股1个月以内的,税负为20%。

再如,公司并购中广泛采取杠杆融资的方式筹集并购资金,因为债券利息可以税前扣除,从而降低了并购成本。但由此带来的问题是并购后公司的财务结构由于高杠杆而极不稳定,导致公司很容易陷入财务困境甚至破产。此外,成本相对较低的债务资金也助长了一些纯粹为财务目的进行的敌意收购。这在美国20世纪60年代的跨行业并购以及80年代的杠杆收购浪潮中表现得尤为明显。为了遏制这种非理性收购,税法上可以通过限制可税前抵扣的利息规模进行逆向激励。这正是美国1969年《税收改革法案》的做法,它规定公司基于并购融资目的而发行的债券可税前扣除利息上限为每年500万美元,一定程度上减弱了当时公司滥用可转债作为并购对价工具的动

---

[1] 陈卫华:《创业风险投资税收政策评析》,载《经济视角(下)》2009年第5期。
[2] 财政部、国家税务总局《关于促进创业投资企业发展有关税收政策的通知》(财税〔2007〕31号)。

力。当然,从某种意义看,税法的这种数量规制方式与公司法传统的资本管制一样,以整齐划一的法定指标应对规模不同、结构各异(如有担保或无担保等)的商业交易,容易陷入约束过度或者约束不足的两难境地。因此,当 20 年后美国第四次并购浪潮兴起,垃圾债券成为敌意杠杆收购的最大推手时,尽管工商业界强烈游说立法机关限制垃圾债券利息的税前扣除,但美国国会最终没有通过此类立法。即便如此,围绕着垃圾债券利息扣除问题的立法动议也已经让市场心惊肉跳,甚至成为引发 1987 年 10 月华尔街黑色星期一股灾的一个导火索。

实践中,基于纯财务目的而非战略扩张目的的收购中容易出现的另一个问题是非理性的高溢价收购,导致并购完成后形成巨额商誉。从税法的角度施加负激励的尝试,首见于美国 1969 年《税收改革法案》,它禁止收购溢价中产生的商誉在税前摊销。按照美国当时的会计准则,合并确认的商誉可以在不少于 40 年的期限内摊销。因此,对于合并企业来说,收购溢价带来的巨额商誉一方面因为摊销而降低了合并后的会计利润,另一方面又因不得税前扣除而无法节约现金流支出。这种双重不利使得当时综合企业集团的合并成本大大增加,一定程度上遏制了纯财务目的并购的势头。①

有时,税法为抑制特定经济行为的发生,甚至可能针对特定行为课征专门的税收。例如,我国在 20 世纪 80 年代曾开征固定资产投资方向调节税,背景是改革开放初期企业刚刚获得投资自主权,但缺乏财务硬约束,因此某些行业和领域中出现了固定资产投资过热的状况。开征固定资产投资方向调节税,导致企业固定资产投资的成本增加,投资收益下降,进而影响企业的投资决策。另一个特定行为税的例子,是在美国 20 世纪 80 年代针对"金降落伞"的课税。当时美国公司给在并购或控制权转移交易中离职的 CEO 或其他高管以巨额补偿,称为"金降落伞"条款。1984 年《减少赤字法案》引入了对金降落伞的约束机制(《国内收入法典》第 289G 条),规定公司在所有权或控制权易手或者公司绝大部分资产被出售的情形下,给离职高管的补偿如果大于或等于高管年薪的 3 倍,则被视为"过度补偿",公司不得将该补偿部分税前扣除,且收到此补偿款的高管也必须在普通所得税之外额外缴纳 20%的"过度税"。②

需要特别强调的是,税收的激励或抑制的双重功能并非一成不变,而是

---

① Jonathan Barron Baskin, Paul J. Miranti, Jr., *A History of Corporate Finance*, Cambridge University Press, 1997, pp. 281-282.
② Susan J. Stabile, "Is There a Role for Tax Law in Policing Executive Compensation?", *St. John's Law Review*, vol. 72, no. 1, 1998, pp. 89-91.

因时而异甚至因地而异,税率的调整往往成为税收功能转变的一个便捷载体。美国早期资本利得税对创业投资的影响就清晰地展示了税率工具的调控效果。美国的风险投资行业起步于20世纪40年代,早期在政府低息优惠贷款的扶持措施下发展很快。1969年美国将资本利得税的税率从25%提高到49%,严重挫伤了创业投资的积极性。1978年美国国会将资本利得税下调至28%,1981年进一步降低至20%,风险投资才又得以复苏。①

3. 税法规制方式的优势

税法作为规制工具体现的是国家对微观经济活动主体有意识的调控,因此具有很强的针对性。当面对新型商事交易或者新经济现象而设计税制时,政府可以将自己的政策意图直接贯彻到相应的规则中,体现出鼓励或者抑制的倾向。对于一些复杂的或者有争议的公司财务运作行为,税法的这种有针对性的处理就显得更加必要。

这方面的一个例子是税法对股权激励的处理方式。在现代公司治理文献中,股权激励被视为改进公司内部代理成本问题的有效工具。通过将管理层、员工的部分收入与公司业绩或股票市场表现挂钩,股权激励可以促进管理层和员工为公司利益最大化而行事。然而,股权激励在实践中也产生了一些负面效果。由于公司签发股票期权或发放限制性股票都不涉及直接的现金支出,因此很容易出现激励金额过大的情形。手握大额期权的管理层在股权激励的诱惑下仅仅盯着公司当前业绩和短期股价表现,其决策从公司长期利益来看可能并不恰当。针对股权激励的这种两面性,美国税法对公司股权激励的税务处理区分激励型与非激励型两类,考虑期权持有期、最大授予金额等因素而给予不同的税收待遇。

激励型股票期权(Incentive Stock Option,ISO)可以享有迟延纳税以及优惠税率的待遇——行权时不纳税,变现股票时再纳税,且适用资本利得(而非普通所得)税率,从而降低了期权持有人的税法遵从成本以及现金流压力。按照美国《国内收入法典》第422条,激励性股票期权需要满足如下条件:(1) 获授人从授予日至行权日前三个月一直是公司员工;(2) 期权计划在被采用前和采用后得到股东同意;(3) 期权是在计划采纳后十年内授予的;(4) 期权有效期不超过十年;(5) 期权价格不低于授予日股票的公平市价;(6) 授予时获授人持有的股票投票权不超过公司全部投票权的10%(若超过,则前款价格为不低于110%);(7) 一年内可以首次进行行权的期权计划

---

① 陈卫华:《创业风险投资税收政策评析》,载《经济视角(下)》2009年第5期。

下股票的公平市价总和不超过10万美元;(8)在授予期权后两年或行权日后一年,股票没有被卖出或没有处于失权状态。

不满足上述条件的期权称为非激励型股票期权(Non-Qualified Stock Option,NQSO),其税法遵从成本比较高。具体来说,当期权持有人行权时,它必须按照行权价与行权日的股票市价之间的差价,按普通所得缴纳个人所得税;当期权持有人卖出股票时,再按照出售价与行权价之间的差额缴纳资本利得税。由于股票行权意味着期权持有人必须出资购买股票,本来就有现金流压力;进一步增加所得税的税负,期权持有人承受的现金流压力就更大,有时甚至不得不放弃行权。因此,通过提高非激励型股票期权的税法遵从成本,税法对过度追求短期致富的股权激励可以起到一定的抑制作用。

我国目前股权激励税收政策未区分激励型与非激励型,而是采取了美国的非激励型股票期权的处理模式,要求期权持有人在行权时即按照工资薪金所得纳税。实践中,由于上市公司发放股票期权时一般都比较慷慨——因为公司不需要支出真金白银,只是未来发行股票的一纸承诺,获授人未来行权买入股票时涉及的资金额比较大,这样行权人的纳税义务很快就达到了工资薪金所得税率的最高档——45%。另一方面,我国《公司法》《证券法》对于公司高级管理人员持有股票的变现有诸多限制,如每年最多不超过所持股票的25%等,因此公司高管行权时的纳税义务就成为一个沉重的负担。实践中,有些公司迫于行权时的现金流问题无法解决而最终放弃了股票期权激励,转而诉诸限制性股票,甚至设计出非常复杂的股权激励方案。万科公司在2006年—2008年间的限制性股票的股权激励计划就是如此。按照该计划,万科公司每年提取奖励给激励对象的激励基金后,将该笔资金委托给信托公司买入万科股票并持有,在万科公司实现特定业绩目标以及万科股价达到预计涨幅的双重条件均满足时,这些股票直接归激励对象所有。由于2007年后股票市场受全球金融危机影响而大跌,万科公司连续两年股价指标未达到预定涨幅,最后一年的业绩也未达标,因此这个为期三年的激励计划只有第一年得以正常实施完毕,后两年都不得不作废。显然,这一结果与监管层推动上市公司进行股权激励试点的初衷背道而驰。

或许是考虑到上述这些问题,财政部和国家税务总局于2009年5月4日发布了《关于上市公司高管人员股票期权所得缴纳个人所得税有关问题的通知》(财税〔2009〕40号),许可上市公司高管人员在受制于《公司法》和《证券法》的变现限制而导致其股票期权行权时无足额资金及时纳税的情况下,向主管税务机关提出申请,在不超过6个月的期限内分期缴纳个人所得税。这一政策在一定程度上缓解了股票期权的税法遵从成本。不过,要真正解决股权激励的合理税负问题,恐怕还需要引入美国式的"激励性"与"非激励性"的两分法,并根据我国目前股权激励中存在的问题设定具体的激励条件和要求。

4. 税法规制方式的局限

税法的基本目的是维持税收的基本秩序,保障国家的财政收入;在此基础上的调控功能是第二位的。因此,税法作为规制工具尽管有突出的优势,但也应当服从于税法的基本原则,特别是税收公平原则与税收中性原则。这就意味着,在规制上市公司财务运作的过程中,税法规制路径也有其特定的适用范围。

目前我国税法学者对税收中性原则是否构成税法的基本原则观点不一①,对于税收中性原则在我国的适用性也存在争议。笔者认为,税收中性原则在某种程度上是内嵌于税收公平原则的。平等地、公平地对待纳税人必然要求税法不应区别于经济活动的特定主体或特定形式而有差异,进而避免对市场主体的决策产生不必要的干扰。毕竟,市场是分配经济资源的主要机制,虽然现代国家具有经济调控的职能,但市场与政府间的主次关系还是应当清晰区分,尽可能保障市场发出的价格信号不因征税而扭曲,市场的资源配置作用不为征税所干扰。换言之,税收不宜超越市场而成为左右市场主体经济决策的主导力量。然而,作为规制工具的税法,通常"对相同负担能力者,为诱导或管制纳税义务人为特定作为或不作为,经量能平等课税原则做一部分牺牲,或创设租税特权以取得租税利益(租税优惠),或赋予租税特殊不利益(特别负担)"。② 由此一来,税法规制路径实际上突破了平等与量能课税的界限,形成了纳税人之间的差别待遇,容易产生对市场主体自由决策横加干预的危险。而纳税人为消除税法的调控效果,也会采取各种方式进行规避,甚至引发新一轮的征税与避税的博弈。

具体到公司财务运作领域,税法的存在已天然地对公司的所有业务活动构成了约束,但大多数约束的出发点并非是为了规制公司的特定财务行为,而是基于公司的法人地位而产生的。如前述的公司经济性双重课税问题,就是基于公司与投资者之间客观上形成了两层不同的法律主体;债务利息税前扣除与股息非扣除,则体现了传统公司法将公司视为股东的财产或"股东经济手臂的延伸"的理念。从这个角度看,有关公司财务运作的税法规制大多

---

① 例见,那力、王林林:《论税收中性原则》,载刘剑文主编:《财税法论丛》(第4卷);另见刘剑文:《财税法专题研究》(第二版),北京大学出版社2007年版,第35—48页。
② 葛克昌:《行政程序与纳税人基本权》,北京大学出版社2004年版,第87页。

是"合乎理性的、从事务本质所导出的理由或其他明白的理由"。① 相反,当税法基于规制的目的而背离税法的基本原则或者事务的本质时,它也对立法者的智慧提出了较高的要求,需要其对相关税法规则的实施后果有明确的预期,从而防范税法规制可能产生的扭曲效果。这并不是一件容易做到的事情。

例如,税法上对于公司并购交易通常采取基于对价、股东连续性等因素的不同而给予不同待遇,如我国企业重组所得税规则中的"一般税务处理"与"特殊税务处理",后者可以享受迟延纳税的好处。② 但美国学者巴金斯等人的研究表明,某些基于纯财务目的而非规模效率的重组方式,如 20 世纪 60 年代的跨行业并购形成庞大臃肿的企业集团,或许正与税法上"特殊税务处理"所要求的前提条件有关。并购公司为了承接被并购公司的税收优惠措施(如净经营损失抵减应税所得),就必须保持被并购者权益的连续性,让后者的管理层继续参与到并购公司中。这就妨碍了并购方在并购后迅速整合集团内各公司的管理系统的能力,因为并购方为减少税负就不得不保持被并购公司管理层对并购后企业的持续参与。③

另一个例子是美国税法对经理人股权激励的规则产生的负面效应。1994 年美国国会修改税法,要求上市公司给高管支付的薪酬奖金超过 100 万美元的部分不得作为费用税前扣除,除非该部分薪酬以与业绩挂钩的方式发放。④ 此一税收政策曾被视为是税法致力于解决上市公司内部管理层与股东之间的代理成本问题的有力举措。然而,令人始料未及的是,在税法的刺激下,美国上市公司的确不再发放大额现金薪酬,而是转向大幅度授予股票期权或者业绩股票,后两种薪酬方式构成了美国 CEO 薪酬计划的 60% 以上。它进一步刺激了管理层仅关注公司的短期业绩与股票表现,特别是当前的股票价格,甚至不惜以虚报利润来支持股价的持续上涨,从而实现薪酬水平的最大化。研究表明,2002 年美国爆发的以安然公司、世通公司为代表的大型上市公司财务造假丑闻,其根源就在于股权激励的扭曲,而 1994 年税法修改对高管薪酬结构的规制无意间成为股权激励取代传统薪酬方式的催化剂。⑤

---

① 陈清秀:《税法总论》,台湾翰芦图书出版有限公司 2001 年版,第 47 页。
② 财政部、国家税务总局《关于企业重组业务企业所得税处理若干问题的通知》(财税〔2009〕59 号)。
③ Jonathan Barron Baskin, Paul J. Miranti, Jr., *A History of Corporate Finance*, Cambridge University Press, 1997, pp. 280, 297.
④ Inland Revenue Code, § 162 (m).
⑤ John Coffee, "What Caused Enron? A Capsule Social and Economic History of 1990s", *Cornell Law Review*, vol. 89, no. 2, 2004, pp. 269-309.

有些情形下,特定税法规则的规制导向也可能与利益集团游说相关,因此更容易导致偏惠型处理,背离税收中性原则。这方面的一个例子是美国学者对于税法上区别对待股息收入和股票转让收入的做法——股息所得税率通常远高于资本利得税率——的研究。历史考察发现,美国早期的公司税法仅在公司层面课征所得税,不对股东的股息收入征税,公司的财务决策一般是利润作为股息分配,新的投资所需资金再到资本市场募集。双重课税现象是在20世纪30年代大萧条时出现的,它迎合了当时美国公司的所有权与经营权的分离趋势,因为公司管理层更愿意利润留存,以便进行各种投资。由此,股息分配与利润留存之间形成冲突,而对股息征税能够减小公众股东对公司分红的压力。由此,针对股息收入的歧视性税收处理就一直延续下来,并长期表现为股息所得税率高于资本利得税率,直到2013年美国《促进就业税收优惠协调法案》将股息所得与股票转让的资本利得的税率统一。[①]

　　总而言之,对于税法作为规制工具的价值不宜过高期待。对此,德国公司法学者在谈及德国税法对公司经营的影响时有一段很中肯的评价,这里照录如下:

> ……曾有众多的税负改革追求一个中立于法律形式的征税,也就是税负不应该依赖于所选择的公司形式,而应该依照经济上的履行能力。直到今天,这一目标也未真正实现。这尤其归因于规范对象的高度复杂,但目标冲突也属于其中的原因。在获得国家收入之外,税法还追求经济性的和社会政策性的目标。这些对市场程序的干预大多有不为人希望的后果(附带效应),以至于税法开始常被作为一个促进政策广受欢迎,而事后又被作为税收漏洞饱受诋毁。此外,法律技术性上还要加进来的是必须协调不同的税负种类……与此同时,存在因为经常修订法律而带来负担的问题,而这游离于法治国家原则的边缘。这应了那句"改革之后又面临改革"的话。税法将继续作为一个"不为人希望的公司法法律渊源"。[②]

小　　结

　　相较于公司法以及证券监管而言,会计与税更像是公司财务运作的内在

---

① Steven A. Bank, "Is Double Taxation a Scapegoat for Declining Dividends? Evidence from History", *Tax Law Review*, vol. 56, no. 3, 2003, p. 516.
② 〔德〕格茨·怀克、克里斯蒂娜·温德比西勒:《德国公司法》,殷盛译,法律出版社2010年版,第57—58页。

组成部分,而非外在的规制工具。税构成了公司财务运作中必须考量的一个成本要素,而会计则通过对企业经营过程的核算与列报,展示公司财务运作的成果。不过,相较于公司法日益突显的赋权性特征,会计和税都强调实质重于形式的判断,因此天然地附带着行为规制的色彩。

就另类规制的效果而言,税法较会计准则具有更大的强制性,而会计准则借助与税的密切联系也能够更好地实现规制目的。一个经常被人们提及的逸闻是,在美国,公司所得税法的实施就便利了企业界接受固定资产折旧的会计惯例。早在19世纪末,会计职业就形成了"公司计算利润时必须充分计提固定资产折旧"的观念。然而,由于商人们长期以来抵制计提折旧的会计技术,因此大多数会计师都认为,对所有的公司都计量充分的折旧虽然具有理论上的合理性,但实际上不可行。甚至有会计师预言,还要再过一代人才能让人们接受这种将折旧借记收益的做法。然而,会计师们没有预见到所得税法的引入迅速改变了商人们的态度。随着公司所得税法的实施,折旧费用因能够税前扣除而具有了节税功效,因此会计师说服企业计提折旧的任务一下子轻松了许多。① 甚至还出现了由于公司未能从固定资产的价值中扣除折旧,股东起诉公司董事欺诈的案例。②

当然,会计规制路径的首要特点是呈现"事实真相",这也使得它更多地成为其他规制路径的基础。例如,公司法下追究董事违反信义义务的责任,通常需要借助内部控制程序和财务信息对董事参与相关事项决策的过程和结果进行考察,以至于有"公司治理的语言是会计"之谓。证券监管也大量依赖会计准则作为规制的具体工具;反过来,证券监管也极大地促进了会计准则的实施。如同本书后文提及的"伊利股权激励事件"所显示,当股权激励的会计准则要求期权费用化时,公司可以通过股东大会决议的方式化解会计准则的约束;仅当证券监管部门发出了明确的信息后,股权激励的会计准则才得到真正的落实。会计与税之间更是如此。即使在税务会计与财务会计分离的制度设计下,应税所得与会计利润是两个不同的概念,但应税所得毕竟源于会计利润,仅须对税法上有特别规定的事项进行一番纳税调整而已。从这个意义上看,证券法、会计准则与税法三条路径有相当部分的重合,它们都秉持"实质重于形式"的判断标准,与公司法作为商业组织法的规制路径有机结合,从不同角度对公司财务运作加以引导与规制。

---

① 〔美〕加里·约翰·普雷维茨、巴巴拉·达比斯·莫里诺:《美国会计史:会计的文化意义》,杜兴强、于竹丽等译,孙丽影、杜兴强审校,中国人民大学出版社2006年版,第230页。
② *Cameron v. First Nat'l Bank*, 194 S. W. 469 (Tex. Civ. App. 1917).

第七章 规制路径背后的现代公司财务理论

凯恩斯有一段名言:"经济学家和政治哲学家们的思想,不论他们在对的时候还是在错的时候,都比一般所设想的要更有力量。的确,世界就是由他们统治着。"①

在公司财务规制路径重塑的背后,是 20 世纪 50 年代后的经济学、财务(金融)学研究对法律实践及其法学研究的冲击。本书第一章第二节描述了现代公司财务理论的狂飙突进,从会计学的分支转型为经济学的分支,甚至成为引领经济学研究的火车头。它与同期兴起的新制度经济学、特别是企业理论双剑合璧,重新演绎了公司财务的内在逻辑。其实,不论是细致琐碎的会计实务,还是简洁优雅的财务公式,抑或是对企业与公司法的经济分析,都将传统法律规制逻辑过于简化、非理性的一面充分暴露出来。

20 世纪 60 年代初,法律经济学奠基人之一——亨利·G.曼尼发表了《对现代公司的高阶批评》,指出公司法与商法一样,本质上不是规制的法律,而是顺应商业实践发展的法律部门。公司法研究缺乏对现代公司系统的、完整的经济分析,忽略了影响公司这种商业组织形式的经济力量,包括高度复杂的资本市场所施加的各种压力、争夺经理人才能的市场以及最终来自公司产品的市场竞争,导致公司法学者"一直在攻击一个他们并没有真正理解的制度,适用着并不恰当的标准"。② 由此拉开了经济学对法律领地长驱直入的序幕。三十年后,诺贝尔奖得主加里·贝克尔心满意足地评论道:"法经济学——以及经济学分析在其他社会科学领域的应用——如此成功的一个原因就是经济学提供了一套系统的、广阔的观察问题的方法,而这是该领域此前的任何理论与分析都无法与此媲美的。"③他甚至感叹"法经济学并不意味

---

① 〔英〕约翰·梅纳德·凯恩斯:《就业、利息和货币通论》,高鸿业译,商务印书馆 1999 年版,第 396 页。
② Henry G. Manning, "The 'High Criticism' of Modern Corporation", *Columbia Law Review*, vol. 62, no. 3, 1962, pp. 399-432.
③ Douglas G. Baird, "The Future of Law and Economics: Looking Forward", *University of Chicago Law Review*, vol. 64, no. 4, 1997, pp. 1129-1132.

着经济学分析的彻底成功,因为它替代的不过是一个分析方法很薄弱且缺乏系统性的领域。这种替代如此轻而易举,以至于法经济学本身的局限性都很少被人注意到"。

早在20世纪40年代,类似的评论是从会计实务的角度作出的:"……在合伙与公司领域,有很多判决明显是在律师及法庭无法或者未能像一名会计师那样分析相关问题而作出的。而且,在很多的问题上,法庭明显感到很棘手,判决意见中对这些问题的说理含糊不清,令人很不满意,但如果用会计原则来分析这些问题,就很容易找到合适的解决方式。"①

如果说,法律人对于早期会计实务的挑战还可以以"文字"与"数字"有别而置之不理②,但现代公司财务理论、企业理论等对公司财务进行解剖所洞悉或揭示的人性,与工具导向的、以规范人的行为为使命的法律所指向的目标并无二致但却得出完全相反的结论,这一切使得法律人无法再视而不见,规制路径的重塑在所难免。本章无意逐一检视现代公司财务理论、法律的经济分析甚至会计实务对法律规制的挑战,而是选择其中与公司财务的传统规制最相关的几个主题——MM定理与公司资本制度、风险资产的定价与股东权益保护、公司控制权市场与并购规制——进行介绍,重点展示这些理论背后的方法论意义,特别是对市场力量以及套利机制的强调,它们如今已经深深地嵌入对公司财务法律问题的分析框架当中。

一、MM定理与公司资本制度

作为现代公司财务理论开山之作的MM定理(Modigliani-Miller Theorem)又称为MM不相干定理,是以两位发明人——莫迪格里安尼(Franco Modigliani)和米勒(Merton Miller)——的姓氏首字母来命名的一个理论,包括公司资本结构与公司价值不相干以及股利政策与公司价值不相干两套命题。有意思的是,MM定理对资本结构的关注与传统公司法规制公司财务的起点——债务规模与出资管制——似乎不谋而合。也正因为此,它也被公认"为理解规制公司资本结构的法律提供了分析工具"。③

---

① William J. Graham, "Law and Accounting", *North Carolina Law Review*, vol.17, no.1, 1938, pp.19-30. 该作者时任芝加哥大学商学院会计学副教授,与芝加哥大学法学院院长Wilber G. Katz合作著有 *Accounting in Law Practice*。
② 在英国,会计职业与法律职业一度被分别视为"数字权威"与"文字权威"。
③ Douglas G. Baird, "The Future of Law and Economics: Looking Forward" *University of Chicago Law Review*, vol.64, no.4, 1997, p.1131.

1. MM 定理之前与之后的财务世界

公司各种融资方式的组合就是"资本结构",或称"财务结构"。① 换言之,资本结构指的是公司债务融资占总融资的比率,即杠杆比率。② 资本结构的最简单问题是:为什么公司会有一种(个)以上的投资者?为什么会有股份与债务资本之分?不同比例的股权与债权的组合是否会影响公司价值?在现实资本市场上,这个问题也被称作"资本结构之谜"(capital structure puzzle)。

20 世纪初美国企业科学管理理念的兴起,推动了大型制造业企业开始探索公司资本结构的合理区间,并逐渐从实务中提炼出一些显示财务基础安全边界的负债与资产结构的指标。与此同时,一些发达国家的政府机构或金融机构也搜集并定期公布各行业和财务方面的统计指标,为报表使用人进行财务分析提供帮助。由此产生了通常被认为代表企业理想的财务状况、可作为一般报表分析之参照标准的"标准财务比率"以及相应的"理想财务报表"。下表列示了以百分率表示的理想资产负债表,其中债务占总资产的比例为 40%,包括 30% 的流动负债和 10% 的长期负债。③ 这些比例也反映了一种非常朴素的"债务应该与股本相衬"的谨慎经营观念。

表 7.1　理想资产负债表

流动资产		60%	负债:		40%
速动资产	30%		流动负债	30%	
盘存资产	30%		长期负债	10%	
固定资产		40%	所有者权益		60%
			实收资本	20%	
			公积金	30%	
			未分配利润	10%	
资产总计		100%	负债与所有者权益总计		100%

1958 年美国财务学家莫迪格里安尼和米勒在《美国经济评论》杂志上发

---

① 习惯上,涉及有关负债和所有者权益的选择即指资本结构决策,但是,"财务结构决策"这个术语可能会更精确。参见〔美〕斯蒂芬·A. 罗斯、伦道夫·W. 威斯特菲尔德、杰弗利·F. 杰富:《公司理财》(原书第 6 版),吴世农、沈艺峰、王志强等译,机械工业出版社 2005 年版,第 302 页,注 1。
② 〔美〕道格拉斯·R. 埃默瑞、约翰·D. 芬纳蒂,约翰·D. 斯托:《公司财务管理》(第二版),靳新、王化成、李焰译,中国人民大学出版社 2008 年版,第 497 页。
③ 刘燕:《会计法》(第二版),北京大学出版社 2009 年版,第 435 页。

表了《资本成本、公司财务及投资理论》一文,提出完备市场条件下资本结构与公司价值无关。① 所谓完备市场是一种理想的完全竞争市场状态,类似于实验室里的无菌环境。它需要满足以下七个条件:(1) 资金潜在供应者和使用者进入市场不存在障碍,因此个人投资者可以像公司一样无成本地借入资金或制作杠杆;(2) 有充分且完善的竞争,也就是说,每个市场参与者的规模都充分小,其行为不会影响价格;(3) 金融资产无限可分;(4) 没有交易成本,包括破产成本、代理成本等;(5) 所有存在的信息对每个资本市场参与者而言都是可以免费充分获取的;(6) 没有不对称税负;(7) 交易中没有政府或其他限制。②

在这一完备市场环境中,资本结构不会影响公司价值。因为资本结构选择是一个纯粹的风险—收益均衡问题,而在完备的资本市场环境下,公司价值仅取决于它未来期望的经营现金流量的大小和资本成本的高低,而不是取决于这些现金流量如何在股东和债权人之间进行分配。在公司既定的投资方案下,杠杆只是显示了公司投入资金的不同来源,杠杆比率的大小既不会影响投资项目,也不会影响资本成本;即使杠杆会增加投资价值,股东也可通过借款来创造个人杠杆。因此,处于完备市场中的公司不能利用杠杆增加其价值,因为股东可像公司一样便宜地利用杠杆。③

在 MM 定理横空出世之前,尽管有着公司、会计师或者投资银行家的经验总结,但人们认为财务杠杆对公司价值的影响复杂难解,而莫迪格里安尼和米勒提出一个令人眩目的简单结论:在不同的资本结构下,公司的总价值总是相同的,公司无法通过改变其资本结构的比例来改变其流通在外的证券的总价值。④ 如果杠杆公司定价过高,理性投资者将只以个人账户借款来购买非杠杆公司的股票,即自制财务杠杆。只要投资者个人能以与公司相同的条件借入或贷出,他们就能靠自己借款来复制公司层面的财务杠杆的影响。换言之,对公司的股东而言,既没有任何较好的也没有任何较坏的资本结构。

MM 定理初看上去令人震惊并且有些违反直觉,即使对经济学家也是

---

① F. Modigliani and M. H. Miller, "The Cost of Capital, Corporate Finance and the Theory of Investment", *American Economic Review*, vol. 48, no. 3, 1958, pp. 261-297.
② 〔美〕道格拉斯·R. 埃默瑞、约翰·D. 芬纳蒂、约翰·D. 斯托:《公司财务管理》(第 2 版),靳新、王化成、李焰等译,中国人民大学出版社 2008 年版,第 487 页。
③ 同上书,第 479、518 页。
④ 〔美〕斯蒂芬·A. 罗斯、伦道夫·W. 威斯特菲尔德、杰弗利·F. 杰富:《公司理财》(原书第 6 版),吴世农、沈艺峰、王志强等译,机械工业出版社 2005 年版,第 286 页。

如此。它所依赖的"完备市场"的前提假设尤其遭人诟病。① 然而,这无损于 MM 定理对于公司财务理论研究的里程碑式的意义。因为,这是学界第一次透过企业资本结构的表面去研究内部的运行机制,进而找出企业资本结构与价值之间的关系的理论尝试。相对于其具体的结论,MM 定理最大的创新在于其简洁而有力的论证方式,开启了对资本结构问题进行科学而规范的研究的基本路径。其中,"套利"也是其最富创新的方法论;② 而这一研究进路的背后,则是两位财务学家对于市场竞争这一本质的坚定不移的恪守。当然,米勒教授后来回忆他与莫迪格里安尼教授之间的讨论过程时,也不无风趣地说:"莫迪格利安尼拥有套利者及意大利外汇投机者的心智,他总是用这些字眼思考问题。"③这里将 MM 定理论证思路做一简要描述,从中可以看到,市场中的投资者如何通过套利机制对具有不同资本结构的公司进行投资决策来达到相同的结果。

2. 资本结构为什么与公司价值不相干?

套利机制的论证过程可以分三步来看:

步骤一　公司价值取决于未来产出的现金流,不取决于资本结构

从理论上说,投资者对公司股票价值的评价是基于股票未来能够带来的现金流。假定有一家公司 A,其投资与经营决策、资金总量均给定,因此公司未来的现金流收益是确定的,在经济衰退、正常、扩张三种状态下分别可获得 400 美元、1200 美元、2000 美元。

在上述背景下,关于公司资本结构的安排,A 公司可能选择无杠杆的完全股权融资,方式是:发行 400 股普通股,每股市价 20 元,合计权益资本 8000 元;也可以按照一倍杠杆,即"50%股权融资+50%的债务融资",此时将发行股票 200 股,每股市价 20 元,募集权益资本 4000 元;另以票面利率 10%发行债券 4000 美元。这两种资本结构在经济正常、扩张、衰退三种不同状态下,将给该公司股东提供如下表所示的每股预期收益④:

---

① 〔法〕让·梯若尔:《公司金融理论》,王永钦校,王永钦、许海波、佟珺、孟大文译,中国人民大学出版社 2007 年版,第 120 页。
② Merton H. Miller, "The Modigliani-Miller Propositions After Thirty Years." *The Journal of Economic Perspectives*, vol. 2, no. 4, 1988, pp. 99-120.
③ 〔美〕彼得·伯恩斯坦:《投资革命——源自象牙塔的华尔街理论》,李繁康、邓哲夫、李挺生译,上海远东出版社 2001 年版,第 205 页。
④ 例示出自〔美〕斯蒂芬·A. 罗斯、伦道夫·W. 威斯特菲尔德、杰弗利·F. 杰富:《公司理财》(原书第 6 版),吴世农、沈艺峰、王志强等译,机械工业出版社 2005 年版,第 283—286 页,略有改写。

表 7.2　A 公司每股收益对照表

	A公司的资本结构	经济衰退	正常预期	经济扩张
情形一：A 公司全股权融资状态下的每股收益	权益 8000 美元（400 股普通股）	1 美元（400/400）	3 美元（1200/400）	5 美元（2000/400）
情形二：A 公司 50%杠杆率下的每股收益	权益 4000 美元（200 股普通股），债务 4000 美元	0 美元（400－4000×10%）/200	4 美元（1200－4000×10%）/200	8 美元（2000－4000×10%）/200

上表中，由于在两种资本结构下 A 公司的投资经营决策和投入的资金量均相同，因此，每股收益的差异主要源于未来的经济环境和债务利息的固定支出两个因素。在正常经济条件下以及经济扩张时，预期收益大于固定利息支出，因此有杠杆状态下的每股收益率比无杠杆状态下要好。但当经济衰退时，预期收益小于固定利息支出，无杠杆状态下的股东收益就不及无杠杆状态。

但是，如果考虑到债务会带来破产风险，有杠杆公司的股东未必会对更高的股息收益率感到满意。因此，考虑到股东本身的风险偏好存在差异，很难笼统地说哪一种资本结构对股东更有益。

步骤二　股东自制杠杆

既然公司层面难以选择，那么有不同风险偏好的股东可以通过自制杠杆的方式来改变公司本身的资本结构的效果，这样就消除了公司的资本结构带来的影响。

具体来说，针对上述 A 公司的两种不同的资本结构，投资者甲可以分别实施相反的投资策略，但获得同等金额的股息回报：(1) 针对 50%杠杆率的公司，甲用自有资金买入 100 股，即不加杠杆；(2) 针对无杠杆公司，甲除用自有资金买入 100 股外，还借入同等数量的资金（自制杠杆 50%），合计买入无杠杆公司的股票 200 股。由于 A 公司股票价格为 20 元，甲买入 1000 股需要自有资金 2000 元，买入 200 股时另借入资金 2000 元，借款利率与公司借债利率相同，均为 10%。

表 7.3、表 7.4 分别显示了甲在策略一、策略二下的收益和成本。

表 7.3　策略一：投资者用自有资金买入有杠杆公司的股票

	A 公司的资本结构	经济衰退	正常预期	经济扩张
A 公司有杠杆状态下的每股收益	权益 4000 美元 债务 4000 美元	0	4	8
甲买入 100 股的收益（自有资金投资 2000 美元）		0	400	800

表 7.4　策略二：投资者自制杠杆买入无杠杆公司的股票

	A 公司的资本结构	经济衰退	正常预期	经济扩张
A 公司无杠杆状态下的每股收益	权益 8000 美元	1	3	5
甲买入 200 股的收益（初始资本 2000 美元＋借入资本 2000 美元）		200	600	1000
借入资金 2000 美元的利息（利率 10%）		−200	−200	−200
净收益		0	400	800

从上表可以看出，投资者甲在初始成本 2000 美元的条件下，他可以直接购买有杠杆公司的股票，也可以通过借款来自制与有杠杆公司相同的个人杠杆率，以便买入更多的无杠杆公司的股票。两种情形下，投资者甲获得的收益是相同的。这里展示了一个非常重要的、乍看起来令人吃惊的结果：A 公司的资本结构变动既无助于、也无损于公司股东，因为公司股东可以通过自制杠杆的方式达到与公司利用杠杆时相同的收益。

步骤三　市场套利驱动下的均衡

套利，用经济理论术语即是"一价定律"（Law of One Price），意思是说，两个具有相同特质的资产，应该以同样的价格出售；而在两个不同市场进行交易的同一种资产，也应该以同样的价格进行买卖。如果该资产出现不同的价格，就会产生获利的机会，投资人可以卖出价格高估的资产，买进价格低估的资产，从而锁定一笔确定的利润。如果很多人都这样做，就会拉平原来的价差，市场也就回到均衡状态。①

回到资本结构的场景中，前述诸表中对 A 公司价值的赋值隐含着杠杆公司与无杠杆公司的价值相同的前提，都是 8000 美元，只不过前者体现为 4000 美元权益＋4000 美元债务；而后者为 8000 美元权益。其内在的逻辑是公

---

① 〔美〕彼得·伯恩斯坦：《投资革命——源自象牙塔的华尔街理论》，李繁康、邓哲夫、李挺生译，上海远东出版社 2001 年版，第 204 页。

司价值取决于投资决策而非资本结构,即取决于资产负债表的左边而非右边。

现在假定由于某种原因(如市场偏好 A 公司有杠杆状态下更高的每股收益),杠杆公司价值实际上高于无杠杆公司价值,由于债务价值固定,它意味着杠杆公司的股票价格高于无杠杆公司的股票。那么,投资者就会抛掉杠杆公司的股票而自制杠杆买入无杠杆公司的股票,这样,投资者在获得等额收益时支出的成本更小。或者相反,如果杠杆公司的价值实际上低于无杠杆公司的价值,即杠杆公司的股票更便宜,则投资者会抛掉无杠杆公司的股票,归还借款,然后用自有资金买入杠杆公司的股票,以较小的成本获得等额的收益。最终,投资者的这种套利操作将推动杠杆公司、无杠杆公司的价值趋向相同。

由此,我们得到 **MM 命题 I(无税)**:杠杆公司的价值等同于无杠杆公司的价值。用公式来表达:

$$V=EBIT/r=EBIT/WACC（加权平均资本成本）$$

该命题意味着:(1) 企业的价值不受资本结构的影响;(2) 杠杆企业的综合资本成本等于与该企业具有相同风险等级的其他无杠杆企业的权益资本成本,即 $r=WACC$;(3) r 和 WACC 的高低视企业的经营风险而定。

由此,还可以进一步推导出 **MM 命题Ⅱ(无税)**:杠杆企业的权益资本成本等于无杠杆企业的权益资本成本加上风险溢价,风险溢价的高低取决于负债程度的高低。[1]

3. 股利政策为什么与公司价值不相干?

股利政策是指公司派发股利的时间安排,特别是,公司应当派发目前盈余的大部分还是小部分作为股利,或者在特定时期内不派发股利。公司财务理论研究的是,这些不同的股利分配决策是否影响公司价值与股东利益?

长期以来的商业实践以及传统公司财务理论都认为股利对于股东很重要,公司持续而稳定地派发股利最有利于股东以及资本市场的决策。1917年出版的一本影响很大的《商业财务》书籍称:"最具有实践重要性的原则是:人们高度期待一个有规律的股息率。"[2]著名投资分析人士本杰明·格雷厄姆描述了传统智慧的理由:"股息回报还是普通股投资中至关重要的因素。这个认识基于一个简单的推理,工商业公司经营的主要目的是为了向它的所有者支付股息,所以一家成功的公司应该具有定期支付股息并且逐步提高股

---

[1] 胡奕明主编,陈欣、石桂峰、徐晓东副主编:《公司财务》,中国财政经济出版社2010年版,第430—432页。

[2] William H. Lough, *Business Finance*, Ronald Press, 1922, pp. 440-441.

息率的特征。由于投资的概念与可靠的收益有着密切的联系,因此普通股投资的对象通常集中于对那些股息分配有规律的证券。同样,对投资性普通股所支付的价格将主要决定于股息的规模。"[①]

然而,1961年,MM定理的两位发明人再次以"不相干"结论震惊公司财务领域。在《股利政策、增长和股票估值》一文中,米勒和莫迪格里安尼指出,在一个完备的资本市场环境中,股利政策与公司价值无关。[②] 与三年前的资本结构不相干论文一样,MM再次用简洁而有力的论证来表明,在公司任何一种股利政策下,股东都可以相机行事,从而使得公司的股利政策既不影响公司的价值,也不影响股东的利益,而其背后的机理仍然是套利。

步骤一　公司价值与股利政策无关

举例来说,A公司是一家已经存在20年的采矿公司,发行在外100股普通股,无负债。鉴于矿石基本开采完毕,公司计划在两年后终止经营。包括清算所得在内,公司在接下来的两年中预计产生的现金流量是每年1万美元。假定公司有如下的两种股利政策可供选择,简单的计算可以表明,两种股利政策下公司的股票价值都是一样的,也即股东权益不受股利分配政策的影响。[③]

股利政策一:股利与现金流量相等

A公司决定,第一年末、第二年末派发的股利都等于1万美元的现金流量。

由于A公司有100股流通在外,因此每股股利是100美元。按照资本市场惯常采用的估值方法,股票价值等于未来股利的现值。设定必要报酬率为10%,则每股股票的当前价值P_0如下:

$$P_0 = D_1/(1+R) + D_2/(1+R)^2$$
$$= 100 \text{美元}/1.10 + 100 \text{美元}/1.10^2 = 173.55 \text{美元}$$

因此,整个A公司的价值就是100×173.55美元$= 17355$美元

股利政策二:首期股利大于现金流量

A公司决定,第一年末的派发日发放1.1万美元的股利,第二年末发放8900美元的股利。

由于现金流量只有1万美元,比拟发放的股利少1000美元。公司必须

[①] 〔美〕本杰明·格雷厄姆、戴维·多德:《证券分析》,邱巍、李春荣、黄铮译,吴有昌校,海南出版社1999年版,第335—336页。

[②] M. H. Miller and F. Modigliani, "Dividend Policy, Growth and the Valuation of Shares," *Journal of Business*, vol. 34, 1961, pp. 411-433.

[③] 例示出自〔美〕斯蒂芬·A.罗斯、伦道夫·W.威斯特菲尔德、布拉德福德·D.乔丹:《公司理财:精要版》(第6版),方红星译,机械工业出版社2004年版,第351—352页,略有改写。

筹集这笔资金,例如发行1000美元的债券或股票。假定A公司发行的是股票,且新股东认缴股票付出的1000美元也将要求10%的股利回报,这样他们在第二年年末时需获得1100美元的现金流量。鉴于A公司在第二年末的现金流为1万美元,剔除给予新股东的报酬,分派给老股东只有8900美元。换言之,老股东收到的股利为:第一年末110美元/股;第二年末89美元/股。计算老股东的每股股利的现值P_0如下:

$$P_0 = D_1/(1+R) + D_2/(1+R)^2$$
$$= 110 美元/1.10 + 89 美元/1.10^2 = 173.55 美元$$

因此,在第二种股利政策下,股票的现值与第一种股利政策下相同,公司的价值也相同,均为17355美元(100×173.55)。对此的解释很简单:任何在某一时点所增加的股利,正好被其他时点所减少的股利所抵销,因此,一旦考虑时间价值,不同股利政策差异的净效果将是零。

步骤二　股东自制股利

一种比上文更直观的论证方式,是从股东自制股利的角度来说明股利政策为什么与公司价值及股东收益无关。

假定有一个投资者甲,他偏好前述A公司的第一种股利政策,即在第一年年末和第二年年末都收到每股100美元的股利。如果现实中公司采取了第二种股利政策(第一年年末110美元,第二年年末89美元),他可以通过自制股利的方式将其转化为第一种股利政策,具体做法是:将第一年年末收到的额外10美元再购入A公司的股票,以获得10%的收益。这样,到第二年年末,他实际取得的股利现金流为100美元,即公司派发的89美元加上新增投资获得的11美元,最终效果与公司采取第一种股利政策时相同。

或者,甲可能偏好第二种股利政策(第一年年末110美元,第二年年末89美元),但公司偏偏采取了第一种股利政策。此时,甲依然可以通过自制股利的方式进行调整,以获得同样的现金流收入。具体做法是:在第一年年末收到公司派发的100美元股利后,出售价值10美元的股票,额外获得10美元现金,合计现金流达到110美元。由于这项投资的报酬率是10%,甲在第二年年末放弃了11美元(=10美元×1.1),实际到手的股利现金流为89美元(=100美元-11美元),正好与公司的第二种股利政策的效果相同。

上述从投资者自制股利角度的分析表明,如果股东对公司采取的股利政策不满意,他可以自主地调整自己的持股比例或现金比例,从而实现自己希望的股利政策。这也意味着,公司不论采取哪种股利政策,对于股东都没有实质影响。

当然,与资本结构不相干命题一样,股利政策不相干论证过程的前提也是存在完备市场的状态,即股东对公司未来的股利政策有充分了解,而且可以无成本地进行自制股利的活动。实际上,完备市场是不存在的,各种交易成本都会影响到股东最终的收益计算。例如,考虑到股东就股息缴纳的个人所得税,则公司不派发股息,而是由股东自制股息对股东收益更大;但是,对于退休基金等免税的机构投资者,发放股息则更为理想。自制股利也会受制于资本市场交易税,增加了投资者套利的成本。从这个角度看,当市场不完备时,公司采用何种股利政策的确会对股东利益和公司价值产生影响。

4. MM 定理对传统法律规制路径的冲击

在社会科学研究中,最重要的往往是提出了一个正确的问题。MM 定理在公司财务理论中的贡献正在于此。就其两大核心观点——资本结构不相干、股利政策不相干假说而言,虽然其赖以建立的前提——完备市场条件——在现实中不存在,但所限定的各项约束条件构成了一个相对完整的分析框架,为后续的研究提供了一般性指南。不论是支持还是反对 MM 定理的资本结构理论及股利政策研究,都是从放松这些约束条件下发展起来的。斯蒂格利茨教授从经济学家的角度感慨地说,"一篇声称人们不需要太过于在意资本结构的文章已经使经济学家的注意力集中到财务学上"。[①]

由于影响资本结构因素的多样性,从某种意义上说,关于资本结构以及股利政策的所有争论都陷入了所谓"两面派律师"(two-faced lawyer)的困境。[②] 一方面,有许许多多的理由认为公司应该尽可能采用高债务、低权益的资本结构,以最大化债务给公司带来的税盾收益;或者不发放股利,以减少个人所得税给股东带来的损失。另一方面,又有成百上千的理由支持公司采取更为保守的资本结构,甚至全权益结构,以降低财务困境成本;或者,公司尽可能多地发放股利,以满足股东的现金偏好、向资本市场传递积极信号、降低公司管理层的代理成本,等等。不同因素导致不同资本结构均有合理性,高股利政策与低股利政策也均有存在价值。公司经理、财务专家、学者孜孜以求的"最优资本结构"与"最佳股利政策"始终像水中月、雾中花。对此状况,美国财务学会前会长斯蒂芬·罗斯教授有一段中肯的评价:"财务界对财务领域不同课题的认识程度深浅不一。例如,资本预算技术既权威又精确,

---

[①] 沈艺峰:《资本结构理论史》,经济科学出版社 1999 年版,第 52—53 页。
[②] 这个说法来自美国前总统杜鲁门先生,每当人们要求其幕僚与律师召开会议讨论总统决策的法律含意时,杜鲁门回应说"我不想见两面派律师":"有的律师一方面建议你基于以下理由应该这样做,另一方面基于其他原因又建议你不应该这样做。"转引自〔美〕斯蒂芬·A.罗斯、伦道夫·W.威斯特菲尔德、杰弗利·F.杰富:《公司理财》(原书第 6 版),吴世农、沈艺峰、王志强等译,机械工业出版社 2005 年版,第 356 页。

用一个简单的净现值公式就可以准确地判断出数百万美元的项目是否应该投资。资本资产定价模型和套利定价模型也可以有效地解决预期报酬与风险之间的关系。与此相反,人们关于资本结构知之甚少。尽管许多精湛的理论都认为公司价值与负债水平有关,但无法给出一个可用来计算公司的最佳负债权益比的公式。实务界不得不凭经验行事,例如,将行业平均负债权益比作为企业的最佳比率。财务界对于股利政策的认识或许与资本结构差不多。我们只是知道:(1) 不论有无个人所得税,公司都应该避免通过取消净现值大于零的项目,而将节约下来的现金用来发放股利的做法;(2) 存在个人所得税时,公司应该避免发行新股来发放股利;(3) 当公司面临的有利可图的新投资机会较少,而现金又十分充裕时,公司可考虑回购其股票。……因此,相对于可供利用的现金流量来说,净现值大于零项目较多的公司应该采取低股利支付率政策;净现值大于零项目不多的公司应该采取高股利支付率政策。此外,股利平滑化有一定的益处,大多数公司尽量避免不必要的股利变化。但是,不管怎样,目前仍然没有找到公式来计算最佳股利支付率。"[1]

尽管如此,以 MM 定理为代表的公司财务理论对公司资本结构、股利政策的分析,特别是对影响资本结构、股利政策诸因素的揭示,依然令传统公司法在这个领域的规制方式相形见绌。例如,传统公司法对于公司负债规模的规制,似乎并没有充分的论证或数据支持。不论是英国早期公司法关于负债不超过注册资本 1/3 的规定,还是我国公司法、证券法关于债券融资不超过净资产 40% 的要求,或者中外合资经营企业法对于债—股比例的规定,都来得比较突兀。现代的一些资本管制手段也难逃同样的批评。例如,曾被誉为"现代化的公司分配规则"的美国加州公司法对利润分配限制设定的财务比率要求,也很难说有充分的证据支持相关比率的科学性。甚至目前全球银行业通行的资本充足率 8% 的监管指标也备受诟病。从这个角度看,现代公司财务理论以其简洁有力的理论模型以及持续丰富的实证研究,瓦解了公司法粗放式规制的正当性基础。

不仅如此,20 世纪 70 年代后资本结构理论研究引入了代理成本理论为核心的新制度经济学视角,以及以信息经济学和行为金融学为核心的行为经济学视角,二者都与公司法视角有相当部分的重合。其中,詹森和麦克林提出的代理成本理论对公司资本结构之谜的解释与法律规制尤其相关。他们认为,公司财务中的核心问题与其说是资本结构问题,不如说是所有权结构

---

[1] 〔美〕斯蒂芬·A.罗斯、伦道夫·W.威斯特菲尔德、杰弗利·F.杰富:《公司理财》(原书第 6 版),吴世农、沈艺峰、王志强等译,机械工业出版社 2005 年版,第 373 页。

问题。在代理成本下,经理人在多大程度上持有公司的证券,以及这种股权如何影响经理人对承担风险和追求最大的回报的态度,是考虑公司最优资本结构时的关键因素。一个设计完善的激励补偿计划的制度安排对于在经理人和投资者之间建立相互满意的关系至关重要。换句话说,MM 定理的资本结构不相干假说就像是说:"公司价值这块蛋糕的大小由外生因素决定,与如何切蛋糕(公司价值如何在股东和债权人之间分配)无关"。而代理成本理论则认为,公司的不同资本结构所带来的代理成本大小不同。一旦作为代理人的管理层的决策无法通过限制条款完善地明确下来,那么,那些作出决策的人的激励将影响公司的收入(蛋糕的大小),因此蛋糕如何分就非常重要了。①

就股利政策而言,代理成本视角的观察对于完善对公司利润分配行为的监管也有启发。例如,詹森教授提出的"自由现金流量"假说,认为公司拥有过于充沛的现金流有利于维持经理人的帝国,并导致效率低下的投资。② 因此,为促使公司管理层不断接受资本市场的考察、评估,应督促公司发放股息,这样当公司需要资金时,就不得不回到资本市场来融资并接受市场挑剔的目光。一些秉持法经济学进路的公司法学者也得出了同样的结论。③ 近年来,法与金融学派的研究也非常明确地指出,在公司内部人(包括管理者与控股股东)与外部人(包括少数股东在内的外部投资者)之间因利益冲突所引起的代理问题中,股利可以发挥一定的作用。他们描述和测试了股息分配的两种代理模式:一种是"结果模式"——股息分配的原因是少数股东迫使公司内部人吐出现金;另一种是"替代模式"——有兴趣在未来发行股份的内部人支付股息以便建立其正当对待少数股东的名声。第一种模式预测,强大的少数股东权利应当与更好的股息支付相关,第二种模式的预测正好相反。实证研究支持股息的结果代理模式。通过股利的支付,内部人不得不将公司盈利返还给外部投资者,从而无法再利用这些盈利来为自己谋取私利。因此,股利可以被看成是给予外部投资者在某种程度上控制内部人的机会。④

---

① 〔法〕让·梯若尔:《公司金融理论》,王永钦校,王永钦、许海波、佟珺、孟大文译,中国人民大学出版社 2007 年版,第 121 页。
② M. C. Jensen, "Agency Costs of Free Cash Flow, Corporate Finance and Takeovers", *American Economic Reivew*, vol. 76, no. 2, 1986, pp. 323-329. 自由现金流是指公司的全部现金流在扣除了按照相关资本成本折算拥有正的净现金流的投资项目所需资金之后剩余的现金流。
③ Danial Fischel, "The Law and Economics of Dividend Policy", *Virginia Law Review*, vol. 67, 1981, pp. 699-726.
④ R. L. Porta, F. Lopez-de-Silanes, A. Shleifer, R. W. Vishny, "Agency Problems and Dividend Policies around the World", *The Journal of Finance*, vol. 55, no. 1, 2000, pp. 1-33.

可以说,在现代公司财务理论的冲击下,如今即使不赞同公司法合同解释进路的学者也承认,"传统法定资本下与公司分配相关的规则实际上与经济现实之间没有什么关联性"。① 哈佛大学法学院伯切克教授认为,公司法对发放股利的规制仍然是一个重要的问题,但"现行州法对股利施加的限制通常来说如此微弱或者无效,因此这些规则实际上没有什么意义"。②

二、风险资产的定价与股东权益保护

与 MM 定理侧重于公司财务结构不同,现代财务理论的另一大重心是对资本市场内在运行机制的研究,发掘理性投资者的决策行为法则,解决不确定情形下的风险资产定价问题。在 1952—1973 年间,投资组合理论、有效资本市场假说、资本资产定价模型、套利定价理论、期权理论等学术创新喷薄而出。尽管上述学说所依托的是理想中的无摩擦、无税收、无交易成本的完美市场,而实证研究以及行为金融学等学科对理性人假设以及资本市场的有效性等提出了大量反例,不过,由于挑战者缺乏"完善的、内部一致且可验证"的分析框架③,因此上述金融/投资/财务理论仍然是人们理解资本市场内在逻辑的基本分析工具。法律实践以及法学研究也热情地拥抱这些新的理论与方法,在并购重组、破产重整、异议股东评估补偿权、公用事业费率管制等领域处理资产定价问题或估值争议时,抛弃传统的法律规制理念,转而采用金融界普遍认可的公式与推理。

1. 传统的股票估值方法

股票既是股东对公司权益份额的表彰工具,也是股市中的交易对象,其背后则是对发行股票的商业组织自身价值的评估。股票估值既是一个经济现象,也是一种法律实践。就前者而言,对商业组织自身价值的有效评估是建立广泛的、非个人化的证券市场的一个前提条件;就后者而言,以异议股东评估补偿权为例,自从美国 1896 年新泽西州《公司法》放弃对企业合并的股东一致决而改采多数决原则,异议股东的评估补偿权就成为公司并购的标配,不愿意参与公司合并交易的股东可以要求公司回购其股份,并由法院决

---

① Melvin Avon Eisenberg,"The Modernization of Corporate Law: An Essay for Bill Cary", *University of Miami Law Review*, vol. 37, no. 2, 1983, p. 200.
② Lucian Ayre Bebchuk, "Federalism and the Corporation: The Desirable Limits on State Competition in Corporate Law", *Harvard Law Review*, vol. 105, no. 7, 1992, p. 1490.
③ Edwin J. Elton, et al., *Modern Portfolio Theory and Investment Analysis*, 7th ed., p. 498. 转引自〔美〕罗伯塔·罗曼诺编著:《公司法基础》(第二版),罗培新译,北京大学出版社 2013 年版,第 90 页。

定公司股份的公允价值。

　　早期的一种尝试是借助普通股的面值(par value)作为估值的粗略标准。这是一个合乎逻辑但并不令人满意的选择,因为描述企业状况的信息来源不多,股票面值尚属于其中最为明确的信息来源之一,至少公司的价值应当等于股东们投入经营中的资本的数额。尽管可以预期公司的保留盈余可以增加股票价值,但一方面,在公司内部有股东分红的偏好与压力,另一方面,证券市场中投资者几乎不可能获得公司保留盈余的准确信息。当然,投资者也会探索一些比对性的指标,如股票的市场价值与面值的比率,特定证券的市场与上市时间更长的同业股票之间的比率等。① 对应于上述商业实践,公司法对于股票面值也给予高度关注,要求公司不得折价发行股票,尽可能限制掺水股的出现。不过,当1912年之后美国公司可以合法发行低面值甚至无面值股票,这种分析方法以及规制方式基本上就无意义了。

　　此后的估值方法转向了股票的账面价值(book value),即公司发行在外的普通股所对应的净资产价值。净资产是公司资产扣除负债后的余额,这就要求计量资产与负债的财务会计资料的可靠性。法律对公司财务报告的规制首先针对公用事业、铁路、银行等机构进行,如美国州际贸易委员会(ICC)1887年开始要求铁路公司使用统一的报表进行定期报告,英国同期则对铁路、银行、保险等实施强制审计。1898年,美国最高法院在 Smyth v. Ames 一案中确认,受管制行业中的投资者针对其投资的公允价值有权获得"公允的回报"(fair value)②,这进一步增加了铁路等行业提供可靠的、有实质信息内容的财务报告的压力。然而,如何确定"公允"价值或回报?会计上对于交易确认与计量一直存在着可选择的数种方法,更何况处于行业龙头地位的企业并非都是上市公司,所有权主要集中在人数相对有限的股东手中,因此会计的主要目的不是为外部投资者服务,而是提供内部管理所需的详细信息,如相关费用大小或者企业分部的盈利状况等。实践中,美国国会在1906年通过了《赫伯恩法》(Heburn Act),授权ICC制定统一的会计计量方法,只是仅适用于受管制的行业,其他工商企业财务报告的质量依然令人担忧。纽约证券交易所对1913年后上市的公司强制实行了报告要求,但并不要求其公布的财务报告接受独立审计,这一状况直到1933年《证券法》以及1934年《证券交易法》出台后方得以改观。

　　到20世纪30年代末,两种完全不同的评价股票价值及其背后的企业价

---

① Jonathan Barron Baskin, Paul J. Miranti, Jr., *A History of Corporate Finance*, Cambridge University Press, 1997, pp.179-180.
② *Smyth v. Ames*, 19 U.S. 466 (1898).

值的思路基本成型,一个着眼过去,一个面向未来。前者是本杰明·格雷厄姆所代表的基本面分析,建立在公司的资产负债表和损益表的基础上,特别关注公司的有形资产价值。格雷厄姆与多德合著的《证券分析》在很长一段时间内都被誉为投资者的"圣经"。后者是约翰·伯尔·威廉姆斯提出的内在价值法,其代表作《投资价值理论》描述了在确定条件下,股票的内在价值等于发行人公司所有未来股利的现值。[①] 当然,这种股利折现模型需要确定适当的折现率,它一方面要反映货币的时间价值,另一方面反映未来股利支付的不确定性,在此,风险评估就成为一项关键要素。威廉姆斯并未告诉投资人如何确定折现率,不过其思想在日后启发了马科维茨的组合投资研究,并进一步在夏普的资本资产定价模型中解决了折现率问题。

商业实践中估值方法的多元也折射到司法实践中。代表性的例子就是特拉华州的模块法(Delaware block method),它综合考虑了**公司收益、公司股份的市场价值**以及**公司净资产值**三方面因素对股票价值的影响。其中,收益模块的计算方法是对公司的平均年收益进行资本化,即乘以一个视公司基本状况和业务情况不同而定的资本化率(capitalization rate),从而得出公司股票所对应的价值。资产价值模块的计算方法是使用公司的账面价值,即以历史成本法计算的公司资产负债表中的净资产。市场价值模块的计算方法是:若存在公开市场时,以公司股票当前的交易价格为准;若不存在公开市场时,则以该公司股票所能够找到的自愿买家为准。通常情况下,市场价值在加权时会被赋予少量的权重,以防止交易量过小而出现计算偏差。法官对三个模块下算出的股票价值分别赋以不同的权重参数,然后加总计算出公司股票的最终价值。

例如,在 *Piemonte v. New Boston Garden Corp.* 案中,法院认定被告公司股份价值的过程如下:公司的股票市价为 26.5 美元,按每股收益计算的股票价值为 52.6 美元,每股净资产则为 103.16 美元,对上述三个参数分别赋以 10%、40%、50% 的权重,得出被告股份的公允价值为 75.27 美元[②]:

价值模块	权重	结果
市价($26.50)	×10%	= $2.65
收益($52.60)	×40%	= $21.04
净资产($103.16)	×50%	= $51.58
每股价值		$75.27

---

① John Burr Williams, *The Theory of Investment Value*, Harvard University Press, 1938.
② 377 Mass. 719, 387 N. E. 2d, n3. (Mass. 1979).

2. 有效资本市场中的股份价值度量

在不确定条件下的风险资产定价问题的解决经历了一个长期的发展过程。导致现代公司财务理论登场的初始研究集中于两个基本问题：(1) 证券市场中股票价格运动是否可预测；(2) 投资者在这个市场中该如何决策，从而能够在获得投资收益的同时控制住风险。在经历了从效率市场、理性预期、组合投资、风险与收益权衡等一系列理论发展后，资本资产定价模型(CAPM)对资本市场的风险度量以及单个证券的预期回报给出了一个数量性的确切答案。

2.1 有效资本市场假说

传统上，股票市场被认为是一个非理性、充斥着投机与冒险的赌场，或者靠猜测他人品味的选美比赛[1]，但仍有极少数的学者好奇于这个市场的运行规律。从1900年法国数学家巴契里耶的《投机理论》，1933年美国的考尔斯和他赞助的计量经济学会的研究，到不同年代的统计学家搜集的数据，零星的研究都指向股票市场价格的不可测度，即不同时间的价格之间不存在相关性。[2] 美国统计学家肯德尔笔下的这段"漫游记"虽然描述的是芝加哥期货市场，但也完全适用于股市："价格序列看起来像是随机漫步，仿佛机会的魔鬼(Demon of Chance)每个星期都从一堆数字中随机抽取一些数字，把它们加入当期的价格之中，以此来决定下周的价格。须知，我们并不是在谈论发生在那些死气沉沉的小市场中的事儿；相反，这些数字来自芝加哥小麦市场，时间跨度长达五十年，在这段时间内至少存在两次囤积小麦的企图，我们本该看到最疯狂、怪异的价格走势。"[3]

这一现象后来被萨缪尔森解释为金融市场具有内在效率以及竞争性质。在此，"有效率"特指市场反映有关未来股利或资本价值的所有相关和已知的信息的能力。未来的价格变化必然反映了新的因此也是无法预见的信息，正是这种未来状况的不确定性导致了股票价格随意波动。萨缪尔森同时为有效市场理论提供了"理性预期"的经济学假设基础："我们认为在市场中的人们，基于贪婪和理智的自利，将会把未来事件纳入考虑因素，就概率的意义来

---

[1] 〔英〕约翰·梅纳德·凯恩斯：《就业、利息和货币通论》，高鸿业译，商务印书馆1999年版，第159、163页。

[2] 〔美〕马克·鲁宾斯坦：《投资思想史》，张俊生、曾亚敏译，机械工业出版社2009年版，第48—55、65—66页。

[3] Maurice Kendall, A. B. Hill, "The Analysis of Economic Time Series, Part I: Prices," *Journal of the Royal Statistical Society*, vol. 116, no. 1, 1953, p. 13.

说,我们或许可以察觉到,这些未来的事件会把它们的影子投射在事件发生以前。"①

到1970年,尤金·法玛根据对以往学术文献的总结以及他自己针对股价随机波动所做的测试,自信地得出结论:"有广泛的证据支持有效市场假说的证据,相反的证据则很少。"②按照这种观点,资本市场是完美的、无摩擦的,其对股票的定价最大限度地反映了市场对股票内在价值的估计。法玛对市场效率的三分法——弱式有效、半强式有效、强式有效——及其不同程度的市场效率与信息之间的相关性的描述,对证券监管、特别是强制性信息披露规则也产生了很大影响。

2.2 投资组合理论

既然市场无法预测,沉浸其中的投资者应如何行事?凯恩斯、格雷厄姆等"聪明的投资人"认为,挑出预期报酬最大的股票,然后重仓持有。然而,高收益往往也隐含着高风险,古老的智慧提示人们"不要把所有的鸡蛋放在一个篮子里"。1952年,马科维茨与阿瑟·罗伊分别发表了有关组合投资以实现收益与风险的最佳匹配的论文,用数学方法对古老的智慧进行了科学论证,精确地显现投资人如何把承担最小的风险和达到最高预期报酬的愿望相结合。

马科维茨曾受教于库普曼斯——后者最早将线性规划这一运筹学方法引入经济领域③,研究约束条件下的最优解问题,因此对于股市中投资者在资金约束下权衡收益与风险的决策过程饶有兴趣。罗伊曾服役于英国皇家炮兵部队,经历过二战的洗礼,到剑桥大学任教后醉心于发掘"在充斥着不确定性与残酷性之世界中的行为法则"。"风险"成为二人共同关注的要素,也是投资决策过程的核心。④

马科维茨强调要区分个股的风险及整个投资组合的风险。他用方差来

---

① 〔美〕彼得·伯恩斯坦:《投资革命——源自象牙塔的华尔街理论》,李繁康、邓哲夫、李挺生译,上海远东出版社2001年版,第141页。
② Eugene F. Fama, "Efficient Capital Markets: A Review of Theory and Empirical Work," *Journal of Finance*, vol. 25, no. 2, 1970, pp. 383—417.
③ 线性规划是运筹学的重要分支之一。运筹学(operational research)是一门解决一定约束条件下最优解的学科,应用现有的科学技术知识与数学手段,来解决实际生活之中的各种问题。库普曼斯因创立线性规划经济分析法而与苏联经济学家康托洛维奇共同获得1970年诺贝尔奖。参见〔荷〕佳林·C.库普曼斯:《最优概念及其运用》,载《诺贝尔讲演全集》(经济学卷I),《诺贝尔奖讲演全集》编译委员会编译,福建人民出版社出版2004年版,第255—281页。
④ 〔美〕彼得·伯恩斯坦:《投资革命——源自象牙塔的华尔街理论》,李繁康、邓哲夫、李挺生译,上海远东出版社2001年版,第47—71页。

度量一种证券的风险(证券的收益偏离其均值的程度),用协方差来度量两种证券期望收益之间的相关性。协方差的值如果为正值,说明两者是正相关的,即同涨同跌;结果为负值就说明负相关的,此涨彼跌;如果为 0,就是统计上说的"相互独立"。一个投资组合的风险性,取决于所持有的投资标的之间的协方差,而非个别投资标的风险性的平均值。因此,"分散投资"并非单纯的多买几种股票;正确的做法是要避免投资于具有高协方差的证券。一群高风险的股票仍有可能建构出一个低风险的投资组合,只要这些股票不会呈现同方向的涨跌走势,也就是它们的协方差较低;相反,如果一群证券具有高协方差,即使只数再多也没有意义,相当于"把鸡蛋放在了不同的篮子里,但每个篮子材质相同",因此整个投资的风险依然没有降低。马科维茨借用库普曼斯的"效率"概念,提出了"有效率的投资组合"(efficient portfolio),这种投资组合在每一特定的风险水准之下,提供最高的预期报酬;或在特定的预期报酬水准下,拥有最低的风险水准。

从某种意义上说,马科维茨和罗伊的洞见为两个古老的投资原则提供了科学背书,一是"不入虎穴,焉得虎子",二是"不要把所有鸡蛋放在同一个篮子里"。他们推导出来的答案彻底改变了投资管理的运作模式,同时也对后人进一步研究金融市场如何运作、风险如何数量化以及公司如何进行融资等问题提供了理论性的基础。

1958 年,詹姆士·托宾发表《流动性偏好作为应对风险之行为方式》一文,对马科维茨和罗伊的投资选择模型进行了拓展,引入了无风险资产(如现金),并指出风险投资组合的选择与个人风险偏好以及财富约束无关,即著名的托宾分离定理。由此,投资决策可以分成两个独立的部分:一是根据投资者个体的风险偏好,把投资者的资金在无风险资产与风险投资组合之间进行恰当的分配;二是针对风险投资组合本身,确定(或找到)一个风险—收益最佳匹配的组合——超级效率资产组合,该组合对于所有投资者而言都是一样的。[1] 这个超级效率资产组合后来被夏普证明就是市场本身。

2.3 资本资产定价模型

投资组合理论分析每个证券投资经理的决策制定过程,为此,各个证券的市场价格被视为是既定的。下一步,就是要说明这些资产价格是如何决定的,它是通过资本资产定价模型(CAMP)的提出而解决的。在马科维茨和托宾前述研究的启发下,夏普(1964)、林特纳(1965)、莫辛(1966)、特雷诺

---

[1] James Tobin, "Liquidity Preference as Behavior Toward Risk", *Review of Economic Studies*, vol. 25, 1958, pp. 65–86.

(1999)四位经济学家采用了近乎相同的假设,推演出类似的 CAPM 定价等式。① 这些假设包括均值—方差偏好、完美与竞争市场、存在无风险证券以及投资者具有同质预期。CAPM 模型最为人熟悉的表达方式可如下列公式所示②:

$$R_s = R_f + \beta(R_m - R_f)$$

其中,R_s 为特定的资本性资产(如股票 S)的期望收益;

R_f 为无风险收益率;

R_m 为市场组合的平均收益率;

β 为该资产 S 相对于市场组合的波动性。

投资组合理论认为,投资于股票的风险有两种形态:一是与发行人公司相关的特定性风险,二是由于宏观经济因素(如财政政策或利率的潜在变化等)所带来的、对整个股票市场发生影响的系统性风险。通过创建一个分散的投资组合,一个公司股票的特定风险会被组合内其他股票的特定风险所抵消,因此,投资者持有股票能够合理期待的只是针对系统性风险的补偿。资本资产定价模型通过分析以下三个因素来计算股票的期望报酬:一是无风险投资的回报,通常以国债利率作为代表;二是投资者承担股票市场的一般风险而可以要求的风险溢价,通常以股票市场的历史收益高于无风险收益率的差值来体现;三是特定股票投资相对于股票市场的不可分散的系统性风险而要求的风险溢价。这种风险可以该股票相对于市场总体的波动幅度来衡量,称为 β(Beta),它通过参考该股票的历史回报及相应的股票市场回报来确定。

具体来说,假设某只股票的 β 为 1.5,无风险收益率为 4%,股票市场的平均收益率相对于无风险收益率的超额部分为 7%,则该只股票的预期收益为 14.5%(=4%+1.5×7%)。

CAPM 不仅对资本市场的风险度量和资产报酬给出了一个明确答案,而且其计算出的股票期望报酬也可以作为公司股本资本的成本,因此也提供了威廉姆斯的股利折现模型下的合理折现率。公司股权资本和债权资本提供者所要求的回报,以其各自在公司资本结构中所占比重加权后,就构成公司的加权平均资本成本(weighted average capital cost,WACC),后者作为评价公司新投资项目的报酬率门槛,在资本预算中广为应用。因此,虽然 CAPM 建立在有关完美资本市场的假设之上,脱离真实世界,但它仍然提供

---

① 〔美〕马克·鲁宾斯坦:《投资思想史》,张俊生、曾亚敏译,机械工业出版社 2009 年版,第 161—169 页。

② 〔美〕斯蒂芬·A.罗斯、伦道夫·W.威斯特菲尔德、杰弗利·F.杰富:《公司理财》(原书第 6 版),吴世农、沈艺峰、王志强等译,机械工业出版社 2005 年版,第 196—197 页。

了一个极富实用价值的工具,不仅可以作为一个基准定价模型来检验有效市场假设,而且广泛地运用于投资决策、财务分析与财务管理中。① 正如1990年诺贝尔奖颁奖词所言:"CAPM已经成为现代金融市场价格理论的核心,模型中的贝塔值(β)用于衡量某一具体股票收益和作为整体的股票市场之间的协方差,是分析金融市场和投资决策的标准工具。"②

MM定理的创始人之一默顿·米勒不无羡慕地说:"与MM定理不同,夏普的资本资产定价模型基本假设的现实与否,从来没有成为学术界激烈争论的主题。从一开始,学术界就热诚地采纳了弗里德曼的实证主义观点:重要的不是假设,而是模型所作出的预言是否真实准确。……科学的目标是用更少的理论解释更多的现象,在金融学或者经济学中,没有其他的模型能比CAPM做得更漂亮。"③

3. 风险资产定价理论对美国司法实践的影响

3.1 CAPM在司法实践中的应用

受到金融学以及现代公司财务理论的影响,特拉华州法院在1983年的 Weinberger v. UOP 案中声明不再局限于特拉华模块法(Block Method),而是接受"金融界普遍接受并采用的方法"。④美国另一个商业中心——纽约州——很快也采取了类似的立场。⑤ 此前,特拉华模块法因法官对收益、市价、净资产三个模块权重赋值的主观性,且未考虑一些对公司股价有重要影响的信息(如公司的增长潜力等),所以一直饱受批评。

Weinberger v. UOP 一案涉及持有UOP公司50.5%股份的大股东Signal公司对UOP公司发起挤出式收购。收购计划通过后,UOP公司的中小股东认为股票的回购价格低于股票的实际价值,于是发起了集团诉讼。原告聘请了一位金融专家,使用了模块法以外的方法来证明原告所得到的交易对价过低。该专家对比了市场上其他十余起收购案例的溢价水平,并使用了现金流贴现法(Discounted Cash Flow, DCF)方法来计算原告所持有的权益价

---

① 汪昌云:《公司财务政策与公司治理:中国的实践》,中国人民大学出版社2006年版,第57—61页。
② 《诺贝尔讲演全集》(经济学卷II),《诺贝尔奖讲演全集》编译委员会译,福建人民出版社2004年版,第97—98页。
③ Merton H. Miller. "The history of finance: An Eyewitness Account", *Journal of Portfolio Management*, vol. 25, no. 4, 1999, pp. 95-101.
④ *Weinberger v. UOP, Inc.*, 457 A. 2d 701, 712-713 (Del, 1983).
⑤ 纽约州《商业公司法》第623条规定,在股东评估补偿程序中,股票公允价值将按照相关的证券及金融市场中惯用的概念及方法来确定。N. Y. Bus. Corp. Law §623(h)(4) (McKinney Supp. 1983).

值。初审法官认为,原告所提供的 DCF 模型估值方法缺乏逻辑和法律上的合理性,故不予采用。上诉审中,特拉华州最高法院指出,《特拉华州普通公司法》第 262 条第(h)项允许其他估值方法,因此"在金融界被普遍接受的所有估值方法,都应当予以考虑"①。

现金流贴现法(DCF)是公司财务实践中最广泛接受的估值方法,其理论内涵结合了金融学与公司财务理论中的已经发展成熟的资本资产定价模型(CAPM)、套利定价理论(APT)、资本成本和资本结构等理论。特拉华州法院最常用来确定持续经营假设下公司价值的方法就是 DCF 方法,相应地,CAPM 等也进入法官的工具箱。在 1990 年的 Cede & Co. v. Technicolor 案中,Allen 法官就讨论了 CAPM 中的 β 值如何确定的问题。②

1990 年这起案件也涉及一起并购交易,原告作为被告 Technicolor 公司的股东,在第二步挤出合并环节中遭强制退出。原告遂起诉被告公司董事会违反对股东的信义义务,且挤出合并的对价低于被告公司股票的公允价值。原被告双方的专家证人均采用 DCF 对 Technicolor 进行估值,并以 CAPM 来测度公司的股权资本成本,但所选择的 β 值不同。Allen 法官认为,CAPM 作为金融圈公认的估值方式也是特拉华州法院应遵循的方法。他接受了被告方专家证人的计算公式,但对其采用的 β 值进行了两项调整:一是认为不应该加上小企业系数,因为被告虽然企业规模不大,但其历史悠久,且在所属行业(寡头垄断行业)中居于领先地位,收益稳定,因此风险与大公司无异;二是认为被告方专家采用 Technicolor 公司 1983 年 1 月份的 β 值不合理,因为此时该公司股价波动已经包含了市场对于合并效果的反应,应当选择合并宣告之前的 9 月份的 β 值。③

经过几十年的司法实践,特拉华州法官对金融界估值方式的运用已经越来越熟练。比如,在处理 CAPM 模型中的 β 计算问题时,法院更倾向使用经过调整的历史 β(historical adjusted beta),而不是直接使用历史 β(historical observed beta)④。1998 年的 Gilbert v. M. P. M. Enterp., Inc. 案则确立了采纳历史 β 的标准,即只有当双方的律师和估值专家均无法证明调整的历史

---

① *Weinberger v. UOP, Inc.*, 457 A. 2d 701, 712-713 (Del. 1983). 原文为"any techniques or methods of valuation which are generally considered acceptable in the financial community..."
② *Cede & Co. v. Technicolor, Inc*, 1990 WL 161084 (Del. Ch. 1990).
③ 该案后进行了多次上诉及发回重审,直到 2003 年才最终结案。参见 *Cede & Co. v. Technicolor, Inc.*, 2003 Del. Ch. LEXIS 146 (Del. Ch. Dec. 31, 2003).
④ *Cede & Co. v. JRC Acquisition Corp.*, 2004 Del. Ch. LEXIS 12 (Del. Ch. Feb. 10, 2004), p. 39.

β的充分性时,法院才会使用历史β作为CAPM模型的输入数据。① 再如,在确定加权平均资本成本(WACC)所依附的公司资本结构时,面对公司的目标资本结构(target capital structure)与现存资本结构(existing capital structure)之间的取舍,法院的立场是:若公司管理层会随着时间的推移而寻求不同的资本结构,或现有债务不足以长期维持公司运营的事实能够被充分证明,则法院会采纳目标资本结构②;相反,若管理层维持现有资本结构的意愿能够被充分证明,法院就会采纳现存资本结构。③

当然,DCF方法与任何估值方法一样都涉及一定的主观判断,如何评价公司业绩预测的准确性也是一个难题。但是,由于DCF方法本身的理论逻辑在金融界早已得到充分论证,特拉华州法院在处理相关争议时,只需要对DCF方法的每个环节进行严格审查,确保具体处理步骤的公正性,总体上就可以保证DCF方法下结果的公平性。有学者对特拉华州法院在Weinberger案后二十五年间审理的异议股东评估补偿权案件进行了整理,认为法官们所采取的解决方案不仅都符合金融学的基本理论,而且与评估权制度保护少数股东、发现公允价值的目的相吻合。④

3.2 有效资本市场与投资组合理论

20世纪70年代中期,美国联邦法院开始接受有效资本市场假说,在《证券交易法》下的10b-5规则案件中允许原告在举证"依赖了虚假陈述"时,以"欺诈市场"替代之前的"亲自阅读了虚假文件"要求。1974年第二巡回法院的 *Schlick v. Penn-Dixie Cement Corp.* 案⑤和1975年第九巡回法院的 *Blackie v. Barrack* 案⑥引领了这一潮流。

进入20世纪80年代,相关判例明显增加,有学者甚至认为法律界已经广泛接受了有效市场假说。⑦ 1986年,第三巡回法院在 *Peil v. Speiser* 案中

---

① *Gilbert v. M.P.M. Enterprises*, 1998 Del. Ch. LEXIS 60 (Del. Ch. Apr. 24, 1998), pp. 7-9.
② 例见 *In re PNB Holding Co. S'holders Litig.*, 2006 Del. Ch. LEXIS 158, pp. 101-102; *Andaloro v. PFPC Worldwide, Inc.*, 2005 Del. Ch. LEXIS 125 (Del. Ch. Aug. 19, 2005), p. 55.
③ 例见 *Cede & Co. v. Technicolor, Inc.*, 2003 Del. Ch. LEXIS 146 (Del. Ch. Dec. 31, 2003), pp. 171-72; *In re Radiology Assoc., Inc.*, 611 A. 2d 485 (Del. Ch. 1991), p. 493; *Hintmann v. Fred Weber, Inc.*, 1998 Del. Ch. LEXIS 26 (Del. Ch. Feb. 17, 1998), p. 18; *Cede & Co. v. Medpoint Healthcare*, 2004 Del. Ch. LEXIS 124 (Del. Ch. Aug. 16, 2004).
④ R. Scott Widen, "Delaware Law, Financial Theory and Investment Banking Valuation Practice", *New York University Journal of Law & Business*, vol. 4, no, 2, 2008, p. 581.
⑤ *Schlick v. Penn-Dixie Cement Corp.*, 507 F. 2d 374, 381 (2d Cir. 1974).
⑥ *Blackie v. Barrack*, 524 F. 2d 891, 906-907(9th Cir., 1975).
⑦ Ronald J. Gilson, Reinier H. Kraakman, "The Mechanism of Market Efficiency", *Virginia Law Review*, vol. 70, no. 4, pp. 549-550.

给出了一个比较完整的"欺诈市场理论"的表述:"欺诈市场理论建立在这样一种假说之上:在一个公开、发达的证券市场中,公司股票的价格是由市场可得到的关于公司及其经营状况实质性信息来决定的……因此,引人误解的陈述将令股票购买者受到欺诈,即使他们并没有直接依赖虚假陈述……在此情形下,被告的欺诈与原告的购买股票之间的因果联系并不比原告直接依赖虚假陈述时为弱。"①1988年,美国最高法院在 Basic v. Levinson 案中正式确认了欺诈市场理论在证券法虚假陈述案件中的运用。②

对于投资组合理论在法律实践中的运用,法经济学学者功不可没。例如,伊斯特布鲁克和费希尔在讨论公司并购交易中控制权溢价应如何分配的问题时,就援引投资组合理论作为拒绝让小股东分享控制权溢价的依据。他们认为,一项法律规则如果能促使当事人把蛋糕做大,但不能保证每人都能分享到更多的份额,投资者仍然会喜欢这样的法律规则。因为在这一规则下预期财富是最多的;其次,投资者只要持有多样化的投资组合,就能应付各种风险,包括无法分享特定控制权交易下的溢价。如果并购能产生收益且这种收益有赖于不平等分配溢价,则股东的预期财富总额将因为法律规则允许不平均分配而最大化。当未来的增值型交易发生的可能性最大时,所有的事前股价将会是最高的。股东可以通过出售股票,在任何时候都可以实现这一价值,或者他们也可以继续持股,以通过事后收益的不平均分配而获取更多利益。换句话说,事后的不平等分配,就像博彩中的不平等一样,并非是不公平的,只要事前所有的投资者都有相同的获胜机会,并且可以通过多样化投资来消除风险,那就是可以接受的。③

投资组合理论进入司法裁判的经典判例,则是由另一位法经济学者——前耶鲁大学法学院教授温纳——在出任美国第二巡回法院法官时提供的。在 Joy v. North 一案中,原告股东起诉公司管理层的特定商业决策——向一家房地产开发商提供大笔贷款——给公司带来了过大风险,最终被法官基于商业判断原则而驳回。温纳法官在判决书中陈述了通常为商业判断原则辩护的两点理由:第一,投资者买股票本身就意味着自愿承担商业失败的风险;第二,法庭诉讼不是一个追究董事和经理过失责任的理想途径,因为事后诸葛亮式的审判忽略了管理层是在时间紧、缺乏足够信息的情

---

① *Peil v. Speiser*, 806 F. 2d 1154, 1160-1161 (3d Cir. 1986).
② *Basic Inc. v. Levinson*, 485 U. S. 224, 241-247 (1988). 有关欺诈市场理论的后续发展,参见张巍:《法律与市场的一次结缘:"欺诈市场"理论》,载《资本的规则 II》,中国法制出版社2019年版,第18—26页。
③ 〔美〕弗兰克·伊斯特布鲁克、丹尼尔·费希尔:《公司法的经济结构》,张建伟、罗培新译,北京大学出版社2005年版,第135页。

形下作出决策的。然后,温纳法官援引投资组合理论来阐释司法克制的正当性基础:"第三,收益与风险通常是相匹配的。真正为股东利益着眼的法律,不应该激励公司管理层过度小心谨慎地进行商业决策。……股东可以通过分散化持股来减少其风险程度。对于分散化投资的股东来说,看起来风险更大的选择可能是最好的选择,因为某些股票上的损失长远来看可以被其他股票上的收益抵销。既然共同基金以及其他分散化投资方式都已经存在,法庭就没必要特别去保护那些拒绝采取分散化投资方式来减少风险的股东。如果法律规则惩罚那些作出选择追求更大风险的商业决策的管理层,这样的法律规则并不一定能够促进股东们的普遍利益。"①

当然,并非所有的法律人都认可现代公司财务理论对法律实践的影响。有学者批评投资组合理论、CAPM 模型等对美国企业的公司治理带来了严重的干扰,它们正当化了消极股东的行为模式,持有投资组合的股东们没必要关心董事会是否尽心尽责,因为公司治理的糟糕后果只是个别风险,可以在投资组合中被抵销。② 更进一步,当投资组合理论溢出股票投资的场景,影响到企业界的行为时,其局限性更为明显。例如,美国第三次并购潮中杠杆收购联合体和企业集团所奉行的多样化战略,就更多地来自投资组合理论的影响而不是对企业自身发展逻辑的理解。尽管公司核心管理层能够理解财务交易,但是他们对于决定各子公司长期发展的技术或者市场因素只是略知皮毛。且杠杆收购联合体和企业集团将子公司视为组合投资而非一个企业有机体的组成部分的倾向,也决定他们对投资期的忍耐性是有限的。显然,这样一种商业战略将损害商业组织探索规模经济与范围效益的能力,实际上埋下了美国公司衰败、所有利益相关者长期利益受损的伏笔。③

三、公司控制权市场与并购规制

公司财务决策的三大领域是投资决策、融资决策与股利决策。传统上后两种决策与公司法资本管制紧密交织在一起,但投资决策则不然,即使是对公司内外各方利益进行重构的并购交易,也鲜少受到公司法的直接规制,而是由反垄断法来加以规制。这一规制格局在 20 世纪 80 年代发生逆转——反垄断法式微,而公司法崛起。最早昭示这一规制路径转换的信号是 1965

---

① *Joy v. North*, 692 F. 2d 880, 886(1982).
② Lawrence E. Mitchell, "Financialism: A Lecture Delivered at Creighton University School of Law", *Creighton Law Review*, vol. 43, no. 2, 2010, pp. 324–325.
③ Jonathan Barron Baskin, Paul J. Miranti, Jr., *A History of Corporate Finance*, Cambridge University Press, 1997, pp. 299–302.

年亨利·G.曼尼发表的《并购与公司控制权市场》一文,由此产生的公司控制权市场理论从20世纪70年代末起逐渐占据学术界的主导地位,80年代中风头无两,成为最有影响的财务理论学派之一,其理论基础——现代公司财务理论和企业理论——更被视为美国公司法革命以及公司法教学与研究范式革新的双引擎。①

1. 并购规制的转型——从限制竞争到公司治理

企业并购一方面带来企业规模的扩大,另一方面意味着组织架构的调整,故内含战略扩张与公司治理两套逻辑。如本书第三章所述,法律对公司并购的规制缘起于美国19—20世纪之交的第一次并购潮,其背景是19世纪下半叶美国铁路业及部分制造业中广泛存在的恶性价格竞争,它与新型工业内在的规模化发展诉求之间形成强烈冲突。当规模经济效应以及管理技能效率日益成为共识,联合或合作也就成为产业界解决问题的方案。受制于当时公司法禁止公司持有其他公司股票的限制,企业联合首先采取了卡特尔(价格同盟)和信托(控制权转移)的方式,以协调企业之间的竞争或谋求市场垄断地位。由此引发的社会反弹则推动了《谢尔曼反托拉斯法》的出台。不过,与反垄断法禁止垄断的强势规制立场相反,当时公司法的立场更多地是回应企业并购的制度需求,如新泽西州率先提供了公司法人持股与控股公司、非货币财产出资的自主估值、异议股东评估补偿权等具体规则。这些新规则建构了公司法规制企业并购交易的基本框架,其程序导向的特征迄今仍体现在各国公司法中。

不过,半个世纪的反垄断法实践也遭到了经济学家的强烈批评。下面这则20世纪50年代初发生在芝加哥大学法学院的轶事或许预告了反垄断法日后的式微。作为反垄断法课程教学组织模式的创新,芝加哥大学法学院李维教授邀请经济学家戴维德一起上反垄断法,时间分配是4∶1。按照其学生的回忆,"每个礼拜有四天,李维按部就班介绍法律,用法律思维的传统方式,把案件一个个串联起来,然后加以总结,从而揭示案情,并说明其中的合理性。四天下来,李维都这么干;而每个礼拜有一天,戴维德会给我们解释,李维在前面四天讲的都是胡说八道。他用经济分析表明,法学分析根本站不住脚"。②

---

① Roberta Romano, "After the Revolution in Corporate Law", *Journal of Legal Education*, vol. 55, no. 3, 2005, pp. 342-359. 另见李清池:《美国公司法研究:传统、革命与展望》,载《中外法学》2008年第2期。

② 薛兆丰:《商业无边界——反垄断法的经济学革命》,法律出版社2008年版,第154页。李维和戴维德两位教授也成为法经济学的先驱者。

在公司法这一端,亨利·G.曼尼在1965年发表了《并购与公司控制权市场》一文,从公司治理的角度挑战了将兼并等同于反竞争的传统观点。他认为:(1)兼并导致的控制权变更,能起到提高经营效率的作用,因为兼并伴随着撤换不称职的管理层;(2)接管(takeover)是比兼并更理想的并购途径,因为接管可以避开被并购公司管理层的反抗。① 此时正值美国第三次并购浪潮,在跨行业扩张的并购主基调之外开始出现敌意收购的苗头。曼尼的文章俨然提前为敌意收购正名。由此,传统公司并购理性(战略扩张)之外的新逻辑——公司治理开始登场,最终酿成20世纪80年代波澜壮阔的公司控制权之争,也将历史悠久的公司法"从沉闷、无聊、空洞的状态中唤醒",重新焕发出勃勃生机。②

2. 公司控制权市场理论

公司控制权市场的基本逻辑建立在两个理论基础之上:有效市场假说与代理成本理论。③ 曼尼指出,在公司的管理效率与该公司股票的市场价格之间存在一种高度正相关关系,股票价格反映了管理的效率。除了证券市场,我们没有任何衡量管理效率的客观标准。代理投票权之争、合并、要约收购都是经理人服务市场的内容。这个市场与资本市场曲折地捆绑在一起,两个市场间的互动关系对于约束公司的管理层服务于股东的最佳利益有积极的意义。当管理层由于浪费公司资产而导致公司股价低迷不振时,低股价将吸引收购者在资本市场上购买公司的足够股份以及控制权,更换掉不负责任的管理层,从而振兴公司,挽救股东。

不过,曼尼开创性的工作并未引起法学界的关注,尽管此一时期的公司法学者已经为传统公司法无法解决所有权与经营权分离下的代理成本问题倍感沮丧。《并购与公司控制权市场》一文发表在顶尖的经济学刊物——《政治经济学期刊》上,此时,现代公司财务理论正处于蓬勃发展过程中,有效市场的概念刚被尤金·法玛提出来,而一些笃信市场力量的研究者,如夏普、特雷诺等,已经提炼出了资本资产定价模型。另一方面,由科斯所开辟的企业理论研究之路刚开始显现,它要更晚一些才开枝散叶、生长出新制度经济学

---

① Henry G. Manne, "Mergers and the Market for Corporate Control", *The Journal of Political Economy*, vol. 73, no. 2, 1965, pp. 110-120. 兼并与接管的差异源于前者属于公司法上的行为,后者属于合同法上的行为(买卖),公司法关于兼并程序的规定赋予了管理层对兼并交易的否决权,从而影响到股东的判断。

② William T. Allen, "Our Schizophrenic Conception of the Business Corporation", *Cardozo Law Review*, vol. 14, no. 2, 1992, pp. 261-281.

③ K. J. Martijn Cremers, Simone M. Sepe, "The Shareholder Value of Empowered Boards", *Stanford Law Review*, vol. 68, no. 1, 2016, pp. 67-148.

并为公司控制权市场理论提供支持。后者如交易费用经济学、产权理论以及契约理论等,特别是格罗斯曼和哈特的《收购要价、搭便车问题和企业理论》、威廉姆森的《作为一种反托拉斯辩护理由的经济效益:福利权衡》《现代公司:起源、进化和特征》以及斯蒂格勒的《通向垄断和寡占之路——兼并》等,为公司控制权市场理论提供了一套完整的分析框架和理论上的各种备选诠释和论证。①

曼尼之后,公司控制权市场理论最主要的倡导者非迈克尔·詹森教授莫属。他与麦克林提出的代理成本理论把企业的管理行为、所有权结构和融资结构综合起来考量,成为沟通经济学、财务学和管理学的一个桥梁。在20世纪80年代,詹森教授发表了一系列的论文,如《公司控制权市场:科学证据》(1983年)、《收购:传说与科学》(1984年)、《自由现金流量的代理成本、公司理财与收购》(1986年)、《收购:它们的原因和结果》(1988年)、《公司经理、股东和董事会之间的权利分配》(1988年)以及《褪色的公众公司》(1989年)、《现代工业的进化、退出和内部控制制度的失败》(1993年)等,强调敌意收购对于股东有百益而无一害:"外来者对公司的收购非但不会损害公司股东的利益,实际上还会给收购双方股东带来巨大的财富;即使是恶意收购也是如此。任何干预和限制恶意收购的措施,从长远来看可能会削弱公司作为一种企业组织的形式,并导致人类福利的降低。"②在1993年就职美国财务学会主席的演讲中,詹森教授对公司经营中的四种"控制力量"给出了完全不同的评价。这四种控制机制是:(1)资本市场;(2)法律/政治/法规制度;(3)产品和生产要素市场;(4)董事会主导的内部控制机制。他认为:法律/政治法规制度"太迟钝",产品和生产要素市场又反应"太慢",董事会内部控制机制"从根本上失败了",因此唯余资本市场这一途。③

进一步增加公司控制权市场理论地位的,是现代公司财务理论的实证研究方法——事件研究。事件研究衡量特定事件对股价的影响,它是与对有效市场概念的检验一起发展起来的。第一个现代意义上的事件研究由会计学者鲍尔和布朗于1968年发表《会计数据的经验检验》,分析公司的财务报表数据对股票价格有何影响。④ 到1970年尤金·法玛发表《有效资本市场:理

---

① William J. Carney, "The Legacy of 'The Market for Corporate Control' and Origins of the Theory of the Firm", *Case Western Reserve Law Review*, vol. 50, no. 2, 1999, pp. 215–244.
② 沈艺峰:《公司控制权市场的现代演变——美国三十五个州反收购立法的理论背景》(上),载《中国经济问题》2000年第2期。
③ 同上。
④ Ray Ball, Philip Brown, "An Empirical Evaluation of Accounting Income Numbers", *Journal of Accounting Research*, vol. 6, no. 2, 1968, pp. 159–178.

论与实证研究回顾》的文献综述,这种研究方法已经成功地确立了其学术地位。此后,财务经济学家针对公司控制权市场理论也进行了大量事件研究,它们大多证实了曼尼关于接管交易具有促进竞争而非反竞争效果的观点。当然,也有一些实证研究得出相反的结论,不过这已经无损公司控制权市场理论的学术地位。①

3. 从理论跃入现实——美国第四次并购潮

公司并购的新学说很快得到商业实践的回应。20 世纪 80 年代美国出现第四次并购浪潮,敌意杠杆收购与反收购成为此次并购潮的标签。现代公司财务理论为杠杆收购提供了正当性基础:鉴于公司实际上是"合同联结体",目的是在各种利益群体——经理人、债权人、股东——之间分配剩余现金流,因此,公司财务关系具有可塑性,能够通过重新定义各利益群体的权利和义务来提升企业的效率。这样的合同能够把传统安排下四分五裂的利益群体有机地织在一起,而杠杆收购正是这种重新谈判公司内部财务关系的直接而快速的方式。②

与此同时,受到威胁的公司管理层则千方百计实施反收购方案,创造出各种新的公司法与证券法实务。罗曼诺教授生动地描述了此一阶段的情形:"华尔街充斥着矿工(Quant,即数理博士转型的金融工程师),投机银行深深涉入接管交易的各个环节和阶段,提供必要的估值技术。并购是赚钱的买卖,律师事务所也跟进,快速学习金融知识,以便代表不同当事人的利益,确保复杂的并购交易文书能够明白表述各种担保和陈述(warrant and representation),能够保护买方的投资和卖方恰当履行了信义义务。这是骚动和创新的时期,律师们天才性的创造力不断炮制出防御措施的新词汇,如皇冠上的明珠、白衣骑士、熊抱、绿票讹诈、焦土策略、帕克曼防御、金降落伞、毒丸等。尽管人们竭力通过立法来控制律师们创新的过程,但几乎不可能成功。"③

公司法学者也深深卷入并购潮引发的争议中。秉持法经济学进路的学者强烈支持公司控制权交易。代表性人物是伊斯特布鲁克与费希尔,他们针对公司并购发表了一系列论文,支持收购公司在挤出合并中的举动,管理层

---

① Roberta Romano, "After the Revolution in Corporate Law", *Journal of Legal Education*, vol. 55, no. 3, 2005, pp. 346,350. 当然,对于并购交易效果的实证研究得出的结论,也始终存在观点分歧,参见邓峰:《普通公司法》,中国人民大学出版社 2009 年版,第 626—627 页。
② *A History of Corporate Finance*, p. 259.
③ Roberta Romano, "After the Revolution in Corporate Law", *Journal of Legal Education*, vol. 55, no. 3, 2005, pp. 349-350.

在私有化交易中的举动,控制股东在出售或处置控制权时的举动以及要约收购中要约方的行为。其立场主要基于对金融市场的两个信念:第一,公司控制权市场通过将资产转移到对它们出价最高的使用者手上,从而创造了财富;第二,公司控制权的变更应该被视为追求利润最大化的理性行动者减少代理成本的举措。[1]

这些观念也影响到联邦政府以及美国最高法院。针对一些州出台立法限制敌意收购的举措,最高法院判决州公司法关于反收购的条款"违宪",因为它们妨碍了公司资产转移到出价最高者手上,从而消解了市场对资源的有效配置,同时也剥夺了股东获得溢价的机会[2],甚至一些州法院也判决目标公司管理层应当对收购保持消极中立的态度,默许要约人的高溢价,以促进公司资产配置效率的提高。[3] 考虑到有效资本市场中公司的股票价格反映了公司的公允价值,美国《标准公司法》在20世纪70年代剥夺了上市公司异议股东的评估补偿权,即"股票市场例外",因为上市公司的异议股东可以很方便地在市场上卖出股票从而获得公平补偿。尽管《标准公司法》后来取消了"资本市场例外",但一些州的立法依然保留着例外条款。[4] SEC也接受了"公司控制权市场""股价充分传递了市场有关公司的全部信息"等理念,对上市公司信息披露制度进行了实质性的修正[5],反对公司管理层采取收购防御措施。

不过,公司并购并非仅涉及股东与管理人之间的委托代理关系,而是影响到包括债权人、雇员、社区利益等众多利益相关者,他们的利益与公司经营的稳定性以及公司长期战略的价值紧密地联系在一起,而敌意收购打碎了这种共同体价值。近年来的一些实证研究表明,董事会的稳定性有利于维持公

---

[1] Frank Easterbrook, Daniel Fischel, "The Proper Role of a Target's Management in Responding to a Tender Offer", *Harvard Law Review*, vol. 94, no. 6, 1981, pp. 1161-1204. 随后,对此持不同意见的学者在《斯坦福法律评论》上集中发表了商榷的观点,例见 Lucian Bebchuk, "The Case for Facilitating Competing Tender Offers: A Reply and Extension", *Stanford Law Review*, vol. 35, no. 1, 1982, pp. 23-50; Ronald Gilson, "Seeking Competitive Bids Versus Pure Passivity in Tender Offer Defense", *Stanford Law Review*, vol. 35, no. 1, 1982, pp. 51-67.

[2] 例如,1982年美国最高法院在 *Edgar v. MITE Corp.*, 457 U. S. 624, 643 (1982) (plurality opinion) 中援引 Easterbrook & Fischel 的 "The Proper Role of Management" 一文的观点,判决伊利诺伊州反收购法对商业施加了不合理负担。

[3] 例如,威斯康辛州法院在 *Koenings v. Joseph Schlitz Brewing Co.*, 123 Wis. 2d 490, 505, 368 N. W. 2d 690, 698 (Wis. Ct. App.), rev'd on other grounds, 126 Wis. 2d 349, 377 N. W. 2d 593 (1985) 中,同样援引 Easterbrook & Fischel 的 "The Proper Role of Management" 一文的观点,判决收购中的金降落伞条款无效。

[4] Lynn A. Stout, "Are Takeover Premiums Really Premiums? Market Price, Fair Value, and Corporate Law", *The Yale Law Journal*, vol. 99, no. 6, 1990, pp. 1235-1296.

[5] *Ibid.*, p. 1294.

司与供应商、消费者、员工、债权人等合同方之间的关系,实现长期合作关系带来的价值。① 倘若公司因为敌意收购频繁地更换管理层,就会破坏公司与这些群体之间的长期关系,在一定程度上损害公司价值。特别是,机构投资者股东因其管理人受到短期绩效考核的压力,倾向于高估短期回报较高的公司而低估公司采取长期战略的价值,此时,敌意收购人就可以以较低的价格获得公司控制权,进而扰乱公司合理的经营决策。② 若没有反收购措施,公司管理层受到敌意收购的潜在威胁,必须时刻关注公司股价的估值,其决策也就相应的短期化,难以实现长期战略目标。③

换言之,第四次并购潮在展示市场机制强大功能的同时,也暴露出公司控制权市场理论在两方面的局限:

第一,尽管证券市场通常被视为有效的,但它并非总能够可靠地完成任务。除了上文提及的机构股东的短视外,敌意收购的要约人需要承担高昂的成本才能完成收购,如与发出要约书相关联的法律费用、印刷、广告费用等。如果目标公司管理层抵制收购,则上述费用还会更高;要约价格至少要高于目标公司市场价格的 30% 以上才可能获得目标公司股东青睐。因此,敌意收购者要通过撤换原管理层来盈利,前提必须是原管理层昏庸无能,因此收购成功后,目标公司的股票价格能够上涨到足以覆盖全部收购费用以及收购溢价等。类似的,所谓的经理人市场也几乎完全崩溃,证据就是当前美国公司高管以及银行或投资银行高管所获得的天价薪酬和奖金,它被认为是 2008 年金融危机、安然及其他美国大公司财务丑闻的原因之一。因此,有学者指出,不能说市场机制在惩罚无能管理层方面毫无用处,但它显然并非人们原来想象的那么完美。④

第二,股东导向还是利益相关者导向本身就涉及价值判断与选择。对这一问题的争议可以追溯到 20 世纪 30 年代的伯利—多德大战,伯利教授主张

---

① 近期的研究,例见 K. J. Martijn Cremers & Simone M. Sepe, "The Shareholder Value of Empowered Boards", *Stanford Law Review*, vol. 68, no. 1, 2016, p. 80.

② Leo E. Strine, Jr., "Toward a True Corporate Republic: A Traditionalist Response to Bebchuk's Solution for Improving Corporate America", *Harvard Law Review*, vol. 119, no. 6, 2006, pp. 1759-1783; Martin Lipton, "Takeover Bids in the Target's Boardroom", The Business Lawyer, vol. 35, no. 1, 1979, pp. 101-134.

③ Gregg A. Jarrell, James A. Brickley, Jeffry M. Netter, "The Market for Corporate Control: The Empirical Evidence Since 1980", *The Journal of Economic Perspectives*, vol. 2, no. 1, 1988, pp. 49-68; Robin Greenwood, Michael Schor, "Investor Activism and Takeovers", *Journal of Financial Economics*, vol. 92, no. 3, 2009, pp. 362-375.

④ Melvin Aron Eisenberg, James D. Cox, *Corporations and other Business Organizations*, 10th ed., Foundation Press, 2011, p. 268.

公司管理层是股东的受托人，应当以股东利润最大化为经营目标[1]，多德教授则认为公司是客观存在的实体，管理层是公司的受托人(fiduciary)而非公司个别成员的受托人，它们是机构的受托人(trustee)而非股东的代理人(attorney)[2]。这场争论在半个多世纪后似乎已经盖棺论定，亨斯曼与克拉克曼教授于1999年发表的《公司法历史的终结》一文宣告伯利教授主张的"股东至上"(shareholder primacy)获胜。然而，即便如此，学界的质疑之声并没有完全消失。2006年，奥梅林(O'Melinn)教授发表了《既非合同也非特许权：公司的公共人格》一文，认为股东至上是与个人财产所有权的朴素认知紧密联系在一起的，但这种认知与法律以及公司存在的事实并不相符。美国法承认财产所有权的重要性主要是为了表达公司永续存在的人格，而不是因为公司的每个成员对于其投入公司的财产有所有权。[3] 因此，有别于经济学家的企业契约论，公司法中长期存在着两种对立的理念——公司是股东的财产(property conception)，抑或公司是一种社会组织(social entity conception)。

4. 信义义务规则的发展

姑且不论公司控制权市场理论引发的争议，它至少令公司法重新回到并购规制的中心。公司董事会对收购的回应，无论是接受还是反对，都绕不开法官依据公司法对董事决策行为进行的事后审查。敌意收购提出了许多新问题，如衡量管理层和董事会应对恶意收购行为的信义义务标准是什么？如何评价敌意收购或友好协商收购中的对价是否公允？当股东们在收购交易尚未普遍展开时对董事会的反收购措施授权日后被公司管理层用来进行收购防御战，股东同意这个因素是否应当打折扣？还有一些更技术性的问题，如怎样设计一个有效的防御安排，但同时又给公司留足获取替代性收购报价的空间？

公司财务理论与企业理论的发展给法律人回应这些具有挑战性的问题提供了必要的语言和分析工具，但并不必然有确定的结论。某种意义上说，学理上对反收购的评价也陷入了"两面派律师"的状态。公司法下的信义义务规则一般要求目标公司的董事决策符合作出决策时公司原股东的利益，而

---

[1] A. Berle, "Corporate Powers as Powers in Trust", *Harvard Law Review*, vol. 44, no. 7, 1931, pp. 1049-1074；对多德文章的回应，参见 A. Berle, "For Whom Are Corporate Managers Trustees, A Note", *Harvard Law Review*, vol. 45, no. 8, 1932, pp. 1365-1372.

[2] Dodd, "For Whom Are Corporate Managers Trustees", *Harvard Law Review*, vol. 45, no. 7, 1932, pp. 1145-1163.

[3] L. S. O'Melinn, "Neither Contract Nor Concession: The Public Personality of the Corporation", *George Washington Law Review*, vol. 74, no. 2, 2006, pp. 201-259.

不要求其考虑敌意收购人的利益,因为敌意收购人与公司原股东在敌意收购交易中是交易对手方,二者之间一定程度上存在对立冲突的利益。对于目标公司原股东而言,公司采取反收购措施是一把双刃剑:从正面看,反收购可以延缓敌意收购的进程,给其他人、特别是"白衣骑士"参与竞价拍卖争取时间,从而提高目标公司在交易中的谈判地位以及股东未来可获得的溢价,因此符合股东的利益。但是,若公司反收购措施太强,则可能减少敌意收购发生的概率,股东反而丧失了溢价收购的机会。因此,公司反收购措施的评价关键在于"度",如果目标公司股东获得的额外溢价超过了因为敌意收购概率减少带来的损失,则可以获得支持。①

自1985年开始,特拉华州法院在一系列接管案件中阐发公司法传统的信义义务在并购场景下的含义,小心翼翼地游走于各种学说之间。② 法官认为,鉴于接管交易下董事会很可能将个人利益置于股东利益之前,因此在董事主张商业判断义务的庇护之前,法院需要审查他们是否达到了更高一些的注意义务标准。在奠基性的 Unocal Corp. v. Mesa Petroleum Co 案(以下简称 Unocal 案)中,诉争焦点是目标公司董事会采取的反收购措施——向收购人之外的其他股东发出的股票回购要约,从而构成对收购人股东的歧视——是否违反董事的信义义务。法官指出:

> 分析的起点仍然是董事的信义义务。董事的注意义务包括保护公司及其所有者免受可感知的损害,无论这种损害来自第三人还是其他股

---

① 参见 John C. Coffee, Jr., "Regulating the Market for Corporate Control: A Critical Assessment of the Tender Offer's Role in Corporate Governance", *Columbia Law Review*, vol. 84, no. 5, 1984, p. 1220;张巍:《美国的上市公司收购防御及其对中国的启示》,载《证券法苑》2017年第1期;张舫:《公司收购法律制度研究》,法律出版社2000年版,第199页。

② 例见 *Unocal Corp. v. Mesa Petroleum Co.*, 493 a. 2d 946(1985). 在 Unocal 案判决书注释9中,法官关注到学理上对董事会在收购问题上的注意义务争议,并列举了其中影响较大的文章,如:Block, Miller, "The Responsibilities and Obligations of Corporate Directors in Takeover Contests", *Securities Regulation Law Journal*, vol. 11, no. 1, 1983, pp. 44-72; Easterbrook, Fischel, "Takeover Bids, Defensive Tactics, and Shareholders' Welfare", *The Business Lawyer*, vol. 36, no. 4, 1981, pp. 1733-1750; Easterbrook, Fischel, "The Proper Role of a Target's Management in Responding to A Tender Offer", *Harvard Law Review*, vol. 94, no. 6, 1981, pp. 1161-1204; Herzel, Schmidt, Davis, "Why Corporate Directors Have A Right to Resist Tender Offers", *Chicago Bar Record*, vol. 61, no. 3, 1979, pp. 152-163; Lipton, "Takeover Bids in the Target's Boardroom", *The Business Lawyer*, vol. 35, no. 1, 1979, pp. 101-134. 在注释10中,法官拒绝了伊斯特布鲁克和费希尔关于"董事会对接管威胁的应对只能是消极性的"主张,称后者并非特拉华州法,立法与判例都没有建立这种要求。在注释11中,法官注意到围绕着投机客型的股东的权益保护争议很大,且对本注中 Lipton 的文章有很深印象,该文指出,遭受恶意收购威胁的目标公司,有一半以上,要么其股价在挫败接管企图后的市场交易价格高于要约收购的价格,要么是后来被另外的公司以更高的价格收购。

东。但是,董事的权力不是绝对的,公司不能任性地为避免仅仅是细微伤害而采取暴烈的措施。对于选择性股票回购的限制是:董事采取该决策不能仅仅是或者主要是出于保全他们自己的董事职位的考量。而且,他们不得用遵守法律为借口,作出不公平的决策。既往的案件已经确立了董事的举证责任的标准,从而确保旨在挫败或阻碍接管的防御性措施的确是出于为公司以及股东的整体福利的真诚动机,且在这个过程中不存在任何欺诈或其他不当行为。不仅如此,还需要考虑的因素是防御措施的力度是否恰当。如果反收购措施要获得商业判断规则的庇护,它必须满足这样一个要求,即相对于公司受到的危险而言,该防御措施的强度是合理的。董事会必须对接管要约的性质以及对公司的影响进行分析,需要考虑的因素包括:报价是否足够高,要约的性质以及发出要约的时间,合法性问题,对公司除股东外的其他利益相关人(如债权人、客户、雇员以及(必要时)社区)的影响,接管交易未完成的风险,收购方支付的证券对价的品质,等等。尽管不是最关键的因素,但我们认为董事会也需要合理考虑受到影响的基本股东权益,包括那些短期投机客,其行为可能放大了接管交易对长期投资人的胁迫效果。①

由此诞生了著名的双叉测试:首先,董事需要证明其有合理理由认为存在对公司经营的威胁;其次,董事还必须证明对这一威胁采取的反收购措施必须是合理而且与威胁的程度相称。在此后的案件中,特拉华州法院进一步界定了上述两个要件。关于"威胁",法院认为假如收购人给出的价格过低,而导致股东在对公司估值有错误判断的情况下出售股票,构成实质性胁迫,此时董事也可以采取反收购措施应对。② 同时,考虑到敌意收购的威胁无处不在,在其尚未发生的情况下,一些公司订立的事前反收购条款,也获得了法院的认可。③ 关于反收购与威胁程度"相称",法院在 Unitrin 案中指出,反收购措施不能具有强迫性和排除性,前者是指敌意收购发生时,董事会不能强迫股东接受其提出的替代方案(包括让股东拒绝收购的要约,维持公司现状),而必须留给股东选择的可能性;后者是指反收购措施不能排除所有被收购的可能,使得收购行为不具有现实可能性(realistically unattainable)。④ 在

---

① Unocal Corp. v. Mesa Petroleum Co., 493 a. 2d 946(1985), pp.955-956. 该案中,目标公司董事会认为存在严重威胁,表现为报价极不充分的双层胁迫性要约并伴随着绿票讹诈,法官最终认定它确实构成了一种对股东的胁迫。
② Unitrin, Inc. v. American General Corp. 651 A. 2d 1384 (Del. 1995).
③ Moran v. Household Int'l. Inc., 500 A. 2d 1346 (Del. 1985).
④ Unitrin, Inc. v. American General Corp. 651 A. 2d 1361 (Del. 1995).

满足这两个条件之后,只要反收购措施在合理范围内,法院一般会尊重公司的决策。

倘若反收购措施不具有排除性,法院会采用较为宽松的审查标准,不会对董事决策作太多的质疑。在 *Paramount Communications Inc. v. QVC Network Inc.* 案中,法官指出:

> 虽然我们需要对公司控制权交易中的董事会决策采用更高的审查标准,但是法院不应当忽略董事任务的复杂性。董事在考虑出售公司以获得合理的最优价格时,其调查和选择决策有很多商业和财务上的考量,董事会是最有能力作出这些判断的公司决策机构。因此,法院在适用更高标准审查时应当考虑董事是否作出了合理的决定,而不是考虑其是否作出了完美的决定。如果董事选择了数个合理方案中的一个,即使法院不同意这一选择,或是事后事件使得董事的决定值得质疑,法院也不应当像事后诸葛亮那般行事。法院不会以自己的判断取代董事的业务判断,但会审查董事会的决定是否总体上在合理范围内。①

综言之,公司控制权市场的理论与实践揭示了公司财务运作与公司治理之间的紧密联系,而经济学、财务学以及公司法学者的争论实际上也是现实中多种力量博弈的反映,它在不同时期或历史阶段会有不同的表现状态。美国各州在 20 世纪 80 年代通过的反收购立法几乎一致支持公司董事会反收购的自由裁量权,也代表着社会中一股强大的抨击公司控制权市场理论的力量。② 在司法实践中,以特拉华州为代表的美国法院在"股东财产说"与"公司实体说"中进行反复抉择,曾一度引入模糊的"长期利润 VS. 短期利润"这一组概念来掩饰二者的冲突,但最终还是在 1989 年的"派拉蒙诉时代公司案"中支持了"公司实体说"。艾伦(Allen)法官非常坦诚地说:"很明显,解决这个问题就是要法官在一个各种力量激烈交锋、且缺乏普遍接受的原则作为指南的环境中制订政策。"③"派拉蒙诉时代公司案"也不过是暂时的结论,机构投资者的兴起、经济全球化的压力都会导致公司的"股东财产说"定位卷土重来。

---

① *Paramount Communications Inc. v. QVC Network Inc.*, 637 A. 2d 34, 45 (Del. 1994).
② 参见崔之元:《美国二十九个州公司法变革的理论背景》,载《经济研究》1996 年第 4 期;沈艺峰:《公司控制权市场的现代演变——美国三十五个州反收购立法的理论背景》(下),载《中国经济问题》2000 年第 3 期。
③ William T. Allen, "Our Schizophrenic Conception of the Business Corporation", *Cardozo Law Review*, vol. 14, no. 2, 1992, pp. 261–281.

小　　结

按照罗曼诺教授的说法,"(美国)现代公司法学者的智识根基源于现代公司财务理论,它显然不同于法经济学文献所依附的标准微观经济学方法论"。① 不同的学者对这个判断有不同的解读。对笔者而言,从组合投资、MM定理、CAPM模型等看上去简洁优雅却令人震撼的命题或结论中,现代公司财务理论展现了对资本市场作用的强调,对投资者利用套利机制自我保护的重视。这恰恰是法律规制公司财务运作的传统路径所忽略的地方——公司法受制于组织法的定位,只是试图在公司内部化解利益冲突,忽视了公司之外的世界。从这个角度看,现代公司财务理论与科斯定理一样,都体现了一种"相互"观照的方法论:科斯看到了侵权损害中加害者与受害者之间的相互性,企业与交换市场之间的相互性,而MM定理看到了公司与资本市场之间的相互性,这种观察视角的改变给法律人提供了理解商业世界的新入口。更进一步,这种相互性可以延伸到规制与激励、事后惩戒与事前约束、面向过去与面向未来等不同语境下,使得法律本身的运作机制有一个更丰富、更立体的呈现。

当然,现代公司财务理论的洞见也并不意味着法律人无所作为。正如资本结构之谜所揭示的,财务理论与实践之间仍有许多脱节;经济学的简洁模型尽管很犀利,但仍然无法处理或难以解释人类社会经年累月而来的众多经验。法律的世界是一个经验的世界,行为经济学已经揭示,甚至某些法律修辞技巧背后都潜藏着我们之前未曾意识到的定分止争的功能。② 这也意味着,即便公司财务领域传统规制模式已经瓦解,新的方向已经明朗,但结论却远没有确定。利之所向,争议无休。现代公司财务理论仍在发展中,法律规制更是一个永恒的命题。从某种意义上说,现代公司财务理论如同交给了法律人一个精致的棱镜,它从不同的角度折射出市场中理性人的行为模式,也让法律规制的多元路径更加清晰。

---

① Roberta Romano,"After the Revolution in Corporate Law", *Journal of Legal Education*, vol. 55, no. 3, 2005, p. 346.
② 〔美〕圭多·卡拉布雷西:《法和经济学的未来》,郑戈译,中国政法大学出版社2019年版,"功能分化社会的法学与经济学——代译序",第34页。

下篇
规制路径的现实观察

下篇(I)　财务信息规制与会计话语权

作为国际通用的商业语言,会计报表提供了企业财务状况与经营成果的基本图像,成为企业内外各利益主体决策的基础。对于公司来说,任何财务运作都需要以会计信息作为其决策的前提之一;同时,任何财务运作的结果也都需要最终通过企业的财务报表展示出来,会计报表的真实性成为财务运作的基础。相应地,如果公司财务造假,就会对企业内外的报表使用人产生误导,继而引发各方面的损失。因此,对于公司财务报表编制与披露行为的法律规制,是上市公司财务运作法律规制的最基础性的环节。

我国现行法律规制的基本思路是对财务造假行为进行严厉惩治。包括《会计法》《公司法》《证券法》《刑法》在内,对于涉入财务造假的企业、单位或个人,不论是管理层、股东、证券公司、律师、会计师等,都施加了行政责任、民事责任或刑事责任。例如,《刑法》第161条规定,依法负有信息披露义务的公司、企业向股东和社会公众提供虚假的或者隐瞒重要事实的财务会计报告,严重损害股东或者其他人利益的,对其直接负责的主管人员和其他直接责任人员,处3年以下有期徒刑或者拘役,并处或者单处2万元以上20万元以下罚金。第162条规定,公司、企业进行清算时,隐匿财产,对资产负债表或者财产清单作虚伪记载或者在未清偿债务前分配公司、企业财产,严重损害债权人或者其他人利益的,对其直接负责的主管人员和其他直接责任人员,处5年以下有期徒刑或者拘役,并处或者单处2万元以上20万元以下罚金。

然而,从财务信息的生成到被认定为造假有一个过程,其中涉及多个环节的主观判断。某种意义上说,"财务造假"更像是一种事后评价,此前发生的是对上市公司财务报表的质疑或争议,这种过程性的特征就如同刑事诉讼中"罪犯"与"犯罪嫌疑人"的区别。一些争议最终被发现是源于上市公司伪造交易或者虚假记载,无疑构成了财务造假,但更常见的可能是对特定会计事项如何处理的不同理解,甚至对会计准则本身的分歧。毕竟,会计作为一种通用商业语言,存在表意上的自由空间。从实践来看,围绕着上市公司财务报表披露经常出现各种争议,但最终形成法律上的造假案件却数量有限。笔者曾对中国证券市场的头二十年(1991—2011)中因严格意义上的财务造假①而受到中国证监会行政处罚的案例进行了整理,仅录得110例,平均每年5家公司左右。② 最近十年(2010—2019)这一比例略有提高,据黄世忠教授统计,共有113家上市公司因财务舞弊被行政处罚,平均每年达到了10家。尽管如此,它远远无法覆盖市场中围绕上市公司财务数据发生的争议。

惩治财务造假与解决会计争议,某种意义上构成了上市公司财务信息监管框架的两个交叉的视域,它们都需要法律制度的配合。在我国,惩治财务造假已经成为共识,但解决会计争议却游离于大多数法律人的视野之外。会计争议并非仅仅是一个技术性问题,其核心是会计最终话语权的立法配置,它是财务信息监管中最基础的制度安排。缺乏对此问题的感知,导致2000年凯立公司诉中国证监会一案在我国资本市场以及法学界制造了一场大分裂,至今未见完全弥合。2005年股权分置改革之后,上市公司股东和管理层从自身利益出发操控会计数据的动机显著增强,会计争议更加频繁。中国证监会对此有充分的预期,在2007年提出了"强化监管机构对会计监管个案的认定权,建立会计个案的应急反应机制,与会计准则制定部门有效配合"的基本思路。这一思路标志着由"凯立案"所引发的会计最终话语权之争在监管者层面告一段落,我国会计最终话语权的基本格局逐渐浮出水面,上市公司财务运作基础的规制框架已基本成型。

本部分包括五章。第八章对财务造假问题进行概念梳理,在厘清会计职业界关于财务造假的分类基础上,引入会计争议案件的概念。第九章将以"凯立诉中国证监会"一案为例,展示会计争议案件的表现形态与典型特征。第十章探讨会计争议案件的实质,它并非法学界主流观点认为的证券监管的自由裁量权与司法行政诉讼程序之间的冲突问题,而是会计解释问题,其背后展现的是法律关于会计最终话语权的配置方式。以会计话语权结构的视角重新审视"凯立案",可以发现司法实践对于会计话语权配置的有益探索,并厘清法学界关于"自由裁量权"之争的误区。第十一章对我国资本市场中会计争议上证券监管与会计解释之间的关系进行考察。第十二章对会计话语权配置中的专业机构——注册会计师的角色进行分析,侧重于会计师在扮演公司治理中的看门人角色时受到的法律制约,揭示上市公司财务治理的基础环节长期为人忽视的一个盲点。

---

① 所谓严格意义上的财务造假,是指上市公司的财务报表数据有虚假的情形,不包括单纯的未披露案件,如未披露大股东占用资金、未披露担保等。

② 统计资料的来源包括两部分:(1) 2001年之后的案例源自中国证监会公布的行政处罚公告书;(2) 2001年之前的资料来源于北京大学金融法中心2006年承担的《上市公司虚假陈述的行政处罚研究》课题。

第八章 从财务造假到会计争议

一、财 务 造 假

1. 财务造假的界定

上市公司财务造假通常有广义和狭义两种理解。

1.1 狭义的财务造假

狭义的财务造假是指财务会计报表对上市公司的财务信息作出了虚假陈述。它既指首次公开发行(IPO)过程中的虚假陈述,也包括上市公司持续信息披露环节进行的虚假陈述。我国资本市场中大量发生的财务造假都属于此类。典型的如早期"红光实业造假案"(1998 年)。红光实业公司在股票发行上市申报材料中称 1996 年度盈利 5400 万元,实际亏损 10300 万元;虚增利润 15700 万元是通过虚构产品销售、虚增产品库存和违规账务处理等手段获得的。该公司上市后披露的第一份中期报告中,又将亏损 6500 万元虚报为净盈利 1674 万元,虚构利润 8174 万元;第一份年度报告中,实际亏损 22952 万元却披露为亏损 19800 万元,少报亏损 3152 万元。① 近年来的一些重大造假案例,如"绿大地公司财务造假案"(2011 年),也是从上市前虚报业绩到上市后粉饰业绩,最终公司董事长因欺诈发行而锒铛入狱,重蹈当年红光实业高管入狱的覆辙。②

证券监管一般将财务造假的方式区分为虚假陈述、重大遗漏、误导性陈述等不同状态。从财务会计的操作程序角度看,对财务信息作出虚假报告通常表现为伪造交易、伪造会计记录、会计处理造假三大类。"交易造假"是指对交易、事项或其他重要信息在财务报表中的不真实表达或故意遗漏;"会计记录造假"主要指对财务报表所依据的会计记录或相关文件记录的操纵、伪造或篡改;"会计处理造假"则指对于确认、计量、分类或列报有关的会计政策和会计估计的故意误用。

---

① 中国证监会:《关于成都红光实业股份有限公司违反证券法规行为的处罚决定》(证监查字〔1998〕75 号,1998 年 10 月 26 日)。
② 《央视揭秘绿大地如何造假 小纸片让案件现转机》,载 CCTV《交易时间》,2012 年 5 月 31 日。

1.2 广义的财务造假

广义上看,财务造假还包括由于公司内部人侵占资产而导致公司经过正常财务会计程序生成的财务报表信息与实际不符。侵占资产是指公司管理层或员工非法占用公司的资产,其手段主要包括:(1) 贪污收入款项;(2) 盗取货币资金、实物资产或无形资产;(3) 使公司对虚构的商品或劳务付款;(4) 将公司资产挪为私用。侵占资产通常伴随着虚假或误导性的文件记录,目的是隐瞒资产缺失或未经适当授权使用资产的事实。例如,2005年曝出的"上海外高桥保税区开发股份有限公司2亿元银行存款蒸发案",就是源于公司财务经理擅自将公司大额现金转出委托理财,并误导进行审计的注册会计师,从而导致上市公司连续两年财务报表对现金状况进行了虚假描述。

对于因公司内部人侵占而引致的财务造假,一个不乏争议的问题是,此种情形究竟属于个人犯罪还是公司财务造假?笔者以为,公司内部人若非代表公司管理层行事,其侵占公司资产以及由此导致的公司财务报表的疏漏并不应当归责于上市公司,至少不能直接视为上市公司财务造假。

换句话说,上市公司财务造假都与管理层的决策有关。正是在这个意义上,财务造假有时被称为"会计舞弊",但会计职业界往往认为此一表述并不准确,称之为"管理层舞弊"或"企业舞弊"更加合适。① 实践中,我国1993年修订《会计法》时,明确了管理层对企业会计报表的真实性、准确性、合法性负责的基本要求。

2. 公司为什么财务造假?

尽管法律对财务造假始终持否定态度,但公司财务造假依然屡禁不止,而且有越来越严重的趋势,国内外资本市场都是如此。公司管理层为什么要通过财务造假或操纵利润来误导财务报表使用者?国内外学者的研究发现,造假动机通常包括以下几个方面:

(1) 迎合资本市场预期

从特定意义上说,资本市场是一个对上市公司的价值作出判断,并不断调整这种判断的机制。② 对公司的估价通常与公司盈利状况、特别是未来的盈利状况相关。例如,在美国证券市场中,华尔街习惯于对公司每一季度盈利水平作出预测,未达到预测的公司股价将遭遇大幅度下跌,因此,有些公司

---

① 张俊民、林野萌、刘彬:《上市公司会计舞弊识别及治理理论研究现状与展望》,载《会计研究》2010年第9期。
② 〔英〕约翰·梅纳德·凯恩斯:《就业、利息和货币通论》,高鸿业译,商务印书馆1999年版,第154页。

就通过财务造假来迎合市场预测。在我国,2005年前由于股权分置的影响,控制股东与公众股东之间的利益导向不一致,因此,资本市场尚未真正成为统一且单一的估值机制,对公司财务造假的刺激也不太明显。股权分置改革完成后,资本市场预期对上市公司财务运作的影响也逐渐显现出来。

(2) 满足合约要求,实现合约下的利益

上市公司对外、对内签订的一些合约包含对公司经营业绩指标的要求。例如,公司对外借款或者发行债券的合约,通常都会对公司的资产负债率、净利润水平等提出明确要求;未达到要求,贷款人或债权人可以提前收回贷款。在内部合约方面,上市公司授予高管的股票期权,通常以公司利润增长达到一定比率为行权条件。因此,只有达到合约要求,公司本身或者高管才能实现以财务业绩为基础的报酬最大化。

(3) 满足特定监管要求

政府可能基于不同目的对上市公司进行监管。例如,公用事业公司由于自然垄断地位而受到价格管制,通常采取"成本+一定比例利润"的定价方式。为最大化利润,公司可能人为增加成本项目。在我国资本市场中,证券监管机关以及交易所对上市公司的股权再融资资格监管和特别处理、暂停上市、退市等方面的监管,长期以来关注的是净利润、净资产收益率等会计业绩指标。上市公司的诸多利益,如获得发行股票的资格、保持上市地位等,都需要达到一定水准的盈利,因此,公司存在强烈的动机进行财务造假。

学理上通常将以上三方面称为盈余管理的三大动机,即资本市场、合约、政府监管。[1] 此外,管理层也可能基于各种违法犯罪的目的而进行财务造假,如偷逃或骗取税款、骗取外部资金、掩盖侵占资产的事实等。

二、会计争议

除财务造假外,上市公司财务运作过程中更为常见的是会计争议。

1. 何谓会计争议

会计争议是近年来见诸证券监管文件但缺乏明确界定的概念。[2] 笔

---

[1] Paul M. Healy, James M. Wahlen, "A Review of the Earnings Management Literature and its Implications for Standard Setting", *Accounting Horizons*, vol. 13, no. 4, 1999, pp. 365-383.

[2] 例见2010年中国证监会会计部发布《上市公司执行企业会计准则监管报告》(2009)("对于执行企业会计准则后市场中新出现的某些复杂交易,或是需要根据会计准则的原则进行专业判断的交易事项,实务中存在一定的**会计处理争议**(——加黑为笔者所加),需要进一步统一监管口径及作出相关实务指引,如涉及税收和政府补助项目的会计处理、商品房销售收入的确认时点、理财产品的会计核算等。")

在 2002 年曾撰文讨论会计争议现象①,将其描述为会计报表编制者与报表审查者或使用者就财务报表的特定内容或者其背后的特定会计处理的合法性、合理性发生分歧,意见不统一。会计争议通常涉及对会计准则应如何适用的理解,报表编制人与上述其他主体存在不同的观点,且分歧无法调和。

会计本身是一门技艺而非精确的科学,其中涉及大量主观判断,这也是会计专业人士存在的根本原因。② 主观判断必然会产生分歧。特别是,我国改革开放以来的会计准则建设处于与国际惯例不断接轨的改革进程中,不论是上市公司还是会计专业人士,都处于"追赶"会计准则、更新会计理念与知识的状态。虽然会计准则的改革进程在 2006 年随着新的会计准则、审计准则体系建设的基本完成而告一段落,然而,新准则体系所带来的冲击并不会就此终止。正如我国证券监管部门所意识到的,"新准则所引入的众多新概念、新方法触及了许多原会计准则未涉及的领域,在理解上存在一定难度;同时,个别领域过于原则性的规定,也带来了操作和执行的难度"。③ 面对歧义纷呈的会计准则,如果上市公司可以坚持自己的主观判断,或许满足了公司自身的需求,但由此带来的问题是上市公司财务信息之间的标准不一、缺乏可比性,从而对资本市场的投融资决策造成误导。但若要求上市公司统一会计处理,按谁的认识、理解来统一? 上市公司的财务总监? 进行审计的注册会计师? 抑或证券监管机构?

鉴于我国证券监管中多处依赖财务指标作为监管标准,因此,在上市公司、注册会计师、监管部门之间的争议中,监管部门显然处于强势地位。实践中,为保证上市公司执行会计准则监管标准的一致性,增强监管机构内部监管工作的协调性,中国证监会内部的会计职能部门通常会对前端监管部门遭遇的会计争议个案给予答复,以保证会计准则的执行效果能够统一,进而保证上市公司财务信息质量的一致性与可靠性。但是,仍然有许多个案问题因触及会计准则自身概念的理解与适用目的的争议,无法由证券监管机构给予答复,而需要由会计准则的制定者——财政部给予解释。当证券监管者囿于各种原因而未能寻求解释,却执意推行自己的见解时,就有可能遭遇监管对象——上市公司以及专业人士的挑战,从而形成资本市场中的会计争议。

---

① 刘燕:《走下"自由裁量权"的神坛——重新解读凯立案及自由裁量权之争》,载《中外法学》2002 年第 5 期。
② 早在 20 世纪初,新生的会计职业界就意识到了这一点。参见〔美〕加里·约翰·普雷维茨、巴巴拉·达比斯·莫里诺:《美国会计史:会计的文化意义》,杜兴强、于竹丽等译,孙丽影、杜兴强审校,中国人民大学出版社 2006 年版,第 219—220 页。
③ 中国证监会会计部:《上市公司执行企业会计准则监管报告》(2007)。

2. 会计争议的一个例子

以存货减值的确定为例。公司年度资产负债表以每年12月31日为编制时点,所有会计科目的数值、包括资产可能出现的减值都需要按这一时点的金额来确定,存货可变现净值的估计也不例外。然而,在资产负债表日前后存货的市场价格出现大幅波动的情况下,是否使用资产负债表日后信息及如何使用相关信息,就成为计提存货减值准备的重点和难点。上市公司做法不一,注册会计师的观点也有分歧,一定程度造成上市公司之间存货减值信息的可比性下降。

上市公司对于可变现净值通常采取的会计政策是:"按照存货的估计售价减去估计的销售费用和相关税费后的金额确定。"但是,多数公司并未直接在报表中进一步说明如何进行可变现净值的估计。少数公司虽然提到要考虑资产负债表日后事项,但也未说明如何考虑。

至于注册会计师的观点,中国证监会曾于2009年12月向执行上市公司年度财务报告审计工作的会计师事务所发放调查问卷,了解实务中到底采用哪一时点的价格来作为确定存货可变现净值的基础。在收回的45家会计师事务所的58份调查问卷中,有33位被调查人认为,应采用年度资产负债表日的市场价格,同时考虑资产负债表日后事项期间价格波动的影响;13位被调查人认为,应采用年度资产负债表日的市场价格,不考虑资产负债表日后事项的影响;12位被调查人认为,应采用存货预期实现销售时的市场价格,该预期实现销售的时点可能会在年度报告发布日之后。

中国证监会会计部的观点是,"对于存货跌价准备,可变现净值的确定应当以资产负债表日估计的存货市场价格为基础,并适当考虑存货的实际用途,以及资产负债表日后存货市场价变化。对资产负债表日后的存货市场价格变化的考虑是有前提条件的,那就是导致存货市场价格变化的各种因素和条件必须在资产负债表日即已经存在,而且这个趋势是继续的,不能够接受完全脱离实际的对存货计价的估计"。[1]

显然,上述会计争议的解决最终有待会计准则制定者的表态。2010年1月,财政部正式表明了对存货可变现净值问题的立场,它与证券监管者的观点基本一致,但基础略有不同,强调的是以资产负债表日获得的证据对未来售价的估计、而非以该时日的存货市场价格为基础:"企业应当按照《企业会计准则第29号——资产负债表日后事项》的规定,正确区分资产负债表日后

---

[1] 中国证监会会计部:《上市公司执行企业会计准则监管报告》(2009)。

调整事项和非调整事项。在确定存货可变现净值时,应当以资产负债表日取得最可靠的证据估计的售价为基础并考虑持有存货的目的,资产负债表日至财务报告批准报出日之间的存货售价发生波动的,如有确凿证据表明其对资产负债表日存货已经存在的情况提供了新的或进一步的证据,应当作为调整事项进行处理;否则,应当作为非调整事项。"①至此,我国上市公司计提存货减值时如何确定可变现净值的争议基本平息。

3. 区分财务造假与会计争议的法律意义

公司财务信息覆盖其交易与经营活动的方方面面,会计实务中出现上市公司、会计专业人士以及监管者之间的争议也是再自然不过。不过,当会计争议围绕着会计准则适用而发生,最终的结论可能基于判断者的法律地位而非专业水准。从这个意义上说,会计争议问题凸显了会计最终话语权配置的格局。这是一个复杂的法律框架,其中涉及财政部、证监会、法院、注册会计师、上市公司等多个主体,由此产生的话语权冲突也成为上市公司财务运作的桎梏。相反,一个合理的会计话语权配置格局以及其间各主体的有机配合,可以为上市公司财务运作的顺利进行提供润滑剂。

从法律实践看,在我国,区分财务造假与会计争议的意义,以及对会计话语权框架的复杂性的认知,是从 2000 年"凯立公司诉中国证监会"一案(以下简称"凯立案")开始的。在中国证券市场近三十年的发展历程中,有关公司财务造假的案件层出不穷,但没有哪个案件像"凯立案"这样跌宕起伏。一个本来并不复杂的争议经历了一审、二审,以中国证监会败诉告终。然而,在财经媒体和法学界的质疑下,最高人民法院要求暂停执行"凯立案"二审判决,结果却永远"暂停"。只是,判决的无疾而终并不能消解掉二审判决对证券监管者、专业人士、会计主管部门之间关系的认定所带来的震动。"对于证券市场而言,一个现实而普遍的问题立刻摆到面前,中国证监会如何履行其监管职责?'委托主管部门和中介机构调查'并未有成例可循,又将如何执行?进一步说,当各行政权力冲突时谁来协调,出现问题责任谁来承担?今后再遇到类似凯立的个案时,对于有关主管部门和主承销商提供材料的形式要件,是进行形式性审查(凡形式合法就必须予以认可),还是对其真实性、合法性进行实质性审查,中国证监会势必左右为难。……在现阶段,如果证监会完全转入形式性审查,由于整个社会的机制还难以协调到位,法律机制也远非

---

① 财政部《关于执行会计准则的上市公司和非上市公司做好 2009 年年报工作的通知》(财会〔2009〕16 号)。

完善,很可能出现的一幕是,证监会的权力一撤出,造假将大规模出现。"①

可惜,法学界批评始终停留在"指控"的层面上,有意无意地回避"凯立案"的实质争议——会计技术问题,甚至夹杂着一些常识性错误。② 这不仅无法揭示二审判决真正存在的问题,更难以对司法实践以及证券市场监管实践提供任何有益的、建设性的意见。最终,还是市场主体(包括中国证监会、财政部、上市公司、会计专业人士在内)依靠自身的力量推动会计争议案件的法律框架逐渐明晰起来,从而为解决我国资本市场中频繁发生的会计争议奠定了制度基础。在 2010 年中国证监会会计部发布的《上市公司执行企业会计准则监管报告》(2009)中,监管者正式使用了"会计处理争议"的概念。事后来看,法学界在这个过程中的缺位令人遗憾,但似乎也无法避免。

三、错误与舞弊

相对于大众认知的会计造假,传统上会计理论与实务对财务报表的瑕疵有一种二分法处理,即"错误"与"舞弊"。

1. 错误与舞弊的界定

"错误"通常是指非故意的行为导致财务报表中的信息出现错误。例如,上市公司内部的会计职能部门为编制财务报表而收集和处理数据时发生失误;或者,公司管理层由于疏忽和误解有关事实而作出不恰当的会计估计,或者在运用与确认、计量、分类或列报(包括披露)相关的会计政策时发生失误,等等。③

"舞弊"则指公司管理层、治理层、员工或第三方使用欺骗手段获取不当或非法利益的故意行为。④ 因此,舞弊行为的主体既可能是企业管理层甚至

---

① 张继伟:《监管的边界》,载《财经》2001 年 9 月。
② 例如,江平教授认为,二审法院没有回答凯立公司出资是否虚假,只是说这一问题取决于审计报告是否符合国家的会计制度,这实质是等于法院对技术性问题作出了结论性的意见,因此法院超越了自己的职权范围。参见江平教授在"凯立案对中国证券监管的影响"的研讨会上的发言,引自薛莉、张鸣飞:《"凯立案"挑战证券监管体制 现有法律漏洞应及时补上》,载《上海证券报》2001 年 8 月 30 日。批评者不了解我国《会计法》第 32 条明确要求财政部门检查监督各单位的"会计核算是否符合本法和国家统一的会计制度"。因此,二审判决书中关于"财务会计报告的真实性取决于其是否符合国家的会计制度"的表述,不过是引述法律本身对财务资料真实性之判断标准的规定,目的在于澄清法庭所适用的法律依据,并不是二审法院对技术性问题作出的结论性意见,更谈不上越越了司法的职权范围。
③ 参见《中国注册会计师审计准则第 1141 号——财务报表审计中对舞弊的考虑》(2006 年版)(已失效)[以下简称《舞弊审计准则》(2006 年版)]第 5 条。
④ 《舞弊审计准则》(2006 年版)第 6 条。

治理层,也可能仅仅是内部的员工。其中,在管理层舞弊的情形下,财务报表中的重大错报未被进行审计的注册会计师发现的风险远远大于员工舞弊的情形,因为管理层可以频繁地利用其职位直接或间接操纵会计记录,提供虚假的财务信息,或凌驾于为防止其他员工实施类似舞弊而建立的内部控制程序之上。

从实践来看,管理层通过凌驾于内部控制之上实施舞弊的手段主要有:(1)编制虚假的会计分录,特别是在临近会计期末时;(2)滥用或随意变更会计政策;(3)不恰当地调整会计估计所依据的假设及改变原先作出的判断;(4)故意漏记、提前确认或推迟确认报告期内发生的交易或事项;(5)隐瞒可能影响财务报表金额的事实;(6)构造复杂的交易以歪曲财务状况或经营成果;(7)篡改与重大或异常交易相关的会计记录和交易条款。①

2. 区分错误与舞弊的意义

按照会计职业界的理解,舞弊是一个宽泛的法律概念,而非严格的财务术语。② 编制财务报表的公司管理层对于会计舞弊以及防止舞弊的发生负有直接责任,而会计专业人士发现公司财务舞弊的责任随着历史发展、公司经营业务的复杂化、审计业务模式的变更而处于不断的变化当中③,同时也是审计实务中的一个有争议的问题。我国现行《中国注册会计师审计准则1141号——财务报表审计中与舞弊相关的责任》(2019年2月20日修订)[以下简称《舞弊审计准则》(2019年版)]要求注册会计师在审计过程中关注导致财务报表发生重大错报的舞弊。相比之下,2006年《舞弊审计准则》曾明确指出:"不要求注册会计师对舞弊是否已经发生作出法律意义上的判定",这种表述方式在逻辑上与会计师的下一步工作——认定舞弊导致了财务报表发生错报——之间存在冲突,因此,2010年的准则取消了"不要求"一句,改为一种相对描述性的表达方式:"尽管注册会计师可能怀疑被审计单位存在舞弊,甚至在极少数情况下识别出发生舞弊,注册会计师并不对舞弊是否已实际发生作出法律意义上的判定。"2019年准则延续了这一规定。

从"舞弊 vs. 错误"这一组分类与"财务造假 vs. 会计争议"分类的关系看,二者的分类标准不同。错误与舞弊这一组分类是从会计信息提供者自身行为的角度加以界定的,着重行为人的主观状态,是否存在主观故意。它没

---

① 参见《舞弊审计准则》(2006年版)第10条。
② 《舞弊审计准则》(2006年版)第6条;另见《中国注册会计师审计准则第1141号——财务报表审计中与舞弊相关的责任》(2010年版、2019年版)第10条。
③ 〔美〕迈克尔·R.扬编:《会计违规和财务欺诈》(第2版),中信出版社2004年版,第23—24页。

有考虑到基于外部因素导致的会计结果不被接受,例如,由于会计准则本身的不确定性或可选择性而使得财务信息遭到挑战。我国《舞弊审计准则》也承认错误与舞弊的二分法有其盲点,"即使可以识别出实施舞弊的潜在机会,但对于诸如会计估计等判断领域的错报,注册会计师也难以确定此类错报是由于舞弊还是错误导致的"[《舞弊审计准则》(2019年版)第7条第3款]。因此,两组分类之间有重叠之处,但各自独立。可以说,因舞弊而导致的错报都属于财务造假,但因错误而引起的错报则不一定涉及会计争议。当然,长期以来的公众认知、甚至会计职业内部的观点是将"错误 vs. 舞弊"的分类置于"财务造假"之下,从法律意义上说,这种理解并不准确。

四、盈 余 管 理

在西方会计文献及公司治理文献中,与上市公司财务造假问题密切相关的是"盈余管理"概念。这或许是因为公司演进的悠久历史以及资本市场的长期发展已经涤荡了那些赤裸裸的财务造假,它们因为技术含量太低而极少被今天的上市公司使用。相反,盈余管理则因为存在涉及会计判断上的诸多不确定性,给公司提供了粉饰财务报表的机会。[1]

1. 何谓盈余管理

盈余管理(earning management),又称利润管理。它也有广义和狭义两种界定方式。

狭义的定义以著名会计学者威廉·斯科特(William R. Scott)的定义为代表。他认为,所谓盈余管理,是指在一般公认会计准则许可的范围内,通过会计政策选择使经营者自身利益或(和)公司市场价值达到最大化的行为。在这一定义中,盈余管理主要是通过会计政策的选择来实现的。

实践中,企业还大量采用非会计手段,如关联交易,来进行利润数据的调节。因此,广义上的盈余管理是指在不违反法律的明文规定的前提下,通过会计政策的选择以及关联交易等非会计手段,调节企业的利润数据,使之符合企业以及企业管理人既定目标的行为。近年来的管理学文献更多地采用这种广义的盈余管理的概念。如一个代表性定义为:"经理人未来在企业基本经济状况方面误导某类利益相关者或为了影响那些基于企业对外报告的

---

[1] Claire A. Hill, "Why Financial Appearances Might Matter: An Explanation for 'Dirty Pooling' and Some other Types of Financial Cosmetics", *Delaware Journal of Corporate Law*, vol. 22, no. 1, 1997, pp. 141-196.

会计数据的合约之结果,而通过利用财务报告和交易设计中的判断来改变财务报告。"①

与盈余管理密切相关的一个概念是表外处理。盈余管理的目的一般是获得更高的利润,或者更少的债务。利润与债务本来都会体现在财务报表中,而表外处理则是把债务与亏损直接移出财务报表。从这个角度看,盈余管理与表外处理可以视为两类独立的会计粉饰技巧。不过,广义的盈余管理作为会计粉饰的代名词,也包括表外处理的情形。

2. 盈余管理的合法性

这是一个有争议的问题。有学者认为,盈余管理是一个中性的概念,它内生于企业这个合同连结当中,合约设计者已经理性地预见到了盈余管理发生的可能性。也有部分实证研究发现,投资者也能够看破上市公司的盈余管理,且盈余管理可能导致资源错误配置,也可能有助于经理人可靠传递私人信息给外部利益相关者,进而有利于改进资源配置。②

从历史上看,盈余管理在公司的财务管理实践中长期存在,在一些国家中,某些盈余管理方式甚至得到法律上的支持。如英国 1906 年"牛顿与伯明翰轻兵器案"中,法官就认同了被告低估资产、建立秘密储备的盈余管理模式。法官认为:"出于谨慎的原因,资产经常需要被估计并被说明其估计的价值将低于其可能实现的价值。资产负债表的目的主要是揭示公司的财务状况至少像它所呈报的那么好——并不是揭示公司的财务状况至少会或者可能不会更好。"③英国传统上对银行及债权人利益更为关注,公司建立秘密储备容易得到支持,因为当经济不太稳定时,银行等债权人会受到未预期到的突然损失的影响,而秘密储备"使损失能够在正常环境下没有任何障碍地被弥补,这样投资者不会惊慌"。④

即使在更强调股东利益的美国,19 世纪末 20 世纪初的大多数会计师对于建立秘密储备以应对公司经营成果的波动也持一种宽容态度:"在繁荣的年代提供一项资金用以在不那么繁荣的年代里增加利润,这是一种调节以使机器至少看上去是以近似于一致的速度运转的。没有人能说这不是一个良

---

① Paul M. Healy, James M. Wahlen, "A Review of the Earnings Management Literature and Its Implications for Standard Setting." *Accounting Horizons*, vol. 13, no. 4, 1999, pp. 365-383.
② *Ibid.*
③ 转引自〔美〕加里·约翰·普雷维茨、巴巴拉·达比斯·莫里诺:《美国会计史:会计的文化意义》,杜兴强、于竹丽等译,孙丽影、杜兴强审校,中国人民大学出版社 2006 年版,第 239 页。
④ Arthur L. Dickinson, *Accounting Practice and Procedure*, Ronald Press, 1914, pp. 113-114.

策。"他们认为,真正令人困扰的问题不是这一提取准备的财务政策,而是该项准备金是否应该不为人知。如果公司刻意保密,则公司现有的股东如果想卖出股票但对积累的储备利润一无所知,则有可能因低价出售股票而受到损失。①

这一立场延续至今,与当代一些学者的观点相互呼应,也代表了一部分国家对盈余管理的态度,即只要上市公司充分披露了其采取的会计政策,投资者能够判断公司在哪些方面进行了盈余管理,就不会被误导或欺诈。不过,也有研究发现,即使上市公司的盈余管理被公开,投资者对于管理层粉饰公司财务报表的行为并没有给予及时的回应,也没有采取抛售股票、压低股价的方式进行制裁。换言之,资本市场并不是那么有效。②

这或许也解释了证券市场监管者对于盈余管理的否定态度,尽可能通过明确会计准则的具体内涵来降低上市公司进行盈余管理的可能性。1998年9月,美国时任SEC主席阿瑟·利维特在纽约大学"法律与商业"中心成立大会上发表了题为"数字游戏"的著名讲演,对美国公司存在的盈余管理行为进行了猛烈的抨击,特别提及了五种盈余管理手段:一次性冲销巨额费用(big bath charge)、创造性的并购会计(creative acquisition accounting)、准备金点心罐(cookie jar reserves)、滥用重要性原则(immaterial misapplication of accounting principle)、提前确认收入(premature recognition of revenue)。③ SEC随即采取了多方面的行动,如对收入确认、一次性冲销费用、并购会计处理等领域的会计信息生成与披露规则加以细化,强化会计监管,制裁了一批盈余管理达到登峰造极的地步以至于与财务造假无异的上市公司。④ 当然,SEC也承认,这个问题与美国金融圈的文化氛围和游戏规则有关,不可能单纯通过政府管制来解决。证券监管可以在完善会计准则、信息披露规则方面做出努力,可以要求进行审计的注册会计师、公司内部的审计委员会更有效地承担起责任,但是,金融圈若不改变其游戏规则和文化氛围,沉湎于短期盈

---

① 〔美〕加里·约翰·普雷维茨、巴巴拉·达比斯·莫里诺:《美国会计史:会计的文化意义》,杜兴强、于竹丽等译,孙丽影、杜兴强审校,中国人民大学出版社2006年版,第239—240页。
② Claire A. Hill, "Why Financial Appearances Might Matter: An Explanation for 'Dirty Pooling' and Some Other Types of Financial Cosmetics", *Delaware Journal of Corporate Law*, vol. 22, no. 1, 1997, pp. 141-196.
③ Arthur Levitt, "The 'Number Games'", Remarks at *Nyu Center For Law and Business*, September 28, 1998, http://www.sec.gov/news/speech/speecharchive/1998/spch220.txt.
④ 〔美〕查尔斯·W.马尔福德、尤金·E.科米斯基:《上市公司财务欺诈与识别》,程炼、郭戎、徐凯译,机械工业出版社2005年版。

利预测而不对那些过度盈余管理的公司进行惩罚,证券市场中的数字游戏就难以停止。

3. 盈余管理与会计争议的关系

盈余管理与会计争议存在很大交叉。盈余管理中涉及的会计处理往往是落在灰色区域,会计准则不太明确,或者缺乏直接适用的准则,或者对准则的解释有分歧。当然,正如上文提到的利维特讲演所揭示的,上市公司在资本市场压力下从事盈余管理,将一个合法与欺诈之间的灰色地带人为地扩大了,导致盈余管理变成利润操纵。

如果盈余管理涉及的是会计准则规定不明确或者理解有分歧的内容,一旦准则制定者加以解释,就可以很快得到澄清,从而消除盈余管理的借口。有时,相关会计处理事项很可能不太重要,或者争议不够激烈,所以准则制定者并不出来解释,而是由负责上市公司财务报表审计的注册会计师进行专业判断。在美国,2004年之前公司董事会并不需要对公司财务报表承担直接责任,会计专业人士的判断和结论就意味着上市公司已充分履行了自己在财务信息披露中的义务与责任。2002年《萨班斯法案》颁布后,情况不同了,公司董事会、管理层必须对财务报表的真实性宣誓负责,因此,对于一些可能产生争议的盈余管理,公司自身避免法律责任的唯一途径就是对会计准则给予准确理解和适用。

另一方面,如果特定会计处理事项属于新交易,尚无会计准则可资适用,则准则制定者也未必会针对个案争议而赶制准则。① 在缺乏可适用准则的情形下,因盈余管理而引发的争议恐怕也就一直作为会计争议而存在了。从程序来说,对上市公司财务报表进行审计的注册会计师是公司披露财务报表前的最后一道关卡。如果公司的会计处理后续没有出现财务状况突然恶化、甚至破产之类的恶性事件,则注册会计师认可的公司会计处理也就是最后的结论。然而,若证券监管者不同意上市公司以及会计专业人士的处理方式并采取了相应的监管措施,争议最终难免被提交到法院,由司法程序作出最后的结论。

从这个角度看,2004年我国资本市场中发生的郎顾争议,或许展示了盈余管理——会计争议历史上最令人意外的一种结局。郎咸平指控顾雏军的"七板斧",要害之处就是其中"洗个大澡"与"相貌迎人"两板斧,它们也是利维特

---

① 赶制准则这种情形似乎只在我国资本市场中发生。在2001年初,针对郑百文重组过程的债务豁免行为,财政部紧急修改了债务重组会计准则,以挫败交易各方协助郑百文规避三年亏损退市这一不利后果的企图。

讲演中提及的五大盈余管理手段之一——"一次性冲销巨额费用"——的通俗表达。然而,对于顾雏军是否进行了盈余管理,如果是,又是否足以构成利润操纵或利润造假等问题,无论是进行审计的注册会计师还是证券监管部门都没有给出明确的答案。最终启动的司法程序则对顾雏军以虚报注册资本罪、违规披露及不披露重要信息罪、挪用资金罪等罪名定罪量刑,与当初郎咸平的"盈余管理"指控更是风马牛不相及。[①] 当然,这恐怕也反映了盈余管理/会计争议问题在我国当下资本市场中的真实存在状态。

当然,盈余管理与会计争议之间也有区别,二者界定的角度略有不同。盈余管理侧重于强调报表编制人的立场,所使用的会计手段是中性的,并不直接违法。至于是否存在争议,甚至导致报表编制人与监管者、报表使用人等进入争议程序,盈余管理概念本身并不涵盖此一层意思。而会计争议侧重于与特定会计事项的处理有关的当事人之间存在着对立的观点,甚至引发了监管或者诉讼中的对抗,而其根源在于会计准则的不明确。会计争议大多涉及盈余管理事项,但也不必然如此。

总结本章的讨论,可以说,与传统的认知不同,在上市公司财务运作基础环节——财务信息的生成与披露过程中,法律不仅需要关注财务造假,更需要关注会计争议,因为后者发生的频率远大于前者,向资本市场传递的信息也远甚于前者。会计争议的久拖不决对上市公司的正常经营、资本市场功能的正常发挥都会产生消极影响,也无助于投资人作出正确的投资决策。因此,基于规制财务运作的目的,从会计争议案件切入是一个不可或缺的角度,它展示了财务信息生成过程中的法律控制方式与程序,而建立一个合理的、科学的会计最终话语权框架也是法律为公司财务运作所能提供的最坚实的制度基础。

---

① 详见本书第十三章。

第九章 会计争议的经典个案

——凯立诉中国证监会

几乎没有哪一个案件像"凯立案"这样,让人生出"隔行如隔山"的感慨。原、被告争执的是让大多数法律人头疼的会计技术问题,半个世纪前,美国弗兰德利(Friendly)法官曾这样生动地评论会计问题给法律人士造成的困难:"几乎所有案件中,都有一些律师和法官感到会计术语像一门外语;有些案件中,甚至所有的律师和法官都认为它就是外语。"①另一方面,法律实务和理论部门所关注的问题则是与此毫不相干的法律程序问题,它们不仅一步一步偏离当事人之间的争执轨道,甚至让专业法律人士都有越来越糊涂的感觉。

在本章中,笔者首先简单梳理"凯立案"的事实、法院的判决以及由此而引起的学理纷争,然后对"凯立案"涉及的会计争议进行解释。凯立公司、中国证监会各自对所争议的会计问题的处理方式是本章的重点,最后对凯立二审判决做一个简单的评论。

一、案情、判决与反响

海南凯立中部开发建设股份有限公司(以下简称凯立公司)是 1994 年底由海南长江旅业公司等六家企业发起成立的股份有限公司。为修建海南省中线高速公路,凯立公司拟通过公开发行股票而筹集建设资金。经过国家民委推荐、海南证管办同意,凯立公司被列入 1997 年度海南股票发行计划,并于 1998 年 6 月向中国证监会上报了 A 股发行申请材料。一年之后,凯立公司收到了国务院有关部门转送的中国证监会《关于海南凯立公司上市问题有关情况的报告》,即证监发〔1999〕39 号文,称凯立公司 97% 的利润虚假,严重违反《公司法》,不符合发行上市的条件,决定取消其发行股票的资格。由于

---

① *United States v. Kovel*, 296 F. 2d 918, 922 (ad Cir. 1961).

该文件仅系证监会内部文件①,故中国证监会又在 2000 年 4 月以办公厅的名义作出《关于退回海南凯立中部开发建设股份有限公司 A 股发行预选材料的函》[证监办函〔2000〕50 号文,以下简称"50 号文"],认定凯立公司"发行预选材料前三年财务会计资料不实,不符合上市的有关规定。经研究决定退回其 A 股发行预选申报材料"。

2000 年 7 月,凯立公司就上述两个文件的结论起诉中国证监会,请求法院:(1) 撤销被告作出的原告申报材料前三年会计资料不实,97% 利润虚假的错误结论;(2) 撤销被告作出的取消原告 A 股发行资格并进而退回预选申报材料的决定;(3) 判令被告恢复并依法履行对原告股票发行上市申请的审查和审批程序。

"凯立案"的核心是凯立公司的利润数据是否真实,它是中国证监会作出"退回凯立申报材料"决定的基础,不论这种退回意味着"取消凯立的股票发行资格"还是证明凯立从一开始就"不符合股票发行的条件"。② 连续三年盈利是我国当时法律规定的股份公司公开发行股票的一项最重要的前提条件。③ 凯立公司 1995—1997 年利润的 97% 来自木棠开发区四通一平工程(以下简称木棠工程),这是大股东长江旅业在 1992—1993 年间进行的一项工程建设。原被告争议的问题是:凯立能否将木棠工程的收入确认为自己 1995—1997 年度的收入并据此计算利润? 如果是,则凯立可能符合三年盈利的实质性条件;如果不是,凯立本身无实质性盈利,更谈不上"连续三年盈利"。

初审、二审两级法院都回避了对实质问题直接作出判断,仅从程序方面

---

① 一审、二审法院都作出这一结论。凯立公司曾依据证监会 39 号文向北京市第一中级人民法院提出了行政诉讼,该院以 39 号文属于内部行政行为为由,裁定不予受理。就在凯立对此裁定上诉期间(2000 年 4 月),又收到了中国证监会 50 号文。于是,凯立公司以中国证监会又作出了新的行政行为为由申请撤回了上诉,并于 2000 年 7 月针对 39 号报告中称其 97% 利润虚假,取消其 A 股发行资格的表述和 50 号文认定其前三年财务会计资料不实,退回其 A 股发行预选申报材料的行为一并提起行政诉讼。

② 前者是中国证监会 39 号文的表述,后者是中国证监会 50 号文中的表述。从凯立所经历的股票发行预选程序来看,前一个表述显然是不规范的,因此证监会才在后来的 50 号文中进行了更正。然而,39 号文中的这一缺陷与我国证券发行从审批制向核准制转型的客观现实交织在一起,在"凯立案"的一审阶段几乎左右了原被告双方和法官的思路,将"凯立案"的实质问题完全掩盖了。严格来说,这个问题,包括应适用审核程序还是核准程序等问题,不过是新旧体制转换留下的后遗症,它们并不构成对有关司法与行政自由裁量权关系具有实质影响的法律问题。

③ 《股票发行与交易管理暂行条例》第 9 条规定:"原有企业改组设立股份有限公司申请公开发行股票,除应当符合本条例第八条所列条件外,还应当符合下列条件:(一) 发行前一年末,净资产在总资产中所占比例不低于百分之三十,无形资产在净资产中所占比例不高于百分之二十,但是证券委另有规定的除外;(二) 近三年连续盈利。"《公司法》(1993 年、1999 年版)第 137 条要求公司发行新股前必须连续三年盈利,第 152 条规定的上市条件之一也是三年连续盈利。

审查被告证监会退回原告申报材料行为的合法性，但判决的理由大不相同。一审法院主要关注证监会对凯立的发行申请进行审核所实施的预选程序。法院依据《证券法》《股票发行与交易管理暂行条例》以及 2000 年生效的《中国证监会股票发行核准程序》，认定证监会退回申报材料的行为缺乏法律依据。这一判决过于拘泥于法律条文，无视在我国股票发行管理制度中客观存在、但缺乏法律和行政法规支持的发行预选程序，因而遭到证监会的有力反驳。

二审过程中，法院承认争议的核心是凯立财务资料的真实性问题，因此，它对证监会行政行为合法性的审查主要集中在证监会对财务资料真实性的认定方式是否适当的问题上。① 二审法院认为："凯立公司的财务资料所反映的利润是否客观真实，关键在于其是否符合国家统一的企业会计制度。中国证监会在审查中发现疑问的应当委托有关的主管部门或专业机构对其财务资料按照'公司、企业会计核算的特别规定'进行审查确认。中国证监会在未经专业部门审查确认的情况下作出的证监办函〔2000〕50 号，认定事实证据不充分。"②最终，二审法院维持了证监会败诉的一审判决。

"凯立案"是第一次以司法的方式对中国证券市场中备受瞩目的发行程序进行审视，其结果是证券市场监管者的权力行使受到一定的约束，不可避免地在理论界和实务界引起极大的反响。面对着虚假信息泛滥，急需"加强"监管（从某种意义上应当只问目的、不究手段）的中国证券市场，这样一个强调监管者依法行政的判决显得与现实格格不入。尤其令人惊诧的是，法院用来制约证监会的不仅有主管部门，还有专业机构，而后者似乎是在中国证券市场上名声不佳、屡被证监会处罚的会计师事务所。这样一来，从二审判决中很容易导出这样一个荒谬的结果：证券市场的监管者不仅无法迅速查处被监管者的作假行为，相反，它还必须听从被监管者对造假事实的判断。这自然令善良的人们对中国证券市场监管的未来感到担心。在这种氛围中，来自法学界的声音批评二审判决干预行政机关自由裁量权，不仅使人们的担心和疑惑正当化，而且将其提升到了法理的高度，因此迅速得到社会各界的热切回应。

---

① 二审法院同时也从发行审核程序的角度对行政行为的合法性进行了审查，对预选程序、审批制与核准制等问题进行了分析。从二审判决书来看，它回避了对"预选程序"这一合理不合法现象的直接表态，而是援引证监会 2000 年 3 月根据《证券法》制定的核准程序的有关规定，特别是对 1997 年发行计划内的企业的保护性规定（"如发行人属 1997 年股票发行计划内的企业，在提交发行审核委员会审核前，中国证监会对发行人的董事、监事和高级管理人员进行《公司法》《证券法》等法律、法规考试"，免除了"对发行人辅导一年"的要求），认为新的核准程序将申请股票发行的企业统一纳入了该程序管理，从而进一步认定证监会退回材料的行为在程序上有缺陷。

② 摘自二审判决书。

然而，对于法院究竟在何种意义上干预了行政机关的自由裁量权，法学界的看法并不一致。以"自由裁量权"名义进行的批判很快在法学界内部制造了一场大分裂，民商法学者与行政法学者就行政机关的自由裁量权与司法机关以行政诉讼为名行使的监督权之间如何并存展开激烈的辩论，全然忘却了"凯立案"的具体场景。鲜有人意识到，在"凯立案"所涉及的会计造假争议中，现行法律框架中不仅有法院和证监会，还有财政部和注册会计师参与相关的权力/权利配置。①"凯立案"的二审判决在审查证监会具体行政行为的同时，也试图明确这个会计话语权的格局，无意中引爆了不同行政机关之间，确切地说，会计主管机关和证券监管机关之间的权力冲突，而这种冲突早已植根于《会计法》《证券法》等一系列的法律文本中，集中体现在《会计法》第33条上。结果，不仅批评的主线逐渐模糊起来，而且关注的焦点也完全改变了，变成抽象地争论"行政机关自由裁量权"或者"行政权与司法权的关系"，而"凯立案"以及它所提出的行政机关应如何"规范"地"自由裁量"——这是两个看上去自相矛盾的概念，但它们准确地传达了问题的实质，即专业事务中行政权力的行使方式——这个问题，反而退出了法学界的视野，遑论会计最终话语权配置这一终极问题。

二、"凯立案"实质争议的界定

"凯立案"中，原被告争议的核心问题是凯立公司1995—1997年度的利润数据是否虚假，具体来说，就是凯立的大股东长江旅业在1992—1993年间从事的木棠工程建设能否作为凯立公司在1995—1997年的利润？它看起来是个纯粹的会计技术问题，但背后涉及一系列关于公司出资、设立、上市的法律与经济分析。

1. 剥离上市的经济实质

先撇开具体的财务数据问题不谈，就经济实质而言，凯立公司的上市路径实际上也是我国前些年国有企业改制上市的主要方式——剥离上市，即大股东将一部分优质营业或资产以及相应的收入、利润剥离，置入一个新设立的、以上市筹资为目的的股份有限公司之壳中，以这部分资产为基础来模拟

---

① 个别学者注意到了这个问题，在2001年8月下旬对外经济贸易大学法学院"公司法与证券法研究中心"主办的"凯立案对中国证券监管的影响"的研讨会上，与会者讨论了行政机关能否对审核材料独立作出判断，是否必须依赖于专业机构的问题，沈四宝教授认为，行政机关应该有独立的审核决定权，有权对专业机构的意见作出判断。参见薛莉、张鸣飞：《"凯立案"挑战证券监管体制现有法律漏洞应及时补上》，载《上海证券报》2001年8月30日。

计算拟上市的新公司在 IPO 前三年的利润。客观地说,剥离上市作为我国体制转型时期的特殊政策,是无法用法律原理、会计原理来进行解释的。如果严格适用法律规则或者会计原理,剥离上市即使不构成直接的欺诈,至少也是对法律规则与会计原理的曲解和滥用。然而,不知是否因为长江旅业与凯立的关系与典型的国企剥离上市的情形有区别①,证监会偏偏对凯立的发行申请动了真格,要还"被剥离资产"的本来面目,这就引出了一系列在法律上和会计上难以回答的问题:

第一,资产剥离行为在法律上如何定性?鉴于原有企业与上市公司之间客观存在的"股权投资"关系,因此资产剥离通常被视为大股东对上市公司的"出资",例如在"凯立案"中,木棠工程就构成长江旅业对海南凯立的出资。"出资"是一个公司法上的概念,我国《公司法》明确列举了现金、机器设备等若干种出资形式,但实践中被剥离的资产往往是由多项资产或权利组成的一项业务,或者一部分营业,甚至还包含债务,因此,它很难与《公司法》所列举的几种出资形式直接对应。这是否导致出资不合法,因而构成"无效出资"?

第二,与资产剥离相伴进行的收入和利润的剥离在会计原理上能否成立?会计的四大假设之一——会计主体假设要求企业不得将他人的收入作为自己的收入列报;在发生工程转手的情形下,应遵循"谁提供劳务,谁确认收入"的原则。在"凯立案"中,木棠工程的全部建设都是由长江旅业进行的,凯立公司接手木棠工程之后,没有提供新的劳务。这是否意味着只能由长江旅业来确认木棠工程的收入?

第三,除了"剥离上市"政策在法律上、会计上遭遇的挑战之外,凯立还需要解决木棠工程收入的时间确认问题。木棠工程建设是在 1992—1993 年间进行的,但是凯立获得的股票发行额度是 1998 年的,这就要求其盈利性的财务数据必须出现在 1995—1997 年间,即发行股票前三年。木棠工程这个在

---

① 剥离上市主要是对国有企业的一项优惠政策,监管者对此也采取宽容的态度,但凯立公司本身是民营资本进行基础设施建设的组织形式,能否享受剥离上市的优惠政策是有疑问的。从技术层面来看,在典型的剥离上市情形中,具体的资产剥离、设立新公司等活动,是在大股东已经获得了股票发行额度之后进行的,这些资产在经营活动上基本保持着连续性。这就使得以剥离资产为基础进行的财务状况的模拟计算主要是一个主体拟制的问题,在会计确认的时间上不会遇到太大的障碍。凯立则不同。长江旅业在创建凯立公司三年后才获得股票发行的额度,凯立本身已经作为一个经济主体运作了一段时间,但由于各种因素而没有产生理想的业绩,因此,长江旅业将木棠工程剥离置入凯立以满足"发行股票前三年连续盈利"的条件就需要克服更多的障碍。许多有争议的问题,如"木棠工程出资"到底是资产、工程经营权(或开发权)还是一种收益期待权?最后结算的款项究竟属于资产形式的转换还是收入实现?如果是收入,它应该在什么时间确认?等等,实际上都是因这个三年的时间差引起的。这也导致凯立的财务处理从会计原理的角度看更加不堪一击。

1992—1993年间发生的项目是否能够被确认为1995—1997年间的"收入"，并依此计算利润？这是一个典型的会计技术问题，需要依据有关的收入确认规则来进行判断。

上述三个层次的问题中，凯立为发行上市申请而精心准备的以及二审阶段法官所关注的，都是最后一个问题，因为《公司法》关于"发行股票前连续三年盈利"的规定实际上是对发行人唯一实质性的要求，在"凯立案"中，它与木棠工程收入的确认时间息息相关。但是，这个问题只有在对前面两个方面的问题，即出资问题和会计主体问题，作出了符合凯立需要的回答后才能够涉及。对这两个问题中的任何一个作出否定性解释，都可以直接否定凯立的发行资质，令木棠工程收入的时间确认这个会计技术问题变得毫无意义。我们看到，在"凯立案"中，证监会正是以"出资不合法"为由，认定木棠工程及其收益依然属于长江旅业，因此凯立的财务数据不实。在"凯立案"一审判决之后，有会计学者针对第二个问题提出质疑，认为由凯立确认木棠工程的收益违背了会计主体的基本假设，凯立拥有的木棠工程收入款的性质是资本溢价，而不是收入。① 这两个问题也可能影响到本章写作的意义。如果凯立不论是从法律上还是从会计原理角度看都不可能成为木棠工程的收入主体，那么，我们又有什么必要关注凯立或者证监会对收入确认之会计规则的理解和适用是否准确呢？从这个角度看，出资方式与会计主体两个方面的问题不仅构成了凯立确认木棠工程收入的障碍，而且也在很大程度上成为我们借助"凯立案"探讨专业事务中行政裁量权边界、厘清会计最终话语权格局的障碍。

2. 出资方式问题与会计主体问题

在现实中，出资方式与会计主体两方面的质疑并没有阻却"凯立案"的进展。关于出资方式问题，二审法院似乎轻而易举地克服了、更确切地说是打发掉了这个公司法上的障碍。尽管长江旅业出资方式之合法性在一审过程中是争议的焦点，但二审法官很痛快地接受了"工程经营权"的概念，在二审判决书中，"长江旅业作为凯立公司的发起人已将该工程的经营权作价入股"是作为一个客观事实来表述的，而不是法院对原被告之间的一个争议事项作出的认定结果。这表明，在法院看来，不仅"木棠工程出资"可以被清晰地界

---

① 参见郑朝晖：《海南凯立：会计资料是否真实？》，载《财务与会计》2001年第2期。

定为"工程经营权"①,而且其作为出资方式的合法性是毋庸置疑的。② 更令人惊奇的是,法院的这种处理方式也没有引起评论者的注意,更没有激起任何非议。这大概是因为我国近年来的若干经济体制改革措施早已突破了《公司法》的界限,不论是证券市场中的剥离上市、净资产折股,还是债转股中将债权转换成股权,都在事实上创造着新的出资方式。尽管人们对这些出资方式的权利定位还未有公论,但对它们的客观存在以及为当事人普遍接受是没有疑义的。③ 从市场经济国家的实践来看,不仅财务报表中确认的资产项目远远超过我国《公司法》所列举的出资形式,即使是尚未进入资产负债表、但商业上有价值的权利甚至某种确定的预期,都可以作为出资。因此,一概排斥《公司法》列举方式之外的其他权利或资产作为出资方式,显然违背市场经济中商业运作自身的要求。任何对客观经济现实感觉比较敏锐的人,都不会对《公司法》的规定采取一种机械、僵化的态度。④

第二个障碍,即会计主体问题,则似乎完全没有被双方当事人注意到,因此也就没有进入司法审查的过程。个中原因,我以为在很大程度上源于双方的律师、法官受法律概念的影响,忽略了那些与法律概念表面看来相似的会计概念所具有的特殊含义。在法律人看来,木棠工程既然已经作为出资注入凯立公司,此后结算的收入当然是凯立公司的收入,犹如物权法上之原物与

---

① 木棠工程出资方式的界定是一个困难的问题。不论是当事人自己主张的"工程开发权",还是二审法院使用的"工程经营权"概念,在我国法律中都尚未出现过,与之最接近的大概是"特许专营权"。然而,从长江旅业注入的木棠工程的具体内容来看,"特许专营权"概念并不适用。"特许专营权"作为一种无形财产权,强调的是一种垄断性的、具有经营内容的财产权利,但长江旅业注入凯立的木棠工程并不具有这个特点。木棠工程是一个已经完工、但尚未结算的工程项目,它不仅谈不上"特许",而且也没有任何实质的开发或者经营的内容,而仅仅是一种收益期待权。从这一点来看,甚至称其为"工程开发权"或者"工程经营权"也都是有些牵强的,称之为"请求权"或"应收取的债权"倒更为合适。就这一点来看,一审中证监会的代理人称木棠工程出资为"债权",有一定的道理,因为债权的特点是一种求偿权。但是,木棠工程出资与"债权"之间的差别也是非常明显的:首先,债权需要有债务人,而在结算尚未开始时,木棠工程管理委员会并未成为债务人;其次,债权的金额是确定的,而木棠工程的结算款尚未确定。当然,法律上权利定性的困难并不会妨碍会计上对其进行确认和计量。我国的财务会计制度中虽然也不存在与之完全对应的概念,但是,由于会计的"资产"概念中包括一类费用资本化项目,从某种意义上,它们也可以抽象地解释为对企业有益或者曾经有益的资源,因此,已经完工的木棠工程可以毫不困难地被确认为一项"资产",并通过工程费用的资本化对其进行计量。关于费用资本化的含义与应用,参见刘燕:《会计法》(第二版),北京大学出版社 2009 年版,第 253—256 页。
② 同样接受这一事实的还有海南省最高人民法院,其在 1997 年就木棠管委会拖欠工程款作出的民事裁定书[(1997)琼高法执字第 262 号],承认木棠工程项目的全部收入由凯立公司承接。
③ 这或许也就解释了我国工商登记管理机关没有反对对这样的企业设立进行登记的原因。
④ 美国学者对公司法的经济学分析,认为公司法规则主要是赋权性(enabling rules)规则。二审法院对《公司法》的理解与之有异曲同工之处,即《公司法》关于出资方式的规定是"赋权性"的而非"禁止性"的规则。

孳息的关系。然而,原物与孳息的民法理论只是解决孳息的所有权归属问题,无法机械地套用于计算"收入",因为会计上对"收入"或者"收益"有特殊的界定,其基本含义是通过经营活动实现的价值增长。① 换句话说,如果我们将木棠工程的收入类比为木棠工程资产的孳息,它无疑属于凯立所有;但是从会计核算的角度看,它可能只是一种源于"资本溢价"的孳息,不能算作企业经营活动创造的"收入",因而也就无法为凯立的财务报表贡献"盈利"数据。②

无论基于何种原因,最终结果是凯立公司幸运地闯过了或者饶过了对"剥离上市"的司法审查的难关,使得"凯立案"以一个比较单纯的会计技术争议的面貌呈现在法官面前,也使我们得以依循司法审查的路径,来考察专业事务中行政机关自由裁量权的行使过程。简言之,在剔除出资方式和会计主体资格上的不确定性后,"凯立案"争议的实际上是这样一个问题:凯立公司是否可以将1992—1993年间建设的木棠工程项目下的收入,确认为1995—1997年间的收入并依此计算利润?会计数据是依照会计规则对经济交易进行确认和计量的结果,因此,有关凯立公司利润的争议实际上转化为这样一个问题:依照我国的会计规则,木棠工程的收入应当在哪个会计年度或哪些会计年度中确认?

三、木棠工程收入确认:穿越会计准则的丛林

确定木棠工程收入应适用的会计规则,与界定"凯立案"的实质问题一样,都非易事。收入的时间确认历来是会计上一个最重要、同时也是最频繁地因人们对会计规则的滥用而引发争议的领域。对于长期工程收入的确认而言,国际通行的会计惯例是完工百分比法,即根据合同完工的进度确认工程收入与费用,特定情形下也可以适用完成合同法,即在合同完成之时确认

---

① "收入"的定义在会计上是一个有很大争议的问题。上述定义主要是就"营业收入"而言的,但是会计上同时也承认一些营业外收入。然而,营业外收入的范围如果太大,则财务报表中的"收入"就很可能变成一个引人误解的数据。目前,对于"收入"概念的外延,公司界、会计界以及管理层之间存在着一定的分歧。关于"收入"的概念以及有关问题的一个简要介绍,参见刘燕:《会计法》(第二版),北京大学出版社2009年版,第9章第1节。

② 这正是否定凯立作为木棠工程收入主体的会计学者的主张,他认为木棠工程收入款项只能确认为凯立的股东权益。参见郑朝晖:《海南凯立:会计资料是否真实?》,载《财务与会计》2001年第2期。笔者以为,这一观点过于绝对。木棠工程最后结算的收入无疑属于"木棠工程"或"工程经营权"资产的增值,但是这种"资产增值"究竟应确认为"收入"还是"资本公积",会计原理上并无绝对的定论。会计准则既规定了计入"资本公积"的资产增值形式——如固定资产重估增值,也承认计入"收入"的资产增值——如投资收益。在有些情形下,确认为"收入"还是确认为"资本公积",完全是会计规则制定者在某种政策性倾向下作出的选择,与会计原理的逻辑无关。因此,在会计规则没有明确排除其被确认为收入的情形下,不能依抽象的会计原理而当然否定凯立公司将木棠工程结算款项确认为收入。

工程收入和成本。这些规则看上去似乎很简单、很明确,然而具体适用起来却存在很大的弹性。①

在我国,情形则更加复杂。从1993年开始,我国财务会计制度经历着一场剧烈的变革,会计规则更新的速度惊人。在凯立公司申请发行股票的1998年前后,我国的财务会计规范体系中至少存在着三套规范系列,即会计准则系列、分行业财务会计制度系列以及股份制企业财务会计制度系列,每一系列中都包括多项具体的财务会计制度。② 就长期工程的收入确认而言,三套规则系列都吸收了国际惯例③,但是具体表述上却存在着一些差异。

1992年出台的《企业会计准则》以及《股份制试点企业会计制度》,都只是简单地提出了完成合同法和完工百分比法两种方法,允许企业选择适用。而1998年后颁布的《股份有限公司会计制度》《企业会计准则——建造合同》等会计规章则强调长期工程应适用完工百分比法,同时也进一步明确了完成合同法下的收入确认时间。④ 不仅如此,改革初期的财务会计制度的突出特点是强调以"双方办理结算"作为收入实现的象征。不论采用哪一种会计方法,也不论工程完成多少,如果双方没有进行结算,就不能确认收入。这也就

---

① 对于建设工期超过一年的长期工程而言,之所以适用合同百分比法,是因为财务报表是按年编制、报告损益的,为了及时反映各年度的经营成果和财务状况,就需要在工程合同的履行过程中,按照一定的方法合理估计工程的进度并确认各年的收入和费用。相反,如果按照完成合同法确认收入,施工企业的财务报表就会出现苦乐不均的现象:在完工之年出现高额收益,而施工年度则呈现长期亏损。这样的财务报表很容易误导投资人。但是,完工百分比法也有自身的局限性。由于涉及对工程进度以及其他因素的估计,完工百分比法的主观性比较强,因此其适用是有条件的。如果建造合同的结果不能够可靠地估计,例如,工程的总收入无法合理估计,或者工程进度难以精确测量,或者发包方的支付能力有很大的疑问等,在这些情形下,适用完工百分比法并不能获得一个合理而准确的财务数据,相反,完成合同法可能提供了一个不太科学但更可靠的结果。这也就意味着,尽管只有两种方法,但没有哪一种方法可以提供绝对精确的结果,而且会计方法适用上的主观判断也给企业提供了一定的选择空间。

② 准则系列包括《企业会计准则》《企业财务通则》以及《企业会计准则——建造合同》等具体会计准则;分行业财务会计制度包括十三类行业(如工业、商业、施工企业等)的会计制度和财务制度;股份制企业规则系列包括股份制试点企业会计制度和财务管理办法。在这些规则中,《企业会计准则》与《企业财务通则》级别最高,由国务院批准、财政部1992年12月3日发布,是我国1993年开始进行的财务会计制度改革的纲领性文件,其余均是财政部颁布的会计规章。

③ 例如,《企业会计准则》第45条规定:"长期工程(包括劳务)合同,一般应当根据完成进度法或者完成合同法合理确认营业收入。"财政部1993年发布的《施工企业会计制度》的表述大体相同。

④ 1998年的《企业会计准则——建造合同》规定的完成合同法,明确了应当在工程完成的特定时日确认合同收入和合同费用。财政部发布的《企业会计准则——建造合同指南》提供了这样一个例子:某建造合同于1997年1月5日开工,1997年12月20日完工。企业应于1997年12月20日确认该项合同的收入和费用。

意味着,即使是采用完成合同法,确认收入的时间也并非工程竣工之时、或工程交付使用之时,而是在双方办理结算时。这一思路特别明显地体现在分行业财务会计制度中。

例如,《施工企业会计制度》第 501 号科目——工程结算收入(二)(1)规定:"实行合同完成后一次结算工程价款办法的工程合同,应于合同完成,施工企业与发包单位进行工程合同价款结算时,确认为收入实现,实现的收入额为承发包双方结算的合同价款总额。"《施工、房地产开发企业财务制度》第 61 条则进一步将"结算确认"具体化为:"施工企业工程施工和提供劳务、作业,以出具的工程价款结算单经发包单位签证后,确认为营业收入","房地产开发企业开发的土地、商品房在移交后,将结算账单提交买方并得到认可时,确认为营业收入的实现"。(变体为笔者处理)①

分行业财务会计制度强调"结算时"确认收入,客观上形成了一种"中国特色"的完成合同法或完工百分比法②,这在一定程度上消弭了《企业会计准则》引进国际会计惯例的意义。出现这一结果的原因,并非单纯因为人们对国际会计惯例不够熟悉,对各种"会计估计"缺乏经验,更主要的是由于我国体制转型时期的特殊状态尚未给国际会计准则提供一个适当的生存空间。自 20 世纪 80 年代后期以来,我国经济生活中的合同秩序相当混乱,企业间相互拖欠债务现象异常普遍,商业信用几乎不存在。因此,如果按照严格遵循国际会计惯例的思路——强调收入确认与创造收入的劳务之间的关联,是否实际取得工程款的考虑退居其次,工程建设企业的财务报表就可能会出现大量最终无法兑现的收入。从这个意义上说,强调"结算时确认收入"虽然不太符合国际惯例,但却符合中国实际,而且从一定意义说,可能也更符合国际

---

① 这是基于一种谨慎的考虑,避免承建方在收入尚无保障的情形下过早确认收入。实践中经常出现这样的情形:发包方急于进入或使用已经完工的项目资产,因此在尚未办理验收和结算的情况下,承建方就可能把工程交付给发包方。嗣后发包方发现一些工程质量问题,双方发生争议,发包方拒绝付款而承建方难以获得相关的工程款项。因此,如果没有进行结算,虽然工程竣工了、甚至投入使用了,都不一定能够保证发包方就能付款。而结算一般发生在双方对工程进行了验收交接之后,承建方开出了结算单据,发包方也承诺付款,此时工程收入款项基本上有保障。

② 国际会计惯例强调收入确认与创造收入的劳务之间的关联,是否实际取得工程款的考虑退居其次。如果劳务已经提供,且相关的金额可以合理确定,提供劳务的一方就可以确认收入;即使对方尚未付款,这不过是令收入方形成一项债权而已,并不影响其确认收入。但这一逻辑在我国企业三角债盛行的经济现实面前就显得不符合"谨慎性"原则。

公认的会计基本原则之———谨慎性原则①,而后者正是我国财务会计体制改革孜孜以求的目标。

不论基于何种考虑,体制转型时期的财务会计体制与证券市场的监管体制一样,存在着理想与现实的矛盾。体现国际惯例的会计准则系列、衔接中外思路的分行业会计制度系列、反映上市公司以及改制企业特殊要求的股份制会计制度系列,三套规则共存于我国的会计法律规则体系之中,它所引起的会计实践的混乱是可以想见的:一方面,大量引进的国际会计惯例本身就让国人见识了会计方法的选择性、会计确认和计量的主观性;另一方面,现行会计规则体系中多套规则的共存更让人无所适从。尽管财政部在出台每项规则或制度时都不辞辛苦地对规则的适用范围、与原有制度的衔接作出解答,但是它们不可能覆盖实践中存在的所有问题。

正是这些客观存在着的规则差异和空白,给凯立公司提供了一个绝佳的操作空间,然而,它们却似乎滑过了中国证监会的视野。

四、凯立公司的会计推理过程

对于凯立公司而言,为满足现行法律关于"发行股票前三年盈利"的要求,它必须在 1995—1997 年间报告收入和利润。木棠工程虽然已经从大股东长江旅业转入凯立公司的名下,但这个工程项目的实际作业早在凯立公司 1994 年底成立前就已经完成了。因此,凯立公司确认木棠工程收益只是一个会计利润的确认过程,在这个过程中,凯立公司需要推迟确认收入,将 1994 年前完成的工程所产生的收入列入 1995—1997 年度进行报告。为达到这一目的,在三套会计规则系列中,只有分行业财务会计制度,具体来说是《施工企业会计制度》《施工、房地产开发企业财务制度》能够满足凯立的需

---

① "谨慎性原则"是国际上公认的、也是当今最受追捧的会计原则,其基本规则可归纳为两句话:不确认可能发生的收入,但估计可能发生的损失。我国传统的财务会计制度遭到的最严厉的批判就在于其缺乏谨慎性原则,导致企业隐亏严重,虚增资产、虚报利润。提前确认收入之所以被认为是虚增利润的一种途径,就是因为其不符合谨慎性原则。从这个意义上看,1993年的《施工、房地产开发企业财务制度》本应当受到赞誉,因为它比采纳西方会计实务的《股份公司会计制度》更加谨慎,不容易导致企业提前确认收入。不幸的是,恰恰在这一点上,它被凯立公司利用,因为凯立公司需要的不是提前确认收入,而是推迟确认收入。这颇有些讽刺意味。由此也可以看出,一个规则是否合理并不单纯取决于规则本身,而是看它在实践中如何被运用。而会计准则的最大的特点就在于它很容易被滥用,这也就意味着,机械地、抽象地评价一个会计规则的优劣往往是不明智的。

要,即通过对办理结算手续时间的精心安排(或者说是刻意拖延)①,凯立公司在 1995 年、1996 年、1997 年分三次与发包方进行了结算,从而将木棠工程的收入分批计入 1995 年、1996 年、1997 年三年。

相反,如果适用《企业会计准则——建造合同》或者《股份公司会计制度》,不论是采用完成合同法还是完工百分比法,凯立公司无论如何不可能在 1995 年至 1997 年间确认木棠工程的收入。具言之,依完工百分比法,木棠工程收入确认时间应与工程建设时间基本同步,即在 1992—1993 年间;依完工结算法,则木棠工程收入确认时间是 1996 年,即发包方与承建方签订工程结算书的时间,而不可能在 1995 年和 1997 年中确认收入。

凯立公司的会计处理是一个会计规则的选择与适用的过程。这一会计处理能否被接受,也就取决于两个问题:第一,它选择适用《施工企业会计制度》《施工、房地产开发企业财务制度》是否合适? 第二,它对上述财务会计制度的理解与适用是否准确,是否存在对会计规则的滥用?

1. 会计规则的选择

从总体上看,1998 年的《股份公司会计制度》以及其后的《企业会计准则》系列比 1993 年的分行业财务会计制度更接近国际惯例,自 1998 年 1 月 1 日之后,上市公司都必须适用这些新的会计准则和制度。对于那些在这一转型时期申请上市的公司,中国证监会于 1998 年 5 月 20 日发布了《关于执行〈股份有限公司会计制度〉有关问题的通知》(证监会字〔1998〕4 号),只要求 1998 年 7 月 1 日后递交申报材料的公司按照《股份公司会计制度》调整编制有关的财务报表。这样一来,1998 年 6 月 29 日报送了申请材料的凯立公司就幸运地继续"活在旧体制中"。

在旧体制中,依然存在股份制试点企业财务会计制度与分行业财务会计制度两套规则。凯立作为一个拟公开发行股票的股份公司,当然应按照股份

---

① 关于凯立公司与木棠管委员结算的时间,各媒体报道的细节有分歧,最具爆炸性效果的当属《财经》杂志在《凯立真相》中对凯立公司伪造结算单据的报道。在庭审中,原被告双方就对有关的结算凭证是"工程预付款凭证"还是结算凭证有分歧,参见李峻岭:《凯立案焦点对白》,载《财经时报》2000 年 12 月 1 日。《凯立真相》发表后,凯立公司也发布了《驳斥〈凯立真相〉的事实要点》的材料,对《财经》杂志的指控进行了反驳。笔者关注的主要是会计规则本身的差异以及被滥用的问题,不论凯立公司是否伪造结算凭证,这个问题都是可以成立的。因此,本书并不探究凯立是否涉嫌造假,姑且为行文方便,采用二审判决书中有关结算时间的提法。

制试点企业的财务会计制度进行处理。① 然而,具体到工程收入的确认这个问题上,股份制试点财务会计制度没有分行业财务会计制度那么具体、详细。在这种情形下,凯立公司能否适用分行业财务会计制度,即《施工企业会计制度》和《施工、房地产开发企业财务制度》?

这里,我们面对的实际上是"后法优于前法"与"特别法优于普通法"两个法律原则之间的冲突在会计规则领域的一个范例:股份制试点企业财务会计制度是1992年5、6月间颁布的,此时,代表我国财务会计改革基本方向的、法律效力最高的《企业会计准则》与《企业财务准则》(以下简称"两则")尚未出台。而分行业财务会计制度则是在"两则"之后发布的,比较充分地体现了"两则"的要求。财政部在发布分行业财务会计制度时,要求所有企业均遵照执行。针对股份制试点企业,财政部在1993年6月7日专门发文②,要求其从1993年7月1日起:(1)在财务制度方面,执行《企业财务准则》和分行业财务制度;(2)在会计规则的适用方面,按照《企业会计准则》的原则进行会计核算,同时在若干事项上执行分行业财务会计制度。不过,财政部明文列举的若干事项中并没有包括工程收入的确认这个具体问题。

因此,一方是作为"后法""普通法"的分行业财务会计制度,另一方是作为"前法"的但又是"特别法"的股份制试点企业会计制度③,依基本法理,对于特别法中没有规定的事项,普通法中的规则在与特别法的精神不相违背的情况下可以适用。分行业财务会计制度既然总体上更符合改革思路,似乎也没有什么理由拒绝其适用。从这个意义上看,凯立选择适用《施工企业会计

---

① 在这个问题上,事实上出现了财政部和证监会对会计规则进行解释的第一次协调。财政部在1993年6月7日发布的《股份制试点企业执行新会计制度若干问题的规定》[财政部(93)财会字第28号]中,要求股份制试点企业从1993年7月1日起按照《企业会计准则》的原则进行会计核算,同时列明了若干事项要求股份制企业执行分行业财务会计制度。深圳证券交易所感到上述规定所列事项之外的其余会计事项的处理依据依然不明确,遂请示证监会首席会计师办公室。证监会就此问题与财政部会计事务管理司进行磋商后,就公开发行股票和上市的企业如何执行会计制度的问题作出答复,除了重申财政部规定的内容外,明确了其余事项继续适用《股份制试点企业会计制度》。在两个文件明确列举的适用分行业会计制度的事项中,均不包括长期劳务收入的确认。

② 《关于股份制试点企业执行〈企业财务通则〉和分行业财务制度有关问题的规定》[1993年6月17日 财政部(93)财改字第20号]和《股份制试点企业执行新会计制度若干问题的规定》[1993年6月7日 财政部(93)财会字第28号]。

③ "普通法"与"特别法"的界定需要解释一下,以免引起误解。乍看起来,分行业财务会计制度似乎应定性为特别法,而股份制企业会计制度应定位为普通法,但是,针对一个特定行业中的企业而言,分行业财务会计制度提供了企业业务的全部规则,而股份制企业会计制度仅仅是在与其业务相关的规则部分提供了反映股份制试点要求的特定规则。因此,对凯立公司这家以建筑为主业的企业而言,分行业财务会计制度成为普通法,而股份制财务会计制度构成特别法。

制度》和《施工、房地产开发企业财务制度》是可以说得通的。

2. 会计规则的适用

从适用规则的角度考察,凯立公司对木棠工程收入的确认方式似乎存在滥用会计规则之嫌,至少其对有关会计规则的理解是不太准确的。

如前所述,基于推迟确认收入的目的,凯立公司在完成合同法与完工百分比中选择了前者,故得以在木棠工程完工数年之后再确认收入。既然是完工以后的结算,如果没有诸如工程质量问题之类的异议,从常理上说结算应当是一次性进行的。① 实际情况似乎也是如此。在 1996 年 6 月,长江旅业与木棠工程的发包方——木棠管委会在验收基础上签订了工程结算书,确定合计工程款为 2.4 亿元。依《施工企业会计制度》的规定,采用完工后一次结算,施工单位"应于合同完成,施工企业与发包单位进行工程合同价款结算时,确认为收入实现,实现的收入额为承发包双方结算的合同价款总额"。因此,1996 年是双方办理工程结算的时间,凯立公司确认的木棠工程收入应全部进入 1996 年度的财务报表。

然而,凯立公司主张其在 1995 年与 1997 年度也分别与发包方进行了结算,其中,1995 年、1996 年进行的是工程进度结算,1997 年进行的是工程决算。② 假定有关的证据都是真实的,这些结算、决算就与前述的"1996 年 6 月双方签订的工程结算书"之间发生了冲突。到底何者构成确认收入所依赖的"结算"? 凯立公司援引《施工、房地产开发企业财务制度》第 61 条作为自己的法律依据,该条要求施工企业"以出具的'工程价款结算账单'经发包方单位签证后,确认为营业收入的实现"。

凯立公司的解释是难以成立的。

首先,《施工、房地产开发企业财务制度》的规定,其意图并不在于要求收入确认必须经过"某一种特定的结算账单经发包方签证"这个特定的步骤,而是强调施工方提出的结算款必须获得了发包方的认可,才能确认收入。发包方如果不认可,施工方就不能仅仅根据自己编制的工程价款结算清单来确认

---

① 因此会计制度在"完成合同法"下通常都有"一次结算"的字眼。如《施工企业会计制度》第 501 号科目——工程结算收入(二)(1)规定:"实行合同完成后一次结算工程价款办法的工程合同,应于合同完成,施工企业与发包单位进行工程合同价款结算时,确认为收入实现,实现的收入额为承发包双方结算的合同价款总额。"同时,该会计制度也允许施工单位与发包方在合同中确定采用其他结算方法,施工方可以按合同规定的结算方式和结算时间,与发包单位结算工程价款时确认为收入一次或分次实现,但是,"本期实现的收入额,为本期结算的已完工程价款或竣工一次结算的全部合同价款"。
② 凯立公司向法院提交的证据,包括 1995 年、1996 年《木棠开发区四通一平工程建设合同书》场地平整工程进度结算书和 1997 年木棠工程决算书。

收入。在前文中，笔者已经指出，分行业财务会计制度的突出特点是收入确认上的谨慎性，即使没有达到"钱落袋为安"的程度，至少也需要付款人对结算款项的认可，避免在建设单位的财务报表上出现大量无人认账的收入。从这个意义上看，长江旅业与木棠管委员于 1996 年 6 月在验收基础上共同签订的"工程结算书"，完全达到了发包方认可的效果，也就完全能够构成《施工企业会计制度》所称的"结算"。

其次，1996 年 6 月的工程结算书对整个工程的总价款进行了确定，这是非常典型的竣工后一次结算的例子。即使长江旅业与木棠管委会在 1995 年确实进行了工程进度结算①，1996 年 6 月双方签订的结算书也就将整个工程价款的结算完成了。凯立公司可以据此、也应该据此来确认全部的工程收入。发包方尚欠的款项构成了凯立的一项应收账款，它是一项数额确定、债务人确定的债权。1997 年间长江旅业与木棠管委会之间的官司，正是实现这个债权的途径。因此，即使这笔欠款在 1997 年才进入凯立，它也并不构成凯立公司 1997 年度的收入，而只是凯立的账面资产形式之间的转换，即一项债权转化为一项现金资产。

因此，不论是从对施工企业财务会计制度的基本理解，还是从凯立公司实际进行的结算活动来看，木棠工程的收入都应当在 1996 年以前（含 1996 年度）确认，而不可能确认为 1997 年度的收入。即使凯立公司在 1997 年与发包方再次办理了剩余工程款的"结算"手续，这一行为也不改变上述结果。

3. 财政部的复函

在我国，会计规则的适用范围历来属于财政部的解释权范畴。我国《会计法》明确了财政部是会计主管部门，制定国家统一会计制度。当一个会计事项上同时存在不同的会计规则，或者出现了类似"后法/普通法—前法/特别法"之间的冲突时，财政部有权对应适用哪一项会计规则作出解释。

在遭到证监会的质疑与调查后，凯立公司于 1999 年 7 月向财政部会计司发出《关于建造合同收入如何确定的请示》，就 1993 年财政部颁发的《施工企业会计制度》与 1998 年 6 月财政部颁发的《企业会计准则——建造合同》的适用问题提出了自己的理解。凯立公司的请示是非常原则性的，财政部的

---

① "工程进度结算"的提法有些引人误解。"工程进度结算"通常是指根据工程的形象进度进行的结算，它一般是与工程的进展同步进行的。依据一审判决书，木棠工程合同在 1993 年底就终止了尚未完成工程的履行，1994 年中发包方对工程进行了验收，因此，1995 年进行的结算很难说是"工程进度结算"。不过，《施工企业会计制度》也允许企业采用其他方法进行结算，按结算时间一次或分次确认收入，因此，笔者姑且接受凯立关于 1995 年进行工程进度结算的说法。

复函也是原则性的,就会计制度的适用性做了答复,并未提及"木棠工程"的收入确认,给人的感觉像是赞同凯立的见解。这个证据在案件审理过程中对法官产生明显的影响。

事后来看,凯立公司申请财政部解释会计规则的方式是带有一定的误导色彩的。如上所述,凯立公司对会计规则的滥用并不涉及会计规则的选择问题,而是应如何具体适用某一会计规则,更确切地说是对"结算"概念的理解问题。因此,财政部对会计规则选择问题的答复并不表明支持凯立的会计处理,因为它根本就没有对规则适用问题,特别是有关"结算"方式的含义,作出解释。原有会计规则中的空白点依然存在。遗憾的是,由于知识结构的局限,不论是法官还是双方的律师都没有意识到这个问题,甚至连证监会都忽略了这一点。

五、中国证监会的自由裁量过程

相对于凯立公司对会计问题的深思熟虑,中国证监会似乎并没有将审查重心放在会计技术问题上,或者是将会计问题看得比较简单,因此其认定凯立公司利润数据虚假的过程显得有些武断。这倒并非指中国证监会未能"委托有关主管部门或者专业机构进行审查确认",而是从其在法庭上出示的证据来看,证监会支持自己结论的证据过于单薄。

根据二审判决书,中国证监会认定凯立公司利润虚假的主要证据材料和证明内容是:(1)《木棠开发区四通一平工程开发权投资合同》;(2)《发起人认股书》;(3)凯立公司1995—1997年利润分配表;(4)海南省高级人民法院(1996)琼经初字第11号民事判决书和木棠管委会与长江旅业公司的会计结算凭证等;(5)长江旅业已经将1.9亿元完成入账手续的收款凭证。前两项证据证明长江旅业以开发权出资不符合公司法关于出资的要求;后两项证据证明木棠工程款项的权利人是长江旅业,而不是凯立公司;第三项证据证明凯立公司的利润来源于木棠工程。因此总的结论是:凯立公司不过是将他人的收入、利润据为己有。

显然,中国证监会的结论是经不起推敲的。出资方式问题已如前述。对于木棠工程收入确认这个会计技术问题,中国证监会没有援引任何一项会计规则来直接支持自己的结论,更没有对凯立公司提供的证据进行反驳。其提供给法庭的两项关于长江旅业是木棠工程收入权利人的证据,都只能表明是长江旅业而非凯立公司在一直具体办理木棠工程的各项事宜,并不能否定相关权益在凯立公司1994年底成立后已经转入凯立公司。何况,针对中国证监会的第4项证据,即(1996)琼经初字第11号民事判决书,凯立公司提供了海南高级人民法院的民事裁定书（（1997）琼高法执字第 2-62 号），该裁定书确认，由于木棠工程早在 1994 年已经入股凯立，因此前述判决书的执行申请人已经变更为凯立公司。这不仅直接反驳了证监会的证据，而且提供了司法上认同工程经营权出资的又一个例证。

由此可见，在确认凯立公司利润数据真实性的问题上，中国证监会存在着明显的草率和疏忽。它过于依赖"出资方式合法"这个前提，似乎一旦出资方式不符合法律规定，随后的一切会计处理都是自然不能接受的，并没有对"木棠工程的收入应当如何确认"这样一个会计技术问题给予足够的重视。负责审核凯立公司发行申请的工作人员不仅对我国转型时期会计规则缺乏充分研究，甚至不了解"剥离上市"方式在会计原理上的致命缺陷，而后者本来是可以帮助证监会有效地——尽管未必是公平地——阻却凯立公司上市之脚步的。一旦法庭不接受"出资方式违法"这个前提，证监会对会计技术问题的准备不足就充分暴露出来。其所提供的证据不仅数量少，而且无法直接支持其结论，更不可能揭示凯立事实上存在的滥用会计规则的行为。

六、对"凯立案"及其二审判决的基本评价

"凯立案"是一个标准的会计争议案件。IPO 申请人凯立公司的财务资料被证券市场监管者认定存在利润造假，这一结论导致 IPO 申请人被拒绝了上市融资的权利，由此引发 IPO 申请人与证券监管者之间围绕特定交易会计处理的争议。

当争议最终提交到法院解决时，原、被告都需要证明自己所主张的木棠工程收入的会计处理方式是正确的，以便法庭作出判断。原告凯立公司向法庭提供的证据虽然有误导之嫌，但是至少从表面来看证据非常充分[1]，除了对证监会的有关证据进行解释或澄清外，凯立公司还特别提供自己所适用的

---

[1] 凯立公司提供了 13 项证据：（1）凯立公司《发起人协议书》和《发起人认股书》；（2）长江旅业与凯立公司签订的《木棠开发区四通一平工程开发权投资合同》；（3）木棠管委会对长江旅业与凯立公司签订的《木棠开发区四通一平工程开发权投资合同》的确认函；（4）海南正大会计师事务所关于长江旅业公司入股资产的《资产评估报告》；（5）中达会计师事务所关于凯立公司的《验资报告》；（6）海南证管办《关于凯立公司改变设立方式及调整股本的批复》；（7）木棠开发区管委会的承诺函；（8）海南省高级人民法院的民事裁定书(1997)琼高法执字第 262 号，证明木棠工程项目的全部收入和实现的利润归属凯立公司；（9）《施工企业会计制度》；（10）《施工、房地产开发企业财务制度》；（11）1995 年、1996 年《木棠开发区四通一平工程建设合同书》场地平整工程进度结算书；（12）1997 年木棠工程决算书；（13）财政部财会函字(1999)29 号。原被告双方对于对方提供的证据的真实性都没有提出异议。

施工企业财务会计制度的文本以及财政部对有关会计规则适用性的复函。这不仅令凯立公司的会计处理显得有根有据,而且对于可能引起争议的会计规则的适用问题,俨然还有权威部门的支持。相反,被告方中国证监会的证据则过于单薄,无法支持自己对凯立公司财务资料的认定结论。因此,"凯立案"以证监会败诉而告终是一个必然的结果。

"凯立案"的审理过程也显示,尽管法院没有直接对凯立公司财务数据的虚假问题进行裁决,但是它并没有完全放弃对实质争议的审理。囿于行政诉讼的路径,法院是从程序审的角度审理实质争议,主要关注双方当事人对于自己关于木棠工程收入会计处理正当性提供的证据。鉴于原被告之间证据的悬殊对比,法官很自然地得出结论:证监会认定凯立公司财务数据虚假缺乏足够的证据。如果法院直接据此而判决,"凯立案"可能也就顺利结案了,证监会将需要重新对凯立的股票发行文件进行审核。最终结果很可能是:中国证监会在认真而审慎地研究了会计技术问题,特别是在与财政部就会计规则的选择和适用问题交换意见后,以滥用会计规则,财务数据不实的理由,拒绝给予凯立上市融资的通行证。①

然而,二审法院多走了一步,对中国证监会的监管工作程序提出了改进建议,要求中国证监会"在对会计资料有疑问时,应委托主管部门或专业机构审查确认"。由于现行判决书过于简约的行文风格,我们无法了解二审判决为什么会出现这"惊人的一跳"。或许是中国证监会在木棠工程收入确认这个会计技术问题上表现出的知识欠缺,导致二审法官认为中国证监会缺乏对疑难会计技术问题的判断能力?抑或是法官模糊地意识到这里的核心问题是如何理解会计准则,而后者作为专业事项有赖于"主管部门"或"专业机构"?也许二者兼而有之。毕竟,会计准则的选择与适用问题实际上是一个标准的法律问题,其内在逻辑与法律适用的逻辑没有本质区别。因此,法官即使对会计专业事务并不熟悉,却也能明确地意识到在法律适用(以及会计规则适用)的问题上,立法者(或规则制定者)所具有的天然优势地位。

不过,在法学界、特别是关注资本市场与证券监管的民商法学者看来,二

---

① 事实上,这也正是二审判决后中国证监会所采取的动作。据《财经》杂志报道,二审判决后中国证监会立即向财政部会计司咨询有关复函事宜,2001年7月18日财政部办公厅复函明确指出,"凯立公司不能将长江旅业公司承办的木棠开发区一平工程经营业绩确认为其1995、1996、1997年的业绩"。同时还指出,"财政部会计司对凯立公司的复函,并不表明该公司对木棠经济开发区平整土地工程收入、费用的确认和计量是正确的"。中国证监会后来对二审判决置之不理的态度或许与此也有关联。参见李巧宁、张继伟:《凯立真相》,载《财经》2001年9月。

审判决的这一建议"带来了比其解决的问题更大的问题",干扰了中国证监会作为证券监管机关的自由裁量权。因为,"行政管制的重要方面是行政事务专业化,在专业化的行政事务范围内,法院应当尊重行政权,避免不必要的干预"。[1] 法学界与实务界截然对立的认知,表明会计争议案件的实质并不是一个有共识的问题。但是,在确立一个清晰的会计最终话语权框架之前,上述分歧是无法调和的。资本市场中不同监管部门、市场主体之间的权力配置,属于立法的范畴,而非单纯的法律适用问题。从这个意义上说,无论"凯立案"在个案层面的裁决是对是错,它将人们的注意力导向了会计话语权结构,可以说对于我国会计规范化以及资本市场制度基础建设都居功至伟。

---

[1] 方流芳教授在前述"凯立案对中国证券监管的影响"研讨会上的发言。参见薛莉、张鸣飞:《"凯立案"挑战证券监管体制现有法律漏洞应及时补上》,载《上海证券报》2001年8月30日。

第十章　会计话语权的法律配置

会计争议的核心是会计最终话语权的配置。当会计争议最终走到如何适用会计准则这一步时,与会计事务有关的各类主体,如会计师、证监会、财政部甚至审计署等,谁最后说了算?

在"凯立案"及其后续的大讨论中,学界与司法部门似乎提出了两种不同的配置方式:学者主张核心是证券监管者在专业化的行政事务中行使自由裁量权,而法院似乎将证券监管者的权威置于会计主管机关、会计专业人士之下。若以现行法来衡量,上述两种配置思路都不正确。"凯立案"二审过程中财政部的复函(尽管是一个被误导的复函)的"定准"之功表明,财政部而非证监会作为我国会计准则的制定者与解释者,在这个法律框架中拥有最终的话语权。借用法学界更为熟悉的语言来表达,证券监管的确属于专业事务,这里的关键在于,如果证券监管这个专业化场景中还包含更为专业(或更为技术性)的利润确认问题,行政机关应当如何"规范地处理专业事务"?①这正是"凯立案"二审判决所关注的问题,也是学界本应当进一步追问却半途而废的问题。

我国《会计法》明确规定国务院财政部门是全国会计事务的主管机关,包括制定与实施会计准则或会计制度,按理说,会计最终话语权问题已经有了标准答案。之所以实践中仍然有诸多困扰,端在于各类立法同时也确认了众多政府机关有权确认会计资料的真假并进行处罚,如金融口的"一行三会"(2018年后为一行两会,即中国人民银行、银保监会、证监会)、外管局、审计署等。本章将逐一检讨围绕会计专业事务的各种权力,如会计监管权、会计主管权、会计规则解释权等,并探讨在我国现行法律背景下财政部、证监会、上市公司、会计专业人士、法院在会计话语权格局中的地位。

---

① 这里的行政机关不包括我国会计主管部门——财政部。由于财政部有制定和解释会计规则的权力,因此其对会计资料进行检查监督的权力,从权威性、确定性等方面来看与其他行政机关都是不同的。后文将进一步说明,财政部的会计规则解释权对其他行政机关的会计监管权既构成了一种支持,又是一种制约。

一、模糊的起点：会计监管权的定位与边界

一谈起对财务造假的行政执法，人们本能地想到多个政府部门的监管行动，如证监会在资本市场处罚上市公司，审计署刮起"审计风暴"等。这些最熟悉的场景都属于会计监管的范畴，它是广义上的会计话语权框架的组成部分，但并非最终话语权。

简单地说，会计监管权指相关政府部门依法对被监管者的会计资料进行检查并采取相应监管措施的权力。此一权力的来源有两个，一是《会计法》，二是相关经济领域或部门的监管法，如《证券法》《保险法》《审计法》《海关法》等。《会计法》第33条第1款的规定可以视为对若干行政机关的会计监管权的一般授权："财政、审计、税务、人民银行、证券监管、保险监管等部门应当依照有关法律、行政法规规定的职责，对有关单位的会计资料实施监督检查。"从某种意义上，我们可以把上述这些机关都称为会计监管机关。

1. 会计监管权的功能与行使方式

在"凯立案"引发的论争中，二审判决的支持者与反对者对于中国证监会究竟"有权"还是"无权"审查会计资料的理解针锋相对，不可调和。① 这种非此即彼的划界并不能解决任何问题。中国证监会当然有权审查、评价上市或拟上市公司的财务资料，这不仅是因为《证券法》赋予了中国证监会"发行审核"或"监管证券市场、包括上市公司以及会计专业人士等"等权力，更是因为《会计法》早已明确规定了包括中国证监会在内的诸多行政机关的会计资料检查权。

《会计法》之所以赋予数量众多的行政机关以会计监管权，道理其实很简单。在现代社会，财务会计作为对经济主体活动方式的数字描述，几乎成为人们了解一个经济实体的经营活动和财务状况的最基本的信息来源。不可能设想，享有经济调控或经济监督的职能的政府部门无权索取、检查经济活动主体的财务会计资料，更不可能想象监督检查机关无权对这些财务资料作出评价和判断。早在20世纪30年代的美国罗斯福新政初期，就有学者预

---

① 赞同二审判决者强调各行政部门应各司其职，不能越俎代庖。中国证监会既无权力、也无必要在工商、税务等行政部门确认之后，对财务文件的合法性再行审查。批评二审判决的意见则认为《证券法》和《会计法》都赋予了中国证监会确认财务资料真实性的权力。参见薛莉、张鸣飞：《"凯立案"挑战证券监管体制现有法律漏洞应及时补上》，载《上海证券报》2001年8月30日。

言：在一个被管制的经济环境下，会计收益将成为分配社会财富的首要机制。① 实践中，不仅中国证监会、中国人民银行、中国银保监会等金融市场监管部门有权审查市场主体的财务资料，其他承担着宏观调控或行业管理职能的政府机构也都有对相关企业财务资料进行评价的权力。甚至，任何一个有权要求交易对方提供财务报表的市场主体，如银行贷款人，也都有权对所接受的财务报表的真实性作出自己的评价。②

同样不容置疑的，是负有监管职能的行政机关所具备的会计专业知识。会计被称为"通用的商业语言"。监管者既然需要了解被监管者的经营状况，不懂会计这种商业语言或者不具备对财务资料的判断能力，简直匪夷所思。在我国中央政府各部门中，中国证监会工作人员的专业素质之高更是得到一致公认。更何况，在证券审核发行过程中，证监会的审查工作得到发行审核委员会的辅佐，后者的专家色彩更加浓厚。

然而，有权监督检查会计资料或者拥有了相应的专业人员，并不等同于可以"自由裁量"会计资料的真假。会计问题作为专业性、技术性的问题，其固有的属性必然会影响行政机关权力行使的方式。"凯立案"本身展示了行政机关行使会计资料检查权的一种路径。在这个过程中，行政机关，即中国证监会，的审查行为并非是一个抽象的自由裁量，而是一个适用会计规则来评价被监管者的会计确认和计量的允当性的过程。不论监管者赞同还是反对被监管者的会计处理，它都必须有充分的理由，而这理由来自会计规则的支持。我国《会计法》明确规定："国家实行统一的会计制度"（第 8 条），"会计凭证、会计账簿、财务会计报告和其他会计资料，必须符合国家统一的会计制度的规定"（第 13 条）。因此，不同行政机关检查监督的职权（或职责）可以来源于不同的法律或行政法规，但是由于其检查监督的对象是会计资料，因此遵循的标准却只有一个，那就是会计法规、会计准则和会计制度。从这个意义上看，当行政机关审查评价企业财务资料的真实性时，与其说他们是在行使自由裁量权，不如说他们是在适用专业技术标准评价专业技术事项。

当然，监管者检查会计资料时最常发生的是另一种情形，"银广夏事件"是一个最典型的例子。在 1999—2000 年间，银广夏通过伪造出口合同、报关

---

① Scott，"Veblen Not an Institution Economist"，转引自〔美〕加里·约翰·普雷维茨、巴巴拉·达比斯·莫里诺：《美国会计史：会计的文化意义》，杜兴强、于竹丽等译，孙丽影、杜兴强审校，中国人民大学出版社 2006 年版，第 341 页。

② 如果评价本身并不带有直接的法律后果，则评价者对财务资料给予怎样的评价，通常是无人在意的。但是，如果评价本身伴随一定的法律后果，如"凯立案"所显示的拒绝凯立获得发行股票的机会，则评价者必须对自己的结论负责。如果证据不足或者涉及其专业能力之外的事项，说明评价者的评价过程有瑕疵，应当承担相应的法律责任。

单等手段虚构利润7.45亿元,一时间创造了中国股市的业绩神话。在财经媒体戳破了银广夏业绩的肥皂泡后,中国证监会于2001年8月对银广夏进行专案审查,发现了全部事实真相,最终对银广夏的财务造假行为进行了严肃处理。在"银广夏事件"所展示的场景中,监管者认定财务资料虚假的结论是建立在经济交易虚假的基础之上。当被监管者伪造交易的事实被确认后,其会计处理是否正确,已经无足轻重了,监管者也不需要对会计规则的适用再给予更多的关注。

"凯立案"与"银广夏事件"展示了两种完全不同的路径,前者主要涉及对特定的经济交易会计处理作出评价,后者则是对经济交易的事实本身进行审查和判断。在两种情形下,监管者都需要对会计资料进行自由裁量,但是其裁量的"自由度"显然是不同的。这也就说明,《会计法》第33条所规定的"会计资料检查权"的内涵比人们通常理解的要丰富得多。不仅如此,会计活动作为一类专业性事务,本身存在特定的监管法律框架。我国《会计法》将制定、公布国家统一会计制度的权限则明确赋予了财政部①,而《注册会计师法》则规定:注册会计师审查企业会计报表,其依法执行审计业务出具的报告,具有证明效力(第14条)。这也就意味着,行政机关在行使审查会计资料的自由裁量权时,还面临着与会计事务本身的法律框架进行协调的问题。

2. 监管结论——会计资料的"真实"与"虚假"

会计监管机关检查被监管者的财务资料,所作出的基本评价是"财务数据是真实或虚假的"。② 这是一个需要小心对待的问题。财务会计资料作为按照会计规则来反映经济交易形成的书面结果,它是以下两个方面的因素共同作用的产物:(1)经济交易本身是否真实;(2)会计确认和计量是否正确。经济交易与会计处理往往是由不同的个人进行的,前者属于业务部门,有时是在管理层的授意下进行,后者则属于会计人员的工作范围,但是两个方面的结果最终都体现到财务资料中,这也就使得对会计资料的"真实性"评价实际上存在不同的含义。

例如,在经济交易本身是不真实的情形下,会计确认与计量再正确也没有意义。"银广夏"就是一例。这就是会计人士所谓的"假账真算"。对于这种情形下的财务会计资料,称之为"虚假"或"不实",无人有异议。

---

① 我国《会计法》第8条规定,国家统一的会计制度由国务院财政部门根据本法制定并公布。
② 我国《会计法》第1条明确提出了对会计资料的质量要求:"真实"与"完整"。这两个质量要件中,真实性是基础,完整性成为质量要求在某种意义上也与真实性有关,财务资料不完整可能导致其引人误解,难以为报表使用人提供有用的信息。

相反,有时交易本身是真实的,但是会计确认和计量是不正确的。不正确的会计确认和计量可能是源于当事人的故意,例如,明明是销售收入款,却故意作为往来款项挂在应收、应付账下,从而隐瞒收入。这也就是会计人士所谓的"真账假算"。有时,不正确的会计处理可能是因为当事人对会计规则的理解有错误,或者,在特定情形下,也可能是会计规则本身存在歧义。不论是什么原因造成的,最后生成的财务会计数据都有问题,无法被使用人接受。然而,在这些情形下,我们就很难像在交易虚假的场合那样肯定地说:会计资料是虚假的。

如果再引入"合法性"因素,对于会计资料的"真实性"评价就更加复杂。例如,一项经济交易本身是真实的,但从法律上看是不合法的,例如某上市公司将银行的流动资金贷款用于炒股,那么,如果该公司对这个交易依会计规则进行了正确的会计处理,所得到的财务会计资料应该算是真实的,还是虚假的?或者,一项交易的合法与否在法律上有疑问,存在着争议,那么,能否对其进行会计确认?如果进行了会计确认,最后得到的财务资料是否属于真实的呢?如果法律本身不尽合理,结论是否又有所不同呢?"凯立案"无疑提供了上述最后一种情形的一个例子。①

会计资料"真实性"评价的多种含义以及由此而引起的误导,在会计领域早已公认为是一个棘手的问题。② 会计专业人士所能控制的是会计处理层面的真实性,但对经济交易的把握则力不从心,尽管由于工作性质的缘故,他们比其他人更容易发现经济交易中的问题。从域外的实践来看,会计界、特别是会计职业界强调的"程序意义的真实"——只要生成会计资料的程序是合法的,会计处理本身是正确的,会计资料就是真实的——与公众所期待的"实质意义的真实"之间是如此对立,以至于一些会计职业人士近乎绝望,转而诉求于"公允性"或"决策有用性"等概念作为基本的评价标准。③ 在我国,

---

① 长江旅业的出资方式不符合我国《公司法》列举的形式,但是,假如凯立公司的财务会计资料对这一出资的确认和计量是符合会计规则的,能否据此认为凯立的会计资料不实?如前所述,我国《公司法》的规定不仅落后于经济现实,而且也已经被中国证监会自己的实践所否定,中国证监会依据《公司法》认定凯立会计资料不实,不仅凯立难以接受,甚至连避免对会计问题直接表态的司法机关也间接地表示了其不认同的态度。

② 我国 1999 年修订的《会计法》,将原来对会计资料"真实、合法、完整、准确"的要求改为"真实、完整",实在是一种无奈的选择,评价标准越多,会计人员越无所适从,更何况经济交易本身的问题是会计人员力所不及的。然而,即使剔除"交易合法"这个因素,对会计资料"真实性"的判断也依然不是一个简单的问题。2017 年修订的《会计法》沿用了这一规定。

③ 参见 J. Freedman, M. Power, "Law and Accounting: Transition and Transformation", *Modern Law Review*, vol. 54, no. 6, 1991, pp. 769–791.

"凯立案"大概是第一次让会计界之外的人士普遍意识到这个问题。①

3. 会计监管权在认定"财务造假"时的自由裁量边界

通过对影响会计资料真实性诸因素的考量,我们可以发现,在涉及"真实性"的不同侧面时,会计监管机关对会计资料进行裁量的"自由"程度实际上是很不相同的。这里,笔者将财务真实的对立面——"财务造假"分解为四种类型:(1) 交易虚假,但会计处理正确;(2) 交易真实,但会计处理错误;(3) 交易真实但不合法,但会计处理正确;(4) 交易真实、合法,但会计处理所依据的会计准则存在争议。

第一,会计资料所反映的经济交易本身是虚假的,或者交易根本不存在,或者是完全不同的或很不相同的交易,而当事人伪造了有关的交易凭证或文件,然后对此进行了符合会计规则的核算。在这种情形下,进行检查监督的行政机关在掌握事实证据的基础上,完全可以对会计资料的真实与否作出结论。因为这里涉及的主要是对经济交易的事实判断,而不是会计规则的适用,监管者无疑有充分的自由裁量权。

第二,经济交易本身是真实的,但是会计处理不正确。不论错误的会计处理是基于何种原因发生的,会计监管机关实际上都是在对会计技术问题进行裁断,它们所适用的规则是国家统一的会计制度。此时,行政机关的"自由裁量"就必须极其慎重,对自己作出的结论应当有充分的会计规则来加以支持。可以想见,如果监管者一方面否定被监管者的会计处理方式,另一方面自己的自由裁量又缺乏明确的会计规则支持的话,被监管者就很可能挑战监管者的结论,行政诉讼正是这种挑战的一种途径。

第三,如果交易本身真实但不合法,或者其合法性有疑义,而会计处理本身是符合会计规则及其会计程序的。在这种情形下,会计监管机关对会计资料的认定也需要非常慎重。有两个问题应该清楚地分开:

(1) 监管机关所面对的实际是对法律问题的判断。这通常是一个适用法律条文来判断交易合法性的问题,行政机关自然有权作出自己的判断。但是也应注意到,在我国体制转型时期,人们对经济交易的看法也在发生改变,法律上原来存在的许多限制正在逐渐取消,恐怕不能机械地适用法律条款。如果双方对交易合法性的认识发生分歧,还可能涉及对特定法律条款的

---

① 几年前有关验资诉讼的争议,第一次让我国的会计职业界认识到其"真实性"概念与公众(包括法律界)的理解之间的差异。但是,或许是由于验资诉讼基本上是在证券市场之外进行的,因此它并没有引起公众与法学界的兴趣。关于对验资诉讼以及其中凸现的职业视角差异,参见刘燕:《验资报告的真实与虚假:会计界与法律界的对立——兼评最高人民法院法函〔1996〕56号》,载《法学研究》1998年第4期。

解释。

(2) 不论监管机关认定的结果是什么,它其实都是针对经济交易本身作出的结论。在这种情形下,财务资料只是不能被接受,不能直接认定会计资料虚假①,甚至认定"财务资料不合法"恐怕都不太合适。②

第四,当经济交易真实、合法,但对会计资料的评价涉及对会计规则本身的不同理解时,例如,同时存在若干种会计规则时应适用哪一种会计规则,或者某一规则中的特定术语应如何适用等,在这些情形下,对会计规则的解释恐怕就是不可避免的。监管机关应清楚地意识到自己的权限范围,避免侵入"会计规则解释"的领地——一个不属于它们自由裁量权的领域。

二、证券监管:会计最终话语权的理想与现实

会计监管最重要的场域是资本市场。那么,证券监管机关作为一国资本市场的监管者,其享有的会计监管权与一般行政机关的会计监管权是否有本质区别？或者,证券监管者是否应当拥有会计最终话语权？

1. 证券监管与会计规则

乍看起来,赋予证券监管者在会计问题上充分的自由裁量权是合理的。会计是一种商业语言,财务报表是用这种语言传递企业经营状况信息的载体。在现代经济生活中,财务信息不仅是企业管理赖以进行的工具,同时也是利益分配的坐标,因此它成为企业内外的各种利益主体关注的对象和激烈交锋的领域。上市公司中最主要的矛盾——所有人(投资者)与代理人(管理层)之间的利益冲突——也集中地反映到对财务信息的评价上。由于会计很大程度上是一种主观判断,会计规则有相当的选择空间,不同利益主体对会计信息产生不同评价是很自然的。如果管理层基于一己私利而滥用会计规则,他们与投资人之间围绕着财务信息而产生的分歧就会更加明显。

---

① 在"凯立案"中,中国证监会就是以"出资不合法"而直接推论"会计资料不实"。参见二审判决书关于中国证监会提供的证据材料的概括。
② "会计资料的合法性"本身就是一个容易引起歧义的概念。"对于会计资料的合法性,既可以理解为生成会计资料程序的合法性,也可以理解为会计资料内容的合法性,而原《会计法》所强调的合法性更侧重于后者,但从会计实践看,达到前者要求相对容易而要达到后者则比较困难。"引自郑朝晖:《海南凯立:会计资料是否真实?》,载《财务与会计》2001 年第 2 期。笔者以为,我国 1999 年修改《会计法》时取消"合法""准确"的要求,也反映了对会计资料主要依技术标准、而不是依法律标准进行评价的倾向。

证券市场作为各种利益、权力直接交锋的地带,不仅对财务信息以及指导财务信息编报的会计规则有着最强烈的需求,同时也刺激了对会计规则的最大限度的滥用。可以说,推动会计规则不断创新与不断完善的双重动力都直接来源于证券市场,而证券市场的监管者则是最先、也最直接地感受到来自会计规则滥用行为的挑战,并因此成为改进会计规则的积极倡导者。从这个意义上看,由证券市场监管者来行使会计规则的制定权和解释权,似乎是一种最为理想的权力格局,因为这有助于监管者最大可能地整肃证券市场的基本秩序。

然而,现实中,几乎没有一个国家采取这种制度安排。在以直接融资形式为主、证券市场发达的英美法系国家,会计规则的制定权大多掌握在中立的、但带有强烈的会计职业色彩的民间组织手中;当然,在这些国家中,会计的最终话语权问题长期以来争议不断。① 会计专业人士与投资人以及以维护投资人利益为己任的证券监管机关之间似乎始终存在着一种紧张的关系。在以间接融资为主的大陆法系国家,通常由财政部门行使着会计规则的制定权。

2. 美 国 模 式

美国大概是唯一一个由立法赋予了证券交易委员会(以下简称 SEC)会计准则制定权的国家。1933 年《证券法》第 19 条 a 款规定:

> 委员会②有权随时制定、修订和废除那些为能够实施本法所必需的条例和规则,包括那些管制不同类型的证券和发行人的注册报告书和招股说明书的条例和规则,以及定义所使用的会计方面、技术方面和交易方面的术语。特别是,委员会可以就依本法所提交的报告规定所要求信息之陈述方式,在资产负债表和损益表中披露的项目和内容,以及编制报告、评估资产和负债、区别折旧和损耗、区别经常性与非经常性收入、区别投资与营业性收入所使用的方法,以及如委员会认为有必要或需要,规定在编报单独和合并资产负债表或编报直接或间接控制发行人或受其

---

① 对此问题的一个专题研究,参见 Michael Bromwich, Anthony Hopwood (ed.), *Accounting and Law*, Prentice Hall in association with the Institute of Chartered Accountants in England and Walse, 1989.

② 该委员会当时指联邦贸易委员会,它是设立证券交易委员会之前对证券市场进行有限监管的机构。

控制或在其一般控制下的任何人之收入账目时使用的方法。① 1934 年的《证券交易法》专门设立证券交易委员会后，上述权限从联邦贸易委员会移交给了证券交易委员会。

但是，SEC 考虑到由会计专业人士处理会计技术问题——不论是拟订浩繁琐碎的一般公认会计准则，还是审计上市公司财务报表，更有助于监管者集中精力惩处证券市场中的违规行为，因此 SEC 成立伊始，就将与生成、编报财务报表有关的会计准则的制定工作转授给会计职业界。1971 年后，会计准则制定权被移交给相对独立的民间准则制定机构——财务会计准则委员会，SEC 仅对后者制定的会计准则保留最终的否决权。② 实践中，SEC 对会计事务的直接监管只针对上市公司以及大型非上市公司的信息披露。

SEC 的监管思路从其最初两任主席的态度中就可见端倪。首任 SEC 主席肯尼迪和继任者兰迪斯都认为，会计制度改革与资本发行工作相比，只是处于从属地位，因此，基本上将会计准则的制定完全交给了会计专业人士。甚至对于那些采取了不适当会计方法的公司，只要其财务报表中附注中说明了应遵循的正确程序，以及以单独陈述的方式说明如果从开始就遵循了正确会计方法的话，所用的会计方法将会在哪些地方发生改动，就可以了。③ 道格拉斯出任 SEC 主席后，力图改变这一局面。从 1936 年到 1938 年，SEC 就

---

① Securities Act of 1933, Section 19—Special Powers of Commission a. The Commission shall have authority from time to time to make, amend, and rescind such rules and regulations as may be necessary to carry out the provisions of this title, including rules and regulations governing registration statements and prospectuses for various classes of securities and issuers, and defining accounting, technical, and trade terms used in this title. Among other things, the Commission shall have authority, for the purposes of this title, to prescribe the form or forms in which required information shall be set forth, the items or details to be shown in the balance sheet and earning statement, and the methods to be followed in the preparation of accounts, in the appraisal or valuation of assets and liabilities, in the determination of depreciation and depletion, in the differentiation of recurring and nonrecurring income, in the differentiation of investment and operating income, and in the preparation, where the Commission deems it necessary or desirable, of consolidated balance sheets or income accounts of any person directly or indirectly controlling or controlled by the issuer, or any person under direct or indirect common control with the issuer. The rules and regulations of the Commission shall be effective upon publication in the manner which the Commission shall prescribe. No provision of this title imposing any liability shall apply to any act done or omitted in good faith in conformity with any rule or regulation of the Commission, notwithstanding that such rule or regulation may, after such act or omission, be amended or rescinded or be determined by judicial or other authority to be invalid for any reason.
② 当然，尽管 SEC 极少行使这种最终的否决权，但是它客观上使 SEC 在确定公司财务报表的可接受性(不论是基于真实性还是披露上的欠缺)方面占据了最主动的地位。
③ 〔美〕乔尔·塞利格曼：《华尔街变迁史——证券交易委员会及现代公司融资制度的演化进程》(修订版)，田风辉译，经济科学出版社 2004 年版，第 199 页。

它自身是否要制定一套所有公司在报表编制中都应当遵循的会计原则问题一直争论不休。SEC 首席会计师卡曼·布卢(Carmen Blough)对此做了大量的说服工作,特别是说服了与其意见不合的 SEC 主席威廉·道格拉斯,1938 年,SEC 决定由职业界挂帅来制定会计原则,不过,首席会计师将有权定期发表会计文告,目的是"为推动会计统一标准的发展进程"而在主要会计问题上发表自己的会计准则解释观点。4 月,SEC 发布了第 4 号会计系列文告(Accounting Series Release,ASR No.4),一定程度上维持了肯尼迪—兰迪斯的报表附注政策,只是强化了管理力度。①

该文告内容如下:

> 对于依照 1933 年《证券法》和 1934 年《证券交易法》向证券交易委员会提交的财务报表,如果所遵循的会计准则没有得到实际权威的支持,且所涉及的事项是实质性的,那么,即使在相应会计师证明文件(certificate of accountant)或财务报表附注中进行了披露,这些财务报表也将被认为是引人误解的,或不准确的。如果本委员会和注册申请人之间就财务报告所应遵循的正确会计原则有不同意见,那么只有当注册申请人所采用的会计原则得到实质性权威支持(substantial authoritative support),且在相关问题上委员会又没有通过规则、规章或其他官方文告(包括首席会计师发表的意见)表达过自己立场时,相关的财务报表才可以不用修改,而以披露的方式说明这种差异。②

到 1973 年财务会计准则委员会成立后,SEC 在第 150 号会计系列文告中更直接声称:"财务会计准则委员会通过其公告和解释性文件所颁布的原则、标准和实务将由本委员会作为具有重要的实质性支持来加以考虑,而那些与财务会计准则委员会公告相对立的意见将被认为不具有这方面的支持。"SEC 的这些行动确立了会计职业界以民间机构的方式来制定公认会计原则和惯例的政策。③ 当然,并非所有人都满意 SEC 的立场。在第 4 号文告发布后,《耶鲁法学评论》就发表了《会计、对投资者的报告以及 SEC》一文,作者是 SEC 的两位律师,他们尖锐地指出,因为委员会没有对"实质性的权威支持"给出明确的定义,所以委员会实际上把所有的会计争议问题都保留了

---

① 〔美〕乔尔·塞利格曼:《华尔街变迁史——证券交易委员会及现代公司融资制度的演化进程》(修订版),田风辉译,经济科学出版社 2004 年版,第 201 页。
② SEC, Accounting Series Release No. 4, April 25, 1938.
③ 汤云为、钱逢胜:《会计理论》,上海财经大学出版社 1997 年版,第 54 页。

下来。相应地,在销售成本、折旧、存货以及溢余等问题上,会计理论与实务仍然是一种"看起来发展得十分不充分"的状态。① 此后,SEC 仅在少数会计事项(如投资税优惠的当期确认与递延确认、油气井成本的成果法与完全法)上对会计准则制定机构施加过实质性影响,以至于多年之后,有学者认为,SEC 在治理证券市场欺诈方面居功甚伟,但在规制上市公司财务披露方面却没有什么建树。② 20 世纪 90 年代,美国国会的一些议员甚至提出了修改《证券交易法》的议案,明确规定任何会计准则必须 SEC 投票表决认可后才可生效。③ 不过,此类动议迄今未能奏效,而且随着会计准则日趋国际化,美国模式恐怕更无法回到 SEC 制定会计准则的轨道上。

3. 我国证券监管机关的会计监管权

我国奉行的是大陆法系国家的一般传统,会计准则制定权由财政部门享有,证券市场监管者仅拥有会计监管权。实践中,中国证监会所查处的上市公司财务报表造假行为,大部分都属于前文中提到的四大类财务造假中的第一类情形,即财务资料所反映的经济交易本身是虚假的。无论是早期的红光实业、东方锅炉、四通高科、大庆联谊、银广夏,还是近年来的万福生科、绿大地等上市公司造假案,概属此类。在这些案件中,上市公司所报告的收入或交易根本不存在,但它们采取虚拟交易、捏造收入、伪造合同单证、甚至对虚假收入申报纳税等手法,在此基础上依照会计规则进行核算,最后生成虚假的财务数据。这些作假事实一经查证,中国证监会自然能够确定其财务资料是虚假的,并给予相应的处罚。被处罚的当事人也不可能以"中国证监会无权对专业性问题进行判断"或者"注册会计师已经进行了审计"为由,挑战中国证监会对事实问题所作出的结论。

也有一些案件涉及上市公司会计处理本身不正确的情形。例如,1996 年的渤海公司中期报表擅自扩大资产评估的范围而虚增资本公积,1999 年的海南新能源漏记利息支出和债务,1999 年的飞龙股份在未产权未过户的情形下提前确认房产销售收入等案件,都属于上市公司的财务处理直接违反会计规则的例子。在这些案件中,上市公司以及监管者对经济交易

---

① Maurice Kaplan, Daniel Reaugh, "Accounting, Reports to Investor to Stockholders, and the SEC", *Yale Law Journal*, vol. 48, no, 6, 1939, pp. 935-980.
② Walter Werner, "Management, Stock Market and Corporate Reform: Berle and Means Reconsidered", *Columbia Law Review*, vol. 77, no. 3, 1977, pp. 388-417; Kripke, "The SEC, The Accountants, Some Myths and Some Realities", *New York University Law Review*, vol. 75, no. 6, 2000, pp. 1542-1545.
③ 平来禄、刘峰、雷科罗:《后安然时代的会计准则:原则导向还是规则导向》,载《会计研究》2003 年第 5 期。

的认识没有分歧,会计规则的要求很明确,证监会依据会计规则进行认定的过程也很清晰,因此,中国证监会自由裁量权的行使也不会引起任何争议。

与此形成鲜明对照的,是中国证监会对上市公司滥用会计规则的行为表现出的消极的态度。我国证券市场中上市公司滥用会计规则进行利润操纵比比皆是,它们或者钻会计规则的空子,或者表面来看似乎符合会计规则,但是其财务数据却是引人误解的。中国证监会对这些滥用行为并没有进行严厉的惩处,胆大妄为者也没有因此而丧失任何实质性的权利,如失去配股资格或免于PT、ST。当这种滥用行为实在无法容忍时,财政部出面了,以解释会计规则的名义否定上市公司对特定交易的会计处理方式,如2001年初对信达公司豁免郑百文债务的会计处理的批复,2001年5月要求深华源适用新的债务重组会计准则重新编制财务报表,等等。

滥用会计规则的行为之所以令中国证监会缩手缩脚,一个很重要的因素就是它基本不涉及对交易存在与否的事实判断问题,而是牵涉对特定会计规则或术语的不同理解。这可能是由于会计规则本身的含义不甚明确,也可能是上市公司故意曲解会计规则的基本精神。但是,在未能证实当事人的滥用动机之前,至少从形式上看,这里存在着会计技术问题上的分歧或争议。在这种情形下,财政部出面对相关的会计规则进行解释或澄清,能够保证证监会适用相关会计规则的正确性。相反,如果财政部不出面,中国证监会的认定结果遭到当事人挑战的可能性将大大增加。对于一个急于在证券市场中建立自己权威性的监管者来说,这一前景并不让人愉快。然而,我国法律上并没有确立证监会(或其他市场监管者)申请财政部对会计规则进行解释的正式程序,现实中,中国证监会也并非积极地、主动地申请财政部进行会计规则的解释。因此,在会计规则不甚清晰的情形下,证监会对于可能引起争议的滥用会计规则的行为不表态、避免出错,显然是一种更符合其自身利益的选择。①

概言之,我国证券市场的监管实践显示出,监管者已经意识到在对上市公司的会计事务监管方面,法律所赋予的"证券监管权"的确存在着一个无形的边界。监管者对事实的判断与对会计规则的判断是不完全相同的,这并不

---

① 从这个意义上看,中国证监会对待凯立公司财务资料的处理方式实在是其惯常行事风格的一个例外。或许正如前文所分析的,中国证监会并没有将凯立的问题视为会计技术问题争议的个案,而是作为一个事实虚假的案件,即因交易不合法——出资不实——引起财务资料虚假的例子,因此对自己的认定有充分的信心。相反,凯立公司则完全把握到了会计技术问题之争的实质。因此,在对会计规则进行了充分的研究,并获得财政部关于会计规则适用性的复函后,凯立公司挑战中国证监会的认定结论实在是意料之中的举动。这并不

是一个抽象的"自由裁量"的过程。当涉及有关会计技术问题的争议时,由于规则解释权不在自己手中,中国证监会可以对上市公司的会计资料作出评价,但不享有最终话语权。

三、会计主管权与会计准则解释

我国的《会计法》因循传统而确认了财政部的会计主管机关地位①,赋予其制定国家统一会计制度的权力。这也就使得会计最终话语权问题在我国以一种特殊的方式出现,不像资本市场发达的国家那样表现为会计专业人士与证券监管机关之间的权威对峙,而是财政部的"会计主管权"与中国证监会的"会计监管权"之间的划界问题。②

1. 会计主管权的内涵

《会计法》本身没有明确提出"会计主管权"的概念,更没有规定其行使的具体方式。《会计法》第 7 条仅仅简单地宣布:"国务院财政部门主管全国的会计工作。县级以上地方各级人民政府财政部门管理本行政区域内的会计工作。"该法中在不同条款列举了国务院财政部门的一些权力,可以看作是对"会计主管权"的内容填充。如《会计法》第 8 条规定:"国家实行统一的会计制度。国家统一的会计制度由国务院财政部门根据本法制定并公布……"其他条款则分别提到财政部门的"会计监督权"(第 31 条、第 32 条、第 33 条)、制定会计人员从业资格管理办法的权力(第 38 条)以及对违反《会计法》行为的行政处罚权(第 42 条)等。

然而,《会计法》第 33 条中不仅规定了财政部门的会计资料检察权,还规定了审计、税务、人民银行、证券监管等部门都有权检查监督会计资料。在

---

① 这里的"传统"有两层含义,一是体制的传统,二是法系的传统。在我国传统的经济体制下,财政部一直承担着管理全国会计事务的工作。另一方面,在大陆法系国家中,由于成文法的传统,也由于证券市场没有成为企业融资的主渠道,会计专业组织相对不发达,没有成为会计规则的代言人,这些国家中一般都确立了财政部或类似的政府部门作为会计规则的制定者。

② 当然,我国财政部作为国有资产的代言人,是否适合继续扮演会计规则制定者与解释者的角色,是一个有争议的问题。一般认为,会计规则作为一般商业语言,应当反映社会上大多数报表使用人的要求。在证券市场发展起来后,报表使用人的主体多样化,公众投资人、债权人、企业雇员等与政府一样,都对财务信息有迫切的需求。因此,会计规则的制定者似乎应当是一个具有中立、公正、多种代表性色彩的机构。近年来,我国财政部也在一定程度上将其作为规则制定者的角色与政府部门的角色分离开来,成立了有众多专业人士和专家学者参加的财务会计准则委员会,专门负责财务会计规则的制定工作。

"凯立案"引起的学理纷争中,这一条被解读为各部门对会计资料有独立的认定权和结论权。① 或许,在这些评论者看来,财政部与中国证监会等监管部门对于会计资料的评价必然是完全一致的。《会计法》第 33 条本身似乎还提供了这样一个例证,在该条的第 2 款,立法者特别强调了如果一个部门的检查结论可以为另一个部门所用,就应当避免重复检查,却没有考虑可能存在相反的情形,即一个部门的检查结论根本就不可能为另一个部门所接受,更没有意识到被监管者与监管者之间对会计资料的评价可能发生分歧,从而需要一种公平的裁断。应该说,《会计法》本身的瑕疵给日后会计主管权与会计监管权的冲突、特别是资本市场中的财政部与证监会之间的掣肘埋下了伏笔。

2. 会计主管权的核心——会计规则的制定与解释权

从实践来看,"会计主管权"的权限范围远大于"会计监管权",其核心是会计规制的制定与解释权,它制约了其他政府部门的"会计监管权"的行使。

在传统体制下,"国家统一会计制度"的要求非常明确,企业没有选择的余地,发生会计技术争议、甚至需要会计主管部门针对个案进行解释的情形极少。如今情况已经发生变化,向市场经济体制的转型,国际会计惯例的引入,多套会计规则并存,会计规则本身存在的选择空间与上市公司对会计规则的滥用交织在一起,这些因素使得监管部门与被监管者之间就会计技术问题发生争议的概率比以前显著增加。争议往往涉及对相关会计规则的不同理解。这就需要财政部以会计规则制定者的身份出面,通过解释相关的会计规则而消解双方的分歧,从而使监管部门作出的结论能够为各方所接受。因此,会计主管部门与各监管部门的权力并不是"在各自的职权范围内"独立行使的,它们之间事实上存在一种结构性的重叠,或者更明确地说,在特定的场合中,会计主管部门的"规则解释权"是其他监管部门行使会计资料检查监督权的一个不可缺少的支撑。

即使某些经济领域或部门有单独制定会计准则的需要,它们依然受到会计主管部门的制约。《会计法》第 8 条 2 款明确规定:"国务院有关部门可以依照本法和国家统一的会计制度制定对会计核算和会计监督有特殊要求的

---

① "同样的《会计法》第 33 条也可解释为证券监管部门对会计材料拥有独立的认定权和结论权:'财政……证券监管、保险监管等部门应当依照有关法律、行政法规规定的职责,对有关单位的会计资料实施监督检查……违反本法规定,同时违反其他法律规定的,由有关部门在各自职权范围内依法进行处罚'",引自张继伟:《监管的边界》,载《财经》2001 年 9 月。实际上,《会计法》第 33 条并没有"违反本法规定,同时违反其他法律规定的,由有关部门在各自职权范围内依法进行处罚"。

行业实施国家统一的会计制度的具体办法或者补充规定,报国务院财政部门审核批准。"仅军队系统对会计规制的制订有一定的自主权。《会计法》第8条第3款授权"中国人民解放军总后勤部可以依照本法和国家统一的会计制度制定军队实施国家统一的会计制度的具体办法,报国务院财政部门备案"。

3. 会计主管权与会计监管权之间的关系

在我国现行法律框架下,财政部的"会计主管权"与各监管机关的"会计监管权"间存在一个边界,而合理界定这个权力边界的关键是"会计规则解释权"。

会计主管权的核心是规则制定和解释的权力,它与会计监管权之间有一种相互补充、相互促进的关系:一方面,会计主管权不可能取代或覆盖会计监管权,会计主管部门没有能力也没有资源来代替各监管部门在后者监管的具体领域中检查会计资料,恰恰相反,只有各监管部门在各自的职权范围内行使对会计资料的检查监督权,充分揭露或者发现会计规则滥用行为,会计主管部门的规则制定和规则解释权才能最有效地行使。另一方面,会计监管权也不可能完全独立于会计主管权,在发生会计技术争议的场合,监管者应当敦请会计主管部门解释规则,以便其监管权能够更规范地、从而也是更权威地在具体监管领域中进行运作。

不过,由于现行法律对各部门的权限规定得非常笼统,尤其是会计主管部门在出现会计技术争议的场合行使会计规则解释权缺乏明确的、制度化的程序规则,导致实践中"会计主管权"不仅无法在规则解释的意义上为"会计监管权"提供支持,有时还僭越了监管部门的权限,牵制了"会计监管权"在其职权范围内的正常行使。

例如,前文中提到的财政部与中国证监会查处证券市场中滥用会计规则行为的一些个案,就非常典型地反映了会计主管部门与监管部门之间由于缺乏明确的权力组合程序而产生的尴尬状态。财政部在2001年证券市场中的两次出场,一次是否定信达豁免郑百文债务的会计处理,另一次是责令深华源重新编制2000年财务报表,这两种完全不同的个案放在一起,不仅无法反映出会计主管权的特点,反而让人觉得"会计主管权"可以覆盖证券市场中的所有会计违规行为。实际上,前一个事件是解释会计规则,后一个事件属于裁判会计资料。严格来说,财政部对"深华源事件"的处置方式本身就是不合规范的。财政部行使的是会计规则解释权,而不是直接裁判上市公司的财务报表,更不应当直接下令上市公司重新编制财务报表。"深华源事件"本身并不涉及对会计规则的分歧问题,而是属于上市公司信息披露上的误导行为。

查处上市公司的虚假信息披露问题属于中国证监会的职权范围,中国证监会完全应该在自己的职权范围内要求深华源重新公布财务报表,而不应将有关职责透之于财政部。

另一方面,会计主管权的行使似乎又是随机性的,对于市场中其他的类似的滥用会计规则的行为,如 PT 北旅的 2000 年财务报表类滥用债务重组会计规则似于"深华源事件",财政部并没有采取任何行动。① 这不仅令投资人感到失望,让被查处的违规者感到不公平,而且也使证券监管者无所适从。面对证券市场上各种具体的、突发性的滥用会计规则的行为,证券监管者常常发现自己置身于一种左右为难的境地:要么因顾虑僭越会计主管部门的权力而无法作出及时的、有效的回应,招致投资者的不满;要么独自应对挑战而冒"越权"或"滥用自由裁量权"之风险,直至如"凯立案"一样成为行政诉讼的被告。

事实上,"凯立案"本身已经最清楚不过地显示了,正是"会计规则解释权"——而非笼统的"会计主管权"——对会计监管权构成了制约。对于 IPO 申请人——凯立公司的财务会计资料,中国证监会作为证券监管部门当然有权进行审查确认。它对凯立公司的财务资料真实性的质疑,实际上是双方对会计规则的选择与适用发生了争议,为此,凯立公司向财政部会计司申请对有关会计制度的适用性作出解释。尽管凯立申请法定解释的具体方式有明显的误导色彩,而且法官由于知识结构的局限也显然受到了误导,但是,至少从表面来看,凯立遵循了正式的制度安排,而中国证监会则似乎完全没有意识到这中间还有财政部作为会计规则的制定与解释者应扮演的角色。因此,在"凯立案"的二审法庭上,面对中国证监会的结论与财政部的复函之间明显的冲突,法官产生的疑惑恐怕也是我们每个人想知道的问题:中国证监会为什么不商函财政部?

四、会计话语权框架中的会计专业人士

1. 会计专业人士的定位

历史上,会计专业人士曾经是上市公司财务报表真实性的话语权结构中的绝对权威,但现在仅仅是占有一席之地。

会计是会计专业人士的工作语言,财务报表是会计专业人士的工作对

---

① 例如,PT 北旅 2000 年财务报表与深华源一样有滥用债务重组会计规则之嫌,但是财政部就没有采取任何行动。

象。或基于传统,或基于授权,会计专业人士不仅以"审计"的方式对公司的财务报表进行审查判断,对会计规则的具体适用进行解释,而且他们一度掌握着或者实际控制着会计规则的制定权。如今,虽然在各个国家中会计准则制定权已经转移给政府部门或中立的第三方组织,但法定审计制度意味着由会计专业人士对财务报表进行评价判断是强制性的,其权威性获得了法律上的承认。

在我国,《注册会计师法》第 14 条第 2 款规定:"注册会计师依法执行审计业务出具的报告,具有证明效力",正是这种话语权的体现。[①] 实践中,证券监管机关也承认会计专业人士对上市公司财务报表作出专业判断的重要性,不仅上市公司需要尊重会计专业人士的判断,交易所、甚至证监会都可能基于会计专业意见而采取相应的监管措施。依据中国证监会发布的《公开发行证券的公司信息披露编报规则第 14 号——非标准审计意见及其涉及事项的处理》(2001 年、2018 年修订,以下简称《编报规则第 14 号》),若上市公司的财务报告明显违法会计准则、制度及相关信息披露规范性的规定,将导致注册会计师出具非标准无保留意见的,注册会计师应当指出并要求公司就相关事项进行必要的调整。若上市公司拒绝调整,或者注册会计师对其调整的力度不满意,就可能出具非标准意见审计报告,包括保留意见、否定意见,或者在认为审计范围受到限制的情形下拒绝发表审计意见。这些非标准意见向报表外部使用者和资本市场传递出公司财务数据存在瑕疵的讯息。对于被审计的上市公司而言,即使其被注册会计师出具了非标准意见的财务处理不属于明显违反会计准则、制度及相关信息披露规范的,董事会、监事会也必须在相应的定期报告中针对该审计意见涉及的事项作出详细的说明,包括消除该事件及其影响的可能性和具体措施。

会计师的专业判断也会带来监管上的后果,尽管不同国家或不同时期的做法不完全相同。在美国,如果会计师出具非标准审计意见,SEC 通常不会接受上市公司的定期财报按照 1934 年《证券交易法》备案。这将直接导致公司未能按期进行信息披露。在我国,2001 年《编报规则第 14 号》也采取了比较严厉的立场,要求证券交易所立即对相关公司的股票进行停牌处理,责令上市公司限期纠正。若相关保留意见或否定意见涉及事项对上市公司利润产生影响,且会计师估计了该事项对利润影响数的,上市公司应当在制定利润分配方案时扣除上述审计意见的影响数,待该审计意见涉及事项及其对利润的影响消除后再行分配。如果会计师出具的是无法表示意见的审计报告,

---

[①] 这并不排斥注册会计师在日后发现审计报告或其他专业意见有错误时,撤回专业意见。但这种撤回并不消除其依法应承担的责任。

则上市公司当年不得进行利润分配。随着证券监管逐渐转向以信息披露为导向,2018年《编报规则第14号》取消了直接停牌、禁止或限制利润分配等措施,而是要求公司和会计师分别出具专项说明。公司的专项说明中应披露消除相关事项及其影响的措施和预期时限;若公司未能做到,证券交易所可采取进一步的措施并报中国证监会调查处理。

2. 会计专业人士与证券监管之间的关系

证券监管者拥有对证券市场参与主体(包括上市公司以及为上市公司提供专业服务的会计专业人士)的法定监管权,自然也就对会计专业人士的权威性构成一种制约。这并非因为会计专业人士的专业判断能力低于监管者,而是因为作为一个整体,他们被视为公司管理层的附庸。具体地说,会计专业人士受公司(管理层)的委托进行审计,会计规则的制定者在公司管理层的创新欲望的驱动下编纂新的会计语言,尽管绝大多数会计专业人士恪守独立、公正的职业道德,但是他们与公司管理层之间这种"衣食父母"般的关系在相当程度上销蚀了其中立、客观的色彩。① 相反,证券监管机关以维护投资人利益为己任,致力于消除公司管理层可能采取的滥用或者欺诈手段,也就不能完全信赖会计专业人士的判断。此外,监管者所具有的行政权力往往能够及于被监管者以外的范围,同时针对少数个案进行的调查在时间和资源上都有保证,因此监管者的检查往往比常规审计更能够查出问题。一旦如果公司确实存在捏造交易或者会计处理不正确的问题,而注册会计师由于专业能力或职业道德方面的欠缺而没有发现,其所发表的审计意见是错误的,则监管者有权依照相关的法律法规要求公司更正财务报告,同时根据各方的责任给予相应的处罚。

因此,在会计话语权结构中,会计专业人士与证券监管机关处于一种监管与被监管、既合作又有冲突的状态中。从理论上说,如果证券监管者本身不拥有会计规制的制定与解释权,则在会计专业问题的判断上,证券监管机关与会计专业人士处于基本平等的地位。但是,当证券监管机关基于财务指标来进行监管时,它可能会不赞同或不接受会计专业人士的判断。证券监管者可以按照自己的理解而采取监管措施,但有可能与会计专业人士发生会计争议,最终寻求会计解释或司法解决。可以说,会计专业人士的审计只是为监管提供了便利,并没有绝对地消解证券监管机关的权力。在不同国家中,

---

① 尽管审计的基础是独立性,尽管会计规则作为一种普遍使用的规范应当反映商业社会的共同意志,但是会计专业人士与公司管理层之间这种"衣食父母"般的关系在相当程度上销蚀了其中立、客观的色彩,而被视为附丽于管理层。

监管者或者可以继续对经过审计的会计资料进行审查,或者寻求会计解释,或者将有关的会计技术问题争议提交到法院,由司法来行使最终的话语权。

五、会计话语权框架中的法院

讨论会计话语权结构,自然不可能忽略法院所扮演的特殊角色。这并不是因为"凯立案"中二审法院涉嫌"侵犯行政机关自由裁量权",而是因为法院作为解决纠纷的专职机构,在法律没有明确否定其对会计技术争议的管辖权之前,以"受理争议"的方式介入到会计技术争议的解决过程中。在我国,会计技术争议以被监管者不服监管者结论的方式表现出来,通过行政诉讼而进入司法程序。从这个意义上看,在会计话语权框架中又增加了一个主体:法院。

在普通民事争议或行政诉讼中,法院通常是最后的裁判者。这是否意味着法院因此而成为会计最终话语权的拥有者?这是一个争议很大、也很值得研究的问题。从域外的实践来看,英美法系国家的法院通常对包括会计技术问题争议在内的各种争议有最终裁判权,其对会计准则或其他行业惯例的态度不同时期有所不同。在少数案件中,美国一些法院明确声明自己不受一般公认会计准则的约束。例如,1970 年的 U. S. v. Simon 案中,法官指出:"关键是,财务报表作为一个整体是否'公允地反映了大陆售货机公司在 1962 年 9 月 30 日的财务状况,以及是否准确地报告了该公司截至 1962 年的经营成果'。如果没有,接下来的问题就是考虑被告(进行审计的注册会计师——笔者注)是否是善意行事(act in good faith)。遵守一般公认的标准可以作为证据,它们也可能非常有说服力;但它们并不是结论性的,不能从'遵守一般公认的标准'直接推论被告是善意行事,所验证的事实没有重大虚假或引人误解。"[①] 这一判决及其他类似的判决引起了会计职业的极大不安,也在会计职业与法律界之间制造了一种难以消除的对立情绪。

不过,总体上看,法院实际上极少对会计技术争议进行裁量。在英国,普通法法院在 20 世纪 80 年代中对一些会计技术问题的审理遭到强烈批评后,英国对财务会计监管框架进行重新构造,成立了财务报告评审小组,基本上

---

① 425 F. 2d 796,p.805. 对此问题的一个综述,参见刘燕:《会计师民事责任研究:公众利益与职业利益间的平衡》,北京大学出版社 2004 年版。

取代了法院对有关的会计技术争议进行裁断。① 在荷兰,世界上唯一专门以解决会计技术争议为宗旨的会计法院在运作了十余年后悄然终止。②

当然,我国的会计监管体制与上述国家存在本质差异。我国的会计规则是由财政部制定的国家统一会计制度,而并非会计职业界或其他民间机构拟订的一般公认会计准则;法院主要是适用法律解决纠纷的机构,而不是西方国家在传统的"三权分立"理论指导下建立的司法审查机关。在我国现行法律框架下,会计规则属于法律、法规和部门规章的范畴,法院尚无权力对这些规则本身进行审查。当会计技术问题的争议牵涉对会计规则的不同理解时,法官无权对会计规则进行解释。

按照最高人民法院关于《行政诉讼法》的解释,如果案件涉及法律适用问题,需要送请有权机关作出解释或者确认的,审理行政案件的法官应当中止诉讼,将有关的法律适用问题送请有权机关作出解释或者确认。会计规则或国家统一会计制度属于法律规范之一种,法定解释权的行使者是会计规则的制定者——财政部。因此,当法庭上双方当事人对会计规则的分歧呈现在法官面前时,法官应当将对会计规则的适用问题送请财政部进行解释或确认。法官根据财政部的解释,确定会计技术争议双方的会计处理中何者能够被接受。因此,由法院来裁判会计技术争议,只是借助了司法程序这一解决纠纷的常规途径,并不表明法院拥有了会计的最终话语权。

事实上,从"凯立案"来看,法院对其自身在会计话语权框架中的位置认识得非常清楚。在二审判决中,法院承认评价财务资料的标准是"是否符合国家统一会计制度",同时注意到《会计法》赋予了会计主管部门制定国家统一会计制度的权力,《注册会计师法》承认会计专业人士评价会计资料是否符合国家统一会计制度的权威性。因此,尽管当事人双方把争议提到法院面前,而法院却只能在《会计法》所建构的会计话语权的框架中,解决会计技术问题上的争议,或者说,明确在非司法性的程序中,证券监管、会计主管、会计专业人士之间的关系。从这个角度看,尽管"凯立案"二审判决存在一些问题,但它对法院本身在解决专业技术纠纷过程中的定位应当说是准确的。特别是,通过上文中对"会计规则解释权"的分析,我们也更加能够理解二审法院致力于推动在司法程序之外解决会计技术争议的意义所在。

---

① 从法律上看,法院依然对争议有最终的裁判权。当事人如果不接受财务报告评审小组的认定和修改建议,评审小组可以将争议提交到法院。但实践中,从未有一个案件提交到法院。
② 有关荷兰会计法院的改革尝试,参见刘燕:《完美的缺陷——荷兰会计法制改革的流变对我们的启示》,载《会计研究》2000年第8期。

六、在会计话语权框架下再评"凯立案"

在构建了一个清晰而合理的会计话语权框架后,重新检讨"凯立案"会发现,那些曾经在法学界以及资本市场所引发的似乎无解的困局在很大程度上已经消解了。相反,我们看到的是司法部门以自己独特的路径对会计最终话语权框架进行的大胆探索。这个"出乎所有人意料"的判决,折射出的其实是我国资本市场中长期以来对会计话语权问题的忽略,以及法学界对于会计争议这一新类型案件缺乏必要的准备。

1. "凯立案"二审判决的缺陷与司法大智慧

"凯立案"争议的核心是对凯立公司财务会计资料的评价,确切地说是木棠工程收入应如何确认。如果这一争议发生在普通的民事主体之间,法院通常会直接审查实质问题。如果法官认为自己对于会计专业事项无法定夺,他通常会启动司法鉴定程序,委托专业机构对会计专业事项进行鉴定,作出结论。或者,如果法院认为双方专业判断水平很高,也可能申请财政部进行鉴定,发表意见。不论法院寻求哪一类专业权威的帮助,"凯立案"都可以作为一个案件而顺利结案,有关木棠工程收入确认的争议也就通过一个"简单"的鉴定程序而解决了。

然而,二审法院并没有选择这条在人们看来简捷明了、顺理成章的路径。由于"凯立案"采取的是行政诉讼的形式,法院很自然地回避对双方争议的会计问题直接表态,转而审查证监会认定、评价会计资料的过程。法院承认评价财务资料的标准是"是否符合国家统一会计制度",同时注意到《会计法》《注册会计师法》赋予会计主管部门、会计专业人士在会计专业事务中的权力或权威,因此,法院是从会计法的角度来审查证监会检查、评价凯立公司会计资料的过程。这样一来,司法审查的思路实际上已经进入了会计话语权的框架,直接触及会计主管机关、会计专业人士以及证监会在会计专业事务上的权力配置这一制度建设的重大问题。

遗憾的是,法官自己并没有明确地意识到这样一个进路,脑海中也没有一个清晰的"会计话语权框架"。由于知识结构的局限,"凯立案"的二审法院把财务资料的检查、监督和评价视为一个抽象的整体,未能够明确、清楚地区别"对事实的认定"以及"对会计处理的评价"两方面①,更没有从"对会计处理的评价"中剥离出纯粹的"会计技术争议",进而引出"会计规则的解释权"问题。这样,法院就没有办法将会计主管权与证券监管权各自的权能具体化,因而也就无法清晰地划定二者在评价会计资料方面的权力边界。

另一方面,由于中国证监会检查评价会计资料之权威性在法律上缺乏明确规定,在"凯立案"中,中国证监会又因对会计技术问题准备不足而无法证明自己的专业判断能力,因此,"凯立案"二审法院在最大限度地尊重了会计主管部门与会计专业人士权威的同时,忽视了证券监管机关在会计话语权框架中应有的位置。尽管法院承认中国证监会依法享有会计监管权,只要求中国证监会"在有疑问时"寻求专业事务上的帮助,但是,法院又将这种"疑问"笼统地表述为"对财务资料有疑问",而不是限定为"会计技术问题争议"或者"对会计规则的分歧",因此,他建议的解决"疑问"的方式是"由会计主管部门或专业机构对财务资料进行审查确认",而不是"由会计主管部门对会计规则进行解释"。这样一来,二审判决事实上将会计主管部门、专业人士与证券监管部门对立起来,从某种意义上架空了证券监管部门对会计资料的检查监督权。

如此,我国会计事务管理与证券监管中的一项制度缺损一下子暴露出来。财政部、中国证监会、注册会计师三者之间因《会计法》《证券法》之间缺乏协调而引起的权力/权利冲突状态,在"凯立案"二审判决中不仅没有得到克服,相反,由于二审判决作出的不利于证券监管者行使权力的制度安排,这种冲突骤然间变得明朗化了。面对着中国证券市场虚假财务信息泛滥、会计师事务所审计不力、急需加强监管的现实,"凯立案"二审判决建立的这种会计话语权格局自然不可能为人们所接受。很自然地,我们看到来自证券市场的担心、来自监管者的疑惑,以及法学界"司法干预行政机关自由裁量权"的激烈批评。

然而,如果因此而将"凯立案"二审判决简单地视为一个"错误的判决",不仅是对判决本身的误读,而且也是对法官们应对专业事务中行政权力的规范化行使这一挑战所展现之司法智慧的极大漠视。从"凯立案"作为个案的角度来看,法院以判决其败诉的方式对中国证监会的权力行使方式提出的批评,在任何意义上都是可以成立的。而且,正是由于法院直接对行政权力在

---

① 二审法院已经模模糊糊地意识到这个问题,在审理过程中把一些事实认定的问题与会计争议剥离开来。例如,关于长江旅业用工程经营权出资是否合法的问题,就是一个事实认定问题。中国证监会将这一点作为认定凯立公司会计资料不实的一项重要依据。然而,法院认同这一出资方式,没有接受中国证监会关于"出资方式不合法导致会计资料不实"的推论。

专业事务中的行使方式进行审查,才将会计法与证券法的冲突彻底暴露出来,使人们普遍意识到会计主管部门与证券监管部门之间相互牵制的状态,为立法上最终解决这个问题创造了条件。虽然二审判决所构建的会计话语权框架并不完美,但这很大程度上是专业分工下法官的知识结构之局限造成的。可以说,"凯立案"的二审法院对会计话语权格局所进行的大胆探索,尽管有诸多遗憾,但仍不失为对我国证券法制和会计法制的建设作出重大贡献。

2. 法学界"自由裁量权"批判的误区

法学界以"自由裁量权"之名对"凯立案"二审判决的批判,实际上也是针对法院所建构的会计话语权格局的内在缺陷。然而,学者们也像法官一样受制于知识结构的局限,难以对证券监管权和会计主管权进行具体的分析,因此也不可能深入到两种权力的边界这一关键问题,并对中国证监会、财政部、会计专业人士三者之间的关系作出合理的解释。相反,对证券监管之现实必要性的强烈关注导致学者们走向了另一个极端:在他们所建构的会计话语权框架中,证券监管者的权力被神圣化,而会计主管部门的权力、会计专业人士的权威则被完全忽略了。

应该说,法学界最早提出二审判决侵犯行政机关自由裁量权的学者,准确地把握到了这一判决在制度层面所隐含的缺陷,即判决所预设的证监会在会计事务中行使权力的方式将阻碍其监管职能的正常行使。然而,批评者只是停留在问题本身,并没有深入探究权力冲突的症结。从某种意义上说,他们是将二审判决视为一项"错误"的、或者说"不幸"的判决,即法院因选择了一条错误的路径而将一个简单的问题复杂化了。如果法院直接审理实体问题,委托专家或者财政部对凯立公司的会计资料作出结论,完全能够避免这个错误,证监会的监管大权也不会受到任何影响。①

这样一种假设显然与"凯立案"的行政诉讼路径难以调和,但并没有引起人们的注意,因为批评者所提出的"行政机关的自由裁量权"概念更令人振奋。二审判决中关于证监会"在有疑问时委托有关主管部门和专业机构审查认定"的表述,不仅被批评者视为侵犯了证监会在认定会计资料方面的"自由裁量权",而且其"实质是剥夺了证监会对会计资料的直接审查权"。这样一个推论非同小可,让人在震惊之余,也隐约感到有些武断。然而,在构建一个清晰的会计话语权框架之前,人们还很难对这样一种推论进行反驳。

---

① 参见冰之:《重新审视海南凯立状告中国证监会》,载《法制日报》2001年7月25日。

"自由裁量权"概念以及法学界对"司法权侵犯行政权"的批评,也使"凯立案"所触及的会计专业事务中的权力配置这一具体问题骤然抽象化了。没有人再去考虑证监会对于会计技术问题的认定与其对市场操纵、内幕交易等欺诈行为的认定有什么不同,也没有人再关注二审法院曾注意到的《会计法》《注册会计师法》所确立的会计事务本身的监管框架。具有"自由裁量"色彩的证券监管权俨然成为一个笼统的、抽象的、不应受到任何限制的权力,而我国证券市场急需强化监管的现状似乎为这一论断提供了最好的支持。

在"自由裁量权"的强大气流中,后来的批评者更进一步强化了早期尚不明显的"证券监管权神圣不可侵犯"的色彩,以至于对二审判决发生严重误读。本来是二审判决所构建的会计话语权框架不合适,会计主管部门、会计专业人士被赋予了过高的地位,阻碍了证券监管者行使权力,批评者却指责法院本身逾越了司法的权限范围,进入了行政机关的活动领域,要求法院避免"不必要地干预属于行政机关裁量权范围的事项,尤其在涉及专业领域的问题上,应充分尊重行政机关的判断"。① 于是,"凯立案"二审判决之缺陷进一步升华为对司法权与行政权之间的界限划分不当,这似乎又为法学界以"自由裁量权"之名进行的批判提供了更加坚实的理论基础。

其实,只要是对我国会计法制的基本格局稍有了解的人,都会发现这一批评在逻辑上的荒谬之处。如果说,在专业化的行政事务范围内,法院应当尊重行政机关的权力,那么,会计专业事务恰恰属于财政部——而不是证监会——的自由裁量范围,不仅法院应当尊重,包括证监会在内的其他行政机关更应当尊重。这样一来,"凯立案"的二审判决至少对"证监会与有关主管部门之间"关系的界定是正确的,如何能够扣上"侵犯中国证监会的自由裁量权"、甚至"剥夺了证监会对会计资料的审查权"之类的帽子呢?当然,行政法专家学者所注意到的问题,是这些批评者在很大程度上否定法院对行政权力进行司法监督的重要意义,因此掀起了一场旨在保卫行政诉讼之法律地位的"司法与行政权界限"之争。这进一步暴露出"自由裁量权"批评的缺陷,导致其无法被司法部门、会计专业部门以及深受传统审批制下权力暗箱操作之痛的市场主体所接受。

波斯纳曾指出:"在一种不了解事实的情况下,道德辩论会进行得最为激

---

① 参见薛莉、张鸣飞:《"凯立案"挑战证券监管体制现有法律漏洞应及时补上》,载《上海证券报》2001年8月30日。

烈。"①法学界对"凯立案"二审判决的批判似乎正是如此。当批评停留在抽象的理论层面,迷恋于"自由裁量权""行政权与司法权的界限"等大词时,它很快就陷入一场思辨的、难有结果的理念之争,不仅无法对"凯立案"二审判决作出一个公正的评价,而且越来越偏离当事人争议的、法院关注的、也是我国证券监管及会计监管体制中急待解决的重大问题——在会计专业事务中,监管者究竟应当如何规范地行使权力。在"自由裁量权"炫目的光芒下,法学界就这样与"凯立案"所提出的制度建设的重大问题擦肩而过。

---

① 转引自苏力:《法律与科技问题的法理学重构》,载苏力:《制度是如何形成的》,中山大学出版社1999年版,第120页。

第十一章　证券监管与会计解释的互动

在证券市场监管中,提出会计规则解释权的概念,厘清会计最终话语权的法律框架,只是理顺"会计主管"与"证券监管"之间关系的第一步。权力都是实际操作过程中呈现的,其操作方式往往直接影响到各部门的权力之间是有效配合还是互相牵制。就会计规则解释权的行使而言,一方面,在法律授权范围内,财政部何时行使、如何行使规则解释权是其自由裁量范围内的事情;另一方面,会计技术问题的争议主要是在各监管部门对被监管者的会计资料进行检查的过程中出现的,因此,财政部针对个案而进行的会计规则解释就有一个与其他监管部门的权力行使相协调的问题,以免不适当地"干预"了其他行政机关的自由裁量权。这一点,对于证券监管来说尤其如此,某种意义上,它甚至成为证券监管有效整治上市公司虚假陈述行为的主要制约因素。

以此来观察现实中我国证券监管与会计规则解释权之间的互动方式,可以很明显地发现,"凯立案"是一个转折点:在此之前,二者缺乏清晰的分权意识;在此之后,权力边界清晰了,二者之间的互动经历了一个从较劲到合作的转变。这一演化路径并非为证券监管所独享,而是完全可能发生在行使会计监管权的其他机关与财政部之间。从这个意义上说,它也指示了重塑我国会计监管权规则的方向。

一、会计解释的两条路径

理论上,财政部行使会计规则解释权有两条路径:一是借助司法程序,简便易行而且对现行证券市场监管格局震动最小;一是在司法程序之外,兼顾到被监管者的利益,但对监管者的权力形成一定的制约。

1. 司法程序的路径

解决争议的基本途径是司法程序。当会计技术问题的争议发生在监管者与被监管者之间,并伴随着对被监管者不利的法律后果时,被监管者挑战监管者的结论,会计技术争议就以行政诉讼的方式进入司法程序,如同"凯立案"所显示的那样。然而,法院本身并不具有解决会计技术争议的能力。这倒并不是说法官本人不具有会计专业知识,也不是说发生争议的双方——监管者以及被监管者和/或为其审计的注册会计师——的专业判断能力难分高下,而是因为会计技术问题的争议通常都牵涉对会计规则的不同理解,法官无权对会计规则进行解释,只能寻求会计准则制定者的解释。

这也是财政部行使会计规则解释权的一条最明确、最顺理成章、对现行监管格局震动最小的途径:在行政诉讼中明确有关会计规则的含义,从而协助法院解决证券市场监管者与被监管者之间的会计技术争议。由于会计主管部门仅仅在司法程序中介入,监管部门在职权范围内检查监督会计资料的权限得到了最大限度的维护,享有了最充分的自由裁量权。

然而,这种借助司法程序行使会计规则解释权的进路,对于被监管者来说成本很高。特别是在证券市场上,一项融资计划或合并交易是否进行下去往往有赖于对市场时机的把握,而程式化的司法程序通常耗时很长,对发行人或交易人有利的市场机会很可能在这个过程中失去。从这个角度看,因会计技术问题而与监管者发生争议的企业在某种意义上陷入了困境:接受监管者的结论将丧失融资权利;不接受监管者的结论而提起诉讼,即使打赢了官司也可能丧失了市场机会。因此,从合理兼顾被监管者的利益的角度出发,在司法程序之外,或更确切地说,在监管部门行使其监管权的过程中,也应当建立会计规则解释权的行使途径。

2. 非司法程序的路径

非司法程序的路径指会计主管部门在证券市场中直接行使会计规则解释权。从会计话语权框架出发,可以预计,在下列三种情形下财政部需要行使会计准则解释权:

(1) 上市公司申请解释;

(2) 会计专业人士申请解释;

(3) 证券监管者申请解释。

考虑到司法解决问题的成本,会计解释权在非司法程序中行使显然是一种更为普遍的状态。然而,强调证券市场监管效率的学者担心财政部在司法程序之外行使解释权会"干扰证券监管机关行使权力"。这种担心可能多虑了。如前所述,证券市场中大量的虚假财务信息披露案件并不涉及对会计规则本身的争议,而是对事实的认定,中国证监会对此有充分的监管权。此外,会计专业人士通过审计,特别是以出具保留意见、否定意见的方式,已经澄清了大多数不符合国家统一会计制度的会计处理。因此,中国证监会在监管过程中与上市公司发生会计技术问题争议,需要财政部解释会计规则的个案实际上是很有限的。

二、"凯立案"之前证券监管实践的探索

在我国传统体制下,国有企业有申请财政部解释会计规制的习惯,它也延续到企业改制成上市公司之后。财政部2001年1月对信达公司适用《企业会计准则——债务重组》(以下简称《债务重组准则》)批复提供了一个例子。

在三联、信达联手重组郑百文的过程中,为避免郑百文因连续三年亏损而被PT,信达公司拟豁免郑百文所欠的巨额债务。按照1998年财政部发布的《债务重组准则》,债务人因债权人豁免其债务而获得的利益是一种"重组收益",可以计入企业的"营业外收入"。然而,实践中上市公司对这一规则的滥用已激起众怒,财政部当时正在修改《债务重组准则》,将债务豁免额从"营业外收入"调整为"资本公积"。因此,信达公司请示财政部应如何适用会计准则。财政部迅速作出批复,要求信达的债务豁免适用新的债务重组准则。

这个实例也展示了会计规则解释权在证券市场中行使的常规路径,即上市公司对特定的会计处理没有绝对的把握,出于对其可能引起的法律后果的担心,主动申请财政部对有关的会计规则进行解释。此时,证券监管部门尚未介入,财政部解释会计规则也谈不上干扰证监会行使证券监管权。被监管者之所以愿意主动申请解释,原因在于其作为在资本市场中活动的主体,需要一个最有效率的争议解决方式。[①] 事前主动申请解释,能够消除不利法律后果的隐患,这比与证券监管部门发生争议再申请解释,甚至进入司法程序后再申请解释,时间成本要小得多。实际上,类似的个案在证券发行申请阶段普遍存在。发行人在准备财务报表和招股说明书时,对某些交易的会计处理可能不太确定。为避免遭遇在最后阶段因财务资料的瑕疵而使申请遭到被否决的命运,发行人与财政部、中国证监会之间的沟通是非常普遍的,只是以往我们没有把它视为一个具有法律意义的程序。

[①] 美国证券市场的情形很能说明问题。SEC接受证券注册与发行文件备案,对有关信息披露是否充分、财务资料是否真实、相关会计处理是否恰当所做的认定,发行人、上市公司或者会计师很少会提出异议。这并非是因为SEC与发行人之间不存在异议,也不是因为SEC在这种情况下的结论是终局的,只是发行人为了尽快取得注册文件的生效,通常都按照SEC官员的建议对注册文件进行修改。在分歧过大的情形下,发行人也会将争议提交法庭,请求法庭审查SEC的认定。但是,司法程序耗时太长,可能导致发行人丧失有利的市场时机。因此,在发行注册阶段,发行人与SEC对簿公堂的个案很少。参见Louis Loss, *Securities Regulation*, 3rd ed., 1987, p.532.

上市公司主动申请解释的另一种情形发生在审计过程中,公司与进行审计的注册会计师之间就会计技术事项发生的争议无法协调。按照我国独立审计准则的要求,注册会计师的审计报告需要对被审计人的财务资料是否符合国家统一的会计制度发表意见。如果注册会计师认为不符合并提出了调整相关会计处理的建议,但被审计人不接受,会计师就会出具保留意见甚至否定意见的审计报告。我国《注册会计师法》赋予了审计报告"法定证明效力",表明法律认同注册会计师的专业判断,双方的分歧也就到此结束。但是,在极个别的情形下,如果分歧在于对特定会计规则的不同理解,而被审计企业确信审计人员的理解有错误,争议就无法协调。在这种情形下,被审计人应有权申请财政部对相关的会计规则进行解释。

从证券监管的角度来看,会计规则解释权与证券监管直接发生联系的情形主要出现在上市公司的财务处理通过了审计,但中国证监会认为不能接受的场合。例如,在发行审核过程中,中国证监会对发行人提交的经过审计的财务资料有疑问,或者,在上市公司公布年报、中报或其他经过审计的财务信息后,特定的会计处理在市场中引起一些非议。不论是哪一种情形,都意味着中国证监会不仅与被监管者,同时也与注册会计师的专业判断发生分歧。如果分歧仅仅与对事实的认定或者与会计规则的误用有关,证监会完全可以直接作出结论。但是,如果分歧涉及双方对应适用哪一种会计规则,或者应如何解释特定的会计规则的不同理解,则证监会应当报请财政部进行解释。在财政部明确了有关会计规则之适用条件或者澄清了相关术语之含义的基础上,证监会再据此对被监管者的财务资料作出评价。在这种情形下,证券监管者的权力的确受到了一定的制约,但这是现代国家中任何依法行使的行政权力必然会遇到的一种制约。这种制约范围明确,程序清晰,其目的不仅在于使国家统一的会计制度得到更好地实施,同时也便利证监会等监管机关更规范地、更有效地行使其职权。

事实上,在"凯立案"发生的前后,中国证监会已经不时对一些处理依据不清晰的会计事项商请财政部作出解释。中国证监会 2001 年发布的《公开发行证券的公司信息披露规范问答第 2 号——中高层管理人员激励基金的提取》,就提供了一个清晰的例证。

传统上,我国企业习惯于从税后利润中提取激励基金奖励管理层和关键员工,提取福利基金(或公益金)用于员工集体福利。但《公司法》的理念是投资者享有剩余索取权,因此税后利润均属于股东所有,而支付给管理层及员工的任何报酬(包括奖励与福利)都属于公司的费用开支,而不能从归属于股东的税收利润中支出。① 实践中,一些上市公司对管理层的奖励安排是以税后利润为考核目标的,对此的会计处理存在争议,有"利润分配"与"费用化"两种模式。中国证监会面对上市公司对此会计处理争议难以定夺,遂致函财政部要求答复。财政部复函指出:公司能否奖励中高层管理人员,奖励多少,由公司董事会根据法律或有关规定作出安排。从会计角度,公司奖励中高层管理人员的支出,应当计入成本费用,不能作为利润分配处理。中国证监会会计部据此复函在 2001 年 6 月 29 日发布了《公开发行证券公司信息披露规范问答地号——中高层管理人员奖励基金的提取》,要求上市公司在公开披露文件中披露设立中高层管理人员激励基金的决策程序、实际决策情况以及激励基金的发放情况,并在财务报表附注相关部分对会计处理情况作出说明。

三、"凯立案"引发的震荡

应该说,会计的最终话语权问题一直是证券监管以及会计监管过程中最核心、也最敏感的一个问题,在财务资料的最终评价问题上,证监会、会计主管部门、会计专业机构之间的权力/权利格局到底应当如何配置才最为合理?对此,并没有简单的答案。我国现行《会计法》与《证券法》之间缺乏协调,在会计监管体制与证券监管体制中都留下了一个权力冲突的隐患。"凯立案"二审法院要求证监会将有疑问的会计资料交会计主管部门或专业机构审查确认,俨然是对立法上尚不明晰的权力格局作出了某种偏向于会计主管部门、甚至被监管的会计专业人士的安排,犹如引爆了一颗埋藏多时的定时炸弹,不仅遭到法学界的强烈批评,也给实践中证券监管部门与会计主管部门之间的合作投下阴影。

在"凯立案"结束一年半之后,中国证监会发行部在《股票发行审核标准备忘录第 16 号——首次公开发行股票的公司专项复核的审核要求》(中国证监会发行监管部 2003 年 2 月 28 日,简称《第 16 号备忘录》)中首次对"凯立案"二审判决给予了直接回应:

> 证监会发行监管部在审核首次公开发行股票的公司(以下简称发行人)的申请文件时,如发现其申报财务会计资料存在重大疑问,或其财务会计方面的内部控制制度有可能存在重大缺陷,并由此导致申报资料

---

① 基于此理念,2005 年《公司法》的修改专门取消了从税后利润中提取公益金的做法,不过没有明确提及从税后利润中提取奖励基金的问题。

存在重大问题时,可以要求发行人另行委托一家具备证券执业资格、信誉良好的会计师事务所对申报财务会计资料的特定项目进行专项复核。……如果专项复核会计师就复核事项所出具的复核意见与原申报财务资料存在差异,发行人、主承销商及申报会计师应就该复核差异提出处理意见,审核人员应将该复核差异及处理情况向股票发行审核委员会汇报。……专项复核报告作为发行人申请文件的组成部分,供证监会发行监管部、股票发行审核委员会履行核准工作职责时使用。执行专项复核的会计师事务所应根据其履行的程序、出具的复核结论承担相应的法律责任。

《股票发行审核标准备忘录》不属于行政法规或部门规章,而是证监会内部掌握的监管标准。但是,基于中国证监会在证券监管中的自由裁量权,它们对于市场参与者而言实际上构成了有约束力的规制。按照上引《第16号备忘录》,当出现对会计资料的争议时,中国证监会并不打算寻求财政部的解释,而是要求IPO申请人委托其他会计专业人士对此作出判断,并由后者对其结论负责。由此来看,中国证监会巧妙地将自己在会计争议中的责任进行了转嫁,而且这种转嫁表面上看,俨然是遵守"凯立案"二审判决的指示!除非我们推定证券监管部门缺乏对会计话语权法律框架的认知,也不了解"凯立案"二审判决在这个问题上的失误,否则我们很难解释这一备忘录的处理方法。或许,监管者也有意气用事的时候!

四、证券监管与会计解释的良性互动

2005—2006年间,我国证券市场基础制度建设发生了突破性的进展。一是股权分置改革的进行,它消除了上市公司流通股与非流通股分裂的股权格局,将上市公司重新塑造为一个完整的实体。二是新的企业会计准则、审计准则的全面实施,它们与国际惯例趋同,从而使得上市公司在不同资本市场的运作具有了相同的财务信息基础。这些变化给上市公司财务运作带来了新的刺激。一方面,全流通后资本市场对上市公司的压力增加,上市公司股东和管理层从自身利益出发操控会计数据的动机显著增强。另一方面,新的会计准则、审计准则引入了众多新概念、新方法,触及了许多原会计准则未涉及的领域,在理解上存在一定难度;同时,个别领域过于原则性的规定,也带来了操作和执行的难度,会计争议显著增加。

证券监管者对资本市场新格局带来的机遇与挑战有清醒的认识。面对会计监管压力的增加,中国证监会对于与会计主管机关之间的互动也采取了更为积极的态度,它清晰地反映在中国证监会发布的第一份会计监管报告——《上市公司执行企业会计准则监管报告》(2007)中:"证监会与会计准则制定部门一直保持着良好的合作关系。面对上市公司的大量个案,由于时间性要求较高并且涉及的情况千差万别,会计准则制定者无法对所有问题均给予及时的答复。根据发达资本市场的成功惯例,强化监管机构对会计监管个案的认定权,既可以在会计准则有明确解释前达到规范市场财务信息披露行为的目的,又可以为准则解释和进一步完善积累足够的监管经验和案例。"①

具体来说,中国证监会创造性地将会计监管权具体化为一系列的操作步骤,包括会计监管个案认定,发布会计监管标准,统一监管口径,申请会计准则制定机关解释,促进境内外准则制定机关、监管机关的合作以及会计准则的国际等效互认,等等,从而将证券市场中的会计监管更加规范化、有序化,提升会计监管的质量和效率。②

以此为出发点,我国资本市场中会计监管权与会计主管权的良性互动有了实质性的进展。

1. 会计监管权的强化

证券监管者处于资本市场中会计监管的第一线。面对快速发展的中国资本市场,监管机构的当务之急是强化对会计监管个案的认定权,并规范相关监管原则的信息发布渠道。2008年,中国证监会在系统内部先行建立了会计个案的应急反应机制,以保证监管系统内部上市公司执行会计准则监管标准的一致性,提高监管质量和效率。

会计监管个案的认定通常发生在证监会及其派出机构的日常监管过程中,适用于《企业会计准则》及相关文件有明确规定、但执行中上市公司出于各种原因未按照相关规定进行处理的情形。针对监管中发现的上市公司执行会计准则相关规定不到位的问题,各级证券监管机关通过各种方式要求上市公司予以更正。例如,由于我国企业会计准则允许将非货币性资产交易利得和债务重组收益计入当期利润,2007—2008年间,上市公司的控股股东利用对上市公司的直接或间接的捐赠、债务豁免等手段来调节利润的现象又有所抬头。证券监管部门认为,上市公司的控股股东或实际控制人等对上市公

---

① 中国证监会会计部:《上市公司执行企业会计准则监管报告(2007)》(2008年11月9日发布)。
② 同上。

司的捐赠、债务豁免等,从经济实质上判断属于资本投入性质,因此,上市公司取得的经济利益流入应计入所有者权益而非当期利润。根据这一认识,证券监管部门在 2008 年年报监管中对相关上市公司的大股东捐赠交易进行个案认定,其中有的公司因此更正了年度报告。到 2009 年年报编制时,已经鲜有公司将股东的捐赠计入当期利润。①

强化会计监管权的另一个重要方面是明确监管标准、统一监管口径,它主要适用于市场中遇到的部分会计问题,在目前会计准则尚无明确解释或具体规定的情况下,上市公司在操作中存在不一致的情况。对于此类问题,证券监管机构与会计准则制定者以及其他相关方面进行沟通协调,在此基础上,明确相关问题的监管原则和意见,在会计准则对类似问题的处理方法加以明确前引导上市公司遵照执行。中国证监会会计部不定期发布的《上市公司执行企业会计准则问题解答》。《上市公司执行企业会计准则问题解答》的性质是证监会系统内部进行会计监管的专业判断依据,适用对象包括中国证监会各省、自治区、直辖市、计划单列市监管局,以及上海、深圳证券交易所。② 截至 2011 年 12 月底,证监会会计部已经发布了五辑《上市公司执行会计准则问题解答》,它们都是中国证监会会计部在日常监管工作中对一线监管部门有关重大会计及财务信息披露问题的答复意见。这些问题解答提升了对监管系统会计专业支持力度,统一了上市公司会计监管标准,提高了证券监管者的会计监管质量。

2. 证券监管与会计主管之间的协调

实践中,某些会计争议源于会计准则在部分领域规定得比较原则,需要进一步完善会计准则及相关指引以便增强实务操作性。此外,同时在境内外发行证券的公司境内外财务报告,由于所适用的中外会计准则之间的差异而导致会计数据不一致差异,需要通过境内外准则制定机构、监管机构间的沟通合作,通过会计准则的国际等效互认加以解决。在这些方面,证监会与会计准则制定与解释机构之间进行了积极有效的配合。

从证券监管中会计准则解释权行使的角度看,证券监管部门既可能在确立统一的会计监管标准之前寻求会计准则的解释,也可能在统一的会计监管标准建立之后推动会计准则的尽快出台。

---

① 中国证监会会计部:《提升企业会计准则执行力度 增强上市公司信息披露质量——2009 年上市公司执行企业会计准则监管报告》,载《上海证券报》2010 年 9 月 30 日。
② 参见中国证监会会计部在 2009 年 2 月 17 日发布《2009 年第 1 号监管问题解答》时配发的"会计部函〔2009〕48 号"中的说明。

前者的一个例子发生在母公司在不丧失控制权的情况下处置对子公司的部分长期股权投资的场合。对于在合并财务报表中如何处理该交易,中国证监会会计部向财政部会计司发函,就"关于处置子公司长期股权投资(不丧失控制权)会计处理有关问题"寻求意见。财政部会计司2009年2月27日复函(财会便〔2009〕14号)认为:"母公司在不丧失控制权的情况下部分处置对子公司的长期股权投资,在合并财务报表中处置价款与处置长期股权投资相对应享有子公司净资产的差额应当计入所有者权益。同时发行A股及H股的企业,在境内外财务报告中对该交易事项原则上应当采用相同的会计政策。"中国证监会会计部根据财政部的复函,于2009年4月14日发布了《上市公司执行企业会计准则监管问题解答》(2009年第3期)(会计部函〔2009〕116号),在监管系统内部统一了该事项的监管标准,即"母公司在不丧失控制权的情况下处置对子公司的长期股权投资,在合并财务报表中处置价款与处置长期股权投资相对应享有子公司净资产的差额应当计入所有者权益"。

后者的一个例子发生在上市公司股权激励的会计处理场合。实践中,一些上市公司对管理层进行股权激励采取一种特殊方式,即非由上市公司自身对管理层授予本公司的股票期权或限制性股票,而是由上市公司的大股东向上市公司管理层低价转让其所持有的上市公司股票,或该大股东持有的其他上市公司股票。在财政部2006年发布的《企业会计准则第11号——股份支付》中,用于股权激励的"权益工具"虽然没有明确定义,但其会计处理隐含的是管理层自身所在公司的股票或其他权益性工具。但是,实践中,以大股东低价转让股份方式对管理层进行激励的方式并不罕见,对此交易的性质与会计处理均存在很大争议。有些上市公司按股权激励交易处理,从而增加了公司的管理费用;但有些仅按照交易外在法律形式确认为股份转让,从而对上市公司的利润不产生消极影响。鉴于财政部未及时出台《企业会计准则第11号——股份支付》的解释或实施指南,中国证监会会计部在2009年2月以《上市公司执行企业会计准则监管问题解答》的方式明确了统一的监管口径,要求上市公司在编制2008年年报时统一将该类交易作为股权激励交易处理,从而对利润表进行调整。[1]

2010年9月,财政部发布了《企业会计准则解释第4号》,基本上认可了

---

[1] 参见《上市公司执行企业会计准则监管问题解答》(2009年第1期)。问题7:上市公司大股东将其持有的其他公司的股份按照合同约定价格(低于市价)转让给上市公司的高级管理人员,上市公司如何进行会计处理?解答:该项行为的实质是股权激励,应该按照股份支付的相关要求进行会计处理。根据《企业会计准则第11号——股份支付》及应用指南,对于权益结算的涉及职工的股份支付,应当按照授予日权益工具的公允价值记入成本费用和资本公积,不确认其后续公允价值变动。

证券监管机关对该交易性质的认定,并针对各类特殊的股份支付方式分别明确了其会计处理原则。这里照录如下:

七、企业集团内涉及不同企业的股份支付交易应当如何进行会计处理?

答:企业集团(由母公司和其全部子公司构成)内发生的股份支付交易,应当按照以下规定进行会计处理:

(一)结算企业以其本身权益工具结算的,应当将该股份支付交易作为权益结算的股份支付处理;除此之外,应当作为现金结算的股份支付处理。

结算企业是接受服务企业的投资者的,应当按照授予日权益工具的公允价值或应承担负债的公允价值确认为对接受服务企业的长期股权投资,同时确认资本公积(其他资本公积)或负债。

(二)接受服务企业没有结算义务或授予本企业职工的是其本身权益工具的,应当将该股份支付交易作为权益结算的股份支付处理;接受服务企业具有结算义务且授予本企业职工的是企业集团内其他企业权益工具的,应当将该股份支付交易作为现金结算的股份支付处理。

当然,证券监管中并非所有的公司财务方面的问题都需要会计解释,有些事项事实上属于公司法规范的内容。例如,关于公司利润分配的基数,在存在企业集团的情形下,究竟是按照母公司自身财务报表显示的净利润数进行分配,还是可以按照合并财务报表显示的净利润数进行分配?此一问题就并不属于财政部的会计准则解释权的范围。再如,《企业会计准则——基本准则(2006)》引入了公允价值计量,在一些会计科目上,公允价值变动增加的利得直接计入了公司的利润当中。这种未实现的收益能否作为利润分配?它究竟是属于"利润"的计量口径问题,还是公司法下的分配标准问题?

笔者以为,利润分配问题属于公司法传统的规制领域,而非单纯的会计技术事项。我国证券监管机关对此也有充分认识。在《企业会计准则——基本准则(2006)》实施一年后,中国证监会发布了《上市公司执行企业会计准则监管报告》(2007),对公司利润分配基数的确定问题提出了如下建议:

鉴于公允价值变动损益的特殊性,特别是相关变动损益的后续不确定性,我们建议,以公允价值计量的相关资产,其公允价值变动形成的收益,暂不得用于利润分配。与此类似,根据会计准则的规定,可供出售金融资产公允价值变动形成的利得或损失,除资产减值损失和外币货币性金融资产形成的汇兑差额外,应当直接计入所有者权益(资本公积)。在相关法律法规有明确规定之前,上述计入其他资本公积的公允价值变动部分,建议暂不得用于转增股份。①

对于上市公司是以母公司个别报表还是合并报表为基准实施利润分配的问题,中国证监会的立场是:"由于提取盈余公积和实施利润分配是公司根据《公司法》的有关规定而进行的法律行为,因此,建议《公司法》对此进一步解释。在此之前,公司以母公司个别会计报表中的相关数据为基础进行利润分配为宜。"②

因此,在我国《公司法》未作出修改之前,上市公司需采取谨慎、保守的分配基数,避免冲击公司法下的资本维持原则。应该说,证券监管的这一立场是非常合适的,它是对《公司法》的一个有益补充。

五、有待进一步完善的制度基础

鉴于上市公司财务信息对于证券市场有序运作的基础性意义,证券监管者与会计准则制定机构之间的良性互动将是一个长期的过程。从这个意义上看,实践中暴露出来一些问题急需从法律层面加以解决。

1. 会计规范的体系化建设

会计准则的制定与解释都离不开一个规范化的会计准则体系,它能够清晰地向公众、上市公司、专业人士、监管者表明各种会计规范的渊源,明确效力等级。从这个角度看,目前会计规范的体系化建设是滞后的,各类规范性文件之间的效力层级不清楚。例如,在《企业会计准则》体系之下,有《〈企业会计准则〉应用指南》《〈企业会计准则〉讲解》《企业会计准则解释公告》《企业会计准则实施问题专家工作组意见》等多种规范性文件形式。当它们之间存在不一致时,如何解决效力冲突是一个很现实的问题。

此外,财政部会计司还不时以"财会便〔××(年)〕××号""财会函〔××(年)〕××号"等方式明确特定交易的会计处理。这些不同名称的复函的区别何在?从形式上看,不同复函回复的对象不同,但相关事项的会计处理似乎具有普遍的适用性,而且往往涉及一些非常重要的交易。例如,财会便

---

① 中国证监会会计部:《上市公司执行企业会计准则监管报告》(2007)。
② 同上。

〔2009〕17号——《关于非上市公司购买上市公司股权实现间接上市会计处理的复函》——就对买壳上市的会计处理进行了解释,复函的对象是部分证券业务的会计师事务所。而财会便〔2009〕14号——《财政部关于不丧失控制权情况下处置部分对子公司投资会计处理的复函》,复函的对象是中国证监会会计部。另一方面,以"财会函"名义出台的通知,如财会函〔2008〕60号——《财政部关于做好执行会计准则企业2008年年报工作的通知》、财会函〔2009〕60号——《财政部关于做好执行会计准则企业2009年年报工作的通知》等,都对实践中一些重要的会计事项作出规定,有些是回应证券监管机关的会计监管报告中的建议,但适用的对象除上市公司之外,还包括全国的非上市企业。

这种混乱的会计规范体系必然会对证券监管者的会计监管造成困扰。在其发布的第一份会计监管报告中,证监会就指出:"在企业会计准则框架体系方面,进一步梳理各种形式的规定,明确相互关系和执行效力。目前,除《企业会计准则》和应用指南外,还存在针对企业会计准则的讲解、解释公告和执行问题专家工作组意见等其他形式的规定。从规范执行的角度,可以考虑适时对上述规定间的关系进行合理界定,对其中不一致的规定进行梳理和完善,同时明确各种形式规定需要解决的问题(如是对会计准则的进一步细化和解释,还是增加新的规定)和相应的执行效力,以便执行中各方面得以准确把握。"

2. 会计立法的修改

如同"凯立案"所显示的,我国现行立法对于会计的最终话语权规定得不够清晰,特别是《会计法》第33条的规定存在严重瑕疵。因此,应尽快修改《会计法》,从法律上进一步廓清会计主管部门与各监管部门在会计资料的检查监督方面的权力界限,同时着手建立与会计规则解释权的行使相配套的具体的制度与程序。目前,财政部指导下的财务会计准则委员会事实上承担着会计规则的制定工作,但是其法律地位缺乏明确依据。不仅会计规则解释的机构、解释的程序尚需要明确下来,上市公司或其他市场主体申请解释会计规则的正式制度安排也需要建立。

从证券监管的角度看,申请会计规则的解释应当成为中国证监会的一项正式的、公开的、制度化的工作程序。不论是在证券发行审核程序中,还是在上市公司财务信息披露的监管过程中,中国证监会都应当建立、保持与上市公司以及负责审计的注册会计师及时沟通的通畅渠道,协调各方对会计技术问题的分歧;当出现对会计规则本身的不同理解时,应及时敦请会计主管部门对会计规则进行解释。虽然目前证券监管机关与会计准则制定机关之间的沟通比以前大为改善,但仍然有必要从制度上将这一整套程序落实下来。

从长远来看,会计话语权法律框架的基本结构可能需要进行调整。例如,财政部身兼国库总管、会计主管等多重角色,以其为中心构建的会计话语权框架是否能够适应我国迅速发展的市场经济、特别是资本市场的需要,值得进一步研究。

此外,会计原理能否成为裁定会计技术争议的依据,如果能,它对会计话语权的格局有什么影响,诸如此类的问题,也都需要进行研究。会计作为一种商业语言随着商业交易形式的创新而迅速发展,对这种语言进行规范化的会计规则无论如何跟不上商业创新的速度。这就导致有些会计技术争议可能发生在会计规则的覆盖范围之外。那么,谁有权对于这些争议作出最终裁断,依据什么来进行裁断?会计职业界的专业判断,会计学者的理论解释,中国证监会的自由裁量,财政部对现有规则的扩大解释或者变通解释,都是潜在的权威性来源。如果这些不同的权威来源之间发生分歧,是否应当由法院基于对"真实""公平""公正"的基本理解而进行裁断?

由此来看,会计话语权的法律框架的建议将是一个长期的过程。

第十二章　会计职业在公司治理中的看门人角色

一、会计师作为看门人：理论与现实的距离

美国"安然事件"后，公司治理中的"看门人"角色成为域外法学界流行的对资本市场中专业人士功能的定位。① 按照美国哥伦比亚大学法学院 Coffee 教授的说法，"看门人是架设在投资者和管理层之间的独立的专业人士，其功能是扮演看家狗（watchdog）的角色，以减少公司治理中的代理成本。"②尽管人们对于哪些专业人士属于看门人范畴尚存分歧，但一致公认负责审计公司财务报表的会计师是公司最重要的看门人，且其作为"看门人"的历史远远早于法学界对此问题的关注。

自英国 19 世纪中期的公司法确认审计制度以来，财务报表审计一直被视为保护股东利益的一种必要的监督措施。英国法官早在 1896 年的"金斯顿棉花场案"中就提出了著名的"会计师是看家狗"的论断。③ 不论是公司治理理论还是审计理论，由注册会计师进行的审计都被视为股东监督管理层、减少公司代理成本的重要途径之一。④ "审计"与"监督"功能的挂钩令会计师成为标准的"看门人"（gatekeeper），而且这种看门人角色的受益人范围逐渐超越了公司股东，覆盖到公司债权人、投资大众甚至整个社会。前美国注

---

① 最有代表性的工作是美国哥伦比亚大学法学院 Coffee 教授的一系列研究。根据对 westlaw 的文献检索，有关看门人责任的文献很早就有，但 2000 年以前的文献主要是在承认专家应该承担看门人责任的前提下，对一些具体问题的分析，缺乏从公司治理角度对看门人原理的讨论。
② John C. Coffee, "The Acquiescent Gatekeeper: Reputational Intermediaries, Auditor Independence and the Governance of Accounting", *SSRN Electronic Journal*, 2001. Coffee 教授把看门人提供的服务解释为：证实公司的财务报表，评估公司的可信度，或者评价公司未来的商业前景等。
③ *Re Kingston Cotton Mill Co. Ltd* (No. 2) [1896] 2 Ch. 279。"金斯顿棉花场案"涉及会计师依赖管理人有关存货价值的说明确认公司资产价值，造成资产负债表高估了公司资产及盈利，公司并据以派发股息。清算人起诉公司的董事以及进行审计的会计师，要求其补偿错误派发的股利。但是，法官在该案中将"看家狗"与"猎犬"相对，限缩了会计师监督责任的范围，与今天人们所强调的会计师作为资本市场的"经济警察"的角色形成鲜明的对比。
④ 对此的一个研究综述，参见赵兴楣、杨小锋：《审计理论研究的两种框架：理论分析及未来展望》，载《会计之友》2008 年第 12 期。

册会计师协会副主席凯瑞(Carey)先生在1946年出版的《公共会计的职业道德》一书中这样写道,注册会计师名称"Certified Public Accountant"中的"Public"一词意味着"CPA不仅要服务于客户,而且要服务于公众"。① 到了20世纪80年代,美国最高法院 U. S. v. Arthur Young 一案更是明确宣布:"律师需要忠实地服务于客户的最大利益,而会计师是公众的看家狗。"②

注册会计师成为看门人与其最主要的执业活动——审计——的内在属性有关。注册会计师审计是站在第三人的立场上对公司管理层编制的财务会计报表是否公允反映实际情况发表意见。公司的财务报表提供了有关公司的业绩、财务结构及风险的主要信息,是公司内外各类利益相关者作出投资决策或其他决策的基础。注册会计师进行的财务报告审计可以实现三个层次上的监督,促进公司治理质量的提高:第一,通过审计财务报表,注册会计师发现其中未公允反映出企业的真实状况的地方,要求公司纠正,否则可出具否定意见、保留意见等,以警示财务报表的使用人。第二,现行审计建立在风险导向审计基础之上,需要对公司的内部控制程序进行评估。会计师可以发现企业内部控制不到位之处,促进企业风险管理质量的提高。第三,经过会计师审计并向社会公开披露的财务报表,本身就提供了一种有效的监督方式,即证券监管所推崇的"阳光消毒剂"或者"电灯泡警察"。特别是,财务报表对企业状况的公允反映通常按照一国的会计法规或一般公认会计准则进行,体现的是"实质重于形式"的原则,不受制于交易的形式(或者法律上的形式主义),因此有其独到的价值。

然而,过去的数十年间注册会计师的看门人角色似乎扮演得差强人意,公司财务丑闻不断涌现。在美国,从20世纪70年代"美国公平基金公司案""四季护理公司案"等,到80年代末的储贷协会危机、90年代的美国公司大规模财务重述,直至21世纪初的安然公司、世通公司、环球电讯等大公司破产,都涉及财务造假与审计失败。在我国,证券市场也是屡屡爆出造假大案,从红光实业、大庆联谊等虚假上市到银广夏的惊天骗局,遑论众多上市公司的业绩反复变脸。公司财务丑闻令作为看门人的注册会计师的职业操守备受诟病,以至于时任总理朱镕基先生对旨在培养高端注册会计师人才的国家会计学院的题词是"不做假账"。在美国,具有近百年历史的安达信会计师事务所在"安然事件"后被定罪而瓦解,更代表了公众对会计师看门人角色的质疑达到高潮。

在这个过程中,一个颇值得注意的现象是,会计师作为看门人往往是以

---

① 转引自任明川:《会计职业道德的两个悖论》,载《上海立信会计学院学报》2009年第4期。
② United States V. Arthur Young & Co., 465 U. S. 805 (1984), at 818.

整体形象出现的。律师的丑闻往往只波及相关的律师个人,但会计师则不然。每一次公司财务丑闻往往都意味着是一场审计失败,而"几乎每一桩针对会计师个人的诉讼,都酿成整个会计职业的一场危机"。对这种整体性危机的解释尚无定论,比较主流的观点认为它源于现代公司治理结构中独立审计无法解脱的困境:作为解决公司代理成本的途径,会计师需要监督公司管理层,因此必须独立于管理层;但会计师却为公司管理层所聘用,从管理层获得审计业务。饭碗与职业操守之间如何取舍?历史上,专业人士以信誉为立身之本,对信誉资本的维护会赋予会计师在审计个案中拒绝屈从于公司管理层压力的动力,以免审计失败带来信誉损失。然而,在今天的社会环境中,有太多因素消解了信誉资本的约束。[1] 毕竟,信誉是归属于行业集体的,而执业活动总是在个体层面进行的。因此,不能仅仅诉诸抽象的信誉,还需要在执业会计师的个体层面建立更为坚实的制度支撑,方能令其更好地承担看门人的角色。

二、改进会计师看门人角色的基本思路

美国"安然事件"后,强化会计师作为公司治理中看门人的责任成为立法者、监管者、公众的共识,也为各国公司法学者所认同。基本思路主要有两种:

一是事前规制,即改革会计职业的监管体制和审计业务的运作方式,强化会计师的独立性。这一思路以美国《萨班斯法案》为代表。它包括设立新的、中立的监管机构;强制会计师事务所剥离咨询业务;强制实施审计合伙人轮换等。在我国,近年来以中国注册会计师协会为代表的行业自律组织一直推动行业自律监管的强化,不仅持续进行年度执业检查与处罚,严厉整肃迎合公司客户购买审计意见的"接下家"行为[2],同时推动注册会计师行业整体从公司制转向有限责任合伙制,引入无限责任来强化注册会计师的风险意识。[3]

二是事后的惩罚方式,即强化会计师对于审计失败的法律责任。这往往

---

[1] John Coffee, "Gatekeeper Failure and Reform: The Challenge of Fashioning Relevant Reforms", *Boston University Law Review*, vol. 84, no. 2, 2004, pp. 309-310.

[2] 审计中的"接下家",又称"炒鱿鱼、接下家",特指公司的会计处理存在问题,但公司拒绝接受进行审计会计师的调整建议,会计师坚持原则而辞职或被公司辞退后,其他会计师事务所为获得审计收入而承接业务,并出具满足客户公司要求的审计意见。

[3] 有限责任合伙在我国《企业合伙法》中称为"特殊普通合伙"。其责任形态的特点为:合伙人对合伙债务一般承担无限连带责任;但若合伙债务因某合伙人执业活动中的故意或重大过失而产生,则由该合伙人承担个人无限责任,其他合伙人不承担连带责任。

是国内外法学界的主流观点。美国学者的代表性观点认为,美国 2001—2002 年公司财务丑闻的大爆发与 20 世纪 90 年代以来作为看门人的专业人士民事责任的弱化有关,这种弱化至少体现在四个方面:一是美国最高法院 1991 年的 *Lampf Pleva* 案判决,显著地缩短了原告提起联邦法下证券欺诈案件的诉讼时效;二是美国最高法院 1994 年的 *Central Bank of Denver* 案,取消了在证券欺诈案件的私人诉讼中追究"教唆及协助责任";三是 1995 年的《私人证券诉讼改革法案》,对证券集团诉讼的原告适用的证明标准超出一般欺诈案件的标准,将连带责任改为比例责任,限制《有组织犯罪控制法案》(《RICO 法案》)下的三倍赔偿责任适用于证券欺诈集团诉讼,对前瞻性信息提供了一个非常保护被告方的安全港规则;四是 1998 年的《证券诉讼统一标准法案》废止了在州法院提起证券欺诈集团诉讼的做法。① 鉴于此,学者们提出应强化会计师对审计失败的法律责任,以增强法律的威慑作用。具体方式有多种:一是确认新的侵权行为种类,即"导致公司清偿能力急剧恶化"(deepening insolvency),它适用于为破产的大型公司进行审计的会计师,后者负有防止管理层过度举债进而导致公司极度清偿不能的责任;若会计师失职,则引发此种侵权责任。② 二是改变归责原则,将证券法下注册会计师对虚假陈述等行为的归责原则由推定过错改为严格责任,同时将注册会计师的赔偿责任范围限制为公司赔偿额的一定比例③或者会计师审计收费的若干倍。④

不过,上述事前规制以及事后惩罚措施的改革或动议也存在不少争议。例如,强制会计师事务所剥离咨询业务令人担心会计职业界的人才流失,导致审计质量下降,甚至令审计沦为"公证处"。⑤ 而扩张法律责任的观点更遭到会计职业界的反对。注册会计师特有的执业形式——对公司财务数据发表意见,其结果直接影响投资决策和股价波动,导致这个职业相对于其他职业来说更容易暴露在法律风险中。英国贸工部委托的李可曼(Likierman)委员会在 1989 年就专业人士的法律责任问题发布的一份专题调查报告指出,

---

① John Coffee, "Gatekeeper Failure and Reform: The Challenge of Fashioning Relevant Reforms", *Boston University Law Review*, vol. 84, no. 2, 2004, pp. 318-319.

② Lauren Colasacco, "Where were the Accountants? Deepening Insolvency as a Means of Ensuring Accountants' Presence when Corporate Turmoil Materializes", *Fordham Law Review*, vol. 78, no. 2, 2009, pp. 793-861. 该文认为会计师的看门人职责在于监控、建议以及检查,采取必要步骤防止管理层欺诈以避免将公司拖入破产境地。

③ Frank Patroy, "Strict Liability for Gatekeepers: A Reply to Professor Coffee", *Boston University Law Review*, vol. 84, no. 2, 2004, pp. 365-375.

④ John Coffee, "Gatekeeper Failure and Reform: The Challenge of Fashioning Relevant Reforms", *Boston University Law Review*, vol. 84, no. 2, 2004, pp. 301-364.

⑤ 陈依苹:《新法案真能革新?》,载台湾《会计》第 202 期。

并非会计职业相对于其他职业来说品德最差,或者业务水平最低,只是因为会计师的执业活动与资本市场这个财富中心牵连在一起,很自然地成为利益冲突的焦点。① 因此,在投资银行、证券分析师、律师、会计师、评估师等一干资本市场看门人中,针对会计职业的诉讼和索赔是最多的,以至于出现这样的固定模式:只要客户破产或者遭遇财务困难,会计师就难以摆脱被诉或赔偿的命运,至少要经历一场伤筋动骨的法律争斗。在 2008 年金融海啸中,虽然一般认为华尔街投行、评级机构、贷款机构等对于金融市场的崩溃负有主要责任,会计师并没有太大责任,但美国政府就雷曼破产进行追责提起的第一桩案件依然对准了会计师——为雷曼审计的安永会计师事务所。有注册会计师感叹,"会计师恐怕是除了投资者之外的一连串舞弊案最大的受害者,而投资银行、分析师与律师等幸运得多"。②

需要指出的是,会计职业界并非拒绝对审计失败承担法律责任。事实上,"许多会计职业的早期领袖主张提高会计师的法律责任,一方面旨在驱除那些不合格的从业者……另一方面是想通过强化对第三方的法律责任来提高职业声誉"。③ 然而,过去半个世纪的诉讼爆炸令执业会计师痛苦地意识到,由于上市公司破产或财务欺诈的案件影响众多中小投资人的利益,在诸如安然破产、雷曼破产的场景中,更有数以万计的雇员劳动所得因在美国退休养老金 401(K)计划下投资于公司股票而血本无归,在这样的氛围中,法官对会计师法律责任的理性思考往往会在一定程度上让位于保护投资人利益的热情和使命感,令会计师成为"深口袋"的牺牲品。④

从某种意义上说,注册会计师法律责任的边界似乎成为社会公众(以及作为公众利益代表的法律界)与会计职业之间一个永恒的角力过程。这必然影响相关法律规则的确立,更不用说法律规则的稳定了。这一点在会计职业最为发达、针对会计师的诉讼也最突出的英美法系国家表现得最明显。从 20 世纪 60 年代以来,几乎每隔十年,判例法关于会计师法律责任的规则就会发生显著的变化。以会计师是否需要对审计报告委托人(被审计公司)之

---

① Department of Trade and Industry, "Professional Liability, Report of the Study Teams", (Chairman: Professor Andrew Likierman), HMSO, 1989.
② 陈依革:《新法案真能革新?》,载台湾《会计》第 202 期。
③ 〔美〕加里·约翰·普雷维茨、巴巴拉·达比斯·莫里诺《美国会计史:会计的文化意义》,杜兴强、于竹丽等译,孙丽影、杜兴强校,中国人民大学出版社 2006 年版,第 268 页。
④ 司法转向"深口袋"趋势背后的两个理念是:把勤勉义务施加给那些更有可能防止消费者/投资者伤害的一方;将现实中不可避免的风险予以社会化,因为风险承受者可以通过提高审计收费而转移出去。参见 A. A. Sommer, "The Accountants' Changing Legal Environment", in *John Burton* (*ed.*), *Corporate Financial Reporting: Ethics and Other Problem*, *A Symposium*, AICPA, 1972, pp. 87-105.

外的其他报表使用人承担责任问题为例,普通法规则经历了会计师不对第三人承担责任——会计师对合同受益人承担责任——会计师对确定的第三人承担责任——会计师对可预见的第三人承担责任——会计师对确定的第三人承担责任的循环往复。① 如果把目光投射到会计职业一个半世纪的发展历程中,就会发现相同的诉讼、相同的场景一百年来不断再现,然而,由于法律规则的摇摆,几乎没有人能够确定地预期每一桩诉讼的结局。成文法领域也是如此。为遏制滥诉行为,美国 1995 年的《私人证券诉讼改革法案》将 1933 年《证券法》、1934 年《证券交易法》下的连带责任改为有条件的比例责任,并限制《RICO 法案》下的三倍赔偿责任适用于证券欺诈集团诉讼。然而,"安然事件"的爆发又令该法受到强烈批评。尽管《萨班斯法案》没有直接取消《私人证券诉讼改革法案》,但实践中法官已经悄然提高了追究专业人士法律责任的力度。注册会计师所面对的法律环境的不确定性最形象不过地体现在美国商会 2006 年发布的一份报告的名称上——"审计:一个危机四伏的职业"。②

有鉴于此,笔者以为,一种可能更具建设性的思路,是将会计师看门人角色的法律要求与会计师执业的大环境(整个公司治理结构问题)联系起来,通过完善其他利益主体的功能来部分释放会计师审计活动所承受的压力,而非一味地强化审计失败的法律责任。事实上,早在 20 世纪 70、80 年代,正当普通法法官沿着从合同到侵权的路径扩展会计师的法律责任时,就有一些学者提出从公司治理的角度重构会计师的功能、角色和责任,如前 SEC 首席会计师伯顿(Burton)的《独立审计师在公司治理中的角色的变化》(1972)、德国 Ebke 博士的《另辟蹊径:公司治理与独立审计师的法律责任的比较法视角》(1984)等。他们指出,解决会计师法律责任困境的出路在于优化公司财务报告的整个制度结构和法律环境,这需要立法者、证券市场监管者、公司管理层、会计职业、资本市场其他中介机构等各方面的共同努力。这一思路逐渐被监管者或立法者所接受。在 1992 年英国 Caterbury 委员会发布的公司治理结构报告以及美国 2002 年《萨班斯法案》中都能发现这种主张的影子。例如,针对会计师因为公司管理层聘用而可能导致的对抗力下降问题,《萨班斯法案》一方面强化会计师的法律地位,规定其对独立董事组成的审计委员会负责,另一方面要求公司高管对财务报告真实性进行宣誓,对公司内部控制程序的有效性作出评价,并承担相应的会计法律责任。

---

① 对此的研究,参见刘燕:《会计师对第三人责任范围研究》,载梁慧星主编:《民商法论丛》(总第 26 卷),法律出版社 2003 年版,第 178—258 页。
② U. S Chamber of Commerce, *Auditing, A Profession at Risk*, January 2006.

不过，《萨班斯法案》的上述制度建设似乎主要着眼于重构会计师作为看门人与公司内部利益主体之间的关系，尚未触及公司治理中不同看门人之间的关系。实践中，公司治理结构中不同看门人之间产生的互动，有时也可能增加了会计师对一些重大、敏感或者复杂的财务事项进行把关的难度。例如，源自法律方面的某些因素，如特定的法律程序，或者律师对特定问题的专业判断，在特定情形下可能对会计师的把关构成了一种妨碍。借用有效资本市场理论争议中的噪音比喻①，笔者将这种妨碍称为"法律噪音"（Legal Noise），它干扰了会计师有效地扮演公司治理中看门人的角色。

三、另辟蹊径：关注会计师看门过程中的法律噪音

公司治理是一个持续的实践过程，体现了公司内外的各种利益主体之间、各看门人之间的相互作用，没有一个主体可以孤立地行为。就会计师作为看门人的角色而言，来自法律方面的因素（包括法律规则、法律程序或者律师角色等）对会计师作为看门人角色的影响大多数情形下是积极的，如前述《萨班斯法案》对会计师法律地位的强化，但也不乏消极的影响。在一些公司财务丑闻中，除了审计师的主观过错外，我们也可以清晰地观察到源于法律方面因素对注册会计师的判断可能产生的直接或间接的干扰。

笔者将这种干扰称为法律噪音，是因为理论上注册会计师作为专业人士必须进行独立的专业判断。他们既不是直接适用法律，也不能直接依赖律师意见而作出审计结论。从这个意义上说，源于法律因素的干扰往往不是直接的，而是间接体现的。打一个不太恰当的比喻，就如同身边飞来飞去嗡嗡作响的蚊子。

从实践中的一些公司财务丑闻看，这种法律噪音可以在会计师把关的不同阶段、以不同的方式表现出来：

例如，会计职业的独立审计经常需要揭开公司财务粉饰行为的面纱，这正是审计在公司治理中扮演的不可替代的角色。然而，对同一财务事项，会计上的认定与法律的定性之间存在差异，前者重实质，后者重形式。当涉及财务粉饰甚至造假时，实质或者事实真相恰恰是公司管理层所力图掩饰的，同时也是公司股东为短期利益所诱惑而不愿正视的。因此，坚持独立判断的会计师就会面临来自公司管理层或者律师的压力，甚至遭遇投资者的误解。

---

① L. E. Mitchell, L. A. Cunningham, L. D. Solomon, *Corporate Finance and Governance: Cases, Materials, and Problems for an Advanced Course in Corporations*, Carolina Academic Press, 1996, pp. 274-276.

我国 2003 年发生的"深中侨事件"就是如此。为避免公司因连续三年亏损而退市,管理层在最后关头通过关联交易的复杂安排而创造出利润。会计师基于交易实质的判断与律师基于交易形式的判断得出不同的结论,因牵涉公司退市之虞,会计职业坚持原则的做法不仅无法得到公司的首肯,甚至证券市场中的公众股东也未必赞许。① 在这种情形下,会计师可能采取的一种减少风险的对策就是顺从法律上的认定。然而,正如本章第四部分分析的"雷曼回购 105 事件"所显示,会计师随波逐流无异于埋下了一个定时炸弹。

即使会计上已经实现了对特定财务真相的揭示,它能否起到警示公司管理层或者公司股东、投资人的作用,依然不容乐观。实践中,由于法律程序天然的权威性,有时会计规则对解决公司治理问题发挥的作用可能被公司管理层(在律师的协助下?)以法律程序之名所消解。这方面的一个典型例子就是本章第五部分所讨论的"伊利股权激励事件"。

此外,如果会计师对公司财务问题的揭露方式并没有得到法律上的积极响应,也会使得会计师的把关功能大打折扣。例如,当会计师与客户就财务处理有不同意见,但客户公司拒绝调整报表,也不接受会计师出具的否定意见时,会计师一般会终止对该公司的审计业务;而公司则必须公告其更换会计师事务所的事宜。这也是会计师向资本市场发出警示信号的一种方式,同时也被视为会计师对抗公司管理层的一条非常有效的途径。② 然而,在我国资本市场中,会计师辞职这一举动可能并未产生学者们所预期的效果。以中小板上市公司"云南绿色大地生物科技股份有限公司(以下简称"绿大地")造假事件"为例。绿大地 2007 年上市后每年都在年报审计前变更会计师事务所,但证券市场似乎对此并无太大反应,证券分析师继续"大力推荐"该公司股票,直到 2010 年年底公安机关采取冻结董事长股份的行动。2011 年 3 月,证券监管部门认定绿大地公司有财务造假问题,并溯及当初 IPO 环节,涉嫌欺诈发行股票。此时距公司上市后首次变更会计师事务所已达三年之久。③

从本质上看,法律噪音的存在源于现代经济社会中公司的财务会计与法律之间的紧密联系,这在一些创新性金融交易或者财务事项中尤其明显。从安然、世通财务丑闻到 2008 年的华尔街独立投行的覆灭,其共性是企业的营

---

① 石宪亮:《深中侨小股东状告证监会 现行退市制度遭质疑》,载《经济导报》2003 年 8 月 9 日。
② 参见 John Coffee, "Gatekeeper Failure and Reform: The Challenge of Fashioning Relevant Reforms", *Boston University Law Review*, vol. 84, no. 2, 2004, pp. 322-323.
③ 《绿大地"欺诈门"事件为 IPO 敲响警钟》,载《中国财经报》2011 年 4 月 7 日。

业模式或交易形态的复杂化达到失控的地步。金融衍生交易的流行,特殊目的实体(SPV)的引入,关联交易的泛滥等,都对企业的经营业绩以及其他财务状况产生重大影响。而建立在股权激励基础上的高管薪酬计划更被认为是推动商业公司以及华尔街过度追求金融创新并进而走向利润操纵、报表粉饰的源动力。然而,对于股票期权激励、SPV 等新的交易形态或交易工具,作为记录、反映工具的会计准则的出台需要一定的时间和过程,时滞明显;且会计认定对法律认定存在很强的依赖。例如,在资产证券化交易中,发起人转让给特殊目的实体的资产能否出表,就与法律上的"真实销售""破产隔离"等规则是互为表里的。① 此外,随着会计准则制定过程逐渐脱离专业团体掌控而走向中立或独立,正当程序的理念也被引入,会计准则的制定本身也像是一个立法过程。特别是对于某些新的交易,如应用于薪酬激励计划的股票期权,最终形成的会计规则就是多方利益主体不断博弈的结果,与标准的立法过程并无实质区别。

由于本书主题所限,笔者不打算全面讨论公司治理中法律与会计之间的关系,下面仅结合两个实例,具体描述上面提到的会计确认、实施两个环节中法律因素对会计规则的应用以及会计师看门人角色可能产生的干扰。从某种意义上说,关注会计师看门人角色中的法律噪音,不仅是为了在个案中更清晰地、具体地展现看门人把关失败的原因,同时也是对过去一段时间人们为顺应金融创新所进行的基础制度改革(法律规则、会计规则都是其中的构成要素),或者更确切地说,"制度解构"的一种反思。

四、法律噪音之一:法律确认对会计确认的干扰
——以"雷曼回购 105 事件"为例

雷曼破产是 2008 年金融海啸的标志性事件。其破产原因众说纷纭,如何就雷曼破产问责更成为全球金融市场关注的焦点。2010 年 3 月 11 日,美国破产法院指派的雷曼破产调查人——美国 Jenner & Block LLP 律师事务所发布了期待已久的调查报告,即《沃鲁卡斯报告》(Report Antor R. Valukas)。令人惊讶的是,该报告仅指控雷曼公司管理层的渎职责任在于"从事回购 105 交易"②,而非雷曼激进的商业战略(如深度涉入次贷、CDO、CDS 市场)、经营模式或风险管理等各个方面。调查报告以 300 页的篇幅论

---

① 关于资产证券化中会计准则与法律规则之间关联性的一个简要分析,参见刘燕:《资产证券化会计确认问题的法律视角》,载《四川会计》2000 年第 9 期。
② Report Anton R. Valukas, p.992.

及了"雷曼回购105交易",认定其为会计操纵行为,导致雷曼的财务报表提供了一幅"令人重大误解"的图像。由此,雷曼破产似乎蜕变为一桩财务造假事件,雷曼则俨然成为另一个安然。① 基于此报告,2010年12月21日,纽约州总检察官安德鲁·库莫(后为纽约州州长)对雷曼的审计师——安永会计师事务所提起诉讼,指控其自2001年至2007年间通过认可"雷曼回购105交易",帮助雷曼隐瞒债务,降低杠杆率,违背了公众的信任。② 这也是2008年金融海啸后美国政府针对华尔街提起的第一桩追责之诉,但追责对象不是金融大佬,而是会计师。

"雷曼回购105交易"是否是导致雷曼破产的原因,或者安永会计公司认可雷曼回购的会计处理是否构成证券欺诈,不是本文讨论的重点。③ 但是,安永之诉再清晰不过地展现了会计师作为看门人在公司治理中的"危机四伏"的处境——相对于其他看门人,甚至相对于公司管理层而言,会计师所面对的法律风险似乎都是最大的。雷曼—安永之诉也提供了一个具体场景,让我们来辨识会计师把关过程中的法律噪音,因为"雷曼回购105交易"的会计处理——不论是会计准则本身,还是会计准则的应用方式,都与法律因素(包括法律定性、律师的专业判断等)存在密切的联系。

处于风口浪尖上的回购交易(Repurchase,简称Repo)其实是金融市场中一种最常见的交易方式,也是投资银行最主要的短期融资工具。证券或其他金融资产的持有人(回购方或转让方)在卖出一笔证券的同时,与交易的对手方(逆回购方或受让方)约定在未来某一时间以事先确定的价格购回该证券。"雷曼回购105交易"指雷曼在出售阶段转让了价值105的证券,获得100资金额的回购交易,其实质就是雷曼提供105%担保品或者5%超额担保的融资交易。④ 其基本结构如图12.1所示。

尽管回购交易本身并不复杂,但对交易性质的确认却是一个棘手的问

---

① 刘湖源:《安然幽灵再现》,载《21世纪经济报道》,2010年3月17日。
② 纽约州的起诉依据是纽约州《禁止证券欺诈法》,又称《马丁法案》,而非联邦《证券法》。若按照联邦证券法,依据美国最高法院1994年的 Central Bank of Denver 案,在证券欺诈案件的私人诉讼中不再追究"教唆及协助责任"。此外,在纽约州法下,证券欺诈的民事诉讼只需要证明"过失"即可。
③ 安永发表声明反驳纽约州的起诉缺乏法律依据,称雷曼回购的会计处理符合一般公认会计准则,且其经审计的财务报表清晰地展示了雷曼的高杠杆经营以及所在行业的巨大风险和波动性,对"回购105交易"的会计处理根本不是雷曼破产的原因。
④ 对"雷曼回购105交易"更为详细的分析,参见刘燕、孙乃玮:《证券回购交易法律与会计定性的冲突与妥协——对雷曼"回购105"事件的解读与分析》,载张育军主编:《证券法苑》(第三卷(下)),法律出版社2010年版,第504—520页。

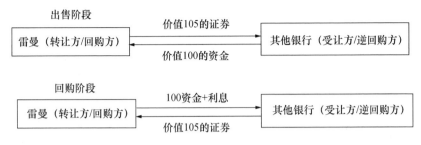

图 12.1 "雷曼回购 105 交易"的基本结构

题。以经济实质而论,回购是以证券为担保进行的融资①;但"出售"与"回购"两阶段的客观存在导致回购交易的一部分(出售阶段)常被视为"证券出售"或"所有权转移",另一部分(回购阶段)被认定为独立的"购买证券"行为。在此,金融监管、会计、法律、税收基于各自不同的目的而有不同的认定,其中金融监管更关注回购的经济实质,法律则关注外在交易形式,而会计与税收征管奉行"实质重于形式"原则,却囿于各种因素而在"担保融资"与"出售＋购买"之间游移。

对于雷曼而言,回购交易在财务报表上确认为"出售"还是"担保融资"有重大区别。记录为"担保融资"就会增加雷曼的负债,导致杠杆率上升。如果记录为"出售",则雷曼仅仅是发生了从"证券"到"现金"的资产形式转换,并不增加负债;当雷曼随即用回购取得的现金偿还债务时,资产、负债同时减少,从而降低杠杆率。美国次贷危机爆发后,华尔街分析师以及评级机构对投资银行的高负债、高杠杆很敏感,雷曼也竭力降低资产负债表中的财务杠杆,以获得分析师的好评,并保住自己的评级。以回购交易中作为担保品的证券与融资额的比例来划分,雷曼的回购业务可以大致分为三类:一是普通的回购交易,按照市场惯例需提供 2% 的超额担保,即所出售的证券通常为融入资金的 102% 或者融入资金为基础证券价值的 98%,又称为 102/98 规则②;二是"回购 105",即提供 5% 的超额担保,担保品多为流动性很好的债

---

① 虽然同为担保融资,但回购交易比传统民商法下的担保更灵活,成本更低。原因主要有二:一是它回避了担保的登记公示程序;二是受让方可以使用、处置作为担保品的证券,从而获得一定的经济利益,只要其在转让方回购时提供同类证券即可。在这个意义上,回购又被称为"所有权转移担保安排"(title transfer collateral arrangement)。由于降低了交易成本,因此,回购方支付给逆回购方的资金利息通常较一般的市场利率为低,这也使得回购成为金融机构最常用的短期融资手段。参见 BIS, Implications of Repo Markets for Central Banks, 1999。

② 证券作为担保品,其缺点在于受市价波动的影响而可能贬值。回购交易所使用的证券通常为流动性很强的政府债券(如美国国债等),贬值空间有限,因此,资金贷出方仅要求证券价值略高于融入的资金,102/98 成为市场惯例。

券;三是"回购108",即提供8%超额担保的回购交易,标的证券主要是股票。对融资人来说,超额担保比例最大,意味着借款人付出的代价更高。雷曼在市场明明接受2%超额担保的前提下却提供5%甚至8%的超额担保,自愿增加自己的融资成本,乍看起来令人不解。其深层目的是为了制造出与普通回购交易的区别,从而将"回购105"及"回购108"确认为"出售",而普通的回购交易只能被确认为"担保融资"。因此,《沃鲁卡斯报告》指控雷曼"回购105"及"回购108"的目的在于降低杠杆率,粉饰财务报表;而纽约州总检察官则指控安永批准了雷曼的会计处理,构成"协助雷曼进行证券欺诈"的行为。

然而,从表面上看,雷曼的会计处理以及安永的审计判断俨然都有法律依据与会计依据,前者为律师事务所出具的"真实出售"的法律意见书,后者为美国《财务会计准则第140号》(SFAS 140)。① 撇开法律意见书不论,该会计准则也深受法律规则的影响。《财务会计准则第140号》要求金融资产转移确认为"出售"需同时满足三个条件:(1) 资产隔离(法律上真实出售);(2) 受让方有权转让;(3) 转让方没有保留控制。三个条件中,前两个直接受制于法律规则;第三个条件虽然没有直接涉及法律因素,但美国财务会计准则委员会解释该条件的方式以及雷曼、安永适用会计准则的方式都体现了法律规则适用的特点——追求与条文字面含义的吻合。

1. 关于"资产隔离"

"资产隔离"又称为"破产隔离",指已转让出去的资产在转让方破产时不会被视为转让方的资产。这是一个法律判断而非审计师的专业判断。雷曼未能从美国的律师事务所获得"破产隔离"的法律意见,最后从英国年利达律师事务所(Linklaters)处获得了"真实出售"的法律意见。② 年利达律师事务所根据雷曼回购交易采用的法律文本——《全球回购主协议》(GMRA)③进

---

① 该准则全名为《金融资产服务及转移与金融债务终止的会计处理》,主旨是为"资产证券化交易的会计处理"提供指南,但个别规则也可适用于回购交易。
② 调查报告本身未揭示原因。这可能与英、美两国法律对"真实出售"的立场不同有关。根据英国最有名的金融法律师菲利浦·伍德(Philip R. Wood)先生的研究,英国法对交易的判断以形式为主,当事人之间的意图或者形式比实质重要。虽然交易实质与担保交易没有差别,一般也不会把当事人认定的销售交易重新分类为担保融资。而美国法院则倾向"实质判断",且《统一商法典》9-109(a)(1)规定:凡是在财产和设备上设置担保利益的交易无论形式如何,均适用《统一商法典》第九章(担保交易)的规定。参见 Philip R. Wood, *Comparative law of Security Interests and Title Finance*, 2nd ed., Thomson Sweet & Maxwell, pp. 693-694.
③ GMRA(2000年版)全文详见 http://www.icmagroup.org/ICMAGroup/files/25/25561a36-72bc-439d-8538-039a3a979b03.pdf,2019年9月20日最后访问。

行分析,认定这种回购属于英国法上的"出售"。① 据此,雷曼将"回购 105 交易"安排为通过其位于伦敦的子公司——雷曼(欧洲)进行,以英国法为准据法。

2. 关于"受让方有权转让标的证券"

构成"出售"的第二个前提条件是"受让方有权转让标的证券"。"回购 105 交易"在此问题上没有任何障碍。《全球回购主协议》赋予了受让方在回购期内处置证券的权利。此外,欧盟 2002 年的《金融担保品指令》以及国际统一私法协会拟订的《中介化证券统一实体法公约》均认可"证券作为担保品,在担保权人手中可以处置、变现或再质押,只要债务人履行债务后担保权人能够返还同类证券即可"。

3. 关于"转让方没有控制标的证券"

转让方是否保留了对已出售的标的证券的控制,是会计准则三要件中最关键、也最复杂的问题。一方面,它要求会计师进行专业判断,但另一方面,以规则(而非原则)为导向的美国会计准则又细致入微地对"控制"作出了如下定义:"继续控制是指出让方必须有权利和义务收回已转让证券或与已转让证券相同或基本相同的证券";"除非有足够担保,保证支付几乎全部费用购买相同的替代资产,否则不应该认为有回购权利"。会计准则并进一步举例说明,"以 98% 的折扣或 102% 的担保进行证券回购或出借交易,如果证券属于每日盯市的证券,而且转让方有明确权利在对方违约时对担保物迅速行使权利,应该认为符合这一准则(应该视为有效控制,因此不能视为出售)。……其他担保协议将不被视为符合这一准则"。换句话说,如果转让方出售标的证券收取的资金少于 98%,或者标的证券的价值大于转让方收取资金的 102%,这意味着转让方没有获得"几乎全部费用"来回购标的证券,因此其回购的权利是不确定的。从另一个角度看,这也可以解释为,当受让方获得的标的证券大于其付出的资金的 105% 时,受让方将乐于持有该标的资产,不配合转让方的回购要求,从而导致转让方失去对已转让证券的控制。按照这种逐字逐句的解释,"雷曼回购 105 交易"就不符合"继续控制"的定义,从而可以作为"出售"认定。

美国会计准则的"规则导向"特征②,在"安然事件"后受到了美国内外的

---

① 年利达律师事务所对回购交易属于"出售"而不是"担保融资"的解释,主要是建立在 GMRA 有关"同等证券"的规则之上,即逆回购方返还的证券不必为当初的证券,隐含着逆回购方有处分原证券的权利。其解释不乏牵强之处,但在缺乏明确的立法、司法判例或学理作出相反的认定之前,人们似乎也很难直接否定其依据英国法对回购交易法律性质的解释。

② 即原则性要求在适用中蜕变成具体的规则、甚至是数量化的标准,如同"转让方保留控制"的要求蜕变为"102/98 的担保品溢价"。

许多机构和个人,包括 SEC 前主席、前首席会计师、国际会计准则理事会等的强烈批评①,更有学者指控其诱发了公司的财务丑闻,削弱了会计师对抗公司管理层的能力②,因为公司很容易通过交易细节的设计来规避会计准则的琐碎要求。在"雷曼回购 105 事件"中,雷曼刻意把 105 元的资产以 100 元的价格出售,人为地制造不符合"已转让证券为融资额 102%"标准的效果。以市场 2%的超额担保标准衡量,雷曼执意提供 5%的超额担保、自愿加大融资成本的行为是完全背离"经济理性"的,其目的只能是为了实现"非控制—出售"的会计处理,从而降低财务报表中的负债水平。现实中,这种机械地、扭曲地适用回购会计准则、粉饰财务报表的做法并非雷曼独有。花旗银行、美国银行、德意志银行等都曾经利用回购交易的定性混乱粉饰其季度财务报表,事后他们则称当初对回购交易的定性有错误。另一方面,美国会计准则的"规则导向"特征以及回购会计规则中法律因素的浓墨重彩,无疑也影响了注册会计师的判断。为雷曼进行审计的安永会计师事务所承认,其对雷曼的"回购 105"会计政策的审查仅限于"理论"方面,并没有对该交易是否遵循 SFAS 140 进行实质性分析。

作为法律人,我们不得不承认,所谓"规则导向""形式判断"俨然正是法律适用的特征。这一点,金融狂人索罗斯先生早就毫不客气地指出来:"当广泛的原则被详细地固定为**法典**时——就像 **GAAP** 那样——规则却匪夷所思地变得更容易规避。"③从这个意义上看,尽管"雷曼回购 105 事件"目前引发的法律诉讼针对的是注册会计师,但我更愿意将整个事件视为对金融创新交易中法律运作方式的一种无情审视。当最终面对"常识"的拷问时,不论是上市公司精心设计的交易结构还是律师或会计师们牵强附会的专业判断都显得不堪一击。尽管雷曼—安永之诉的结果是会计师受到了惩罚,但它也给我们提供了足够的素材来辨识会计师看门人所遭遇的法律噪音。

---

① SEC 前主席哈维·皮特(Harvey L. Pitt)在 2002 年 3 月 21 日给国会的书面证词中提出"规则导向会计准则的发展导致仅仅为了实现会计目标而不是经济目标使用金融工程技术",http://www.sec.gov/news/testimony/032102tshlp.htm;SEC 前首席会计师罗伯特·赫德曼(Robert. K. Herdman)则指出"规则导向准则在财务报告中助长'翻箱倒柜'式的心态,并在准则运用中弱化专业判断,不利于财务报表编制者和注册会计师就特定准则对财务报告的整体影响进行客观评价",参见 http://www.sec.gov/news/testimony/051402tsrkh.htm,2019 年 9 月 20 日最后访问。不过,关于会计准则制定方法的"规则导向"与"原则导向"之间的优劣目前尚存争议。参见 Matthew A. Melone, "United States Accounting Standards-Rules or Principles? The Devil Is Not in the Details", *University of Miami Law Review*, vol. 58, no. 4, 2004, pp. 1161-1224.

② George J. Benston, "The Regulation of Accountants and Public Accounting Before and After Enron", *Emory Law Journal*, vol. 52, no. 3, 2003, pp. 1344-1345.

③ 转引自张为国、邱昱芳编:《后安然时代》,中国财政经济出版社 2003 年版,第 464 页。

五、法律噪音之二：法律程序消解会计程序的约束意义
——以"伊利股权激励事件"为例

通常来说，会计仅仅是一种记录工具、一个信息系统，而法律才是约束、规范人们行为的社会机制。但是，在某些事项上，法律的形式主义或程序导向可能无法实现约束、规范人们行为的功能，而会计通过记录收益与成本，并引发相应的利益分配，客观上能够对人们的行为产生一种引导、约束的效果。会计界通常称之为"会计准则的经济后果"，笔者则更愿意称之为"会计语言的法律属性"。

作为高管薪酬的股票期权，就是会计准则发挥类似法律的约束功能的一个重要领域。以股票期权计划为代表的股权激励安排在过去的十几年里被视为解决公司代理成本问题的有效途径，俗称"金手铐"，因为它将公司收益的剩余索取权部分地配置给了经理人，从而将经理人个人收益与公司长期发展联系在一起。公司大量授出股票期权作为薪酬计划主要组成部分，如果公司发展良好，未来股价持续增长，管理层行权购入股票时的市价与行权价之间的差额就构成了管理层的收益。然而，近年来国内外的市场实践都表明，股权激励的流行带来的只是高管薪酬的急剧增长，并不一定给股东提供公司价值持续增长的保证；甚至相反，它刺激了管理层关注公司短期收益与当前股价，助长了公司操纵利润的动机。美国 2001—2002 年间集中爆发的公司财务丑闻以及 2008 年华尔街在过度金融创新中翻船，都涉及股权激励的扭曲，"金手铐"背后凸显的是管理层与股东之间利益冲突。

然而，法律上对于高管薪酬、特别是其中股票期权的约束却似乎无能为力。由于理论上计量劳动力价值以及管理层贡献的困难，高管薪酬传统上属于公司内部商业决策。就股票期权激励而言，在公司看来，授出股票期权无需实际支出现金，其法律性质属于"合同＋股票发行"，俨然对公司有百利而无一害。实践中，不论是美国还是中国的现行法律体系，对股权激励的回应都是一种程序导向的控制方式，在提出"不得损害公司利益"或者"合理性"等抽象要求后，把具体方案的制定与批准留给公司自己解决，寄望于公司内部的治理机制——董事会及其下属薪酬委员会、独立董事等——以及外部看门人——财务顾问、律师等——来把关。信息披露似乎成为法最主要的约束工具，美国证券监管机构提出的"薪酬透明、而非薪酬管控"（wage clarity, not wage control)最典型地代表了这种监管理念。①

与程序导向的法律控制形成强烈对比,强调"实质重于形式"的会计准则在约束股票期权方面发挥了实质性作用。这种约束是通过股票期权费用化来间接实现的。所谓股票期权费用化,是指公司应当将授予经理人的股票期权的公允价值确认为一项薪酬费用,在经理人行权等待期内摊销,计入企业的经营成本。美国《财务会计准则第123号——以股份为基础的支付》以及中国《企业会计准则第11号——股份支付》都明确要求上市公司将股票期权的公允价值作为费用确认。

股票期权费用化有三重意义:第一,按照会计原理,费用是股东权益的损耗。因此,股票期权费用化实际上确认了公司对管理层授予股票期权是对现有股东利益的一种牺牲,代表着股东因管理层对公司提供的服务而给予管理层的报酬,如同任何税前支付的工资薪金费用一样。第二,有助于维护市场中投资人的利益。由于将期权公允价值作为费用确认,这样就把经理人最大的一块收入在损益表中列支,消除了利润虚增。"利润消肿"也促使股价回到真实水平,降低了投资者购买公司股票的成本。第三,也是最重要的一点,有助于约束激励额的过度增长。在以经营绩效或者业绩为考核条件的股票期权计划中,扣除期权费用后的真实利润是管理层经营成果的体现,按照这一利润水平来考核管理层是否达到行权条件更合理。如果期权激励额过大,费用化的结果导致净利润下降,管理层可能因达不到行权条件而无法行权。此外,如果管理层行权与出售在很短的时间间隔内发生,出售股票时市场价格可能依然处于因期权费用化而降低的利润的影响之下,这也会使管理层出售股票期权获得畸高收益的可能性降低。考虑到期权费用化对公司利润的消极影响,理性的公司或者理性的管理层在设计股权激励计划时不会授出太多的股票期权,以免确认大笔费用,导致公司利润下降过快,进而引起股价下跌,无法满足行权条件,或者无法在出售时实现差价收益。

需要特别指出的是,会计准则本身不对股权激励计划的合法性作出判断,甚至也不对激励计划本身的合理性进行判断,仅仅是通过期权公允价值费用化的会计处理,把各方在这个过程中的受益与受损充分展示出来,揭示股权激励计划的经济实质,特别是对公司利润及股东利益的消极影响,并通过公开披露的财务报表昭示于公众。正是由于股票期权费用化的潜在后果,在美国,以硅谷高科技企业、华尔街金融机构为代表的公司群体一度强烈地反对按照公允价值计量股票期权并确认费用。围绕着股票期权的两个会计

---

① 参见刘燕:《股票期权激励的法律与会计约束——伊利事件的启示》,载《北京大学学报》(哲学社会科学版)2008年第6期。

准则——APB 25 以及 FAS 123 的争议持续了三十年,直到"安然事件"之后才以股票期权的强制费用化而告终。① 我国《企业会计准则——基本准则(2006)》与国际接轨,股票期权的会计处理采用了公允价值计量与费用化规则,在几乎没有引起资本市场任何关注的情形下,已经为股票期权的约束提供了一条新的路径,其威力在 2008 年年初的"伊利股权激励事件"中充分展现出来。

2008 年 1 月 31 日,中国乳制品行业的龙头企业——伊利股份发布了其上市十五年来的第一份预亏公告,称公司 2007 年度将出现亏损。此前公司报告 2007 年前三个季度已实现净利润 3.3 亿元、每股收益达到 0.64 元,但因为公司实施股票期权激励计划,依据会计准则的相关规定,当期确认巨额股票期权费用而致亏损。市场应声下跌。最终披露的公司 2007 年年报显示,由于摊销 5.54 亿元的股票期权费用,2007 年度净亏损 1.15 亿元。因实施股权激励计划则招致亏损,听起来像是一个天大的黑色幽默。其实,这不过是股票期权费用化会计准则将期权激励中的利益冲突第一次生动地、充分地展现在中国的公众投资者面前。

然而,"伊利事件"同时也展示了会计准则约束方式的间接性与局限性,即人们可以通过协议、合同、股东大会决议等法律程序来限制会计准则的适用,从而瓦解会计准则对管理层行权可能施加的约束。在"伊利事件"中,虽然 2007 年出现了巨额亏损,2006 年追溯调整减少了 1 个多亿利润,但这并不影响公司股权激励计划的正常进行:

第一,由公司董事会拟订、股东大会批准的股权激励方案,在激励条件中只规定了首期行权必须满足净利润增长,以后年度的行权只要满足主营业务收入增长就可以了。因此,期权费用化导致的成本增加、利润下降的不利后果,最多只能影响首期行权。

第二,即使对于首期行权的净利润条件,公司也在 2007 年夏天召开的 2006 年年度股东大会上以股东大会决议方式加以废止。股东们通过了《关于确定股权分置改革方案及股票期权激励计划中的业绩考核指标计算口径的议案》,明确"上述方案(计划)中的业绩考核指标体系中的净利润的计算口径将股票期权会计处理对净利润的影响数从中剔除"。也就是说,在计算净利润增长率时,不考虑股票期权费用对利润的不利影响。实际计算的数据显示,如果 2006 年度(首期行权的业绩考察期)摊销 1.87 亿元的股票期权费用,伊利公司的净利润将比 2005 年的净利润下降 50% 以上,无法达到行权条

---

① Paulette A. Ratliff, "Reporting Employee Stock Option Expenses: Is the Debate Over?" *The CPA Journal*, The CPA Journal, vol. 75, no. 11, 2005, pp. 38-43.

件。与此相反,在剔除期权费用化的消极影响后,伊利公司 2006 年的净利润增长率为 17.5%,刚好满足股权激励方案规定的净利润增长 17% 的行权条件。

综言之,会计准则适用于伊利股票期权计划的结果,一方面展示了期权公允价值的费用化令股东承担的高昂代价,另一方面暴露出会计准则对管理层施加的间接约束很容易被化解掉。会计准则毕竟只是一个被动的反映工具,无法对抗人们刻意设计的业绩考核条件,甚至无力对抗人们对净利润计算口径的修改。尽管如此,适用会计准则所获得的图像至少可以让人们明确地意识到这样一份股票期权计划的不合理性以及实施过程中的进一步扭曲。

当然,"伊利事件"后证券监管部门迅速采取行动,发布了三个股权激励事项备忘录,要求上市公司将期权的公允价值确认为费用并作为经常性损益列支;在制定并提交股东大会批准的股权激励计划中明确说明股权激励会计处理方法,测算并列明实施股权激励计划对各期业绩的影响;实施股权激励计划时,公司净利润不得为负,且不可随意提出修改权益价格或激励方式。① 可惜这些要求被 2016 年出台的《上市公司股权激励管理办法》废除。由是观之,有关股权激励会计准则适用过程中的法律噪音是否已经完全消除,尚待进一步观察。

小　　结

在会计师、律师、证券分析师等活跃于资本市场的专业人士中,会计师作为公司治理中的看门人角色是最无争议的;独立审计甚至被视为公众投资者对资本市场抱有信心的基石。实践中,会计师的看门人职责似乎履行得差强人意,从监管与惩戒两个角度强化会计师看门人责任也成为近年来国内外公司治理机制改革中的主基调,有的已经上升为真实的立法。然而,似乎很少有人注意到会计师看门人职责的履行与公司治理中的法律因素有着千丝万缕的联系,公司财务丑闻或者审计失败中不乏法律因素对会计师专业判断的干扰,或者法律程序对会计师看门人作用的消解。辨析这种法律噪音,不仅有助于在个案中分析审计失败的原因,同时也有助于我们更全面地认识公司治理中各种不同因素、各种不同看门人之间的相互影响。

"法律噪音"是笔者尝试提出的一个新概念,用来描述法律因素可能对公

---

① 中国证监会上市公司监管部:《股权激励事项备忘录第 1 号》(2008 年 3 月 17 日)、《股权激励事项备忘录第 2 号》(2008 年 3 月 17 日)、《股权激励事项备忘录第 3 号》(2008 年 9 月 16 日)。

司治理环境产生的消极影响。它源于法律的形式主义、程序导向可能导致的弊端。对于法律人来说,"法律噪音"这个概念恐怕不太容易被接受;但会计职业长久以来就将法律视为会计的一个环境要素,偶尔演变为"噪音"也在预期之中。现代商业社会中金融创新的迅速发展,导致法律与会计不时紧密地结合在一起,重形式的法律与重实质的会计之间出现分歧在所难免,而法律人在社会分工中的天然优势地位可能自觉不自觉地主导了全局。公司治理如此,社会治理也是如此。

但是,人们最终总是寻求实现实质正义。从这个角度看,会计师作为看门人遭遇的法律噪音,除了向我们昭示改进公司治理机制的一个新的切入点外,也再一次提醒我们注意到法律(人)本身的局限。

下篇(II) 公司财务经典争议的法律解析

本部分将对近年来我国企业财务运作法律规制中的一些重大争议问题进行分析。这些争议或者涉及财务运作的创新，或者涉及财务运作的异化，或二者兼而有之。每一个争议都暴露出传统的法律规制路径的局限，凸显了构建一个更广视野的规制格局的意义。当然，在这些争议背后，不同规制路径之间也呈现出复杂的互动关系。

持续多年的"郎顾之争"虽然在个案层面落下帷幕，但顾氏被定罪并未还原"郎顾之争"的全部真相。从一个并购交易的会计处理争议，一路发酵出"国退民进"的全民大讨论，中间夹杂着沉默的经济学家和沉默的法学家，而最后的定罪量刑与最初的"郎顾之争"竟然毫无关系。它充分表明，公司财务运作的法律规制作为一个专业事务，还远没有被包括法律人在内的专业人士普遍接受。改造中国式辩论，需要先明了公司财务的不同规制路径。

"资本公积不得用于弥补亏损"是 2005 年修订的《公司法》对资本公积规则的重大变更，与整个修改过程中体现的放松资本管制的基调颇不和谐。资本公积的构成主要依赖于公司财务会计规则的界定，但其功能及其实现方式则是公司法中的命题，资本维持原则的要求构成了资本公积补亏的法律约束条件。然而为实现证券监管之目的，新资本公积规则不仅逾越了公司法的功能边界，而且忽略了其自身的基本逻辑。1993 年《公司法》缺乏对公司理财行为的关注，客观上为公司财务操纵提供了一种庇护。2005 年修订的《公司法》则走到另一个极端，剥夺公司财务运作上的自主权。这一争议充分展现了公司财务运作在公司法、证券法、会计、税四种不同视角下的特征，而且证券监管思路的调整与会计准则的修改将完全消解《公司法》资本公积补亏禁令的存在意义。

以股票期权为核心的上市公司股权激励是当前最有争议的问题之一，凸显了管理层与股东之间的利益冲突。由于理论上计量管理层贡献的困难，法律对此的回应是一种程序导向的控制方式。同时，会计准则通过股票期权费用化，对管理层形成间接约束。然而，"伊利股票期权事件"表明，法律与会计的单独运作都难以对管理层自利行为构成有效约束。特别是，法律的程序导向不仅产生形式主义流弊,甚至以合法的名义消解了会计准则本可实现的间接约束。有必要把法律与会计二者的控制功能有机结合起来,才有可能实现对经理人股票期权的有效约束。

用以股抵债方式解决大股东侵占上市公司资金曾在我国证券市场激起广泛争议,但争论的双方都忽略了一个很重要的因素,那就是以股抵债在税法上可能产生的后果。作为公司的重大财务运作行为,以股抵债不仅关乎大股东与中小股东之间直接的利益分配,而且隐含着高昂的税务成本。从税法的角度对"电广传媒以股抵债交易"的研究表明,税务成本的显性化将极大地改变以股抵债交易下的利益分配格局,减弱大股东与中小股东之间的尖锐对立。当然,它也使得管理层面临更复杂的利弊权衡。关注以股抵债交易的税法后果不仅有助于我们重新评价以股抵债政策的意义或者局限性,同时也为我国公司税制的建设提出了一些重要的问题。

"三联重组郑百文"被誉为"中国证券市场上第一例真正的重组",不仅牵动了2000年的中国股市神经,其对公司财务运作制度建设的影响至今犹在。"真正的重组"本是指该重组是按照商业交易的逻辑进行的,但来自法律角度的批评却恰恰指责其不符合等价有偿的民事活动基本原则。等价有偿原则适用的前提,是确定交易标的的价值。通过对三联重组成本这笔糊涂账的计算,不仅可以增加对市场化重组的理解,而且也对等价有偿这一基本法律原则在复杂的经济交易中的适用性有一个感性的认识。

民营企业海外上市的协议控制-VIE模式因支付宝与雅虎、软银之间的VIE冲突而引发普遍关注。不过,人们大多忽略了"协议控制"和"VIE"这两个概念的独特法律蕴义,它们代表着市场实践对法律形式主义局限性的挑战。"协议控制"和"VIE"进入我国企业境外间接上市实践的过程,也是市场主体与监管部门在"法律形式"与"经济实质"之间进行博弈的过程。尤其吊诡的是,VIE作为合并报表的新会计规则在美国本是为挫败企业规避监管而产生,在我国它居然成为中国企业规避监管的工具,由此也再次凸显出会计规制路径的局限。市场与监管的博弈是一个永恒的命题,而透过法律形式对经济实质作出有效判断也是监管者无法摆脱的责任。

最后的一个争议涉及PE投资中的对赌协议之效力。"海富案"再审判决催生了"可以与股东对赌,不得与公司对赌"的流行解读。但观察美国PE/VC的法律实践可以发现,硅谷克服初始投资作价不确定性的安排并非以公司现金补偿,而是通过分期融资机制与股权比例调整;PE投资者的优先股被赎回则须受资本维持原则以及清偿能力的双重限制。进一步,特拉华州2010年的*ThoughtWorks*案展示了美国法院如何具体适用资本维持原则于赎回交易的过程,反衬出对"海富案"的流行解读之谬误。对赌协议的裁判核心不在于交易类型的合法性判断,而是合同履行之可能性,后者需要基于公司财务状况来具体分析。即使 PE 与公司进行现金对赌,也可能因未损及公司资本与清偿能力而具有正当性。令人惊讶的是,不仅是 PE/VC 投资的活力并不因公司法资本管制而窒息这一事实,更在于美国公司法的规制色彩并非如想象中的褪去。传统之光,一息尚存。

第十三章 "郎顾之争"的原点与歧路

在经历了七年申冤路之后,2019年4月,"顾雏军案"终于落下帷幕,却并非顾氏想要的结局。最高人民法院对顾雏军等人虚报注册资本,违规披露、不披露重要信息,挪用资金再审一案进行公开宣判,判决撤销原判对顾雏军犯虚报注册资本罪,违规披露、不披露重要信息罪的定罪量刑部分和挪用资金罪的量刑部分,对顾雏军犯挪用资金罪改判有期徒刑五年。顾氏孜孜以求的"绝对的清白"最终化为泡影。①

另一方面,相较于顾氏的个人际遇,人们似乎对于"顾雏军案"背后的"郎顾之争"更感兴趣。这场被誉为"改变了中国经济以及国企改革走向"的"第三次思想大交锋",在尚未得出胜负结局的情况下,因顾的锒铛入狱戛然而止,左派、右派抑或中间派都怅然若失。每到"郎顾之争"周年日,便会有一些动静冒出。最戏剧性的一幕莫过于2014年"郎顾之争"十年之际,正逢以混合所有制为标志的新一轮国企改革大幕开启,广东省社科院国有资产研究中心梁军先生撰文《郎顾争议十周年祭》,呼吁郎先生和顾先生归来,在新背景下重开国企改革讨论、寻找共识。② 然而,彼时顾先生正忙于为自己申冤翻案,郎教授则意气风发地在各类媒体上纵论财经或点评时事,两人均无暇也无意回应。"郎顾之争"中两位主角命运的天差地别,以及"郎顾之争"带来的历经十五年而仍未弥合的社会撕裂,都凸显了这场争论的复杂性与残酷性。

正因此,当2016年8月中共中央原全面深化改革领导小组(以下简称中央深改组)通过了《关于完善产权保护制度,依法保护产权的意见》,要求甄别和纠正涉及产权的错案冤案,解决民营企业家历史形成的不规范以及民营企业家违法案件中司法不规范等问题,"顾雏军案"一时间刷屏微信圈。彼时,距顾氏申冤之路上的小胜已有两年——2014年1月,最高人民法院决

---

① 同案其他被告的再审结果如下:撤销原判对原审被告人张宏犯违规披露、不披露重要信息罪的定罪量刑部分,维持原判以挪用资金罪对张宏判处有期徒刑二年、缓刑二年的定罪量刑部分;对原审被告人姜宝军、刘义忠、张细汉、严友松、晏果茹、刘科均宣告无罪。

② 梁军:《郎顾之争十周年祭 关于国企改革理论分歧的思考》,载《南方周末》2014年9月12日。

定广东省高级人民法院重新审理"顾雏军案";只是,两年多过去,再审尚不见任何动静。借助中央深改组文件的东风,最高人民法院于2017年12月宣布提审"顾雏军案"等三大案,群情再度振奋,继而全民观看微信直播的公开审理,点评其中的是非曲直。如今,案件落幕了,但却无关"郎顾之争"的真相。

究竟是哪里出了问题?

一、"郎顾之争"的三个层次:个案、问题与主义

"郎顾之争"发端于2004年8月9日郎咸平教授在复旦大学的一场讲演——《在"国退民进"的盛宴中狂欢的格林柯尔》。郎氏对顾雏军的格林柯尔收购科龙、美菱等一系列上市公司的质疑,叠加其对 TCL、青岛海尔产权改革的批评,迅速引爆了社会各界关于国有资产流失以及国企改革的大争论,其中辩题众多,让人眼花缭乱。笔者借助秦晖教授2004年点评"郎顾之争"的分类①,将它们大致归入三个层次——个案、问题和主义(见下图13.1)。其中,法律适用是在个案层面进行的,而全民热议则聚焦在第二、第三层次。

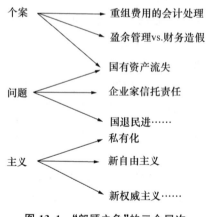

图 13.1 "郎顾之争"的三个层次

回归"郎顾之争"的原点,可以发现《在"国退民进"的盛宴中狂欢的格林柯尔》本是一个针对顾雏军的并购重组策略的深度点评。在个案层面,它涉及一个非常有争议的盈余管理手段——公司重组费用的会计处理。盈余管理属于灰色地带,稍有不慎就可能滑入财务造假的地界;若真有财务造假,则

---

① 秦晖:《深度解读"郎旋风"》,载《南方周末》2004年9月9日。

一方面牵涉当事人虚假陈述的法律责任,另一方面也可能存在国有资产流失等其他问题。

"国有资产流失"属于"个案"与"问题"交叉的领域。进入"问题"层面,争论的话题包括国有资产是否流失、企业家是否履行了信托责任、国退民进是否正确,等等。这个层面的争论已经不再纠结于顾氏个案的情节或数据,而是在用逻辑说话。① 更上一层,针对前述诸问题的解决,不同的药方背后体现出不同的价值倾向,构成"主义"之争:在这个层面,有"私有化""新自由主义"与"新左派"或"新威权主义"等不同观念或意识形态的交锋。

从个案、问题到主义,"郎顾之争"引发的诸多论题呈现出一个层层递进的关系。理想状态的论辩,是双方在初始论题或低层次的论题上达成一致或者明确各自的立场后,再进入下一个论题或层次。俗话说,"摆事实,讲道理"。只有前提性的事实清晰了,才好一步一步地往下推论。同时,这也是对身陷争议漩涡之中的真实个体之基本权利的必要尊重和保护。对此,秦晖教授做了一个很好的示范。秦教授是国内最早对国企产权改革中的管理层自肥给予猛烈批评的学者,但他在"郎顾之争"中却坚持划清自己与郎教授之间的界限,因为:"关于'案例',我没有研究无法置喙;关于'问题',我不仅同意还可补充,但从这些问题中推出的'主义',我可就与郎先生大相径庭了。"②

可惜,在"郎顾之争"激起的喧嚣中,秦晖教授的清醒只是一个例外。郎教授讲演的题眼是"国退民进",它比重组费用的会计处理这种技术细节更吸引公众眼球。于是,个案中的会计争议便迅速上升到国资流失、国退民进、私有化等论题层面,很少有人注意到这中间的逻辑断裂,更无人关注对个案事实的忽略可能对日后的法律适用产生的消极影响。如果用一幅图来更直观地表示"郎顾之争"中争议主题的多层次性以及从事实基础到大词之争的泛化与混沌的过程,便是如下图 13.2 这样一个不断扩展开来的同心圆,起点或者根基是顾氏收购科龙的会计处理,这也是郎教授作为公司财务学者公开叫板顾雏军的底气。依次扩展开来,有财务造假、国有资产流失、企业家信托责任、国退民进等,最外圈是私有化、新自由主义等。越到外圈,参与者越多,影响或声势也越大,但离整个争议的事实基础也越远。当最后证监会对科龙作出行政处罚决定,广东高院对顾雏军定罪量刑时,有心人惊奇地发现,它们与当初郎教授对顾雏军的指控已经没有任何关联性。

---

① 程明霞:《张维迎回应郎咸平:要善待为社会做出贡献的人》,载《经济观察报》2004 年 8 月 28 日。
② 秦晖:《深度解读"郎旋风"》,载《南方周末》2004 年 9 月 9 日。

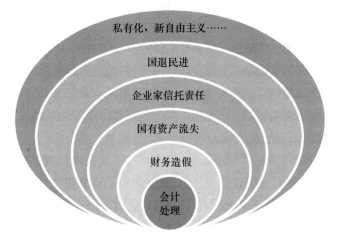

图 13.2 "郎顾之争"中争议主题的多层次性

二、个案层面的追问：顾氏"七板斧"合法吗？

回到个案层面，"郎顾之争"的焦点是顾氏的公司收购策略。顾雏军在短短数年里以令人眼花缭乱的速度收购科龙、美菱、亚星、襄阳轴承等四家上市公司并整合了中国的白家电生产线，被誉为"并购大王"并成功入选2003CCTV中国十大经济年度人物。但在郎教授的讲演中，顾不过是一个财技高手，乘着"国退民进"的东风，驾驶着"资本绞肉机"一路攻城拔寨，用区区9亿元撬动了100多亿国有资产。实现上述并购目标的手段则是著名的"七板斧"：安营扎寨、乘虚而入、反客为主、投桃报李、洗个大澡、相貌迎人、借鸡生蛋。随后媒体进一步演绎为"顾雏军七种巧取豪夺手法"或者"顾雏军七板斧伎俩席卷国家财富"，等等 ①。

然而，以当时生效的法律标准来衡量，"七板斧"策略本身并不违法，与席卷国家财富也不沾边；只是其中三板斧有被滥用而滑入财务造假之忧。

"安营扎寨"，指的是在顾雏军每收购一家上市公司前，会先在目标公司所在地设立一家个人100%控股的公司作为收购主体，如收购科龙的主体为顺德格林柯尔，收购亚星客车的主体为扬州格林柯尔，等等。这些私人公司无须对外披露信息。依我国《公司法》，个人设立多个有限责任公司并无限制，《证券法》也未要求收购方必须是公众公司，私人公司作为收购方只要满

---

① 例见《郎咸平归纳顾雏军 7 种巧取豪夺手法》，http://finance.ifeng.com/stock/ssgs/20040914/7035632.shtml;《郎咸平质疑顾雏军"七板斧"伎俩席卷国家财富》，http://finance.ifeng.com/opinion/jjsh/20090906/1199965.shtml，均为 2019 年 9 月 20 日最后访问。

足收购监管的信息披露标准即可。

"乘虚而入",是指在被收购公司财务困难之际进行收购。科龙、美菱等四家上市公司都存在亏损或经营困难,但是生产条件和市场基础较好,地方政府作为大股东急于出手也是为了给地方财政甩包袱。应该说,企业并购的时机确实会影响收购对价,但顾氏的收购仍然是市场主体之间的自由协商,并不存在法律上的"乘人之危"或"胁迫"等因素。

"反客为主",是指顾氏及其团队在股权转让手续尚未完成之前先当选为被收购公司的董事,进入后者的董事会。郎教授一方面认为此种安排有商业上的合理性("使新控股股东更好地了解、管理未来的公司"),另一方面又称"有理由相信,这样的安排实际上为新控股股东在对公司的一些操作中带来一些便利(如下文的洗大澡手段)"。客观来说,郎教授的担心不无道理。以法律视角观之,我国《公司法》并未禁止尚未完成股份过户手续的新入主股东将自己的代表选入董事会,前提是现行股东大会表决批准相关董事人选——这也正是科龙 2001 年 12 月 23 日临时股东大会的议程。另一方面,中国证监会 2006 年发布的《上市公司收购管理办法》将协议收购下自收购协议签订之日起至相关股份完成过户止这一段时间界定为"上市公司收购过渡期",禁止收购人在过渡期内通过原控股股东的提议改选上市公司董事会,"确有充分理由改选董事会的,来自收购人的董事不得超过董事会成员的 1/3",且"被收购公司不得为收购人及其关联方提供担保;被收购公司不得公开发行股份募集资金,不得进行重大购买、出售资产及重大投资行为或者与收购人及其关联方进行其他关联交易,但收购人为挽救陷入危机或者面临严重财务困难的上市公司的情形除外"(第 52 条)。从上述规定来看,证券监管的目的是为了防范在过渡期目标公司治理虚空的状态下其合法利益遭到潜在大股东的侵蚀。可以想见,若顾雏军在 2006 年之后收购科龙,"反客为主"的策略确实无法实施了;不过,其 2001 年收购时以及郎咸平 2004 年抨击时我国证券监管规则尚无此禁令,且事后对顾氏的追责也并未显示其在过渡期内从事了《上市公司收购管理办法》所禁止的行为。由是观之,顾氏的"反客为主"策略在法律上也无可厚非。

"投桃报李",是指顾雏军入主被收购公司后对原大股东所欠公司债务作出的豁免或非现金资产抵债安排,从而帮助原大股东解决了占用上市公司资金的麻烦。用来抵债的资产通常是原大股东持有的公司商标(上市公司原来只有使用权)以及部分土地使用权等。郎教授暗示顾氏基于这种投桃报李的安排而获得入主被并购公司的优先权甚至较为有利的交易条件,而中小股东则受到损失。从法律角度看,上述债务重组行为至多构成关联交易,是否存在侵害上市公司或中小股东利益的情形需要看个案中的交易作价是否公允而定，更难以直接称之为国有资产流失或席卷国家财富，尤其是考虑到后来土地价值的一路暴涨。

七板斧中的最后一招"借鸡生蛋"，是指顾雏军利用科龙的现金流实现的一系列收购。抽象来看，这一招很可疑，容易掉入"挪用公司资金"的法律黑洞。日后法院对顾氏定罪的一个罪名就是挪用资金罪，似乎也坐实了郎教授的指控。然而，细看郎氏的讲演内容，他并未指向顾雏军挪用了科龙的资金，而是说"有充裕现金进行投资的科龙公司"自身进行了一系列的收购，从而扩大了顾氏的企业王国版图，达到后者整合冰箱产业的目的。从这个角度看，"动用科龙强大的现金流"之类的表述容易引人误解，更确切地说是收购科龙给顾雏军带来了产业收购的极大便利，能够"依托于科龙来快速实现进一步扩张"。

剩下的，便是最厉害的两板斧——"洗个大澡、相貌迎人"。

三、"洗个大澡，相貌迎人"：脆弱的支点？

作为公司财务专家，郎教授的讲演中篇幅最大、最具专业分量的内容，也是对顾雏军最有力的挑战，就是"洗个大澡"与"相貌迎人"。

"洗个大澡"又称为"洗大澡式的冲销费用"（big bath charge），是一种易被滥用的会计处理程序，指公司利用收购或重组时机大规模地进行资产减值，如应收账款计提大笔坏账准备，存货、固定资产等计提大额减值等，这样就降低了来年的折旧等费用或者需结转的销售成本，从而可以报告一个比较理想的利润水平。因此，"洗个大澡"与"相貌迎人"一定是前后相随的。

并购重组费用的会计处理是域外资本市场中公认的灰色领域。这是因为，新股东入主后一般都会强调之前的管理层掩盖了各种潜亏因素，需要把它们一次性消除。而资本市场认可此一逻辑，对这种一次性巨亏也不太在意。因此一些上市公司就借此进行盈余管理，过度减值或者把未来的正常营业费用提前计入一次性冲销的重组费用中，然后再择机转回或低报费用以粉饰财务报表。前 SEC 主席阿瑟·莱维特先生在 1998 年 9 月于纽约大学发表了一场著名的讲演——《美国资本市场中的数字游戏》，严厉抨击美国上市公司运用某些会计手段来进行盈余管理，赫然列于首位的正是"洗大澡式冲销费用"。

郎教授的讲演中附有科龙、美菱、亚星等公司在顾雏军收购前后几年的费用收入比以及利润变化的对比图表。它们显示,收购前一年目标公司都出现了巨额费用及巨额亏损,而收购当年的费用率大幅下降且实现了盈利。顾雏军自己对于并购后扭亏为盈的解释是强化管理、消减成本;一些研究机构也发布了顾氏开源节流、提高科龙营运效率的研究报告①,但郎教授以这一系列的图表及数据分析展示顾雏军"并非经营之神",只是"对财务报表的洞察、理解和执行能力确实称得上熟练级"。

法律角度关心的问题是,顾雏军对科龙等公司的会计处理究竟是合法的盈余管理,还是构成财务造假?理论上说,洗大澡式的费用冲销是公司并购环节的标准操作,从"灰色"到"违法"甚至财务欺诈之间的界限是一个从量变到质变的过程,需要用证据来说话。由于会计上对资产减值程度的估计以及准备金的计提和转回有很大的主观裁量空间,外人很难从上市公司公开披露的年报信息中获得对这些事项的准确判断。换言之,若认定其构成财务造假,就需要有充分的证据证明相关公司确实存在虚增预提费用或过度减值,已经逾越了灰色区域的边界,进入到违法区间。笼而统之地贴上"洗个大澡"的标签,并不能完成法律所要求的证明过程。

恰恰是在这个最关键的问题上,笔者一直没有看到后续的证明,却有不少陆续曝出的旁证指向相反的结论。例如,为科龙、美菱等被收购公司进行审计的会计师并没有质疑顾雏军在并购年份的减值处理以及次年的转回;再如,同样作为郎教授讲演之解剖样本的美菱电器,就公开质疑郎氏对美菱的费用收入比变化的解释存在明显错误。② 更进一步,中国证监会的调查与行政处罚决定也没有将"洗个大澡"列入科龙财务造假行为的类型。最为关键的是,2005年顾雏军被抓后将所持科龙股份转让给海信,海信入主后立即对科龙进行了一次规模更大的减值冲销。据海信科龙2005年年报显示,公司计提坏账准备5.7亿元、存货跌价准备2.8亿元、固定资产减值准备1.8亿元、长期投资减值准备0.1亿元、无形资产减值准备3亿元,在建工程减值准备0.8亿元,合计14.2亿元。③ 相较于顾雏军入主科龙后冲销的6.35亿元,海信为科龙洗的这个大澡显然更为彻底。2006年,海信科龙成功实现扭亏为盈,净利润2400万元。然而,包括郎教授在内,无人质疑海信科龙"洗个大

---

① 例见2004年10月28日国务院发展研究中心企业经济研究所发布的研究报告——《科龙20年发展与中国企业改革路径》。
② 杨瑞法、齐鸣:《李荣融的实践主义与"郎顾之争"》,载《21世纪经济报道》2004年10月22日。
③ 参见海信科龙股份有限公司2005年年报。

澡、相貌迎人"。①

平心而论,郎咸平教授在讲演中也并未直接指控顾雏军进行财务造假。然而,作为其讲演中最具专业研究色彩的部分,郎教授对顾氏并购会计处理的一系列图表与数据分析显然"震住"了听众(该讲演是对复旦大学的一个媒体进修班所作),辅之以"伎俩""饕餮盛宴""狂欢""资本绞肉机"等浓烈感情色彩词汇,不时出现的"损害中小股东利益"或"国有资产流失"的暗示,顾的劣迹似乎已经铁板钉钉。甚至一些经济学家也接受了这种解释,将顾雏军"瓜分的七种手段"与俄罗斯私有化过程中的瓜分国有资产相提并论。② 虽然顾雏军一度强硬回应并起诉郎氏诽谤,然而此后事态的发展,如主流经济学家的集体失语、为科龙提供审计服务的德勒会计师事务所请辞、证监会就科龙财务造假行为下达行政处罚书、直至广东高院以虚假披露等罪名判决顾雏军入狱,似乎都佐证了"郎顾之争"中郎氏所言之的正确性,当然这也为其进一步批评国有资产流失提供了权威背书。

"给我一个支点,我可以撬动地球"——阿基米德的这句名言在郎教授的讲演以及后人对"郎顾之争"的评论中屡屡出现。有人说,郎氏振臂一呼的支点,在于巧妙地挑动民间的仇富心理与官方维持现状的心态。③ 其实,若非郎以公司财务学家的底气攻击并购交易中通常存在的软肋,其杠杆力度恐怕会大打折扣。从这个意义上看,"洗个大澡、相貌迎人"才是郎教授的支点;只是,它可能是一个脆弱的支点。

四、个案中的正义:法律失落了什么?

"郎顾之争",曾有一个机会可以在法律的框架下获得解决。

在2004年8月10日新浪网全文刊载郎氏讲演稿,8月11日《东方早报》以《郎咸平猛击顾雏军——七伎俩席卷国家财富》的标题报道了讲演的主要内容后,顾雏军聘请香港齐伯礼律师行向郎咸平发出律师函,要求郎氏:

---

① 此外,检索百度文库,可以发现一些高校学生研究小组的报告,其中一份报告分析了科龙1999年报表,显示科龙在该年:(1)盈利能力已经出现了问题;(2) 5.4亿元投资收益是不可靠的,这就部分导致了2000年的洗大澡。资料来源:http://wenku.baidu.com/link?url = o9b4FkB48NWL75Xp_ IIH_ bnqh7Iu7PdZ5fywF0006WVDa0tJAuw9nfhJu-6AqJhJcansIZt-D9sCa0YoQ06_I7_z4wUoJkqC2HTIlnabDsS,2019年9月20日最后访问。另据顾人主之前科龙引入的独立经理人屈云波先生的说法,科龙累积潜亏非常严重,都挂在账上,一旦冲销就是巨亏,因此2000年的8亿元亏损、2001年的15亿元亏损都是意料之中。参见孙燕君:《顾雏军的巴别塔——科龙王朝的兴起与倾覆》,浙江人民出版社2008年版,第60—61页。
② 崔之元:《郎咸平是想让中国建立一个"好的"市场经济》,载博客中国,2004年9月24日。
③ 青朴山:《从仰融到顾雏军:到底谁在折腾中国经济?》,载微信公众号:港股那点事,2016年9月4日。

（1）详细书面说明有关媒体的报道是否正确记录了自己的讲演；（2）如果媒体没有正确地记录讲演内容，则应要求《东方早报》等纸媒和有关网站撤下讲演稿，并发表更正以及道歉声明；（3）给顾雏军提交一份演讲稿原文。若郎氏未在指定时间内采取上述措施，顾雏军将采取一切必要的手段包括法律程序以保护自己的名誉而不再知会。郎咸平则针锋相对，召开记者招待会称"绝不会接受企业家通过任何方式践踏以保护国有资产和中小股民利益为本的学术尊严"，表示其并不关心顾雏军和格林柯尔的个案，而是希望通过格林柯尔这类现象，揭示"国退民进"过程中更严重的国有资产流失问题，即当前国内国有企业经理人和私营企业主通过种种手段侵吞国有资产。① 随即，顾雏军向香港高等法院控告郎氏诽谤，歪曲事实，攻击顾氏"品格、名誉与性格"。

若这场诉讼得以正常进行，我们可以期待在两个重要问题上形成法律上的初步结论：第一，顾雏军并购交易中的会计处理是否合法？它属于盈余管理，还是构成财务造假？鉴于洗大澡式的会计手法的普遍性，法院的裁决对于日后人们在类似个案中判断"灰色"与"违法"的边界不无裨益。第二，郎咸平的讲演是否逾越了学术研究或者公共批评的边界？上市公司与其研究者、评论者之间的对抗屡见报端，其中交织着新闻自由与监督、学术自由与自律、言论自由与公司合法权益的维护之间的权衡等诸多复杂因素，也是一个需要在个案层面仔细斟酌评判的问题。因此，从"郎顾之争"到顾郎之诉，法律介入的结果有助于给上市公司、资本市场研究者、监管者、投资者等各方主体提供一个在各自关注的角度下更为清晰的行动指南。

可惜，这场诉讼因顾雏军很快锒铛入狱而不了了之。

另一方面，"郎顾之争"在中国内地迅速上升到了"问题"和"主义"层面的公共争论，变成价值判断，刺激了基于不同意识形态的站队，导致本应该在个案层面解决的争议——顾雏军的收购策略以及随后的会计处理是否逾越灰色与违法的界限，几乎消失得无影无踪。② 会计层面本应该进一步探究的事实真相③，法律适用层面本应该对当事人行为违法性给予的细致分析，基本

---

① 陈磊编著：《顾雏军调查》，广东人民出版社2006年版，第137—138页。
② 周其仁教授是经济学家中为数不多的坚持就事论事辩论逻辑的学者，他在《我为什么要回应郎咸平？》一文中针对郎咸平对青岛海尔、TCL以及顾雏军的指控从事实层面进行了反驳。遗憾的是，他并未回应最关键的"洗个大澡、相貌迎人"。参见文钊、程明霞：《专题：郎咸平顾雏军风波与经济学界危机》，载《经济观察报》2004年9月12日。
③ 早在2003年4月，著名财经评论人、有"财务造假杀手"美誉的飞草先生曾在《证券市场周刊》撰文，质疑顾雏军的洗大澡式费用冲销之合理性，参见飞草：《德勤为何无法揭穿格林柯尔神话》，http://finance.sina.com.cn/stock/ychd/20050127/19041328304.shtml，2019年9月20日最后访问。科龙公司随后公开发表声明，解释了计提转回的理由。在"郎顾之争"爆发后，中国会计视野论坛再次展开了讨论，相当部分网友认为，就现有公开的信息尚不能确定顾的会计处理构成财务造假。http://bbs.esnai.com/forum.php?mod=viewthread&tid=897781&highlight=%BF%C6%C1%FA2002%C4%EA，2019年9月20日最后访问。

上都湮没在各种大词或者意识形态之争中。法律人与经济学家一样，都在"激辩国有资产流失"①，探索中国经济与社会往何处去。在全民思想大交锋之际，作为当事人之一的顾雏军的命运急转直下，行政处罚、定罪量刑接踵而至，而这一切却与最初的"郎顾之争"无关，更与国有资产流失无涉。

当然，学者对上市公司的研究与质疑与监管者或者检察机关的执法程序本来就是彼此独立的；对科龙及顾雏军的行政处罚与刑事审判也完全可以建立在政府执法部门自己掌握的充分证据之上。以事实为依据，以法律为准绳，是法律适用的基本逻辑。只是，多年过去了，事实层面仍然扑朔迷离，法律层面却发生了根本性的变化。

一是虚假注册罪。顾氏的虚假注册罪，背景是他在顺德格林柯尔公司注册资本（12亿元，含现金3亿元，专利技术9亿元）中的无形资产出资远超当时法律规定的20%上限。顾氏遂用1.87亿元循环转账制造现金出资6.6亿元的假象，以降低无形资产的占比。顾氏收购科龙股份的初始议定价格为5.68亿元（最后因大股东占用上市公司资金而下调为3.48亿元），之所以有12亿元注册资本的架构设计，一个最主要的原因是满足1993年《公司法》关于公司对外投资不得超过净资产的50%的要求。② 然而，短短四年后《公司法》修改，这个50%限制即不复存在，无形资产出资占比也被提高到70%。2013年底我国公司登记注册制改革，更是彻底取消了对出资形式的比例限制以及出资期限的要求。因此，以今天的法律标准衡量，顾氏的虚假注册罪俨然是一桩完全不该发生的悲剧。

二是挪用资金罪。该罪针对公司内部人利用职务便利，挪用资金归个人使用或者借贷给他人使用的行为，获罪前提是数额较大且超过3个月未还，或者虽未超过3个月但进行营利或非法活动。顾氏挪用科龙电器等公司的资金，其目的是为扬州格林柯尔公司注册资本所用，以便收购亚星客车。虽然3天后资金被划回科龙，但挪用一事已然坐实。看起来，这又是一起与

---

① 参见罗培新：《法学专家激辩"国资流失"》，载《南方周末》2004年9月16日。仅有极少数针对个案事实和法律问题进行分析的文章，如韩秀桃《郎顾之争，账该怎么算》（《中华工商时报》2004年9月14日），反驳郎咸平"七板斧"中的"反客为主"不符合事实，并指出从中无法推出侵占国有资产的结论。

② 顺德格林柯尔公司2001年10月注册成立，注册资本12亿元。10月29日，该公司与顺德容桂镇政府签订了股权转让合同，约定20477.5755万股法人股（占科龙总股本的20.6%）转让价为5.68亿元。但一个月后科龙董事会突然向香港联交所通报原大股东占用上市公司资金12.06亿元。这一新变化导致股权转让交易的双方重开谈判，2002年3月14日公告的收购方案为：顺德格林柯尔代容声集团偿债3.48亿元，以此作为入股价款；余下的9.12万元债务，则由容声集团将所持有"科龙""容声"等商标、容桂镇一块39.9万平方米的土地使用权转让给科龙来冲抵。参见孙燕君：《顾雏军的巴别塔——科龙王朝的兴起与倾覆》，浙江人民出版社2008年版，第66—71页。

(1) 详细书面说明有关媒体的报道是否正确记录了自己的讲演;(2) 如果媒体没有正确地记录讲演内容,则应要求《东方早报》等纸媒和有关网站撤下讲演稿,并发表更正以及道歉声明;(3) 给顾雏军提交一份演讲稿原文。若郎氏未在指定时间内采取上述措施,顾雏军将采取一切必要的手段包括法律程序以保护自己的名誉而不再知会。郎咸平则针锋相对,召开记者招待会称"绝不会接受企业家通过任何方式践踏以保护国有资产和中小股民利益为本的学术尊严",表示其并不关心顾雏军和格林柯尔的个案,而是希望通过格林柯尔这类现象,揭示"国退民进"过程中更严重的国有资产流失问题,即当前国内国有企业经理人和私营企业主通过种种手段侵吞国有资产。① 随即,顾雏军向香港高等法院控告郎氏诽谤,歪曲事实,攻击顾氏"品格、名誉与性格"。

若这场诉讼得以正常进行,我们可以期待在两个重要问题上形成法律上的初步结论:第一,顾雏军并购交易中的会计处理是否合法?它属于盈余管理,还是构成财务造假?鉴于洗大澡式的会计手法的普遍性,法院的裁决对于日后人们在类似个案中判断"灰色"与"违法"的边界不无裨益。第二,郎咸平的讲演是否逾越了学术研究或者公共批评的边界?上市公司与其研究者、评论者之间的对抗屡见报端,其中交织着新闻自由与监督、学术自由与自律、言论自由与公司合法权益的维护之间的权衡等诸多复杂因素,也是一个需要在个案层面仔细斟酌评判的问题。因此,从"郎顾之争"到顾郎之诉,法律介入的结果有助于给上市公司、资本市场研究者、监管者、投资者等各方主体提供一个在各自关注的角度下更为清晰的行动指南。

可惜,这场诉讼因顾雏军很快锒铛入狱而不了了之。

另一方面,"郎顾之争"在中国内地迅速上升到了"问题"和"主义"层面的公共争论,变成价值判断,刺激了基于不同意识形态的站队,导致本应该在个案层面解决的争议——顾雏军的收购策略以及随后的会计处理是否逾越灰色与违法的界限,几乎消失得无影无踪。② 会计层面本应该进一步探究的事实真相③,法律适用层面本应该对当事人行为违法性给予的细致分析,基本

---

① 陈磊编著:《顾雏军调查》,广东人民出版社2006年版,第137—138页。
② 周其仁教授是经济学家中为数不多的坚持就事论事辩论逻辑的学者,他在《我为什么要回应郎咸平?》一文中针对郎咸平对青岛海尔、TCL以及顾雏军的指控从事实层面进行了反驳。遗憾的是,他并未回应最关键的"洗个大澡、相逢迎人"。参见文钊、程明霞《专题:郎咸平顾雏军风波与经济学界危机》,载《经济观察报》2004年9月12日。
③ 早在2003年4月,著名财经评论人、有"财务造假杀手"美誉的飞草先生曾在《证券市场周刊》撰文,质疑顾雏军的洗大澡式费用冲销之合理性,参见飞草:《德勤为何无法揭穿格林柯尔神话》,http://finance.sina.com.cn/stock/ychd/20050127/19041328304.shtml,2019年9月20日最后访问。科龙公司随后公开发表声明,解释了计提转回的理由。在"郎顾之争"爆发后,中国会计视野论坛再次展开了讨论,相当部分网友认为,就现有公开的信息尚不能确定顾的会计处理构成财务造假。http://bbs.esnai.com/forum.php?mod=viewthread&tid=897781&highlight=%BF%C6%C1%FA2002%C4%EA,2019年9月20日最后访问。

上都湮没在各种大词或者意识形态之争中。法律人与经济学家一样，都在"激辩国有资产流失"①，探索中国经济与社会往何处去。在全民思想大交锋之际，作为当事人之一的顾雏军的命运急转直下，行政处罚、定罪量刑接踵而至，而这一切却与最初的"郎顾之争"无关，更与国有资产流失无涉。

当然，学者对上市公司的研究与质疑与监管者或者检察机关的执法程序本来就是彼此独立的；对科龙及顾雏军的行政处罚与刑事审判也完全可以建立在政府执法部门自己掌握的充分证据之上。以事实为依据，以法律为准绳，是法律适用的基本逻辑。只是，多年过去了，事实层面仍然扑朔迷离，法律层面却发生了根本性的变化。

一是虚假注册罪。顾氏的虚假注册罪，背景是他在顺德格林柯尔公司注册资本(12亿元，含现金3亿元，专利技术9亿元)中的无形资产出资远超当时法律规定的20%上限。顾氏遂用1.87亿元循环转账制造现金出资6.6亿元的假象，以降低无形资产的占比。顾氏收购科龙股份的初始议定价格为5.68亿元(最后因大股东占用上市公司资金而下调为3.48亿元)，之所以有12亿元注册资本的架构设计，一个最主要的原因是满足1993年《公司法》关于公司对外投资不得超过净资产的50%的要求。② 然而，短短四年后《公司法》修改，这个50%限制即不复存在，无形资产出资占比也被提高到70%。2013年底我国公司登记注册制改革，更是彻底取消了对出资形式的比例限制以及出资期限的要求。因此，以今天的法律标准衡量，顾氏的虚假注册罪俨然是一桩完全不该发生的悲剧。

二是挪用资金罪。该罪针对公司内部人利用职务便利，挪用资金归个人使用或者借贷给他人使用的行为，获罪前提是数额较大且超过3个月未还，或者虽未超过3个月但进行营利或非法活动。顾氏挪用科龙电器等公司的资金，其目的是为扬州格林柯尔公司注册资本所用，以便收购亚星客车。虽然3天后资金被划回科龙，但挪用一事已然坐实。看起来，这又是一起与

---

① 参见罗培新：《法学专家激辩"国资流失"》，载《南方周末》2004年9月16日。仅有极少数针对个案事实和法律问题进行分析的文章，如韩秀桃：《郎顾之争，账该怎么算》(《中华工商时报》2004年9月14日)，反驳郎咸平"七板斧"中的"反客为主"不符合事实，并指出从中无法推出侵占国有资产的结论。

② 顺德格林柯尔公司2001年10月注册成立，注册资本12亿元。10月29日，该公司与顺德容桂镇政府签订了股权转让合同，约定20477.5755万股法人股(占科龙总股本的20.6%)转让价为5.68亿元。但一个月后科龙董事会突然向香港联交所通报原大股东占用上市公司资金12.06亿元。这一新变化导致股权转让交易的双方重开谈判，2002年3月14日公告的收购方案为：顺德格林柯尔代容声集团偿债3.48亿元，以此作为入股价款；余下的9.12万元债务，则由容声集团将所持有"科龙""容声"等商标、容桂镇一块39.9万平方米的土地使用权转让给科龙来冲抵。参见孙燕君：《顾雏军的巴别塔——科龙王朝的兴起与倾覆》，浙江人民出版社2008年版，第66—71页。

1993年《公司法》的资本管制规则相关的悲剧——若待2013年《公司法》修订后仅凭认缴出资即可设立公司,挪用之举实在多余了。当然,与法律人对于挪用资金构成犯罪的敏感不同,现实中,中国的企业、特别是民营企业家往往将其视为在企业集团内部进行的资金周转或调剂而非某一种犯罪。不论是在2005年前我国资本市场普遍存在的大股东占用上市公司资金,还是民营企业的控制人对下属企业间资金的随意调拨,都体现市场主体与法律人之间的认知差异。① 有观点认为,挪用资金罪主要是针对公司内部人的个人犯罪,它与控制股东以公司名义调集资金进行集团内部的资本运作性质不同,后者应视为企业间的借贷,特别是在资金流出企业认可的情形下。然而,我国金融监管长期以来禁止企业间借贷,仅在2015年最高人民法院有关民间借贷的司法解释出台后方获得合法性背书。总之,法律规则本身的模糊性以及可辩驳性,使得类似于顾氏的挪用资金行为是否构成犯罪存在很大争议。在最高人民法院再审"顾雏军案"的公开庭审中,挪用资金罪成为双方激辩的焦点,庭外大众舆论也是高度分化,最终胜出的是法律人对现行刑法之法条文本的恪守。

唯一在法律上无变化的是对财务造假的治罪,且近年来随着证券市场监管力度的加大而更受重视。不过,"顾雏军案"这一部分在事实层面争议较大,主要涉及顾氏是否采取"压库"等手段来虚增销售收入,抑或"压库"是家电销售中的普遍现象而顾氏正在努力解决科龙的压库问题。当然,它已完全超出了"郎顾之争"的范围,是一个全新的事实问题。对此,法庭最后的认定是"虚假披露事实确凿,但无损害后果,不追究刑事责任"。

五、让财务归财务,法律归法律

"郎顾之争"十几年的曲折令人扼腕。

某种意义上说,它从一开始就展示了当下中国式辩论的特征,众多参与者并未恪守辩论的两个最基本要素——事实和逻辑,交锋每每擦身而过:你说造假,我谈产权;你说规则,我对情怀;你论事实,我谈人品……个案中的事实或延伸出的道理并未越辩越明,反而愈加云山雾罩,让力图获得真相的公众、企业(家)或者监管部门都陷入绝望。

---

① 在2005年之前,我国《刑法》并无针对大股东占用上市公司资金行为的罪名,最终是在2006年的《刑法修正案(六)》确立背信损害上市公司利益罪。实践中,中国证监会推动的清欠主要是在行政责任和民事责任层面解决问题。科龙原大股东容桂镇政府占用上市公司资金也未受到证监会处罚或被追究刑事责任。

然而,"郎顾之争"又并非仅止步于思想交锋,而是伴随着个体需承受的法律后果。不论是财务造假还是侵占国有资产,都足以入罪;而诽谤或构陷,亦会令巧言者遭受惩罚。然而,当争论的焦点如变色龙一般倏忽翻转,个体命运便被裹挟在时代的泥石流中,是非功过全混成一团浆色。从某种意义上,"郎顾之争"的两位主角都是输家,其今日之风评与当年可谓相去甚远矣。

从法律视角复盘"郎顾之争",也是在拷问法律在社会变革、特别是国企改革中的角色。本质上说,法律与改革之间天然冲突,国企改革更非单纯的经济问题,而是政治问题。现代社会凡事都要依法进行,但改革却是对法律的突破。如何能够既突破既有法律秩序又不会陷入非法境地,从而让改革得以前行?另一方面,改革也意味着法律本身的不断变化。昨日戴罪之身可能正是今日之功臣,"前浪死在沙滩上"往往说的也是个体为社会进步作出的牺牲。

这也意味着,法律人在个案层面的责任认定或追究应谨慎小心,如履薄冰。法律本是定分止争的机制,但改革进程中的定分止争却非法律所长;毋宁说,法律的保守性与滞后性更容易导致"枪打出头鸟"。"郎顾之争"的个案更提醒法律人,专业的事情应专业地做,冷静、理性、客观、公正地处理事实问题与法律依据,少些"激辩",更不应"选边站队"。正如波斯纳法官曾警告的,在不了解事实的情况下,道德辩论会进行得最为激烈。

置换到更广阔的国企改革场景中,笔者赞同秦晖教授的主张,国企改革的终极衡量标准是公平至上,它可以落实为起点公平或机会公平,但无论如何都需要程序上的公开透明。后者正是法律应该做、也擅长做的。通过约束改革方案的制定与实施过程,法律应尽可能保证起点公平/机会公平、程序透明,以实现最终的公平至上。

第十四章　资本公积补亏争议面面观

资本公积弥补亏损本来是公司经营中的一项最普通不过的财务处理程序，也是公司法领域中一个太普通、太技术性以致最不为法律人关注的问题。但它却随着我国证券市场中频频出现的上市公司用资本公积补亏现象而成为一个热点话题，并在 2005 年修改《公司法》时成为"公司财务会计"部分仅有的两处修改之一。① "资本公积不得补亏"成为我国《公司法》在财务会计领域中创设的新规则，与同期修订《公司法》放松资本管制的基调形成鲜明的对比。

上市公司利用资本公积补亏的一个典型的例子是 2001 年初"三联重组郑百文事件"。当时，已陷入破产境地郑百文的累积亏损高达 18 亿元，而该公司全部净资产不足 5 亿元。即便冲销掉全部股本和公积金，尚余 13.5 亿元的亏损无法弥补。② 重组方（同时也是郑百文最大的债权人）三联集团决定豁免郑百文 14.47 亿元的债务，该豁免金额形成郑百文的资本公积后，再用来冲抵剩余的亏损。如此一来，郑百文的巨额累计亏损将完全消灭，净资产也由负变正。

由于长期以来的会计实务中不用资本公积补亏，因此，这种顷刻间消除账面亏损的新方式令会计专业人士瞠目结舌。③ 特别地，郑百文此举似乎给证券市场监管者抑制上市公司财务重组努力以沉重一击，消解了财政部紧急修改会计准则，将债务重组收益从"计入利润"调整为"计入资本公积"的意义 ④。然而，资本公积补亏似乎于法有据。我国 1993 年《公司法》虽然没有明确规定资本公积是否可以补亏，但第 179 条关于"公积金"用途的规定中包括了"弥补亏损"一项⑤。该条所使用的"公积金"这一笼统称谓，理应解释为包括

---

① 另一处修改是取消了"提取公益金"的要求。
② 郑百文当时的股东权益约 4.5 亿元，包括股本 2 亿元，资本公积金 2.5 亿元和盈余公积金 1822.17 万元。资料来源：郑百文 2000 年度财务报表。
③ 亏损是经营活动的一种结果，因此弥补亏损通常用经营活动产生的盈余公积或当年利润，而不是与出资相联系的资本公积。参见史习民：《资本公积补亏问题分析》，载《财务与会计》2001 年第 6 期。
④ 参见本章第三部分。
⑤ 该条第 1 款规定如下："公司的公积金用于弥补公司的亏损，扩大公司生产经营或者转为增加公司资本。"

"资本公积金"在内。这似乎颇让法律人士感到尴尬,于是,2005年修订的《公司法》中赫然增加了"资本公积不得补亏"的禁令。

从"弥补亏损"到"不得补亏",我国《公司法》有关资本公积规则的急剧转变却未能像其他条款的修改那样有充分的理论准备。事实上,资本公积补亏作为广义上的利润分配范畴,涉及公司法最核心的问题,即公司在商业决策上的自主权与股东利益、债权人利益保护之间的平衡,同时又依赖于其自身独特的会计逻辑。"资本公积补亏"不是一个简单的"是"或"非"的判断问题,而是需要考虑资本公积的具体构成形式,同时要把证券监管的需求与公司法、特别是公司财务自身的逻辑区别开来。① 1993年《公司法》的问题在于关于资本公积补亏的条款过于简略,缺乏对实践中公司财务运作具体方式的关注,因此,无法为公司自主且合规的财务运作提供指导,却容易成为各种财务操纵手段的保护伞。从这一点看,修改后的《公司法》依旧简单处理,只不过从"可以补亏"一跃而到"不得补亏"的另一个极端。这种处理方式或许满足了证券市场监管的一时之需,但是如同一个阳光下的肥皂泡,或者修筑在流沙上的城堡,看起来很美,却无法获得长久的生命力。2005年股改中,ST飞彩的资本公积转增、减资补亏的组合,无疑是对公司法资本公积补亏禁令的一个莫大嘲讽。

在下文中,笔者将针对《公司法》修改过程中暴露出的对"资本公积"制度认识上的盲点,从法律与会计的双重视角对"资本公积补亏"问题进行分析。第一部分将从财务会计的角度讨论资本公积补亏的基本含义及其在技术层面的约束条件。第二部分主要讨论公司法下"资本公积补亏"的真正含义,从法律对资本公积的功能设定出发探讨对资本公积补亏的限制条件。第三部分将分析2005年《公司法》修改背后的证券监管动机,揭示《公司法》作为商业组织的基本法在充当证券监管工具方面的局限性。第四部分将从税法的角度解析当前流行的资本公积补亏损害公司以及股东利益的观点,力图消除资本公积补亏问题上的一个最大的认识误区。基本结论是:在逾越了自身的功能边界后,当相关的会计准则再次修改,证券监管也随之更新,我国2005年《公司法》第169条(现行《公司法》第168条)关于资本公积补亏的禁令可能已经失去存在的价值,它只是看上去很美。

---

① 刘燕:《资本公积弥补亏损研究——兼对我国〈公司法〉第179条的检讨》,载沈四宝主编:《公司法与证券法评论》(第1卷),对外经贸大学出版社2005年版。

一、资本公积补亏的基本含义及其约束条件

1. 资本公积补亏的基本含义

就其基本属性而言,资本公积是列在公司资产负债表中"所有者权益"项下的一个会计科目。它记录公司的一类资金来源,其核心内容是公司以超过股票票面金额的发行价格发行股份所得的溢价款以及其他财务会计制度规定的相关收入。① 所谓"资本公积弥补亏损"则是一种会计处理程序,即将"资本公积"账户中的金额转入因亏损而呈负数的"未分配利润"账户,在账面上消除亏损,从而改善企业的财务报表数据。许多国家的《公司法》都明确承认资本公积弥补企业亏损的作用,例如日本《商法》第 289 条第 1 款规定:"资本公积金或者盈余公积金,除弥补公司的亏损之外,不得使用。"②

这里需要特别指出的是,虽然通常谓之"用资本公积补亏",但并不存在实际的"资金使用"或"资金流出"之意。"资本公积""亏损"都是从企业的资金来源、而非实体资金角度来界定的概念,位于资产负债表的"权益"一方,与"资产"一方相对。③ 资本公积所代表的实体资金如果曾经存在过(例如股本溢价以及接受捐赠等情形),也早已用于企业的经营活动中,与企业其他资金混同。当企业出现亏损时,并不存在一种特别的"资本公积"资金可以被用来弥补亏损。"资本公积补亏"不过是一种账务处理程序而已,意味着在"所有者权益"项下的相关科目之间进行金额调整,它更像是一个抽象的计算过程。这一计算的逻辑也获得了公司法学者的认可。④

尽管如此,资本公积补亏也并非虚幻的账面游戏。亏损是公司发生的真实的资产减损,补亏也必须通过现实的资产来进行填补。从这个意义上说,资本公积补亏隐含的前提是"资本公积"所对应的实体资金曾经真实地存在过,由企业收到并投入到生产经营当中。只有这样,资本公积项目所对应的资产才有可能承受灭失或减损,也才能实现真实意义的补亏。从某种意义

---

① 我国《公司法》第 167 条规定:"股份有限公司以超过股票票面金额的发行价格发行股份所得的溢价款以及国务院财政部门规定列入资本公积金的其他收入,应当列为公司资本公积金。"
② 另见德国《股份法》第 150 条。
③ 例如,当股东为面值 1 元的股份溢价 5 元出资时,公司收到 5 元现金,其中 1 元记为"股本",4 元记为"资本公积"。
④ 参见柯芳枝:《公司法论》,中国政法大学出版社 2004 年版,第 331 页["所谓填补亏损,亦如公积之提列,均属计算上之观念,不外乎减少资产负债表负债栏中之法定盈余公积额及(或)资本公积额之同时,亦自该栏减去相当于该数额之累积亏损(指往年亏损加该期亏损)额而已"]。

上,这一过程也可以称为"实体意义上的补亏",即资本公积所代表的资金在公司经营中用来拾遗补阙,不过,这是一个自然发生的、不受人为控制的过程——是在资本公积所代表的资金实际进入公司那一刻,与其他经营资金的混同而实现的,更不可能由《公司法》来喝令禁止。

2. 资本公积补亏的约束条件

由此来考察资本公积的内容,可以发现其中相当部分并不代表实际的现金投入。随着公司资本运作的普遍化,"资本公积"的内容越来越庞杂,完全改变了"资本公积=资本溢价"的传统含义。相当多的所有者权益增长或者账面增长,既非来自所有者的出资,也非源于企业经营活动产生的盈余,而是由于特定的会计处理程序造成的。在没有更合适的会计账户对它们加以反映的条件下,它们统统被归入资本公积项下,以至于资本公积账户实际上成为一个会计上的"聚宝盆"。

依照财政部发布的《股份公司会计制度》(1988)、《企业会计制度》(2000)以及若干补充规定[①],目前计入"资本公积"账户的十余个项目,除传统的资本溢价外,可以分为如下两大类:

(1) 企业在经营过程中取得的、代表着所有者权益实际增长的资源,但是不作为"收入"确认。这一类的项目主要包括他人捐赠的现金或实物财产,接受外币投资因汇率变动而产生的资本折算差额,因债务重组而获得的债务豁免或减少,国家拨入的专门用于技术改造等目的的款项使用后转入资本公积的余额等。由于会计上的"收入"账户主要核算企业基于经营活动而导致的股东权益的增加,而上述资财虽由企业在经营过程中取得,但与经营活动没有直接关系,因此归入"资本公积"。

(2) 基于会计程序而引起的所有者权益的账面增长。例如,公司为改制、合并或其他财务目的,依照法律规定对资产进行评估,因当前市场价值高于账面价值而形成的"法定资产评估增值"。另外,当公司的对外股权投资采用权益法核算时,通常会产生"被投资单位接受捐赠准备""被投资单位评估增值准备"或者"被投资单位股权投资准备"等。[②] 这类准备项目有两个特点:第一,其价值通常随着相关资产项目的市场价值而上下波动,具有一定的

[①] 相关规定包括:财政部《关于执行具体会计准则和〈股份有限公司会计制度〉有关会计问题解答》(1998)、财政部《关于实施〈企业会计制度〉及其相关准则问题解答》(2001)等。需说明的是,财政部在不同规章中对资本公积不同项目的称谓以及彼此之间的层级关系的表达有一些变化,本书中具体提到的项目名称以《企业会计制度》为准。

[②] 如果子公司接受捐赠资产、资产评估增值或者对外投资的资产重估增值,其"资本公积"账户会记录这些增值项目,母公司按照权益法进行核算,就需要根据自己的持股比例计算应享有的增值部分,并计入母公司的"资本公积"账户,这样就形成"被投资单位接受捐赠准备""被投资单位评估增值准备"或者"被投资单位股权投资准备"等。参见《企业会计制度》(2000)第82条。

不确定性;第二,它们体现的是股东权益的账面增长,并没有实际的资金流入。只有当它们被处置、转让时,增值部分才有可能实现。因此,这些项目往往又被称为"未实现的收益"。

根据前面的分析,传统的资本溢价以及上述第一类资本公积项目(如接受的捐赠价值、接受的专项补贴、已实现的资本汇兑差异等),都意味着曾经有真实的资产或利益流入公司当中,因此从会计原理上说是可以用来弥补亏损的。相反,上述第二类资本公积项目作为尚未实现的准备,只是账面上的数字而已,无法用来弥补亏损。

正是在这个意义上,笼统地说资本公积"可以补亏"或者"不可以补亏"都是不准确的。

二、公司法的视角

"资本公积"概念在公司法出现的频率可能不及其在会计制度中所占篇幅之十分之一,但会计学者一致认为,资本公积制度的意义首先在于实现法律上的一些基本目标和要求,资本公积与股本的划分主要是基于法律(特别是公司法)的规定,而不仅仅是依照会计惯例。① 因此,资本公积能否补亏,会计技术层面的分析只是一个必要条件,还要看一国公司法对资本公积功能的设定以及对其用途的限制条件。考察资本公积制度发展的历史可以发现,没有一个国家禁止资本公积补亏,但是基于资本维持原则下的利润分配标准,一些国家的公司法对资本公积补亏的顺序加以限制。

1. 传统公司法对资本公积用途的限制:不得分派股利

从公司发展的历史来看,资本公积账户的功能主要体现在两方面:一是为处理公司股东间的关系,即通过股本和资本公积的划分,在保证公司股权关系的清晰度的同时,维系股东之间、特别是在不同时期加入公司的股东之间的利益平衡;②二是为保护债权人的利益,限制公司对股东的分配。其中,

---

① 例见汤云为、钱逢胜:《会计理论》,上海财经大学出版社 1997 年版;居维纲编著:《企业财务会计》,北京大学出版社 1998 年版,第 283 页。
② 这一点在各国《公司法》的条文中几乎都没有明确体现出来,但它恰恰是资本公积账户最基本的功能。公司的股权关系是由股份来反映的。股份作为公司资本的基本构成单位,通常(但不是必然)具有等额或均分的特点。随着公司净资产价值或者公司整体价值在经营过程中发生变化,股东、特别是公司成立后加入的股东为取得股份而实际支付的对价通常高于股票面值,即溢价。溢价的存在也反映出公司增资扩股时投入资本所承担的风险与原始资本承担的风险大小是不同的。如果溢价部分计入股本,就会提高特定股东所持股份占公司全部股本的比例,从而在新老股东之间产生不公平。因此,需要有一个特定的账户——资本公积账户——归集资本溢价或者股票溢价所代表的公司财富的增加,一方面为了继续保持股份的单纯性,方便计算各股东所持股份占企业全部股本比例,另一方面充分反映企业净资产的增长以及不同股东出资对公司的贡献。对此功能的更详细的讨论,参见刘燕:《会计法》,北京大学出版社 2001 年版,第 321—322 页。

后者既是传统公司法资本制度的核心原则,也是公司法所强调的资本公积制度的功能。

"无盈利不分配"是各国公司法普遍奉行的一项利润分配规则,其目的是维持公司资本的完整性。由此衍生出"资本公积不得用于派发股利"的限制①,因为公司的资本公积与股本一样,基于与出资的相关性而具有"资本"的属性,这在"资本公积=资本溢价"的时代最为典型。

需要指出的是,禁止资本公积派发股利在公司法发展的早期尤其具有显著的意义。当时,由于计量公司经营活动盈利状况的损益表尚未设计出来②,公司确定可用于分配的"盈利"的方式是比较前后两期的公司净资产价值,而净资产是公司全部资产扣除负债后的余额,其中既包括了资本溢价(或股本溢价),也包括日常经营活动所实现的利润。在资本维持原则形成的初期,法律上只是限制从净资产增值中派发的股利不得减损"股本"。因此,出资人可以要求对股本溢价进行分配。这也是会计实务中将公司的资本划分为"股本"与"股本溢价"背后的一个最重要的利益驱动。但是"股本"的金额毕竟是有限的,特别是在实行名义资本制度、无最低资本额要求的国家,股本(准确地说是股份)的意义主要在于明确股权关系,而非对债权人的保护。因此,股本的总额可能只是象征性的"100"或"1000"元,真正构成公司经营活动基础的资本投入部分体现在资本公积账户中。③ 这样,通过禁止将资本公积用于利润分配,就在"股本"限制的基础上,进一步缩小了公司净资产被分配出去的部分,从而使得资本维持原则真正得以落实。④

2. 我国 1993 年《公司法》的效果:对公司财务基础的保全

我国《公司法》也继承了限制资本公积派发股利的传统。1993 年《公

---

① 一些国家的《公司法》明确规定特定的资本公积项目不得派发股利。如法国《商法典》第 346 条规定:"重估差额不得分配,但可以全部或部分纳入公司资本。"此处的"重估差额"即为我国的"法定资产评估增值"。

② 直到 1929 年,英国《股份公司法》才要求公司向股东提供损益表。

③ 股本总额低的另一个因素是股份的面值低,它是为了满足公司法"不得折价发行股份"的要求。当发起人把公司的股份面值定得很低,如每股 0.01 元甚至 0.0001 元,出资人无论如何出资都不会触犯折价发行的禁令。然而,股东为满足公司运作而实际投入的出资往往具有一定的规模,因此,过低的股份面值可能带来数量巨大的股份,造成管理上的不便。为解决这一矛盾,资本公积账户的意义便凸显出来,它一方面使股东的实际出资能够在公司账目中获得承认,另一方面维持了股东在出资方式上的自由度,避免了公司法的干预。参见刘燕:《资本公积弥补亏损研究——兼对我国〈公司法〉第 179 条的检讨》,载沈四宝主编:《公司法与证券法评论》(第 1 卷),对外经贸大学出版社 2005 年版,第二部分的讨论。

④ 关于英美法股息分配法律演变的一个生动的描述,参见 E. A French (1977), "The Evolution of the Dividend Law of England", in W. T. Baxter and Sidney Davidson (ed.), *Studies in Accounting*, ICAEW, 1977.

法》第179条规定:"公司的公积金用于弥补公司的亏损,扩大公司生产经营或者转为增加公司资本。"虽然没有直接规定"资本公积不得用于派发股息",但立法上要求资本公积作为公积金的一种存留于公司的目的非常明显。

其实,在我国《公司法》一直奉行的严格法定资本制下,传统公司法基于债权人的利益而限制资本公积派发股息的意义并不是非常显著。这不仅因为我国的有限责任公司和股份有限公司都有最低注册资本额要求,而且出资人必须在公司设立时足额缴付,不存在英美法下股本名义化、而由资本公积记录真实出资的问题。因此,注册资本本身已经为债权人提供了一个最基本的保护①,对资本公积的用途进行限制的意义很大程度上已经消解了。

然而,考虑到当前我国公司资本公积账户内容的庞杂,限制资本公积派发股利依然是非常必要的,其意义可能更多地在于维持公司自身的持续经营。这是因为,资本公积账户中归集的股本溢价以外的多个项目(特别是准备类项目),只代表了公司净资产价值的账面增长,它们并没有真正实现,也尚未为企业带来实际的现金流入。现金流如同现代企业的血脉,如果允许企业用资本公积派发股利,无异于迫使企业将经营性资产变现,进一步减少了企业创造未来现金流的能力。

正是在这后一点上,我们可以发现,法律限制资本公积派发股利的意义,已经悄然从单纯保护债权人利益转化到如何促进公司自身财务运作的合理化。这也是与整个公司法的发展路径一致的。当公司资本公积已经成为容纳公司诸多财务运作结果的"聚宝盆",而非单纯的额外出资之栖息地时,资本公积的功能逐渐多元化也就不可避免。这也影响到法律对资本公积的用途的规制方式。

3. 资本公积补亏的公司法逻辑:重要的是顺序

与资本公积补亏作为一种账务处理程序的会计观不同,在公司法下,资本公积补亏的结果是为企业日后的利润分配行为清除障碍,因此它可以纳入广义的"利润分配"的范畴。实践中,公司也正是在利润分配的环节上对资本公积进行操作。

然而,资本公积的"出资"属性毕竟不同于分配物的"盈利"属性。如果许可资本公积补亏,同时又没有要求资本公积必须在当年利润、盈余公积无法

---

① 当然,这只是相对于无法定资本要求的国家而言。上述论断并不是主张"注册资本"的神化,也不否认法定资本制的各种局限。对此国内外学者已有很多论述。参见刘燕:《对我国企业注册资本制度的思考》,载《中外法学》1997年第3期;冯果:《论公司资本三原则理论的时代局限》,载《中国法学》2001年第3期;赵旭东:《从资本信用到资产信用》,载《法学研究》2003年第5期。

弥补亏损后来用于补亏,那就意味着公司可以在亏损年度,通过用资本公积补亏而把本年利润或者累积盈余释放出来,用于利润分配,这实际上是变相地用资本公积进行利润分配,使得公司法关于"资本公积"不得用于利润分配的限制形同虚设。因此,一些国家和地区的公司法中明确规定盈余公积应先于资本公积补亏。例如,我国台湾地区"公司法"第239条第2项规定,公司非于盈余公积填补资本亏损,仍有不足时,不得以资本公积补充之。

我国《公司法》一直缺乏对亏损弥补顺序问题的关注,1993年《公司法》第177条对弥补亏损问题规定得很含糊:"……公司的法定公积金不足以弥补上一年度公司亏损的,在依照前款规定提取法定公积金和法定公益金之前,应当先用当年利润弥补亏损……",仅涉及"法定公积金"与"当年利润"之间的补亏顺序,并没有提及资本公积如何补亏。由于第179条中有"公积金用于弥补亏损"的概括性规定,显然《公司法》并不禁止资本公积补亏。既然法律上没有关于资本公积补亏的顺序,公司难免钻法律的空子,滥用资本公积补亏以达到自己的目的。

现举一例说明:

某公司2001年通过重组实现少许盈利。该公司资产负债表显示,以前年度未弥补的累积亏损为4000万元,资本公积9000万元,其中股本溢价3900万元。由于该公司无盈余公积,也无法用盈余公积弥补亏损,故公司决定,先用4000万元资本公积弥补累积亏损,然后将2001年度盈利进行分配。

如果考虑到资本公积的构成,例示中的问题将更加严重。公司资本公积中基于会计处理程序而形成的、尚未实现收益的项目,都可以通过这一途径而参与到利润分配的过程中。在例示中,该公司9000万元资本公积中实际能够用于弥补亏损的股本溢价不足4000万元,因此尚有部分累积亏损未得到真正的弥补,更不应当进行利润分配。尤其需要指出的是,与纯粹的补亏不同,利润分配、特别是对股东的分派带来的是真实的资源流出。其结果是,基于单纯的会计处理程序而产生的股东权益的账面增加却导致公司资产的真实流出。这无异于赤裸裸的资本减损,不仅可能危及债权人的利益,而且可能动摇公司自身财务基础的稳健性、阻碍公司的长远发展。

由此来看,《公司法》对资本公积补亏的规制,不在于绝对地禁止资本公积补亏,而在于明确公司亏损弥补的先后顺序,避免资本公积变相进行利润分配。这种规制方式既体现了资本公积补亏本身的逻辑,也承继了公司法保护债权人利益的传统,同时更体现了现代公司法对公司自身稳健发展的真正关注。

三、证券监管的视角

1. 资本公积补亏禁令的源头：债务重组博弈

资本公积补亏争议，源于我国证券市场中上市公司与监管者之间的"上有政策、下有对策"的博弈过程，同时也是我国证券监管用财务指标作为监管工具的一种必然结果。

资本公积补亏的前身是债务重组收益扭亏。1998年财政部发布《企业会计准则——债务重组》，规定在债务重组过程中，债务人可以将债权人放弃债权或作出的其他让步确认为债务重组收益，计入债务人的当年损益中。这本来是一个普通的会计准则，与国际上对债务重组事项的会计处理原则也是一致的。[①] 不过我国上市公司很快发现该制度的衍生价值——一条新的创造收益的途径。因此有亏损之虞的上市公司纷纷在年底突击进行债务重组，扭亏为盈。鉴于此，财政部在2000年年底紧急修改会计准则，将债务重组收益确认为资本公积，不得计入利润。人们希望这将阻断一大批连续亏损的公司借助债务重组收益而实现快速扭亏的道路。

然而，上市公司又在修改后的《企业会计准则——债务重组》(2001)中找到了新的突破口，那就是利用资本公积弥补亏损。两家巨额亏损公司郑百文和渝钛白在2001年初前后发布公告称，拟用资本公积弥补亏损。有心人甚至发现，早在1996年，当时的亏损大户北旅股份就是进行了此种操作，从而甩掉了亏损的包袱。人们担心，重组收益通过"资本公积去弥补亏损"这一中介依然"充当"了利润，新旧会计准则取得了"殊途同归"的效果，从而导致监管者为规范上市公司债务重组行为的努力失去意义。《公司法》在资本公积补亏问题上的含糊不清似乎也给了这些公司的规避行为提供了保护伞。因此，从证券监管的角度看，为了挫败上市公司在债务重组会计处理问题上的新对策，最好的办法当然是禁止资本公积补亏。

2. 公司法与证券法的分工

然而，这种证券监管的逻辑并不能在《公司法》以及会计制度上得到支持。如前所述，"资本公积补亏"并非天然的不合理，只有那些基于会计处理程序而产生的、尚未实现的股东权益的增长不能用于补亏。债务重组下的收

[①] 对该会计准则的意义与局限性的分析，参见刘燕：《债务重组会计准则与债权人利益的保护》，载《会计研究》2000年第7期。

益恰恰是属于可以用来弥补亏损的资本公积项目。不论是债权人豁免债务、减少利息，还是债权转股权，所形成的资本公积都属于已经实现的股东权益，因为这些资本公积项目所代表的资金或资产都曾经真实地存在过，由债权人以银行信用或者商业信贷的方式提供给债务人使用，投入到了债务人的经营中，并随着债权人放弃债权而成为债务人公司股东的权益。尽管这些债务重组大多有关联交易之嫌，有些很明显是大股东为保住上市公司的"壳"资源而给予的利益输送，但是它们确实无法直接用"资本公积补亏"规则本身来加以规制。

由此来看，发源于上市公司债务重组的"资本公积补亏"，虽然其流弊彰显于证券市场，却无法通过在《公司法》层面的完善而达成证券监管之目的，更不宜在《公司法》中简单地、粗暴地颁布所谓的"资本公积不得补亏"的禁令。事实上，我国证券监管部门也承认了这一现实。在中国证监会2001年发布的《公开发行证券的公司信息披露规范问答第3号——弥补累计亏损的来源、程序及信息披露》（证监会字〔2001〕16号）中，监管部门认可了上市公司用资本公积弥补亏损的行为，并明确了用于弥补亏损的资金来源的顺序。

然而，不知是疏忽还是有意，监管者在该文件中只说明"可以用资本公积中的股本溢价、接受现金捐赠、拨款转入及其他资本公积明细科目部分"弥补亏损，未直接针对债务重组收益项目作出解答，更没有明确肯定债务重组形成的资本公积可以用来弥补亏损。这种做法可能是为了避免给人以"支持上市公司利用债务重组制造资本公积补亏"的印象，但是它隐约传递出的信息更像是监管者不甘彻底承认它在与上市公司这一回合的博弈中遭到失败。

其实，这并不能算是证券监管者的失败，它只不过是昭示了用财务指标作为证券监管工具的局限性——不得不受制于财务会计规则本身的逻辑和局限。立法者和监管者更应当关注的不是资本公积补亏行为本身，而是上市公司滥用资本公积补亏的目的。实践中，不论是用债务重组收益扭亏为盈，还是用债务重组形成的资本公积补亏，上市公司千方百计想要规避、对抗或者消解的是"连续三年亏损退市"或者"连续三年盈利可再融资"等证券监管措施。以公司融资本质上是一种市场行为的角度来观察，这些监管措施本身的合理性存在较大争议。然而，不反思目的本身是否正当，却一味追求手段上的极致，其实是一种本末倒置。如果由此甚至罔顾手段自身的逻辑，这不免更要贻笑大方了。从这个角度看，2005年《公司法》第169条创设资本公积补亏的禁令，扮演的正是如此角色。

3. 新的博弈方式：资本公积曲线补亏

资本市场中监管者与被监管者之间的博弈并未因《公司法》的资本公

补亏禁令而终结。在2005年开始的股权分置改革过程中，ST飞彩公司提供了一个曲线补亏的范例。该公司的股改方案为：先以资本公积向全体股东每10股转增22股，再由非流通股股东将其获增股份中的29120000股转送给流通股股东，最后全体股东以每10股减6.7335股的方式减资弥补亏损，流通股本从股权分置改革前的91000000股增加到改革后的104632528股。对股改方案出具法律意见的安徽某律师事务所认为，《公司法》并未禁止用注册资本弥补亏损，且"减资弥补亏损"与《公司法》"资本公积金不得用于弥补公司的亏损"的立法本意也不冲突。不过，为消除资本公积补亏的嫌疑，ST飞彩上述股改方案分两年操作，第一年进行资本公积转增；第二年减资补亏。

或许是由于股权分置改革成功压倒一切的重要性，监管者对于股改方案中潜藏的财务违规行为并未采取措施，以免阻碍股份分置改革的完成。因此，以"资本公积转增—减资弥补亏损"方式进行的曲线补亏成为公司财务运作中的一个灰色区域，直到六年之后才得以澄清。2012年3月23日，中国证券监督管理委员会发布了《上市公司监管指引第1号——上市公司实施重大资产重组后存在未弥补亏损情形的监管要求》，明确要求资本公积金不得直接或间接用于弥补公司的亏损。该指引出台的背景是一些上市公司进行重大资产重组后依然存在巨额的未弥补亏损。为此，这些公司上报证监会，希望能"照搬"2001年"郑百文重组事件"，利用资本公积来弥补亏损，从而能够进行现金分红，并进而符合再融资的条件。然而，证监会对此给予了否定的回答：

> 上市公司发行股份购买资产实施重大资产重组后，新上市公司主体全额承继了原上市公司主体存在的未弥补亏损，根据《公司法》《上市公司证券发行管理办法》等法律法规的规定，新上市公司主体将由于存在未弥补亏损而长期无法向股东进行现金分红和通过公开发行证券进行再融资。对于上市公司因实施上述重组事项可能导致长期不能弥补亏损，进而影响公司分红和公开发行证券的情形，现明确监管要求如下：一、相关上市公司应当遵守《公司法》规定，公司的资本公积金不得用于弥补公司的亏损。二、相关上市公司不得采用资本公积金转增股本同时缩股以弥补公司亏损的方式规避上述法律规定。……

上述第二项要求实际上是证监会时隔六年之后对ST飞彩公司曲线补亏的表态，即上市公司不能以规避方式补亏。这使得进行重大重组的公司通过资本公积补亏，变相恢复账面利润的意图再次破灭。当《公司法》的规定被上市公司轻而易举地规避时,证券监管措施的威力显露无遗,这也再次提醒我们关注《公司法》所内含的局限性。

四、税法的视角

1. 资本公积补亏损害股东利益吗?

对资本公积补亏的另一种批评声来自税法角度的分析。有观点认为:"以资本公积金弥补亏损,将会使企业丧失税前利润补亏的权利及相应的利益,实际上严重损害了公司及其全体股东的利益。"①根据我国现行的企业所得税法规定,企业的亏损可以用以后年度的税前利润弥补,因此,一个盈利的企业可以用当年盈利来弥补其以前年度的亏损,从而少交甚至免交企业所得税。从这个意义上来说,企业账面上未弥补的亏损实际上对一个成功扭亏的企业而言是一笔财富,而不是一种包袱。相反,如果企业先用资本公积补亏了,当年实现的盈利就不得不缴纳所得税。如果再考虑该税后利润分配给股东时在股东层面缴纳的股息红利所得税,公众股东为此付出的代价是高达 46.4% 的当年盈利将作为税款支出,而它本可以通过弥补亏损,保全资本公积的方式而全部留在企业中。②

上述从税法角度进行的分析,辅之以数量化的例证,似乎更加印证了上市公司用资本公积补亏的非正当性,以及 2005 年《公司法》禁止资本公积补亏的合理性。然而,这一分析进路中有一个根本性的错误,那就是混淆了亏损弥补这一财务会计的处理过程与税法上的亏损结转制度之间的界限,将财务会计与税务会计混为一谈,罔顾我国自 20 世纪 90 年代的财务会计与税收制度改革以来实行的财务会计与税务会计分离的基本框架。

2. 亏损结转 vs. 亏损弥补

税法上的亏损结转,是指当企业某一年度应纳税所得为负数,即出现税

---

① 《资本公积金补亏 正在摧毁股东财富》,载《新快报》2005 年 12 月 10 日,来源:http://opinion.news.hexun.com/detail.aspx?lm=1787&id=1443596,2006 年 4 月 20 日最后访问。

② 这里的计算是以个人股东为基础的。个人股东收到的股息红利按照 20% 的税率纳税。假定公司将税后利润全部分配给个人股东,税负相当于盈利的 13.4%[=20%×(1-33%)],加上由公司负担的 33%,股东的综合税负为 46.4%。如果是企业股东,由于其收到的股息红利计入企业的综合所得计征,所以无法做这样直观的计算。

法意义上的"亏损"①时,税法允许企业将该亏损与以前或以后若干年度的应税所得相抵销,从而给予退税或者减少应税所得的一种制度安排。亏损结转制度的目的在于校正所得税按年计征的弊端,平衡经营状况波动较大的企业在一定年度内的所得税负,从而保障纳税公平原则的实现。② 它是各国税法中普遍存在的一项制度。我国《企业所得税法》第18条规定:"企业纳税年度发生的亏损,准予向后年度结转,用以后年度的取得弥补,但结转年限最长不得超过5年。"

从内容上看,税法上的亏损结转与公司法财务会计制度规定的弥补亏损完全一致,但二者其实是两个完全独立的程序。在我国目前实现的财务会计与税务会计分离的模式下,公司用资本公积补亏是一个财务处理过程,反映在资产负债表中所有者权益项下的各种变动。另一方面,公司必须按照所得税法的规则进行纳税所得的计算与申报,对会计利润进行调整。财务处理与纳税申报是两个完全不同的程序,"应税所得"与"会计利润"也是完全不同的两个概念。不论公司在财务会计上如何用哪种资金来源弥补累积亏损,都不会影响到"应税所得"的计算。从理论上说,当该公司进行纳税申报,计算本年度的应税所得时,都可以用以前年度的亏损来抵销本年的盈利,只要该累积亏损距当前年度不超过5年。因此,那种认为先用资本公积补亏,当年盈利就需要全额纳税的观点是完全错误的。

另一方面,如果累积亏损中有一部分已经超过了5年,按照税法的规定不得在税前弥补,只能用税后利润来补亏。这也就意味着,该公司已经走完了税法上的亏损结转程序,该部分亏损只能在财务程序中用税后利润或者公积金来弥补了。在这种情况下,无论公司是用资本公积补亏还是用当年利润补亏,都不会对公司当年的"应税所得"计算产生任何影响。

由此可见,当下流行的从税法的角度对资本公积补亏的批评是站不住脚的。它混淆了会计处理程序与纳税计算程序之间的界限,忽视了"会计利润"

---

① 由于财务会计与税务会计的分离,企业计算的应税所得与会计利润往往是不一致的,可能出现在会计上有利润,但调整为所得额时出现负数的情形。关于财务会计与税务会计的分离,参见刘燕:《会计法》,北京大学出版社2001年版,第21—24页。

② 从理论上说,企业所得税应当以企业经营的最终所得为依据进行征收,但由于企业持续经营的特点以及永续经营的可能,按最终所得计税不具备可操作性。因此企业经营成果的陈报和纳税都以会计分期为基础,所得税的课征则一般以年度经营所得作为计税依据。由此产生的问题是,由于企业经营状况的波动,在各个纳税年度中按照税法计算的应纳税所得可能有正有负,如果盈利年度纳税,亏损年度不允许结转,就可能产生纳税上的不公平。经营状况波动越大的企业承担的税收负担越大。若不加以校正,则会抑制企业创新、开拓进取的积极性。对税收亏损结转制度及其与亏损弥补制度之间关系的一个非常精辟的分析,参见付澎:《税前补亏:一个历史性的误读》,http://ibed.blogchina.com/467211.html,2019年9月20日最后访问。

与"应税所得"的本质区别。资本公积补亏并不会导致"企业丧失税前利润补亏的权利及相应的利益",更没有"严重损害了公司及其全体股东的利益"。

3. 国家税务总局对"弥补亏损"的误读

值得注意的是,对于会计上的弥补亏损程序的特点,国家税务总局似乎也没有给予充分的理解。2010年12月28日,国家税务总局在官网上回复企业关于减资弥补亏损的税务处理的意见时,竟然将减资弥补亏损的程序视同企业获得捐赠收入。这里照录其答复如下:

> 上述事项(企业减资弥补亏损)可以理解为你公司减资后将款项归还给股东,股东再以同样的款项捐赠给你公司用以弥补亏损,根据《企业所得税法》第六条第八款规定:"企业以货币形式和非货币形式从各种来源取得的收入,为收入总额,其中第八款为接受捐赠收入。"因此应调增当年度应纳税所得额。①

公司减资可分为实质减资和名义减资。实质减资是真正意义上的减少资本,即公司形成大量的过剩资本时,为避免资本的浪费而由公司将多余的资本返还给股东。名义减资一般是由于公司经营不佳,亏损过多,造成公司实有资产大大低于公司注册资本总额时,公司以减少注册资本总额的方法来弥补亏损的行为。所以,名义上的减资,并不会发生公司实有资本的减少并现实地返还给股东的情况,而只是名义上减少了公司注册资本的数额。

公司通过减资来弥补亏损正属于名义减资。当公司存在重大损失,导致资本实际亏蚀,甚至净资产为负数时,相当于股东投入资本已经全部损失,不可能收回任何资金。此外,根据《公司法》,减资必须公告并经过债权人同意或向债权人提供担保,以防止股东的自肥行为。由此来看,公司股东更不可能在此种情形下获得债权人的同意而收回出资。事实上,因此种名义减资下不可能存在股东的自利行为(——有限责任已经限制了股东的最大责任边界),因此,一些国家的公司法甚至不要求此种减资必须以获得债权人的同意为前提。

当然,国家税务总局的观点未必代表我国其他税务机关的理解。事实上,在此之前,一些地方的税务机关已经作出对弥补亏损程序的正确判断。例如,重庆市国家税务局2009年1月9日网上回复纳税人的提问时指出:

---

① 舟行税海:《减资(缩股)弥补亏损的财税处理》,2011-11-05,http://blog.sina.com.cn/s/blog_804385a60100vqrb.html,2020年7月20日最后访问。

按照《中华人民共和国公司法》规定,公司需要减少注册资本时应符合以下条件:1. 公司减资,应事先通知所有债权人,债权人无异议,方允许减资;2. 经股东会决议同意,并修改公司章程;3. 公司减资后的注册资本不得低于法定注册资本的最低限额。

企业因严重亏损而减资的会计处理为:借记"实收资本"或"股本",贷记"利润分配——未分配利润",金额为因严重亏损而减少的资本或股本数。

税务方面没有特殊规定,但变更注册资本属于应作税务登记变更的事项,所以企业减少注册资本要到工商部门办理变更登记,并到税务部门办理变更税务登记。①

总言之,减资弥补亏损只是名义上减资,股东不会实际收回资金,也不可能将减少的资本"捐赠"给被投资企业。它不过是一个简单而直接的账务处理,股东不需要作为捐赠支出进行纳税调整,而被减资的公司也不需要确认捐赠收入。

五、大路朝天,各走一边

基于我国证券市场中监管者与上市公司之间的博弈而凸显的资本公积补亏问题,以 2005 年修订的《公司法》第 169 条创设"资本公积补亏"禁令而结束。这一看上去很美的规则创新引发我们对资本公积制度的功能以及实现方式的深层思考。这是一个会计惯例与法律规制共同作用的领域。尽管资本公积规则在各国的公司法中都不过寥寥几笔,但却并不减损其对公司、债权人、股东之间利益分配与协调的意义。

我国《公司法》以往对这一主题未给予足够的重视,2005 年的《公司法》本来提供了一个绝佳的补正时机,可以明确规定亏损弥补的顺序和界限,规定资本公积中可以用于补亏的标准,同时明确资本公积补亏的顺序,从而避免资本公积变相用于利润分配。毕竟,债务重组收益只是资本公积中的一个项目,在规范资本公积的整体运作方面,《公司法》需要也能够有所作为。虽然证券监管部门出台的《公开发行证券的公司信息披露规范问答第 3 号——弥补累计亏损的来源、程序及信息披露》(2001)提出了类似的要求,但它仅规

---

① 舟行税海:《减资(缩股)弥补亏损的财税处理》,2011-11-05, http://blog.sina.com.cn/s/blog_804385a60100vqrb.html,2020 年 7 月 20 日最后访问。

定了盈余公积与资本公积补亏的先后顺序,并没有明确当年利润必须先期弥补亏损,无法解决公司"先用资本公积补亏,而把当年利润用于分配,造成资本公积变相分配"的问题。更关键的是,利润分配下的各方利益平衡是各类公司共有的问题,并非仅限于上市公司。因此,《公司法》有必要提供公司弥补亏损的基本规则,它同时也可以修补证券监管法规留下的漏洞。

然而,我们最终让这个机会悄然滑落。或许是为了适应证券监管的需求,或许是因为税法上的认识误区,或许是法律人对公司财务运作规则的陌生,或许是因为会计人对法律传统约束的机械坚持,2005年《公司法》并没有克服原来的资本公积规则过于简略,无法为公司合规的财务运作提供指导,却容易成为各种财务操纵手段的保护伞的弊端。相反,由于明确地"禁止资本公积弥补亏损",我们创设了一项可能在各国公司法中绝无仅有的规则。它粗暴地限制了公司财务运作上的自主权,完全漠视资本公积自身的运动规律。无须再评"公积金用于扩大公司经营"之类的规则凸显对公司财务运作逻辑的无知,举一个最极端的例子,当公司遭遇重大亏损时,哪怕是注册资本都会用来弥补亏损(如域外公司法上的形式减资),如何又能禁止资本公积补亏呢?

对资本公积补亏问题短短几年的监管经验告诉我们,每一部法律、每一类规则都无法逾越其固有功能的边界,公司法也不例外。勉为其难的最终结果可能是连自己最基本的作用都无法实现。这方面,会计准则可能提供了一个最好的范例。《企业会计准则——债务重组》(2001)为证券监管之目的,创造了"债务重组收益计入资本公积"这一独特的中国式会计确认规则。然而,这不仅没有挫败证券市场中上市公司滥用债务重组的企图,反而连客观、中立、公允地反映交易本身的实质这一最基本的功能都丧失了。最终醒悟过来的财政部在2006年2月发布了新的《企业会计准则第12号——债务重组》,将债务重组收益重新计入营业外收益,放弃了《企业会计准则——债务重组》(2001)计入资本公积的做法,又回到了其自身的逻辑上。有所不为,才能有所为。

当然,债务重组会计准则向原点的回归并不意味着上市公司从此又可以恣意利用债务重组操纵利润。事实上,债务重组真正被滥用的情形大多发生在关联交易中。我国证券监管部门在会计准则回归后终于意识到这一点。2008年11月9日,中国证监会发布了《企业会计准则——基本准则(2006)》实施后的第一份会计监管报告报告——《上市公司执行企业会计准则监管报告2007》,针对上市公司利用债务重组进行利润操纵问题进行了分析,建议会计准则制定机构采取措施,针对上市公司与控股股东及其关联方之间包括债务重组交易在内的关联交易"作出特殊的规范,以从会计上反映上述交易的实质"。2008年12月,财政部在《关于做好执行会计准则企业2008年年报工作的通知》中作出了回应,明确规定:"企业接受的捐赠和债务豁免,按照会计准则规定符合确认条件的,通常应当确认为当期收益。如果接受控股股东或控股股东的子公司直接或间接的捐赠,从经济实质上判断属于控股股东对企业的资本性投入,应作为权益性交易,相关利得计入所有者权益(资本公积)"。据此,中国证监会和交易所在2008年报审计和发布过程中也发布相关指南,要求将来自关联方豁免交易所形成的债务重组收益计入资本公积。由此来看,证券监管者与会计准则制定者之间的积极互动最终实现了对债务重组的规制有的放矢、卓有成效。

一个无法回避的问题是,当上市公司已经不再需要依赖"债务重组—资本公积—弥补亏损"的路径,当证券监管者开始考虑基于特定的监管目的而设计监管指标,不再固守或者受困于单纯的财务会计数据或者《公司法》之教条①,2005年《公司法》第169条还有什么存在的价值?从长远来看,《公司法》究竟应该与谁互动?

---

① 这方面已经不乏先例。例如,为改变上市公司忽视小股东利益,有盈利而不分的状况,我国证券监管部门要求拟配股的公司须前期进行了现金分红,尽管《公司法》本身并没有确立强制分红制度。类似地,在资本公积补亏问题上,监管者可以直接规定,在确定企业是否因三年连续亏损而退市时,不考虑基于债务重组或其他非经常性业务所产生收益,从而从根本上消除公司进行财务操纵的动机。

第十五章 股票期权激励的法律与会计约束

——从"伊利股权激励事件"谈起

> 管理层薪酬,不在于给什么,而在于如何给。
>
> ——迈克尔·詹森[①]

2008年1月31日,中国乳制品行业的龙头企业——伊利股份发布了其上市十五年来的第一份预亏公告,称公司2007年度将出现亏损。此前公司报告2007年前三个季度已实现净利润3.3亿元、每股收益达到0.64元,但因为公司实施股票期权激励计划,依据会计准则的相关规定,当期确认股票期权费用而致亏损,为此特提醒投资者注意投资风险。市场应声下跌,当天跌停收盘,60个交易日内跌幅甚至高达37%。[②]

因实施股权激励计划招致亏损,这实在是一个天大的黑色幽默。众所周知,实行股权激励制度的目的是为了充分调动上市公司高级管理人员及员工的积极性,促进上市公司经营业绩的提高。而如今,伊利股份却因为实施股权激励计划而导致公司亏损,岂不是与股权激励的初衷相背离?这到底是公司管理层的问题还是股权激励的问题?市场人士对此争议不休。失望的投资人指责公司管理层掠夺了股东的收益,甚至认为"股权激励不过只是上市公司管理层的盛宴而已,通过股权激励来提高上市公司的业绩,只是一种美好的愿望";而一些证券分析人士则不断强调,公司亏损仅仅是会计处理的结果,属于会计准则适用导致的"纸面损失",对公司价值没有任何不利

[①] Jenson, Michael & Murphy, Kevin, "CEO Incentives—It's Not How Much You Pay, but How", *Journal of Applied corporate Finance*, vol. 22, no. 1, 2010, pp. 64-76.

[②] 伊利股份发布预亏公告前一个交易日的收盘价为26.91元。公告当日以24.40元低开,收于跌停板。此后连续阴跌,截至4月22日,创下16.88的最低价,跌幅达37%。当然,这一时期也正是中国股市大盘暴跌的时期,大盘从1月30日的收盘价4330点跌至4月22日的收盘价3147点,跌幅达27%。伊利股份较大盘多跌10%,也基本上是预亏公告发布当日的跌幅。资料来源:招商证券网上交易系统数据库。

影响。① 伊利自己则惊觉会计处理发生了错误,在数月后正式披露的2007年年报中修订了股权激励费用的分摊方式,将2007年亏损额急剧缩减到不足2000万元。

笔者以为,伊利因股权激励而亏损是一个具有典型意义的事件,它清晰地展现了股权激励在"金手铐"的光环下对投资者利益不利的一面,同时也暴露出现行股权激励的法律框架在约束经理人过度激励方面的不足。至于伊利因股权激励的会计处理而出现巨额亏损,这并非会计准则的"错误",也非会计准则适用引发的不幸事件。恰恰相反,正是会计准则对期权的认定方式将股权激励背后管理层与股东之间的利益冲突直观地展示出来,它在某种意义上成为一种特殊的约束方式,弥补了法律约束的不足。当然,"伊利事件"以如此令人瞠目结舌的方式呈现,同时也展示了会计准则约束方式的局限性。从这个意义上说,"伊利事件"作为一个标本,提出了一个在理论与实践层面均有意义的命题,即只有将法律规则与会计准则有机结合起来,才能实现对经理人股票期权的有效约束。

本章将结合"伊利股权激励事件",讨论法律与会计在规制经营者股票期权上的互动关系。股权激励包括股票期权、限制性股票、股票增值权等不同工具,针对经营者的激励与针对员工的激励也不相同。笔者选择以经营者股票期权为题,是因为股票期权长期以来是股权激励工具的主流形式,授予经营者的股票期权所引发的利益冲突——激励过度导致的行为扭曲——也最先暴露出来,并引起广泛的关注。在此过程中,会计约束方式的成型及其与法律约束之间的紧张关系,也最为典型地反映了公司财务运作的多元规制路径的一些特点。下文第一部分首先提出经理人股票期权中的利益冲突命题,指出判断期权激励计划合理性的内在困难。第二部分描述我国现行法律体系对经理人股票期权以程序导向为特征的约束方式。第三部分介绍会计准则如何通过股票期权费用化的方式来揭示股权激励中的利益冲突,以及由此对管理层的自利动机形成的间接约束。在讨论了法律与会计规则各自约束方式的特点的基础上,第四部分将以"伊利股权激励事件"为样本,描述会计准则所力图揭示的股东为经营者股票期权所付出的代价,着重分析会计准则对管理层的间接约束为什么会失效。最后总结了法律与会计两种约束方式独立运作所产生的问题,探讨将二者结合起来,特别是借鉴会计准则的适用

---

① 有关的争议,可参见贺建业:《股权激励负面效应显现 伊利股份预亏》,载《上海证券报》2008年1月31日;肖柳:《伊利股份期权费用摊销能否悠着点》,载《证券时报》2008年2月1日;李晓晔:《2007年亏损 伊利与基金公司"二人转"》,载《21世纪经济报道》2008年2月17日。

来填充、强化法律的程序控制之可能性。

一、经理人股票期权中的利益冲突与"合理性"判断之困

以股票期权计划为代表的股权激励,在过去的十几年里被视为解决公司代理成本问题的有效途径,因为它将公司收益的剩余索取权部分地配置给了经理人,从而将经理人个人收益与公司长期发展联系在一起。[①] 股票期权给予受赠人在未来的特定时期内以预先确定的价格购买公司股票的权利;如果公司发展良好,未来股价持续增长,管理层行权购入股票时的市价与行权价之间的差额就构成了管理层的收益。一般来说,公司给管理层授予期权数量时比较慷慨,管理层获得的利益可能非常大。[②] 据 2005 年的一个资料统计,在股权激励最普遍的美国,管理层的薪酬计划中源自股票激励的部分已经占到 67% 以上,远远超过传统的工资、津贴、年终奖等。[③]

从法律形式来看,股票期权是面向未来的一纸合约,公司授予管理层股票期权并没有流出任何资产;相反,当管理层行权时还需要向公司缴纳认股资金,增加公司的资本金,故经理人股票期权似乎是有百利而无一害的事情。实质并非如此。管理层行权时的股票市价往往远远高于行权价,如果公司将此部分股份在市场出售,募集的资金要远多于管理层缴纳的认股资金。市价与行权价之间的差额就是公司让渡给管理层的利益。管理层行权的结果是摊薄了所有股东的每股净资产,对现有的其他股东的利益构成一定程度的牺牲。不仅如此,股票期权的巨大利益诱惑也刺激了美国公司通过财务造假来谋取短期股价上涨,实现期权价值的最大化。苹果公司等一大批华尔街宠儿也陷入倒签股票期权日的丑闻。

当然,如果管理层所获得的利益相较于其对公司的贡献来说是合理的,股东们愿意作出这种牺牲。"合理性"标准既是一种普通人基于常识的结论,也成为域外法律认可的一般原则。[④] 美国特拉华州法院在 20 世纪 60 年代的 *Beard v. Elster* 一案中,把这个法律原则表述为一个两步式的分析思路:"所有的股票期权计划都应当符合以下要求,即它们包含这样的条件或者相

[①] 参见张维迎:《所有权、治理结构与委托代理关系》,载《经济研究》1996 年第 9 期。
[②] 关于美国企业上个世纪末经理报酬构成的一个实证研究,参见凯西·B. 鲁克斯顿:《1997 年经理报酬研究:美国标准普尔 1500 家超大型企业的实践》,载梁能主编:《公司治理结构:中国的实践与美国的经验》,中国人民大学出版社 2000 年版,第 313—385 页。
[③] 张洁、胡润峰、赵逸荻:《解密金手铐》,载《财经·金融实务》(总第 10 期),2006 年 7 月 24 日出版。
[④] Robert C. Clark, *Corporate Law*, Aspen Publishers, Inc, 1986, p. 216.

关的要素,那就是公司可以合理地期待从授予期权中获得预期利益。不仅如此,在授予的股票期权的价值以及公司获得的利益之间应当存在合理的联系。"①

然而,不论是计量股票期权的价值,还是建立"股票期权价值与公司获得的利益之间合理联系",都是非常复杂而困难的问题。实践中,股票期权的计量问题依赖金融工程学的技术手段已经大体得到解决,诺贝尔经济学家得主发明的布莱克-斯克尔斯(Black-Schole)公式在期权计量中广泛采用。② 但是,在股票期权价值与公司价值增长之间搭建起因果联系几乎是一个不可能完成的任务。人们可以在"管理层的努力"之外,提出太多的因素来解释公司利润增加或者股价上涨,如利率变化、商业周期、商品价格、投资大众心理、劳资关系、资本市场的有效与无效,等等。当然,任何一个因素的独立影响恐怕都难以确定。③ 鉴于人力贡献计量的困难,不少经济学家强烈反对人为干预报酬的确定,主张由市场力量来调节经理人报酬水平。按照他们的观点,只要存在一个完全竞争的经理人市场和猎头公司,并且给这个市场提供充分的信息,经理人薪酬就能够得到一个相对客观的标准,这比由市场之外的法院来判断管理层贡献的大小更加合理,也避免人为的干预造成经理人市场的流动障碍。

面对各种相冲突的理念,在经理人股票期权盛行的美国,"法律体系在干预监管与完全自由放任之间选择了一条中间路线。这条路线包括两个方面:强化市场机制的措施以及安全阀的设置"。④ 市场强化措施强调信息公开和决策公正,公司应当向市场充分披露薪酬信息,同时薪酬计划尽可能地有由独立的、无利害关系的董事作出。安全阀则指法院保留了对过高的不合理报酬进行矫正的最终可能性。当然,法院在审查股票期权计划的合理性时,依然采取的是程序导向的法律控制手段——诉诸董事会的商业判断,而不是确定合理性的实质价值。特别是在股票期权计划已经得到了无利害关系的董事批准和股东认可的情形下,法院更倾向于尊重董事会的决定。

有关股票期权的信息披露要求则集中体现在美国证券交易委员会(SEC)发布的管理层薪酬披露规则中。SEC前主席Cox先生认为,管理层薪酬问题源于从透明到模糊的偏离;如果有充足的信息,市场能够自行解决好

---

① Beard v. Elster, 160 A. 2d 731 (Del. 1960), p. 737。
② 弗雷德里克·D. 李普曼:《员工持股计划实施指南》,张新海等译,电子工业出版社2002年版,第136页。
③ 〔美〕曼昆:《经济学原理》(下册),梁小民译,生活·读书·新知三联出版社、北京大学出版社1999年版,第22—38页。
④ Robert C. Clark, Corporate Law, Aspen Publishers, Inc, 1986, p. 193.

管理层过高薪酬的问题。因此,监管的目的是使薪酬信息更清晰,而不在于控制管理层薪酬可能过度(wage clarity, not wage control)。①

不论是美国各州公司法还是 SEC 的披露规则,都没有对经理人股票期权设定任何具体规则,更没有对最大价值进行限制。然而,美国所得税法区分"激励型期权"(Incentive Stock Options)与"非激励型期权"(Non-Qualified Stock Options),对前者适用迟延纳税的优惠政策。这样一来,税法对激励型期权设定的条件客观上成为对经理人可获利益的一种实质性限制。它们包括(但不限于):(1) 期权有效期不超过 10 年;(2) 期权价格不低于授予日股票的公平市价;(3) 授予时获受人持有的股票投票权不超过公司全部投票权的 10%;(4) 一年内可以首次进行行权的期权计划下股票的公平市价总和不超过 10 万美元;(5) 在授予期权后两年或行权日后一年,股票没有被卖出或没有处于失权状态,等等。②

二、法律的规制方式及其局限

股权激励也是我国近年资本市场中一个热点话题。在 2005 年之前,由于法律的制约,股权激励在实务中一直没有普及开来。2005 年《公司法》的修改,解除了对股票回购、管理层任职期间变现股份的严格限制。2005 年 12 月,中国证监会发布了《上市公司股权激励管理办法(试行)》,确立了股权激励的具体操作流程。财政部、国家税务总局则联合发布了《关于个人股票期权所得征收个人所得税问题的通知》,对股权激励的税收问题予以了明确。2006 年 2 月 15 日,财政部印发了《企业会计准则第 11 号——股份支付》,对股权激励的会计处理作出了明确规定。法律与相关政策的完善给股权激励的实际操作提供了制度保障,从此,我国的上市公司股权激励逐步推广开来。

目前,我国对经理人股票期权的监管方式,实质上也是一种强调信息公开、程序导向的约束机制。

《公司法》没有对管理层薪酬问题做任何具体规定,而把决定权交给了董事会,由董事会"决定……公司经理及其报酬事项,并根据经理的提名决定……公司副经理、财务负责人及其报酬事项",同时董事会有权"制定公司的基本管理制度"(《公司法》第 46 条),其中包括薪酬制度。由于股权激励

---

① Christopher Cox, SEC Chairman's Opening Statement: Proposed Revisions to the Executive Compensation and Related Party Disclosure Rule (Jan. 17, 2006), available at http://www.sec.gov/news/speech/spch011706cc.htm last visited on April 20, 2012.

② Inland Revenue Code, section 422.

涉及公司发行股份，股份来源或者是公司发行新股，或者是回购流通在外的股份，这两种方式在现行《公司法》下都属于股东大会决策事项。因此，按照现行《公司法》，股权激励计划由董事会提出，股东大会批准。

实践中，中国证监会以及国资委分别针对上市公司、国有控股企业的股权激励制定了管理办法，对股权激励的形式、数量、行权价、等待期等问题加以明确。这一点与美国股票期权的相关规则源自税法有根本性的区别。以中国证监会《上市公司股权激励管理办法》(以下简称《管理办法》)①为例，其主要的监管规则体现在股票期权构成要件、审批程序、信息披露三个方面。

1. 关于股票期权的基本构成要件及其限制

按照《管理办法》，上市公司可以对董事、监事、管理层以及员工实施股权激励，采取股票期权、限制性股票以及股票增值权等不同形式。股权激励可所涉及的标的股票总数累计不得超过公司股票总额的 10%。任何一名激励对象可获得的股票原则上不得超过公司股本总额的 1%。股票期权计划的有效期不得超过 10 年，其中，授予日与首次可以行权日之间的间隔(等待期)不得少于 1 年。针对董事、监事及管理层的激励应当以绩效考核指标作为实施股权激励计划的条件。为避免利益输送，《管理办法》还对股票期权、限制性股票的行权价格进行了限制。以股票期权为例，行权价不应低于期权计划草案公布前 1 日的公司股票交易均价；或前 20 个交易日、60 个交易日内、120 个交易日的公司股票交易均价之一，以较高者为准。

2. 关于股票期权计划的确定程序

股票期权计划的确定，涉及董事会(包括下属委员会及独立董事)、独立财务顾问、律师、股东大会等一系列决策程序。

股票期权计划草案由上市公司董事会下设的薪酬与考核委员会负责拟定；薪酬与考核委员会认为必要时，可以要求公司聘请独立财务顾问，对激励计划的可行性、是否有利于公司的持续发展、是否损害公司利益以及对股东利益的影响发表专业意见。同时，公司应当聘请律师出具法律意见书，独立董事也需要发表独立意见，说明激励计划是否存在明显损害公司及全体股东利益。激励计划由公司股东大会审议表决；独立董事应当在公司发出召开股东大会通知时，就激励计划向所有的股东征集委托投票权。

3. 关于信息披露

上市公司在股权激励计划制定过程中，应当公布激励计划草案、财务顾问意见书、法律意见书等文件，为股东大会表决提供完整的信息。此外，公司

---

① 《上市公司股权激励管理办法》于 2016 年 7 月 13 日由中国证监会发布，2018 年进行了修订。其核心规则与之前的试行办法相比没有本质变化。

还应在定期报告中披露期内股权激励计划的实施情况,包括报告期内激励对象的范围、报告期内授出、行使和失效的权益总额、报告期末累计已授出但尚未行使的权益总额、股权激励的会计处理方法等。①

总结《管理办法》的上述规定,可以发现,我国的证券监管部门也基本采纳了 SEC 所奉行的"薪酬透明化,而非薪酬上限控制"的监管理念,但其角色比美国 SEC 更为积极一些,主要体现在以下三个方面:一是通过《管理办法》对股票期权的构成要素施加了诸多限制,实际上与美国税法对激励型股票期权设定的条件非常相似;二是从公司治理的角度对股票期权计划的提出与批准程序作出了非常详细的规定,将董事会、薪酬委员会、独立董事、监事会、公司法律顾问的职责纳入其中,并附之以充分的信息披露;三是对上市公司或相关人员在实施股权激励计划过程中的违法违规行为进行处罚。此外,2005年的《试行办法》曾要求公司将激励计划报证监会备案,使得证监会对激励计划有最终的话语权。不过,现行《管理办法》已不再将证监会置于股权激励计划形成过程的控制程序中。

总体上看,我国对股票期权的监管体系属于程序导向性质。《管理办法》并没有具体规定上市公司经理人的行权条件等,也没有限制上市公司高管个人能够获得的最大财富。② 它把协调管理层与股东之间利益冲突的具体方案留给了上市公司本身来确定。这种程序导向的监管方式能否有效地消除前述经营者股票期权内在的利益冲突,取决于相关决策人或审查人在判断股票期权的合理性时是否勤勉尽责,其中,一个竞争性的经理人市场的存在能够为决策人、审查人判断是否存在过度激励提供可资借鉴的标准。换言之,程序导向的法律控制方式要发挥作用,竞争性经理人市场是或缺不可的,否则股票期权的合理性判断给美国法官制造的难题,在我国也会同样困扰着公司内部的各个决策环节。

三、会计的约束方式及其意义

与程序导向的法律控制形成对比的,是强调"实质重于形式"的会计准则③在约束股票期权方面发挥的实质性作用。这种约束是通过股票期权费

---

① 《管理办法》第 42 条。
② 相比之下,国资委针对国有控股上市公司股权激励时明确提出,股权激励应控制在高管全部所得的一定比例以内。2006 年 12 月发布的《国有控股上市公司(境外)实施股权激励试行办法》第 11 条规定,境外上市的公司该比例为 40%。2008 年金融海啸后,国资委针对国内上市公司也重申了 40%的限制令。
③ 参见财政部《企业会计准则——基本准则》(2006)第 16 条规定:"企业应当按照交易或者事项的经济实质进行会计确认、计量和报告,不应仅以交易或者事项的法律形式为依据。"

用化来间接实现的。

所谓股票期权费用化,是指公司应当将授予经理人的股票期权的公允价值确认为一项薪酬费用,在经理人行权等待期内摊销,计入企业的经营成本。美国《财务会计准则第 123 号——以股份为基础的支付》(以下简称 FAS 123)①以及我国《企业会计准则第 11 号——股份支付》都明确要求上市公司将股票期权的公允价值作为费用确认。②

股票期权费用化有三重意义:

第一,按照会计原理,费用是股东权益的损耗。因此,股票期权费用化实际上确认了公司对管理层授予股票期权是对现有股东利益的一种牺牲。它代表着股东因管理层对公司提供的服务而给予管理层的报酬,如同任何税前支付的工资薪金费用一样。股票期权费用化真实地反映了股权激励计划的实质,直接展示了在股票期权问题上管理层与现有股东之间的利益冲突。

第二,有助于维护市场中投资人的利益。由于将期权公允价值作为费用确认,这样就把经理人最大的一块收入在损益表中列支,消除了利润虚增。以微软公司为例,其 2003 年开始将股票期权费用化,追溯调整 2001—2003 年的净利润,比原来报告的利润水平分别调低了 32.8%、32.9%、25.2%。③利润消肿也促使股价回到真实水平,降低了投资者购买公司股票的成本。

第三,有助于约束股票激励额的过度增长。在以经营绩效或者业绩为考核条件的股票期权计划中,扣除期权费用后的真实利润是管理层经营成果的体现,按照这一利润水平来考核管理层是否达到行权条件更合理。如果期权激励额过大,费用化的结果导致净利润下降,管理层可能因达不到行权条件而无法行权。此外,如果管理层行权与出售在很短的时间间隔内发生,出售股票时市场价格可能依然处于因期权费用化而降低的利润的影响之下,这也会使管理层出售股票期权获得畸高收益的可能性降低。上述两个方面都突出强调了股权激励与公司的真实收益之间的关联,很大程度上缓和了股票期权问题上管理层与股东之间的利益冲突。

考虑到期权费用化对公司利润的消极影响,一家理性的公司或者理性的管理层在设计股权激励计划时,会考虑不要授出太多的股票期权,以免确认

---

① 对美国期权会计准则的介绍,参见颜延:《企业改制中经理人员股票期权方案设计》,载蒋大兴主编:《公司法律报告》(第 1 卷),中信出版社 2003 年版。
② 参见财政部《企业会计准则第 11 号——股份支付》(2006)第 6 条第 1 款规定:"完成等待期内的服务或达到规定业绩条件才可行权的换取职工服务的以权益结算的股份支付,在等待期内的每个资产负债表日,应当以对可行权权益工具数量的最佳估计为基础,按照权益工具授予日的公允价值,将当期取得的服务计入相关成本或费用和资本公积。"
③ 参见"微软公司 2003 年度财务报告附录——会计政策—员工期权",http://www.microsoft.com/msft/ar03/alt/notes.htm,2008 年 4 月 20 日最后访问。

大笔费用,导致公司利润下降过快,进而引起股价下跌,无法满足行权条件,或者无法在出售时实现差价收益。笔者把期权费用化对管理层行权的影响称为"行权约束",把费用化、利润下跌影响股价从而导致出售差价收窄称为"出售差价约束"。

总结会计准则对股票期权的约束方式,其特点是通过把期权公允价值费用化,揭示股权激励计划的经济实质,特别是对公司利润及股东利益的消极影响。这些影响通过财务报表中的净利润下降数据披露出来,给投资者、市场及相关各方评价公司以及管理层行为提供决策基础。正是由于股票期权费用化的潜在后果,在美国,以硅谷高科技企业为代表的群体曾强烈地反对按照公允价值计量股票期权并确认费用,围绕着股票期权的两个会计准则——APB 25 以及 FAS 123 的争议直到"安然事件"之后才以股票期权的强制费用化而告终。[1]

需要特别指出的是,会计准则本身不对股权激励计划的合法性作出判断,甚至也不对激励计划本身的合理性进行判断,仅仅是把各方在这个过程中的受益与受损充分展示出来。如果说揭示真相有时是一种残酷,那么这可能正是市场力量的一部分;如果把强化市场力量作为改进对经理人股权激励约束方式的基本途径,期权费用化的会计准则应该说是尽心尽责地实现了这一目的。

四、"伊利股权激励事件":会计准则的"能"与"不能"

由此来看"伊利事件",可以说,正是股票期权费用化会计准则的应用,将股票期权中的利益冲突第一次生动地、充分地展现在中国的公众投资者面前,伊利公司不过是第一个在阳光下迸裂的肥皂泡。[2] 然而,"伊利事件"同时也展示出会计准则约束方式的间接性与局限性。

1. 伊利股票期权计划概况

2006 年 11 月,伊利股份公布了有效期为 8 年的股权激励计划,一次性授予管理层 5000 万份股票期权,标的股票总数占总股本 9.68%,行权价格为

---

[1] 有关美国股票期权会计准则制定过程中的争议,参见刘燕:《股票期权是一种费用吗》,载刘燕:《会计法》,北京大学出版社 2001 年版,第 271 页。对于 2003 年修订的 FAS 123 号的最终规则的介绍,参见 FASB, Summary of Statement No. 123 (revised 2004), http://www.fasb.org/st/summary/stsum123r.shtml,2008 年 4 月 18 日最后访问。

[2] 数日之后,另一家上市公司海南海药公司也因为确认股权激励费用而报亏。参见矫月:《海药亏损真相:股权激励方案不合理是根本》,载《证券日报》2008 年 3 月 11 日。

13.33元。① 同年12月28日被确定为股票期权授予日。自授予日起一年后,如果满足规定的行权条件,管理层首期可以行权不超过总份额的25%;首期行权一年后,管理层可在激励计划的有效期内自主行权。

行权条件主要内容如下:(1)根据《伊利公司股票期权激励计划实施考核办法》,激励对象上一年度绩效考核合格;(2)首期行权时,伊利股份上一年度扣除非经常性损益后的净利润增长率不低于17%且上一年度主营业务收入增长率不低于20%;(3)首期以后行权时,伊利股份上一年度主营业务收入与2005年相比的复合增长率不低于15%。

2. 会计准则对利益冲突的揭示

5000万份股票期权计划是个什么概念?伊利公司聘请的财务顾问按照布莱克-斯克尔斯期权定价模型进行测算,伊利股票期权在授权日的公允价值为14.78元/份,公司预计所有激励对象都将满足行权条件,因此5000万份股票期权的公允价值总和为7.39亿元。

根据《企业会计准则11号——股份支付》,公司应当在等待期的每一个资产负债表日,将股票期权的公允价值分摊计入成本费用。鉴于授予日为2006年12月28日,首期行权日为2007年12月28日,因此等待期涉及的年度为2006年度、2007年度。伊利公司按照25%、75%的比例将股票期权公允价值分别计入2006年度、2007年度报表。会计处理在2007年末进行,这样,伊利公司对2006年年报追溯调整了25%期权所产生的费用1.85亿元②,剩下75%的期权费用(总额达5.54亿元)计入2007年度财务报表。虽然伊利2007年经营业务实现了盈利4.4亿元,但由于摊销5.54亿元的股票期权费用,导致该年度净亏损1.15亿元。这是伊利这家中国乳制品行业龙头公司上市十余年来破天荒的第一次亏损!

会计准则适用的结果,将管理层与股东之间利益冲突以如此触目惊心的方式展示出来。虽然伊利公司以及一些证券分析人士强调,剔除股票期权会计处理本身对利润的影响数后,公司2007年净利润水平无重大波动,但这并不能改变公司亏损的现实。伊利公司2007年一年所赚取的利润,居然连支

---

① 此后由于公司实施利润分配和发行认股权证,股票期权数量调整为6447.9843万份,权行权价格调整为12.05元。但这种调整对于股票期权的公允价值以及费用化总额没有影响。本文为上下文参照便利,仅使用调整前的数量及价格。

② 不知出于何种原因,伊利公司直到2007年9月才发布公告,确定2006年12月28日(股东大会批准之日)为股票期权授予日。因此,2006年度报表中未体现股票期权的会计处理,直到发布2007年年报时才追溯调整了2006年年报,将1.85亿元的期权费用冲减2006年未分配利润。

付该公司股权激励的成本都不够①,公司给予管理层的报酬水平无论如何不能说在"合理"的范围之内。市场以股价暴跌给予回应,正是股票期权会计准则揭示了残酷的真相后,投资人用脚投票的结果。

当然,考虑到期权费用化对管理层潜在的约束,伊利股权激励的夸张程度也让人匪夷所思。以股票期权激励计划著称的微软公司,在2003年开始适用FAS 123进行期权费用化时,减少2001—2003年间净利润的幅度也不过30%左右,避免了对公司股价以及员工行权产生过度的不利影响。② 伊利公司的管理层为什么敢于让公司陷入亏损的境地?究竟是管理层不理解费用化的潜在后果,还是其利益不受"费用化—利润下降—股价下跌"的影响?

3. 行权约束失效的原因

股权激励中的行权条件是管理层与股东之间利益博弈的核心。合理的行权条件一方面能够实现对管理层的激励,另一方面也保障股东利益得到有效增长。

伊利股份股权激励的行权约束主要有两条:第一,首期行权时,伊利股份上一年度扣除非经常性损益后的净利润增长率不低于17%且上一年度主营业务收入增长率不低于20%。第二,首期以后行权时,伊利股份上一年度主营业务收入与2005年相比的复合增长率不低于15%。

姑且不论这些业绩指标本身是否恰当③,单就行权条件本身来看,就存在明显不合理之处:只有首期行权条件须考核净利润指标;首期以后的行权,只有收入增长率一项要求! 收入的增长不等于利润增长。如果收入增加的同时伴随着费用的激增,所谓"增收不增利",甚至出现亏损,这样的收入增长对于公司以及股东来说甚至是灾难。

或许,这正可以解释伊利管理层不担心2007年股权激励导致公司巨额亏损的原因。2008年12月28日开始的第二期行权,考核的正是2007年度主营业务收入相对于2005年的增长率。就算2007年度伊利股份出现亏损了,但只要主营业务收入与2005年相比的复合增长率达到了15%,管理层照

---

① 如果把2006年、2007年两个受到期权费用化影响的年度综合考虑,两年的净利润几乎与股票期权费用持平。具体数据参见下文中的表格及相关正文。
② 此外,微软在2003年7月宣布,它决定打破过去28年的传统,用限售股员工薪酬计划取代股票期权薪酬计划。市场分析人士将此视为微软的标志性事件,即企业文化将由有限考虑资本利得与未来财富的巨大潜力,转变为更多地着眼于现金薪酬与更稳定的未来资产。对该转变的另一种解读是:微软承认其股价不可能按过去的超高速度增长了。
③ 在评价"17%的净利润增长率"或者"15%—20%的主营业务收入年增长率"时,应当考虑到如下一些因素:中国整体经济连续20年超过10%的年增长率;政府目前正在大力推进的"儿童每天一斤奶"的消费升级和全民健康运动;伊利在国内乳制品行业龙头地位等。

样符合行权条件的要求。因此,会计准则要求期权费用化也没有什么可担心的,因为它完全不影响行权条件。

更让人惊讶的是,对于首期行权的净利润要求,伊利公司后来也进行了修改。2006年年度伊利股东大会通过了《关于确定股权分置改革方案及股票期权激励计划中的业绩考核指标计算口径的议案》[①],明确"上述方案(计划)中的业绩考核指标体系中的净利润的计算口径将股票期权会计处理对净利润的影响数从中剔除"。也就是说,在计算净利润增长率时,使用的各年净利润数据均为未确认股票期权费用的数据。用公式表示,净利润增长率考核指标的具体计算口径如下:

"净利润增长率"=[(当年净利润+当年分摊的股票期权费用)÷(上年"净利润"+上年分摊的股票期权费用)−1]×100%

上述修改后的公式乍一看是很容易迷惑人的,在计算净利润增长率时,分子、分母中的"净利润"都加上"期权费用",似乎很公平。但那是永远不会出现的情形。因为,净利润增长率只是首期行权的条件,而首期可行权日在2007年12月28日,实际衡量的是2006年的净利润相对于2005年净利润的增长幅度。2005年时尚未有激励计划,根本不可能有期权费用化。因此,这一貌似公平的修改实际上只是增加了2006年净利润的数额,消除了2006年度期权费用化的影响,从而避免会计准则费用化对净利润增长率目标的实现设置障碍。

对伊利2005—2007年报数据的初步分析,基本上可以支持上述推论。这里,笔者将调整前与调整后的净利润增长率对比列示如下:

2005年净利润(1)	2006年净利润(不计入期权费用1.87亿元)(2)	净利润增长率(3)=[(2)−(1)]÷(1)	2006年净利润(计入期权费用1.87亿元)(4)	净利润增长率(5)=[(4)−(1)]÷(1)
29338.61万元	34458.88万元	17.5%	14547.29万元	−50%

原始数据来源:伊利公司2006年及2007年年度报告。

由上表看出,如果2006年度摊销1.87亿元的股票期权费用,伊利公司的净利润将比2005年的净利润下降50%以上,无法达到行权条件。与此相反,在剔除期权费用化的消极影响后,伊利公司2006年的净利润增长率为17.5%,刚好满足17%增长率的行权条件。

归纳以上的分析,基本可以得到这样一个结论:由于管理层的行权资格几乎不受公司净利润水平的影响。通过规定行权条件仅与公司主营业务收

---

① 资料来源:上海证券交易所网站。

入的增长率挂钩,以及通过修改净利润的计算口径,剔除期权费用化的消极影响,伊利公司的股票期权计划基本上瓦解了会计准则对管理层行权可能施加的约束。在只盯着收入增长的考核体系中,谁又会关注股权激励的代价几何?

会计准则适用于伊利股票期权计划的结果,一方面展示了期权公允价值的费用化令伊利股东所承担的高昂代价,另一方面暴露出会计准则对管理层施加的间接约束很容易被化解掉。会计准则毕竟只是一个被动的反映工具,无法对抗人们刻意设计的业绩考核条件,甚至无力对抗人们对净利润计算口径的修改。尽管如此,适用会计准则所获得的图像至少可以让我们明确地感知这样一份股票期权计划的不合理性,以及在实施过程中的进一步扭曲。伊利股票期权计划是一个明显倾向于管理层的计划,与股权激励的本意相去甚远。①

五、改进股票期权的约束机制:法律与会计的互动

"伊利事件"像一面镜子,清晰地映射出我国现行对股票期权的监管方式所存在的不足。表面上看,在"伊利事件"中,法律的程序控制以及会计准则的适用都得到了充分的尊重和遵从,但是两种约束机制各自独立运作,使得每一种约束机制的效果都大打折扣。

从法律规制来看,伊利股票期权计划经过了董事会批准、股东大会批准、中国证监会备案等一系列程序。财务顾问、律师、独立董事都发表了该计划对公司及全体股东有利的专业意见。股票期权计划中的各构成要件似乎也符合《管理办法》限定的范围。② 修改股权激励计划中净利润计算口径的做法也经过了股东大会审议。伊利公司对于股票期权计划及其实施的信息披露也无可指责之处。因此,伊利股票期权计划的合法性似乎是无可置疑的。

另一方面,伊利公司的会计处理也符合会计准则的要求,将股票期权的公允价值确认为费用,计入了等待期相关年度的财务报表。由于费用化的结果导致公司2007年度亏损,这一信息传递到市场中,引起股价下跌,投资者

---

① 对行权时间安排条款的考查还可以发现伊利股票期权计划更多的不合理之处。例如,该计划仅固定了首期行权日,其余期权可在一年后、计划有效期内自主行权。一般来说,股权激励计划应着眼于长期的安排,让管理层逐步行权,逐步卖出,以达到长期锁定的效果。伊利虽然是八年的股权激励计划,如此行权安排实际上仅有两年的考察,背离了股票期权金手铐的本意。

② 除了一个例外——董事长所获得的股票期权超过总股本的2%,突破了《管理办法》关于单个激励对象获授份额不得超过1%的限制,但此突破也按照《管理办法》的要求由股东大会特别决议给予了批准。

用脚投票,这也算是市场力量发挥作用的体现。会计准则的功能至少部分地实现了。

然而,如果我们把法律与会计两个方面结合起来看,对整个事件的评价恐怕完全不同。会计准则对伊利股票期权背后重大利益冲突的揭示,以及管理层行权约束的失效,都反映出这个计划并没有在股东利益与管理层利益之间达成一种合理的安排,过度迎合管理层的利益,损害了公司及股东的利益,与《管理办法》第3条规定的"上市公司实行的股权激励计划,应当……有利于上市公司的持续发展,不得损害上市公司利益"的基本原则相背离。

可是,这样一个不合理的股票期权计划却顺利地通过了法律规定的每一道控制程序。按照《管理办法》,财务顾问有责任说明股权激励计划是否存在损害公司及全体股东利益的情形,而独立董事与公司律师则有责任说明是否存在明显损害公司及全体股东利益的情形。在"伊利事件"中,对于如此明显的利益输送,无论股权激励计划中以"收入"而非"净利润"增长作为行权条件,还是事后提出修改激励计划中净利润的计算口径,财务顾问、独立董事以及公司聘请的律师都没有提出质疑,而是众口一词地宣称"符合公司及全体股东的利益"。最终导致出现"因股权激励而亏损"的闹剧,甚至连会计准则本来可以对管理层施加的行权约束,都在经过法律程序表决的名义下被合法地消解掉了。

从本质上说,一种程序导向的法律监管方式的有效性,取决于参与程序的当事人是否勤勉尽责。如果当事人不勤勉尽责,所谓程序控制不过是一个空洞的、形式主义的幌子。具体到股票期权计划合理性的问题上,"勤勉尽责"并非指按照《管理办法》给定的框框核对打勾就算完事了,而是要求独立董事、专业人士在掌握充分信息的基础上作出合理的判断(an informed judgment)。信息来自何处?如果存在一个竞争性的经理人市场,能够提供经理人报酬水平的合理标准,将大大有助于独立董事、专业人士以及监管部门的判断过程,但目前我国尚不具备这一条件。在此情形下,会计准则对股票期权交易实质的反映就提供了另一种参照系。会计准则通过期权公允价值费用化的方式将"高管所得"与"股东所失"直观地展示出来,董事、专业人士以及监管部门可以通过比较"高管所得"与"股东所失"来对特定股票期权计划是否合理作出基本的判断,就像市场中普通投资人的判断方式一样。

基于此,有两条改进对股票期权法律约束方式的路径:

1. 路径之一:借助会计控制,完善勤勉尽责义务的判断标准

勤勉尽责或者谨慎注意义务,如同法律上其他对"过错"程度的分层标准一样,通常被认为是一个过于抽象的法律标准,实践中很难操作。但是,在判

断经理人股权激励水平的问题上,通过会计准则的适用对交易实质的揭示,法律控制程序中的决策主体对股票期权的事实问题更容易获得一个相对清晰的认识,对其是否合理、是否存在激励过度或者激励不足有一个数量化的参照系,从而在决策或者审查的过程中,更好地把握股东与管理层之间的利益平衡。因此,会计准则适用得到的结果,给人们事后判断相关主体在法律控制程序中是否勤勉尽责提供了一些佐证,有助于将"勤勉尽责""注意义务"这些相对抽象的法律标准落实到具体的情境当中。

当然,这里有必要区别财务顾问与公司律师、独立董事、监事的勤勉尽责标准。《管理办法》对于二者应发现的问题的尺度有不同的规定,适用于财务顾问的是"损害"公司及全体股东利益,适用于公司律师、独立董事、监事的是"明显损害"公司及全体股东利益。因此,对于公司律师或者独立董事、监事使用的标准要宽松一些。但是,公司律师及独立董事、监事也不能以"非会计专业人士"为借口,完全放弃对股票期权计划实质效果的关注。当会计处理的结果作为一个事实(如导致公司亏损)足以让他们警惕时,他们应当意识到其背后隐含的管理层与股东之间的利益冲突,采取公司及股东期待他们采取的行动。如果他们真的连类似"伊利事件"中授出期权价值过大,或者公司刻意设计、修改的行权条件以规避亏损影响之类的行径都不能理解,又如何能够声称自己具有专业胜任能力,能够保护公司及全体股东的合法利益呢?

2. 改进路径之二:立法或者监管制度上明确绩效考核标准选择及计算口径

《管理办法》针对董事、监事及管理层的激励,要求"应当以绩效考核指标作为实施股权激励计划的条件"。但是,"绩效考核指标"究竟包括哪些内容,该规章并没有明确规定。

2008年3月,在"海南海药等上市公司因股权激励而导致亏损事件"[①]再次刺激资本市场后,中国证监会上市公司部出台了《股权激励事项备忘录第1号》,随后又发布了第2号与第3号备忘录,明确了对上市公司报备的股权激励计划进行审查时将严格适用相关的会计准则。按照监管部门的要求,上市公司发放的股票期权,必须按照期权的公允价值确认费用,并在经常性损益中列支;上市公司股东大会通过的股权激励计划中须明确说明股权激励会计处理方法,测算并列明实施股权激励计划对各期业绩的影响,实施股权激励时"净利润不得为负",且"不可随意提出修改权益价格或激励方式"。显然,上述监管政策直接针对"伊利事件"中公司通过法律程序而规避会计准则

---

① 朱宗文:《过分激励后遗症:海南海药年报巨亏》,载《21世纪经济报道》2008年3月7日。

的适用问题,对会计约束方式构成了有力的支撑。

然而,2016年出台《上市公司股权激励管理办法》废止了上述备忘录,不再对股权激励的绩效考核标准以及计算口径提出要求,只提示公司须披露股权激励的会计处理方法及股权激励费用对公司业绩的影响。或许,经过了十余年的发展,我国资本市场更有能力来判断股权激励是否过度,无须监管规章来絮叨了。抑或,监管部门认为,我国目前最需要的是推广股权激励以解决公司代理成本问题,而不是控制股权激励的过度滥用。无论是哪一种考量,监管的退出都意味着,公司法层面的规则与实践恐怕需要对会计约束的脆弱性给予更多的关注。

六、金手铐还需要金钥匙

高管薪酬的急剧增长,特别是流行的公司大量授出股票期权作为薪酬计划主要组成部分的做法,是证券市场中最有争议的问题之一,"金手铐"背后凸显的是管理层与股东之间的利益冲突。由于理论上计量劳动力价值以及管理层贡献的困难,不论是美国还是中国的现行法律体系对此的回应都是一种程序导向的控制方式,在提出"不得损害公司利益"或者"合理性"等抽象要求后,把具体方案的制定与批准留给公司自己解决。

另一方面,会计准则通过要求公司将股票期权的公允价值确认为费用,来回应投资者对股票期权交易实质的关注,力图实现对管理层行权以及获益的间接约束。在美国,期权费用化的会计准则曾经历了长期的争议,从而把股票期权背后的利益冲突清晰地展现在全社会面前。我国《企业会计准则——基本准则(2001)》与国际接轨,股票期权的会计处理采用了公允价值计量与费用化规则,在几乎没有引起市场任何关注的情形下,已经为股票期权的约束提供了一条新的路径。

然而,"伊利事件""海南海药等上市公司因股权激励而导致亏损事件"表明,法律体系以及会计准则的单独运作都难以对管理层自利行为构成有效约束。特别是,法律的程序导向的特征不仅产生形式主义流弊,甚至导致公司以合法的名义消解会计准则本来可以发挥的间接约束作用。为此,有必要把法律体系以及会计准则二者的控制功能有机地结合起来。当证券监管已经放弃干预后,应考虑在《公司法》上明确提出检验股票期权计划的"合理性"标准,同时将会计准则的适用对股票期权实质的揭示纳入法律所规定的决策过程当中,充实董事、高管以及相关专业人士在拟订、审查、批准股票期权计划时勤勉尽责义务的具体内容。只有这样,我们才能期待建立起一套真正有效的股票期权的机制,在激励管理层与公司、股东长期利益保持一致的同时,减少管理层与股东之间利益冲突。

第十六章 以股抵债交易与税负成本的约束

——以"电广传媒以股抵债交易"为例

上市公司大股东占用、挪用或者侵吞上市公司资金是我国证券市场中长期存在的痼疾。为解决这一问题,管理层推出多项治理措施,但收效甚微。① 2004年夏,上市公司开始试点"以股抵债"方案。先有电广传媒大股东用7500万股抵偿欠上市公司5.4亿元的款项,后有华北制药大股东以4亿国有股抵欠上市公司10.02亿元债务,一时间引起市场大哗。赞成者谓之"金融创新"②,反对者则抨击为上市公司与大股东联手再度对小股东利益进行赤裸裸的侵犯。③ 市场争议的焦点主要集中于对电广传媒大股东所持有的非流通股定价问题上。定价过高,大股东"以股抵债"就成了变相逃债;定价过低,则有可能造成国有资产的流失。众多专业人士在各种财经媒体上就电广传媒股份作价的公平性展开了激烈的辩论。

不过,围绕着以股抵债交易的合法性与公平性的争论似乎忽略了一个很重要的因素,那就是这一交易在税法上可能产生的后果。以股抵债作为公司的重大财务运作行为,不仅关乎大股东与中小股东之间的利益分配,不仅涉及公司法意义上的合法性问题,而且还受到税法的直接约束。在发达市场经济国家中,公司的任何财务运作几乎都离不开对税负成本的考量。那么,以股抵债交易在我国税法上究竟会引发怎样的后果,当事人是否需要承担相应的流转税或所得税义务,或者,其应承担的纳税义务是否会大幅度增加交易

---

① 据统计,我国有半数左右的上市公司存在大股东或关联方拖欠资金现象,占款总额已近千亿元。在已披露的连续两年亏损的上市公司中,70%存在控股股东侵占资金现象。为解决大股东占款问题,中国证监会在2001年提出"资金、人员、财务三分开"及"资金管理安全性"等要求。2002年,中国证监会宣布拟制定上市公司股份回购的相关管理办法,来解决大股东同上市公司之间的债务问题。2003年8月,中国证监会和国资委联合发布了《关于规范上市公司与关联方资金往来及上市公司对外担保若干问题的通知》,提出了一些纠正和防止侵占行为发生的监管措施。2004年初,国务院在《关于推进资本市场改革开放和稳定发展的若干意见》中明确要求各地区、各部门切实履行《公司法》等有关法律法规规定的职责,采取有效措施防止和及时纠正发起人虚假出资、大股东或实际控制人侵占上市公司资产行为。对于大股东占款问题以及监管政策演变的一个综合研究,参见安春松、王啸:《"以股抵债"解决"资金占用"问题研究》,载《证券市场导报》2004年第9期。
② 孙磊:《以股抵债,金融创新的另类打法》,载《新财经》2004年第9期。
③ 陈晓:《以股抵债:一个一边倒的范本》,载《新闻周刊》2004年9月6日号。

的成本以致挫败交易的可行性,这些问题似乎在整个以股抵债的大讨论中悄然滑过人们的视野。由于我国证券市场中近半数的上市公司存在严重的大股东占款无法偿还的问题,可以预见,以股抵债方式不会仅限于电广传媒与华北制药两个个案①,而是对其他数百家上市公司具有示范效应。因此,明确以股抵债交易的税法后果,确定以股抵债交易的税负成本,不仅对我国证券市场中以股抵债交易实践具有普遍的指导意义,而且可以为包括管理层在内的证券市场中各利益主体重新评价用这种方式解决大股东占款问题的意义(或者局限性)提供一个新的视角。

当然,受经济发展阶段的客观制约,我国税法、特别是公司财务运作方面的税法规则建设刚刚起步,许多新交易类型尚缺乏直接的税法规范,给经济交易当事人合理预测交易的税务成本增加了障碍。本章所分析的电广传媒交易就是如此。无论是税法上的定性,还是具体的税务处理,抑或确定以股抵债交易当事人在我国现行税法下应承担的纳税义务,都不乏争议。从这个意义上说,关注以股抵债所隐含的税法问题,不仅有助于将以股抵债交易的税务成本显性化,以便更全面地评价以股抵债政策,同时也有助于我国税法、特别是公司税制的建设与完善,为上市公司的财务运作提供一个良好的税务环境。

一、"电广传媒以股抵债交易"概况②

电广传媒被称为"中国传媒第一股",其主要发起人及控股股东为湖南广播电视产业中心(以下简称产业中心)。产业中心在 1997 年以净资产 1.37 亿元出资设立电广传媒,按 72.9% 的比例折为 10000 万股国有法人股,即每股面值 1 元,持股成本 1.37 元。1998 年,电广传媒以每股 9.18 元的价格发行 5000 万新股,融资 4.59 亿元,并在深圳证券交易所上市。2000 年,电广传媒以每股 30 元的价格增发 5300 万新股,再融资 15.9 亿元。

电广传媒的大股东在我国广播电视领域以大胆创新而著称,但其异军突起与高速发展的背后是对上市公司的无情抽血。自 1999 年以来,产业中心

---

① 相对来说,华北制药的交易没有引起太多争议,因为该交易设计中对中小股东提供了一些保护措施,如引入了分类投票机制,引入了战略投资者,在"以股抵债"同时为华北制药引入现金流,以及在定价时充分考虑各项指标,溢价较小,较电广传媒更为合理。参见刘鹏:《以股抵债 得失几何?——华北制药和电广传媒案例分析》,载《资本市场》2005 年第 1 期。

② 根据财经媒体的报道整理。参见刘洋:《电广传媒以股抵债试点暗藏弊端》,载《财经时报》2004 年 8 月 3 日;龙昊《电广传媒"以股抵债"存疑 投票方式失当?》,载《中国经济时报》2004 年 8 月 4 日;黄利明:《电广传媒"以股抵债"完成,张卫星不单独起诉》,载《新京报》2004 年 9 月 24 日。

在投资建设过程中直接或间接占用了电广传媒的大量资金,一度达到惊人的 8.4 亿元,导致会计师事务所在 2002 年对电广传媒出具了保留意见审计报告。尽管其在 2003 年中陆续归还了 3.4 亿元,但截至 2004 年 6 月 30 日,产业中心通过其下属关联单位占用电广传媒资金依然高达 5.006 亿元。

2004 年 7 月 28 日,电广传媒公告了《公司关于实施控股股东"以股抵债"报告书》,称大股东产业中心决定将其持有的电广传媒股权抵偿对电广传媒的债务。根据电广传媒聘请的独立财务顾问——招商证券和产业中心聘请的独立评估机构——中发国际资产评估公司出具的专业报告,产业中心所持有的电广传媒股份每股作价为 7.15 元。债务本金加上按三年期银行存款利率计算的资金占用费约 3863 万元,合计债务总额为 5.39 亿元,约需 7542 万股进行折抵。

上述方案获得了中国证监会以及国资委的批准,并经电广传媒临时股东大会审议通过。2004 年 9 月 22 日,电广传媒正式实施《控股股东"以股抵债"方案》,核销了产业中心所持有的 7542 万股,同时勾销了其所欠债务。交易完成后,电广传媒的总股本由 3.36 亿股减少到 2.6 亿股。产业中心持有的股份由 1.69 亿股减少到 9358 万股,持股比例由 50.31% 下降到 35.92%,但仍为公司第一大股东。

二、以股抵债的法律性质:公司法与税法的分野

以股抵债交易是债务人用其持有的债权人公司的股份偿还其所欠债务的行为。这一交易的法律性质可以从不同角度考察。站在债权人的立场,以股抵债实质上是股份回购,这是公司法中非常敏感的一个问题。从债务人的角度看,以股抵债交易是债务重组,这可能是税法更关注的问题。

1. 债权回收与股份回购

与通常的债权回收不同,以股抵债方式意味着债权人获得的抵债资产是自己已经发行的股份,相当于债权人收回了自己的股份,公司法称为股份回购。正是基于此,证监会、国资委在就"以股抵债"试点答记者问时,把它解释为"上市公司以其控股股东'侵占'的资金为对价,冲减控股股东持有的上市公司股份,被冲减的股份依法注销"。①

然而,股份回购是我国公司法原则禁止的行为。股份回购意味着公司减

---

① 《证监会、国资委联手 以股抵债纠正控股股东占款(附答记者问)》,来源于:http://www.china.com.cn/finance/txt/2004-07/28/content_5620799.htm,2020 年 2 月 10 日最后访问。

资,这就削弱了公司对外承担法律责任的财产基础,最终损害债权人的利益,因此,公司法基于资本维持之理念,原则上禁止公司取得自己的股份。我国1993年《公司法》第149条规定:"公司不得收购本公司的股票,但为减少公司资本而注销股份或者与持有本公司股票的其他公司合并时除外。"

对于股份偿债行为,我国公司法虽无明文规定,但其关于禁止公司接受自己股份抵押的规则凸显出对股份偿债的否定态度。我国1993年《公司法》第149条第2款规定:"公司不得接受本公司的股票作为抵押权的标的。"① 其原因在于,一旦债务人到期无法清偿债务,债权人实现担保物权的方式就是取得担保物,结果导致债权人取得自己的股票。如果这些股票无法马上转让出去或者再次发行出去,客观上就产生股份回购与公司减资之效果,因此《公司法》禁止接受自己股票作为担保品。然而,公司接受自己股份作担保只不过是产生了减资之潜在可能,而以股抵债则是实实在在地导致公司资本与资产的减少。因此,以《公司法》否定接受自己股份担保的逻辑,公司接受债务人直接用本公司的股份偿债当然更在禁止之列。

正是由于存在上述明显的法律障碍,一些市场人士和律师对"电广传媒以股抵债交易"的合法性提出了强烈质疑。② 著名市场人士张卫星甚至将行政前置审批的国资委告上法庭。的确,以股抵债的方案设计是有瑕疵的,本来有一种合法的途径来实现剥夺大股东的股份、但同时又无违反资本维持原则之虞,那就是由上市公司通过起诉大股东来主张自己的债权,并在大股东不能返还占用款时,申请法院强制拍卖大股东对上市公司所持股份,用拍卖款来折抵占用款。然而,或许是考虑到解决上市公司大股东占款问题的紧迫性以及现实可能,管理层依然支持了以股抵债交易。这也不过是再现了"改革就是突破(或者说漠视)现行法律"的制度逻辑。从这个角度看,基于公司法、证券监管的视角对大股东以股抵债交易进行规制是不可能的。

---

① 需说明的是,按照我国1995年《担保法》关于担保的分类,该条中的"抵押"应为"质押"。在以物做担保时,不转移占有的称为抵押,转移占有的称为质押。股票属于转移占有的情形,因此《担保法》将其纳入"权利质押"类型。1993年《公司法》颁布时,我国物权担保体系的构成尚不明晰,只要是物的担保,无论是否转移占有担保物,均统称为"抵押"(参见王作堂等编:《民法教程》,北京大学出版社1982年版,第237—238页),故有此"股票作为抵押权的标的"一说。

② 金山:《以股抵债的法律经济学思考》,载《中国律师》2004年第9期。另参见市场人士张卫星就电广传媒以股抵债起诉国资委的行政起诉状,来源于 http://finance.sina.com.cn/stock/t/20040929/11191056415.shtml,2005年1月26日最后访问。

2. 债 务 重 组

从债务人的立场看,以股抵债属于债务重组①,采用的重组方式是以非现金资产——股份——来清偿债务。债务重组通常发生在债务人陷于一定财务困难,无法按照原合同的约定偿还债务的情形下。经双方协商,债权人同意延期支付或削减债务本金或利息,或者允许债务人用非现金资产抵债,从而减轻或减缓债务人的偿债压力。因此,债务重组通常意味着债权人对债务人给予一定的宽限或让步,在债务人这一方则意味着获得了一定的重组收益。

我国1998年的债务重组会计准则曾把重组收益确认为一种营业外收入,允许债务人计入当期利润。结果亏损或濒临亏损之公司纷纷在年底突击进行债务重组,从而扭亏为盈。上市公司滥用债务重组收益来粉饰财务报表之情形如此普遍,迫使财政部在2002年修改债务重组会计准则,规定债务重组收益只能计入资本公积,不得计入利润,从而消解了上市公司滥用债务重组的动机。②

不过,债务重组的税法规则并没有遵循会计准则的处理方式,而是依然把重组收益作为应税所得。国家税务总局2003年1月颁布的《企业债务重组业务所得税处理办法》第6条规定:"债务重组业务中债权人对债务人的让步,包括以低于债务计税成本的现金、非现金资产偿还债务等,债务人应当将重组债务的计税成本与支付的现金金额或者非现金资产的公允价值(包括与转让非现金资产相关的税费)的差额,确认为债务重组所得,计入企业当期的应纳税所得额中;债权人应当将重组债权的计税成本与收到的现金或者非现金资产的公允价值之间的差额,确认为当期的债务重组损失,冲减应纳税所得。"

因此,依照我国现行税法,"电广传媒以股抵债交易"属于应税交易。作为一项债务重组业务,它通常涉及流转税与所得税两个层面的税负问题。在

---

① 债务重组指债权人按照其与债务人达成的协议或法院的裁决同意债务人修改债务条件的事项。债务重组方式通常包括:(1)以低于债务账面价值的现金清偿债务;(2)以非现金资产清偿债务;(3)债务转为资本;(4)修改其他债务条件,如延长债务偿还期限、延长债务偿还期限并加收利息,延长债务偿还期限并减少债务本金或债务利息等。参见财政部2002年修订的《企业会计准则——债务重组》以及国家税务总局2003年发布的《企业债务重组业务所得税处理办法》。

② 从法律与财务会计的双重视角对债务重组进行的一个分析,参见刘燕:《债务重组会计准则与债权人利益的保护——对〈债务重组会计准则〉的法律思考》,载《会计研究》2000年第7期;对债务重组会计准则的滥用以及修订的一个评论,参见金静红:《新旧债务重组准则比较分析》,载《中南财经大学学报》2001年第4期。

流转税环节,抵债资产——股份——的转手在现行税法下将发生印花税纳税义务。在所得税环节,如果当事人从以股抵债交易中实现了收益,则需要依照债务重组所得税规则缴纳所得税,其中流转环节已纳税费可以在计算所得时扣除。两类税中,印花税问题相对比较简单,以股抵债交易的所得税则非常复杂。由于使用"债权人自己的股份"这一特殊的非现金资产抵偿债务,以股抵债交易的税务处理与一般的债务重组有很大的不同,在某种意义上完全背离了债务重组的税法逻辑。

三、以股抵债的税务处理:从债务重组到股权交易

对于债务重组交易的税务处理,《企业债务重组业务所得税处理办法》第4条规定:"债务人(企业)以非现金资产清偿债务,除企业改组或者清算另有规定外,应当分解为按公允价值转让非现金资产,再以与非现金资产公允价值相当的金额偿还债务两项经济业务进行所得税处理,债务人(企业)应当确认有关资产的转让所得(或损失);债权人(企业)取得的非现金资产,应当按照该有关资产的公允价值(包括与转让资产有关的税费)确定其计税成本,据以计算可以在企业所得税前扣除的固定资产折旧费用、无形资产摊销费用或者结转商品销售成本等。"同时,该办法第6条还要求债权人将重组债权的计税成本与收到的非现金资产的公允价值之间的差额,确认为当期的债务重组损失,冲减应纳税所得。

依据上述规定,以股抵债交易应分解为以下几个部分:

1. 债务人的角度

电广传媒的大股东产业中心基于以股抵债行为需要确认两项交易:一是按公允价值转让股份资产,二是以该股份的公允价值清偿债务,然后将重组债务的计税成本与抵债股份的公允价值(包括与转让相关的税费)的差额确认为债务重组所得。

从"电广传媒以股抵债交易"方案看,独立财务顾问报告以及资产评估报告最终确定电广传媒股份的公允价值为 7.15 元[①],并按照这一价格确定产业中心所欠的 5.39 亿元债务应折股 7542 万股,这也就意味着,抵债股份的

---

① 具体的定价过程见《招商证券股份有限公司关于湖南电广传媒股份有限公司实施控股股东"以股抵债"之独立财务顾问报告》第 9—13 页。当然,在反对以股抵债交易的市场人士眼中,这一价格绝不是公允价格,他们对产业中心持有的电广传媒股份计算的结果参见孙磊:《以股抵债,金融创新的另类打法》,载《新财经》2004 年第 9 期。

公允价值与所清偿的债务的计税成本是相等的,抵债环节没有产生债务重组收益。

另一方面,产业中心"按公允价值转让股份资产"时,由于公允价值远高于其1997年出资折股时的价格,因此产业中心从股份转让中实现了财产转让收益,按照债务重组所得税法,该收益需要纳税。

由此,在债务人一方,以股抵债交易通过债务重组所得税规则的中间环节,最终转化成股份转让收益的纳税问题。

2. 债权人的角度

当债权人接受非现金资产作为债务清偿时,通常的税务处理有两项:一是确定所取得的非现金资产的计税成本,二是将重组债权的计税成本与收到的非现金资产的公允价值之间的差额确认为当期的债务重组损失。但是,在以股抵债交易中,债权人取得的非现金资产是自己的股份。由于我国公司法以及财务会计制度尚未承认库藏股①,因此这部分股份需要被核销,而不是作为资产继续存留于公司中,更不存在确认计税成本的问题。"电广传媒以股抵债交易"正是如此。实施以股抵债方案当日,产业中心先以其所持有的7542万股抵偿欠电广传媒的债务5.39亿元,电广传媒随即对抵债股份进行了核销。

至于债务重组损失问题,由于债权人收到的7542万股电广传媒股份的公允价值与重组债务的计税成本均为5.39亿元,二者是等值的,因此,电广传媒接受自己股份抵债并没有产生债务重组损失。

一方面注销了抵债的非现金资产,另一方面又无法确认债务重组损失,这显然与通常的债务重组的逻辑相冲突,凸显的是股份回购的税务处理方式。因此,站在债权人的立场,其适用《企业债务重组业务所得税处理办法》的结果,最终又回到股份回购问题上来。

综合债务人、债权人两方面,可以说,当债权人接受自己的股份作为债务人清偿债权的手段时,其税务处理较通常的债务重组远为复杂。适用债务重组所得税规则对以股抵债交易进行分解的结果,不过是进一步指向股份转让以及股份回购,当事人纳税义务的具体确定尚需要适用这两类交易的税法规则。

然而,在2005年前后,我国税法关于股权转让以及股份回购的所得税规则都不太清晰。对于前者,国家税务总局自1997年以来陆续发布了五个规范性文件,提出了两套不同的股权转让所得的计算方法,在实践中引发了不

---

① 2005年《公司法》修改,增加了股份回购用于员工股权激励的场景,所回购的股份在未派发给员工时将以"库藏股"的方式存在,会计上将库藏股列报为所有者权益的冲抵项目。

小的混乱。① 对于后者,目前仅有针对因合并、减资而进行的回购的税务规则,且不同规范性文件之间也存在一定的冲突。这些规范性文件是否可以适用于以股抵债交易,如果适用应选择哪一套规则,殊有研究之必要。

四、以股抵债交易应适用的所得税规则:冲突与选择

1. 股权转让规则的取舍

企业股权转让所得应如何确认是我国税收实践中一个有争议的问题。仅就内资企业而言,国家税务总局1998年发布的《企业改组改制中若干所得税业务问题的暂行规定》(国税发〔1998〕97号,以下简称《1998改制规定》),一方面将股权转让收益界定为"股权转让价"与"股权成本价"之间的差额,另一方面又规定,如果被持股企业有未分配利润或税后提存的各项基金且其随股权一并转让的,该部分留存收益属于股权转让人的投资收益额,免予计入股权转让价。② 然而,在其2000年发布的《关于企业股权投资业务若干所得税问题的通知》(国税发〔2000〕118号,以下简称《2000股权通知》)中,国家税务总局将股权转让价与股权成本价之间的差额全部作为股权转让收益,不再允许从转让收入中剔除相当于被投资企业留存收益的"投资收益额"。③

两种股权转让所得计算方法对纳税人意味着完全不同的税负:投资收益属于股息类所得,为避免重复征税,我国税法规定企业获得的股息收入原则上无须再缴纳所得税。但股权转让收益作为资本利得,需要全额并入企业的应纳税所得。如果不允许从转让价中剔除股息性质的部分,客观上增加了企业股权转让交易的税负。对于上述两套规则间的冲突,国家税务总局2004

---

① 依照发布的时间顺序,依次为《关于外商投资企业合并、分立、股权重组、资产转让等重组业务所得税处理的暂行规定》(国税发〔1997〕71号)、《企业改组改制中若干所得税业务问题的暂行规定》(国税发〔1998〕97号)、《关于企业股权投资业务若干所得税问题的通知》(国税发〔2000〕118号)、《国家税务总局关于企业合并分立业务有关所得税问题的通知》(国税发〔2002〕119号)、《关于企业股权转让有关所得税问题的补充通知》(国税函〔2004〕390号)。对于上述规则之间的冲突以及根源的一个分析,参见刘燕:《企业股权转让所得确认的法律冲突及其解决》,载《中外法学》2005年第3期。

② 其条文如下:"股权转让收益或损失=股权转让价－股权成本价。股权转让价是指股权转让人就转让的股权所收取的包括现金、非货币资产或者权益等形式的金额;如被持股企业有未分配利润或税后提存的各项基金等股东留存收益的,股权转让人随转让股权一并转让该股东留存收益权的金额(以不超过被持股企业账面分属为股权转让人的实有金额为限),属于该股权转让人的投资收益额,不计为股权转让价。"

③ 其条文如下:"企业股权投资转让所得或损失是指企业因收回、转让或清算处置股权投资的收入减除股权投资成本后的余额。企业股权投资转让所得应并入企业的应纳税所得,依法缴纳企业所得税。"

年 3 月发布了《关于企业股权转让有关所得税问题的补充通知》(国税函〔2004〕390 号,以下简称《补充通知》),规定:(1) 企业进行的一般性股权(包括转让股票或股份)买卖,应适用《2000 股权通知》。股权转让人应分享的被投资方累计未分配利润或累计盈余公积应确认为股权转让所得,不得确认为股息性质的所得。(2) 企业进行清算或转让全资子公司以及持股 95% 以上的企业时,应适用《1998 改制规定》。投资方应分享的被投资方累计未分配利润和累计盈余公积应确认为投资方股息性质的所得,允许从转让收入中剔除。

从上述规定来看,我国现行税法依然维持了两套股权转让所得确认方法,只是进一步缩小了"剔除投资收益"规则的适用范围。一般性股权转让均不得剔除投资收益,只有企业改制、清算或者转让全资子公司以及持股 95% 以上的企业时,可以从股权转让收入中减除股息性所得。

本章的主题是确定"电广传媒以股抵债交易"应适用的规则,有关股权转让所得课税规则本身存在的问题及改进暂不予置评。① 按照《补充通知》,以股抵债交易不属于企业改制、清算、转让全资或持股 95% 以上的子公司这几种情形,而应归入"一般性股权转让"的范畴。这也就意味着,以股抵债交易应适用《2000 股权通知》,债务人转让股份的收益为转让股份收入减除股权投资成本后的余额,它需要全部纳入债务人的应纳税所得中,依法缴纳企业所得税。②

2. 股份回购规则的取舍

股份回购中的税法问题主要源于回购价格与发行价格之间的差异。通常来说,公司回购股份的价格会高于股份当初的发行价格。那么,这一差额如何处理? 是否可以确认为公司的一项损失而冲减公司的应税所得?

我国现行税法没有针对股份回购作出专门的、全面的、直接的规定,但国家税务总局以及财政部在企业合并分立所得税规则以及为执行《企业会计制度》(2000)而发布的几个解释中提到了对股份回购的税务处理。其中,国家税务总局 2002 年的《关于企业合并分立业务有关所得税问题的通知》(国税发〔2002〕119 号)指出:"合并企业和被合并企业为实现合并而向股东回购本公司股份,回购价格与发行价格之间的差额,应作为股票转让所得或损失。"

---

① 对此问题的专门分析,参见刘燕:《我国股权转让所得确认方式存在的问题与改进》,载《中央财经大学学报》2005 年第 6 期。
② 2005 年之后的税收政策仍然维持了两分法,但以股抵债交易的债务人或可被视为"撤回投资",适用《关于企业所得税若干问题的公告》(国税公告〔2011〕34 号)("投资企业从被投资企业撤回或减少投资,其取得的资产中,相当于初始出资的部分,应确认为投资收回;相当于被投资企业累计未分配利润和累计盈余公积按减少实收资本比例计算的部分,应确认为股息所得;其余部分确认为投资资产转让所得。")此时债务人在确认所得时可进一步扣除其持股在被投资公司中所对应的保留盈余部分。

相反,在 2003 年的两个规范性文件——国家税务总局《关于执行〈企业会计制度〉需要明确的有关所得税问题的通知》(国税发[2003]45 号)、财政部、国家税务总局《关于执行〈企业会计制度〉和相关会计准则有关问题解答(三)的通知》(财会[2003]29 号)——中,国家税务总局针对因合并而回购、因减资而回购两种情形作出"不确认损益"的规定:"回购价格与发行价格之间的差额属于企业权益的增减变化,不属于资产转让损益,不得从应纳税所得中扣除,也不计入应纳税所得"。

股份回购所得税规则之间的冲突应如何协调?以税法原理而论,公司发行股份或者回购股份都属于资本性交易,并非经营性活动。它引起的是公司股东权益的变化,与经营收支不同,故不宜作为损益课税。各国公司所得税实务中通常也都区别资本性交易与经营性交易,不允许公司将回购与发行的价差确认为损失。[①] 以此来看,国家税务总局 2003 年发布的两个规范性文件中采纳的规则更合理一些。从纳税人的利益考虑,不确认损益规则的效果也是中性的。证券市场中回购价格高于或低于发行价格的情形都可能发生。允许将回购价格与发行价格之间的差额确认为损失,固然能够降低自己的应税所得与税负水平,但当回购价格低于发行价时,纳税人将不得不确认回购中的收益,从而导致应税所得的增加。因此,将回购交易作为资本交易处理,从总体上说对纳税人税负水平的影响是中性的。

与此相关的另一个问题是,不确认损益的税法规则直接针对的是因合并、减资而回购之情形,是否可以适用于以股抵债交易?笔者以为,从理论上说,不确认损益规则尽管出台时有自己特定的适用对象,但其规定符合税法原理与各国实务,体现的是回购交易的一般税务处理原则,应当可以适用于以股抵债中的股份回购。当然,为便利以股抵债交易的进行,国家税务总局应当尽快作出解释,确立回购税务处理的一般原则,消除不同规范性文件之间的冲突。[②]

基于上述分析,笔者以为,电广传媒以公允价值接受大股东持有的原始股抵债,应适用国家税务总局《关于执行〈企业会计制度〉需要明确的有关所得税问题的通知》与财政部、国家税务总局《关于执行〈企业会计制度〉和相关

[①] Eugene Willis el. (ed.), *West's Federal Taxation: Comprehensive Volume*, West Publishing Company, 1993, pp. 18-21.

[②] 2009 年财政部、国税总局出台《关于企业重组业务企业所得税处理若干问题的通知》(财税[2009]59 号),对于企业合并区分一般税务处理与特殊税务处理,若为前者,则被合并企业及其股东都应按清算进行所得税处理;若为后者,则可以有递延确认所得的优惠措施。本案例所涉及为减资回购,应适用《关于企业所得税若干问题的公告》(国税公告[2011]34 号),但其中仅规定了投资方按"收回投资+分红+股权转让所得"分别处理,并无针对被投资方回购的税务处理。

会计准则有关问题解答(三)的通知》,股份回购价与发行价的差额属于股东权益的减少,不确认债务重组损失。①

五、"电广传媒以股抵债交易"当事人纳税义务的确定

至此,上文对股权转让以及股权回购所得税规则的选择和适用,得出的初步结论已经对"电广传媒以股抵债交易"明显不利:

一方面,债务人产业中心需要确认重组收益,该收益源于以公允价值转让股份实现的资本利得,应当按照《2000 股权通知》确认为债务重组所得,并入企业的应纳税所得依法缴纳企业所得税。另一方面,债权人电广传媒接受自己的股份偿债,适用公司因减资而回购股份的税法规则,即使回购价格高于发行价格,电广传媒也不能确认债务重组损失从而降低自己的税负以及整个交易的税务成本。

为了获得对"电广传媒以股抵债交易"总体税务成本的准确认识,这里依照《2000 股权通知》对产业中心的应税所得计算如下:

企业股权转让所得 = 企业转让股权的收入 — 股权投资成本

产业中心的股份转让收入比较清楚。按照以股抵债实施方案,产业中心应偿还的债务本息合计额为 5.39 亿元,共动用 7542 万股抵债,因此,产业中心转让该批股份的收入为 5.39 亿元。

但是,抵债股份的投资成本就比较复杂了。产业中心 1997 年以净资产 1.37 亿元出资设立电广传媒,折为 1 亿股,每股投资成本为 1.37 元。电广传媒上市后进行了两次资本公积转增和数次分红派现,产业中心的股份增至 1.69 亿股。在市场人士关于股份定价公平性的争论中,上述分红派现与转增都用来摊薄产业中心的持股成本,其最终的持股成本仅为 0.27 元/股。②

---

① 从美国税法关于股份回购的税务处理规则来看,进行回购的公司在回购交易中还有可能产生需确认的收益。美国《国内收入法典》第 311 条规定:如果公司不是用现金,而是用实物资产进行回购,所支付的实物财产的作价高于账面成本从而实现了增值,公司就必须确认应税所得。Eugene Willis el. (ed.), *West's Federal Taxation: Comprehensive Volume*, West Publishing Company, 1993, pp. 18-21。但我国现行税法规则尚未触及这一问题。在电广传媒的以股抵债交易中,公司用于回购的资产是价值 5.39 亿元的债权,这本身就是债权的账面价值,并不存在资产增值问题,因此笔者略过对这一问题的分析。

② 根据电广传媒历年财务报告,1999 年及 2003 年电广传媒实施了 10 股转增 3 股的分配方案,在 2000 年、2001 年、2002 年、2003 年连续分红派现。按照市场人士的计算,大股东的持股成本因公司派现转增而持续下降:1999 年 10 转增 3 股,发起人持股成本摊薄为 1.055 元/股;2000、2001、2002 年派现后,摊薄为 0.455 元;2003 年 10 转 3 派现后,发起人股的持股成本摊薄为 0.27 元。相反,流通股的加权平均持股成本为 13.009 元,约为发起人持股成本的 48 倍。详细的计算过程,参见孙磊:《以股抵债,金融创新的另类打法》,载《新财经》2004 年第 9 期。

但是,依照《2000 股权通知》,只要被投资企业会计账务上实际做利润分配处理(包括以盈余公积和未分配利润转增资本),投资方企业都应确认投资所得,而不调整持股成本。因此,电广传媒上述分配行为中,只有两次资本公积转增可以用来摊薄产业中心所持股份的投资成本,由此得到摊薄后的持股成本为 0.81 元/股(=1.37 亿元/1.69 亿股)。这样,产业中心用于抵债的 7542 万股,合计投资成本为 6114 万元(=7542 万×0.81 元)。

此外,产业中心的股份转让还需要承担流转税环节的印花税纳税义务,这部分税负可以在计算转让所得时扣除。我国股份转让适用的印花税率经常调整,管理层把印花税当作调节证券市场人气的一个政策手段。2004 年中实行的印花税率为 0.2%,因此,产业中心需要承担的印花税约为 108 万元(=5.39 亿×0.2%)或 0.01 亿元。[①]

这样,剔除了投资成本与印花税后,产业中心股权转让所得为 47704 万元(=53926 万元−6114 万元−108 万元)。它应全部纳入产业中心的应税所得中。按照一般企业纳税人适用的 30%的所得税率计算,产业中心应缴纳的企业所得税为 14311 万元(=47704 万元×30%)。

合计印花税与所得税,产业中心为以股抵债交易应承担的纳税义务为 14419 万元(=14311 万元+108 万元)或 1.4 亿元。以产业中心极度匮乏的现金,这应该说是一个非常高的资金成本。[②] 它能够承担起这一纳税义务吗?

六、以股抵债税务成本显性化的政策意义

从税法的角度对"电广传媒以股抵债交易"的分析,揭示了其中隐含的、但一直为市场各方所忽视的税务成本,它最终由占用上市公司资金、从而需要用股份抵债的大股东来承担。这一发现所蕴涵的意义,对于以股抵债方案的支持者和反对者恐怕是大不相同的,从而使得对以股抵债政策利弊得失的权衡变得更加复杂。

[①] 我国现行印花税实行双向课征,股权转让人与股权受让人均需缴纳印花税。但以股抵债交易中电广传媒是否应当缴纳印花税,是一个值得探讨的问题。笔者以为,虽然电广传媒是股权受让人,但该交易对它来说是回购股份,而不是一般意义上的股权受让。我国目前对股权转让的印花税是作为证券交易税的替代品,仅对二级市场中发生的股权(含股票)转让课征,尚未向一级市场中发行行为征税。股份回购作为公司的资本性交易,与发行行为对应,宜采取同样的印花税政策。当然,该问题尚可进一步研究。

[②] 据《招商证券股份有限公司关于湖南电广传媒股份有限公司实施控股股东"以股抵债"之独立财务顾问报告》披露(第 6 页),产业中心在归还了一部分的资金占用欠款后,已将可以动用的优质资源动用完毕,难以用其他现金或流动性较好、创利成立较高的资产抵债,故采取以股抵债的方式。

对于一直反对用以股抵债方式解决大股东占款问题的市场力量来说,税务成本的显性化应当是一个令人兴奋的发现。这是因为,当基于合法性的质疑因改革对包括公司法在内的现有法律长期以来的突破(或者说漠视)而变得苍白无力,当对定价公平性的质疑因触及为防止国有资产流失而设置的净资产底线而陷入困境时,税法对以股抵债交易的当事人,特别是占用上市公司资金的大股东施加的高昂成本,似乎成为唯一可行的约束力量,从某种意义上说,也是对大股东违法侵占的一种法律制裁。高昂的税务成本向市场昭示,以股抵债并不是一道免费的午餐。

相反,那些意欲步电广传媒之后尘的上市公司恐怕需要重新计算一下自己与大股东的得失。在不存在税务成本时,股份作价越高,折股越少,对大股东越有利。一旦考虑税务成本,回购价与发行价之间的差额越大,大股东基于股份转让而实现的所得越多,承担的税负也越高。因此,税务成本客观上成为对大股东通过股份高定价损害中小股东利益的强有力的制约。在一定意义上,这也有助于减弱以股抵债定价问题上大股东与中小股东之间的尖锐对立。

从管理层的角度看,税务成本的显性化无疑减损了以股抵债政策的意义,增加了解决大股东占款问题的难度。让本来就现金匮乏的大股东承担股权转让的所得税,无异于雪上加霜。① 它是否会刺激大股东进一步侵占上市公司资金,颇值得关注。当然,管理层着眼于解决大股东占款问题对规范中国证券市场、完善上市公司治理结构的重要意义,或许会考虑商请国家税务总局对于以股抵债交易中的所得税给予豁免。如果现实的发展不幸为笔者所言中,国家财政出面为以股抵债买单,这不仅与管理层一直强调的在以股抵债中"纠正大股东的侵占过错"的政策意图背道而驰,侵占上市公司资金的大股东之原罪也更加深了一重。

无论证券市场各方主体如何应对,有一点是肯定的:税务成本显性化改变了以股抵债交易下的利益分配格局,它可能导致本已沉寂下来的以股抵债公平性争论重新泛起。这一证券市场中的利益纷争将如何影响我国税法的走向,恐怕也是一个值得关注的问题。基于税法自身的相对独立的演进逻辑,管理层应当尽量避免强化这种影响。毕竟,伴随着《公司法》和《证券法》的修改,我国公司的资本运作将获得更大的空间、更宽松的环境。股份回购、

---

① 从现有的公开讯息看,尚没有证据表明电广传媒的大股东实际承担了纳税义务。其中的原因,可能是税务机关尚未注意到这种新的交易类型,从而要求产业中心履行纳税义务。也可能税务机关意识到了这里的问题,但出于配合管理层解决大股东占款问题的政策意图,豁免了产业中心的纳税义务。

股权转让、债务重组、以股抵债这些交易形式,在摆脱了大股东占款的阴影后,将会成为我国证券市场中频频闪亮的风景。一套确定的、合理的公司税规则,无疑能让这宜人的风景更加持久。

本章的研究也展示了现行税法在公司财务运作环节的规则缺失与规则冲突。不论是企业股权转让所得的确认还是股份回购的税务处理,都存在太多的不确定性,给市场主体判断一项交易的税法后果带来很大障碍。本章对相关课税规则的选择和适用,尽管着眼于税法的一般原理以及国际经验,但依然难免主观臆断,导致具体纳税义务的计算不过是一种假设下的结论。立法者或者税务当局应当对现有的课税规则进行梳理,拾遗补阙,化解冲突,从而促进我国公司财务运作更加健康、有序地进行。

第十七章　并购重组与等价有偿原则的计算
——"三联重组郑百文"交易回放

在我国资本市场中,上市公司并购重组交易方兴未艾。"并购重组"并不是一个法律概念,而只是市场通常的说法,包括债务重组、重大资产重组、收购、合并、分立等对上市公司股权结构、资产负债结构、利润及业务产生重大影响的活动。① 在域外,并购重组的目的通常是实现资源的优化配置、调整产业结构、产生规模经济效应、实现生产与资本的迅速扩张以及对企业价值进行再发现和再创造。在我国资本市场中,并购重组交易除了上述资源重新配置的功能外,还有一个更加财务性的目的——"借壳上市",即未上市但打算上市的企业通过重组业绩不佳的上市公司而实现自身上市的目的。这在2012年IPO暂停之后更加明显,仅2013年1—10月就公告了780件重组方案,其中大多为私募股权基金、风险投资基金入主的公司在IPO受阻后通过重组交易而实现上市、变现、退出的目的。②

并购重组交易涉及重组方、目标公司、各自公司的股东、管理层、债权人、员工、地方政府等多个主体之间的利益重新分配,很容易滋生法律争议。在我国,这种争议从证券市场有重组交易之时就开始出现了。早在2000年,被称为"中国证券市场上第一例真正的重组"的"三联重组郑百文"交易③就将监管层、实务界和理论界等各方人士均卷入了一场合法性大论争,其中围绕着"默示同意,明示反对"表决方式的争论最为引人注目。④ 它在某种程度上掩盖了另一个比较技术性的法律争议,即重组交易是否公平,是否符合民法的"等价有偿原则"。实际上,重组交易作价这个技术性问题往往是一桩并购交易中最实质的问题。十多年后,2013—2015年间中国证券市场兴起上市公司并购重组浪潮,一个反复出现的焦点就是重组方与目标公司之间的资产置换、股份发

---

① 马骁:《上市公司兼并重组监管制度解析》,法律出版社2009年版,第1页。
② 张泉薇:《IPO冻结 前10月并购案件近800件》,载《新京报》2013年11月18日。
③ 刘晓丹:《议案有新意 法律有障碍》,载《中国证券报》2000年12月5日。
④ 法学界针锋相对的观点,以江平、方流芳、王欣新等"'默示同意,明示反对'的合法性"与郭峰"损害法律公正与投资者权益的重组"为代表。参见郭峰主编:《证券法律评论》(2001年第1期),法律出版社2001年版,第171—225页。

行等行为引发的定价是否公平的争议。法律在这个过程中究竟能有什么样的作为,是一个并没有被充分讨论的问题。从这个角度看,回顾"三联重组郑百文"交易中的公平性争议,特别是等价有偿原则适用的可行性,仍然是有现实意义的。

一、"三联重组郑百文"与等价有偿的公平性争议

2000 年 6 月,一度被视为商业改革与创新标杆的郑州百货文化用品股份有限公司(以下简称"郑百文")遭遇债权人——中国信达资产管理公司(以下简称"信达")——提起破产之诉。郑百文 2000 年年报显示,公司账面资产 9.35 亿元,负债 22.55 亿元,股东权益为 -13.2 亿。其中,信达是郑百文最大的债权人,对郑百文的债权高达 20 亿元。当地政府并不乐见在本地发生上市公司破产第一案,遂引入一家拟上市的公司——三联集团(以下简称"三联")——来重组郑百文债务,同时让三联集团实现借壳上市。郑百文及其大股东——百文集团、信达、三联四方共同打造了一例被市场专业人士颇为看好的真正的重组,所谓"真正"指的是该重组完全是按照商业交易的逻辑进行的,尽管最初有当地政府的推动。

重组交易的基本框架如下:(1) 信达将其对郑百文的 20 亿元债权中的 14.5 亿元的债权以 3 亿元的对价转让给三联;另外 5 个多亿的债权则由百文集团代替郑百文来偿付,在百文集团偿付了 3 亿元后剩余债权将被豁免。(2) 郑百文的其余债务以及除 3000 万元房地产外的全部资产都剥离给百文集团,其中资产超过债务的部分(2.5 亿元)作为郑百文对百文集团的应收账款。对三联的 14.5 亿元债务将在郑百文全体股东向三联让渡 50%股权的条件下被三联豁免。由此,郑百文基本上成为一个干净的"壳"。(3) 三联向郑百文注入新的营运资产——三联商社,郑百文也由此更名为三联商社。三联商社账面价值为 4 亿元,其中的 2.5 亿元用来置换郑百文对百文集团的 2.5 亿元债权,余额 1.5 亿元作为对郑百文的不计利息的融资。① 由此,通过重组交易,三联借助郑百文这个"壳"而实现上市的目的,成为国内第一家专业家电连锁上市公司;信达则获得 30%左右的清偿(6 亿元/20 亿元);郑百文没有破产,股东们手中的股票没有变成一张废纸。

---

① 此外,三联还通过给予百文集团补偿以换取百文集团对郑百文资产、债务公司重组的支持,包括豁免百文集团的 2.5 亿元债务,就百文集团在"债务托管合同"项下负责偿还的 1.5 亿元债务向郑百文债权人提供还款保证,并向百文集团支付了 3000 万元托管费。参见《郑州百文股份有限公司(集团)关于资产、债务重组实施情况的公告》(2001 年 12 月 22 日)。

尽管重组交易的四方当事人称该方案为"多赢",但是,让渡了50％股份的郑百文的流通股股东似乎感到"很受伤",一些媒体更是宣称,除流通股东外,中国证券市场是更大的"输家"。除了前面提到的"默示同意,明示反对"表决方式的违法之嫌外,"三联重组郑百文"的成本有多高成为这场重组的"输家""赢家"之辨中一个无法回避的问题。从重组方案看,三联公司付出了两笔资产,一是给信达公司的现金3亿元;二是注入郑百文公司的作价2.5亿元的三联商社。这些事实本身虽然并不复杂,然而在三联的重组成本如何计算这个问题上,人们却难以达成一致意见。三联公司称其重组成本为8亿元,而在主流媒体上发表意见的专业分析人士却给予严厉反驳,称其成本不超过4.5亿元,也有认为是3亿元,有的甚至宣称零成本。① 这似乎也给"三联是最大的赢家,证券市场是最大的输家"之类的断语增加了言之凿凿的财务数据。当然,更有威力的评论是从法律角度提出的,认为郑百文的资产重组原则与我国现行立法的基本原则相悖,因为"……无论是三联集团以3亿元购买信达资产管理公司15亿元的债权,还是三联集团豁免15亿债权以希望取得郑百文近50％的股份,都很难说符合等价有偿的民事活动基本原则"。②

就一种朴素的认识而言,"三联重组郑百文"的成本是一个纯粹的财务问题,不是法律关注的对象。由于存在着多种资产计价的方法,人们对三联重组成本给出不同答案是完全正常的。更重要的是,三联的重组成本是郑百文重组这项商业交易中当事人考虑的问题,各方当事人都有自己的收益—成本分析,经过数月的谈判,对于自己以及其他当事人各自付出的对价和取得的收益,都有一番清楚的认识。如果他们愿意接受重组方案,就说明各方在重组中的收益—成本比大体是相当的;即使有差异,也至少是在可以接受的限度内。从这个意义上看,只要当事人之间自愿地达成了协议,法律上没有必要关注三联的重组成本问题。

但是,如果重组交易真的违反了等价有偿原则,情况则完全不同了。等价有偿是我国《民法通则》确立的一项基本原则,"三联重组郑百文"作为一项纯粹的商业活动,自然也应当遵守。于是三联的重组成本从一个纯粹的财务问题上升为法律问题。

然而,等价有偿原则尽管是我国《民法通则》确认的一项基本原则,似乎

---

① 凌华薇:《张继升到底冤不冤?我们来替他算笔账!》,载《证券市场周刊》2001年1月8日。
② 马卓檀:《重组原则有待商榷》,载《证券时报》2001年1月15日。更详细的说明,可参见郭峰:《损害法律公正与投资者权益的重组——兼谈"默示原则"的不合法性》,载郭峰主编:《证券法律评论》(2001年第1期),法律出版社2001年版,第208—209页。

也是颇受冷遇的原则,因为我们本能地感受到它与现实之间的矛盾。从这个角度看,"三联重组郑百文"或许正给我们提供了一个验证等价有偿原则的极好的契机,因为它把重组各方的利害得失都放到了桌面上。大量的数据和专业人士的评论或许可以帮助我们把这笔账好好地算一算,不仅可以增加对"三联重组郑百文"这个被誉为"重组第一例"的理解,而且也对等价有偿这一基本法律原则在复杂的经济交易中的适用性有一个感性的认识。

等价有偿原则适用的前提是确定交易标的的价值。在三联重组成本这笔糊涂账中,三联与市场人士争议的问题主要有两个,一是三联注入郑百文的"三联商社"的价值,二是三联取得的郑百文50%流通股的价值,它们都涉及资产计价的技术问题。因此,下面首先对这两个技术问题进行分析,然后讨论等价有偿等民法原则的适用性,最后是一个简短的结论。

二、三联商社的价值

1. 两种不同的算法

三联商社是三联注入郑百文空壳的唯一生利资产,是郑百文未来的希望所在。对于三联商社的价值,专业人士在各种媒体上发表的意见大多采用资产计价的历史成本法,即以资产的账面价值对资产计价,认为三联商社价值为2.5亿元或4亿元。[1]

与市场人士采用的历史成本法相反,三联老总张继升的算法是:三联注入郑百文的资产为6亿元! 三联商社之所以从2.5亿元变成了6亿元,是因为该资产每年能创造收益3000万元,是一只"会下蛋的母鸡",按照20倍市盈率计算该资产的价值,应为6个亿。

市场评论人士对三联直接以利润乘以20倍市盈率的算法嗤之以鼻,或嘲讽其为对市盈率公式的误用,或批评其武断地确定资产定价公式中各变量的数值。充满感情色彩的媒体则进一步就专业人士的技术性批评发挥道:"卖一只会下蛋的鸡,难道要把以后鸡生蛋、蛋生鸡、鸡又生蛋……的价格都算进去吗? 谁会买这么昂贵的鸡呢?"[2]

---

[1] 出现差异皆因拟订重组方案的当事人每每对重组方案语焉不详,一时"三联注入2.5亿元优质资产",一时"注入4亿元资产",其实三联商社完整的形态在账面价值上有4亿元,实际运作也是作为一个整体而交给上市公司进行统一管理,但是在计算三联用于置换郑百文对百文集团的债权、并注入郑百文之壳的三联商社价值时,只考虑其中的2.5亿元。这里存在着"实体"与"记账"之间的分离。重组方案由于一开始对这一点说得不清楚,引起了诸多误解。

[2] 凌华薇:《张继升到底冤不冤? 我们来替他算笔账!》,载《证券市场周刊》2001年1月8日。

2. 三联的算法错了吗?

的确,主流媒体推崇的历史成本法是我国资产计价的基本方法,但是,三联所采用的收益现值法,即建立在对资产所创造的未来收益基础上的计价方法(形象地说,"一只会下蛋的鸡的价值,就是以后鸡生蛋所可能带来的全部收益"),代表了当前国际上资产计价的主流。我国自 20 世纪 90 年代后进行的资产评估制度改革,也已经承认了这种方法在我国的应用。①

当然,从表面上看,专业人士对三联直接用"净利润"乘以"市盈率"来计算资产价值的批评是有道理的。用市盈率来对资产定价固然是国际上的通行做法,但它一般不直接用于对一个营利资产实体的定价,而是用于在资本市场中衡量股价水平。② 例如,我国企业在进行首次公开发行股票时,一般用市盈率确定每股发行价格,其计算的公式是:发行价格=每股收益×市盈率。

但是,三联商社不是股票,而是一项实体资产。对实体资产定价所采用的收益现值法,按照我国资产评估法规的要求,是将该资产未来年度创造的收益用一定的投资收益率进行贴现,所获得的现值累加起来就代表了资产的价值。③ 假定未来收益是稳定不变的,而且能够永远持续下去,各年度的贴现率也是一样的,我们可以得到收益现值法的最简化的计算公式:资产价值=

---

① 例如,国务院 1991 年颁布的《国有资产评估管理办法》第 23 条规定:"国有资产评估方法包括:(一)收益现值法……";中国资产评估师协会 2005 年发布的《企业价值评估指导意见》第 23 条规定:"注册资产评估师执行企业价值评估业务,应当根据评估对象、价值类型、资料收集情况等相关条件,分析收益法、市场法和成本法三种资产评估基本方法的适用性,恰当选择一种或多种资产评估基本方法。"

② 市盈率又称为本益比,是股价与每股收益之间的比率,用公式表示为:市盈率(P/E)=普通股股价/普通股每股收益。这一指标反映了投资人对一只股票每元净利润所愿意支付的价格,可以用来估计股票的投资报酬和风险。市盈率的倒数(1/市盈率,或每股收益/每股市价)可以简略地代表该股票的投资报酬率。参见《财务管理》,98 年度注册会计师全国统一考试指定辅导教材,东北财经大学出版社 1998 年版,第 153—155 页。

③ 例如,国有资产管理局 1992 年颁布的《国有资产评估管理办法实施细则》第 38 条规定:"收益现值法是将评估对象剩余寿命期间每年(或每月)的预期收益,用适当的折现率折现,累加得出评估基准日的现值,以此估算资产价值的方法。"用公式表示为:

$$PV = \sum (I_i/r_i), (i = 1, 2, \cdots\cdots n)。$$

其中,PV 为收益现值;I 为第 i 年的收益;r_i 为第 i 年的折现率。

需要说明的是,国际上流行的评估公司价值的现值法与我国的规定略有不同。在评估一个公司的价值时,并不是用未来收益进行贴现,而是用未来年度的净现金流进行贴现。参见〔美〕斯蒂芬·A.罗斯、罗得尔福·W.威斯特菲尔德、杰弗利·F.杰富:《公司理财》(原书第 5 版),吴世农、沈艺峰等译,机械工业出版社 2000 年版,第 76 页。我国学者也接受了这一概念。参见陈共、周升业、吴晓求主编:《证券发行与承销》,中国人民大学出版社 1998 年版,第 57—58 页。收益与净现金流当然是不同的概念,不过,基于简化的目的,如果假设公司无扩大投资、提取的折旧全部用于维持简单再生产的设备更新,则收益与净现金流是一致的。因此,在这个最简化的模型中,我国的收益现值法与国外流行的评估公司价值的方法在效果上是一致的。

净利润/贴现率。

从这个意义上看,三联的"资产价值＝净利润×市盈率"的算法,把净利润与市盈率搅和在一起,的确是对市盈率公式以及收益现值法的误用。

然而,资产计价公式中各个变量的运用并不像我们想象的那样机械,它们之间存在着密切的关联。就市盈率、折现率之间的关系而言,主要描述股价水平的市盈率有一个内在的价值约束度量,即一般期望报酬率,用数值关系式表示为:市盈率≤1/一般期望报酬率,或一般期望报酬率≤1/市盈率。这是因为,在一个生产要素、资金要素都可以自由流动,不存在进入障碍的市场中,各个领域中的投资收益率最终是趋同的。对于拥有一笔资金的投资人来说,考虑到股票所蕴含的风险,其投资于股票所获得的收益(可用1/市盈率来表示)至少应等于一般期望报酬率。

一般期望报酬率往往也是人们判断一个投资项目的价值时所采用的贴现率。因此,市盈率与贴现率之间大体存在着这种互为倒数的关系,即贴现率≈1/市盈率。将这一公式代入资产的收益现值法的标准公式,则:

$$资产价值＝净利润×市盈率$$

由此来看,三联的算法尽管不符合收益现值法下资产定价的标准公式,但是并未违背收益现值法的一般机理。

3. 三联的预测准确吗？

当然,即使承认三联的算法在道理上并没有根本性错误,人们也尽可以像某些专业人士那样,质疑三联关于注入资产的利润前景的预测和贴现率(或市盈率)数据的选择。三联商社每年能够如张继升先生所言"稳定地带来3000万元的利润"吗？三联所选用的20倍的市盈率,或者说5％的贴现率是合适的吗？

这的确是一个难以回答的问题。商业经营的风险是无法预计的,没有人能够保证一个企业未来的收益水平稳定不变。在竞争激烈的商业零售业,随着生产厂家越来越深地直接卷入销售环节的价格战,商业企业的风险明显增大。从这个意义上说,张继升恐怕确实无法拍着胸脯说:"三联商社保证每年能给郑百文带来3000万元的盈利"。而张继升所使用的20倍的市盈率或者5％的贴现率,当然更可以被指称为"武断"。中国股市在2000年前后很长一段时间内的平均市盈率为50—60倍,为什么张继升用20倍的市盈率指标？

然而,上述问题是收益现值法内在的缺陷,没有必要因此而苛求于三联。收益现值法下的"收益"本来就是可以合理地预期实现的未来收益,所谓合理预期是建立在过去的经验的基础上。实践中,人们也总是在这种"合理预期"

的状态中作出今日之决策。三联商社是一项已经营运了数年的实业,以张继升过去十余年间运作三联集团的经验,或许可以相信他所提出的3000万元利润是一个比较可靠的数据吧。否则,谁又能提出更准确的数据呢?

就贴现率而言,按照我国目前的利率水平(年利率为2%左右)和股市大盘的平均市盈率水平(50—60倍)来衡量,张继升所使用的5%的贴现率或20倍的市盈率,在计算资产价值时只是更保守,而不是更夸张,因此,似乎并不存在明显失当之处。当然,商业股的市盈率一般都比较低,因此,我们或许应当要求三联将其贴现率调高一些,从而降低对三联商社的资产定价。然而,如同盈利预测一样,市盈率和贴现率也是一些受随机因素影响、主观性较强的指标。提高或降低1个百分点,就能说更准确了吗?

如果没有人能够提出对三联商社更好的定价方法,三联自己的算法是无可指责的。这也就意味着,在对预期收益既无法证实、也无法证伪的状态下,市场人士所主张的成本法以及三联主张的收益现值法都是可以接受的。

三、郑百文流通股的价值

三联付给信达3亿元以及注入价值2.5亿元或6亿元的三联商社,其获得的对价是郑百文50%的股份,包括50%的流通股。如果说,有关三联商社价值的争论还不足以将三联重组成本变成一个复杂问题的话,郑百文的流通股价值问题则完全做到了这一点。郑百文的净资产已经是一个负数,但是股票还在被标价、被流通。而流通股与非流通股的区别、股票的内在价值与市价之间的差异、郑百文的壳价值有多大等因素的存在,导致专业人士对郑百文流通股的价值给出各种各样的数据,从而也就有上文中提到的完全不同版本的三联重组成本。

区分三个概念可能有助于我们澄清在这个问题上的混乱状态,它们是:股票的理论价值、股票的市价以及股东的持股成本。

1. 郑百文股票的理论价值

计算股票理论价值的目的,是为我们观察股票的市价提供一个参照系。公司财务管理的理论认为,股票的价值是股票能够给投资人带来的净现金流的当前价值。因此,股票定价适用股利现值法,即将公司未来各年度支付的股利进行贴现所得到的现值之和。①

---

① 〔美〕斯蒂芬·A.罗斯、罗得尔福·W.威斯特菲尔德、杰弗利·F.杰富:《公司理财》(原书第5版),吴世农、沈艺峰等译,机械工业出版社2000年版,第86页。

（1）重组前郑百文股票的理论价值

如果没有重组，从理论上说，郑百文股票是毫无价值的。沉重的债务负担导致郑百文陷入"巨亏"的深渊，甚至直接破产（如果不是当地政府干预的话）。它既不可能产生一分钱的盈利，更不可能派发股利。因此对于郑百文原有的股东而言，股票的理论价值为零。

（2）重组后郑百文股票的理论价值

由于巨额债务的豁免及盈利资产——三联商社的注入，郑百文股票的持有者可以期待未来的股利分配，因此也有了计算理论价位的可能性。

当然，严格按照财务管理的理论公式计算郑百文股票的内在价值几乎是不可能的。这是因为，第一，中国上市公司股利分配政策是无规律可循的。即使三联重组郑百文成功，即使三联商社每年都能如张继升所言带来3000万元的净利，谁又能预测郑百文每年将如何派发股利？第二，中国上市公司特有的流通股与非流通股的二元结构，进一步增加了判断股票内在价值的难度。当然，对于二者之间存在的差异，我国证券市场的惯例是将非流通股定价为流通股10%—20%左右[①]，不过这一处理的理论根据并不明确。

为了大致匡算出郑百文股票的理论价位，以便给我们观察评论者提出的各种价值尺度建立一个比较的标杆，笔者针对前述的两个困难提出一些假定，以减少计算中的变量，并简化计算过程。这些假定是：

（1）郑百文未来年度的盈利是稳定而持续性的；

（2）全部收益都用于发放股利。

这两个假定使我们能够用收益现值法代替股利现值法。

在上述假定的基础上，郑百文股票的价值为未来年度每股收益的贴现值之和。这样，我们可以借用前述的评估三联商社资产价值的收益现值法来计算。[②] 在没有更好的方式确定郑百文未来财务数据的情形下，暂且按照前面的分析思路，接受张继升先生的判断，即三联商社能稳定地带来每年3000万元的收益。以郑百文近2亿股的基数，每股收益大体在0.15元左右。进一步按照张继升先生建议的5%的贴现率，郑百文股票的平均价值应当在3元钱/股左右。

[①] 方流芳：《郑百文"资产、债务重组方案"：法律视角的评述》，载郭锋主编：《证券法律评论》2001年第1期，法律出版社2001年版，183页。也有报道指出，我国上市公司法人股转让价格只有流通股价格的15%左右，对ST类公司，只有8%左右。参见徐彦武：《郑百文重组方案三疑》，载《上海证券报》2001年2月9日。

[②] 这里的道理是不言而喻的：如果三联重组郑百文成功，由于三联商社是郑百文唯一的资产，因此郑百文股票的前景实际上就是三联商社的盈利前景；因此郑百文股票的价值与对三联商社的计价密不可分。当然，这也意味着，它不可避免地受到盈利预测、贴现率等不确定因素的影响。

即使采取一种最极端的算法,鉴于非流通股价值甚微①,假设不计非流通股,将郑百文的全部价值赋予流通股,则以郑百文 1 亿股左右的流通股为基数,每股收益增为 0.3 元。在 20 倍的市盈率下,郑百文流通股的理论价值在 6 元左右。这种计算方法显然虚增了流通股的理论价值,因为非流通股即使市场价值再低,在享受公司股息与剩余财产方面的权利与流通股也是完全平等的,故在计算每股收益时并不能被忽略掉。如此假设的目的不过是从反面说明,郑百文流通股的理论价值实际上要小于 6 元。更进一步,计算理论价位的目的仅仅是为分析股票市价建立一个理论上的参照,基于下面两个理由,上述荒谬的假设所可能带来的后果并不像我们想象的那么严重:第一,我国股市较强的投机性往往导致股票市价远远高于理论价位。因此,如果从观察市价是否合理的角度来看,我们这里计算的理论价位高于真正的理论价位,只会在一定意义上淡化市价的非理性色彩,而不会导致对市价的评价更加苛刻。第二,理论价值是建立在假设与判断基础上,它从来都不是一个确定的数值,而可能是一个区间。只要我们时刻意识到其缺陷,它就不会影响我们运用它来进行证券分析时所做的判断。②

2. 郑百文股票重新上市后的价格

股票的理论价位反映了股票的内在价值,它通常会在股票市价上反映出来。不过,在中国证券市场中,很长一段时期内,人们似乎对用技术性方法确定股票的理论价值并不感兴趣,而是关注于特定股票的市场供求关系以及市场上同行业股票的价格水平。张继升曾承诺,重组后的郑百文股价不会低于沪深商业概念股 15.13 元的水平。③ 可惜作为参照系的沪深商业概念股并不买张继升的账,除华联商厦在 12 元左右外,王府井、西单商场等大盘商业股都在 9 元左右波动。④

令人不解的是,市场人士虽然对张继升表白"每年可以带来 3000 万元净利的三联商社是一只会下蛋的母鸡"冷嘲热讽,但却似乎并不质疑张继升对未来郑百文股价的承诺,尽管并没有什么业绩因素足以支持 15.13 元的高位。相反,市场似乎也普遍预期其在 13 元—15 元水平,并依据这一预测,展

---

① 郑百文流通股股数为 10710 万股,非流通股股数为 9048 万股。如果依照市场惯例将非流通股赋值为流通股的 8%,则非流通股的总价值与全部股份的价值之比可以计算如下:$(9048 \times 8\%)/(10710 + 9048 \times 8\%) = 6.3\%$。

② 参见〔美〕本杰明・格雷厄姆、戴维・多德:《证券分析》,邱巍、李春荣、黄铮译,吴有昌校,海南出版社 1999 年版,第 4—10 页。

③ 关鉴:《三联老总:重组后郑百文股价不低于 15.13 元》,载《北京青年报》2001 年 1 月 4 日。

④ 余磊:《为什么受伤的总是我?》,载《中国证券报》2001 年 2 月 9 日。

望三联将 5000 万股流通股全数抛出、大举收获 6.5—7.5 亿元现金的前景，难以抑制对三联的愤愤不平之情。因为，这样一来，三联重组郑百文不仅是零成本，更确切地说是占了个大便宜。

导致人们漠视股票的内在价值，而仅仅关注股票的市场表现的一个重要原因，就是三联对流通股的"志在必得"。张继升先生的本意或许是通过缩股，让投资者交点学费，或许是为了开辟向信达支付现金的渠道[①]，但他将取得 5000 万股流通股作为重组郑百文的底线，却犯了众怒，让人怀疑其重组不过是为将来炒作谋利埋下伏笔，也使参与重组的四方给三联涂抹的"战略投资者"的形象失去光彩。

3. 流通股的持股成本

顾名思义，持股成本是指股东为取得手中的股票所付出的代价。就最一般的意义而言，持股成本就是股票的现行市价，因为股东通常是从市场上买入股票。

持股成本与前述的郑百文股票的理论价值和未来市价不同，后二者都是基于对三联入主郑百文后的前景预测，而持股成本则是过去已经发生的交易的结果，它是一个真实存在的数据。三联的持股成本就是三联重组郑百文支付的全部对价，包括支付给信达的 3 亿元以及注入郑百文的三联商社的价值。郑百文原有流通股股东的持股成本就是其从市场上购买股票所支付的对价；在重组完成、50% 股份过户给三联后，其持股成本上升为其市场购入成本的 2 倍。人们热衷于比较三联所获得的流通股的持股成本与其他股东的持股成本有多种目的，比如为了预期三联可能会在哪一种价位上抛出，从而套住其他流通股股东；或者，为了比较三联与郑百文流通股股东之间的交换是否公平。

尽管从理论上解释持股成本并不复杂，但是具体计算起来，不论是三联持股成本还是郑百文现有股东的持股成本，都如一团乱麻。

三联在重组完成后持有流通股的成本，按照三联自己计算为 15 元/股。因为三联重组郑百文的总成本为 8 亿元，包括付给信达的 3 亿元现金和价值 6 亿元的三联商社资产，扣除取得 4500 万非流通股的价值 1 亿元。若流通

[①] 从重组方案看，三联支付给信达 3 亿元采取分期付款的方式，而其获得的流通股也是分批解除锁定，进入二级市场交易。由此可见，至少在三联自己的安排中，获得流通股是为了变现，而变现是为了向信达履行付款义务，这样就可以实质性地减少三联需要从自己的口袋里拿出现金给信达的数额。毕竟，3 亿元的现金对于三联这家资产虽有 50 多亿，但净利润尚不到 5000 万元的企业来说，也不是一个小数目。

股股东全部参与重组,则三联将获得5300万股流通股,单位成本约为15元。① 相反,市场人士在计算三联重组的总成本时,普遍不认同将虽投入郑百文、但三联仍然有控制权的三联商社包括在内,且对非流通股的赋值也与三联不同(三联自己对非流通股赋值2元/股,而一些市场人士则赋值1.27元/股),因此计算出的三联持股成本多为6元、7元,最多不过12元。②

从郑百文社会公众股东的持股成本来看,不同股东入市时间不同,其持股成本大相径庭,计算一个统一的持股成本几乎不可能。如果按郑百文2000年8月21日停牌时的收盘价6.73元计算,流通股的持股成本为13.46元;考虑到郑百文2001年1月复牌后的换手率几近100%,重组方案实施时流通股股东的成本恐怕得按照2001年1月郑百文复牌后的价位计算。但是郑百文复牌后股价大幅波动③,计算流通股的持股成本委实不易。如果按照2001年1月份的最高价位10.44元计,流通股持股成本甚至可以达到20.88元/股。

4. 郑百文流通股的"公平价值"

重组方案本身也贡献了对郑百文流通股价值的一种计算方法——"公平价值"。这也被认为是"三联重组郑百文"交易的两大制度创新之一,即参照域外公司法下对并购重组交易中异议股东股份回购请求权的做法,给不同意参与重组的股东以"公平退出"的机会。为此,郑百文按照股票的"公平价值",向不参加重组的郑百文股东回购其持有的股票。

"公平价值"又称为"公允价值"(fair value),通常是针对公司重大"行为"(如并购、分立、重大资产转让等)持反对意见股东所持股权而言,其定义为持反对意见股东所反对的公司重大"行为"生效前那一时刻,持反对意见股

---

① 辰雨:《三联信达中和应泰解答百文重组有关问题》,http://finance.sina.com.cn/s/30893.html,2012年12月31日最后访问。

② 例如,持6元观点的市场人士认为,只有付给信达的3亿元现金是三联获得郑百文流通股的真正成本,因此,三联5000万流通股的总成本不过是3亿元,单位持股成本为6元。持7元观点的市场人士认为三联集团付出重组总成本7亿元,包括3亿元现金加4亿元债权豁免,对应于三联所获得的郑百文50%的股权(近1亿股,不考虑流通股与非流通股的区别),每股成本在7元左右。持12元观点的市场人士在三联重组总成本问题上与持7元观点者相同,也为7亿元,但主张流通股持股成本与非流通股有本质区别,后者仅为1.27元/股,因此,它首先扣除了4500万非流通股的价值(0.57亿元),然后计算出三联获得的5355万流通股的总成本为6.43亿元,平均每股成本为12元。余磊:《为什么受伤的总是我?》,载《中国证券报》2001年2月9日。

③ 自2000年3月披露信达申请郑百文破产后,郑百文股票价格出现多次震荡。2001年复牌后先连续9日涨停,股价从6.73元涨到10.44元;而后又连续跌停,至2001年3月2日的收盘价为5.48元。参见 http://companies.homeway.com.cn/lbi-bin/stock/stockindex.cgi?stock=600898,2012年12月31日最后访问。

东所持公司股权的价值;该价值应排除任何因公司该行为的预期而造成的股权增值或贬值因素,除非这种排除是不公平的。① 根据信永会计师事务所有限责任公司出具的《关于郑百文少数股权公平价值的财务顾问报告》(信永评字第 200101501 号)②,流通股的回购价被定为 1.84 元,非流通股的回购价被定为 0.18 元。据方案设计者介绍,专业机构在确定"公平价值"时综合考虑了公司股票的市场价格、净资产价值和收益价值(理论价值)三个因素。国外相似案例所确定的公平价值最高为股票市场价格的 55%,但郑百文流通股回购的"公平价值"最终确定为市价的 27%。③

5. 小　　结

上面分别讨论了郑百文股票的理论价位、未来市价、持股成本以及公平价值。这些数据都远说不上精确或者公认,单独拿出任何一个数据恐怕都不足以采信。但是将上述几方面的数据进行对比,我们却能够发现它们之间存在着一些有意思的联系:

张继升对其持股成本的计算与其预测的重组完成后郑百文的市价大体相当,都在 15 元左右。这个价格略高于郑百文流通股股东按郑百文 2000 年 8 月 21 日的停牌价格计算的完成重组后的持股成本。这些数据上的巧合,或许可以解释三联的一些自相矛盾的举动,例如,在计算"三联商社"价值时坚持用收益现值法,在预期郑百文重组后的股价时却完全抛弃了收益现值法。三联的意图非常明显:塑造三联高持股成本的公众形象,一方面表明三联并没有占郑百文流通股股东的便宜,是在进行公平交易;另一方面也给郑百文的流通股股东一个安慰:由于三联的持股成本略高于郑百文的现有股东,因此,即使按照重组方案缩股,郑百文流通股股东仍有获利出逃的空间,除非三联"断臂套现"。

不过,如果接受市场人士对三联持股成本的计算,三联的上述策略就难以奏效了。不论三联的持股成本是 6 元、7 元还是 12 元,它都显然低于郑百文流通股股东在重组完成后的持股成本。这似乎正是人们普遍接受的观点。由此而推论:尽管重组各方竭力描绘的三联作为"战略投资者"的形象可能是

---

① 例见美国《标准公司法》第 13.1 节的定义,出处:《最新美国标准公司法》(2006 最新版),沈四宝编译,法律出版社 2006 年版,第 183 页。
② 来源:http://finance.sina.com.cn/stock/company/sh/600898/24/39.shtml,2012 年 12 月 31 日最后访问。
③ 它也成为我国 2005 年修订的《公司法》引入异议股东股份回购请求权制度的先期试点。参见张义敏:《中和应泰董事长金立佐博士谈郑百文重组方案 还只是一个框架》,载《中国证券报》网站,http://www.cs.com.cn/csnews/articles/266_51444.htm,2000 年 12 月 20 日最后访问。

真实的,但是由于三联的持股成本低于郑百文流通股股东的持股成本,三联并不存在为流通股股东护盘的利益驱动。①

前途渺茫的流通股股东自然要将重组方案斥为"掠夺投资人利益的方案"了。

四、等价有偿原则的检验

1. 关于检验方法的说明

前面的分析篇幅不算短,却不仅没有能够把三联重组成本这笔糊涂账算清楚,反而展示了在有关资产的价值认定上的诸多不确定性和可能性。这不免给我们"在解决了技术问题的基础上来解决法律问题"的预想蒙上了一层阴影。如果无法对交易标的(如"三联商社"、郑百文股票)的价值给出一个公认的、科学的答案,等价有偿原则又能建立在什么基础之上呢?是否只能靠当事人之间的合意来体现呢?

令问题更复杂的,是郑百文重组的这类交易方式。通常来看,判断两个人之间的买卖关系是否符合等价有偿原则,可能并不太困难。但是,对于郑百文重组这种多方主体参与、多种利益交织其中的一揽子交易,恐怕就不那么简单了。谁在与谁交换?谁在与谁就什么进行交换?单是确定交易者之间的对应关系,就足以列一张清单。

不过,好在人们从等价有偿原则对三联重组行为提出的质疑,主要集中在三联与信达之间、三联与郑百文股东、特别是流通股股东之间的交换关系上。因此,我们的分析也就集中在这两个方面。

有必要明确的两个前提是:

第一,等价有偿原则作为对具体民事行为的要求,只应当应用于微观层面上的具体经济交易的度量,不应将宏观层面的、对市场或对社会的影响也囊括进来。例如,类似"郑百文该破产却不破产,践踏了市场投资理念"之类

---

① 给这一悲观的结论提供进一步证据的是重组方案披露,三联支付给信达3亿元是分期付款的,而三联获得的流通股则从重组完成6个月后开始解除锁定,分批进入二级市场。由此可见,至少在三联自己的安排中,获得流通股的一个主要目的就是为了要变现,以便向信达履行付款义务。这样就可以实质性地减少三联需要从自己的口袋里拿出现金给信达的数额。而为了满足这一目的,如果三联手中有5000万股,那么只要郑百文股价不低于6元就可以了。考虑到重组方案公布前的停牌价为6.73元,即使郑百文被PT,三联以6元的价位出手流通股也不会太困难。因为郑百文的业绩也有每股盈余0.15元,三联以6元钱的价格出手,市盈率不过40倍。这一价格不仅低于重组方案公布前的停牌价6.73元,相比于其他几个大盘商业股目前9元左右的价位也是较低的。这恐怕也是5000万股成为重组底线的意义所在。它也就意味着三联更没有必要为流通股股东护盘。

的大账,或许也可以算在三联头上,但是它并不在我们所讨论的等价有偿原则之范围内。

第二,郑百文重组并不是一项普通的交换行为,而是一项减少损失的交易。各方参与者都致力于减少可能发生的损失:信达努力收回其贷款,郑百文谋求起死回生的机会,三联则力图节约直接上市的有形与无形成本。正是在这个意义上,拟订重组方案的四方主体可以宣称大家都是赢家,因为通过重组,大家的损失都减少了;而媒体则反驳说"损失一大堆,谁又是什么赢家呢"? 两方面说得都不错。

一旦从"减损"的角度来看一项交易,当事人可能考虑得更多是自己的收益与成本的比较,而不是自己与他人之间的交换。这样,一项交易是否等价有偿,可能就从对当事人之间交换的标的的价值判断,转为交易人各自对自己的收益—成本的度量了。

2. 关于三联与信达之间的交换

三联参与重组的一个前提条件,是以3亿元购买信达资产管理公司15亿元的债权。如果以此作为"不符合等价有偿的民事活动基本原则"的证据,显然是把问题简单化了。三联与信达之间的交易不过是信达取得的对价的一部分,另一部分是百文集团提供的3亿元偿债担保。

更关键的是,信达的15亿元的债权只是账面价值,债务人郑百文并没有实际资产来兑现。如果破产清算郑百文,信达对郑百文总共21亿元的债权只能收回6000万元。从"减损"的目的出发,让渡一项名义上为15亿元、而实际上可能仅值5000万元的债权,却获得3亿元现金收入,对信达而言,这难道不是一笔合算的买卖吗? 能够主张"不符合等价有偿原则"而挫败交易的,该是三联吧?

可能有人提出,信达豁免十多亿元的债权或者低价转让债权,是在放弃、损害国家利益。似乎有道理。不过,十多亿元国家利益并非信达放弃或损害的,而是郑百文的巨额亏损所造成的,只不过尚未破产的郑百文之壳还继续将它作为一种"债权"挂在账上。信达与三联的交易不过是让事实更明显了而已。

3. 关于三联与郑百文流通股股东之间的交换

三联与郑百文流通股股东之间的交换是否符合等价有偿原则,的确是一个复杂的问题。三联以债务豁免、注入三联商社换取郑百文50%的股份。但如前所述,三联商社的价值、郑百文股份的价值,都存在诸多争议。如何判断这一交换是否符合等价有偿原则呢？

其实，换一个角度来看，三联重组郑百文本来可以是一个简单而清楚问题。

(1) 债转股的思路

假设三联不采取债务豁免、股份过户的方式，而是直接进行债转股①，将其从信达手中取得的 14 亿元左右的债权转换成 2 亿股。这样三联就与郑百文现有的股东平分天下，各占 50% 的股份，与最终重组方案下的股权结构相同。由于债转股后三联每股持股成本为 7 元，高于郑百文流通股股东按照郑百文 2000 年停牌前 6.73 元的成本计算的持股成本，因此，三联与郑百文股东之间 50：50 的股份分配，并不明显存在对现有股东的不公之处。由于债转股体现的是投资关系，而不是"股份过户"这种买卖关系，恐怕谁也不能指责三联的行为"不符合等价有偿原则"。

不幸的是，从证券法的角度看，债转股的性质属于定向增发股份，而我国长期以来对公司发行股票实行严格管制，这似乎令重组各方对债转股、特别是债转流通股的前景不甚乐观。因此，重组方案采取了要求郑百文股东将一半股份无偿过户给三联的形式，以避"发行股票"之嫌。然而，这却引起新的、可能比债转股麻烦得多的问题，收购程序上的瑕疵姑且不论，"强制过户"的骇世之举更是遭到从监管层到市场的一致抨击。②

对郑百文重组法律障碍的分析不是本文的意趣所在，还是回到等价有偿原则的适用性问题。应当说，就经济实质而言，三联通过债转股获得郑百文一半的股权与三联从现有股东手中无偿取得一半的股权，对郑百文的流通股股东来说，其效果是完全一样的。郑百文的股东都只保留了对郑百文未来一半收益的求偿权，他们手中的股票整体贬值 50%。如果说，债转股不存在"违反等价有偿原则"之处，无偿过户 50% 的股份难道就有什么不同吗？

(2) 交换的思路

既然重组方案采取的是股份过户，而不是债转股，人们一般将 50% 的股份过户视为一种买卖关系，或者交换关系。那么，三联商社与 50% 的郑百文股份是不是一种等价交换？

首先，我们需要明确作为交换的郑百文 50% 的股份的价值。前文关于郑百文流通股价值的讨论中提出了几种尺度，其中，能够代表作为交换标的

---

① 根据我国财政部发布的《企业会计准则——债务重组》的规定，债务重组可以采取的形式包括：债权人豁免债务，债权转股权，或者修改债务合同、延长债务偿还时间或减少债务利息等形式。参见刘燕：《会计法》，北京大学出版社 2001 年版，第 206 页。
② 顾惠忠：《法律不支持郑百文重组方案》，载《中国证券报》2001 年 2 月 7 日。

郑百文股份的价值的,应当是重组前郑百文股票的理论价值。其他价值尺度,如6元的理论价位或13—15元的市价,都是建立在三联重组的前景基础上的,实际上反映的是重组成功后的郑百文股份的价值。而郑百文股东为进行重组而交换的股份,只能是重组前的、建立在郑百文自身财务状况基础上的股份。这也就是为什么美国公司法会强调,在异议股东回购请求权程序中,股份公允价值的计算是以异议股东所反对的公司"重大行为"生效前那一时刻为准,排除任何因公司该行为的预期而造成的股权增值或贬值因素。由于郑百文事实上的破产状态,包括普通股在内的全部股份的价值只是零。虽然郑百文流通股股东为取得这些股份付出了不菲的代价,但那是二级市场中流通股股东之间进行的博弈,它无法改变郑百文经济上已经破产的事实,也不可能给不具有价值内核的郑百文的股份增加任何实质性的东西。

郑百文的股东用零价值的股份获得对三联商社未来收益一半的请求权,这岂不是一笔好买卖?事实上,如果我们不被所谓的等价有偿原则束缚住,机械地分析三联与郑百文股东之间的交换,而从"减损"角度出发,单独对郑百文股东进行收益—成本分析,事情就更加清楚:如果三联不介入,郑百文破产,郑百文股东手中的股票完全是一张废纸;而重组剥离的债务以及三联注入的盈利性资产(即使算不上优质资产),至少给郑百文一线生机,最终也令郑百文股东的损失能够减少一些。

有人可能提出反驳说,重组方案强制股东过户50%股份,导致股东单位持股成本的增加,从而加大了股东的损失。其实,计算持股成本的增加是没有意义的。第一,郑百文股东的持股成本是他们为从经济上说已经死亡的郑百文所付出的代价,它是一种沉没成本;第二,缩股固然导致单位持股成本的增加,但它并没有实际增加股东的支出。更重要的是,不论股东的持股成本有多高,面对着净资产为负数、债务负担如山的郑百文,这些股份都不代表任何实际的利益。然而,在重组后,郑百文的股东将有权分享三联商社未来的收益,从而减少了持股成本完全不可收回所带来的损失。因此,对于郑百文的股东而言,任何可能的收益都是较一张价格不菲的废纸更好的结果。

现实中,郑百文现有股东(包括流通股股东)所作出的或者以默示同意方式所表示的选择[①],已经再清楚不过地反映了当事人自己对这个问题的

[①] 根据郑百文董事会2001年3月21日公告的股东对过户问题"声明"的结果,仅有32位股东明言"既不同意过户也不同意回购",其余6万多名股民,7名股东没有"说清楚",其余6万多名股民均默示同意"送"一半股份给三联。参见《郑百文怎过"过户关"》,载《上海证券报》2001年3月22日。

判断。

(3) 壳资源的价值

当然,郑百文有壳价值。正是这个壳价值,使得郑百文的股东得以用来与三联进行交换,取得对三联商社的一半收益。准确地说,在三联与郑百文流通股股东进行的交易中,真正被交换、让渡,从而成为(如果能够成为)等价有偿原则检验的对象的,并不是双方各自的持股成本,更不是什么"三联豁免的15亿元债权"与"郑百文50%的股份",而是郑百文的壳资源。

不幸的是,由于技术上的困难,一旦引入了"壳资源"因素,等价有偿原则的计算却又无法再进行下去。

从最一般的意义上说,壳资源的价值应当是买壳人买壳上市较直接上市所节约的成本。如何计算这种价值或成本节约,经济学家或者市场人士都尚未提出任何公式。因此,人们只是根据自己对壳资源需求的紧迫性以及自己的承受能力对壳资源进行定价。三联重组郑百文,既然是冲着郑百文的壳资源而来,自有其对郑百文壳价值的定价。它到底定价多少,我们不得而知,但是摆在桌面上的重组成本,即支付给信达的3亿元加上注入的三联商社,实际上就是三联为郑百文壳资源摆出的价码。确实没有一个人能证实这是一个公平的价码,但是,又有谁能证明这是一个不公平的价码呢?①

4. 换一个角度看问题

其实,壳资源定价问题,就像前面分析的三联商社的价值、郑百文流通股的价值一样,是无法获得一个公认的答案的。纠缠于这些技术性问题,并不能解决"等价有偿"原则适用上的困难。郑百文重组是一项纯粹的商业交易,等价有偿也好,公平定价也好,并不取决于某一方的意愿,而是双方或者各方的谈判和妥协。如果双方根本无法就交易价款达成合意,重组交易都不存在了,等价有偿原则又哪里有用武之地呢?

更关键的是,虽然三联、郑百文股东都有通过重组而减损(或节约成本)之共同目的,但是二者之间的经济地位是不同的。郑百文的股东的损失是现实的,而三联的上市成本仅仅是潜在的,不同的经济地位必然决定不同的谈

---

① 或许有人认为,郑百文被信达提起破产后的市场价能反映壳资源的价值,因为此时郑百文只有壳了,市场对郑百文股票的定位就是对壳的定价。然而,自2000年3月传出信达申请郑百文破产的消息后,郑百文的股价波动如此之大,无法确定哪一个价格是对壳资源的定价。另一方面,张继升多次表示,如果由于法律障碍或政策性障碍,导致重组的成本超过了他的底线,他自会退出,放弃郑百文之壳而寻求独立上市。参见《我不会轻易退出——三联集团总裁张继升再谈郑百文重组》,载《上海证券报》2001年2月13日。这也说明,局外人对郑百文壳资源的自由定价其实是没有意义的。

判实力。法律上的平等只是对双方法律地位的设定,并不能改变或消灭当事人之间经济力量的对比;法律上的等价有偿原则也不是绝对的,因为现实世界中并不存在对价格认定的绝对客观、科学的标准,参加经济活动的每个人都是在做自己的比较成本和比较利益的计算。

从这个意义上说,如果确实需要适用民法的基本原则,从而为交易活动确立基本法律秩序的话,这些法律原则恐怕不是"等价有偿"原则或者类似的"公平定价"原则,而是"自愿""平等"与"诚实信用"诸原则,即真实的、自主的、建立在双方法律地位的平等基础上的意思表示,不存在一方对另一方的欺诈、隐瞒或胁迫。"等价有偿"或者"公平定价"都是对一种结果公平的描述,但在一个以竞争机制为主要动力的社会中,法律上应当追求的、而且也能够实现的恐怕只是起点的平等、过程的公平或程序的公平。"平等""自愿""诚实信用"等原则恰恰体现的是这种"过程公平"的精神。

至少在上述法律原则的意义上,三联重组郑百文的行为是无可指责的:三联是自愿地、而不是在某个政府机关的命令下参与到重组郑百文的过程中;三联的出价始终摆在台面上,任人评说;郑百文的股东也有表决的权利,重组成败与否由股东自己决定。① 因此,三联重组郑百文的行为,基本上能够通过民法的平等、自愿、诚实信用诸原则的检验,无论如何是扣不上"不符合等价有偿原则"的大帽子的。

五、重组交易中,法律应关注什么?

从法律的视角关注三联重组郑百文的成本计算的结果,似乎大悖于进行这项研究的初衷。一方面,技术问题上的不确定性依然存在,而市场的非理性又使技术问题变得更加复杂;另一方面,运用等价有偿原则对郑百文重组进行的检验,与其说是得出了"等价有偿原则不构成重组的法律障碍"的结论,不如说引发了我们对等价有偿原则适用性本身的怀疑。

市场行为不论是否理性,都会按照它自己的逻辑发展着。笔者更关注的只是这项研究提出的法律问题。

资产计价公式中的各变量,特别是盈利预测的不确定性,预示了在复杂的经济交易中,价值认定问题很难成为法律直接调整的对象。美国证券交易

---

① 但是,这只是就原则而言。在一些细节问题(如三联商社的经营状况、盈利构成、商业风险、贴现率的依据),张继升并没有进行充分的信息披露,在三联商社的价值认定上也没有启动正式的评估程序。这难免给郑百文股东的决策增加困难。因此,即使用"诚实信用"原则来衡量,三联的行为中也还是有一些不周全之处。

委员会将盈利预测之类的信息视为"软信息",不作为强制信息披露制度的要求,其主要考虑在于预测的不确定性,一旦强制要求披露而事后证明预测有误,是否追究法律责任就成为一个棘手的问题。不准确的预测误导了投资人的决策,不要求预测人承担责任似乎对投资人不公平;但要求预测人承担责任又未免对商人们施加了其无法承受的法律负担。因此,法律上回避对预测性信息的强制要求,不失为一种承认人之有限理性的明智选择。由此观之,当预测性的盈利信息作为资产价值评估中的一个必要参数进入重组方案的作价过程时,法律规制的局限性也同样延续过来,至少,盈利预测问题浓烈的主观判断色彩不可避免地消弭了、或者大大减低了等价有偿原则作为一项独立的、基本法律原则之正当性。另一方面,我国民法学者事实上也已经将"等价有偿"包容在"公平原则"的要求之中①,权威性的民法教科书已经不将其视为一项民法基本原则②,1999年出台的《合同法》中也不见"等价有偿"的字眼,只有"当事人应当遵循公平原则确定各方权利和义务"的原则性表述。③从这个意义上看,对三联重组成本的个案分析,不过是从技术性角度为等价有偿原则的失意提供了一个证明。

一旦将"公平"视为从利益的角度衡量一项交易(或民事活动)的基本法律尺度,进一步提出的问题是:如果无法直接约束价值问题,那么如何保证交易所应当具有的公平属性呢?我以为,绝对意义上"保证公平"恐怕只是一个美好的理想,法律上所能够做到的,不过是尽量将"诚实信用"的原则性规定具体化:

第一,认识到重组交易的复杂性,小心谨慎而非大而化之地处理"公平性"问题。具体交易中"公平"的利益衡量往往比我们想象的复杂得多,尤其在多方参与的交易中,因此需要仔细甄别其中可能存在的利益冲突形式。

例如,在郑百文重组的个案中,流通股股东感到不公平的,可能并不是三联占了多大便宜,而是郑百文的大股东与他们让渡的股份比例相同,而二者的持股成本却相差悬殊,对于造成郑百文破产所应承担的责任也完全不同。在交易中,大股东与流通股股东被置于同一方阵营,但彼此之间却存在重大的利益差异。对这一差别的完全漠视,恐怕是"三联重组郑百文"方案在公平性问题上最大的硬伤。然而,交易设计者以及大多数认同重组方案的制度创

---

① 徐国栋:《民法基本原则解释》,中国政法大学出版社1992年版,第65页。
② 由魏振瀛教授主编的全国高等学校法学专业核心课程教材《民法学》,在"民法基本原则"一章,仅列举了"平等原则""自愿原则""公平原则""诚实信用原则""公序良俗原则""禁止权利滥用原则"六项。魏振瀛主编:《民法》,北京大学出版社2000年版,第20—29页。
③ 参见《合同法》第5条。

新意义的评论者,似乎都没有意识到这一具体的公平性缺失。① 不仅如此,我国 2006 年《企业破产法》也忽略了这一问题,在破产重整方案中将股东整体作为一个表决组,未能对大股东控制甚至掏空公司这一证券市场的顽疾给予回应。直到 2008 年 10 月中国证监会发布《关于破产重整上市公司重大资产重组股份发行定价的补充规定》(中国证券监督管理委员会公告〔2008〕44号),提出社会公众股东对破产重组方案单独表决的要求,重组交易中大股东与公众股东之间的利益冲突才在法律层面得到了正式回应,郑百文重组交易留下的问题最终获得解决。

第二,强化当事人在协议过程中或者交易过程中及时、充分披露信息的义务以及严格遵循既定程序的要求。例如,在"三联重组郑百文"的交易中,三联应当对其注入郑百文的三联商社的情况,包括既往业绩、盈利预测的依据、资产价值评估的客观性,向郑百文的股东进行充分的披露,以便后者对三联商社的价值作出自己的判断,从而为其决定是否同意过户提供一个合理的决策基础。此外,对三联商社的资产评估也应当按照法律规定的程序进行。

当然,法律最具威慑力的手段可能是追究虚假信息披露者的法律责任。在这方面,亟待加强的是追究虚假信息披露者的民事责任。即使对盈利预测等软信息,也可以采取一些非司法性的强制措施。例如,监管规则曾要求发行人及其注册会计师在新股发行当年实际收益低于盈利预测 10%—20%时作出公开解释并向投资者公开致歉。② 尽管某些专业人士对此颇有啧言,但在我国特定的市场环境下,它仍不失为一种激励当事人谨慎行事的有效方式。类似的措施也应该适用到重组交易中,对那些重组承诺未兑现、但又无合理解释的借壳上市者采取一定的监管措施。2008 年出台的《上市公司重大资产重组管理办法》引入的业绩补偿制度③,便属此类。更进一步,若重组方入主后通过利润操纵来粉饰业绩以兑现重组承诺,法律更可以好好发挥作用了。

当然,业绩补偿通常有时限,也未必是一条完美的救赎之道。当事人扛

---

① 一些批评者关注到了该问题,参见郭峰:《损害法律公正与投资者权益的重组——兼谈"默示原则"的不合法性》,载郭峰主编:《证券法律评论》(2001 年第 1 期),法律出版社 2001 年版,第 207—208 页。

② 中国证监会:《关于做好 1997 年股票发行公司的通知》(证监〔1997〕13 号)。

③ 该办法第 33 条规定:"资产评估机构采取收益现值法、假设开发法等基于未来收益预期的估值方法对拟购买资产进行评估并作为定价参考依据的,上市公司应当在重大资产重组实施完毕后 3 年内的年度报告中单独披露相关资产的实际盈利数与评估报告中利润预测数的差异情况,并由会计师事务所对此出具专项审核意见;交易对方应当与上市公司就相关资产实际盈利数不足利润预测数的情况签订明确可行的补偿协议。"《上市公司重大资产重组管理办法》后来进行了多次修订,将业绩补偿规则限缩适用于关联方之间的重组交易。

过三年补偿期便万事大吉,甚至不惜竭泽而渔。回到三联重组"郑百文事件"中,2002年完成重组后,三联商社在2003—2005年间报告的盈利基本保持在3000万元上下,从而做到了承诺。因此,即使施加业绩补偿的要求于三联重组郑百文交易,也不可能改变等价有偿计算争议的结果。此后,三联商社的利润急剧下降,2007年、2008年间连续出现亏损。2009年,三联持有的郑百文股权因债务纠纷被司法拍卖,黄光裕的国美公司获得三联商社的控制权。

或许,对于当年支持以及反对三联重组郑百文的人来说,最后这个结局是双方都乐于见到的:支持者可以为张继升兑现了3000万元/年的利润预测并保持了三年而如释重负;反对者则终于等到了三联与郑百文的双重失败。然而,商业世界本来就充满风险与不确定性,再叠加我国当前快速转型的市场与制度环境,指望市场主体对未来进行准确预测恐怕就是不现实的。任何基于未来表现的估值都只能是一种主观的判断与评价,当事人自愿接受即可,不宜由法律粗暴介入。三联商社重组郑百文的结局,不过是完美地复制了这个真实的世界而已。

第十八章 协议控制-VIE 模式中的法律规避与反规避

自 2000 年新浪在美国 NASDAQ 上市开始,"协议控制模式"或者"VIE 模式"成为我国大部分民营企业海外间接上市法律架构的核心特征。① 这是一种在境外设立并上市的壳公司依靠合同安排控制境内实体公司,从而实现境内业务境外间接上市的法律结构。在 VIE 结构中,境外上市主体与实际运营业务的境内公司之间的连接并非股权关系,而是合同关系。截至 2011 年 6 月底,有一百多家中国企业利用该模式境外上市,其中互联网企业占绝大多数,业界甚至称其"孕育了十几年来中国互联网每一个伟大公司"。②

尽管 VIE 模式在实践中备受追捧,但暴露出的问题也层出不穷,尤其"规避监管""以合法形式掩盖非法目的"的质疑之声始终未消,规避范围涉及外资产业准入、并购监管、证券监管诸方面。③ 然而,直到 2011 年 6 月支付宝 VIE 风波骤起,我国的相关监管部门对长达十年的 VIE 实践一直未有明确的态度。这种沉默无助于消除协议控制模式内在的法律风险。"支付宝 VIE 事件"(以下亦称"支付宝事件"),正是马云们为消除自家公司的 VIE 结构隐含的法律风险而无意间引爆了一场境外间接上市民营企业的系统性法律风险。然而,"支付宝事件"爆发后,除极个别声音指出协议控制模式的违法性外④,众多市场人士(包括风险投资机构、投资银行家、律师等)均力挺 VIE 模式,称之为"在保证合法合规的前提下……对过度监管的一种市场化

---

① 对我国民营企业选择海外间接上市的制度层面原因的一个分析,参见唐应茂:《私人企业为何去海外上市——中国法律对红筹模式海外上市的监管》,载《政法论坛》第 28 卷第 4 期,2010 年 7 月出版。
② 语出著名天使投资人薛蛮子的新浪微博,转引自王姗姗等:《支付宝考验:海外上市公司 VIE 模式遭挑战》,载《新世纪》2011 年第 24 期。
③ 参见翁海华等:《前世及今生:"新浪模式"之惑》,载《21 世纪经济报道》2009 年 6 月 13 日。
④ 参见方建伟:《支付宝事件的法律分析:协议控制是否合法》,载《第一财经日报》2011 年 6 月 21 日。

修正"。① 某些监管部门虽然不公开地抨击 VIE 规避监管的实质,但在各种压力与权衡下,似乎打算以"新老划断"的方式"赦免"业已存在的协议控制企业。② 最终,只剩下事件的始作俑者还在孤独而执着地追问:"假如 VIE 那么好,为何不能让它光明正大合法化?假如它不够好,为何不能完善它?中国的创新,互联网和资本市场会因完善 VIE 而毁?"③ 这些问题似乎很难回答,因为时至今日,监管层依然没有明确地表达对协议控制-VIE 模式的态度。然而,这些问题又无法回避。事实上,自"支付宝 VIE 事件"爆发以来,这种巨大的法律上之不确定性已经导致民营企业境外间接上市之旅戛然而止。

本章试图从法律的视角解读协议控制-VIE 模式,一方面回应"马云们"的困惑,另一方面为某种意义上已陷入困境的监管决策提供学理上的参考。之所以强调法律的视角,是因为在目前的主流声音中,整个事件中两个核心工具——"协议控制"与"VIE"——所特有的法律蕴义悄然滑过了人们的视野。它们代表着市场实践对法律形式主义局限性的挑战。"协议控制"和"VIE"进入我国企业境外间接上市实践的过程,也是市场主体与监管部门在"法律形式"与"经济实质"之间进行博弈的过程。特别是,在域外带有监管工具色彩的 VIE 却在我国沦为人们规避监管的工具,这一极具反讽意义的现象无疑是对我国当下灰色法律生态环境的绝佳写照。从这个角度看,当前从市场人士到监管层所表露出的"维持现状"的倾向,只会令这种法律生态环境进一步恶化。马云们对 VIE 的质疑之声虽然单薄,却不乏振聋发聩之力,它反映出中国的企业家已不愿意再游走于法律的刀锋,不愿再操练各种"潜规则"。立法者、监管者有责任保障企业家"在阳光下经营"的权利,而法学研究也必须回应市场实践对法律形式主义导向的挑战。

---

① 语出著名本土投资银行家王冉新浪博客:"VIE 结构不是对监管的刻意规避和绕道而行,而是鉴于法律法规要求和监管现实的一种商业利益的制度性安排。这种安排有利于过度监管环境中的中国企业利用国际资本发展和壮大自己,也有助于提升中国产业的整体竞争力。从某种意义上说,VIE 结构是中国企业从自身及产业发展的实际需要出发,在保证合法合规的前提下对于政府部门在市场准入、外汇管理、IPO 审批等领域的过度监管的一种市场化修正。"参见 http://blog.sina.com.cn/s/blog_47665bc101017rv2.html,2015 年 6 月 20 日最后访问。关于市场人士观点的一个集中表达,参见李丽、胡中彬、王芳:《再辩 VIE》,载《经济观察报》2011 年 10 月 8 日。
② 参见中国证监会内部人士撰写的《关于土豆网等互联网企业境外上市的情况报告》,转引自胡中彬:《揭秘证监会 VIE 报告:四大政策建议(全文)》,载《经济观察报》2011 年 9 月 28 日出版。证监会 VIE 内部研究报告建议,按照"老人老办法、新人新办法"的原则进行新老划断,对历史上形成的"协议控制"境外上市企业暂不进行清理,对于部分采取协议控制方式境外上市的优质公司,可经国务院特批后在境内 A 股市场上市。
③ 马云的质疑发布于其 2011 年 9 月 16 日的微博,转引自王星予:《马云微博反击"为 VIE 一辩"一文,称将继续"败德"》,参见 www.donews.com/original/201109/624692.shtm,2015 年 6 月 20 日最后访问。

一、协议控制与 VIE 的基本含义

在当下的语境中,"协议控制"与"VIE"常常被相提并论,但它们其实是两个不同的概念,在帮助我国企业海外间接上市过程中扮演的角色也各有分工。

1. 协 议 控 制

"协议控制"是与"股权控制"相对应的一个概念,二者都可以用来描述两个或两个以上具有独立法人地位的企业之间存在的紧密联系,或者更具体地说,控制与被控制的关系。通常来说,不同企业间的控制关系直接用股权比例来表彰,称为"股权控制"。例如,A 公司持有 B 公司 50％以上股权或者表决权,就与后者构成了母-子公司关系或控股公司的关系,A 公司可以控制 B 公司的经营决策,并获得其经营上的收益(当然需要按股权比例分配)。除股权控制外,两家法人企业之间也可以通过缔结合同的方式,将其中一家企业安排为受另一家企业控制。如实践中的承包合同、联营合同、托管合同等,都可以将一家独立法人企业置于另一家企业的控制之下。这种以合同形式来确立企业法人之间的控制-被控制关系的方式称为"协议控制"。

通常来说,在股权控制下的两个独立法人之间的权利义务关系,是由公司法或者其他的商业组织法直接规定的(体现为母子公司关系规则或控股股东规则),除非相关事项被赋予"公司章程另行议定"。相反,协议控制完全通过合同文本来配置两个独立法人之间复杂的控制关系。作为商业组织法的替代机制,协议控制需要在合同中明确与双方企业经营相关的所有重大事项,如决策权、管理权、执行权的分配与行使,利润分配与亏损承担,对外债务的承担等。在这种合同安排中,一个必不可少的内容就是被控制企业的股东放弃或让渡自己作为公司股东的各项法定权利。因此,协议控制下的合同主体不仅包括控制企业、被控制企业,而且还包括被控制企业的股东,甚至控制企业的股东;合同的核心内容则为向控制企业转移被控制企业的决策权及其经营活动的盈利。

2. VIE——可变利益实体

"协议控制"基本上属于法律范畴;VIE 则不同,它是源于美国会计准则的概念。VIE 的全称为"可变利益实体"(Variable Interests Entity),是美国为治理上市公司借助特殊目的实体(Special Purpose Vehicle,SPV)来转移债务

或损失而创设的一种新的合并报表标准,目的是将公司隐藏在财务报表之外的各种风险重新纳入报表当中,向公众投资人披露企业真实的财务状况。

传统上,会计准则在要求母-子公司或者控股-被控股公司编制合并财务报表时,通常遵循法律的规定,即持股50%以上或者控制50%以上表决权的标准。① 一些公司借此将高风险的业务、债务或损失转移到受自己控制的SPV中,但并不持有后者的多数股权或表决权,从而免于合并财务报表。2001年底,美国能源巨头安然公司债务危机爆发,标志着企业对表外实体的滥用达到触目惊心的程度。② 受安然、世通等众多美国大公司财务丑闻的刺激,美国颁布了《萨班斯法案》,强化公司管理层对财务造假的法律责任。与此同时,美国财务会计准则委员会于2003年1月颁布了第46号解释函——"可变利益实体的合并"(以下简称 FIN 46)③,对原有合并报表标准加以补充,提出了"可变利益实体"的概念,规定只要某一实体对另一个实体事实上拥有"控制性财务利益",即要求合并财务报表,而不论其控制是否建立在多数表决权基础之上。美国财务会计准则委员会在说明颁布 FIN 46 的原因时特别指出,"对于那些并不依据表决权控制实体或者权益投资者并不承担剩余经济风险的实体而言,表决权标准无法有效地判断谁拥有一家实体的控制性财务利益",因此,有必要用"可变利益"(Variable Interests)标准来替代"股权"或"表决权"标准,由可变利益的首要受益人(而非名义上的控股股东)来合并该实体的财务报表。④

依据美国会计准则,"可变利益"泛指特定实体中随着实体净资产的价值变化而变化的所有权、合同收益或其他经济利益。它既可以表现为权益性投资(股权),也可以体现为以贷款、债券、租赁、衍生工具、担保、转让资产中的剩余利益、信用增级、服务和管理合约等方式而向某一实体提供的财务支持及其享有的利益。只要这些利益随着特定实体净资产价值而波动,从而令提

---

① 1959 年美国会计程序委员会发布第 51 号会计研究公报"合并财务报表"(Accounting Research Bulletin No. 51, Consolidated Financial Statements),作为指导报表合并的一般原则。它要求财务利益受某一企业控制的子公司纳入该企业的合并报表中,而"控制"是指直接或间接拥有 50%以上有表决权的股票。参见王啸:《特殊目的实体会计——合并原则的争议与变革》,载《财务与会计》2002 年第 12 期。

② 安然设立了大量特殊目的实体(SPV)隐藏巨额债务,借助关联交易操纵利润。当最终这些 SPV 债务和损失被合并进安然的报表时,安然出现严重债务危机,不得不申请宣告破产。有关"安然事件"对特殊目的实体会计准则的影响,参见葛家澍、黄世忠:《安然事件的反思——对安然公司会计审计问题的剖析》,载《会计研究》2002 年第 2 期。

③ FASB Interpretation No. 46, *Consolidation of Variable Interest Entities*. 此后,美国财务会计准则委员会又对 FIN 46 进行了修改,称为 FIN 46(R)。

④ FASB, *Summary of Interpretation No. 46*, 来源:http://www.fasb.org/summary/finsum46.shtml,2015 年 6 月 20 日最后访问。需要说明的是,这种替代只是针对特殊目的实体的合并而言。对于正常的经营性公司之间的报表合并,股权标准依然是有效的。

供财务支持的一方实际上承受了特定实体的财务风险,就属于"可变利益"。实践中,一个实体不论采取何种法律形式(包括公司、信托、有限合伙等),只要其股东权益属于下列三种情形之一,即构成"可变利益实体"(VIE):(1) 来自股东的权益投资不足以满足实体经营活动的需要;(2) 权益投资人缺乏对实体的有效控制,如不具有决策权,或者未能取得实体的实质收益,或者无义务承担该实体预期损失等;(3) 权益投资人的表决权与其所享有的经济利益不成比例。判断谁是 VIE 的"首要受益人",核心标准是看其是否承担 VIE 的大部分预期损失,或者收取了该 VIE 的大多数预期收益,或者同时满足以上两个条件。换言之,不论"首要受益人"是股东,还是贷款人、担保人、出租人等其他身份,只要其享有 VIE 的大部分利益或者承受 VIE 的大部分损失,就需要将 VIE 的财务状况合并进入自己的财务报表。[①]

可以说,VIE 概念的诞生是会计准则所奉行的"实质重于形式"原则的体现[②],旨在克服法律上以股权比例作为控制权标准的局限性。通过将股权、贷款、担保、信用增级等各种财务支持统一视为有风险的"可变利益",并要求可变利益的首要受益人合并相关报表,VIE 会计准则对于防范企业利用各种表外实体转移亏损、隐藏债务、逃避监管起到了积极作用。因此,VIE 尽管是会计术语,但其传递的理念是监管性的。

3. "协议控制"与"VIE"之间的关系

乍看上去,"协议控制"与"VIE"具有一些共同特点,二者都是对公司法或商业组织法的"超越",在公司法赖以运作的股权、表决权标准之外搭建起两个或两个以上独立法人之间的控制关系。只不过,协议控制属于法律范畴,体现为借助合同文本来安排不同企业之间控制与被控制的权利义务关系;VIE 属于财务会计范畴,体现为通过报表合并而将不具有股权投资关系的多家实体的业绩组合在一起。

然而,以本质而论,"协议控制"与"VIE"奉行的法律理念是截然对立的。协议控制完全体现了私法上的意思自治,但 VIE 则是对当事人意思自治结果的"否定"——不论这种意思自治源于公司法的股权标准还是源于当事人的合同安排,在很大程度上体现了监管工具的强制性。

令人惊异的是,尽管协议控制与 VIE 存在本质上的对立,在我国民营企

---

① FASB, *Summary of Interpretation No. 46*,来源:http://www.fasb.org/summary/finsum46.shtml,2015 年 6 月 20 日最后访问。需要说明的是,这种替代只是针对特殊目的实体的合并而言。对于正常的经营性公司之间的报表合并,股权标准依然是有效的。

② 参见我国《企业会计准则——基本准则》第 16 条对该原则的表述:"企业应当按照交易或者事项的经济实质进行会计确认、计量和报告,不应仅以交易或者事项的法律形式为依据。"

业海外间接上市过程中,这两个概念却基于表面功能的相似而被市场专业人士视为一对绝妙的工具组合,能够将人们为境外间接上市目的所搭建的多层次法律主体在商业层面整合为一体,从而规避我国法律在外资产业准入、境外上市、外汇流动等方面的监管。于是,域外本属于监管工具的"VIE",在当下中国的语境中蜕变为与"协议控制"等同的概念,共同发挥着规避监管的工具作用。

二、规避监管:境外间接上市采用协议控制-VIE 模式的动机

企业境外上市可分为直接上市与间接上市两种模式。直接上市又称 H 股模式,指境内企业直接在境外向公众发行股票并上市交易。境外间接上市又称红筹模式,指境内企业或个人先在境外设立特殊目的公司(SPV),后者收购中国境内营运实体的股权或以其他方式控制境内营运实体,并以自己名义在境外发行股票并上市。从法律形式看,与境外直接上市时只存在一个企业法人不同,境外间接上市形成了境外上市主体(SPV)与境内营运实体两个独立法人。境外投资者注入 SPV 的资金最终投向的是 SPV 所控制的、在我国境内实际从事运营的企业,从而实现境内企业境外融资的目的。①

境外间接上市的一个最直接的后果是,原本纯粹的内资企业变成了外商投资企业,境外上市的 SPV 成为境内营运实体的投资人。就常识而言,"外商投资"体现为境外投资者持有境内企业的股权,但囿于我国的外资准入、并购以及境外上市的一系列监管政策,外资持股或者受到禁止,或者因遭遇过高的监管成本而不具有可行性。为规避监管,新浪公司 2000 年创造性地提出了"协议控制"的思路,即境外上市 SPV 不持有股权,而是基于合同安排来实现对经营境内业务的公司的控制并获取后者的经营收益。如此设计的"唯一目的就是让新浪在不违反中国相关政策法律的前提下,在海外上市"。②由此诞生了中国企业境外间接上市的协议控制-VIE 模式,以及监管与规避监管之间的十年博弈。

1. 规避外资行业准入监管

实践中,我国对外资的产业准入限制体现为不同的情形。最常见的情形

---

① 关于境外间接上市与境外直接上市的区别以及我国企业寻求境外间接上市的动机,参见伏军:《境外间接上市法律制度研究》,北京大学出版社 2010 年版,第 2—16 页。
② 钱立富、郝俊慧:《支付宝事件:引 VIE 可变利益实体潜规则思考》,载《IT 时报》2011 年 6 月 27 日。

是法律或监管规章直接规定了某些行业禁止外资进入或者对外资持股比例加以限制。例如,在很长一段时间内国家发展改革委员会与商务部制定的《外商投资产业指导目录》将电信业务列为"限制类"产业,明确增值电信业务中外资比例不超过50%;而新闻网站、视频等互联网文化产业则属于"禁止类"的行业。① 结果,新兴的、外资最感兴趣的互联网行业几乎尽入彀中。此外,一些监管法规对境外投资主体的资质有限制,如要求投资主体在境外拥有相关行业的运营资格及经验。例如,国务院2003年颁布的《中外合作办学条例》规定,合作办学的主体只能是中外教育机构,非教育机构则不被许可。②

在企业境外间接上市过程中,由于上述外资准入限制,经营相关业务的境内企业专为上市目的而在境外设立的SPV就陷入了尴尬的境地:它们或者因缺乏相关行业的营运经验而不具有投资主体资格,如新东方教育在开曼群岛设立的SPV——"开曼新东方"③;或者因行业准入限制而被直接禁止持有境内企业的股权;或虽然在监管法规生效前已经进入,但境内被投资实体最终因外资股本超限而无法获得经营牌照。互联网企业大多涉及后两种情形。鉴于相关监管政策的措辞多为外商"投资"或"持股",而协议控制下不存在直接的股权关系,因此,以新浪模式为标本,后续境外间接上市企业的SPV多放弃直接持股而采用协议控制的方式。

此外,还有一种情形是"事实上的禁止",即法律法规并未禁止外资持股,但由于实施细则尚未出台、审批机关不予受理,导致外资持股难以实现。对此,大多数企业不愿消极等待,转而采用协议控制形式实现境外SPV对境内业务的控制,避开"外资持股"之标签。也有个别企业例外,如阿里巴巴集团旗下的支付宝最终选择了转为纯粹的内资企业。

2. 规避外资并购(SPV返程投资)的监管

境外SPV本为我国境内个人或企业在境外设立的空壳公司,为获得上市所需要的业绩,SPV需要返回境内取得经营性实体,从而将壳公司填实。这一程序被称作"返程投资"或"返程并购"。2006年9月8日,商务部等六部委联合颁布了《关于外国投资者并购境内企业的规定》(以下简称"10号

---

① 2019年《外商投资法》出台后,《外商投资产业指导目录》变更为《鼓励外商投资产业目录》与《外商投资准入负面清单》两部分。
② 另见《中外合作办学条例实施办法》(教育部令第20号)第2条、第6条。
③ "新东方"在其招股说明书中明确说明了此点:"开曼新东方并非教育机构,从未在境外提供过教育服务……",参见美国证券交易委员会网站 http://www.sec.gov/Archives/edgar/data/1372920/000119312506177813/df1.htm.,2015年6月20日最后访问。

文"),对境外设立 SPV 及返程并购设置了严苛的条件和烦琐的程序。此前,我国对外资并购不区分"一般外资并购"和"境内企业通过境外 SPV 进行的返程并购"。除了涉及特定行业或投资金额重大时需经商务部(及其前身外经贸部)审批外,其他外资并购事项通常由省级相关职能部门审批即可。① 由于商务部的审批费时且结果有相当的不确定性,故当事人往往用心设计交易结构和投资规模,以避开商务部的审批。但是,10 号文将"SPV 返程并购"与"一般外资并购"区别开来,前者的审批层级被提高到商务部,不论投资额大小。这样一来,企业境外间接上市的难度大大增加。②

在此背景下,协议控制模式除规避外资产业准入限制之外,还"担负"起规避商务部并购监管的重任。协议控制模式之所以被视为能实现这一目的,是因为市场人士(包括境外上市企业、投资顾问以及律师们)对 10 号文适用范围进行了非常狭义的解读:鉴于 10 号文对"并购"概念的描述仅提及"股权并购"或者"资产并购"两种方式③,故该文件不适用于对境内企业的"合同控制"。也就是说,依靠合同控制境内公司的行为可不必按 10 号文要求报商务部审批。这也成为各家境外间接上市公司的招股说明书中所附"法律意见书"的标准表述。④

3. 规避境内证券监管机构对境外间接上市的监管

根据我国《证券法》,境内企业直接或间接到境外上市,须经国务院证券监督管理机构批准。不过,在境外间接上市问题上,具体的审批对象和标准一直不够清晰,而且监管政策也几经起伏⑤,直到 2006 年出台的 10 号文才明确规定了特殊目的公司境外上市交易需经中国证监会批准。中国证监会随即在其网站上公布了境内企业间接到境外发行证券或者将其证券在境外

---

① 参见《外国投资者并购境内企业暂行规定》(对外贸易经济合作部、国家税务总局、国家工商行政管理总局、国家外汇管理局令〔2003 年〕第 3 号)第 5—6 条。
② 有关 10 号文对红筹模式影响的详细分析,参见李灯场:《红筹风暴横扫私募融资》,载《投资与合作》2006 年第 9 期;欧阳瑭珂:《后红筹时代的外资私募股权基金——以上市退出机制为中心》,载《金融法苑》2010 年第 1 期,法律出版社 2010 年版。
③ 参见 10 号文第 2 条,本规定所称外国投资者并购境内企业,系指外国投资者协议购买境内非外商投资企业(以下称"境内公司")的股东的股权或认购境内公司增资,使该境内公司变更设立为外商投资企业(以下称"股权并购");或者,外国投资者设立外商投资企业,并通过该企业协议购买境内企业资产且运营该资产,或,外国投资者协议购买境内企业资产,并以该资产投资设立外商投资企业运营该资产(以下称"资产并购")。
④ 其表述如下:"中国法律顾问认为,重整本集团及重组并不涉及收购于中国成立的任何公司的股权或资产,故此,概无重组步骤根据并购规定构成并购活动。"例见《秦皇岛股份有限公司首次公开发行 A 股股票并上市招股说明书》(以下简称《中国秦发招股说明书》)第 112 页,参见 http://www.doc88.com/p-919614756783.html,2015 年 6 月 20 日最后访问。
⑤ 参见叶军、鲍治:《外资并购境内企业的法律分析》,法律出版社 2008 年版,第 373 页。

上市交易审批的行政许可事项①,要求当事人向其报送商务部对特殊目的公司返程并购境内公司的原则批复函等 26 个文件和材料。

对于拟上市企业而言,繁多的文件数量势必增加其工作量,提高其上市成本;且通过审查具有相当难度。尤其糟糕的是,所有境外间接上市公司并未就返程并购报请商务部批准,也就根本无从提供所谓"商务部对特殊目的公司并购境内公司的原则批复函"。② 有鉴于此,协议控制也成为境外间接上市公司规避向中国证监会报批程序的法宝,因为相关监管规则在字面上并未明确将"合同安排"纳入其管辖范围。按照 10 号文第 40 条,需经中国证监会批准的是"特殊目的公司"(SPV)的境外上市行为。该文件第 39 条同时描述了 SPV 获得境内公司权益的方式是换股并购,即由 SPV 的股东以其所持 SPV 股权或者 SPV 以其增发的股份作为支付手段,购买境内公司股东的股权或者境内公司增发的股份。由此推理,如果境外 SPV 依靠合同而非换股并购控制境内公司,此种间接境外上市的行为就不必报中国证监会批准。③

综上所述,外资产业准入限制、外资并购监管、境外间接上市审批等一系列监管要求,制约了股权控制模式在我国企业境外间接上市法律架构中的运用,给协议控制模式的诞生提供了肥沃的土壤。其中,商务部等部委 2006 年发布的 10 号文是一个转折点,令协议控制模式的适用范围从之前的限制外资准入的行业扩展到所有行业,成为红筹模式下法律架构的主流。④ 而包括律师在内的市场人士对于监管规章的解读方式严格拘泥于监管规章的文字表述,俨然为协议控制模式的合法性提供了专业法律意见上的支持。

三、协议控制-VIE 模式的运作机理

在协议控制模式下,境内企业及其创始人需要对企业进行重组,建立起一个适合境外上市、便于资本运作的法律结构。它一般由三部分架构组成:境外上市主体 SPV、SPV 在境内设立的外商独资企业(Wholly Foreign

---

① 参见中国证监会网站,http://old.csrc.gov.cn/n575458/n776436/n805070/n829230/3077229.html,2015 年 6 月 20 日最后访问。
② 参见欧阳瑭珂:《后红筹时代的外资私募股权基金——以上市退出机制为中心》,载《金融法苑》2010 年第 1 期,法律出版社 2010 年版。
③ 例见《中国秦发招股说明书》第 112 页("故此,中国法律顾问认为,本集团的上市无须中国证监会批准"。当然,律师以及上市公司都清楚这种解释并不一定反映了监管者的立场,因此在"毋须批准"后通常会有一段保留意见:"然而,彼等不能排除中国证监会可能与法律顾问提出法律意见当日后,以诠释或澄清并购规定或订下或以其他方式颁布的任何新规则、法规或指引,要求所有特殊目的公司与海外上市时需取得中国证监会批准。倘本集团后续获得中国证监会批准,届时本集团将立即向公众公布。"
④ 王紫雾:《VIE 再地震》,载《新世纪》2011 年第 39 期。

Owned Enterprise,以下简称 WFOE)、境内营运实体公司。境内营运实体公司作为纯粹的内资企业,持有外资受限业务的经营牌照。各参与主体之间通过多份合同来建立法律上的控制,然后借助 VIE 规则合并相关企业的财务报表,从而打造出一个有良好业绩的境外上市公司。

一个典型的协议控制模式下红筹上市公司的基本组织架构如图 18.1 所示。①

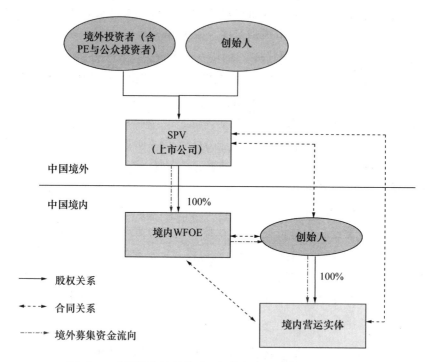

图 18.1 典型协议控制模式下红筹上市公司基本组织架构图

实践中,境外上市的 SPV 通常由境内企业创始人设立,并通过私募方式吸收外资风险投资基金(VC)或私募股权基金(PE)加入。② 出于税收减免、注册便利等种种考虑,SPV 的注册地通常选择在百慕大、开曼群岛等离岸金融中心。为构造一个有业绩的上市主体,SPV 转而在我国境内设立或控制

---

① 图示比实际中的 VIE 架构有所简化。例如,就 SPV 而言,当事人通常会在境外设立多个 SPV,形成多层次的控股架构,并以其中一个 SPV 作为上市主体。关于多重 SPV 安排的商业利益方面的考量,参见伏军:《境外间接上市法律制度研究》,北京大学出版社 2010 年版,第 76—77 页。

② 关于外资 PE/VC 参与中国企业境外上市的动机及运作机制,参见邹菁:《私募股权基金的募集与运作:法律实务与案例》,法律出版社 2009 年,第 160—191 页;有关的融资条款及安排,参见陈永坚:《中国风险投资与私募股权》,法律出版社 2008 年版,第 53—215 页。

一家独资企业(境内 WFOE)①并以后者的名义与境内营运实体之间签署一系列的控制合同。为了保证 VIE 结构的稳定性,SPV 与境内营运实体的股东利益应当高度一致,基本上是同一批中国股东,即上图中的"创始人"群体。然后,SPV 在境外进行 IPO 并挂牌上市,从而形成了创始人、境外机构投资者、境外公众投资者三部分组成的股东结构。

1. 控制协议文件群——借助合同确立控制关系

与股权控制主要依据公司法等商业组织法的强制性规则不同,协议控制模式下 SPV 对境内权益的控制是通过一系列合同安排实现的。如上图 18.1 所示,SPV、WFOE 与境内运营公司、公司创始人之间存在多个协议。这些合同依其主要功能可以分为三类:第一类是境外上市 SPV 向境内营运实体传递公开发行所募集的资金的贷款合同;第二类是向境外上市 SPV 直接转移收益或者同时转移部分控制权的合同;第三类则旨在维持境外上市 SPV 对境内营运实体的控制权的合同。

(1) 旨在向境内营运实体传递资金的合同

在完成境外上市融资后,SPV 需将所募资金返程投入境内营运实体,这是通过与境内营运实体的实际控制人——公司创始人签订的贷款合同来完成的。② 通常的做法是:先由 SPV 将公开募集资金向境内 WFOE 增资或者贷款,再由境内 WFOE 将外汇资本金或外债结汇并贷款给创始人,最后由创始人以人民币资金向境内运营实体注资。③

(2) 旨在向境外上市 SPV 转移经济利益的合同

这是境外投资者最关心的问题。如果存在股权控制,境内营运实体的经营利润就能以分红的形式,"名正言顺"地经由境内 WFOE 流入 SPV,并最终到达境外投资者手中。但协议控制下缺乏股权联系,只能借助独家服务合同、委托管理合同、资产运营合同等,将境内营运实体的收入、利润以"服务

---

① 境内 WFOE 是连接离岸 SPV 和境内运营实体的桥梁,其经营范围通常为技术、管理及商务咨询服务,目的在于简化审批及登记程序,同时也与其向境内营运实体提供业务咨询并收取服务费的经营模式相符。在大多数情况下,境内 WFOE 更接近于一个"壳公司",而不实际运营业务。参见唐应茂:《登陆华尔街:中国企业美国上市操作读本》,中国法制出版社 2010 年版,第 123 页。

② 之所以采用贷款给创始人而非境内营运实体的方式,是因为我国现行金融监管法规——中国人民银行 1996 年发布的《贷款通则》禁止企业之间的借贷行为。

③ 例见《新东方教育科技集团有限公司招股说明书》(以下简称《新东方招股说明书》)第 34 页——"募集资金的使用(Use of Proceeds)"。需要说明的是,在国家外汇管理局 2008 年发布《关于完善外商投资企业外汇资本金支付结汇管理有关业务操作问题的通知》(汇综发〔2008〕142 号),限制外商投资企业的资本金结汇用于境内股权投资后,该模式的操作成本大大提高。

费"或"管理费"等名义输送到境外上市 SPV,达到与股权控制模式类似的效果。① 其中,独家服务合同在协议控制下的合同文件群中通常居于主合同地位,是传递经济利益的主渠道。其核心内容是:SPV 的境内 WFOE 向境内营运实体提供某种与其业务相关的服务,而境内营运实体则应向其支付服务费用,通常占境内营运实体收益的 95% 以上。在少数公司中,独家服务合同由委托(管理)合同所取代。根据委托(管理)合同,境内 WFOE 不是单纯提供服务,而是被授予对境内营运实体全面的经营管理职权,某种程度上类似于承包经营合同。委托管理期间,境内营运实体所产生的绝大部分收益均归属受托管理人。② 此外,在某些红筹公司的架构中,境内业务营运所需的重大资产被转移至 SPV 或境内 WFOE 名下,由后者实际控制;然后通过资产租赁合同或许可使用合同交给境内营运实体适用。作为对价,境内营运实体需将其全年收入的若干百分比支付给 SPV 或境内 WFOE。③

(3) 旨在对境内营运实体形成有效控制并维系控制权的合同

这类合同包括股权委托合同(或称投票权代理合同)、股权质押合同、独家购买权合同等。④ 在股权委托合同下,境内营运实体的股东将其依据中国法律及公司章程所享有的一切股东权利长期授予境内 WFOE(或其指派者)行使,以实现后者对境内运营业务的全面控制。在股权质押合同下,境内营运实体的股东同意将其在境内营运实体的股权质押给境内 WFOE,作为境内营运实体及其股东履行相关合同(如独家服务合同、SPV 或 WFOE 对境内营运实体或创始人的贷款合同)以及其他义务的担保。独家购买权合同则规定,境内 WFOE(或其指派者)在中国法律允许外资持股时,有权以象征性的对价(如"1 元")购买境内营运实体股东所持有的境内营运实体的全部或部分股权。

通过上述合同安排,境内营运实体虽然表面上仍然为独立的内资企业,但实际上其经营活动已被境外上市 SPV 实际控制,其相应的资产、收入和利润均传递给了 SPV。

---

① 例见《新东方招股说明书》第 43 页——"公司结构(corporate structure):向我方传递经济利益的合同(Agreements that Transfer Economic Benefits to Us)"。
② 例见《中国秦发招股说明书》第 132—133 页——"重组及架构合约:(1) 委托协议"。
③ 例见《新东方招股说明书》第 43 页——"公司结构(corporate structure):向我方传递经济利益的合同(Agreements that Transfer Economic Benefits to Us)"。
④ 例见《新东方招股说明书》第 44 页——"公司结构(corporate structure):对新东方(中国)及其分支机构实施有效控制的合同(Agreements that Provide Effective Control over New Oriental China and its Subsidiaries)"。

2. VIE——合并报表以保障利润的传递

境外上市的 SPV 仅仅是壳公司,它需要借助境内业务的盈利才能支持其上市地位,这是通过合并财务报表来实现的。合并报表行为受会计准则的约束。在美国上市的公司大多遵循一般公认会计原则(GAAP,以下简称"美国会计准则"),在香港上市的公司通常采用国际财务报告准则①或者与之类似的香港财务报告准则②。由于大多数民营企业是在美国间接上市,因此,美国会计准则、特别是 VIE 规则对于将协议控制下的境内营运实体的盈利顺利传递给境外上市 SPV 起到了关键作用,以至于境外间接上市的协议控制架构从 2004 年开始又有了一个新的称谓——"VIE 结构"。

如前所述,在 2003 年底 VIE 规则出台之前,美国会计准则对于合并报表采用的是直接或间接控股 50% 的标准。因此,不具有股权关系的境内营运实体与境外上市 SPV 之间不能直接合并财务报表,传递利润主要通过关联交易方式,即境内营运实体所创造的营业利润以支付服务费、特许权使用费、管理费等方式转移至境内 WFOE,然后 SPV 与子公司 WFOE 进行报表合并从而将相关利润体现在 SPV 的利润表中,作为"来源于关联方的收入"列示。这种关联交易方式存在很大的法律风险:一是上市公司合并报表中的全部收入均来自与其有关联关系的单一客户(境内营运实体),证券监管机构及投资者可能据此质疑其独立性;二是税务机关可能会对关联交易下的定价进行重新认定,从而挫败 WFOE 取得境内营运实体全部收益的企图。

VIE 规则似乎正好可以弥补关联交易模式的缺陷。虽然美国出台 VIE 规则的初衷是为了打击美国公司将损失和债务隐藏在表外的会计造假行为,但其以"可变利益"概念为中心确立的"实质控制"合并报表标准,却阴差阳错地为中国企业境外间接上市时合并非股权关系企业的利润打开了方便之门。在协议控制模式下,境外上市 SPV、境内 WFOE 与境内营运实体的关系俨然

---

① 包括国际会计准则理事会 1989 年颁布的《国际会计准则第 27 号——合并财务报表和对附属公司投资的会计》(IAS 27 Consolidated Financial Statements and Accounting for Investments in Subsidiaries)及其修订版《国际会计准则第 27 号——合并及单独财务报表》(IAS 27 Consolidated and Separate Financial Statements,以下统称 IAS 27)以及 1998 年颁布的前国际会计准则委员会《常设解释委员会解释公告第 12 号——合并:特殊目的实体》(SIC Interpretation 12 Consolidation—Special Purpose Entities,简称 SIC 12)。参见国际财务报告准则网站 http://www.ifrs.org/IFRSs/IAS.htm,2015 年 6 月 20 日最后访问。对国际会计准则关于 SPV 合并报表规则的一个评价,参见朱海林:《合并会计报表:特殊目的实体——国际会计准则的视角》,载《金融会计》2005 年第 3 期。

② 《香港会计准则第 27 号——合并及单独财务报表》(HKAS 27 Consolidated and Separate Financial Statements),参见 http://app1.hkicpa.org.hk/ebook/HKSA_Members_Handbook_Master/volumeII/hkas27.pdf,2015 年 6 月 20 日最后访问。

满足上述"可变利益实体"的并表条件:首先,境内营运实体主要依赖从境外SPV(而非名义股东)获取运营资金,其表决权也是由SPV的境内WFOE代名义股东行使,故应被视作"可变利益实体"(VIE);其次,根据控制合同,SPV能获取境内营运实体的绝大部分收益,因此是境内营运实体的"可变利益首要受益人"。据此,境外上市SPV可以非常顺利地将境内营运实体的全部收益纳入合并财务报表。

对于少数采用国际会计准则和香港会计准则的公司,问题似乎更加简单。国际会计准则对于特殊目的实体的合并一直采用的是比较宽泛的"控制"标准,不仅限于股权控制,而是从经营活动、决策、利益和风险四个方面进行综合判断是否存在控制关系。[①] 其中,合并主体对特殊目的实体拥有的"重大的受益权"(beneficial interests)可以体现为以债务工具、权益工具、参与权、剩余权益或租赁等多种形式。[②] 因此,适用国际会计准则与香港会计准则的公司在合并境内营运实体的利润时也没有遭遇任何障碍,相关会计准则为它们通过合并报表传递利润俨然提供了充分依据。

综言之,控制协议模式由于在法律结构上将"股"转"债",导致其无法像股权控制模式下那样直接通过母子公司间的投资—分红来"扮靓"境外上市SPV。但是,VIE等会计准则"无心插柳",令境内营运实体的营业业绩能够顺畅地输入境外上市SPV,从而将SPV打造成一方面符合上市地证券法规、另一方面拥有中国高速发展背景、从而深受投资者青睐的发行人及上市主体。可以说,在协议控制模式下,法律层面的控制合同以及会计层面的VIE规则二者缺一不可:控制合同完成境外间接上市中跨境多层次法律主体之间权利义务关系的搭建,而VIE规则在多层次法律主体之间实现了利润的无缝对接。

四、实质重于形式:协议控制-VIE模式的法律风险

尽管协议控制-VIE模式借助SPV、控制协议、VIE会计准则等多种手段来打造一个"符合法律规则"的架构,但是,它也存在一个致命的缺陷,即对法律形式的高度依赖,忽略了监管、会计奉行的是"实质重于形式"的理念。此外,合同控制相比于股权控制还有一个天然的弱势,即建立在合同基础上的法律关系永远存在合同对手方违约的风险,从而挫败协议控制的目的。由于这些因素,协议控制的链条实际上随时都可能出现断裂。若此情形发生,

---

① 参见 IAS 27(1989)第 12 段,IAS 27(2003)及 IAS 27(2008)第 13 段。
② 参见 SIC 12 第 1—3 段、第 8—10 段及附录。

境外上市公司便会丧失对境内权益的控制,并进而失去利润来源,这将对境外投资者的利益带来颠覆性的影响。①

1. 实质判断——来自监管层面的挑战

如前所述,我国民营企业境外间接上市采用协议控制模式的主要动机,是为了游离于外资准入监管、并购监管、证券监管等一系列监管之外,而这一切都基于监管规则的行文中只有"股权"一词,缺乏"合同控制"的字眼。但是,实践中,监管者并非像市场人士所期待的那样机械地、形式主义地理解和适用条文,而是不时基于监管目的采取"实质重于形式"的监管思路。

例如,一度在增值电信业务领域掀起波澜的"自查自纠风波",就体现了行业监管部门对规避监管行为的关注。2006年7月,原信息产业部颁布了《关于加强外商投资经营增值电信业务管理的通知》,明确要求"境内电信公司不得以任何形式向外国投资者变相租借、转让、倒卖电信业务经营许可,也不得以任何形式为外国投资者在我国境内非法经营电信业务提供资源、场地、设施等条件"。该通知虽然未直接提及"协议控制"字眼,但已经把协议控制模式推向了一种比较尴尬的境地。②

再如,对于协议控制模式能否规避10号文的适用,从而免于商务部并购审批,实践中也一直存在争议。尽管市场人士(包括律师)基于10号文关于"并购"的定义坚称该文件仅适用于"股权并购"和"资产并购"两类并购,但10号文第11条第2款明确规定:"当事人不得以外商投资企业境内投资或其他方式规避前述要求",它完全可以覆盖境外上市SPV通过境内WFOE所实施的任何旨在实质控制其境内营运实体的行为,包括对后者财产、运营、利润分配等方面的控制。因此,一旦监管者严格实施10号文,协议控制-VIE模式将无处逃遁。

此外,还有一些红筹监管法规也已经明确提及"协议控制"概念,并将其与"股权控制"等同视之。例如,2005年国家外汇总局发布的《关于境内居民通过境外特殊目的公司融资及返程投资外汇管理有关问题的通知》(汇发〔2005〕75号)对"返程投资"定义中已经包含了股权控制、协议控制等形式。该文同时明确了"控制"的含义,将"控制"界定为境内居民通过收购、信托、代持、投票权、回购、可转换债券等方式取得特殊目的公司或境内企业的经营

---

① 境外上市公司并不否认此点,它们通常在招股说明书中明确提示了相关法律风险,例见《新东方招股说明书》之"Risk Factors"(风险因素)部分。
② 户才和:《新浪模式波澜再起》,载《互联网周刊》2006年第29期。对《关于加强外商投资经营增值电信业务管理的通知》及其影响的详细分析,参见陈永坚:《中国风险投资与私募股权》,法律出版社2008年版,第295—300页。

权、收益权或者决策权。这个宽泛的"控制"定义比"股权"定义更全面地揭示了返程投资的本质,从而极大地压缩了市场主体规避监管的空间。① 然而,或许因为该文件的总体思路是一种"疏"而非"堵"的做法②,因此,其关于"协议控制"或"控制"的宽泛界定以及治理规避监管行为的理念似乎并没有引起足够的关注。

在"支付宝 VIE 事件"爆发后,商务部发布了《实施外国投资者并购境内企业安全审查制度的规定》,更进一步明确提出了"实质审查"的监管思路:"对于外国投资者并购境内企业,应从交易的实质内容和实际影响来判断并购交易是否属于并购安全审查的范围;外国投资者不得以任何方式实质规避并购安全审查,包括但不限于代持、信托、多层次再投资、租赁、贷款、协议控制、境外交易等方式。"(第 9 条)尽管相关部门解释该规定仅针对"涉及国家安全的行业"③,但它无疑提供了应如何解释监管理念的一个旁证。

由此来看,基于规避监管目的而诞生的协议控制,建立在专业人士对于监管规章一厢情愿的狭义解读基础上。其长达十年的繁荣与其说是这种特殊的法律架构成功地规避了监管规则的适用,不如说是监管者怠于执行监管政策,或者默许、迎合了实践对监管规则的一厢情愿的理解。

2. 对手方违约——源于合同层面的风险

合同对手方违约是所有合同都面临的信用风险,这也是协议控制相对于股权控制最大的缺陷。在境外间接上市的协议控制中,虽然境内 WFOE 可根据股权委托代理合同取代创始人行使其在境内营运实体中的股东权利,但创始人仍为境内营运实体之名义股东,可依据《合同法》第 410 条随时解除股权委托代理合同。④ 此外,若境内营运实体的股权易主,新股东也完全可以拒绝承认股权委托代理合同。虽然控制协议明文限制创始人转让其在境内营运实体的股权,但无法排除因债务纠纷或离婚析产而发生法院强制执行及转让股权。⑤

需要指出的是,合同对手方的违约或者机会主义行为因控制协议本身存

---

① 参见叶军、鲍治:《外资并购境内企业的法律分析》,法律出版社 2008 年版,第 350 页。
② 伏军:《境外间接上市法律制度研究》,北京大学出版社 2010 年版,第 87 页。
③ 郝俊慧:《VIE 审查"伪恐慌":只涉及国家安全行业》,载《IT 时报》2011 年 9 月 12 日。
④ 当然,按照该条规定,因解除合同给对方造成损失的,除不可归责于该当事人的事由以外,解约人应当赔偿对方的损失。
⑤ 例如,在土豆网申请上市的关键时刻,创始人被其前妻提起离婚财产纠纷诉讼,要求分割前者在境内营运实体(全土豆公司)中 95% 的股权。虽然最终以和解结案,创始人对运营公司的完整股权得以保全,但却令土豆网错过了在美国上市的最佳时机。参见曾航:《土豆创始人离婚诉讼和解 与 IPO 好时光失之交臂》,载《21 世纪经济报道》2011 年 6 月 20 日。

在的"规避法律"之瑕疵而更容易实现。按照我国《合同法》第52条,以合法形式掩盖非法目的以及违反法律、行政法规的强制性规定的合同无效。因此,旨在规避我国现行外资产业准入监管、并购监管或者证券监管的控制合同可能被法院认定为无效。此外,根据《合同法》第54条,订立的合同显失公平的,当事人一方有权请求人民法院或者仲裁机构变更或者撤销合同。通常情况下,控制合同是在创始人及机构投资者的操控下签订的,其旨在控制境内营运实体并将经济利益输入境外上市主体,因此,境内实体成为牌照中心、成本中心、运营中心,而境外主体成为投资对象、利润中心,这显然对境内营运实体不公,很难摆脱"显失公平"的嫌疑。[①] 这就意味着,无论创始人还是境内营运实体的股东,均可利用控制合同的上述瑕疵拒绝履行义务。如果失去其配合,控制合同将变为一纸空文,毫无意义。

3. VIE合并规则失效的风险

如前所述,利用VIE规则来合并利润,是将境内外不具有股权联系的各法律实体整合成一个商业主体的关键。然而,VIE规则下的法律架构与我国企业境外间接上市的法律架构表面看起来相似,本质上却不同。VIE合并规则被两类不同的公司用在了两个完全不同的方向:美国公司是利用早期SPE无须合并报表来隐瞒损失或转移债务,因此,VIE规则旨在挫败这种关联交易带来的财务报表粉饰;而赴美上市的中国公司则是主动而积极地拥抱VIE规则,通过合并报表来彰显非股权关系下的控制,其绝妙之处在于"见人说人话,见鬼说鬼话":在境内法律面前否认自己属于实质控制,在境外会计面前宣传自己属于实质控制。对于美国财务会计准则委员会来说,如果它看到旨在防范公司利用特殊目的实体隐匿亏损或债务的VIE规则以如此方式被应用,一定会觉得是对这一反规避工具的莫大嘲讽。

不过,以会计实质重于形式的理念,VIE的判断恐怕并不是一次性、终局性的,在特定情况下原先属于VIE的实体可能不再属于VIE。FIN 46指出,当VIE实体的治理章程或合同安排发生了改变,进而改变了该实体的风险权益资本的特征以及有效性时,报告企业需要重新评估该实体是否属于VIE。换言之,在协议控制-VIE模式的场景中,当境内VIE经营实体的原股东基于各种原因而撕毁各类授权协议,或者监管部门基于实质重于形式的判断而认定相关架构因规避法律而无效,VIE实体的治理与业务都可能发生根本性改变。此时,重新认定VIE的结果完全有可能是境内营运实体不再符

[①] 即使力挺VIE模式的市场人士也承认这一点,参见邹卫国:《为VIE一辩》,载《经济观察报》2011年9月25日。

合 VIE 规则,从而导致合并不能,令海外上市主体陷入"叫天天不应,唤地地不灵"的困境。①

综上所述,不论相关政府部门的"实质重于形式"的监管举措,或者会计准则的严格适用,甚至合同当事人的机会主义行为,都可能挫败协议控制的意图。建立在协议控制-VIE 模式上的境外间接上市法律建构并非如它的设计者和使用者想象的那样"合法合规",而是宛如建在流沙之上的高楼。

五、重新解读"支付宝 VIE 事件"

由此来看"支付宝 VIE 事件",它生动地再现了协议控制模式在监管与合同两个层面的法律风险。只不过,这一事件的导火索并非监管者基于"实质重于形式"的理念认定协议控制违法,而是企业自己主动守法而放弃本已经建立的协议控制,结果导致终端控制股东层面的利益损失,并最终引爆了协议控制-VIE 模式这颗埋藏在境外间接上市领域十年之久的定时炸弹。

事件简要经过如下。② 支付宝作为阿里巴巴集团名下最有价值的资产,涉足的是受到高度管制、对外资进入甚为敏感的金融支付业务领域。2010年 6 月,中国人民银行公布了《非金融企业支付服务办法》,开始对经营支付业务的非金融企业发放业务牌照,但要求申请人必须为"在中华人民共和国境内依法设立的有限责任公司或股份有限公司"。对于实践中存在的外商投资支付机构如何处理,则"由中国人民银行另行规定,报国务院批准"。

阿里巴巴集团是中外合资公司,两大外方股东——雅虎和软银持有 70%的股权。考虑到央行对第三方支付企业股权性质的关注,支付宝的股权在 2009—2010 年间已经从阿里巴巴集团转移到由阿里巴巴两个创始人——马云和谢世煌拥有的一家内资企业名下,但通过控制协议而依然被合并进入阿里巴巴集团的财务报表。当央行开始调查第三方支付企业的实际控制人时,马云担心支付宝将因为控制协议而被认定为"外商投资支付企业",丧失首批获得第三方支付业务经营牌照的资格。由于支付宝在我国第三方支付

---

① 朱侃:《论 VIE 合并报表规则在协议控制模式中的适用》,北京大学 2013 年本科论文。
② 根据以下资料整理:(1)《"一个正确但不完美的决定":马云辩解支付宝"脱钩"始末》,载《世纪经济报道》,2011 年 6 月 20 日;(2)《支付宝 6 月 14 日媒体沟通会实录》,http://finance.sina.com.cn/chuangye/it/20110614/19029990326.shtml,2015 年 6 月 20 日最后访问;(3) 曹磊:《微博热议支付宝风波:马云引发互联网 VIE 恐慌》,参见新浪科技 2011 年 6 月 17 日,http://tech.sina.com.cn/i/2011-06-17/17175661751.shtml,2015 年 6 月 20 日最后访问;(4) 林静:《美律师事务所将就支付宝事件调查雅虎董事会》,参见新浪科技 2011 年 5 月 14 日,http://tech.sina.com.cn/i/2011-05-14/05365522721.shtml,2015 年 6 月 20 日最后访问;(5) 王姗姗等:《支付宝 3.3 亿转手》,载《新世纪》2011 年第 19 期。

市场中举足轻重的地位——50%以上的市场份额，所服务的客户多达6亿多户，支付宝若不能及时获得经营执照，所引发的后果不堪设想。因此，马云主张终止协议控制，将支付宝转为完全的内资企业，但这一建议遭到阿里巴巴集团两大外方股东的反对。马云遂在申请牌照的截止日前，利用自己既是阿里巴巴集团董事局主席、同时也是支付宝公司法人代表的身份直接终止了阿里巴巴集团与支付宝之间的控制合同。此举导致阿里巴巴集团的第一大股东——雅虎无法再通过阿里巴巴集团将支付宝合并进雅虎的财务报表。2011年5月10日，雅虎向美国投资者公布了这一信息。鉴于支付宝等资产被投资者视为雅虎最有价值的投资，支付宝脱离协议控制导致雅虎股价一路下跌。2011年7月29日，当事各方达成了和解与补偿协议，支付宝VIE脱钩尘埃落定。

由于第三方支付企业普遍存在外资协议控制的情形，"支付宝事件"的爆发将其他有外资协议控制情形的企业置于尴尬的境地，也令监管者（央行）面临棘手的选择。不仅如此，马云在记者招待会上对VIE的详细说明终于触动了协议控制-VIE模式这个最敏感的神经，引发了中国互联网行业、投资银行业、财经媒体间的大论战。论题从个案层面的马云是否"违反契约精神"①或"公司治理僵局"②，到第三方支付企业是否属于"国家金融安全"范畴，最终导向了协议控制-VIE模式的合法性问题。鉴于协议控制-VIE模式是我国民营企业海外间接上市的基本架构，一旦VIE架构被认定为规避监管而不合法，目前在美国、中国香港等地上市的100多家中国企业，包括新浪、搜狐、网易、腾讯、百度等一众互联网明星企业，将面临灾难性的后果。对境外投资者而言，如果协议控制瓦解，境外上市公司无法获得对境内营运实体的掌控，投资者将失去其所投资的全部资产。这将是一场无人能够承受的系统性危机。

可以说，"支付宝VIE事件"标志着一场历时十余年的市场与监管之间的暧昧游戏的谢幕。只是，与人们预期的不同，VIE架构法律风险的爆发并非源于监管者直接进行"实质重于形式"的认定来挑战协议控制-VIE模式，而是作为控制合同主体的当事人自行执法，主动揭开了协议控制-VIE模式的面纱，并放弃了协议控制。马云们的行为动机究竟为何，是出于遵守国家金融监管规章还是阿里巴巴管理团队的小团体利益作祟，恐怕是一个见仁见

---

① 胡舒立：《马云为什么错了》，载《新世纪》2011年第23期。
② 参见马云在2011年6月15日的记者招待会上对整个事件性质的说明。参见"支付宝6月14日媒体沟通会实录"，http://finance.sina.com.cn/chuangye/it/20110614/19029990326.shtml，2015年6月20日最后访问。

智的问题,但客观效果毋庸置疑:协议控制-VIE模式的法律地位问题已无法再回避。从这个角度看,"支付宝 VIE 事件"不仅将众多海外间接上市的企业推到风口浪尖,也是对我国相关监管部门的正面拷问,监管者已经不可能再继续沉默下去了。

六、监管思路的调整与协议控制-VIE 模式的终结

毋庸置疑,协议控制-VIE 模式展示了市场创新与过度监管之间的激烈冲突。正如众多评论指出的,在这一群体性规避法律事件的背后,折射出的是相关法律或者监管政策脱离实际、效率低下、不适应我国经济发展的一面。

企业境外间接上市归根结底是一个融资行为,是企业希望以最小的成本(包括政府审批的成本)获得资金而发展出来的一种融资模式。[①] 我国资本市场偏爱国有经济、侧重成熟公司,因此冷落了新兴行业中的民营创业者。由此产生的结果是:对于最富活力的民营企业而言,一方面境内融资渠道匮乏构成企业发展的瓶颈,另一方面资金雄厚的境外投资者为分享中国经济高速增长的成果而对优质民营企业求贤若渴,因此,适度开放企业境外间接上市的通道是必要的,境内企业与境外资本的对接也正可以弥补国内资本市场的局限。这就意味着监管者应调整对返程并购和境外间接上市的监管思路,降低审批成本,从而引导企业放弃协议控制模式,恢复正常的股权控制状态。或者,如果监管者希望进一步将优质的新兴行业公司留在国内上市,就应当增加境内资本市场对于民营企业、特别是对于创业初期的民营企业的开放度。这方面已经有了一些初步的迹象,一些曾计划以协议控制模式境外上市的公司(如 263 网络通信、华平股份、向日葵、日海通讯、启明星辰等[②])最终转为在国内上市。目前媒体披露的中国证监会内部 VIE 研究报告,也建议修改创业板上市标准,开设绿色通道,满足缺乏业绩、但具有发展前景的高科技创业企业的上市融资需求。[③]

[①] 唐应茂:《私人企业为何去海外上市——中国法律对红筹模式海外上市的监管》,载《政法论坛》第 28 卷第 4 期,2010 年 7 月出版。

[②] 《资本市场》编辑部:《红筹回归的多重思考》,载《资本市场》2011 年第 4 期。例见《二六三网络通信股份有限公司首次公开发行股票招股说明书》,来源:http://www.csrc.gov.cn/pub/zjhpublic/G00306202/201004/t20100419_179419.htm,2015 年 6 月 20 日最后访问。

[③] 胡中彬:《揭秘证监会 VIE 报告:四大政策建议(全文)》,载《经济观察报》2011 年 9 月 28 日出版。

在外资产业准入方面,也有必要进一步检讨现有的监管思路。外资监管通常体现了一国对国家经济安全的考虑(特殊情形下也有扶持国内特定产业竞争力的考虑),其限制"外来资本"是名,防范"外来控制"才是实。但是,境外SPV返程并购并非真正的"外来控制",而是国内企业或个人由于税收优惠、资本运作便利等因素而设立的"出口转内销"的伪外资企业。是否有必要对它们适用外资产业准入限制,殊有讨论的必要。毕竟,监管部门的资源也是有限的,将它们运用于防止真正的外国企业或外国投资者控制涉及国家经济安全的战略性和敏感性行业才更有意义。笔者以为,在这个问题上,央行在《非金融企业支付服务办法》中采用的"实际控制人"标准比"境外/境内"两分法的简单判断更加合理。将这个标准应用于实行控制协议的境外间接上市企业,可以发现,绝大多数企业依然为公司创始人所控制,境外公众投资者或私募机构的兴趣主要在于分享中国经济高速增长的红利,而非取得在中国境内经营企业的控制权。从这个角度看,对于眼下棘手的一百多家协议控制企业的合法性问题,采用"实际控制人"标准对企业进行甄别,而非简单地"新老划断",或许是一个更好的处理办法。这不仅能够给监管者和企业双方提供更大的回旋余地,而且也更加符合我国外资准入监管的目的。

当然,监管思路的调整并不意味着协议控制-VIE模式本身就能从"潜规则"变成"显规则"。无论是监管思路的由"堵"转"疏",或者行政审批程序效率的提升,抑或对协议控制企业的甄别处理,目的都只是理顺监管关系,让现实存在且从其他方面看都属合法合规经营的企业获得正当权利,让未来的境外间接上市企业披露真实的股权关系。而协议控制-VIE模式作为规避法律及监管政策的工具,无法摆脱其天生的原罪。尽管众多市场人士对"监管"的意义持怀疑态度,但反复发生金融危机或者经济危机表明,资本市场暂时还无法摆脱监管,国家安全层面的外资准入监管更是如此。可以说,监管与规避监管之间的博弈是市场中永恒的命题,而透过法律形式对经济实质作出有效判断也是监管者永远的职责。

七、VIE的反讽,抑或法律形式主义的失败

法律形式与经济实质之间的冲突作为一种客观的社会现象,在我国当下的急剧转型的社会背景下尤其醒目:法律作为相对稳定的社会控制机制,本来就与变动的社会环境之间存在内生的矛盾,而我国改革开放以来奉行的"摸着石头过河"或者"白猫黑猫论"的改革思路更进一步引发法律与实践之

间的对立。民众习惯于"上有政策、下有对策",监管者则因急于推进改革而将法律的统一性、权威性建设置于次要地位。由此产生的结果是:经济领域中存在大量的灰色区域,法律的权威与国家的信用被嘲弄;人们游走于法律或政策的边缘,虽然收获了大量的经济利益,但无时无刻不在担心悬在头顶的法律之达摩克斯之剑会突然斩落下来。

境外间接上市中的控制协议-VIE模式,正是这种中国式法律风险的一个缩影。长达十年的市场实践,数以百计的明星企业,专业人士对监管规则的一厢情愿的解释,监管者对于规避行为的默认或者忽略,这些因素共同造就了中国经济发展中的一处繁荣景象,也成就了中国式法律生态环境的一个生动标本。然而,它产生的后遗症也显而易见。正如新华社一则评论所言,"中国的外资产业准入政策某种程度上成为一纸空文……对国家信用的伤害无形而深远"。[①]

尤其具有讽刺意义的是,VIE一词作为源自美国会计准则的概念,影射着企业借助交易结构而规避监管的财务操纵行为,更传递着监管者通过"实质重于形式"的判断来约束企业滥用行为的理念。尽管市场人士常将VIE与协议控制混同,但二者的本质是对立的。协议控制张扬的是私法的意思自治精神,以合同为工具,体现当事人之间对经济关系和利益分配的自主安排。相反,VIE体现的是监管的思路,力图透过法律上的各种形式安排而揭示经济实质的本来面目。从这个角度看,VIE又是对协议控制的一种"反叛",甚至成为协议控制的克星。然而,在我国,市场人士津津乐道于VIE在协议控制模式中的核心功能,甚至公开以VIE模式自诩,丝毫没有意识到其中的反讽之意。监管部门似乎对VIE一词也毫无反应。相反,当马云们不愿意继续参与这场"利益险中求"的集体盛宴,最终站出来捅破VIE的窗户纸时,却遭遇铺天盖地的舆论指责。这一切,不能不让人感叹中国式法律生态环境的吊诡之处。

"支付宝VIE事件"也给法学界提出了新的研究课题,即关注法律形式主义的局限性,重视法律之外的监管手段的作用。协议控制与VIE都体现了对公司法或商业组织法的"反叛"或者"超越",都是对法律形式主义的挑战,体现的是"实质重于形式"的理念。可以说,当法学家只捧着《公司法》、只盯着股权关系来讨论股东权利时,殊不知市场实践早已经以"契约自由"的名

[①] 李俊、章苒:《让"协议控制"告别灰色地带》,参见 http://news.xinhuanet.com/fortune/2011-06/19/c_121555374.htm,2015年6月20日最后访问。

义瓦解了股权控制,开创出"协议控制"的无限广阔天地。更进一步,当协议控制试图利用合同这种灵活的法律工具,在保留实质控制的同时维系多个法人之间独立性之假象时,VIE这个会计准则却毫不留情地将多个独立法人合并在一起进行整体反映,透过法律形式来反映经济实质。VIE的性质是会计准则,但实际上发挥了监管的功能,甚至是比传统的"禁令—审批"式法律监管手段更有效的工具。如何诠释这些新的法律现象,也是摆在法学界同仁面前的一个紧迫任务。

正是在这个意义上,"支付宝VIE事件"与其说属于公司治理纠纷的个案,抑或对"契约精神的背叛",毋宁说标志着法律形式主义的一次失败。

第十九章　PE/VC 对赌协议与公司法资本管制

备受关注的"对赌协议第一案"——苏州工业园区海富投资有限公司与甘肃世恒有色资源再利用有限公司、香港迪亚有限公司、陆波公司增资纠纷案(以下简称"海富案"),在2012年底最高人民法院再审落槌后仍未消除争议。与二审判决引发众口一词的批评声不同,再审判决书区分投资者与股东对赌以及与公司对赌、确认前者有效而后者无效的裁判进路,在学界与实务界都造成了明显的分裂:支持者肯认再审判决中体现的"资本维持"理念,而批评者则主张对赌协议应归属于合同自治的范畴。[①] 其中,美国法律实践对PE投资或对赌协议的支持成为批评者的一个重要理论资源[②],20世纪80年代的美国法定资本制革命似乎也给这种司法立场提供了一种背景式的注解。与之相比,我国司法机关则"逾越了公司法管制介入契约自治的规范边界",忽略了"美国风险投资市场所提供的核心经验在于它压倒性地是私人秩序的产物——一个覆盖了整个风险投资周期的极富成效的合同结构"。[③] 人们担心,"海富案"判决将导致中国宝贵的创业公司资源或者因无法"对赌"而丧失发展机会,或者转向域外资本市场从而令国内投资者无法分享科技企业的创新红利。

然而,对英文文献的检索却无法找到"对赌协议"或者"估值调整机制"(Valuation Adjustment Mechanism,VAM)的专门术语;在被称为美国风险投资大本营的加州硅谷,也不存在"海富案"所争议的对赌条款。[④] 另一方面,由美国风险投资机构协会拟定的《风险投资示范合同》(以下简称《示范合

[①] 例见俞秋玮、夏青:《如何看待融资公司作为"对赌"主体的效力》,载《人民法院报》2014年9月10日;张先中:《私募股权投资中估值调整机制研究——以我国〈公司法〉资本规制为视角》,载《法学论坛》2013年第5期;季境:《"对赌协议"的认识误区修正与法律适用》,载《人民司法(案例)》2014年第10期。

[②] "如此高效的约束和激励机制在中国却遇到了巨大的法律障碍……而在对赌协议的发源地美国,迄今为止还未出现过类似的法律疑问。"引自李睿鉴、陈若英:《对私募投资中"对赌协议"的法经济学思考——兼评我国首例司法判决》,载《广东商学院学报》2012年第6期。

[③] 潘林:《"对赌协议第一案"的法律经济学分析》,载《法制与社会发展》2014年第4期。

[④] 清澄君:《硅谷无对赌》,参见 http://www.360doc.com/content/16/0206/22/27398134_533109081.shtml,2016年5月15日最后访问。

同》)在"赎回"等条款处明确指向了"法律对分配的限制"①或者"合法可用的资金"②,这些术语呈现的都是美国公司法中古老的法定资本制之印记。近年来美国特拉华州的司法实践也显示,公司法资本管制的逻辑仍然适用于PE投资。那么,国内文献关于对赌协议的"舶来品"定位以及对美国司法实践的褒奖,究竟是一种误读还是想象? 对赌协议与公司法资本管制之间是否存在不可调和的矛盾?

本文拟将"海富案"对标美国法的实践来探究上述问题。第一部分以"海富案"为样本界定"对赌协议"的内涵与外延,以澄清对标比较的范围。第二部分结合美国风险投资协会的《示范合同》,观察美国 PE/VC 投资实务中如何处理对赌协议所要解决的问题——未来不确定性风险或者估值困境,重点关注其与法定资本制之间的联系。第三部分以 2010 年特拉华州法院 ThoughtWorks 案③为样本,介绍 PE/VC 合同的赎回权条款中"合法可用之资金"的含义,展示美国法官如何在具体个案中适用法定资本规则同时兼顾商业决策的自主与自治。第四部分总结了美国经验对我国 PE/VC 投资以及司法实践可能提供的启示,并对完善我国对赌协议纠纷的处理方式提出了若干建议。

一、"对赌协议"的界定——基于"海富案"的语境

"对赌"是 2008 年金融海啸后的一个热点词汇。它可以指两种完全不同的交易:一是衍生交易中的对赌,指衍生产品的买卖双方之间达成的零和博弈;二是 PE/VC 投资实务中的对赌协议,又称估值调整机制(Valuation Adjustment Mechanism, VAM)或"估值调整协议"。其功能在于"将交易双方不能达成一致的不确定性事件暂时搁置,留待该不确定性消失后双方再重新结算。由于这种结构性安排,使得达成股权交易的可能性大增,从总体上增加了社会福利。"④

---

① 美国风险投资协会:《美国风险投资示范合同》(中英文对照本),北京市大成律师事务所、北京市律师协会风险投资委员会组织编译,法律出版社 2006 年版,第 22 页。下文中所引用的美国风险投资示范合同条款均出自该书,以下简称《美国风险投资示范合同》(中英对照本)。
② 同上书,第 318 页。
③ ThoughtWorks, Inc. v. SV Inv. P'rs, LLC, 902 A. 2d 745 (Del. Ch. 2006),后文注释简称 ThoughtWorks。该案裁决也是美国近年来针对 PE/VC 投资的基本工具——优先股——最引人关注的三宗司法裁决之一。
④ 彭冰:《对赌协议:未来不确定性的合同解决》,载《中国社会科学报》第 385 期,2012 年 11 月 28 日。

尽管国内文献众口一词地将对赌协议或 VAM 视为国际资本市场或 PE/VC 投资的常用工具，但这些概念并不见于域外的法律文件，而是发源于 2002—2004 年间大摩等境外基金投资蒙牛时设立的一项依业绩调整股权比例的安排，并经 2004 年蒙牛于香港联交所上市之招股说明书的描述而为公众所知。随后，永乐、太子奶等民营企业与境外投资者对赌失败的悲剧让这一术语广泛流传。然而，由于各家公司对赌交易的细节不同，且缺乏域外法律文本对应概念的界定，国内文献（包括财经类或法律类）在对赌协议或 VAM 的含义、范围等方面缺乏明确或统一的解说。大体上，人们将对赌协议视为融资活动（特别是 PE/VC 投资）中应对未来不确定性问题（特别是估值不确定）所使用的金融条款。对于这些条款的范围，至少存在三种不同口径的理解：

（1）最狭义的一种口径，"对赌协议"仅指初始投资的作价调整条款，即针对股权估值困难，双方约定以特定时间后公司实现的业绩作为标准，或者对超额投入的投资者给予补偿，或者要求投入不足的投资者增加出资。① 这种口径的对赌协议看起来最符合"估值调整机制"（VAM）的本义。

（2）中等口径的解读，"对赌协议"包括前述的初始投资作价补偿条款以及投资者退出时的股份（股权）回购条款，后者通常发生在被投资企业未能成功实现 IPO 上市的情形下。② 严格来说，将退出阶段的股权回购解释为"估值调整"是比较勉强的，因此时实为 PE 投资之终止，并无对投资作价进行估值调整之义。冠之以"对赌协议"之名或无可厚非，但进一步视之为"估值调整机制"（VAM）则谬矣。

（3）最广义的口径，是将"对赌协议"含糊地表述为投资方与融资方就"未来不确定的情形"所作的约定，根据未来企业的实际盈利能力，由投资者或者融资者获得一定的权利作为补偿。③ 就此含义而言，对赌协议也可以视为 PE/VC 投资合同的代名词，因为整个一套复杂冗长的 PE/VC 合同就是为了解决高科技创业公司融资所面对的"极端的不确定性、信息不对称以及代理成本问题"。④ 诸如以优先股作为投资工具，采取分期融资、控制权分配

---

① 例见汤谷良、刘辉：《机构投资者"对赌协议"的治理效应与财务启示》，载《财务与会计》2006 年 10 月号；姜达洋：《并购中慎用对赌协议》，载《连锁与特许》2006 年第 11 期。
② 例见熊美琦：《突破"对赌协议"第一案》，参见方圆律政 http://www.fylz.com.cn/ljxw/201408/t20140826_1452494.shtml，2016 年 9 月 20 日最后访问；俞秋玮、夏青：《以上市为条件的"对赌"协议的效力评价》，载《人民司法》2015 年第 21 期。
③ 例见程继爽、程锋：《"对赌协议"在我国企业中的应用》，载《中国管理信息化》2007 年第 10 卷第 5 期。
④ See Ronald J. Gilson, "Engineering A Venture Capital Market: Lessons from the American Experience", *Stanford Law Review*, vol. 55, no. 4, 2003, p. 1069.

(以及重新分配)、创始人薪酬安排、棘轮条款、领售权、回购优先股等一系列特殊设计①,都意味着在未来某种事件发生时对投资者和融资者之间的权利义务(及利益)的变化或调整,从而具有了"对赌"所内含的相机抉择之特征。

"海富案"的对赌协议属于上述第二种口径。相关的《增资协议书》中载有"业绩目标"和"股权回购"条款,前者对海富的出资作价依据一年后被投资公司实现业绩目标的情况进行调整并由公司给予现金补偿,后者则约定了当被投资公司未实现上市目标时须回购海富持有的股份。对于上述对赌条款,需要进一步说明的有两点:

第一,通常 PE 投资中的对赌发生在投资者与被投资企业的股东之间,对赌筹码是股权,即根据业绩标准实现程度调整各自所持的股权比例,是一种双向的激励机制。早期的蒙牛、永乐、太子奶等对赌案例皆如此。"海富案"下的对赌(也是不少国内 PE 基金的做法)是与公司本身而非股东对赌,当公司未达到约定的业绩目标或其他条件,公司须对 PE 投资者进行股权或现金补偿。这更像是一种单向的激励/惩罚机制而非对赌。

第二,现金补偿与股权补偿两种对价方式的经济内涵差别很大,"前者实际上降低了投资人对企业风险的敞口(risk exposure),只要能拿到现金,投资人就部分实现了预期的投资收益,这部分收益不再取决于企业今后的表现。而后者则是加大了投资人对企业的风险敞口,投资人在企业中的股权比例越高,其收益的波动性与企业经营表现的联系就越紧密。……(因此)现金补偿的对赌协议,实质上接近于让投资人退出的回赎型对赌"。② 实践中,这种现金补偿条款还经常与 PE 退出时的回购条款结合在一起(如"海富案"之情形),被投资公司回购 PE 股份的作价是其全部投资本金加累积应分配收益。

从公司法的角度看,不论是对初始出资的现金补偿,还是退出时的股份回购,它都意味着公司向股东无对价地支付了财产。鉴于股东出资通常计入股本或注册资本,后者作为公示信息可能影响公司债权人的决策,因此,当公司向股东无对价支付财产时,就需要接受资本维持原则的检验。在英美国家,对股东做现金补偿或回购、赎回股份都属于公司法中"分配"规则的适用范围③;在我国,上述行为可体现为利润分配或减资两种不同路径。因此,

---

① 对 PE/VC 合同条款的经典研究,参见 Steven Kaplan, Per Stromberg, "Financial Contracting Theory Meets the Real World: An Empirical Analysis of Venture Capital Contracts", *The Review of Economic Studies*, vol. 70, no. 2, 2003, pp. 281-315;燕志雄:《不完全合同、控制权与企业融资》,经济科学出版社 2012 年版,第 210—219 页。

② 清澄君:《硅谷无对赌》,参见 http://www.360doc.com/content/16/0206/22/27398134_533109081.shtml,2016 年 5 月 15 日最后访问。

③ 例见英国 1985 年《公司法》第 263 条("分配指将公司资产以现金或其他形式分配给公司成员的任何一项交易行为")。

"海富案"语境下对赌协议的两个组成部分——公司对 PE 投资者现金补偿、未达 IPO 目标时的股份回购——都落入公司法、特别是资本维持原则的管制疆域。

表 19.1 列示了公司与 PE 投资者对赌时可能的操作方式及其所触发的公司法规制路径。可以看出,除了因公司业绩超出预期导致 PE 向公司补偿现金的情形外,其他几种情形都涉及公司法的资本管制问题,而"海富案"下的"公司现金补偿＋回购"则受制于资本维持原则。

表 19.1 公司与 PE 投资者对赌的操作方式及其所触发的公司法规制路径

变动方式	投资作价调整（1）：公司向 PE 增发股份	投资作价调整（2）：公司从 PE 回购股份	投资作价调整（3）：公司向 PE 支付现金	投资作价调整（4）：PE 向公司补偿现金	PE 退出：公司回购 PE 股份
触发的公司法规制路径	股东出资与股份发行	资本维持原则	资本维持原则	赠予（或：补缴出资款？）	资本维持原则

那么,这种对赌协议在美国法律实践中的地位如何?

二、美国风险投资示范合同:在法定资本规则内游走

作为 PE/VC 投资的发源地,美国法律界对高科技创业公司融资中的诸多风险和不确定性早有明确认知。除了任何企业设立之初天然具有的不稳定性外,由科研人员转型的管理团队缺乏营运企业的经验,且作为公司商业成功基础的科技突破或者创新最终能否实现也存在极大的不确定性。因此,尽管"所有的融资合同都需面对三方面的核心问题:不确定性、信息不对称和代理成本,但初始创业的高科技公司将这三方面的问题放大到极致"。[①] PE/VC 合同的条款设计需要回应这些特殊的风险以满足商业实践的需求。为此,美国风险投资协会组织大批业内专家起草了一整套风险投资的《示范合同》,以便为 PE/VC 实务提供一套全面的、内在逻辑协调统一的融资文书,不偏不倚地对待风险投资机构和创业者。实践中的 PE/VC 投资合同多以《示范合同》为模板,因为后者反映了美国风险投资操作的最佳实务,便于合同当事人预测和消除法律陷阱,降低交易成本和意外事件发生的概率。[②]

---

① Ronald J. Gilson, "Engineering A Venture Capital Market: Lessons From the American Experience", *Stanford Law Review*, vol. 55, no. 4, 2003, p. 1076.
② 《美国风险投资示范合同》(中英文对照本),出版前言。

1. PE/VC 合同的基本架构与法律约束

整套《示范合同》包括八项法律文件:(1)《投资条款清单》,它列举了在特拉华州注册的公司发行 A 序列优先股融资的主要条款;(2)《A 序列优先股购买协议》;(3)《公司章程》;(4)《示范补偿协议》;(5)《投资者权利协议》;(6)《管理权证书格式文本》;(7)《优先购买权和共同销售权协议》;(8)《投票协议》。上述文件基本覆盖了一个典型的风险投资操作过程所需要处理的全部法律问题,同时提供了不同的解决方案以适应多种融资安排方式的需要。

不过,PE/VC 领域的合同创新并不意味着强制法的缺位。诚如国际私募股权及风险投资估值(International Private Equity and Venture Capital Valuation)理事会发布的《国际私募股权及风险资本估值指南》(2012)开宗明义承认:PE/VC"受到法律、监管规章以及合同条款的共同约束"。① 《示范合同》也不例外,它尤其受到美国特拉华州公司法和加州公司法的约束。PE/VC 投资的最终目标是创业企业成功 IPO 而获利退出,而美国上市公司的主要注册地是特拉华州,因此示范合同基本上以特拉华州公司法为背景。特拉华州公司法的商业友好型导向,也给实践中的 PE/VC 投资以及《示范合同》的创新提供了一个宽松的空间。另一方面,美国创业与风险投资的大本营是加州硅谷,而加州公司法强制要求那些半数以上的股东为本州居民且公司一半以上的业务在本州进行的外州公司作为"准加州公司"适用加州公司法的特定条款,包括公司法资本管制规则、累积投票权规则、兼并或合并、重组、资产出售的表决程序规则、异议股东权规则等。② 因此,许多风险投资合同还需要兼顾加州公司法对上述问题的规制。

以本文所关注的资本维持原则为例,美国《标准公司法》第1.40(6)条对"分配"有一个非常宽泛的定义:"公司基于股份,直接或间接地将现金或其他财产(其自身的股票除外)转移给股东,或者为股东的利益而承担债务。分配可以采取宣告或派发股息的方式,也可以是回购、回赎或以其他方式取得股东手中的股票;或者将公司的债权分配给股东,以及其他方式。" 20 世纪 80 年代后,《标准公司法》抛弃了以法定资本(股本或声明资本)来约束分配行为,而是改为清偿能力限制,要求公司对股东进行的任何分配行为均不得导

---

① International Private Equity and Venture Capital Valuation Guideline,Edition December 2012. 来源:http://www.privateequityvaluation.com,2016 年 5 月 15 日访问
② 加州公司法对于"公司业务"的判断确立了一个公式,根据财产、雇员工资和销售额等参数来计算。《美国风险投资示范合同》(中英文对照本),第 200—205 页。

致公司丧失清偿能力。这一改革路径也被大多数州公司法所采纳。在一些传统的商业州中,特拉华州、纽约州仍然保留着传统的法定资本制约束,适用"声明资本/溢余"标准(分配只能从溢余中支付,不得损及法定资本);而加利福尼亚州则独辟蹊径,综合法定资本、财务比率、清偿能力三方面的要求,对公司分配行为施加了比改革前更为严格的管制。① 由此也导致美国风险投资协会在《示范合同》中特别提醒业界关注加州公司法的特殊规则:"特拉华州法律通常允许公司支付分红或回赎股票,只要公司在分红或回赎之后仍有偿付能力。相反,加州公司法禁止分红或回赎,除非公司满足一定的财务标准,特别是流动资产至少须为流动负债的125%。因此,准加州公司在加州公司法下不能支付分红或赎回股票,尽管这样的支付在特拉华州法律下是可以进行的。"②

2. 应对估值不确定性的基本途径——分期融资机制

从《示范合同》以及专门从事硅谷高科技企业法律服务的泛伟律师事务所(Fenwick & West LLP)定期发布的风险投资合同条款调查来看,美国 PE/VC 实务中并不存在"海富案"所争议的估值补偿条款——在被投资公司未达到出资作价所挂钩的业绩目标时,公司须向 PE 投资者给予现金补偿。

有论者谓之"硅谷无对赌",并从商业逻辑的角度给出了令人信服的解释:首先,投资活动天然有风险,有些风险本来就需要投资者自己承担或与创业者共同承担;其次,初创企业多处于"烧钱"阶段,创业者也缺乏个人财富积累,PE 强制要求现金补偿会导致企业经营更加困难;再次,估值风险如何在 PE 与创业者之间分配通常是市场博弈的结果,若市场中好项目少而资金充裕,PE 也不太可能对创业者施加现金补偿的负担。当然,由于美国诚信体系比较健全,信息相对透明,投资者可以通过事先充分的尽职调查而减少双方在估值问题上的分歧。③

笔者以为,除了商业逻辑外,"海富案"式的现金补偿条款的缺位或许也

---

① Cal. Corp. Code, §500(a)(b)["只要(1)保留盈余(retained earnings)等于或者超过拟议的分配额,或者(2)分派后公司资产总额至少等于负债的 125%,且流动资产至少等于其流动负债及前两个会计年度中税前息前盈余都超过利息支出,或若税前息前盈余不足,则流动资产与流动负债的比例为 1.25∶1,公司的分配就是合法的。"]以及 Cal. Corp. Code, §501.(公司分配后不得丧失清偿能力)。不过,加州《公司法》在 2011 年进行了修订,采纳了《标准公司法》的模式。

② 《美国风险投资示范合同》(中英文对照本),第 202—203 页。对加州与特拉华州《公司法》在利润分配管制问题上的差异的一个简要说明,参见刘燕:《公司法资本制度改革的逻辑与路径——基于商业实践视角的观察》,载《法学研究》2014 年第 4 期。

③ 清澄君:《硅谷无对赌》,参见 http://www.360doc.com/content/16/0206/22/27398134_533109081.shtml,2016 年 5 月 15 日最后访问。

正体现了美国公司法资本制度的潜在影响，因为以"烧钱"著称的高科技创业企业几乎注定无法通过资本维持原则的检验。对于这样一个可预见的法律风险，交易各方自然避之不及。实践中，PE/VC 合同应对估值不确定性问题的主要策略是分期融资机制（staged finance），即 PE/VC 投资者通过分期出资、及时止损的安排来降低初始投资估值过高可能带来的损失。① 它通过多期、重复博弈，最大程度地降低当事人在博弈中的不确定性②，同时也不会触发资本维持原则的适用。

在分期融资机制下，PE/VC 的投资分成若干轮次，每一轮次都确定企业应达到的目标（称为里程碑事件，milestone），它可能是特定财务指标，也可能是某一状态（如取得专利）；PE/VC 是否提供下一轮资金取决于前期目标的实现情况。分期融资机制相当于授予 PE/VC 投资者一个有价值的期权，他可以以较小的成本抛弃不成功的项目或提前清算项目；也可以继续下一步注资，此时由于有了前期的完成情况，PE 对项目有更深入的了解，对估值及其相应的投入就能作出更准确的判断。③ 这种分期融资/注资安排与"海富案"式的公司现金补偿之间最核心的区别，在于股东与公司之间财产流动的不同顺序所导致的法律后果上的差异。投资者的出资分批注入公司，若业绩不佳则停止注入，不存在"海富案"下的"股东资金先全部注入公司（构成股本或注册资本），而后公司又向股东返还（补偿）一部分"的情形。因此，分期融资机制与美国非上市公司并购交易中常见的"盈利能力支付计划"（earn-out）或"或有支付"（contingent payment）条款一样，都属于商业律师为解决资本性物品（如股权）买卖过程中信息不对称以及不确定性问题而设计的独特法律结构。④

近年来，随着市场条件的变化，美国 PE/VC 实践中也开始出现类似我国实务中的估值调整观念，即根据注资后一段时间（如一个季度）报告的业绩水平来调整当初入股的价格。⑤ 若公司估值被认为过高从而需要下调 PE 入

---

① Ronald J. Gilson, "Engineering A Venture Capital Market: Lessons From the American Experience", Stanford Law Review, vol. 55, no. 4, 2003, p. 1078.
② 刘晓忠：《并购重组中的双刃剑——对赌协议与期权条款》，载《董事会》2008 年第 1 期。
③ Ronald J. Gilson, "Engineering A Venture Capital Market: Lessons From the American Experience", Stanford Law Review, vol. 55, no. 4, 2003, pp. 1078-1079.
④ 在 Earnout 安排中，并购交易双方约定一个初步的并购总价，但买方仅支付其中的一部分（如 60%），剩余价款在此后若干年内根据被并购企业经营业绩而分期支付，如每年支付销售收入的 10%。参见 Ronald J. Gilsont, "Value Creation by Business Lawyers: Legal Skills and Asset Pricing", The Yale Law Journal, vol. 94, no. 2, 1984, pp. 262-264.
⑤ James Walker, "Private Equity and Venture Capital: Navigating a Difficult Market", in Understanding Legal Trend in Private Equity and Venture Capital Market, Aspatore, 2011, pp. 67-68.

股价格,通常的做法并不是对 PE 投资者给予现金补偿,而是调整 PE 所持有的优先股的转换价格(如原来每 1 股优先股可转换成 1 股普通股,此时则调整为可转换成 2 股普通股),从而令 PE 占有被投资公司更大的股权比例。① 此外,若初始估值过高但企业仍有持续发展之必要,则下一轮次按较低估值进行筹资(通常还伴随着新投资者加入)时,初始投资者将获得额外股份作为补偿(PE/VC 合同中的棘轮条款),从而保证了其股份价值不会因估值差异而被稀释。② 由于不涉及公司财产向股东流出,这种股权调整方案也无须受制于资本维持原则。③

3. PE 退出时的赎回权限制——"合法可用之资金"

鉴于 PE/VC 基金的期限特征,退出机制是 PE 投资决策时考虑的一个核心因素。三种常见的退出策略是 IPO、出售给其他基金或公司或者在上述两者不可行时由公司赎回 PE 持有的优先股。《示范合同》在《投资清单》《公司章程》部分都有专门的赎回权条款(redemption rights provision)。④ 由于股份赎回属于资本维持原则的传统适用范围,相关的协议文本都会对此加以限制。

以《投资清单》范本为例,其"回赎权"条款规定如下:"经至少[ ]%A 序列优先股股东的选择,自交割五周年后的任何时间开始,以相当于原始购买价[加所有累积而未付的股息]的价格,(公司)应以**依法可用于分配的资金(from fund legally available for distribution)**回赎 A 序列优先股。赎回分三年进行,每年赎回三分之一……"

---

① James Walker, "Private Equity and Venture Capital: Navigating a Difficult Market", in *Understanding Legal Trend in Private Equity and Venture Capital Market*, Aspatore, 2011, p. 78.

② 棘轮条款(ratchet protection)旨在防止企业家在以后轮次的融资中以更低的估价进行融资,从而稀释在前进入的投资者的权益。它包括完全棘轮保护与加权棘轮保护两种类型。在第一种保护中,受保护的证券在随后的融资中可以获得足够多的额外股份,相当于其入股价格降低到新发行证券的价格。对于已发行的可转换证券,受保护证券的转换价格降低到新发行证券的转换价格。在第二种保护下,受保护证券的转换价格是关于已发行股份、新发行股份及其转换价格的一个函数。参见燕志雄:《不完全合同、控制权与企业融资》,经济科学出版社 2012 年版,第 217 页。

③ 英国的 PE/VC 投资实践也提供了佐证。英国 PE/VC 合同中常见调整股权比例的安排,类似于我国的股权补偿。基于资本管制的考量,这种股权补偿的方式通常是由创始人团队(通常也是公司股东)转让部分股份给 PE;或者,在公司授权资本的范围内,用现有的资本公积向 PE 定向转增股份。参见 Maurice Dwyer, *Private Equity Transactions*, Sweet & Maxwell, 2000, pp. 10001-10010.

④ 在美国,股份回赎(redemption)一般是指依据合同或公司章程,由公司发动的强制性购买股东持有的股份;股份回购(repurchase)通常指公司与股东之间自愿达成的股份买卖交易,如资本市场回购。

此外，公司章程通常规定各种不同种类、不同序列的公司股票所拥有的权利、优先权、特权以及所受到的限制。对应于上述《投资清单》的赎回权条款，《公司章程》范本关于"回赎"的规定中也要求公司以其"合法可用之资金"（out of fund lawfully available）进行回赎："如果公司在任一回赎日没有足够合法可用资金回赎所有在该回赎日应被回赎的 A 系列优先股，公司应以合法可用之资金，按照与若资金足以回赎全部优先股时相对应的比例赎回各股东持有的可赎回股份，并应在公司日后取得合法可用之资金时立即赎回剩余的股份。"[①]赎回后的 A 系列优先股均自动、立即被注销或废止，不再作为库藏股重新发行、出售或转让，也不得由公司就该部分股票行使股东权利。[②]

依美国学者的解释，PE/VC 合同中之所以出现上述"合法可用之资金"要求，是因为在 19 世纪到 20 世纪中期的司法实践中，优先股的股息以及赎回支付都受制于法定资本规则和欺诈性转移规则。前者防止公司财产降低到资不抵债的程度或者减少了法定资本额；后者防止公司出现持续经营危机，如果公司留下的资产太少以至于无法持续经营或者偿付到期债务，就不能进行分配或赎回。有些案件甚至走得更远，禁止对优先股的支付存在任何"可能"削弱（impair）、危及（prejudice）或者伤害（injure）债权人的利益之情形。优先股股东负担举证责任，他们必须证明要求公司支付优先股股息或回赎本金不会导致上述结果。由于这种历史背景，通常优先股合同或章程中对于股息或回赎的支付都附加了一项限制，即"合法可用之资金"。[③]

当然，PE/VC 作为成熟机构投资者也会采取相应的补救措施来维护自己的利益，如取得对公司的控制权或者可执行的债券等。美国风险投资协会在针对《投资清单》之"赎回权"条款的评论中指出："由于立法的限制，当股东最希望公司回赎股份时，公司很可能无法在满足法定条件的前提下进行回赎（如可分配资金不够）。有时投资者会对这样的公司采取一些惩罚性的措施，例如要求公司向未被回赎的 A 序列优先股股东签发一年期票据，以及 A 序列优先股股东可以有权选举董事会的多数成员，直到相关回赎金额被支付了为止。"[④]判例法中一般会把一年期票据（one-year note）视为公司常规债务，

[①] 《美国风险投资示范合同》（中英文对照本），第 318—323 页。
[②] 同上书，第 327 页。此一注销库藏股的条款既是商业实践的反映，也有法定资本制角度的考量。就后者而言，特拉华州《公司法》对于回购股票并注销的管制略轻于回购并作为库藏股继续存在的情形，前者可以作为减资处理从而不受溢余标准（见下）的限制。
[③] William W. Bratton & Michael L. Wachter, "A Theory of Preferred Stock", *University of Pennsylvania Law Review*, vol. 161, no. 7, 2013, pp. 1861-1863.
[④] 《美国风险投资示范合同》（中英文对照本），第 24—25 页。

从而使公司对股东的支付不再受制于法定资本管制。①

实践中,并非所有的 PE/VC 合同都会引入赎回权条款。调查显示,此条款在美国东海岸的 PE/VC 投资中应用较多,但西海岸、特别是加州硅谷地区则较少②,近年来的使用频率更显下降趋势,2013—2015 年间硅谷风险投资中大约只有 15% 左右的交易有赎回权条款。③

小　结

迥异于"海富案"下的对赌协议,美国 PE/VC 投资的法律实践比较清晰地体现了各方对公司法资本管制因素的考量。尽管 20 世纪 80 年代后美国传统的法定资本制已经式微,但 PE/VC 投资各方还是在具体合同条款或法律文本中最大限度地消除资本管制的法律风险:

第一,针对出资/投资环节可能存在的估值分歧,PE/VC 投资者控制出价过高风险的主要方式是分期注入资本,从而减少估值判断错误时可能遭受的本金损失;或者以各种可行的方式调整 PE 投资者与创始人团队之间的股权比例,不存在公司对 PE 投资者进行现金补偿的做法。由于分期注资或者调整股权比例都不涉及公司资产向股东的流出,因此不会触发资本维持原则的适用。

第二,在退出回购环节,美国 PE/VC 投资者的赎回权与"海富案"类似,但多了一个"合法可用之资金"的限制,它直接指向公司法对利润分配和回购的限制。不论是投资者还是被投资公司都清楚地意识到,赎回权的具体行使受制于公司法的资本管制规则,PE/VC 投资者不可能直接强制公司履行回购义务。

三、ThoughtWorks 案:特拉华州法院的诠释路径

2010 年 11 月,特拉华州法院就 SV Investment Partners, LLC v. ThoughtWorks, Inc. 案(以下简称 ThoughtWorks 案)作出判决。这是美国

---

① 也有学者对这一法律策略的可行性提出质疑,认为它可能导致破产清算规则的适用,仍然无法实现 PE 投资者取回资金的目的。William W. Bratton & Michael L. Wachter, "A Theory of Preferred Stock", *University of Pennsylvania Law Review*, vol. 161, no. 7, 2013, pp. 1869–1872.

② 《美国风险投资示范合同》(中英文对照本),第 318 页。

③ Barry Kramer,《硅谷风险资本调查 2015 年第三季》,Fenwick & West LLP,2015 年 11 月。有论者认为,赎回权条款对创始人及公司带来较重的财务负担,近年来 PE/VC 合同对于创始人的态度更趋于友好,故导致此类条款的式微。参见张巍:《资本的规则》,中国法制出版社 2017 年版,第 7—8 页。

PE/VC 投资合同的赎回权条款首次遭遇司法检验,也是美国法院自 20 世纪 40 年代后再次审视法定资本制与优先股之间的关系。① 在经历了 20 世纪 80 年代美国法定资本制革命后,置身于 PE/VC 投资与科技创新这一新的商业环境下,特拉华州法院宣示的立场引起了广泛关注。

1. 案情概况

ThoughtWorks 案中的 PE 投资与"海富案"颇有类似之处,二者都不属于早期的天使轮投资或典型的风险投资,而是在公司已经营运一段时间后,PE 投资者基于 IPO 的愿景而加入被投资公司。

该案原告 SV 投资合伙(以下简称 SV)是一家风险投资企业,1999 年认购了被告 ThoughtWorks 公司 94% 的 A 系列优先股。ThoughtWorks 是一家从事商业软件应用方案设计及咨询服务的高科技公司,1993 年成立,1999 年开始谋划 IPO,预期两年内上市。然而,2000 年下半年美国科技股泡沫开始破灭,NASDAQ 股价一路暴跌,ThoughtWorks 的 IPO 计划最终也打了水漂。

PE 投资合同的赎回权条款规定:如果 SV 在注资后五年内无法通过 IPO 或其他方式退出,ThoughtWorks 有义务回购 SV 持有的优先股,回购价格等于优先股的购买价加上所有累积未付的股利和清算收益。相关合同及公司章程基本上采用了《示范合同》关于"合法可用之资金"的条款,并增加了"营运资金例外"(working capital carve-out),即董事会有权从"合法可用之资金"中留下公司营运所必需的资金。如果在赎回日公司拥有的合法可用之资金不足以赎回全部优先股,则公司应按比例赎回优先股;并且,只要此种未足额赎回的情形存在,赎回日后公司新增的合法可用之资金将自动用于赎回优先股,无须优先股持有人再采取任何行动。

2005 年 7 月,SV 向 ThoughtWorks 正式提出赎回全部优先股,以初始投资成本加累积股利等计算总价达 4500 万美元。ThoughtWorks 董事会以赎回条款中的"营运资金例外"拒绝了 SV 的请求,认为公司现有的资金尚不足以覆盖营运需求。ThoughtWorks 公司虽然属于商业软件服务领域的翘楚,但现金流极不稳定,其经营模式内在的缺陷也放大了经济周期性以及季节性波动的影响,因此公司通常都会保留比较多的现金以平稳度过业务萧条期或者季节性底点。双方就"营运资金例外"条款争讼至法院,法院裁决该例外仅

---

① PE/VC 投资使用的基本工具——优先股在 20 世纪 30 年代后的几十年里备受冷落,美国法院在 1942 年的 *Mueller v. Kraeuter*, 25 A. 2d 874 (N. J. Ch. 1942)后就没有再审理过优先股赎回方面的争议。

适用于赎回当年(2005 财年),此后公司就必须在"合法可用之资金"范围内赎回优先股。在 2006—2010 年,ThoughtWorks 总共进行了 8 批次、共计 410 万美元的赎回,此时优先股的赎回总价已经攀升到 6691 万美元。

SV 反对 ThoughtWorks 的拖延政策,于 2007 年再次入秉法院,请求强制公司赎回股份。SV 认为,"合法可用之资金"就是指溢余(surplus),而 ThoughtWorks 有充裕的溢余(金额约在 6800 万至 1.37 亿美元之间),足以回购全部优先股,请求法院判决 ThoughtWorks 支付优先股的全部价值 6691 万美元。2010 年 11 月,特拉华州大法官法院判决驳回 SV 的请求。判决书指出:"合法可用之资金"并不等同于溢余。"溢余"只是构成公司法下资本维持的底线,还存在其他制定法(如银行管制法、税法等)的限制以及普通法(判例法)对公司清偿能力的要求。一个公司即使有溢余也可能会因缺乏资金而无法清偿到期债务,从而不具有回购的条件。ThoughtWorks 董事会基于律师、财务顾问的建议,并根据自己的商业判断,认为赎回可能导致公司难以持续经营而拒绝赎回。对此,SV 并未能证明 ThoughtWorks 董事会的决议过程存在恶意,依赖不可靠的信息或者明显偏离市场尺度而构成欺诈,故不支持 SV 强制执行回购条款的诉求。①

因本文主题所限,这里仅讨论 ThoughtWorks 案判决关于如下两个问题的说理:(1) PE/VC 合同中的"合法可用之资金"在特拉华州法律下如何解释;(2) 如何确定公司拥有的"合法可用之资金"的范围与金额。

2. 何为"合法可用之资金"?

(1) 传统资本维持原则下的限制——"溢余"标准

特拉华州《普通公司法》第 160(a)(1) 条规定:公司可以用现金或实物为对价,回购、赎回或接受、收取其自有股份,但不得削弱公司资本或者由此可能导致公司资本受到任何削弱;除非是在赎回优先股的情形下,可以从公司资本中支出并随即注销相关股份。在长期的司法实践中,特拉华州法院衡量公司资本是否被削弱的标准是公司动用的资金是否超过"溢余",如果回购股份消耗的资金超过了公司的溢余,则可以认为回购削弱了资本。② 本案原告 SV 正是在此法据下主张"合法可用之资金"就是指"溢余",而 ThoughtWorks 具有充裕的溢余来回购其持有的全部优先股。

"溢余"(surplus)是美国公司法传统的法定资本规则(legal capital rule)的一个重要概念。在特拉华州公司法下,它指"公司净资产超过公司声明资

---

① *In re Int'l Radiator Co.*, 92 A. 255, 256 (Del. Ch. 1914).
② Ibid.

本的金额"①;对应于我国公司法的语境,"溢余"大致包括所有者权益下"资本公积""盈余公积"以及"未分配利润"三部分。在特拉华州公司法下,"溢余"不仅是利润分配的依据(第170条),也是回购、赎回或其他场景下资本维持原则的标准(第160条)。以"溢余"作为分配范围,就可以保证公司的"资本(股本)"不受侵蚀,符合"资本维持"最本原的涵义。

不过,20世纪70年代后美国公司法学界对传统的法定资本规则(包括溢余概念)进行了猛烈批判。② ThoughtWorks案法官也接受了学界的立场,认为"从公司溢余中进行分配"或"公司从溢余中向股东进行支付"均属于含糊不清的表述,用于分配的只能是公司"资产"、特别是现金,而非作为会计惯例结果的"溢余"。公司没有溢余时,依照法律自然不能进行分配或赎回;但即使有溢余,也可能因缺乏现金而无法进行分配或赎回股份。以"溢余"作为检验回购是否削弱公司资本的底线,只是为了防止公司分配后陷入资不抵债。虽然制定法对"资不抵债"的判断是用公司的资本(capital)、而非清偿能力(insolvency)来衡量,但是普通法(判例法)长期以来还禁止公司在可能导致公司丧失清偿能力的情形下回购股份。因此,就限制回购的公司法管制目的而言,溢余标准只涉及资产负债表意义上的"资不抵债",它并不充分、足够,还需要考虑公司实际上能否偿付债务。

(2) 附加的限制——清偿能力标准

清偿能力指向的是债权人保护,这也是法定资本规则最核心的立法宗旨。就此目的而论,优先股股东与普通股股东的法律地位并未有何不同,都受制于不得损害债权人利益的限制。ThoughtWorks案法官在判决中重申了这一基本立场:"公司立法禁止公司在削弱资本的情形下回购股份,其意图是为了保护债权人。法律实现上述意图的方式,是禁止那些可能会导致向股东返还或再分配公司特定资产的交易,这些特定资产构成了19世纪以及20世纪早期的法学家所言的向公司提供信用的债权人赖以依靠的永久性融资基

---

① 8 Del. C. §154. 需说明的是,我国公司法的所有者权益术语中没有与美国公司法下"surplus(溢余)"对应的概念。目前国内文献对"surplus"一词有两种译法:一是"资本剩余",二是"盈余"。前者例见卞耀武主编:《特拉华州普通公司法》,左羽译,法律出版社2001年版,第62—63页;后者例见 Bayless Manning,《法律资本制度》,后向东译,张开平校,载王保树主编:《商事法论集》第12卷,法律出版社2007年版。不过"资本剩余""盈余"的中文文义并不能反映 surplus 在美国公司法下的原义,且美国学者均强调公司法对股东权益的称谓有别于会计术语,因此,笔者未采用我国的会计术语与之对应,而是另行择词译出。中文语境下对于股东出资时超过股本的对价部分称为"溢价","溢"一词表示"多出""超出"的含义,正符合美国公司法下 surplus 表示"公司净资产超出股本"之含义。

② 例见 Bayless Manning, James J. Hanks Jr., *Legal Capital*, 3th ed., Foundation Press, 1997. 该书也在 ThoughtWorks 案判决书中被多处引用。

础(permanent base of financing)"。① 判决书回顾了自19世纪后期以来美国各州限制公司在可能导致丧失清偿能力的情形下进行回购的大量判例,同时援引了过去一百多年间一些权威的公司法教科书对此问题的讨论,它们都确认,"优先股股东的回赎权不能削弱债权人的权利,因此,当行使赎回权丧失或有可能导致公司丧失清偿能力时,就不得行使"。② 即使特定公司的章程中关于优先股回赎的条款遗漏了"合法可用之资金"作为前提,类似的法律限制也会默认适用于公司的回购行为。③

由此,法官将制定法的"溢余"标准与判例法的"清偿能力"标准结合起来,明确了特拉华州公司法在股份回购问题上的适用标准:"制定法所言之'无清偿能力',既包括公司的负债大于资产的情形,也指公司无法偿付到期债务的情形。虽然公司的资不抵债必然同时满足制定法关于无清偿能力的定义,但公司确实可能在拥有溢余(理论上可用于赎回自有股份)的情形下无法偿还到期债务。普通法关于禁止公司在无清偿能力或可能招致无清偿能力时赎回股份的规则,限制了公司在上述情形下回赎股份,这也就使得'合法可用之资金'并不等同于'溢余'。"④

在此基础上,法官从资金来源与法律限制两方面对ThoughtWorks公司章程及PE合同中"合法可用之资金"的含义阐释如下:"'合法可用之资金'意味着手头的现金或者易于通过出售或借贷而获得的资金……(这些资金来源)既是一般意义上的可接近、可获得,眼下或者很快就可以投入使用,同时包含符合法律所规定的、或法律所许可的条件之意"⑤,从而确保"公司能够继续作为持续经营的实体存在,不会因为分配而陷入无法偿付债务的境地"。⑥

3. 如何确定公司所拥有的"合法可用之资金"的范围与金额

法官分三个步骤来处理这一问题,它们与金融实务中通常采用估值思路并不完全相同,展示了特拉华州法院将资本维持原则与债权人保护的理念适用于具体案件的裁判过程。

(1) 分析起点是资产的真实经济价值,而非会计报表数据

长期以来,州公司法对"溢余"的界定是"公司净资产大于股本面值的部

---

① ThoughtWorks, p. 982.
② ThoughtWorks, p. 986.
③ ThoughtWorks, p. 987.
④ ThoughtWorks, p. 975.
⑤ ThoughtWorks, p. 974.
⑥ ThoughtWorks, p. 988.

分"。这本来是一种会计计量模式，即"净资产＝资产－负债"，而溢余则等于"净资产－股本"。不过，美国的主要商业州（如纽约州、加州）都允许为利润分配之目的而对资产价值进行重估，从而使得净资产并不等同于账面的"资产－负债"。特拉华州法院在 1997 年的 *Klang v. Smith's Food & Drug Ctrs., Inc.* 案（以下简称 *Klang* 案）中也认可了这种做法，认为"不管资产负债表数字为何，都是过去的数据；公司资产的增值虽然尚未实现，但它反映了相关资产的真实经济价值，公司可以以此为担保来借款，债权人也可以依赖此资产来获得保障"。①

（2）评估资产真实经济价值的合理方法应着眼于当前清偿能力，而非未来业绩

SV 的财务顾问评估 ThoughtWorks 的所有者权益（equity）足以赎回全部优先股，依托的是金融实务最常用的三种估值方法——现金流贴现法、可比公司法以及可比交易法。这三种估值方法都建立在对未来业绩的估计基础上，因此遭到法官的拒绝。ThoughtWorks 作为一个软件服务公司虽然有较高的估值和溢余，是因为其拥有可观的人力资本，但人力资本并不能被用于担保贷款；能用于清偿债务的只能是有形资产，后者恰恰是公司比较匮乏的。② 若公司支出数千万元的回赎款，必然导致经营性开支的减少。以人力资本为主的公司最主要的经营开支就是软件工程师的薪酬；削减支出就意味着减薪以及员工离职。如此一来，公司最有价值的资产会急剧减少，甚至荡然无存。这里俨然出现了一个悖论：如果公司不赎回优先股，则公司确实可能存在溢余，从而满足赎回优先股的法定资本规制；然而一旦开始赎回优先股，溢余也就消失了，不再满足赎回的法律前提。③ SV 的财务顾问出具的评估报告并未考虑这些情形，故未能反映公司资产的真实经济价值。

（3）公司自身对"合法可用之资金"的裁量受商业判断原则的保护

法院审查了 ThoughWworks 公司董事会在整个赎回过程中的表现，认为其做法无可指责，至少原告未能证明公司董事会的决策存在行为不端、恶意或欺诈。例如，公司董事会在每个季度末都听取法律顾问和财务顾问关于赎回的意见和建议，对公司的财务状况进行评估，包括(1) 公司是否有溢余

---

① *Klang v. Smith's Food & Drug Ctrs., Inc.*, 702 A. 2d 150, 154 (Del. 1997).
② 法官特别注意到的一个事实是，在 2009 年庭外调解期间，ThoughtWorks 公司曾获得某抵押贷款人的初步承诺，但由于 ThoughtWorks 公司的有形资产太少，该贷款人愿意提供的贷款远远低于待赎回的优先股价值。*ThoughtWorks*, p. 981.
③ Charles R. Korsmo, "Venture Capital and Preferred Stock", 78 *Brooklyn L. Rev.* 1163,1198 (2013). 这种悖论通常被称为"22 条军规"(Catch 22)，源自美国著名的黑色幽默小说《22 条军规》。

可用于赎回优先股;(2) 公司是否有现金或者是否容易获得现金来赎回优先股;(3) 赎回优先股是否会危及公司的持续经营能力。虽然董事会在具体赎回优先股时与财务顾问建议的赎回规模有出入,但并未违反善意或诚信原则。① 此外,董事会积极寻求外部资金支持,与多个潜在资金来源进行了接触,并在 2009 年获得了两家贷款人于尽职调查后给出的初步承诺,最多可借入 2300 万美元用于回赎全部优先股,只是这一报价因远低于优先股持有人的预期而挫败。法官认为,这一市场询价结果已经表明,ThoughtWorks 公司可用于回购优先股的资金充其量只有 2300 万美元,这也就是"合法可用之资金"的最大金额,此时公司章程中的回赎条款并不强制要求公司赎回全部优先股。

鉴于上述分析,ThoughtWorks 案法官就如何确定"合法可用之资金"的金额作出如下结论:"当董事们审慎地考虑公司是否有合法可用之资金时,这个过程必然交织着很多主观判断。在此问题上(与优先股持有人)发生分歧并不构成一起微型评估补偿权事件(从而需要法官来审理确定相关标的的公平价值)。相反,(拟推翻董事会结论的)原告必须证明,董事会在确定合法可用之资金的金额时行为不端,依赖了不可靠的方法和资料,或者所做的判断如此偏离常规以至于构成欺诈或可推定为欺诈。"②

小　　结

针对优先股赎回权的法定限制,特拉华州法院明确"合法可用之资金"不仅指向制定法下的法定资本或溢余限制,而且包括其他制定法以及判例法的清偿能力限制。债权人利益保护的理念成为优先股股东无法强制执行赎回权条款的法律障碍,仿佛再次应验了半个多世纪前美国著名财务学家杜因(Dewing)教授的论断——"优先股合同中的赎回条款最好被视为是公司意图的明示,而非强制性法律义务"。③

ThoughtWorks 案判决也标志着特拉华州法定资本规则的最新发展。虽然特拉华州未加入 20 世纪 80 年代的美国法定资本制革命,继续保留着传统的法定资本术语,但在 1997 年的 Klang 案中将作为分配尺度的"溢余"标准

---

① 这里的一个情节是,2010 年 3 月 ThoughtWorks 的财务顾问认为公司的净资产在 620 万—2230 万美元之间,剔除当前的偿付义务后还有大约 100 万(最差情形)—300 万(正常情形)美元的现金可用于赎回优先股。但公司董事会认为,有一个大客户未能按期付款且公司上季度的应收账款额在增加,因此公司缺乏"合法可用"的资金,故拒绝了财务顾问关于回购部分优先股的建议。参见 ThoughtWorks, pp. 980-981.
② ThoughtWorks, p. 975.
③ Arthur Stone Dewing, *The Financial Policy of Corporations*, 4th ed., The Ronald Press Company, 1941, pp. 156-157.

从静止的资产负债表概念中解脱出来,引入资产评估增值的现代金融观念。① 此番 ThoughtWorks 案又进一步把"清偿能力"标准加入公司法限制回购的资本维持原则中,强调资产负债表下的"资不抵债"与破产法意义下的"清偿能力"的双重审查。实践中美国公司的注册资本微乎其微,这也就意味着,特拉华州的"溢余+清偿能力"标准与《标准公司法》的清偿能力标准已区别不大了。

更进一步,ThoughtWorks 案还将优先股背景下法定资本规则的操作纳入董事会的商业判断领域,在确定公司是否有溢余以及清偿能力时倚重公司董事会的决策并提供商业判断规则的保护;即使公司拒绝履行优先股合同下的回购承诺,只要董事会是善意、知情且真诚地为公司利益行事,其行为决策就免受责任追究。② 显然,这一立场符合特拉华州法院避免干预公司商业决策的惯常姿态,但它与之前优先股领域的经典判例——Jedwa 案③所确立的"依据合同法来解决优先股股东特别权利诉求"的进路大相径庭。④ 由此可能导致诉讼的焦点不再是公司是否有能力赎回优先股(履行合同的能力),而是转化为公司不赎回优先股能否得到商业判断规则的保护。一些美国学者担心,司法路径的改变可能会将优先股持有人在"债权人 vs. 优先股股东"的对峙之外又陷入"普通股股东 vs. 优先股股东"的冲突当中,损害优先股持有人的利益。⑤

四、美国 PE/VC 投资法律实践提供的启示

以"海富案"对标美国法下有关对赌协议的实践,虽然只是管中窥豹,但

---

① 纽约州的这一变革早在 1942 年就已经实现,见 Randall v. Bailey,288 N. Y. 280,43 N. E. 2d 43 (1942)。
② Charles R. Korsmo,"Venture Capital and Preferred Stock",Brooklyn Law Review,vol. 78,no. 4,2013,p. 1198.
③ Jedwab v. MGM Grand Hotels,Inc.,509 A. 2d 584 (Del. Ch. 1986).
④ 特拉华州法院在 1986 年的 Jedwab 案中确立的基本规则(又称 Jedwab 规则)是:优先股合同(含公司章程)中明确规定的特别权利(如累积股息、强制赎回等)属于公司与优先股持有人之间的合同关系,应当依照合同法来解决;优先股合同中未明确规定的权利按照公司法对股东权的一般规定来解释。参见 Lawrence E. Mitchell,"The Puzzling Paradox of Preferred Stock (and Why We Should Care about It)",The Business Lawyer,vol. 51,no. 2,1996,pp. 443-477. 本案中 SV 公司的强制赎回权就属于此类,按照 Jedwab 规则,法院应着重审查发行人公司是否有违反合同的行为。
⑤ 这也是美国学者关注 ThoughtWorks 案判决的主要角度。例见 William W. Bratton,Michael L. Wachter,"A Theory of Preferred Stock",University of Pennsylvania Law Review,vol. 161,no. 7,2013,pp. 1815-1906;Charles R. Korsmo,"Venture Capital and Preferred Stock",Brooklyn Law Review,vol. 78,no. 4,2013,pp. 1163-1230.

也足以澄清目前国内众多文献关于美国法的误读,并给我国 PE 实务以及对赌协议的司法实践提供多方面的启示。或许"硅谷无对赌"的说法过于绝对,但美国实践确实昭示了金融创新或科技发展并不必然排斥法律管制,一个充满活力的 PE/VC 投资市场也完全可以尊重公司法以及资本维持原则的底线。当然,这种理想状态的实现也有赖于司法系统的专业性,对公司财务运作纠纷秉持注重合同可履行性而非交易合法性的裁判进路。

1. 对赌协议的合同属性无法脱离公司法的强制语境

公司是人们聚合资本进行商业经营的基本形式。不论是以普通股还是以优先股作为资本结构的工具,投资于公司都必然涉及合同法以及公司法的双重适用,前者处理股东之间的合意,后者处理公司组织体的各类资金提供者(包括股东及债权人)之间的关系。PE/VC 投资只是因专注于特定商业阶段或行业的企业(如创业企业或者高科技企业)而面对更大的不确定性风险,故其权利义务构造具有量身定做的特点,但单单这一特性并不改变合同法与公司法双重规制的格局。

具体到对赌协议,基于操作模式上的差异,对赌协议适用的公司法条款不同,承受的强制性也各异。类似"海富案"下的"公司现金补偿+退出回购"的安排,必然落入公司法资本维持原则的窠臼。① 法定资本制处理公司股东与债权人之间的利益冲突,涉及公司法人制度的核心命题,故传统上属于公司法的强管制领域,中外皆然。在 20 世纪末的全球性资本制度改革浪潮后,各国法定资本规则对商业实践的简单粗暴干预已经大大消解,但并未抛弃"保护债权人利益、减少股东有限责任的负外部性"这一基本理念,只是更多地转向清偿能力规则、揭开公司面纱规则甚至商业判断规则等来综合体现法律对债权人利益的关照。在这个问题上,优先股与普通股的法律地位并无不同,尽管优先股通常被认为兼具"债权"与"股权"双重属性,但相对于常规债权人,优先股股东的受偿地位仍然劣后于债权人,从而使其从公司取得收益或资产的权利(赎回权或者股息分配权)受制于资本维持原则或清偿能力限制。从美国风险投资协会《示范合同》来看,无论是投资合同条款还是公司章程仍然对公司资本管制的风险给予高度关注。基于 *ThoughtWorks* 案的经验,如果"海富案"发生在美国,特拉华州法院也仍然会适用法定资本规则以及债权人保护的逻辑来审理、裁判对赌协议。

特别需要指出的是,公司法的强制性规则、法定资本制约束或者债权人

---

① 更多的操作模式及其分析,参见张先中:《私募股权投资中估值调整机制研究——以我国〈公司法〉资本规制为视角》,载《法学论坛》2013 年第 5 期。

保护的理念并不必然会抑制 PE/VC 投资市场的活力。至少,它们并未延缓 PE/VC 在美国的流行,也未阻碍高科技创新企业的迅猛发展。尤其是美国科技创新企业的大本营——加州硅谷,就处于管制色彩最浓的加利福尼亚州公司法的"威胁"之下;即使创业公司在特拉华州注册,也可能被视为"准加州公司"而强制适用加州公司法的特定条款。加州公司法的资本维持原则在 1975 年至 2011 年间是美国各州公司法中最严的,包括传统的资本维持概念、资产负债比例要求以及清偿能力三方面的要求,不论是分红、其他形式向股东的支付还是股票回购或赎回都适用同样的标准和限制。前述美国风险投资协会及相关律所的调查显示,赎回条款在美国西海岸的 PE/VC 合同中较东海岸更少见,恐怕与加州公司法的资本管制更严格有关。然而,这一切并未妨碍加州硅谷在过去半个多世纪中持续引领美国、甚至全球的高科技创新浪潮。由此来看,国内一些学者所担心的"公司法管制或者司法否决对赌协议将导致风险投资或高科技创业企业发展受挫"恐怕是多虑了。

2. 法定资本规制并未消灭 PE/VC 投资合同解决估值不确定问题的自治空间

由于公司法资本管制历史悠久,美国商业实践对此早有预期,故选择了切实可行的路径来消除信息不对称或者估值障碍,前述分期融资机制、股权比例调整、反稀释安排等皆属此类。它们比"海富案"式的"公司现金补偿"更好地体现了股权投资"共担风险"的理念,同时也符合"估值调整"的本义。在 ThoughtWorks 案判决中,法官还进一步提醒实务界,若着眼于投资变现但又不希望受到法定资本规则的束缚,PE/VC 投资者可以使用其他债权性更强的投资工具(如可转换公司债或者普通债权加权证),或者利用《股东协议》中的领售权(Drag-along Right)条款出售其证券并强制其他公司股东跟随,因为领售权实际上赋予了优先股持有人无须经过公司董事会就可以将整个公司出售给第三人的权利。①

值得注意的是,美国 PE/VC 实务中克服估值困难的标准做法——分期融资/注资安排——在我国早期的境外 PE 基金与国内企业的对赌协议中就已经出现,但未引起人们重视。2005 年凯雷基金(美资)与徐工集团及其子公司徐工机械的对赌协议约定:凯雷以相当于 20.69 亿元人民币的等额美元购买徐工集团所持有的 82% 的徐工机械股份,同时徐工机械在现有 12.53 亿元人民币注册资本的基础上,增资 2.42 亿元人民币并全部由凯雷认购。凯

---

① ThoughtWorks, p. 975.

雷须在交易完成的当期支付6000万美元;如果徐工机械2006年的经常性EBITDA(税息折旧及摊销前利润)达到约定目标,凯雷还将为此股权再支付6000万美元。① 换言之,6000万美元的估值差异作为凯雷的或有出资(contingent payment),在入股的第一年末根据徐工机械的业绩目标而确定是否实际投入公司。这样,即使徐工方面对赌失败,公司与股东间的现金型对赌也无须受制于我国公司法的资本管制。遗憾的是,凯雷—徐工对赌方案的法律构造悄然滑过实务界及学界的视野,而"海富案"式的对赌架构大行其道,执着于以公司现金补偿的方式挑战资本维持原则的底线而不自知。

笔者以为,中、美两国PE/VC实务界在应对资本管制方面的敏感性差异,一方面可归咎于我国公司法文本对资本维持原则语焉不详,另一方面也折射出两个国家的商业实践与公司资本制度的融合程度相去甚远。在美国,经历了近两百年的熏陶后②,法定资本制原始的、粗疏的规则已经成为"根植于商人、律师、会计师和银行家良心深处的基本原则"。③ 相形之下,我国公司法对法定资本制的接纳与批判可能都太过仓促,使得这一规制的逻辑尚未展开便急于结束,未能给商业实践提供清晰的、有建设性的指引。"海富案"引发的持续争议可谓这种缺失的又一个例证。

3. 对赌协议的裁判重点不在于交易类型合法性,而在于合同履行之可行性

公司财务运作以利益为导向,通常不涉及非黑即白的是非判断,而是相关主体之间经济利益的协调与平衡。大多数纠纷中,核心争议往往并非相关交易之合法性或者相关合同条款的法律效力,而是当事人之间原来达成的合意是否能够履行以及应如何履行,从而不至于给当事人或者其他案外人带来损害或新的不公平。

具体到对赌协议问题上,不论是初始估值调整时由公司对PE/VC给予现金补偿,还是PE/VC退出时由公司赎回股份,都受制于以法定资本制为核心的公司法管制;但这并不导致上述两种交易或合同条款直接无效,而是说它们需要经受资本维持原则的检验。检验的过程更多的是一个事实发现与可行性评价的过程,靠细节定乾坤。在 *ThoughtWorks* 案中,法官最后判决作为原告的PE败诉,并不是因为PE/VC合同中的"赎回权"条款违法而无效,

---

① 杨克明:《对赌协议:外资投行投资中国企业的新证券工具》,载《长江论坛》2007年第6期。
② 以1824年的 *Wood v. Drummer* 案为标志,该案判决以及Story法官提出的公司资本是为债权人利益而设立的"信托基金"的主张对美国公司法的法定资本概念产生了深远影响。
③ Bayless Manning, James J. Hanks Jr., *Legal Capital* 3th ed., Foundation Press, 1997, p. 96.

而是因为 ThoughtWorks 公司缺乏足够的资金来赎回，PE 也未能证明公司在回购后仍然能保持其清偿能力和持续经营状态。因此，虽然最终的判决结果令 PE 沮丧，但美国的 PE/VC 实务界与法学界均未质疑司法干预商业实践或阻碍金融创新，也未见其批评法定资本制的僵化与过时。

相比之下，"海富案"再审判决书缺乏对世恒公司财务状况的分析，只有宣言式的结论："……海富公司的投资可以取得相对固定的收益，该收益脱离了世恒公司的经营业绩，损害了公司利益和公司债权人利益。"结果，再审判决简单区分对赌主体来认定对赌协议效力的处理方式，导致实务界普遍产生"只能与股东对赌，不能与公司对赌的"误读，"投资者与公司对赌"俨然成为法定资本制下当然无效的合同条款。

实际上，"投资者与公司对赌"并不必然会损害债权人利益。号称"逆转""海富案"的某对赌协议仲裁案就是一个很好的例子。[①] 在该案中，因被投资企业未达到对赌协议约定的业绩水平（目标利润 3 亿元，实际实现利润 1.5 亿元），仲裁庭裁决公司向 PE 投资者支付按对赌条款计算的补偿款 0.99 亿元。PE 方律师声称是"支持金融创新"的理念让仲裁庭颠覆了"海富案"裁决，但是适用资本维持原则的结果完全可以支持这一裁决。由于公司当年实现利润 1.5 亿元，大于对赌协议规定应支付给 PE 投资者的补偿款，因此，公司向 PE 投资者支付补偿款完全可以视为公司对 PE 投资者进行定向利润分配。依照我国 2005 年修订的《公司法》第 35 条关于有限责任公司分红的规定[②]，这种定向分配对债权人以及公司本身的利益都不构成损害，且为公司全体股东所认可，实体上与程序上都无可厚非。因此，只要基于该案的特定事实并依据资本维持原则来进行具体分析，就会得出与"海富案"不同的结论。从这个意义上说，"逆转""海富案"的并非"支持金融创新"等大词，而是诉争公司的财务状况之事实细节；当然，它们也再清晰不过地揭示了"海富案"主流解读之谬误所在。

4. 积极与消极的司法裁判路径皆有可能，关键在于专业化

或许是出于对"海富案"再审判决的失望以及对司法逾越商事自治边界

---

① 于晖：《最高法院世恒对赌案后的"逆转"裁决》，参见 http://www.pelawyers.cn/newshow.asp?id=34509，2016 年 9 月 20 日最后访问；熊美琦：《突破"对赌协议"第一案》，参见 http://www.fylz.com.cn/ljxw/201408/t20140826_1452494.shtml，2016 年 9 月 20 日最后访问。

② 我国 2005 年修订的《公司法》第 35 条规定："股东按照实缴的出资比例分取红利；公司新增资本时，股东有权优先按照实缴的出资比例认缴出资。但是，全体股东约定不按照出资比例分取红利或者不按照出资比例优先认缴出资的除外。"

的担心,有学者提出了一种程序化的解决方案。它着眼于对债权人的事后救济,"不预设哪些公司交易会损害债权人利益,也不为私人的理性选择预设标准答案,而是设置一定的纠纷解决程序,由这一问题的直接利害关系人——债权人——选择是否发动这一程序。交易是否害及债权人利益将通过这一程序中私人的选择和互动得到揭示,债权人的权益也会通过这一程序获得救济"。① 这一方案依托于"由债权人选择依据公司法人格否认等制度揭示公司责任财产不当减损的事实、实现债务的清偿",不仅对于防止司法过度干预商业自由有积极意义,而且也便于法官获取证据,查明公司财务状况的真相,避免再次出现"海富案"再审判决那种对事实含糊不清的表述。

不过,对于类似"海富案"下公司与 PE 两造当事人已经提交到法院的争议,法官直接适用公司法规则进行裁判的司法路径更加直截了当,也提高了司法效率。这也是 ThoughtWorks 案法官的做法。需特别强调的是,法官在这种裁判路径下不能仅基于原则说话或者止步于效力宣判,而应当将资本维持原则具体适用于相关案件的裁判过程具体展示出来,以便向商业实践传递清晰的法律信号。仍然以 ThoughtWorks 案与"海富案"的判决书为例。ThoughtWorks 案的法官对于法定资本制下的"溢余"与公司"资产""资本""清偿能力"等概念的界分,对于现代金融理论提供的公司估值方法与公司持续经营能力之间关系的讨论,对于公司业务模式、资产形态及其与偿债能力之间联系的分析,对于公司寻求外部资金未果导致履行合同事实上不可能等商业细节的关注,清晰地展现了法定资本制如何具体规制 PE/VC 投资合同的回赎权。相反,"海富案"再审法官高度凝练的宣言和裁判无法解答人们的困惑:为什么"脱离经营业绩"的"相对固定"的投资收益就会损害公司或债权人的利益?为什么允许融资方自食其言、不守诚信?为什么不能尊重 PE 合同的创新以及意思自治?判决书的含糊其词也导致一些学者误以为法官们缺乏对 PE 投资特殊性的理解,忙于从风险投资或者估值方法等知识层面纠正法院的认知错误,甚至为突出 PE 投资合同的特殊意义而无视资本维持原则之存在。②

当然,这种积极的、正面裁判的司法路径不仅对法官的知识结构与能力提出了新挑战,也对公司法规则及其法理资源提出了更高的要求。我国《公司法》目前对于资本维持原则的表述方式客观上给法官适用法律直接裁判设置了障碍。有学者认为,未来《公司法》从资本维持原则转向清偿能力限制,

---

① 潘林:《"对赌协议第一案"的法律经济学分析》,载《法制与社会发展》2014 年第 4 期。
② 例见季境:《"对赌协议"的认识误区修正与法律适用》,载《人民司法(案例)》2014 年第 10 期。

上述困扰便不复存在。不过,美国特拉华州近年来有关 PE/VC 回购的判例显示,即使适用清偿能力标准,法官依然要应对此一场景下公司财务能力与信守承诺之间的棘手关系;其背后则是公司法自始需要处理的一个核心问题——公司有限责任逻辑下股东与债权人之间的利益冲突。[1]

对于 PE/VC 投资人来说,这确实是一个令人不快的状态;然而,它恐怕也是投资失败后可以预见的结果。借用美国特拉华州衡平法院首席大法官斯特林(Strine)的说法,商业世界本就充满着利益纠葛,哪有一个那么清爽的答案?[2]

---

[1] 参见刘燕:《对赌协议司法裁判的路径与政策选择》,载《法学研究》2020 年第 2 期。
[2] Leo E. Strine, Jr., "Poor Pitiful or Potently Powerful Preferred?", *University of Pennsylvania Law Review*, vol. 161, no. 7, 2013, p. 2039.

主要参考文献

(按相关性排列)

(一) 英文著作

1. Baskin, Jonathan Barron, and Paul J. Miranti, Jr., *A History of Corporate Finance*, Cambridge University Press, 1997.

2. Arthur Stone Dewing, *The Financial Policy of Corporations*, 4th ed., The Ronald Press Company, 1941.

3. Scott, William Ronald, *The Constitution and Finance of English, Scottish and Irish Joint Stock Companies to 1720*, Cambridge University Press, 1912.

4. Manning, Bayless, and James J. Hanks, Jr., *Legal Capital*, 3rd ed. & 4th ed., Foundation Press, 1990 & 2013.

5. Berle, Adolf A. Jr., *Studies in the Law of Corporation Finance*, Callaghan and Company, 1928.

6. Formoy, Ronald Ralph, *The Historical Foundations of Modern Company Law*, Sweet & Maxwell Ltd., 1923.

7. Harris, Ron., *Industrializing English Law: Entrepreneurship and Business Organization, 1720-1844*, Cambridge University Press, 2000.

8. Kraakman, Reinier, and John Armour, Paul Davis, Luca Enriques, Henry Hansmann, Gerard Hertig, Klaus Hopt, Hideki Kanda, Edward Rock., *The Anatomy of Corporate Law: A Comparative and Functional Approach*, 2nd ed., Oxford University Press, 2009.

9. Bratton, William W., *Cases and Materials on Corporate Finance*, 6th ed., Foundation Press, 2008.

10. Mitchell, Lawrence E., *The Speculation Economy: How Finance Triumphed Over Industry*, Berrett-Koehler Publishers, Inc., 2007.

11. Herwitz, David R. and Matthew J. Barrett, *Accounting for Business Lawyers: Materials*, 4th ed., Foundation Press, Inc., 2006.

12. Bromwich, Michael, and Anthony Hopwood (ed.), *Accounting and Law*, Prentice Hall in association with ICAEW, 1989.

13. Mitchell, Lawrence E., and Lawrence A. Cunningham, Jeffrey J. Hass, *Corporate Finance and Governance: Cases, Materials, and Problems for an Advanced*

Course in Corporations, Carolina Academic Press, 2006.

14. McDermott, Richard T., *Legal Aspects of Corporate Finance*, 3rd ed., Lexis Publishing, 2000.

15. Gevurtz, Franklin A., *Corporation Law*, 2nd ed., West Publisher, 2010.

16. Loss, Louis and Joel Seligman, *Fundamentals of Securities Regulation*, 3rd ed., Aspen, 2004.

17. Henderson, Schuyler K., *Henderson on Derivatives*, LexisNexis Butterworths, 2002.

(二) 英文论文

18. Berle, Adolf. A., and Frederick S. Fisher., "Elements of the Law of Business Accounting", *Columbia Law Review*, vol. 32, no. 4, 1932, pp. 573-622.

19. Kehl, Donald, "The Origin and Early Development of American Dividend Law", *Harvard Law Review*, vol. 53, no. 1, 1939, pp. 36-67.

20. Hackney, William P., "The Financial Provisions of the Model Business Corporation Act", *Harvard Law Review*, vol. 70, no. 8, 1957, pp. 1357-1405.

21. French, E. A., "The Evolution of the Dividend Law of England", in W. T. Baxter and Sidney Davidson (ed.), *Studies in Accounting*, ICAEW, 1977, pp. 306-331.

22. Clark, Robert C. "The Four Stages of Capitalism: Reflections on Investment Management Treatises", *Harvard Law Review*, vol. 94, no. 1, 1981, pp. 561-582.

23. Stiglitz, Joseph E. "Why Financial Structure Matters", *The Journal of Economic Perspectives*, vol. 2, no. 4, 1988, pp. 121-126.

24. Modigliani, Franco, and Merton H. Miller. "The Cost of Capital, Corporation Finance and the Theory of Investment", *The American Economic Review*, vol. 48, no. 3, 1958, pp. 261-297.

25. Black, Fischer, and Myron Scholes. "The Pricing of Options and Corporate Liabilities", *The Journal of Political Economy*, vol. 81, no. 3, 1973, pp. 637-654.

26. Miller, Merton H., "The Modigliani-Miller Propositions After Thirty Years", *The Journal of Economic Perspectives*, vol. 2, no. 4, 1988, pp. 99-120.

27. Bhattacharya, Sudipto, "Corporate Finance and the Legacy of Miller and Modigliani", *The Journal of Economic Perspectives*, vol. 2, no. 4, 1988, pp. 135-147.

28. Miller, Merton H., "The History of Finance-an Eyewitness Account", *Journal of Portfolio Management*, vol. 25, no. 4, 1999, pp. 95-101.

29. Jensen, Michael C., and William H. Meckling, "Theory of the Firm: Managerial Behavior, Agency Costs and Ownership Structure", *Journal of Financial Economics*, vol. 3, no. 4, 1976, pp. 305-360.

30. Whitley, Richard, "The Transformation of Business Finance into Financial

Economics: The Roles of Academic Expansion and Changes in U. S. Capital Markets", *Accounting, Organizations and Society*, vol. 11, no. 2, 1986, pp. 171-192.

31. Bratton, William W., "*Corporate Finance in the Law School Curriculum*", *Duke Law Journal*, vol. 1985, no 2, pp. 237-260.

32. Partnoy, Frank, "Financial Innovation in Corporate Law", *The Journal of Corporation Law*, vol. 31, no. 3, 2006, pp. 799-827.

33. Jordan, Cally, "Cadbury Twenty Years on", *Villanova Law Review*, vol. 58, no. 1, 2013, pp. 1-24.

34. Allen, William T., "Our Schizophrenic Conception of the Business Corporation", *Cardozo Law Review*, vol. 14, no. 2, 1992, pp. 261-281.

35. Gilson, Ronald J., and Reinier Kraakman, "Clark's Treatise on Corporate Law: Filling Manning's Empty Towers", *The Journal of Corporation Law*, vol. 31, no. 3, 2006, pp. 599-611.

36. Manning, Bayles, "The Shareholder's Appraisal Remedy: An Essay for Frank Coker", *The Yale Law Journal*, vol. 72, no. 2, 1962, pp. 223-265.

37. Manne, Henry G., "The 'Higher Criticism' of the Modern Corporation", *Columbia Law Review*, vol. 62, no. 3, 1962, pp. 399-432.

38. Manne, Henry G., "Mergers and the Market for Corporate Control", *The Journal of Political Economy*, vol. 73, no. 2, 1965, pp. 110-120.

39. Romano, Roberta, "After the Revolution in Corporate Law", *Journal of Legal Education*, vol. 55, no. 3, 2005, pp. 342-359.

40. Hackney, William P., "Accounting Principles in Corporation Law", *Law and Contemporary Problems*, vol. 30, no. 4, 1965, pp. 791-823.

41. Stanger, Abraham M., "State Regulation of Corporate Finance", *The Business Lawyer*, vol. 26, no. 2, 1970, pp. 301-305.

42. Freedman, Judith, and Michael Power, "Law and Accounting: Transition and Transformation", *Modern Law Review*, vol. 54, no. 6, 1991, pp. 769-791.

43. Cunningham, Lawrence A., "Sharing Accounting's Burden: Business Lawyers in Enron's Dark Shadows", *The Business Lawyer*, vol. 57, no. 4, 2002, pp. 1421-1462.

44. Hill, Claire A., "Why Financial Appearances might Matter: An Explanation for 'Dirty Pooling' and some Other Types of Financial Cosmetics", *Delaware Journal of Corporate Law*, vol. 22, no. 1, 1997, pp. 141-196.

45. Pope, Peter F., and Anthony G. Puxty, "What is Equity? New Financial Instruments in the Interstices between the Law, Accounting and Economics", *Modern Law Review*, vol. 54, no. 6, 1991, pp. 889-911.

46. Noke, Christopher, "No Value in Par: A History of the no Par Value Debate in the United Kingdom", *Accounting, Business & Financial History*, vol. 10, no. 1, 2000, pp.

13-36.

47. Armour, John., "Legal Capital: An Outdated Concept?", *European Business Organization Law Review*, vol. 7, no. 1, 2006, pp. 5-27.

48. Enriques, Luca, and Jonathan R. Macey, "Creditors Versus Capital Formation: The Case Against the European Legal Capital Rules", *Cornell Law Review*, vol. 86, no. 6, 2001, pp. 1165-1166. 48.

49. Bratton, William W., "The Nexus of Contracts Corporation: A Critical-Appraisal", *Cornell Law Review*, vol. 74, no. 3, 1989, pp. 407-465.

50. Baird, DG., "The Future of Law and Economics: Looking Forward", *University of Chicago Law Review*, vol. 64, no. 4, 1997, pp. 1129-1132.

51. Banks, Talcott M., "Indenture Securities and the Barkley Bill", *The Yale Law Journal*, vol. 48, no. 4, 1939, pp. 533-572.

52. Henry T. C. Hu, and Bernard Black, "Empty Voting and Hidden (Morphable) Ownership: Taxonomy, Implications, and Reforms", *The Business Lawyer*, vol. 61, no. 3, 2006, pp. 1011-1070.

53. Hu, Henry T. C., and Bernard Black, "The New Vote Buying: Empty Voting and Hidden (Morphable) Ownership", *Southern California Law Review*, vol. 79, no. 4, 2006, pp. 811-908.

54. Evans, George H., "The Early History of Preferred Stock in the United States", *The American Economic Review*, vol. 19, no. 1, 1929, pp. 43-58.

55. Bratton, William W., and Michael L. Wachter, "A Theory of Preferred Stock", *University of Pennsylvania Law Review*, vol. 161, no. 7, 2013, pp. 1815-1906.

56. Bratton, William W., "Corporate Debt Relationships: Legal Theory in a Time of Restructuring", *Duke Law Journal*, vol. 1989, no. 1, 1989, pp. 92-172.

57. Rogers, Churchill, "The Corporate Trust Indenture Project", *The Business Lawyer*, vol. 20, no. 3, 1965, pp. 551-571.

58. Smith Jr, Clifford W., and Jerold B. Warner., "On Financial Contracting. an Analysis of Bond Covenants", *Journal of Financial Economics*, vol. 7, no. 2, 1979, pp. 117-161.

59. Bratton, William W., "Bond Covenants and Creditor Protection: Economics and Law, Theory and Practice, Substance and Process", *European Business Organization Law Review*, vol. 7, no. 1, 2006, pp. 39-87.

60. Huang, Peter H., and Michael S. Knoll, "Corporate Finance, Corporate Law and Finance Theory", *Southern California Law Review*, vol. 74, no. 1, 2000, pp. 175-192.

61. O'Melinn, Liam S., "Neither Contract nor Concession: The Public Personality of the Corporation", *George Washington Law Review*, vol. 74, no. 2, 2006, pp. 201-259.

62. Horwitz, Morton J., "Santa Clara Revisited: The Development of Corporate

Theory", *West Virginia Law Review*, vol. 88, no. 2, 1985, pp. 173-224.

63. Gilson, Ronald J., "Value Creation by Business Lawyers: Legal Skills and Asset Pricing", *The Yale Law Journal*, vol. 94, no. 2, 1984, pp. 239-313.

64. Carney, William J., "The Legacy of 'the Market for Corporate Control' and the Origins of the Theory of the Firm", *Case Western Reserve Law Review*, vol. 50, no. 2, 1999, pp. 215-244.

65. Zingales, Luigi, "In Search of New Foundations", *The Journal of Finance (New York)*, vol. 55, no. 4, 2000, pp. 1623-1653.

66. Campbell, Rutheford B., Jr., "The Impact of Modern Finance Theory in Acquisition Cases", *Syracuse Law Review*, vol. 53, no. 1, 2003, pp. 1-56.

67. Gilson, Ronald J., and Reinier Kraakman, "Market Efficiency After the Financial Crisis: It's Still a Matter of Information Costs", *Virginia Law Review*, vol. 100, no. 2, 2014, pp. 313-375.

68. Bratton, William W., and Adam J. Levitin, "A Transactional Genealogy of Scandal: From Michael Milken to Enron to Goldman Sachs", *Southern California Law Review*, vol. 86, no. 4, 2013, pp. 783-868.

69. Cunningham, Lawrence A., "Behavioral Finance and Investor Governance", *Washington and Lee Law Review*, vol. 59, no. 3, 2002, pp. 767-837.

（三）中文著作

70. 〔美〕阿道夫·A. 伯利、加德纳·C. 米恩斯:《现代公司与私有财产》, 甘华鸣、罗锐韧、蔡如海译, 商务印书馆2005年版。

71. 〔美〕小艾尔弗雷德·D. 钱德勒:《看得见的手——美国企业的管理革命》, 重武译, 王铁生校, 商务印书馆1987年版。

72. 〔日〕大塚久雄:《股份公司发展史论》, 胡企林、胡欣欣、江瑞平、韩朝华译, 中国人民大学出版社2002年版。

73. 〔美〕罗伯特·C. 克拉克:《公司法则》, 胡平等译, 李静冰译校, 工商出版社1999年版。

74. 〔美〕罗伯塔·罗曼诺:《公司法基础》(第二版), 罗培新译, 北京大学出版社2013年版。

75. 〔美〕加里·约翰·普雷维茨、巴巴拉·达比斯·莫里诺:《美国会计史:会计的文化意义》, 杜兴强、于竹丽等译, 孙丽影、杜兴强审校, 中国人民大学出版社2006年版。

76. 〔美〕P. 金德尔伯格:《西欧金融史》, 徐子健、何建雄、朱忠译, 虞关涛校, 中国金融出版社1991年版。

77. 〔美〕马克·鲁宾斯坦:《投资思想史》, 张俊生、曾亚敏译, 机械工业出版社2009年版。

78. 沈艺峰:《资本结构理论史》, 经济科学出版社1999年版。

79.〔美〕斯蒂芬·A. 罗斯、伦道夫·W. 威斯特菲尔德、杰弗利·F. 杰富:《公司理财》(原书第 6 版),吴世农、沈艺峰、王志强等译,机械工业出版社 2005 年版。

80. 汤云为、钱逢胜:《会计理论》,上海财经大学出版社 1997 年版。

81.〔美〕威廉·H. 比弗:《财务呈报:会计革命》(第 3 版),薛云奎主译,东北财经大学出版社,1999 年版。

82.〔法〕让·梯若尔:《公司金融理论》,王永钦校,王永钦、许海波、佟珺、孟大文译,经济科学译丛,中国人民大学出版社 2007 年版。

83.〔美〕路易斯·洛温斯坦:《公司财务的理性与非理性》,张蓓译,上海远东出版社 1999 年版。

84.〔美〕弗兰克·H. 奈特:《风险、不确定性和利润》,王宇、王文玉译,中国人民大学出版社 2005 年版。

85.〔美〕罗纳德·哈里.科斯:《论生产的制度结构》,盛洪、陈郁译校,上海三联书店 1994 年版。

86.〔美〕O. 哈特:《企业、合同与财务结构》,费方域译,上海三联书店、上海人民出版社,1998 年版。

87.〔美〕奥利弗·E. 威廉姆森:《资本主义经济制度》,段毅才、王伟译,商务印书馆 2009 版。

88.〔美〕圭多·卡拉布雷西:《法和经济学的未来》,郑戈译,中国政法大学出版社 2019 年版。

89. 苏力:《制度是如何形成的》,中山大学出版社 1999 年版。

90. 邓峰:《普通公司法》,中国人民大学出版社 2009 年版。

91.〔美〕Bayless Manning, James J. Hanks, Jr:《法律资本制度》,后向东译,张开平校,载王保树主编《商事法论集》第 12 卷,法律出版社 2007 年版。

92.〔美〕弗兰克·伊斯特布鲁克、丹尼尔·费希尔:《公司法的经济结构》,张建伟、罗培新译,北京大学出版社 2005 年版。

93.〔美〕莱纳·克拉克曼、〔英〕保罗·戴维斯、〔美〕亨利·汉斯曼、〔瑞士〕杰拉德·赫蒂格、〔德〕克劳斯·霍普特、〔日〕神田秀树、〔美〕爱德华·洛克:《公司法剖析:比较与功能的视角》,刘俊海、徐海燕等译,北京大学出版社 2007 年版。

94.〔美〕莱纳·克拉克曼、〔美〕亨利·汉斯曼等:《公司法剖析:比较与功能的视角》(第 2 版),罗培新译,法律出版社 2012 年版。

95.〔英〕罗纳德·拉尔夫·费尔摩里:《现代公司法之历史渊源》,虞政平译,法律出版社 2007 年版。

96.〔美〕柯提斯·J. 米尔霍、〔德〕卡塔琳娜·皮斯托:《法律与资本主义:全球公司危机解释的法律制度与经济发展的关系》,罗培新译,北京大学出版社 2010 年版。

97.〔美〕小戴维·A. 斯基尔:《债务的世界——美国破产法史》,赵炳昊译,中国法制出版社 2010 年版。

98.〔美〕乔尔·塞利格曼:《华尔街变迁史——证券交易委员会及现代公司融资制

度的演化进程》(修订版),田风辉译,经济科学出版社 2004 年版。

99. 〔美〕波顿·G.麦基尔:《漫步华尔街》(第 8 版),刘阿钢、史芡译,中国社会科学出版社 2007 年版。

100. 〔美〕本杰明·格雷厄姆、戴维·多德:《证券分析》,邱巍、李春荣、黄铮译,吴有昌校,海南出版社 1999 年版。

101. 胡奕明、陈亚民:《公司财务案例》,上海交通大学财务系列教材,中国财政经济出版社 2007 年版。

102. 刘媛媛:《基于历史视角的西方公司财务理论研究》,东北财经大学出版社 2010 年版。

103. 〔英〕阿尔弗雷德·施泰因赫尔:《金融野兽——金融衍生品的发展与监管》,陈晗、张晓刚译,上海远东出版社 2003 年版。

104. 《诺贝尔奖讲演全集》(经济学卷 I&II),《诺贝尔奖讲演全集》编译委员会编译,福建人民出版社 2004 年版。

105. 〔美〕卢西恩·伯切克、杰西·弗里德:《无功受禄:审视美国高管薪酬制度》,赵立新、王俊峰、孙红霞、张政军译,法律出版社 2009 年版。

106. 〔英〕亚当·斯密:《国富论》(下),郭大力、王亚南译,上海三联书店 2009 年版。

107. 张维迎:《企业理论与中国企业改革》,北京大学出版社 1999 年版。

108. 盛宣怀:《理财十条》,深圳蛇口招商局博物馆存。

109. 陈锦江:《清末现代企业与官商关系》,中国社会科学出版社 2010 年版。

110. 朱国璋:《公司理财》,中华书局 1945 年出版,1946 年再版,1948 年第 3 版。

111. 周华:《法律制度与会计规则》,中国人民大学出版社 2016 年版。

112. 汪昌云:《公司财务政策与公司治理:中国的实践》,中国人民大学出版社 2006 年版。

113. 〔美〕查尔斯·W.马尔福德、尤金·E.科米斯基:《上市公司财务欺诈与识别》,程炼、郭戎、徐凯译,机械工业出版社 2005 年版。

114. 虞政平:《股东有限责任——现代公司法律之基石》,法律出版社 2001 年版。

115. 〔德〕格茨·怀克、克里斯蒂娜·温德比西勒:《德国公司法》,殷盛译,法律出版社 2010 年版。

116. 〔日〕志村治美:《现物出资研究》,于敏译,王保树审校,法律出版社 2001 年版。

117. 〔日〕前田庸:《公司法入门》(第 12 版),王作全译,北京大学出版社 2012 年版。

118. 〔美〕约翰·C.科菲:《看门人机制:市场中介与公司治理》,黄辉、王长河等译,北京大学出版社 2011 年版。

119. 张巍:《资本的逻辑》I & II,中国法制出版社 2017 年版、2019 年版。

120. 薛兆丰:《商业无边界——反垄断法的经济学革命》,法律出版社 2008 年版。

(四) 中文论文

121. 方流芳:《公司词义考:解读语词的制度信息——"公司"一词在中英早期交往

中的用法和所指》,载《中外法学》2000 年第 3 期。

122. 方嘉麟:《论资本三原则理论体系之内在矛盾》,载台湾《政大法学评论》1998 年第 59 期。

123. 李清池:《美国公司法研究:传统、革命与展望》,载《中外法学》2008 年第 2 期。

124. 赵旭东:《从资本信用到资产信用》,载《法学研究》2003 年第 5 期。

125. 李志英:《外资在华股份公司的最初发展》,载《北京师范大学学报》(社会科学版)2006 年第 1 期。

126. 崔之元:《美国二十九个州公司法变革的理论背景》,载《经济研究》1996 年第 4 期;

127. 李玉、熊秋良:《论中国近代的官利制度》,载《社会科学研究》1996 年第 3 期。

128. 朱荫贵:《引进与变革:近代中国企业官利制度分析》,载《近代史研究》2001 年第 4 期。

129. 李心合:《财务管理学的困境与出路》,载《会计研究》2006 年第 7 期。

130. 罗韵轩、王永海:《对西方资本结构理论在我国的适用性的反思——制度适应与市场博弈的视角》,载《金融研究》2007 年第 11 期。

131. 颜延:《会计变革的法律背景初探》,载《会计研究》2006 年第 5 期。

132. 陈毓圭:《财务管理与会计管理是不同质的管理活动》,载《会计研究》1986 年第 1 期。

133. 刘源张:《中国管理学的道路——从与经济学的比较说起》,载《管理评论》2006 年第 12 期。

134. 罗仲伟:《管理学方法与经济学方法的借鉴、融合》,载《中国工业经济》2005 年第 9 期。

135. 张兆国、尹开国、刘永丽:《试论现代财务学的学科性质、分析框架和研究方法》,载《会计研究》2010 年第 9 期。

136. 黄达:《金融、金融学及其学科建设》,载《当代经济科学》2001 年第 4 期。

137. 黄达:《关于金融学科演进的几点认识》,载《中国金融》2009 年第 4 期。

后　记

这本书，断断续续写了二十年。若非因为最后课题的结项必须停笔付梓，可能还会再拖个十年二十年。因为，就本书的两个面向——公司财务规制路径的历史考察与现实观察，都还有太多的幽微处尚待一探。

本书的书名让人首先想到的，恐怕是对公司财务造假的法律惩戒。这也是我毕业留校，被安排在法学院讲授"会计法与审计法"时的自我认知以及同事们的期许。不过，真正进入这个领域后却发现，法律惩戒需要建立在事实清楚的前提下，而何谓财务造假是一个在事实层面并不容易弄清楚的问题。这唤起了我对本科阶段期末考试的痛苦回忆：最怕老师出案例分析题，因为永远感觉案例的事实不够清楚，有无数种可能性，不知如何在这样的事实基础上来适用法律。有些时候，考题中给定事实就像直接贴上一个"违法"标签，此时法律的适用成了一个异常简单、毫无挑战性的问题，自然也令人兴趣索然。当然，那时的法律也很粗糙，也没有如今法学院学生们考试必做的有关请求权基础的长篇大论。

公司财务运作是一项商业交易。即使引发纠纷、形成争议需要法律介入，也往往只是利益分配不均，得失轻重失衡，并非杀人放火那样有黑白分明的价值判断。在特定的交易场景下，利益分配总是受到各种具体因素的影响。法律是影响这个交易过程的一个因素；但有时候，法律又是干扰这个过程的因素，因为法律的介入可能引发更大的争议。2000年我国资本市场中发生的两起很热闹的事件——"海南凯立公司诉中国证监会"和"三联重组郑百文"，就非常清晰地展示了这一特点。公司财务运作背后的商业逻辑、会计确认与法律定性之间的关系异常有趣，但若非静下心来细细探究一番，却难以发现内中乾坤。

于是，就有了本书的设想以及最初的两个案例分析。到了2005年，为解决上市公司大股东占款问题以及滥用债务重组粉饰业绩问题，监管层引入了以股抵债试点，《公司法》则修改了资本公积条款。由此引发的争议，将税法对公司财务运作的规制功能凸显出来。2008年年初伊利公司的预亏公告、2011年马云单方面解除阿里巴巴对支付宝的协议控制，也都在资本市场掀起了轩然大波。前者揭开了经营者股票期权激励背后的利益冲突的盖子，后者则第一次在大众面前展现了 VIE 模式的吊诡之处。在这两场风波背后，会计表达作为一种特殊的规制路径的作用也悄悄地呈现出来。

过去二十年也是我国私募股权投资兴起与蓬勃发展的时代。PE/VC 投资特有的对赌安排与当年"三联重组郑百文"交易中的估值公允性问题颇有相通之处。只不过，这一次最高人民法院通过"海富案"介入了市场主体分配投资风险的过程。由此引发的争议，不仅激活了对公司法中最古老的资本维持原则的讨论，也再次证明法律规制公司财务运作的过程绝非定性交易有效或无效那么简单。

梳理上述争议的过程，有很多收获——包括论文发表，但也有一丝寂寞。法律移植与借鉴是过去四十年中国法制建设与法学研究的主旋律，但本书的关切似乎很难在现有的法律文本或新潮的学术理论中找到共鸣，也不知该融入或嵌入哪一个部门法中。相反，每每读着描述商事组织、会计规则、金融市场、投融资理论等历史演进的书籍，却常有会意甚至惊喜。尤其是八十多年前美国财务学家杜因（Dewing）教授《公司财务》一书的序言，成为本书在案例研究之外试图把握的理论线索："讨论公司财务问题无法忽略会计原理或者法律施加的限制条件。……在受益格鲁－萨克森法主导的国家中，财务上的灵活性受制于法律环境，某些情况下甚至完全由法律条件控制，后者清晰地展现在制定法与判例传统中。"这种老古董似的观念已被当代公司财务的教科书完全抛弃，法律人自然更是不屑一顾，但却在 2008 年金融海啸中复活过来。时任纽约联储主席盖特纳先生呼吁各国中央银行、政府以及监管者更仔细地观察会计、税、信息披露要求与银行业资本监管规则的相互作用，就多种规制路径的合成效应对整个金融体系的杠杆和风险的综合性影响、特别是可能加剧全球金融市场动荡的后果提出了警告。[①] 事后证明，此言不虚。

由此，也就有了本书的上篇——规制路径的历史探索。本来想进行一番"理论探索"，但力有不逮，终究只是描述了从历史中获得的一些启示。它们是经验的，而非理论的。商业无国界，域外的历史经验对于我们理解法律、会计、税等不同规制路径的发生、发展、变化以及彼此间的勾连有直接的帮助。一个感受最为强烈：以往所进行的比较法上的研究，更多的是在强调空

---

① Timothy F. Geithner, *Reducing Systemic Risk in a Dynamic Financial System*, Remarks at the Economic Club of New York, New York City, June 9, 2008 ("Finally, central banks, governments and supervisors have to look much more carefully at the interaction between accounting, tax, disclosure and capital requirements, and their effects on overall leverage and risk across the financial system. Capital requirements alone are rarely the most important constraint."). See http://www.newyorkfed.org/newsevents/speeches/2008/tfg080609.html, last visted Oct. 30, 2020.

间感——关注他国的先进规则,而缺乏时间感——他国在与我国类似发展水平、发展阶段上的做法如何。虽然我国资本市场中不乏对标美国最新潮的产品与规则,但谁又能否认,在一些最基本的商业理念上,仍然存在着世纪落差呢?

就这么点儿体会,拖拖拉拉地悟了二十年,自己都觉得不好意思。感谢王晶编辑的耐心陪伴与不时敲打,总算把书稿交出来了。孟子说,"梓匠轮舆能与人规矩,不能使人巧"。本书探索公司财务的规制路径,也可算是一种"梓匠轮舆"的活计;如何"巧",就只能期待后来者了。相信,不远处,有回响。

二〇二一年一月二十日 于 北京